Steuerlehre 2
Rechtslage 2020

EBOOK INSIDE

Die Zugangsinformationen zum eBook inside finden Sie am Ende des Buchs.

Manfred Bornhofen · Martin C. Bornhofen

Steuerlehre 2
Rechtslage 2020

Einkommensteuer, Körperschaftsteuer, Gewerbesteuer, Bewertungsgesetz und Erbschaftsteuer

41., überarbeitete und aktualisierte Auflage

Mitarbeiter*innen: Simone Meyer/Jürgen Kaipf

Studiendirektor, Dipl.-Hdl.
Manfred Bornhofen
Koblenz, Deutschland

WP, StB, CPA, Dipl.-Kfm.
Martin C. Bornhofen
Düsseldorf, Deutschland

ISBN 978-3-658-32353-0   ISBN 978-3-658-32354-7 (eBook)
DOI 10.1007/978-3-658-32354-7

Die Deutsche Nationalbibliothek verzeichnet diese Publikation in der Deutschen Nationalbibliografie; detaillierte bibliografische Daten sind im Internet über http://dnb.d-nb.de abrufbar.

Springer Gabler
© Springer Fachmedien Wiesbaden GmbH, ein Teil von Springer Nature 2021
Das Werk einschließlich aller seiner Teile ist urheberrechtlich geschützt. Jede Verwertung, die nicht ausdrücklich vom Urheberrechtsgesetz zugelassen ist, bedarf der vorherigen Zustimmung des Verlags. Das gilt insbesondere für Vervielfältigungen, Bearbeitungen, Übersetzungen, Mikroverfilmungen und die Einspeicherung und Verarbeitung in elektronischen Systemen.
Die Wiedergabe von allgemein beschreibenden Bezeichnungen, Marken, Unternehmensnamen etc. in diesem Werk bedeutet nicht, dass diese frei durch jedermann benutzt werden dürfen. Die Berechtigung zur Benutzung unterliegt, auch ohne gesonderten Hinweis hierzu, den Regeln des Markenrechts. Die Rechte des jeweiligen Zeicheninhabers sind zu beachten.
Der Verlag, die Autoren und die Herausgeber gehen davon aus, dass die Angaben und Informationen in diesem Werk zum Zeitpunkt der Veröffentlichung vollständig und korrekt sind. Weder der Verlag noch die Autoren oder die Herausgeber übernehmen, ausdrücklich oder implizit, Gewähr für den Inhalt des Werkes, etwaige Fehler oder Äußerungen. Der Verlag bleibt im Hinblick auf geografische Zuordnungen und Gebietsbezeichnungen in veröffentlichten Karten und Institutionsadressen neutral.

Lektorat: Irene Buttkus/Catarina Gomes de Almeida
Korrektorat: Inge Kachel-Moosdorf
Layout und Satz: workformedia | Frankfurt am Main

Springer Gabler ist ein Imprint der eingetragenen Gesellschaft Springer Fachmedien Wiesbaden GmbH und ist Teil von Springer Nature
Die Anschrift der Gesellschaft ist: Abraham-Lincoln-Strasse 46, 65189 Wiesbaden, Germany

Ihr Bonus als Käufer dieses Buches

Als Käufer dieses Buches können Sie kostenlos unsere Flashcard-App „SN Flashcards" mit Fragen zur Wissensüberprüfung und zum Lernen von Buchinhalten nutzen. Für die Nutzung folgen Sie bitte den folgenden Anweisungen:

1. Gehen Sie auf **https://flashcards.springernature.com/login**
2. Erstellen Sie ein Benutzerkonto, indem Sie Ihre Mailadresse angeben, ein Passwort vergeben und den Coupon-Code einfügen.

Ihr persönlicher „SN Flashcards"-App Code   940EA-4CDBE-CA23B-EFA3D-76AF6

Sollte der Code fehlen oder nicht funktionieren, senden Sie uns bitte eine E-Mail mit dem Betreff **„SN Flashcards"** und dem Buchtitel an **customerservice@springernature.com.**

Vorwort zur 41. Auflage

Die **Steuerlehre 2** erscheint im **Februar** eines jeden Kalenderjahres. Zusammen mit der **Steuerlehre 1** decken die beiden Werke die grundlegenden Inhalte des Steuerrechts in stets aktueller und verständlicher Form ab.

Während die **Steuerlehre 1** das Allgemeine Steuerrecht, die Abgabenordnung und die Umsatzsteuer behandelt, erläutert und erklärt die **Steuerlehre 2**

- die Einkommensteuer,
- die Körperschaftsteuer,
- die Gewerbesteuer,
- das Bewertungsgesetz sowie
- die Erbschaftsteuer.

NEU mit der Lern-App SN Flashcards + eBook inside! Die aktuelle 41. Auflage bietet Ihnen **kostenlosen Zugang** zu der Lern-App Springer Nature Flashcards. Diese App ermöglicht Ihnen **interaktives Lernen** und unterstützt Sie **mit zusätzlichen Fragen** beim Erfassen und Wiederholen der Lerninhalte. Zudem erscheint die gesamte Bornhofen Edition mit **eBook inside**, um das **digitale Arbeiten** (z.B. durch weiterführende Verlinkungen) zu erleichtern – **relevante und innovative Mehrwerte** für alle Lehrenden und Lernenden.

Die 41., überarbeitete Auflage der **Steuerlehre 2** basiert auf dem geltenden Rechtsstand 2020. Alle Rechtsänderungen für den Veranlagungszeitraum 2020 sind berücksichtigt worden. Damit wird sichergestellt, dass z.B. die Steuererklärungen 2020 sachlich richtig erstellt werden können.

Insbesondere sind in der 41. Auflage neben neuen BMF-Schreiben, aktualisierten Verordnungen und aktueller Rechtsprechung das Forschungszulagengesetz, das erste und zweite Corona-Steuerhilfegesetz, das Gesetz zur Umsetzung des Klimaschutzprogramms 2030 im Steuerrecht, das erste und zweite Familienentlastungsgesetz sowie die Jahressteuergesetze 2019 und 2020 berücksichtigt. Sämtliche in dieser Auflage berücksichtigten Rechtsänderungen sind im Anhang tabellarisch mit ihren Fundstellen zuammengefasst.

Die sich ab dem Jahr 2020 ergebenden Rechtsänderungen sind durch **senkrechte Randlinien** gekennzeichnet. Darüber hinaus wird auf **Rechtsänderungen** hingewiesen, die sich ab dem Jahr **2021** ergeben.

Ein größtmöglicher **Praxisbezug** wird durch den Einbezug der **aktuellen amtlichen Vordrucke** hergestellt. Zahlreiche erläuternde **Schaubilder**, **Beispiele**, **Wiederholungsfragen** und zu lösende **Fälle** unterstützen den Lernerfolg.

Zur Erleichterung der Erfolgskontrolle wird in umfangreichen Kapiteln bereits nach einzelnen Abschnitten unter dem Stichwort „**Übung**" auf die entsprechenden Wiederholungsfragen und Fälle hingewiesen. Die „**Zusammenfassenden Erfolgskontrollen**" bieten die Möglichkeit, auch Inhalte vorhergehender Kapitel in die laufende Erfolgskontrolle einzubeziehen.

Aufgrund der zahlreichen **Vernetzungen**, die sich zwischen dem **Steuerrecht und** dem **Rechnungswesen** ergeben, wird mit einem **besonderen Symbol** (siehe Seite VI) auf Schnittstellen zu den Werken **Buchführung 1** und **2** sowie zur **Steuerlehre 1** und innerhalb der **Steuerlehre 2** hingewiesen. Somit wird ein optimaler Lernerfolg im Kontext Steuerrecht und Rechnungswesen auf stets aktueller Rechtslage gewährleistet.

Für die Lösungen der zahlreichen Fälle und für **zusätzliche Fälle mit Lösungen** ist ein **Lösungsbuch** erhältlich (ISBN 978-3-658-32355-4).

Manfred Bornhofen†
Martin C. Bornhofen

Hyperlinks

Die **eBook-Ausgabe** der Steuerlehre 2 bietet Ihnen **sorgfältig ausgewählte Verlinkungen** zu Gesetzestexten, BMF-Schreiben u.v.m. Im eBook erkennen Sie diese Links an der blauen Einfärbung des Textes.

Alle Verlinkungen wurden bei Redaktionsschluss (15. Januar 2021) sorgfältig überprüft und waren zu diesem Zeitpunkt aktuell und valide.

Für Veränderungen, die die Betreiber der angesteuerten Webseiten nach dem 15. Januar 2021 an ihren Inhalten vornehmen oder für mögliche Entfernungen solcher Inhalte übernehmen der Verlag und die Autoren keinerlei Gewähr.

Zudem haben der Verlag und die Autoren auf die Gestaltung und die Inhalte der externen gelinkten Seiten keinerlei Einfluss genommen und machen sich deren Inhalte nicht zu eigen.

Wir freuen uns über Ihre Hinweise und Anregungen an **customerservice@springer.com**.

Erläuterungen zu den in diesem Buch verwendeten Symbolen

❚	Die mit einer senkrechten Randlinie versehenen Seiten kennzeichnen die Rechtsänderungen gegenüber dem Vorjahr bzw. Änderungen, die sich ab 2020 ergeben.
B 1	Das Symbol **B 1** verweist auf die **Buchführung 1**, 32. Auflage.
B 2	Das Symbol **B 2** verweist auf die **Buchführung 2**, 32. Auflage.
S 1	Das Symbol **S 1** verweist auf die **Steuerlehre 1**, 41. Auflage.
S 2	Das Symbol **S 2** verweist auf die **Steuerlehre 2**, 41. Auflage.
A L	Das Symbol **A L** verweist auf das **Lösungsbuch** zur **Steuerlehre 2**, 41. Auflage, und darin enthaltene zusätzliche **A**ufgaben mit **L**ösungen.
A H	Das Symbol **A H** verweist auf **Arbeitshilfen (Rechner)** auf der Verlags-Homepage zur Steuerlehre 2 als „Online Plus".

A. Einkommensteuer

1 Einführung in die Einkommensteuer 1
  1.1 Geschichtliche Entwicklung 1
  1.2 Erhebungsformen 2
  1.3 Steueraufkommen 2
  1.4 Rechtsgrundlagen 2
  1.5 System der Einkommensteuer 3
  1.6 Erfolgskontrolle 4

2 Persönliche Steuerpflicht 5
  2.1 Unbeschränkte Steuerpflicht 5
      2.1.1 Unbeschränkte Steuerpflicht nach § 1 Abs. 1 EStG 5
            2.1.1.1 Natürliche Personen 5
            2.1.1.2 Inland 6
            2.1.1.3 Wohnsitz 6
            2.1.1.4 Gewöhnlicher Aufenthalt 7
      2.1.2 Erweiterte unbeschränkte Steuerpflicht nach § 1 Abs. 2 EStG 9
      2.1.3 Unbeschränkte Steuerpflicht nach § 1 Abs. 3 und § 1a EStG 9
            2.1.3.1 Unbeschränkte Steuerpflicht nach § 1 Abs. 3 EStG 10
            2.1.3.2 Unbeschränkte Steuerpflicht nach § 1a EStG 11
  2.2 Beschränkte Steuerpflicht 12
  2.3 Doppelbesteuerungsabkommen 12
  2.4 Zusammenfassung und Erfolgskontrolle 13

3 Grundbegriffe im Zusammenhang mit der Ermittlung der Einkünfte 16
  3.1 Einkünfte 16
  3.2 Einnahmen 18
      3.2.1 Betriebseinnahmen 18
      3.2.2 Einnahmen im Sinne des § 8 EStG 19
      3.2.3 Steuerfreie Einnahmen 19
  3.3 Ausgaben 21
      3.3.1 Betriebsausgaben 21
      3.3.2 Werbungskosten 23
      3.3.3 Aufwendungen für die private Lebensführung 24
      3.3.4 Abgrenzung der Aufwendungen für die private Lebensführung von
            den Betriebsausgaben und Werbungskosten 24
  3.4 Zusammenfassung und Erfolgskontrolle 26

4 Methoden zur Ermittlung der Einkünfte 30
  4.1 Ermittlung der Gewinneinkünfte 30
      4.1.1 Methoden der Gewinnermittlung 30
      4.1.2 Gewinnermittlungszeitraum 31
  4.2 Ermittlung der Überschusseinkünfte 33
      4.2.1 Methode der Überschussermittlung 33
      4.2.2 Überschussermittlungszeitraum 33
  4.3 Zusammenfassung und Erfolgskontrolle 35

Zusammenfassende Erfolgskontrolle zum 1. bis 4. Kapitel 38

5 Veranlagungsarten 39
5.1 Einzelveranlagung 39
5.2 Ehegattenveranlagung 40
5.2.1 Zusammenveranlagung von Ehegatten.. 41
5.2.2 Einzelveranlagung von Ehegatten... 42
5.3 Zusammenfassung und Erfolgskontrolle.. 43

6 Gewinneinkünfte 45
6.1 Einkünfte aus Land- und Forstwirtschaft (§ 13 EStG) 45
6.1.1 Begriff der Land- und Forstwirtschaft... 45
6.1.2 Arten der Einkünfte aus Land- und Forstwirtschaft............................... 45
6.2 Einkünfte aus Gewerbebetrieb (§ 15 EStG) 47
6.2.1 Begriff des Gewerbebetriebs 47
6.2.2 Hauptarten der Einkünfte aus Gewerbebetrieb...................................... 47
6.2.3 Veräußerung des Betriebs (§ 16 EStG).. 50
6.3 Einkünfte aus selbständiger Arbeit (§ 18 EStG) 52
6.3.1 Begriff der selbständigen Arbeit.. 52
6.3.2 Hauptarten der Einkünfte aus selbständiger Arbeit............................... 53
6.3.3 Abgrenzung zum Gewerbebetrieb 54
6.4 Erfolgskontrolle... 54

Zusammenfassende Erfolgskontrolle zum
1. bis 6. Kapitel 58

7 Gewinnermittlung durch Betriebsvermögensvergleich 59
7.1 Grundlagen des Betriebsvermögensvergleichs 59
7.2 Betriebsvermögensvergleich nach § 4 Abs. 1 EStG.. 61
7.3 Betriebsvermögensvergleich nach § 5 EStG.. 62
7.4 Zusammenfassung und Erfolgskontrolle.. 63

Zusammenfassende Erfolgskontrolle zum
1. bis 7. Kapitel 65

8 Umfang des Betriebsvermögens. 66
8.1 Notwendiges Betriebsvermögen... 66
8.2 Notwendiges Privatvermögen.. 67
8.3 Gewillkürtes Betriebsvermögen 67
8.4 Zusammenfassung und Erfolgskontrolle.. 68

9 Bewertung des Betriebsvermögens 70
9.1 Grundlagen der Bewertung.. 70
9.1.1 Maßgeblichkeitsgrundsatz.. 70
9.1.2 Bewertungsgrundsätze.. 71
9.1.3 Bewertungsmaßstäbe.. 71
9.1.3.1 Anschaffungskosten.. 72
9.1.3.2 Herstellungskosten.. 74
9.1.3.3 Fortgeführte Anschaffungs- oder Herstellungskosten............... 77
9.1.3.4 Teilwert.. 77
9.2 Bewertung der Wirtschaftsgüter in der Bilanz... 78
9.2.1 Bewertungsmäßige Einteilung der Bilanzposten.................................... 79
9.2.2 Bewertung des abnutzbaren Anlagevermögens....................................... 79

9.2.3	Absetzungen für Abnutzung bei immateriellen Vermögens-gegenständen	82
	9.2.3.1 Software	82
	9.2.3.2 Geschäfts- oder Firmenwert	82
9.2.4	Absetzungen für Abnutzung bei Gebäuden	84
	9.2.4.1 Lineare AfA bei Gebäuden	84
	9.2.4.2 Degressive AfA bei Gebäuden	85
	9.2.4.3 Sonderabschreibung für Mietwohnungsneubau nach § 7b EStG	86
9.2.5	Absetzungen für Abnutzung bei beweglichen Anlagegütern	91
	9.2.5.1 Lineare AfA bei beweglichen Anlagegütern	91
	9.2.5.2 Degressive AfA bei beweglichen Anlagegütern	92
9.2.6	Bewertungsfreiheit für geringwertige Wirtschaftsgüter und Bildung eines Sammelpostens	94
	9.2.6.1 Anschaffungs- oder Herstellungskosten bis 250 Euro	95
	9.2.6.2 Anschaffungs- oder Herstellungskosten über 250 Euro bis 800 Euro (1. Alternative)	95
	9.2.6.3 Anschaffungs- oder Herstellungskosten über 250 Euro bis 1.000 Euro (2. Alternative)	95
9.2.7	Investitionsabzugsbeträge und Sonderabschreibungen nach § 7g EStG	97
	9.2.7.1 Investitionsabzugsbeträge	97
	9.2.7.2 Sonderabschreibungen	100
9.2.8	Bewertung des nicht abnutzbaren Anlagevermögens	102
9.2.9	Bewertung des Umlaufvermögens	103
9.2.10	Bewertung der Verbindlichkeiten	104
9.3	Bewertung der Entnahmen und Einlagen	105
9.3.1	Bewertung der Entnahmen	105
9.3.2	Bewertung der Einlagen	107
9.4	Bilanzberichtigung und Bilanzänderung	108
9.4.1	Bilanzberichtigung	108
9.4.2	Bilanzänderung	108
9.5	Zusammenfassung und Erfolgskontrolle	109

Zusammenfassende Erfolgskontrolle zum 1. bis 9. Kapitel 117

10 Gewinnermittlung ohne Betriebsvermögensvergleich 118

10.1	Einnahmenüberschussrechnung nach § 4 Abs. 3 EStG	118
10.1.1	Berechtigter Personenkreis	118
10.1.2	Umfang der Betriebseinnahmen	119
10.1.3	Umfang der Betriebsausgaben	120
10.1.4	Zeitliche Zurechnung	125
10.1.5	Unterschiede zwischen Betriebsvermögensvergleich und Einnahmenüberschussrechnung nach § 4 Abs. 3 EStG	129
10.2	Gewinnermittlung nach Durchschnittssätzen	130
10.3	Zusammenfassung und Erfolgskontrolle	131

Zusammenfassende Erfolgskontrolle zum 1. bis 10. Kapitel 135

11 Überschusseinkünfte 137

11.1 Einkünfte aus nichtselbständiger Arbeit (§ 19 EStG) 137

11.1.1 Arbeitnehmer 137

11.1.2 Arbeitslohn 138

11.1.3 Zeitlicher Ansatz des Arbeitslohns 148

11.1.4 Vom Arbeitslohn abziehbare Beträge 149

11.1.4.1 Versorgungsfreibetrag und Zuschlag zum
Versorgungsfreibetrag 149

11.1.4.2 Werbungskosten oder Arbeitnehmer-Pauschbetrag
sowie Pauschbetrag für Versorgungsbezüge 152

11.1.5 Erfolgskontrolle 164

11.2 Einkünfte aus Kapitalvermögen (§ 20 EStG) 168

11.2.1 Laufende Kapitalerträge (§ 20 Abs. 1 EStG) 169

11.2.1.1 Gewinnanteile aus Beteiligungen an bestimmten
juristischen Personen (Dividendenerträge) 169

11.2.1.2 Einnahmen aus der Beteiligung als stiller Gesellschafter
und aus partiarischen Darlehen 173

11.2.1.3 Erträge aus Kapitallebensversicherungen 175

11.2.1.4 Erträge aus sonstigen Kapitalforderungen (Zinsen) 176

11.2.2 Bestimmte private Veräußerungsgeschäfte (§ 20 Abs. 2 EStG) 179

11.2.3 Befreiung vom Steuerabzug 181

11.2.4 Zeitliche Zurechnung der Einnahmen aus Kapitalvermögen 183

11.2.5 Werbungskosten 183

11.2.6 Sparer-Pauschbetrag 184

11.2.7 Veranlagung zur Einkommensteuer 185

11.2.7.1 Pflichtveranlagung 185

11.2.7.2 Veranlagungswahlrechte 185

11.2.8 Zusammenfassung und Erfolgskontrolle 186

11.3 Einkünfte aus Vermietung und Verpachtung (§ 21 EStG) 193

11.3.1 Grundstücke, die in vollem Umfang vermietet/verpachtet sind 194

11.3.1.1 Einnahmen 194

11.3.1.2 Werbungskosten 196

11.3.2 Grundstücke, die gemischt genutzt werden 205

11.3.2.1 Gebäude, die teilweise vermietet sind und teilweise
eigenen Wohnzwecken dienen bzw. teilweise
unentgeltlich überlassen werden 206

11.3.2.2 Gebäude, die teilweise vermietet sind und teilweise
eigenbetrieblich genutzt werden 207

11.3.3 Erfolgskontrolle 209

11.4 Sonstige Einkünfte im Sinne des § 22 EStG 215

11.4.1 Einkünfte aus wiederkehrenden Bezügen (Renten) 215

11.4.1.1 Leibrenten 215

11.4.1.2 Rentenbesteuerung von Leibrenten mit dem Ertragsanteil 218

11.4.1.3 Besteuerung der Riester-Renten 219

11.4.1.4 Besteuerung von Renten aus einer Pensionskasse 220

11.4.1.5 Werbungskosten oder Werbungskostenpauschbetrag ... 221

11.4.2 Einkünfte aus privaten Veräußerungsgeschäften i.S.d. § 23 EStG 221

11.4.3 Einkünfte aus bestimmten Leistungen 228

11.4.4 Zusammenfassung und Erfolgskontrolle 229

Zusammenfassende Erfolgskontrolle zum 1. bis 11. Kapitel 233

12 Summe der Einkünfte 235
   12.1 Horizontaler Verlustausgleich 235
   12.2 Vertikaler Verlustausgleich 237
   12.3 Nicht ausgleichbare Verluste 238
   12.4 Erfolgskontrolle 239

Zusammenfassende Erfolgskontrolle zum 1. bis 12. Kapitel 240

13 Gesamtbetrag der Einkünfte 241
   13.1 Altersentlastungsbetrag (§ 24a EStG) 241
      13.1.1 Persönliche und sachliche Voraussetzungen 241
      13.1.2 Berechnung des Altersentlastungsbetrags 242
   13.2 Entlastungsbetrag für Alleinerziehende (§ 24b EStG) 245
   13.3 Freibetrag für Land- und Forstwirte (§ 13 Abs. 3 EStG) 248
   13.4 Erfolgskontrolle 249

Zusammenfassende Erfolgskontrolle zum 1. bis 13. Kapitel 250

14 Einkommen 252
   14.1 Verlustabzug nach § 10d EStG 242
      14.1.1 Verlustrücktrag 253
      14.1.2 Verlustvortrag 255
      14.1.3 Erfolgskontrolle 256
   14.2 Sonderausgaben 257
      14.2.1 Begriff und Einteilung der Sonderausgaben 258
      14.2.2 Unbeschränkt abzugsfähige Sonderausgaben 259
         14.2.2.1 Vermögensübertragung gegen Versorgungsleistungen .. 259
         14.2.2.2 Gezahlte Kirchensteuer 259
      14.2.3 Beschränkt abzugsfähige Sonderausgaben, die keine
         Vorsorgeaufwendungen sind 260
         14.2.3.1 Bestimmte Unterhaltsleistungen 260
         14.2.3.2 Aufwendungen für die eigene Berufsausbildung 262
         14.2.3.3 Kinderbetreuungskosten 263
         14.2.3.4 Schulgeld 265
         14.2.3.5 Zuwendungen (Spenden und Mitgliedsbeiträge) 266
      14.2.4 Vorsorgeaufwendungen 272
         14.2.4.1 Altersvorsorgeaufwendungen im Sinne des
            § 10 Abs. 1 Nr. 2 EStG 273
         14.2.4.2 Höchstbetragsberechnung für
            Altersvorsorgeaufwendungen 273
         14.2.4.3 Sonstige Vorsorgeaufwendungen im Sinne des
            § 10 Abs. 1 Nr. 3 und 3a EStG 277
      14.2.5 Sonderausgaben-Pauschbetrag 282
      14.2.6 Zusätzliche Altersvorsorgebeiträge im Sinne des § 10a EStG 283
         14.2.6.1 Begünstigter Personenkreis 283
         14.2.6.2 Altersvorsorgebeiträge 284
         14.2.6.3 Höhe des Sonderausgabenabzugs 284
      14.2.7 Erfolgskontrolle 286

Zusammenfassende Erfolgskontrolle 293

Inhaltsverzeichnis

14.3 Außergewöhnliche Belastungen 295
   14.3.1 Außergewöhnliche Belastungen allgemeiner Art (§ 33 EStG) 295
      14.3.1.1 Begriff der außergewöhnlichen Belastung 295
      14.3.1.2 Zumutbare Belastung 297
      14.3.1.3 Abziehbare außergewöhnliche Belastung 298
   14.3.2 Außergewöhnliche Belastungen in besonderen Fällen
      (§ 33a EStG) 299
      14.3.2.1 Unterhaltsaufwendungen nach § 33a Abs. 1 EStG 299
      14.3.2.2 Freibetrag (Ausbildungsfreibetrag) nach
              § 33a Abs. 2 EStG 305
   14.3.3 Pauschbeträge für behinderte Menschen, Hinterbliebene
      und Pflegepersonen (§ 33b EStG) 309
      14.3.3.1 Behinderten-Pauschbetrag 309
      14.3.3.2 Hinterbliebenen-Pauschbetrag 310
      14.3.3.3 Pflege-Pauschbetrag 311
   14.3.4 Zusammenfassung und Erfolgskontrolle 312

Zusammenfassende Erfolgskontrolle 318

15 Zu versteuerndes Einkommen 320
  15.1 Freibeträge für Kinder 321
   15.1.1 Kinderfreibetrag 321
      15.1.1.1 Einkommensteuerlicher Kindbegriff 321
      15.1.1.2 Steuerlich zu berücksichtigende Kinder 322
      15.1.1.3 Höhe des Kinderfreibetrags 329
   15.1.2 Betreuungsfreibetrag 335
   15.1.3 Günstigerprüfung 335
  15.2 Härteausgleich nach § 46 Abs. 3 EStG, § 70 EStDV 337
   15.2.1 Härteausgleich nach § 46 Abs. 3 EStG 337
   15.2.2 Härteausgleich nach § 46 Abs. 5 EStG i. V. m. § 70 EStDV 339
  15.3 Erfolgskontrolle 340

Zusammenfassende Erfolgskontrolle zum 1. bis 15. Kapitel 343

16 Ermittlung der Einkommensteuerschuld 345
  16.1 Tarifliche und festzusetzende Einkommensteuer 345
   16.1.1 Grundtarif (Grundtabelle) 346
   16.1.2 Splitting-Verfahren (Splittingtabelle) 349
   16.1.3 Progressionsvorbehalt 350
   16.1.4 Steuerermäßigung bei Einkünften aus
      Gewerbebetrieb (§ 35 Abs. 1 EStG) 352
   16.1.5 Steuerermäßigung bei Aufwendungen für haushaltsnahe
      Beschäftigungsverhältnisse, haushaltsnahe Dienstleistungen
      und Handwerkerleistungen (§ 35a EStG) 354
      16.1.5.1 Geringfügige Beschäftigungen im
              Privathaushalt (§ 35a Abs. 1 EStG) 354
      16.1.5.2 Allgemeine haushaltsnahe
              Dienstleistungen (§ 35a Abs. 2 EStG) 355
      16.1.5.3 Handwerkerleistungen (§ 35a Abs. 3 EStG) 356
   16.1.6 Steuerermäßigung für energetische Maßnahmen bei zu
      eigenen Wohnzwecken genutzten Gebäuden (§ 35c EStG) 357

16.2 Steuerentrichtung 358

    16.2.1 Überblick 358

    16.2.2 Steuerliche Zulage zur Förderung von Forschung
          und Entwicklung 359

16.3 Erfolgskontrolle 360

17 Zuschlagsteuern zur Einkommensteuer 363

17.1 Kirchensteuer 363

17.2 Solidaritätszuschlag 364

17.3 Erfolgskontrolle 367

18 Lohnsteuer 367

18.1 Lohnsteuerklassen 367

18.2 Lohnsteuertabellen 369

18.3 ELStAM (§ 39a EStG) 370

    18.3.1 Elektronische Lohnsteuerabzugsmerkmale 370

    18.3.2 Lohnsteuerermäßigungsverfahren 370

18.4 Anmeldung und Abführung der Lohnsteuer 372

18.5 Pauschalierung der Lohnsteuer 374

    18.5.1 Geringfügige Beschäftigungen 374

        18.5.1.1 Geringfügig entlohnte Beschäftigung 374

        18.5.1.2 Kurzfristige Beschäftigung 376

    18.5.2 Fahrtkostenzuschüsse des Arbeitgebers 377

        18.5.2.1 Fahrtkostenzuschüsse für Fahrten mit dem Pkw 377

        18.5.2.2 Fahrtkostenzuschüsse für Fahrten mit öffentlichen
             Verkehrsmitteln 377

18.6 Veranlagung von Arbeitnehmern 378

    18.6.1 Veranlagung von Amts wegen 378

    18.6.2 Veranlagung auf Antrag 379

18.7 Erfolgskontrolle 380

Prüfungsfälle Einkommensteuer 382

B. Körperschaftsteuer

1 Einführung in die Körperschaftsteuer 391

1.1 Geschichtliche Entwicklung 391

1.2 Stellung im Steuersystem 392

1.3 Steueraufkommen 392

1.4 Rechtsgrundlagen 392

1.5 Erfolgskontrolle 393

2 Körperschaftsteuerpflicht 394

2.1 Unbeschränkte Steuerpflicht 394

    2.1.1 Juristische Personen 394

    2.1.2 Inland 395

    2.1.3 Geschäftsleitung 395

    2.1.4 Sitz 395

2.2 Beschränkte Steuerpflicht 395

2.3 Beginn und Ende der Steuerpflicht 396

2.4 Zusammenfassung und Erfolgskontrolle 396

Inhaltsverzeichnis

3 Steuerbefreiungen... 398
  3.1 Unbeschränkte Steuerbefreiungen.. 398
  3.2 Beschränkte Steuerbefreiungen... 398
  3.3 Erfolgskontrolle.. 399

4 Ermittlung des körperschaftsteuerlichen Einkommens...................... 400
  4.1 Grundlagen der Besteuerung.. 400
  4.2 Ermittlung des Einkommens... 400
    4.2.1 Ansatz- und Bewertungskorrekturen.................................. 401
    4.2.2 Korrekturen aufgrund ausgeübter steuerrechtlicher Wahlrechte.......... 402
    4.2.3 Verdeckte Gewinnausschüttungen und verdeckte Einlagen............... 402
      4.2.3.1 Verdeckte Gewinnausschüttungen........................... 402
      4.2.3.2 Verdeckte Einlagen.. 403
    4.2.4 Nicht abziehbare Aufwendungen und nicht abzugsfähige
          Betriebsausgaben... 403
    4.2.5 Zuwendungen (Spenden und Mitgliedsbeiträge)....................... 405
    4.2.6 Steuerfreie Einnahmen... 406
      4.2.6.1 Erhaltene Gewinnausschüttungen........................... 406
      4.2.6.2 Veräußerungsgewinne aus Kapitalgesellschaftsanteilen........ 407
    4.2.7 Sonstige inländische steuerfreie Einnahmen.......................... 407
    4.2.8 Verlustabzug... 409
    4.2.9 Freibeträge.. 410
  4.3 Erfolgskontrolle.. 410

5 Körperschaftsteuertarif... 412
  5.1 Steuerbelastung der Kapitalgesellschaft..................................... 412
  5.2 Steuerliche Förderung von Forschung und Entwicklung........................ 412
  5.3 Berechnung der Körperschaftsteuerrückstellung.............................. 413
  5.4 Besondere Regelung zur Kapitalertragsteuer................................. 414
  5.5 Erfolgskontrolle.. 415

Prüfungsfälle Körperschaftsteuer.. 416

C. Gewerbesteuer

1 Einführung in die Gewerbesteuer 419
  1.1 Geschichtliche Entwicklung.. 419
  1.2 Stellung im Steuersystem 419
  1.3 Steueraufkommen... 419
  1.4 Rechtsgrundlagen... 420
  1.5 Verwaltung.. 420
  1.6 Schema zur Ermittlung der Gewerbesteuer.................................. 420
  1.7 Erfolgskontrolle.. 421

2 Steuerpflicht und Steuerbefreiungen 422
  2.1 Steuergegenstand 422
  2.2 Arten und Formen des Gewerbebetriebs.................................... 423
    2.2.1 Gewerbebetrieb kraft gewerblicher Betätigung........................ 424
    2.2.2 Gewerbebetrieb kraft Rechtsform.................................... 424
    2.2.3 Gewerbebetrieb kraft wirtschaftlichen Geschäftsbetriebs............... 425

Inhaltsverzeichnis XVII

2.3 Beginn der Steuerpflicht 425
    2.3.1 Einzelgewerbetreibende und Personengesellschaften 425
    2.3.2 Kapitalgesellschaften 425
    2.3.3 Sonstige juristische Personen des privaten Rechts und
           nichtrechtsfähige Vereine 426
2.4 Erlöschen der Steuerpflicht 426
    2.4.1 Einzelgewerbetreibende und Personengesellschaften 426
    2.4.2 Kapitalgesellschaften 426
    2.4.3 Sonstige juristische Personen des privaten Rechts und
           nichtrechtsfähige Vereine 426
2.5 Steuerbefreiungen 427
2.6 Erfolgskontrolle 428

3 Steuermessbetrag 429
3.1 Gewinn aus Gewerbebetrieb 430
3.2 Hinzurechnungen nach § 8 GewStG 431
    3.2.1 Entgelte für Schulden 431
    3.2.2 Renten und dauernde Lasten 432
    3.2.3 Gewinnanteile des (echten) stillen Gesellschafters 432
    3.2.4 Miet- und Pachtaufwendungen beweglicher WG des AV 433
    3.2.5 Miet- und Pachtaufwendungen unbeweglicher WG des AV 433
    3.2.6 Aufwendungen für die zeitlich befristete Überlassung von Rechten 434
    3.2.7 Freibetrag für Finanzierungsanteile 434
    3.2.8 Anteile am Verlust einer Personengesellschaft 435
    3.2.9 Zuwendungen (Spenden) bei Körperschaften 435
3.3 Kürzungen nach § 9 GewStG 436
    3.3.1 Kürzung für den Grundbesitz 436
    3.3.2 Gewinnanteile an Personengesellschaften 437
    3.3.3 Zuwendungen (Spenden) bei allen Gewerbebetrieben 437
3.4 Maßgebender Gewerbeertrag 438
3.5 Gewerbeverlust 438
3.6 Steuermesszahl und Steuermessbetrag 439
3.7 Zusammenfassung und Erfolgskontrolle 442

4 Festsetzung und Erhebung der Gewerbesteuer 447
4.1 Festsetzung der Gewerbesteuer 447
4.2 Erhebung der Gewerbesteuer 448
    4.2.1 Zuständigkeit der Finanzämter 448
    4.2.2 Zuständigkeit der Gemeinden 448
    4.2.3 Steuerschuldner 449
    4.2.4 Vorauszahlungen 449
4.3 Erfolgskontrolle 450

5 Zerlegung 451
5.1 Betriebsstätte 451
5.2 Zerlegungsmaßstab 451
5.3 Zerlegungsbescheid 452
5.4 Erfolgskontrolle 452

6 Gewerbesteuerrückstellung 453

6.1 Berechnung der Gewerbesteuerrückstellung.. 453

6.2 Erfolgskontrolle.. 455

Prüfungsfälle Gewerbesteuer 456

D. Bewertungsgesetz

1 Einführung in das Bewertungsgesetz 458

1.1 Einordnung und Abgrenzung zu anderen Gesetzen............................ 458

1.2 Gliederung des Bewertungsgesetzes... 458

    1.2.1 Allgemeine Bewertungsvorschriften............................ 459

    1.2.2 Besondere Bewertungsvorschriften............................ 459

    1.2.3 Schlussbestimmungen.. 459

1.3 Erfolgskontrolle.. 459

2 Wirtschaftliche Einheit 460

2.1 Wirtschaftliche Einheit als Bewertungsgegenstand 460

    2.1.1 Wirtschaftliche Einheit des land- und forstwirtschaftlichen
           Vermögens.. 460

    2.1.2 Wirtschaftliche Einheit des Grundvermögens 461

    2.1.3 Wirtschaftliche Einheit des Betriebsvermögens.............. 461

2.2 Zusammenfassung und Erfolgskontrolle.............................. 461

3 Bewertungsmaßstäbe 465

4 Begriff und Bedeutung des Einheitswerts 466

4.1 Bewertung des Grundvermögens für Zwecke der Grundsteuer............ 467

    4.1.1 Einheitswert für Betriebe der Land- und Forstwirtschaft........ 467

    4.1.2 Einheitswert für Grundstücke................................ 467

           4.1.2.1 Unbebaute Grundstücke 467

           4.1.2.2 Bebaute Grundstücke.............................. 468

    4.1.3 Einheitswert für Betriebsgrundstücke........................ 471

4.2 Wert des Betriebsvermögens.. 471

4.3 Erfolgskontrolle.. 471

5 Feststellungsarten.. 473

5.1 Hauptfeststellung.. 473

5.2 Fortschreibungen.. 473

    5.2.1 Wertfortschreibung.. 474

    5.2.2 Artfortschreibung 474

    5.2.3 Zurechnungsfortschreibung.................................. 474

5.3 Nachfeststellung.. 475

5.4 Zusammenfassung und Erfolgskontrolle............................ 475

6 Bedarfsbewertung des Grundvermögens für Zwecke der Erbschaft- und Schenkungsteuer 477

   6.1 Allgemeines 477

   6.2 Bewertung des Grundvermögens 477

      6.2.1 Bewertung unbebauter Grundstücke 477

      6.2.2 Bewertung bebauter Grundstücke 478

   6.3 Erfolgskontrolle 482

E. Erbschaftsteuer

1 Einführung 483

   1.1 Entwicklung der Erbschaftsteuer 483

   1.2 Fiskalische Bedeutung 483

   1.3 Gegenstand 484

   1.4 Erfolgskontrolle 484

2 Steuerpflicht 484

   2.1 Steuerpflichtige Vorgänge 484

      2.1.1 Überblick 484

      2.1.2 Erwerb von Todes wegen 485

      2.1.3 Schenkung unter Lebenden 485

      2.1.4 Zweckzuwendungen 486

   2.2 Persönliche Steuerpflicht 486

   2.3 Erfolgskontrolle 488

3 Bereicherung des Erwerbers 488

   3.1 Überblick 488

   3.2 Steuerwert des Nachlasses 489

      3.2.1 Überblick 489

      3.2.2 Steuerklassen 489

      3.2.3 Sachliche Steuerbefreiungen 490

         3.2.3.1 Überblick 490

         3.2.3.2 Steuerbefreiungen gem. § 13 ErbStG 490

         3.2.3.3 Steuervergünstigungen für begünstigtes Vermögen 491

   3.3 Abzugsfähige Nachlassverbindlichkeiten 494

      3.3.1 Überblick 494

      3.3.2 Erblasserverbindlichkeiten 494

      3.3.3 Erbfallverbindlichkeiten 494

      3.3.4 Erbfallkosten 495

      3.3.5 Nicht abzugsfähige Verbindlichkeiten 495

   3.4 Erfolgskontrolle 495

4 Steuerberechnung 496

   4.1 Steuerpflichtiger Erwerb 496

      4.1.1 Überblick 496

      4.1.2 Berücksichtigung früherer Erwerbe (Vorerwerb) 496

      4.1.3 Persönlicher Freibetrag gem. § 16 ErbStG 497

      4.1.4 Besonderer Versorgungsfreibetrag 498

      4.1.5 Zusammenfassung 499

   4.2 Abrundung 499

   4.3 Steuersätze 500

   4.4 Erfolgskontrolle 501

5 Steuerfestsetzung und Erhebung 502

   5.1 Steuerschuldner 502

   5.2 Steuerstundung gem. § 28 ErbStG bei Betriebsvermögen 502

   5.3 Anzeige des Erwerbs 502

   5.4 Steuererklärung 503

   5.5 Erfolgskontrolle 503

Anhang Aktuelle Rechtsänderungen – Übersicht 504

Stichwortverzeichnis 509

Bornhofen – das Konzept 517

Abkürzungsverzeichnis

a. F.	=	alte Fassung
AfaA	=	Absetzung für außergewöhnliche Abnutzung
AfA	=	Absetzung für Abnutzung
AG	=	Aktiengesellschaft
AK	=	Anschaffungskosten
AktG	=	Aktiengesetz
AltEinkG	=	Alterseinkünftegesetz
AltZertG	=	Altersvorsorge-Zertifikationsgesetz
ANK	=	Anschaffungsnebenkosten
AO	=	Abgabenordnung
AStG	=	Außensteuergesetz
AVmG	=	Altersvermögensgesetz
BAföG	=	Bundesausbildungsförderungsgesetz
BdF	=	Bundesminister der Finanzen
BewG	=	Bewertungsgesetz
BfF	=	Bundesamt für Finanzen
BFH	=	Bundesfinanzhof
BGB	=	Bürgerliches Gesetzbuch
BGBl	=	Bundesgesetzblatt
BGH	=	Bundesgerichtshof
BilMoG	=	Bilanzrechtsmodernisierungsgesetz
BiRiLiG	=	Bilanzrichtlinien-Gesetz
BilRUG	=	Bilanzrichtlinie-Umsetzungsgesetz
BKGG	=	Bundeskindergeldgesetz
BMF	=	Bundesministerium der Finanzen
BMG	=	Bemessungsgrundlage
BpO	=	Betriebsprüfungs-Ordnung
BStBl	=	Bundessteuerblatt
BV	=	Berechnungsverordnung oder Betriebsvermögen
BVerfG	=	Bundesverfassungsgericht
BZSt	=	Bundeszentralamt für Steuern
CStHG	=	Corona-Steuerhilfegesetz
DA-FamEStG	=	Dienstanweisung zur Durchführung des steuerlichen Familien-leistungsausgleichs nach dem X. Abschnitt des EStG
DA-KG	=	Dienstanweisung zum Kindergeld nach dem Einkommensteuergesetz
DBA	=	Doppelbesteuerungsabkommen
EFH	=	Einfamilienhaus
eG	=	eingetragene Genossenschaft
EGAO	=	Einführungsgesetz zur Abgabenordnung
EigZulG	=	Eigenheimzulagengesetz
ELStAM	=	Elektronische Lohnsteuerabzugsmerkmale
ErbStG	=	Erbschaftsteuer- und Schenkungsteuergesetz
ErbStR	=	Erbschaftsteuer-Richtlinien
ErbStRG	=	Erbschaftsteuerreformgesetz
EStDV	=	Einkommensteuer-Durchführungsverordnung
EStG	=	Einkommensteuergesetz

Abkürzungsverzeichnis

EStH	=	Amtliches Einkommensteuer-Handbuch
EStÄR	=	Einkommensteuer-Änderungsrichtlinien
EStR	=	Einkommensteuer-Richtlinien
eTIN	=	electronic Taxpayer Identification Number
EU	=	Europäische Union
EuGH	=	Europäischer Gerichtshof
EUSt	=	Einfuhrumsatzsteuer
EÜR	=	Einnahmenüberschussrechnung
EWR	=	Europäischer Wirtschaftsraum
EZ	=	Erhebungszeitraum
FA	=	Finanzamt
FamEntlastG	=	Familienentlastungsgesetz
FGO	=	Finanzgerichtsordnung
FördG	=	Fördergebietsgesetz
FVG	=	Finanzverwaltungsgesetz
FZulG	=	Forschungszulagengesetz
GbR	=	Gesellschaft des bürgerlichen Rechts
GdB	=	Grad der Behinderung
GewStDV	=	Gewerbesteuer-Durchführungsverordnung
GewStG	=	Gewerbesteuergesetz
GewStH	=	Gewerbesteuer-Handbuch
GmbH	=	Gesellschaft mit beschränkter Haftung
GrEStG	=	Grunderwerbsteuergesetz
H	=	Hinweis
HGB	=	Handelsgesetzbuch
HK	=	Herstellungskosten
i.d.F.	=	in der Fassung
i.S.d.	=	im Sinne des
i.V.m.	=	in Verbindung mit
JStG	=	Jahressteuergesetz
KapESt	=	Kapitalertragsteuer
KG	=	Kommanditgesellschaft
KGaA	=	Kommanditgesellschaft auf Aktien
KiSt	=	Kirchensteuer
KlSchStG	=	Gesetz zur Umsetzung des Klimaschutzprogramms 2030 im Steuerrecht
KraftSt	=	Kraftfahrzeugsteuer
KStDV	=	Körperschaftsteuer-Durchführungsverordnung
KStG	=	Körperschaftsteuergesetz
KStH	=	amtliches Körperschaftsteuer-Handbuch
KStR	=	Körperschaftsteuer-Richtlinien
LStÄR	=	Lohnsteuer-Änderungsrichtlinien
LStDV	=	Lohnsteuer-Durchführungsverordnung
LStH	=	amtliches Lohnsteuer-Handbuch
LStR	=	Lohnsteuer-Richtlinien
MwNbStFG	=	Gesetz zur steuerlichen Förderung des Mietwohnungsneubaus
n.F.	=	neue Fassung
OHG	=	offene Handelsgesellschaft
PartG	=	Parteiengesetz
PflegeVG	=	Pflege-Versicherungsgesetz

Abkürzungsverzeichnis

R	=	Richtlinie
RFH	=	Reichsfinanzhof
Rdnr./Rn.	=	Randnummer
Rz.	=	Randziffer/Randzahl
SachbezV	=	Sachbezugsverordnung
StH	=	Stiftung für Hochschulzulassung
SGB	=	Sozialgesetzbuch
SolZG	=	Solidaritätszuschlaggesetz
StBerG	=	Steuerberatungsgesetz
StDÜV	=	Steuerdaten-Übermittlungsverordnung
TW	=	Teilwert
Tz.	=	Textziffer/Textzahl
u.a.	=	unter anderem
UmwStG	=	Umwandlungsgesetz
USt	=	Umsatzsteuer
UStAE	=	Umsatzsteuer-Anwendungserlass
UStDV	=	Umsatzsteuer-Durchführungsverordnung
UStG	=	Umsatzsteuergesetz
USt-IdNr.	=	Umsatzsteuer-Identifikationsnummer
vEK	=	verwendbares Eigenkapital
VermBG	=	Vermögensbildungsgesetz
VersStG	=	Versicherungsteuergesetz
vGA	=	verdeckte Gewinnausschüttung
VVaG	=	Versicherungsverein auf Gegenseitigkeit
VZ	=	Veranlagungszeitraum
WG	=	Wechselgesetz
WoBauFG	=	Wohnungsbauförderungsgesetz
WoPG	=	Wohnungsbau-Prämiengesetz
WStG	=	Wechselsteuergesetz
ZFH	=	Zweifamilienhaus
ZG	=	Zollgesetz
ZM	=	Zusammenfassende Meldung
zvE	=	zu versteuerndes Einkommen

A. Einkommensteuer

1 Einführung in die Einkommensteuer

1.1 Geschichtliche Entwicklung

Die deutsche **Einkommensteuer** (**ESt**) wurde erstmals 1811 in Ostpreußen als **Kopfsteuer** erhoben.

1820 führte Hardenberg in ganz Preußen eine **Klassensteuer** ein, die bei der Steuerstaffelung an **äußere Wohlstandsmerkmale** anknüpfte.

1891 gab es unter Finanzminister **Miquel** eine **Einheits-Einkommensteuer**, die vor allem eine Änderung des auf der preußischen Klassensteuer aufbauenden Rechtszustandes in folgenden Punkten vorsah:

1. Anknüpfung der Besteuerung ausschließlich an die tatsächlichen **Einkommensquellen** anstelle der Heranziehung nach mutmaßlichen Wohlstandsklassen,
2. Einführung der **Steuererklärungspflicht**, womit das unzulängliche Einschätzungsverfahren nach äußeren Merkmalen abgeschafft wurde,
3. Ausdehnung der Steuerpflicht auf **Kapitalgesellschaften**, die von der Klassensteuer noch nicht erfasst waren,
4. **progressive** (stufenweise fortschreitende) **Gestaltung des Einkommensteuertarifs** (Spitzensatz 4 %), unter Berücksichtigung eines Existenzminimums und eines Steuerfreibetrages für Kinder.

Mit der **Miquel'schen Steuerreform** „begann das Zeitalter der **progressiven Einkommensteuer**, in deren Mittelpunkt die **natürliche Person** mit der ihr zuzurechnenden **persönlichen Leistungsfähigkeit** steht" (Alfons Pausch).

Dieses Steuersystem wurde von allen **deutschen Bundesstaaten** mit territorialen Unterschieden bis zum Ersten Weltkrieg eingeführt.

1920 wurden durch Reichsfinanzminister **Erzberger** die 27 Landeseinkommensteuern von einer **einheitlichen Reichseinkommensteuer** abgelöst.

Das **Einkommensteuergesetz vom 29.03.1920**, das auf Miquels Fundamenten aufbaute, brachte wichtige Änderungen gegenüber den meisten bisherigen Landeseinkommensteuern. Dazu gehörten z. B. die

1. Beschränkung der Einkommensteuerpflicht auf **natürliche Personen**. Juristische Personen wurden von der Körperschaftsteuer (Körperschaftsteuergesetz vom 30.03.1920) erfasst,
2. Besteuerung des Einkommens des **Vorjahres** statt des laufenden Steuerjahres,
3. Erweiterung des **Existenzminimums** und der **Kinderprivilegien**,
4. Änderung des **progressiven** Einkommensteuertarifs (Spitzensatz 60 %),
5. Einführung des **Lohnsteuer-Abzugsverfahrens**, wie es im Grundsatz noch heute besteht.

Nach dem Zweiten Weltkrieg wurde die Einkommensteuer von den Besatzungsmächten wieder den **Ländern** zugewiesen.

Seit 1969 ist die Einkommensteuer eine **Gemeinschaftsteuer**, die Bund, Ländern und Gemeinden zusteht, siehe **Steuerlehre 1**, 41. Auflage 2020, S. 3.

1.2 Erhebungsformen

Die **Einkommensteuer** wird bei **bestimmten Einkünften** (Einkünfte aus nichtselbständiger Arbeit, Einkünfte aus Kapitalvermögen, ggf. bei Einkünften aus Vermietung und Verpachtung) **durch Steuerabzug** (Lohnsteuer, Kapitalertragsteuer, Zinsabschlag und der Steuerabzug bei Bauleistungen) **erhoben**.

Da dieser **Steuerabzug** an der „Quelle" erhoben wird, bezeichnet man diese **Abzugsteuern** auch als **Quellensteuern**. Diese Steuern sind keine Steuern eigener Art, sondern lediglich **Erhebungsformen der Einkommensteuer**.

Im Übrigen wird die Einkommensteuer durch **Veranlagung** festgesetzt.

Die **Lohnsteuer** wird z. B. bei der Lohnzahlung an die Arbeitnehmer vom Arbeitgeber einbehalten und an das Finanzamt abgeführt.

Mit dem Steuerabzug gilt die Einkommensteuer für diese Einkünfte als abgegolten, es sei denn, dass der Arbeitnehmer eine Einkommensteuer-Veranlagung **beantragt** oder dass eine Veranlagung zur Einkommensteuer **von Amts wegen** in Betracht kommt. Eine Veranlagung von Amts wegen wird z. B. durchgeführt, wenn die positive Summe der steuerpflichtigen Einkünfte, die **nicht** dem Steuerabzug vom Arbeitslohn zu unterwerfen war, jeweils **mehr als 410 Euro** beträgt (§ 46 Abs. 2 Nr. 1 EStG).

1.3 Steueraufkommen

Die **Bedeutung** der Einkommensteuer im Besteuerungssystem zeigt sich im Vergleich mit den gesamten **Steuereinnahmen**.

2019 hatte die **Einkommensteuer** (einschließlich der Lohnsteuer, der nicht veranlagten Einkommensteuer und der Abgeltungsteuer aus Zins- und Veräußerungserträgen) mit einem **Aufkommen** von rund 312 Mrd. Euro (davon Lohnsteuer rund 220 Mrd. Euro) einen **Anteil** von **39 %** an den **gesamten Steuereinnahmen** von rund **799 Mrd. Euro**.

Die **Einkommensteuer** ist die **bedeutendste Einnahmequelle** der öffentlichen Haushalte.

Einzelheiten zum **Einkommensteueraufkommen** erfolgen im Abschnitt 1.1.2 „Steueraufkommen" der **Steuerlehre 1**, 41. Auflage 2020, Seiten 3 ff.

1.4 Rechtsgrundlagen

Rechtsgrundlagen der Einkommensteuer sind das Einkommensteuergesetz (**EStG**) und die Einkommensteuer-Durchführungsverordnung (**EStDV**).

Soweit in diesem Teil des Buches **§§ ohne Gesetzesangabe** genannt werden, handelt es sich um §§ **des EStG**.

Das EStG ist ein Gesetz des Bundes. Nach Art. 105 Abs. 2 GG hat der **Bund** die **konkurrierende Gesetzgebung** über die Einkommensteuer, das bedeutet, dass der Bundesrat den vom Bundestag beschlossenen Einkommensteuer-Gesetzen zustimmen muss.

Einzelheiten zur **Gesetzgebungshoheit** erfolgen im Abschnitt 3.1 „Steuergesetzgebung" der **Steuerlehre 1**, 41. Auflage 2020, Seite 19.

Die Bundesregierung hat aufgrund der Ermächtigungsvorschrift des § 51 mit Zustimmung des Bundesrates die Einkommensteuer-Durchführungsverordnung (**EStDV**) erlassen.
Mit Zustimmung des Bundesrates hat die Bundesregierung außerdem als Verwaltungsanweisung Einkommensteuer-Richtlinien (**EStR**) erlassen, abrufbar im Internet unter https://esth.bundesfinanzministerium.de/esth/2019/A-Einkommensteuergesetz/inhalt.html.

1.5 System der Einkommensteuer

Einkommensteuer kann nur entstehen, wenn eine **natürliche Person einkommensteuerpflichtig** ist (persönliche Steuerpflicht, § 1) **und** diese Person ein **zu versteuerndes Einkommen** bezogen hat (sachliche Steuerpflicht, § 2).

Die **tarifliche** Einkommensteuer ergibt sich durch Anwendungen der Grundtabelle oder Splittingtabelle auf das „**zu versteuernde Einkommen**", die **Bemessungsgrundlage** der **tariflichen** Einkommensteuer. Das „**zu versteuernde Einkommen**" wird wie folgt ermittelt (§ 2 Abs. 1 bis 5):

> **Gewinneinkünfte** (§ 2 Abs. 2 Nr. 1):
> 1. Einkünfte aus Land- und Forstwirtschaft (§ 13)
> 2. Einkünfte aus Gewerbebetrieb (§ 15)
> 3. Einkünfte aus selbständiger Arbeit (§ 18)
>
> **Überschusseinkünfte** (§ 2 Abs. 2 Nr. 2):
> 4. Einkünfte aus nichtselbständiger Arbeit (§ 19)
> 5. Einkünfte aus Kapitalvermögen (§ 20*)
> 6. Einkünfte aus Vermietung und Verpachtung (§ 21)
> 7. sonstige Einkünfte i. S. d. § 22
>
> ---
> = **Summe der Einkünfte**
> − Altersentlastungsbetrag (§ 24a)
> − Entlastungsbetrag für Alleinerziehende (§ 24b)
> − Freibetrag für Land- und Forstwirte (§ 13 Abs. 3)
>
> ---
> = **Gesamtbetrag der Einkünfte** (§ 2 Abs. 3)
> − Verlustabzug nach § 10d
> − Sonderausgaben (§§ 10, 10a, 10b, 10c)
> − außergewöhnliche Belastungen (§§ 33 bis 33b)
> − sonstige Abzugsbeträge (z. B. § 7 FördG)
> + Erstattungsüberhänge (§ 10 Abs. 4 b Satz 3)
>
> ---
> = **Einkommen** (§ 2 Abs. 4)
> − Freibeträge für Kinder (§§ 31, 32 Abs. 6)
> − Härteausgleich nach § 46 Abs. 3, § 70 EStDV
>
> ---
> = **zu versteuerndes Einkommen** (§ 2 Abs. 5)
>
> ↓
>
> Grundtabelle oder Splittingtabelle (Tarif)
>
> ↓
>
> **tarifliche** Einkommensteuer

* Das „zu versteuernde Einkommen" wird grundsätzlich **ohne** die Kapitaleinkünfte ermittelt. Nur auf **Antrag** können Steuerpflichtige die Kapitaleinkünfte in die Ermittlung des „zu versteuernden Einkommens" **einbeziehen** (§ 32d Abs. 4 und Abs. 6).

A. Einkommensteuer

1.6 Erfolgskontrolle

WIEDERHOLUNGSFRAGEN

1. Wie wird die Einkommensteuer erhoben?
2. Welche Rechtsgrundlagen können zur Klärung einkommensteuerrechtlicher Fragen herangezogen werden?
3. Wie wird das „zu versteuernde Einkommen" ermittelt?

FÄLLE

FALL 1

Beantworten Sie die folgenden Fragen durch Ankreuzen. Zu jeder Frage gibt es nur eine richtige Antwort.

1. Was ist die Lohnsteuer?
   - (a) eine durch Gesetz geregelte Steuerart
   - (b) eine besondere Erhebungsform der Einkommensteuer
   - (c) eine indirekte Steuer
   - (d) eine Verbrauchsteuer mit Abgeltungswirkung

2. Welche Steuer bezeichnet man als Quellensteuer?
   - (a) die Kapitalertragsteuer
   - (b) die Tabaksteuer
   - (c) die Umsatzsteuer
   - (d) die Energiesteuer

3. Wie viele Einkunftsarten kennt das Einkommensteuergesetz?
   - (a) insgesamt zwei Gewinneinkunftsarten
   - (b) insgesamt drei Überschusseinkunftsarten
   - (c) insgesamt sieben Einkunftsarten
   - (d) insgesamt sechs Einkunftsarten

4. Was ist die Bemessungsgrundlage der tariflichen Einkommensteuer?
   - (a) der Gewinn
   - (b) der Überschuss der Einnahmen über die Werbungskosten
   - (c) das Einkommen
   - (d) das zu versteuernde Einkommen

FALL 2

Für unsere alleinstehende Mandantin Angelika Bernard, 40 Jahre, konfessionslos, Koblenz, sind folgende Beträge ermittelt worden:

Einkünfte aus Gewerbebetrieb	20.076 €
Einkünfte aus nichtselbständiger Arbeit	30.000 €
Sonderausgaben	3.700 €
außergewöhnliche Belastungen	1.700 €

1. Ermitteln Sie die Summe der Einkünfte, den Gesamtbetrag der Einkünfte, das Einkommen und das zu versteuernde Einkommen.
2. Wie hoch ist die tarifliche Einkommensteuer 2020 lt. Grundtabelle?
   (Hinweis: Eine Online-Berechnungshilfe finden Sie z. B. unter: www.bmf-steuerrechner.de; Lohn- und Einkommensteuerrechner.)

2 Persönliche Steuerpflicht

§ 1 regelt die **persönliche Steuerpflicht**. Die Vorschrift bestimmt, **welche Person** mit ihren Einkünften der inländischen Einkommensteuer unterliegt.
Das Einkommensteuergesetz nennt **zwei Arten** der **persönlichen** Steuerpflicht:

1. die **unbeschränkte** Steuerpflicht und
2. die **beschränkte** Steuerpflicht.

2.1 Unbeschränkte Steuerpflicht

Das EStG unterscheidet **drei Arten** der **unbeschränkten** Steuerpflicht:

1. unbeschränkte Steuerpflicht nach § 1 **Abs.1**,
2. unbeschränkte Steuerpflicht nach § 1 **Abs.2** und
3. unbeschränkte Steuerpflicht nach § 1 **Abs.3** und **§1a**.

2.1.1 Unbeschränkte Steuerpflicht nach § 1 Abs. 1 EStG

<u>Unbeschränkt einkommensteuerpflichtig</u> sind nach § 1 **Abs.1** Satz 1:

1. alle **natürlichen Personen**,
2. die im **Inland**
3. einen **Wohnsitz** oder
4. ihren **gewöhnlichen Aufenthalt**

haben.

2.1.1.1 Natürliche Personen

Das Bürgerliche Gesetzbuch (**BGB**) unterscheidet **zwei Arten** von Personen:

1. **natürliche** Personen und
2. **juristische** Personen.

Der **Einkommensteuer** unterliegen nur **natürliche** Personen. <u>**Natürliche Personen**</u> sind alle lebenden Menschen.
Ihre Rechtsfähigkeit und damit ihre persönliche **Steuerpflicht beginnt** mit der **Vollendung der Geburt** und **endet** mit dem **Tod** (§ 1 BGB).
Für die unbeschränkte **Steuerpflicht** nach § 1 **Abs.1** sind die **Geschäftsfähigkeit**, das **Alter**, das **Geschlecht**, der **Familienstand**, die **Staatsangehörigkeit** und das **Vorhandensein von Einkünften** ohne Bedeutung.

<u>**Juristische Personen**</u> sind alle mit **Rechtsfähigkeit** versehenen Organisationen. Zu den **juristischen Personen** gehören z.B. Vereine, die Aktiengesellschaften (**AG**) und Gesellschaften mit beschränkter Haftung (**GmbH**).

Juristische Personen unterliegen **nicht** der **Einkommensteuer**, sondern der **Körperschaftsteuer** (**KSt**).

A. Einkommensteuer

Personengesellschaften (z.B. offene Handelsgesellschaften und Kommanditgesellschaften) sind **weder natürliche noch juristische** Personen. Sie unterliegen **weder** der **Einkommensteuer noch** der **Körperschaftsteuer**. Die von ihnen erzielten Einkünfte unterliegen anteilig bei ihren **Gesellschaftern** als Einkünfte aus Gewerbebetrieb (§ 15 Abs. 1 Nr. 2) der **Einkommensteuer**.

2.1.1.2 Inland

Natürliche Personen sind in der Regel nur dann unbeschränkt einkommensteuerpflichtig, wenn sie im **Inland** wohnen oder dort ihren gewöhnlichen Aufenthalt haben.

Der **Inlandsbegriff** wird im EStG nicht definiert, sondern vorausgesetzt. **Inland** im Sinne des EStG ist der Geltungsbereich des EStG, d.h. das Gebiet der Bundesrepublik Deutschland.

Zum **Inland** gehört **auch** der der Bundesrepublik Deutschland zustehende Anteil an der ausschließlichen Wirtschaftszone, soweit dort natürliche Ressourcen der Gewässer über dem Meeresboden, des Meeresbodens und seines Untergrundes erforscht, ausgebeutet, erhalten oder bewirtschaftet werden. Hierzu gehört die Energieerzeugung aus Wasser, Strömung und Wind (§ 1 Abs. 1 Satz 2 Nr. 1). Außerdem beinhaltet der Inlandsbegriff des EStG den Festlandsockel, soweit beispielsweise natürliche Ressourcen erforscht oder ausgebeutet werden (§ 1 Abs. 1 Satz 2 Nr. 2).

§ 1 Abs. 1 Satz 2 ist vor allem für die Frage von Bedeutung, ob inländische Einkünfte i.S.d. § 49 vorliegen. Nur **inländische** Einkünfte unterliegen bei beschränkt steuerpflichtigen Personen nach **§ 1 Abs. 4** sowie bei Personen, die auf Antrag nach **§ 1 Abs. 3** als unbeschränkt einkommensteuerpflichtig behandelt werden, der Einkommensteuer.

2.1.1.3 Wohnsitz

Eine natürliche Person ist unbeschränkt einkommensteuerpflichtig, wenn sie im Inland einen **Wohnsitz** hat.

Eine natürliche Person hat einen **Wohnsitz** dort, wo sie eine **Wohnung** unter Umständen **innehat**, die darauf schließen lassen, dass sie die Wohnung **beibehalten** und **benutzen** wird (§ 8 AO).

Mit einer **Wohnung** sind die objektiv zum Wohnen geeigneten Räume gemeint. Es genügt eine bescheidene Bleibe.

Nicht erforderlich ist eine abgeschlossene Wohnung mit Küche und separater Waschgelegenheit im Sinne des Bewertungsrechts (AEAO zu § 8 AO „Wohnsitz", Nr. 2, Satz 3).

Eine natürliche Person kann **mehrere Wohnsitze** haben, auch gleichzeitig Wohnsitze im In- und Ausland. Wer einen Wohnsitz **im Ausland** begründet, hat **auch im Inland** einen Wohnsitz, sofern er die **inländische** Wohnung weiterhin unter Umständen innehat, die darauf schließen lassen, sie **beibehalten** und **benutzen** zu wollen (AEAO zu § 8 AO „Wohnsitz", Nr. 6).

Entscheidend für die unbeschränkte Einkommensteuerpflicht nach § 1 Abs. 1 ist, dass **ein** Wohnsitz im **Inland** besteht.

BEISPIEL

Der deutsche Staatsangehörige Dieter Kapp hat in **Berlin** und in **Paris** je einen **Wohnsitz**. Er erzielt sowohl in Deutschland als auch in Frankreich Einkünfte.

Dieter Kapp ist nach § 1 **Abs. 1** im Inland **unbeschränkt** einkommensteuerpflichtig, weil er als **natürliche Person** im **Inland** einen **Wohnsitz** hat. Dass er auch in Frankreich einen Wohnsitz hat, ist dabei ohne Bedeutung.

2.1 Unbeschränkte Steuerpflicht

Der Steuerpflichtige muss die Wohnung **innehaben**. Danach muss die Wohnung in objektiver Hinsicht dem Steuerpflichtigen **jederzeit** (wann immer er es wünscht) als Bleibe **zur Verfügung stehen**. An der objektiven Eignung fehlt es bei sog. Standby-Wohnungen oder -Zimmern, wenn aufgrund von Vereinbarungen oder Absprachen zwischen den Wohnungsnutzern die Nutzungsmöglichkeit des Steuerpflichtigen derart beschränkt ist, dass er die Wohnung oder das Zimmer nicht jederzeit für einen Wohnaufenthalt nutzen kann (AEAO zu § 8 AO „Wohnsitz", Nr. 3).

Die Wohnungsnutzung muss weder regelmäßig noch über eine längere Zeit erfolgen; erforderlich ist aber eine Nutzung, die über bloße Besuche, kurzfristige Ferienaufenthalte bzw. unregelmäßige kurze Aufenthalte zu Erholungszwecken oder zu Verwaltungszwecken hinausgeht (AEAO zu § 8 AO „Wohnsitz", Nr. 4.1).

Wer eine Wohnung **von vornherein** in der Absicht nimmt, sie nur **vorübergehend** (weniger als sechs Monate) beizubehalten und zu benutzen, begründet dort **keinen Wohnsitz** (AEAO zu § 8 AO „Wohnsitz", Nr. 4.2.2).

2.1.1.4 Gewöhnlicher Aufenthalt

Unbeschränkt einkommensteuerpflichtig sind auch natürliche Personen, die im Inland zwar **keinen Wohnsitz, aber** ihren **gewöhnlichen Aufenthalt** haben.

Eine natürliche Person hat ihren **gewöhnlichen Aufenthalt** dort, wo sie sich unter Umständen aufhält, die erkennen lassen, dass sie an diesem Ort oder in diesem Gebiet **nicht nur vorübergehend** verweilt (§ 9 AO).

Als gewöhnlicher Aufenthalt ist stets und von Beginn an ein zeitlich zusammenhängender Aufenthalt von **mehr als sechs Monaten** Dauer anzusehen; kurzfristige Unterbrechungen (z.B. Familienheimfahrt, Jahresurlaub, Kur, Erholung) bleiben unberücksichtigt (§ 9 Satz 2 AO).

> **BEISPIEL**
>
> Der Mitarbeiter einer englischen Wirtschaftsprüfungsgesellschaft wird für ein Jahr von London in die Frankfurter Niederlassung seines Arbeitgebers versetzt, **ohne** einen **Wohnsitz** im Inland zu begründen. Während seines Aufenthalts in der Bundesrepublik besucht er regelmäßig seine in England lebende Familie.
>
> Der Mitarbeiter ist von Beginn der Einreise an in der Bundesrepublik **unbeschränkt** einkommensteuerpflichtig, weil sein Aufenthalt in der Bundesrepublik **länger als 6 Monate** dauert. Die Familienheimfahrten bleiben als kurzfristige Unterbrechung unberücksichtigt. Er ist unbeschränkt einkommensteuerpflichtig, weil er als **natürliche Person** im **Inland** seinen **gewöhnlichen Aufenthalt** hat.

Die **6-Monate-Regel** gilt **nicht**, wenn der Aufenthalt in der Bundesrepublik ausschließlich zu **Besuchs-, Erholungs- oder ähnlichen privaten Zwecken** genommen wird **und nicht länger als ein Jahr** dauert (§ 9 Satz 3 AO).

Der gewöhnliche Aufenthalt im Inland ist zu **verneinen**, wenn der Steuerpflichtige unter Benutzung seiner im Ausland gelegenen Wohnung lediglich seine Tätigkeit im Inland ausübt. **Grenzgänger** haben ihren gewöhnlichen Aufenthalt grundsätzlich im **Wohnsitzstaat** (AEAO zu § 9 AO, Nr. 2, Satz 2).

Wer allerdings regelmäßig an Arbeitstagen am Arbeits-/Geschäftsort im Inland **übernachtet** und sich nur am Wochenende bzw. an Feiertagen und im Urlaub zu seiner Wohnung im Ausland begibt, hat an dem inländischen Arbeits-/Geschäftsort seinen **gewöhnlichen Aufenthalt** (AEAO zu § 9, Nr. 2 Satz 4).

A. Einkommensteuer

Natürliche Personen, die im **Inland** einen **Wohnsitz** oder ihren **gewöhnlichen Aufenthalt** haben, sind **grundsätzlich** nach § 1 **Abs. 1 unbeschränkt** einkommensteuerpflichtig.

Ausgenommen von dieser grundsätzlichen Regelung der unbeschränkten Steuerpflicht nach § 1 Abs. 1 sind nach völkerrechtlichen Vereinbarungen ausländische **Diplomaten** und ausländische **Konsularbeamte** (§ 2 AO).

Die in die Bundesrepublik Deutschland entsandten **Diplomaten und Konsularbeamten** haben nach dem Wiener Übereinkommen über diplomatische Beziehungen (WÜD) und dem Wiener Übereinkommen über konsularische Beziehungen (WÜK) im Geltungsbereich des Einkommensteuergesetzes den **Status** der **beschränkt** Steuerpflichtigen.

Die **unbeschränkte** Einkommensteuerpflicht hat zur **Folge**, dass **sämtliche Einkünfte** aus dem In- und Ausland („Welteinkommen") im Inland der **Besteuerung** unterliegen, soweit nicht für bestimmte Einkünfte abweichende Regelungen bestehen, z. B. in Doppelbesteuerungsabkommen [H 1a (Allgemeines Doppelbesteuerungsabkommen) EStH].

Zusammenfassung zu Abschnitt 2.1.1:

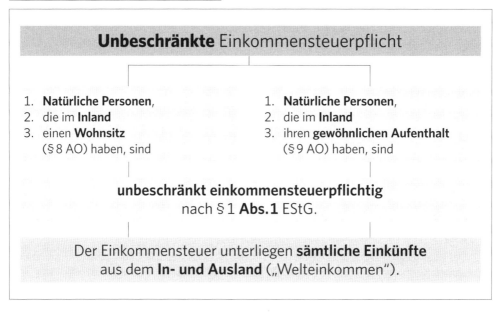

ÜBUNG → Wiederholungsfragen 1 bis 4 (Seite 14)

2.1.2 Erweiterte unbeschränkte Steuerpflicht nach § 1 Abs. 2 EStG

§ 1 **Abs. 2 erweitert** die **unbeschränkte** Einkommensteuerpflicht über die in **Abs. 1** bezeichneten Personen hinaus auf Personen, die

- **deutsche Staatsangehörige** sind,
- **im Inland weder** einen **Wohnsitz noch** ihren **gewöhnlichen Aufenthalt** haben,
- zu einer **inländischen juristischen** Person des **öffentlichen** Rechts (z. B. Bund, Länder) in einem **Dienstverhältnis** stehen und dafür **Arbeitslohn** aus einer **inländischen öffentlichen** Kasse beziehen **und**
- in dem Staat, in dem sie ihren Wohnsitz oder ihren gewöhnlichen Aufenthalt haben, **lediglich** in einem der beschränkten Einkommensteuerpflicht stehenden Umfang zu einer Steuer vom Einkommen herangezogen werden.

Unbeschränkt einkommensteuerpflichtig nach § 1 **Abs. 2** sind **insbesondere** von der Bundesrepublik Deutschland **ins Ausland entsandte deutsche Staatsangehörige**, die Mitglied einer diplomatischen Mission oder konsularischen Vertretung sind (Diplomaten oder Konsularbeamte) – einschließlich der zu ihrem Haushalt gehörenden Angehörigen –, soweit die Voraussetzungen des § 1 **Abs. 2** erfüllt sind (R 1 Satz 1 EStR 2012).

BEISPIEL

Der ledige **deutsche** Hans von Preuschen ist Konsularbeamter des Außenministeriums in Berlin und wohnt seit Jahren in Ägypten, wo er an der deutschen Botschaft in Cairo-Zamalek tätig ist. In der **Bundesrepublik Deutschland** hat er **weder** einen **Wohnsitz noch** seinen **gewöhnlichen Aufenthalt**. Sein **Gehalt** bezieht er aus der **öffentlichen Kasse** seines Arbeitgebers in **Berlin**. Außer seinem Gehalt erzielt von Preuschen keine weiteren Einkünfte.

Hans von Preuschen ist als Konsularbeamter in der Bundesrepublik **Deutschland unbeschränkt** einkommensteuerpflichtig, weil alle Voraussetzungen des § 1 **Abs. 2** erfüllt sind.
In **Ägypten** ist er, analog deutschem Recht, **nicht beschränkt** einkommensteuerpflichtig, weil er keine inländischen (ägyptischen) Einkünfte erzielt.

Die **Erweiterung** der unbeschränkten Steuerpflicht **führt dazu**, dass auch dieser Personenkreis die **Vergünstigungen** in Anspruch nehmen kann, die eine **unbeschränkte** Steuerpflicht voraussetzen (z. B. Ehegatten-Splitting; § 32a Abs. 5).

§ 1 **Abs. 2** gilt auch dann, wenn bei Ehegatten **einer** der Ehegatten die Staatsangehörigkeit des Empfangsstaates besitzt (R 1 Satz 2 EStR 2012).

2.1.3 Unbeschränkte Steuerpflicht nach § 1 Abs. 3 und § 1a EStG

Der Europäische Gerichtshof (**EuGH**) hat in seinem Urteil vom 14.02.1995 entschieden, dass **beschränkt** steuerpflichtige Staatsbürger anderer EU-Mitgliedstaaten, die ihr Einkommen ganz oder fast ausschließlich aus nichtselbständiger Arbeit in Deutschland erzielen, mit **unbeschränkt** steuerpflichtigen Arbeitnehmern **materiell-rechtlich gleichzustellen** sind. Das Urteil erfordert, insbesondere das **Splitting-Verfahren** auch auf diese Personen anzuwenden.

Das Abkommen über den **Europäischen Wirtschaftsraum** (**EWR**) erfordert eine Anwendung des EuGH-Urteils auch auf Staatsangehörige **Islands**, **Norwegens** und **Liechtensteins**. Durch Neufassung des § 1 **Abs. 3** und Einführung des **§ 1a** wurde dieser Entscheidung Rechnung getragen.

A. Einkommensteuer

2.1.3.1 Unbeschränkte Steuerpflicht nach § 1 Abs. 3 EStG

Natürliche Personen, die im Inland weder einen Wohnsitz noch einen gewöhnlichen Aufenthalt haben, werden nach § 1 **Abs. 3** als **unbeschränkt** Einkommensteuerpflichtige behandelt, wenn sie **inländische** Einkünfte i.S.d. § 49 beziehen (**fiktive unbeschränkte Einkommensteuerpflicht**). Diese Vorschrift gilt in der Regel für sog. **Grenzpendler**.

Die **fiktive unbeschränkte Einkommensteuerpflicht** liegt nach § 1 **Abs. 3** vor, wenn folgende **Voraussetzungen** erfüllt sind:

1. **Antrag**,
2. Einkünfte im Kalenderjahr
    a) unterliegen zu **mindestens 90 % der deutschen Einkommensteuer oder**
    b) die **nicht** der deutschen Einkommensteuer unterliegenden Einkünfte **übersteigen nicht** den **Grundfreibetrag** nach § 32a Abs. 1 Satz 2 Nr. 1 (**VZ 2020: 9.408 Euro, VZ 2021: 9.744 Euro, VZ 2022: 9.984 Euro**).
3. Höhe der nicht der deutschen Einkommensteuer unterliegenden Einkünfte wird durch eine **Bescheinigung** der ausländischen Steuerbehörde nachgewiesen.

Bei der Berechnung der Einkommensgrenze müssen nach § 1 Abs. 3 **Satz 4** solche Einkünfte **außer Betracht** bleiben, die im **Ausland nicht besteuert** werden. Dies gilt jedoch **nur, wenn vergleichbare inländische Einkünfte steuerfrei** sind.

Liegen die **Voraussetzungen** des § 1 **Abs. 3** in der Person des Steuerpflichtigen vor, wird dieser auf **Antrag** als **unbeschränkt** einkommensteuerpflichtig behandelt.

> **BEISPIEL**
>
> Der Arbeitnehmer Anton Jost, der seinen **Wohnsitz** in der **Schweiz** hat, erzielt 2020 **ausschließlich Einkünfte** in **Deutschland** i.S.d. § 49 Abs. 1 Nr. 4 (Einkünfte aus nicht-selbständiger Arbeit), die der **deutschen Einkommensteuer** unterliegen. Er hat auch im Inland keinen gewöhnlichen Aufenthalt, weil er im Inland lediglich seine Tätigkeit ausübt. Jost legt seinem Arbeitgeber eine **Bescheinigung** über die nicht der deutschen Einkommensteuer unterliegenden Einkünfte vor. Jost hat 2020 abziehbare Vorsorgeaufwendungen i.H.v. 7.000 €.
>
> Anton Jost hat weder einen Wohnsitz noch seinen gewöhnlichen Aufenthalt im Inland, sodass er **nicht** nach § 1 **Abs. 1** unbeschränkt einkommensteuerpflichtig ist.
> Da auch die Voraussetzungen des § 1 **Abs. 2 nicht** erfüllt sind, ist er - **ohne Antrag** - **beschränkt** einkommensteuerpflichtig (§ 1 **Abs. 4**).
> Auf **Antrag** ist er für 2020 als **unbeschränkt** Steuerpflichtiger zu behandeln (§ 1 **Abs. 3**). Als **unbeschränkt** Steuerpflichtiger kann Jost die steuerliche Begünstigung der Vorsorgeaufwendungen in Anspruch nehmen.

Ist ein **Ehegatte nicht unbeschränkt** einkommensteuerpflichtig, kommt die Anwendung des **Splitting-Verfahrens** (§ 26 Abs. 1 i.V.m. § 32a Abs. 5) **nicht** in Betracht.

2.1 Unbeschränkte Steuerpflicht

2.1.3.2 Unbeschränkte Steuerpflicht nach § 1a EStG

Im Falle der unbeschränkten Steuerpflicht nach § 1a kann der Steuerpflichtige die **familienbezogenen Vergünstigungen** wie **Realsplitting**, den Sonderausgabenabzug der **Versorgungsleistungen,** den **Versorgungsausgleich** und ggf. den **Splittingtarif** in Anspruch nehmen (§ 1a Abs. 1 und Abs. 2).

§ 1a ist ausschließlich auf **Staatsangehörige** (einschließlich Deutsche) von **EU-Staaten** oder **EWR-Staaten** anzuwenden.

Weitere Voraussetzung für die Anwendung des **§ 1a** ist, dass der **Staatsangehörige des EU- oder EWR-Staates entweder**

- nach § 1 **Abs. 1** EStG **unbeschränkt** einkommensteuerpflichtig **oder**

- nach § 1 **Abs. 3** EStG als **unbeschränkt** einkommensteuerpflichtig zu behandeln ist.

Neben dem Steuerpflichtigen hat **auch** der **Empfänger** der Unterhalts- oder Versorgungs- leistung bzw. im Falle des Splittingtarifs der nicht dauernd getrennt lebende Ehegatte bestimmte Voraussetzungen zu erfüllen. Bei diesen Personen wird zwar keine unbeschränkte Steuerpflicht gefordert, allerdings hat deren **Wohnsitz** oder deren **gewöhnlicher Aufent- haltsort** in der **EU** oder dem **EWR** zu liegen. Bei den Unterhalts- und Versorgungsleistungen ist deren Besteuerung beim Empfänger durch eine **Bescheinigung der jeweiligen ausländi- schen Steuerbehörde** nachzuweisen (sog. <u>Korrespondenzprinzip</u>; § 1a Abs. 1 und Abs. 2).

BEISPIEL

Die geschiedene Brigitte Dagorn, die in **Straßburg (Frankreich)** ihren **Wohnsitz** hat, **arbeitet** ausschließlich in einer Gaststätte in **Freiburg (Deutschland)**.
Sie legt ihrem Arbeitgeber eine **Bescheinigung** der französischen Steuerbehörde über die nicht der deutschen Einkommensteuer unterliegenden Einkünfte (2020 unter 9.408 Euro / 2021 unter 9.744 Euro) vor.
Sie ist gesetzlich verpflichtet, Unterhaltsleistungen an ihren geschiedenen Ehegatten mit Wohn- sitz in Frankreich zu zahlen.

Brigitte Dagorn hat weder einen Wohnsitz noch ihren gewöhnlichen Aufenthalt im Inland, sodass sie **nicht** nach § 1 **Abs. 1** unbeschränkt einkommensteuerpflichtig ist.
Da auch die Voraussetzungen des § 1 **Abs. 2 nicht** erfüllt sind, ist sie – **ohne Antrag** – **beschränkt** einkommensteuerpflichtig (§ 1 Abs. 4).
Auf **Antrag** ist sie für 2020 als **unbeschränkt** Steuerpflichtige zu behandeln (§ 1 **Abs. 3**).
Da sie **EU-Staatsbürgerin** ist und ihr geschiedener Ehemann seinen Wohnsitz in der EU hat, kann sie die **Vergünstigung** nach § 10 Abs. 1a Nr. 1 in Anspruch nehmen und die Unterhaltsleistungen an ihren geschiedenen Ehemann als Sonderausgaben berücksichtigen (Realsplitting). Dem Finanzamt hat sie die Besteuerung der Unterhaltsleistungen bei ihrem geschiedenen Ehemann durch eine Bescheinigung der französischen Steuerbehörden nachzu- weisen.

Im Ausland bei internationalen Organisationen beschäftigte Deutsche fallen **nicht** unter § 1 **Abs. 2** (z.B. Mitarbeiter des Goethe-Instituts mit Wohnsitz im Ausland) oder § 1 **Abs. 3** i. V. m. § 1a Abs. 2, da sie ihren Arbeitslohn **nicht aus einer inländischen öffentlichen Kasse** beziehen [H 1a (Erweiterte unbeschränkte Steuerpflicht und unbeschränkte Steuerpflicht auf Antrag) EStH].

12 A. Einkommensteuer

2.2 Beschränkte Steuerpflicht

Beschränkt einkommensteuerpflichtig sind natürliche Personen, die im **Inland weder** einen **Wohnsitz noch** ihren **gewöhnlichen Aufenthalt** haben, jedoch **inländische Einkünfte** im Sinne des §49 erzielen (§1 **Abs.4**).

Die **beschränkte** Einkommensteuerpflicht hat zur **Folge**, dass **nur** die **inländischen** Einkünfte i.S.d. **§49** der Einkommensteuer unterliegen.

> **BEISPIEL**
>
> Olivier Dagorn hat in Paris seinen einzigen Wohnsitz. Er betreibt in Paris eine Arztpraxis. In München hat er ein Mietwohngrundstück, aus dem er Einkünfte erzielt.
>
> Olivier Dagorn ist in Deutschland beschränkt einkommensteuerpflichtig (§1 Abs. 4 i.V.m. §49 Abs. 1 Nr. 6). Er wird nur mit den Mieteinkünften von der deutschen ESt erfasst.
>
> Die Einkünfte aus der Arztpraxis unterliegen in Deutschland nicht der Einkommensteuer.

Die §§ 2, 4 und 5 AStG **erweitern** die beschränkte Steuerpflicht für Personen, die ihren Wohnsitz in **niedrig besteuerte Gebiete** verlegt haben und nicht unbeschränkt steuerpflichtig sind (**erweiterte beschränkte Einkommensteuerpflicht**).

2.3 Doppelbesteuerungsabkommen

Die **unbeschränkte** Steuerpflicht erstreckt sich auf **sämtliche inländischen und ausländischen Einkünfte** („**Welteinkommen**") einer natürlichen Person [H 1a (Allgemeines) EStH].

Da die **ausländischen** Einkünfte in der Regel **bereits im Ausland der Einkommensteuer** unterliegen, würde eine nochmalige volle Besteuerung im Inland zu einer **doppelten** steuerlichen Belastung führen.

Zur **Vermeidung der Doppelbesteuerung** hat die Bundesrepublik Deutschland mit vielen Staaten **Doppelbesteuerungsabkommen** (**DBA**) abgeschlossen, in denen auf der Grundlage der Gegenseitigkeit die Vertragsstaaten ihre **Besteuerungsrechte beschränken**.

Dies geschieht entweder dadurch, dass der Wohnsitzstaat auf die volle Besteuerung der ausländischen Einkünfte verzichtet und nur eine verminderte Steuer erhebt, oder dass die gezahlte ausländische Quellensteuer auf Dividenden und Zinsen ganz oder zum Teil auf die inländische Einkommensteuer angerechnet wird (BMF-Schreiben vom 15.01.2020, BStBl I 2020, S. 162, Stand der Doppelbesteuerungsabkommen 01.01.2020).

> **BEISPIEL**
>
> Olivier Dagorn, der in Paris seinen einzigen Wohnsitz hat, ist in **Frankreich unbeschränkt** einkommensteuerpflichtig.
>
> In **München** hat er ein **Mietshaus**, aus dem er **Mieteinkünfte** bezieht.
>
> Olivier Dagorn ist in **Deutschland beschränkt** einkommensteuerpflichtig (§1 Abs. 4 i.V.m. §49 Abs. 1 Nr. 6) und müsste die Mieteinkünfte sowohl in Frankreich als auch in Deutschland besteuern, wenn es kein Doppelbesteuerungsabkommen zwischen Deutschland und Frankreich gäbe.
>
> Nach dem Doppelbesteuerungsabkommen mit Frankreich werden die Mieteinkünfte nur in **Deutschland besteuert**. In **Frankreich** (Wohnsitzstaat) sind die Mieteinkünfte von der Besteuerung **befreit**, sodass die Mieteinkünfte nur **einmal** besteuert werden (Art. 3 DBA Frankreich).

ÜBUNG → 1. Wiederholungsfrage 5 (Seite 14),
2. Fälle 1 und 2 (Seite 14 f.)

2.4 Zusammenfassung und Erfolgskontrolle
2.4.1 Zusammenfassung

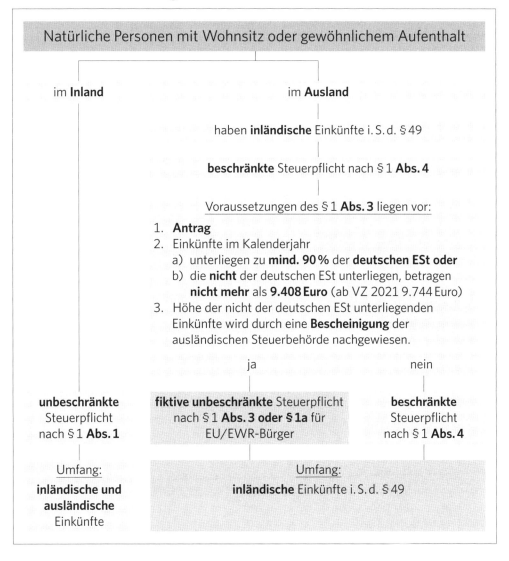

14 A. Einkommensteuer

2.4.2 Erfolgskontrolle

WIEDERHOLUNGSFRAGEN

1. Was versteht man unter einer natürlichen Person?
2. Was versteht man unter Inland i.S.d. EStG?
3. Was versteht man unter Wohnsitz i.S.d. § 8 AO?
4. Was ist unter dem gewöhnlichen Aufenthalt i.S.d. § 9 AO zu verstehen?
5. Welchem Zweck dienen die Doppelbesteuerungsabkommen?

FÄLLE

FALL 1

Beantworten Sie die folgenden Fragen durch Ankreuzen. Zu jeder Frage gibt es nur eine richtige Antwort.

1. Wer ist unbeschränkt einkommensteuerpflichtig nach § 1 Abs. 1?

    (a) alle juristischen Personen, die im Inland ihre Geschäftsleitung oder ihren Sitz haben
    (b) alle juristischen Personen, die im Ausland ihre Geschäftsleitung oder ihren Sitz haben, jedoch inländische Einkünfte erzielen
    (c) alle natürlichen Personen, die im Inland einen Wohnsitz oder ihren gewöhnlichen Aufenthalt haben
    (d) alle natürlichen Personen, die im Inland weder einen Wohnsitz noch ihren gewöhnlichen Aufenthalt haben, jedoch inländische Einkünfte erzielen

2. Welche Folge ergibt sich aus der unbeschränkten Einkommensteuerpflicht nach § 1 Abs. 1?

    (a) Der Einkommensteuer unterliegen nur die inländischen Einkünfte.
    (b) Der Einkommensteuer unterliegen sämtliche Einkünfte aus dem In- und Ausland.
    (c) Der Einkommensteuer unterliegen nur die ausländischen Einkünfte.
    (d) Der Einkommensteuer unterliegen mindestens 90 % der Einkünfte.

3. Wer ist beschränkt einkommensteuerpflichtig?

    (a) alle juristischen Personen, die im Inland ihre Geschäftsleitung oder ihren Sitz haben
    (b) alle natürlichen Personen, die im Inland weder einen Wohnsitz noch ihren gewöhnlichen Aufenthalt haben, jedoch inländische Einkünfte erzielen
    (c) alle natürlichen Personen, die im Inland einen Wohnsitz oder ihren gewöhnlichen Aufenthalt haben
    (d) alle juristischen Personen, die im Ausland ihre Geschäftsleitung oder ihren Sitz haben, jedoch inländische Einkünfte erzielen

4. Welche Folge ergibt sich aus der beschränkten Einkommensteuerpflicht?

    (a) Der Einkommensteuer unterliegen sämtliche Einkünfte aus dem In- und Ausland.
    (b) Der Einkommensteuer unterliegen nur die ausländischen Einkünfte.
    (c) Der Einkommensteuer unterliegen weder die inländischen noch die ausländischen Einkünfte.
    (d) Der Einkommensteuer unterliegen nur die inländischen Einkünfte i.S.d. § 49.

2.4 Zusammenfassung und Erfolgskontrolle

FALL 2

Bestimmen Sie bei den folgenden Personen, ob sie **unbeschränkt** oder **beschränkt** einkommensteuerpflichtig sind. Begründen Sie Ihre Antwort.

a) Sabine Krämer, 17 Jahre alt, Auszubildende mit dem Berufsziel Steuerfachangestellte, wohnt mit ihren Eltern in Koblenz. Ihre einzige Einnahme ist die Ausbildungsvergütung.

b) Anja Fischer, 19 Jahre alt, wohnt mit ihren Eltern in Mainz. Sie besucht dort das Wirtschaftsgymnasium. Anja hat kein eigenes Einkommen.

c) Georg Smith ist Angestellter einer Londoner Bank. Er hat seinen Wohnsitz in London. In der Zeit vom 02.01.2020 bis 15.11.2020 arbeitete er bei der Düsseldorfer Filiale seiner Arbeitgeberin und wohnte während dieser Zeit in einem Düsseldorfer Hotel.

d) Peter Keller wohnt in Wien. Er hat inländische Einkünfte im Sinne des § 49.

e) Der 5-jährige Erich Schwab wohnt bei seinen Eltern in Bonn. Erich hat kein eigenes Einkommen.

f) Der Deutsche Frank Haas ist seit Jahren Botschafter in Israel. In der Bundesrepublik Deutschland hat er weder einen Wohnsitz noch seinen gewöhnlichen Aufenthalt. Sein Gehalt bezieht er aus der öffentlichen Kasse des Außenministeriums in Berlin.

g) Die Heinrich Bauer KG, Bonn, deren Wirtschaftsjahr mit dem Kalenderjahr übereinstimmt, erzielt in 2020 einen Gewinn von 154.000 €.

h) Knut Hansen, der seinen Wohnsitz in Norwegen hat, erzielt in 2020 ausschließlich Einkünfte in Deutschland, die der deutschen Einkommensteuer unterliegen. Erforderliche Anträge gelten als gestellt.

i) Susi Klein, die in Venlo (NL) ihren Wohnsitz hat, arbeitet in 2020 ausschließlich in einem Supermarkt in Krefeld (DE) und erzielt nur Einkünfte in Deutschland. Erforderliche Anträge gelten als gestellt.

j) André Bucher, der seinen Wohnsitz in Basel (Schweiz) hat, arbeitet als Bilanzbuchhalter bei der Firma Otto KG in Lörrach (Deutschland). In 2020 fährt er an 230 Tagen mit seinem Pkw von seiner Wohnung zu seiner ersten Tätigkeitsstätte. Außer seinem Arbeitslohn, der in Deutschland der Einkommensteuer (Lohnsteuer) unterliegt, hat er in 2020 in der Schweiz Einkünfte aus Vermietung und Verpachtung in Höhe von 7.665 € erzielt. Herr Bucher legt seinem Arbeitgeber eine Bescheinigung über die nicht der deutschen Einkommensteuer unterliegenden Einkünfte vor.

A. Einkommensteuer

3 Grundbegriffe im Zusammenhang mit der Ermittlung der Einkünfte

Die **Einkünfte** aus den sieben Einkunftsarten bilden die **Ausgangsgröße** für die Ermittlung des **zu versteuernden Einkommens**.

3.1 Einkünfte

Nach § 2 Abs. 2 werden **zwei Arten von Einkünften** in Abhängigkeit von der jeweiligen Einkunftsart unterschieden:

1. der **Gewinn** (§§ 4 bis 7k und 13a) und

2. der **Überschuss** der Einnahmen über die Werbungskosten (§§ 8 bis 9a).

Die **Einkünfte** sind bei den **ersten drei Einkunftsarten** nach § 2 Abs. 2 **Nr. 1** der **Gewinn**. Deshalb werden die Einkünfte der ersten drei Einkunftsarten auch als **Gewinneinkünfte/ Gewinneinkunftsarten** bezeichnet:

1. Einkünfte aus **Land- und Forstwirtschaft** (§ 13),

2. Einkünfte aus **Gewerbebetrieb** (§ 15),

3. Einkünfte aus **selbständiger Arbeit** (§ 18).

Der **Gewinn** wird entweder durch **Betriebsvermögensvergleich** (§§ 4 Abs. 1, 5), durch **Einnahmenüberschussrechnung** nach § 4 Abs. 3 oder nach **Durchschnittssätzen** (§ 13a) ermittelt.

Die **Einkünfte** der **Einkunftsarten vier bis sieben** sind nach § 2 Abs. 2 **Nr. 2** der **Überschuss** der **Einnahmen über die Werbungskosten**. Die Einkünfte der Einkunftsarten vier bis sieben werden deshalb auch **Überschusseinkünfte/Überschusseinkunftsarten** genannt:

4. Einkünfte aus **nichtselbständiger Arbeit** (§ 19),

5. Einkünfte aus **Kapitalvermögen** (§ 20),

6. Einkünfte aus **Vermietung und Verpachtung** (§ 21),

7. **sonstige Einkünfte im Sinne des § 22**.

Ergibt sich bei der Ermittlung der Einkünfte ein **negativer Betrag**, spricht man von **Verlust** oder **negativen Einkünften**.

Einkünfte werden nur angenommen, wenn der Steuerpflichtige beabsichtigt, langfristig **Gewinn** bzw. **Überschuss** zu erzielen. Trifft dies **nicht** zu, spricht man von einer einkommensteuerlich nicht relevanten **Liebhaberei** (H 2 „Liebhaberei" EStR).

Bei den **ersten drei** Einkunftsarten ist die Gewinn**quelle** der **Betrieb**.

BEISPIEL

Der Steuerpflichtige Jürgen Fuß hat eine **Gastwirtschaft**. Im abgelaufenen Kalenderjahr hat er aus diesem Betrieb einen **Gewinn** von **25.000 €** erzielt.

Die **Einkünfte** aus **Gewerbebetrieb** (§ 15) betragen **25.000 €**.

3.1 Einkünfte 17

Bei den Einkunftsarten **vier bis sieben** ist die Überschuss**quelle** der Ertrag im **privaten Bereich**.

BEISPIEL

Der Steuerpflichtige Andreas Schmidt ist Eigentümer eines Zweifamilienhauses, das zu seinem Privatvermögen gehört. Im abgelaufenen Kalenderjahr haben seine **Mieteinnahmen** aus diesem Haus **12.000€** betragen. Im selben Kalenderjahr sind ihm **Werbungskosten** (§ 9 Abs. 1 Satz 1) in Höhe von **2.000€** entstanden.

Die **Einkünfte** aus Vermietung u. Verpachtung (§ 21) betragen **10.000€** (12.000€ – 2.000€).

Bei der Ermittlung der Einkünfte kann es vorkommen, dass **positive und negative** Einkünfte innerhalb **einer** Einkunftsart zusammentreffen. In solchen Fällen sind die positiven und negativen Einkünfte grundsätzlich miteinander zu verrechnen. Diese Verrechnung wird als **horizontaler (interner) Verlustausgleich** bezeichnet.

BEISPIEL

Der Steuerpflichtige Franz Pohl hat eine **Gastwirtschaft und** eine **Metzgerei**. Im abgelaufenen Kalenderjahr hat er aus der Metzgerei einen **Gewinn** von **125.000€** und aus der Gastwirtschaft einen **Verlust** von **20.000€** erzielt.

Franz Pohl hat folgende **Einkünfte aus Gewerbebetrieb**:

		€
Einkünfte aus Gewerbebetrieb (§ 15)		
Gewinn Metzgerei	125.000€	
Verlust Gastwirtschaft	– 20.000€	**105.000**

Einzelheiten zum **Verlustausgleich** erfolgen im Kapitel 12 „Summe der Einkünfte", Seiten 235 ff.   S | 2

3.2 Einnahmen

Einnahmen sind alle Güter, die in Geld oder Geldeswert bestehen und dem Steuerpflichtigen zufließen.

Nicht alle Einnahmen eines Steuerpflichtigen **unterliegen der Einkommensteuer**. Der Einkommensteuer unterliegen nur solche Einnahmen, die im Rahmen der **sieben Einkunftsarten** anfallen (**steuerbare** Einnahmen).

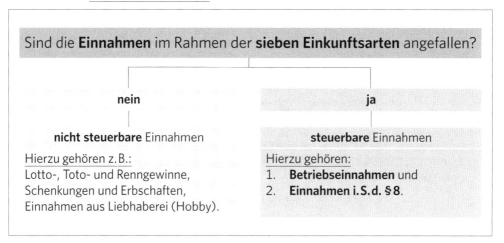

Zu welcher Einkunfts**art** eine **Einnahme** gehört, richtet sich nach den §§ 13 bis 24.

 Die §§ 13 bis 24 werden in **den** Kapiteln **6 „Gewinneinkünfte"**, Seite 45 ff., und **11 „Überschusseinkünfte"**, Seiten 137 ff., näher erläutert.

3.2.1 Betriebseinnahmen

Fallen die **Einnahmen** im Rahmen der Einkunftsarten **eins bis drei** an (**Einkünfte aus Land- und Forstwirtschaft, Einkünfte aus Gewerbebetrieb, Einkünfte aus selbständiger Arbeit**), nennt man sie **Betriebseinnahmen**.

Der Begriff **Betriebseinnahmen** (**BE**) wird im EStG nicht definiert. Nach herrschender Auffassung sind darunter alle Güter zu verstehen, die in Geld oder Geldeswert bestehen und dem Steuerpflichtigen im Rahmen der **ersten drei Einkunftsarten** zufließen.

Demnach gehören zu den **Betriebseinnahmen** nicht nur Geldeinnahmen, sondern auch **geldwerte** Einnahmen. Bei den geldwerten Einnahmen handelt es sich in der Regel um **Sachbezüge** (z. B. Waren und Dienstleistungen).

> **BEISPIEL**
>
> Ein Arzt erhält von einem Privatpatienten, dem Heizölhändler Müller, als Gegenleistung für seine ärztliche Tätigkeit 100 € bar und **4.000 l Heizöl**.
>
> Die 100 € und der **Geldwert des Heizöls** sind **Betriebseinnahmen**, da sie im Rahmen der Einkünfte aus selbständiger Arbeit (§ 18) zufließen.

3.2.2 Einnahmen im Sinne des § 8 EStG

Gehören die **Einnahmen** zu den Einkunftsarten **vier bis sieben** (**Einkünfte aus nichtselbständiger Arbeit, Einkünfte aus Kapitalvermögen, Einkünfte aus Vermietung und

Verpachtung, **sonstige Einkünfte i.S.d. §22**), werden sie im Folgenden als **Einnahmen im Sinne des §8** bezeichnet.

Einnahmen im Sinne des §8 sind alle Güter, die in Geld oder Geldeswert bestehen und dem Steuerpflichtigen im Rahmen der **Einkunftsarten vier bis sieben** zufließen (§8 Abs. 1).

> **BEISPIEL**
>
> Die Arbeitnehmerin Iris Heinz bezieht ein monatliches **Bruttogehalt** von **3.600 €**.
>
> Die **3.600 €** sind **Einnahmen i.S.d. §8**, weil sie im Rahmen der Einkünfte aus nichtselbständiger Arbeit (§19) zufließen.

Einnahmen, die **nicht** in **Geld** bestehen (Wohnung, Kost, Waren, Dienstleistungen und sonstige **Sachbezüge**), sind **grundsätzlich** mit den um übliche Preisnachlässe geminderten üblichen **Endpreisen am Abgabeort** anzusetzen (§8 Abs. 2 Satz 1).

Ausnahmen dieser grundsätzlichen Einnahmeermittlung nach §8 werden im Abschnitt 11.1 „Einkünfte aus nichtselbständiger Arbeit", Seiten 137 ff., näher erläutert.

3.2.3 Steuerfreie Einnahmen

Bestimmte steuerbare Einnahmen sind aus wirtschafts- und sozialpolitischen Gründen **steuerfrei**. Zu den zahlreichen **steuerfreien Einnahmen** gehören nach §3 und §3a, z.B.:

- **Leistungen einer Krankenversicherung**, einer **Pflegeversicherung** und der **gesetzlichen Unfallversicherung**, z.B. Renten aus Berufsgenossenschaften (§3 Nr. 1a),
- **Mutterschaftsgeld** nach dem Mutterschutzgesetz (§3 Nr. 1d),
- **Arbeitslosengeld**, Teilarbeitslosengeld, Kurzarbeitergeld, Winterausfallgeld, Arbeitslosenhilfe (§3 Nr. 2),
- **Corona-Sonderzahlungen** bis zu einem Betrag von **1.500 Euro**, die **zusätzlich** zum ohnehin geschuldeten Arbeitslohn vom Arbeitgeber **zwischen dem 01.03.2020** und dem **30.06.2021** gewährt werden (§3 Nr. 11a),
- **Reisekostenvergütungen** und dienstlich veranlasste **Umzugskostenvergütungen**, soweit sie bestimmte Pauschbeträge nicht übersteigen (§3 Nr. 13 und Nr. 16),
- Ein **zusätzlich** zum ohnehin geschuldeten Arbeitslohn vom Arbeitgeber gewährtes **Jobticket** für Fahrten zwischen Wohnung und erster Tätigkeitsstätte (§3 Nr. 15),
- **Weiterbildungsleistungen** des Arbeitgebers, soweit sie keinen überwiegenden Belohnungscharakter haben sowie **Beratungsleistungen** zur beruflichen Neuorientierung von ausscheidenden Arbeitnehmern (§3 Nr. 19),
- **Aufwandsentschädigungen** für nebenberufliche Tätigkeiten als **Übungsleiter**, Ausbilder, Erzieher, Betreuer oder vergleichbaren nebenberuflichen Tätigkeiten zur Förderung gemeinnütziger, mildtätiger und kirchlicher Zwecke, soweit sie **2.400 Euro** (**VZ 2021**: **3.000 Euro**) im Jahr (Übungsleiterfreibetrag) nicht übersteigen. Die steuerfreie Aufwandsentschädigung gilt auch für Personen, die nebenberuflich die **Pflege** alter, kranker und behinderter Menschen übernehmen (§3 Nr. 26),
- **Einnahmen aus nebenberuflichen Tätigkeiten für gemeinnützige Organisationen** (Ehrenamtsfreibetrag) **bis zu 720 Euro** (**VZ 2021: 840 Euro**) im Jahr (§3 Nr. 26a),
- **Zuschüsse des Arbeitgebers** zum (Saison-) **Kurzarbeitergeld** bis 80% des Unterschiedsbetrags zwischen Soll- und Ist-Entgelt nach §106 SGB III (§3 Nr. 28a),

- unentgeltliche oder verbilligte **Sammelbeförderung** eines Arbeitnehmers **zwischen Wohnung und erster Tätigkeitsstätte** mit einem vom Arbeitgeber gestellten Beförderungsmittel (§ 3 Nr. 32),
- Zusätzlich zum ohnehin geschuldeten Arbeitslohn erbrachte Leistungen des Arbeitgebers zur **Unterbringung und Betreuung von nichtschulpflichtigen Kindern der Arbeitnehmer** im **Kindergarten** oder **vergleichbaren Einrichtungen** (§ 3 Nr. 33),
- **zusätzlich** zum ohnehin geschuldeten Arbeitslohn vom Arbeitgeber **gewährte Vorteile** für die **Überlassung eines betrieblichen Fahrrads**, das **kein** Kraftfahrzeug im Sinne des § 6 Absatz 1 Nr. 4 Satz 2 ist (§ 3 Nr. 37);
- Vorteile eines Arbeitnehmers aus der privaten Nutzung von **betrieblichen Personalcomputern** und **Telekommunikationsgeräten** (§ 3 Nr. 45),
- **Trinkgelder**, die anlässlich einer Arbeitsleistung dem Arbeitnehmer von Dritten **freiwillig** und **ohne** dass ein **Rechtsanspruch** auf sie besteht, zusätzlich zu dem Betrag gegeben werden, der für diese Arbeitsleistung zu zahlen ist (§ 3 Nr. 51),
- **Wohngeld** nach dem Wohngeldgesetz (§ 3 Nr. 58),
- Ausgaben des Arbeitgebers für die **Zukunftssicherung des Arbeitnehmers**, z. B. Arbeitgeberanteil zur Sozialversicherung des Arbeitnehmers (§ 3 Nr. 62),
- **Elterngeld** nach dem Bundeselterngeldgesetz (§ 3 Nr. 67).
- **Erträge** aus einem **Schuldenerlass**, der im Rahmen einer **Unternehmenssanierung** erfolgt (**Sanierungserträge**) (§ 3a)

Bei der Einkommensteuer-Veranlagung sind auch die Vorschriften der Lohnsteuer-Durchführungsverordnung (LStDV) über die Steuerpflicht oder die Steuerfreiheit von Einnahmen aus nichtselbständiger Arbeit anzuwenden (§ 4 EStDV).

Soweit Ausgaben mit **steuerfreien Einnahmen** in unmittelbarem wirtschaftlichen Zusammenhang stehen, dürfen sie grundsätzlich **nicht** als Betriebsausgaben oder Werbungskosten abgezogen werden (§ 3c Abs. 1).

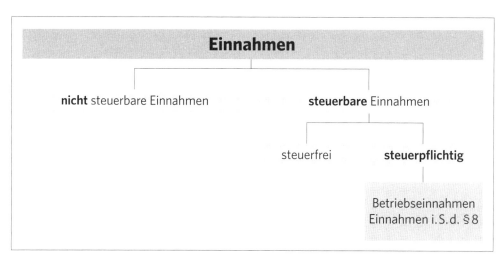

ÜBUNG → 1. Wiederholungsfragen 1 bis 9 (Seite 27),
2. Fall 1 (Seite 27 f.)

3.3 Ausgaben

Von den **Betriebseinnahmen** und den **Einnahmen i.S.d. § 8** dürfen bei der Ermittlung der Einkünfte bestimmte mit diesen Einnahmen in wirtschaftlichem Zusammenhang stehende **Ausgaben** abgezogen werden.

Stehen die **Ausgaben** mit den **ersten drei Einkunftsarten** in wirtschaftlichem Zusammenhang, werden sie **Betriebsausgaben** genannt, stehen sie mit den anderen vier Einkunftsarten in wirtschaftlichem Zusammenhang, spricht man von **Werbungskosten**.

Aufwendungen für die Lebensführung dürfen bei der Ermittlung der Einkünfte grundsätzlich **nicht abgezogen** werden (§ 12).

3.3.1 Betriebsausgaben

Betriebsausgaben (**BA**) sind Aufwendungen, die durch den Betrieb veranlasst sind (§ 4 Abs. 4).

In der **Buchführung** haben die Begriffe Ausgaben und Aufwendungen unterschiedliche Bedeutungen. Unter **Ausgaben** versteht man alle in einem Betrieb mittels Bar- oder Buchgeld geleistete Zahlungen, während **Aufwendungen** die von einem Betrieb verbrauchten Sachgüter und Dienstleistungen sind.

Einzelheiten zu den Grundbegriffen des betrieblichen Rechnungswesens erfolgen im Teil B, Abschnitt 1.1 der **Buchführung 2**, 32. Auflage, Seiten 272 ff.	

Das **Einkommensteuerrecht** macht diese Unterscheidung **nicht**. Die eigentliche Bedeutung der im § 4 Abs. 4 gegebenen Begriffsdefinition besteht darin, die Betriebsausgaben von den anderen Ausgaben des Steuerpflichtigen abzugrenzen. Diese Abgrenzung führt in der Praxis häufig zu Schwierigkeiten.

Bei der **Ermittlung der Einkünfte** dürfen **nicht alle Betriebsausgaben** gewinnmindernd **berücksichtigt werden** (§ 4 Abs. 5 Nr. 1 bis 13, § 4 Abs. 5b).

A. Einkommensteuer

Nach **§ 4 Abs. 5** dürfen z. B. folgende Betriebsausgaben den **Gewinn nicht mindern** (= <u>nicht abzugsfähige Betriebsausgaben</u>):

1. **Aufwendungen für Geschenke** an Personen, die nicht Arbeitnehmer des Steuerpflichtigen sind (Geschäftsfreunde). Dies **gilt nicht, wenn** die **Anschaffungs- oder Herstellungskosten** aller einem Empfänger in einem Wirtschaftsjahr zugewendeten Gegenstände insgesamt **35 Euro nicht übersteigen.** Für Unternehmer, die nicht zum Vorsteuerabzug berechtigt sind, ist für die Bemessung der Freigrenze auf den Bruttobetrag abzustellen (R 9b Abs. 2 Satz 3 EStR 2012, H 9b EStH).

2. **Aufwendungen für die Bewirtung** von Personen aus geschäftlichem Anlass, **soweit** sie **70 %** der Aufwendungen **übersteigen**, die nach der allgemeinen Verkehrsauffassung als **angemessen** anzusehen und deren Höhe und betriebliche Veranlassung **nachgewiesen** sind. Zum Nachweis hat der Steuerpflichtige schriftlich bestimmte Angaben zu machen und die Rechnung über die Bewirtung beizufügen,

3. **Aufwendungen für Gästehäuser**, die sich außerhalb des Orts eines Betriebs des Steuerpflichtigen befinden,

4. **Aufwendungen für Jagd** oder Fischerei, für Segeljachten oder Motorjachten sowie für ähnliche Zwecke und die hiermit zusammenhängenden Bewirtungen,

5. **Mehraufwendungen für Verpflegung** sind nach Maßgabe des § 9 Abs. 4a abziehbar (mehr als 8 Stunden = **14 €** (ohne Übernachtung), 24 Stunden = **28 €**, für An- und Abreisetag, falls eine Übernachtung stattfindet = **14 €**),

6. Aufwendungen für die Wege des Steuerpflichtigen zwischen **Wohnung und Betriebsstätte**, soweit sie die Entfernungspauschale übersteigen,

6b. **Aufwendungen** für ein **häusliches Arbeitszimmer** sowie die Ausstattungskosten. Dies gilt **nicht**, wenn für die betriebliche oder freiberufliche Tätigkeit kein anderer Arbeitsplatz zur Verfügung steht. Dann wird die Höhe der abziehbaren Aufwendungen auf **1.250 €** begrenzt; diese Begrenzung gilt **nicht**, wenn das Arbeitszimmer den Mittelpunkt der gesamten betrieblichen und beruflichen Betätigung bildet, Liegt **kein** häusliches Arbeitszimmer vor **oder** wird auf einen Abzug für ein solches **verzichtet**, kann **für jeden Kalendertag**, an dem die betriebliche oder berufliche Tätigkeit **ausschließlich in der häuslichen Wohnung** ausgeübt und keine sonstige Betätigungsstätte aufgesucht wird, ein Betrag von **5 Euro** abgezogen werden, **höchstens 600 Euro** im Wirtschafts- oder Kalenderjahr (**Homeoffice-Pauschale**).

7. andere als die genannten Aufwendungen, die die Lebensführung des Steuerpflichtigen oder anderer Personen berühren, soweit sie nach allgemeiner Verkehrsauffassung als unangemessen anzusehen sind,

8. von einem Gericht oder einer Behörde – auch in anderen EU-Mitgliedstaaten – festgesetzte Geldbußen, **Ordnungsgelder und Verwarnungsgelder**,

8a. **(Nachzahlungs-)Zinsen auf hinterzogene Steuern** nach §§ 233a und 235 AO,

9. **Ausgleichszahlungen**, die in den Fällen der §§ 14 und 17 des Körperschaftsteuergesetzes an außenstehende Anteilseigner geleistet werden,

10. **Schmier- und Bestechungsgelder** im In- und Ausland,

11. Aufwendungen für Stpfl., die ihren Gewinn nach § 5a Abs. 1 ermitteln,

12. **Zuschläge nach § 162 Abs. 4 AO**,

13. **Jahresbeiträge** nach § 12 des Restrukturierungsfondsgesetzes.

3.3 Ausgaben   **23**

Nach § 4 **Abs. 7** sind die Aufwendungen Nrn. 1 bis 4, 6b und 7 **einzeln und getrennt** von den sonstigen Betriebsausgaben **aufzuzeichnen**.

Aufwendungen zur Förderung staatspolitischer Zwecke (Zuwendungen an politische Parteien, § 10b Abs. 2) sind **keine Betriebsausgaben** (§ 4 **Abs. 6**).

Aufwendungen für eine **erstmalige Berufsausbildung** oder für ein **Erststudium**, das zugleich eine Erstausbildung vermittelt, können nicht als Betriebsausgaben oder Werbungskosten, sondern lediglich als Sonderausgaben nach § 10 Abs. 1 Nr. 7 abgezogen werden (§ 4 Abs. 9, § 9 Abs. 6).

Die **Gewerbesteuer** und die darauf entfallenden Nebenleistungen sind **keine abziehbaren Betriebsausgaben** (§ 4 Abs. 5b, aber Steuerermäßigung nach § 35).

3.3.2 Werbungskosten

Werbungskosten (**WK**) sind Aufwendungen zur Erwerbung, Sicherung und Erhaltung der Einnahmen im Sinne des § 8 (§ 9 Abs. 1 Satz 1).

Werbungskosten sind bei den **Einkunftsarten vier bis sieben** abzuziehen.

Der **Abzug** der Werbungskosten **setzt voraus**, dass die Aufwendungen

1. zur **Erwerbung** der Einnahmen gemacht werden; Werbungskosten können daher bereits vorliegen, **bevor** entsprechende **Einnahmen** erzielt werden (**vorweg-genommene Werbungskosten**),

2. zur **Sicherung** der Einnahmen dienen,

3. zur **Erhaltung** der Einnahmen gemacht werden.

In §9 werden **beispielhaft** Aufwendungen aufgezählt, die als **Werbungskosten** abgezogen werden können. Zu diesen Aufwendungen gehören z.B.:

* **Schuldzinsen**, soweit sie mit einer Einkunftsart in Zusammenhang stehen,

* **Steuern**, sonstige öffentliche **Abgaben** und **Versicherungsbeiträge** für **Grundbesitz**,

* **Beiträge zu Berufsständen** und sonstigen **Berufsverbänden**,

* **Aufwendungen** des Arbeitnehmers **für die Wege zwischen Wohnung und erster Tätigkeitsstätte**,

* notwendige **Mehraufwendungen**, die einem Arbeitnehmer wegen einer aus beruflichem Anlass begründeten **doppelten Haushaltsführung** entstehen,

* **Aufwendungen für Arbeitsmittel**,

* Absetzungen für Abnutzung (**AfA**) und Substanzverringerung,

* geringwertige Wirtschaftsgüter (**GWG**), die **bis zu 800 Euro** netto (R 9b Abs. 2 Satz 3 EStR 2012, H 9b EStH) sofort als Werbungskosten abgezogen werden können (§ 9 Abs. 1 Nr. 7 **Satz 2**),

* Aufwendungen für ein **häusliches Arbeitszimmer**, wenn für die berufliche Tätigkeit kein anderer Arbeitsplatz zur Verfügung steht, siehe Seite 152.
Erfüllt der häusliche Arbeitsplatz **nicht** die Voraussetzung für den Abzug von Aufwendungen für ein **häusliches Arbeitszimmer**, kann ein pauschaler Betrag von 5 Euro/Kalendertag als **Werbungskosten** abgezogen werden, wenn die **gesamte berufliche Tätigkeit** an diesem Tag **ausschließlich** in der häuslichen Wohnung ausgeübt wurde. Der Abzug ist auf **600 € im Jahr** begrenzt (**Homeoffice-Pauschale**).

A. Einkommensteuer

Diese **Aufzählung** ist **nicht erschöpfend**. Deshalb ist davon auszugehen, dass alle Aufwendungen, die die **Voraussetzungen** des § 9 Abs. 1 Satz 1 **erfüllen**, grundsätzlich als **Werbungskosten** abgezogen werden können.

3.3.3 Aufwendungen für die private Lebensführung

Zu den **Aufwendungen für die private Lebensführung** gehören in der Regel

- Aufwendungen für **Ernährung**, **Kleidung**, **Wohnung**,
- **Repräsentationsaufwendungen**,
- **Geldstrafen**,
- Aufwendungen für die **erstmalige Berufsausbildung** oder für ein **Erststudium**.

Aufwendungen für die private Lebensführung dürfen **weder** bei der Ermittlung der Einkünfte noch vom Gesamtbetrag der Einkünfte **abgezogen werden** (§ 12 Nr. 1).

Die **Berücksichtigung** solcher **Privataufwendungen** ist **nur zulässig**, wenn das Gesetz dies ausdrücklich zulässt. So dürfen Aufwendungen für die private Lebensführung nach den §§ 10 ff. und 33 ff. **ausnahmsweise** bei der Ermittlung des zu versteuernden Einkommens als **Sonderausgaben** oder **außergewöhnliche Belastungen** abgezogen werden.

3.3.4 Abgrenzung der Aufwendungen für die private Lebensführung von den Betriebsausgaben und Werbungskosten

Aufwendungen für die private Lebensführung dürfen bei der Ermittlung des zu versteuernden Einkommens **grundsätzlich nicht abgezogen werden**.

Die **Nichtabzugsfähigkeit** der Aufwendungen für die private Lebensführung ergibt sich nicht nur **direkt** aus den Vorschriften des **§ 12**, sondern auch **indirekt** aus der **Definition** der beiden **Begriffe Betriebsausgaben** (§ 4 Abs. 4) und **Werbungskosten** (§ 9 Abs. 1 Satz 1).

Oft besteht bei den Aufwendungen für die private Lebensführung ein **Zusammenhang** mit der gewerblichen oder beruflichen Tätigkeit des Steuerpflichtigen.

Sind die Aufwendungen nach § 12 Nr. 1 **zum Teil** durch betriebliche oder berufliche Zwecke veranlasst worden und lässt sich dieser Teil nach objektiven Merkmalen und Unterlagen von den Ausgaben, die der privaten Lebensführung gedient haben, **leicht und einwandfrei trennen**, so sind die Aufwendungen **insoweit Betriebsausgaben oder Werbungskosten**, es sei denn, dass dieser Teil von untergeordneter Bedeutung ist.

BEISPIELE

1. Der Arbeitnehmer Olaf Roßbach führt über den privaten Telefonanschluss auch **beruflich veranlasste Gespräche**. Der Teil der Telefongebühren, der auf diese Gespräche entfällt, ist nicht von untergeordneter Bedeutung.

   Die **anteiligen** Grund- und Gesprächsgebühren sind **Werbungskosten** [H 12.1 (Telefonanschluss in einer Wohnung) EStH]. Aus Vereinfachungsgründen können ohne Einzelnachweis bis zu 20 % des Rechnungsbetrags, jedoch höchstens **20 Euro monatlich** als Werbungskosten anerkannt werden (R 9.1 Abs. 5 LStR 2015).

2. Der Angestellte Adolf Bernhard, der in Lübeck wohnt, ist Eigentümer eines in Kiel gelegenen Geschäftshauses, das er vermietet hat. Im Rahmen der Hausverwaltung fährt er in regelmäßigen Abständen mit seinem privaten Pkw nach Kiel.

   Die **anteiligen** Kraftfahrzeugkosten im Zusammenhang mit der Hausverwaltung sind **Werbungskosten bei Einkünften aus Vermietung und Verpachtung**.

3.3 Ausgaben

Lässt sich eine **Trennung** der Aufwendungen **nicht leicht und einwandfrei** durchführen, so gehören die **gesamten Aufwendungen** i.S.d. § 12 Nr. 1 zu den **nicht abzugsfähigen Ausgaben**.

Aufwendungen für **Kleidung und Schuhe** – ausgenommen typische Berufskleidung – sind als **Aufwendungen der privaten Lebensführung** selbst dann **nicht abzugsfähig**, wenn der Steuerpflichtige die Kleidungsstücke **ausschließlich** bei der Berufsausübung trägt [H 12.1 (Kleidung und Schuhe) EStH].

Nach dem BFH-Beschluss des Großen Senats vom 21.09.2009 sind **Aufteilungen** von **gemischt veranlassten Reisekosten** ebenfalls **zulässig**.

Aufwendungen für die Hin- und Rückreise bei sowohl beruflich (betrieblich) als auch privat veranlassten Reisen können grundsätzlich in abziehbare Werbungskosten (Betriebsausgaben) und nicht abziehbare Aufwendungen für die private Lebensführung aufgeteilt werden (BMF-Schreiben vom 06.07.2010, BStBl 2010 I Seite 614).

Steuerberatungskosten gehören zu den **gemischten Aufwendungen** und können grundsätzlich nicht abgezogen werden [H 12.1 (Steuerberatungskosten) EStH].

Steuerberatungskosten können nur noch als **Betriebsausgaben** für die Ermittlung der Gewinneinkünfte oder als **Werbungskosten** für die Ermittlung der Überschusseinkünfte abgezogen werden.

Steuerberatungskosten für das Ausfüllen bestimmter Steuererklärungen bzw. Anlagen (z.B. ESt-Mantelbogen, Erbschaftsteuererklärung) oder für die Beratung in Kinderfragen (z.B. Ausfüllen der Anlage „Kinder") sind **Aufwendungen der Lebensführung**, die nicht abziehbar sind.

Bei Beiträgen an Lohnsteuerhilfevereine, Aufwendungen für steuerliche Fachliteratur und Software wird es nicht beanstandet, wenn diese Aufwendungen mit **50 %** den **Betriebsausgaben** oder den **Werbungskosten** zugeordnet werden. Dessen ungeachtet ist aus Vereinfachungsgründen der Zuordnung des Steuerpflichtigen bei Aufwendungen für **gemischte Steuerberatungskosten** bis zu einem Betrag von **100 Euro** im Veranlagungszeitraum zu folgen (BMF-Schreiben vom 21.12.2007, BStBl 2008 I S. 256).

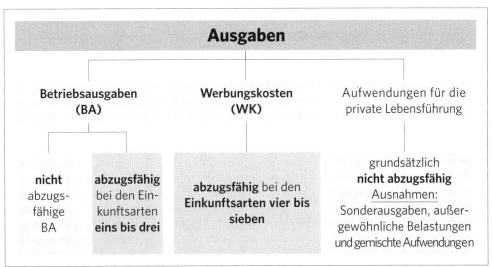

ÜBUNG →	1. Wiederholungsfragen 10 bis 16 (Seite 27),
	2. Fälle 2 bis 4 (Seite 28 f.)

3.4 Zusammenfassung und Erfolgskontrolle

3.4.1 Zusammenfassung

Einkunftsarten	Grundbegriffe der Einkunftsermittlung		Einkünfte
	Einnahmen	Ausgaben	
Gewinneinkünfte			
1. Einkünfte aus Land- und Forstwirtschaft	**Betriebs**einnahmen	**Betriebs**ausgaben	**Gewinn** (Verlust)
2. Einkünfte aus Gewerbebetrieb			
3. Einkünfte aus selbständiger Arbeit			
Überschusseinkünfte			
4. Einkünfte aus nichtselbständiger Arbeit	**Einnahmen** i.S.d. $\S 8$	**Werbungskosten**	**Überschuss** (Verlust)
5. Einkünfte aus Kapitalvermögen			
6. Einkünfte aus Vermietung und Verpachtung			
7. sonstige Einkünfte i.S.d. $\S 22$			

3.4 Zusammenfassung und Erfolgskontrolle

3.4.2 Erfolgskontrolle

WIEDERHOLUNGSFRAGEN

1. Was sind Einkünfte i.S.d. § 2 Abs. 1?
2. Wie werden die ersten drei Einkunftsarten zusammenfassend auch bezeichnet?
3. Welchen zusammenfassenden Begriff verwendet man für die Einkunftsarten vier bis sieben?
4. Was versteht man unter einem horizontalen Verlustausgleich?
5. Bei welchen Einkunftsarten fallen Betriebseinnahmen an?
6. Was versteht man unter Betriebseinnahmen?
7. Was sind Einnahmen i.S.d. § 8?
8. Was versteht man unter geldwerten Einnahmen?
9. Welche steuerbaren Einnahmen sind nach § 3 steuerfrei? Nennen Sie sechs Beispiele.
10. Was sind Betriebsausgaben i.S.d. § 4 Abs. 4?
11. Bei welchen Einkunftsarten fallen Betriebsausgaben an?
12. Bei welchen Einkunftsarten fallen Werbungskosten an?
13. Was versteht man unter Werbungskosten nach § 9 Abs. 1 Satz 1?
14. Welche Aufwendungen gehören z.B. zu den Werbungskosten?
15. Welche Aufwendungen gehören in der Regel zu den Aufwendungen für die private Lebensführung?
16. Wie sind Aufwendungen für die private Lebensführung bei der Ermittlung der Einkünfte zu behandeln?

FÄLLE

FALL 1

Prüfen Sie, ob folgende Einnahmen nicht steuerbare Einnahmen (nstb. E.), steuerbare Betriebseinnahmen (stb. BE), steuerbare Einnahmen im Sinne des § 8 (stb. E. i.S.d. § 8), steuerfreie Einnahmen (stfr. E.) oder steuerpflichtige Einnahmen (stpfl. E.) sind. Geben Sie die Höhe der Einnahmen jeweils in Euro an.

Nr.	Einnahmen	nstb. E. €	stb. BE €	stb. E. i.S.d. §8 €	stfr. E. €	stpfl. E. €
1.	Lottogewinn einer Steuerfachangestellten in Höhe von 100.000 €					
2.	Tageseinnahmen eines Gastwirts aus seiner Gastwirtschaft in Höhe von 800 €					
3.	Zuwendung von 250 €, die ein Arbeitnehmer anlässlich der Eheschließung von seinem Arbeitgeber erhält					
4.	Zuwendung von 500 €, die ein Arbeitnehmer anlässlich der Geburt seines Sohnes von seinem Arbeitgeber erhält					
5.	Erbschaft eines Steuerfachangestellten in Höhe von 50.000 €					

A. Einkommensteuer

Nr.	Einnahmen	nstb. E. €	stb. BE €	stb. E. i.S.d. §8 €	stfr. E. €	stpfl. E. €
6.	Trinkgelder einer Friseurin von 1.000 € im Kalenderjahr, die sie von Dritten freiwillig und ohne Rechtsanspruch erhält					
7.	Trinkgelder eines Kellners von 3.000 € im Kalenderjahr, auf die er einen Rechtsanspruch hat					
8.	Einnahme (Bruttoarbeitslohn) eines Angestellten aus einem Dienstverhältnis in Höhe von 2.000 € im Monat					
9.	Einnahmen eines Lebensmittelhändlers aus Warenverkäufen von 10.000 €					
10.	Einnahme (Miete) eines Angestellten aus seinem Zweifamilienhaus in Höhe von 600 € im Monat					
11.	Einnahmen eines Arztes aus selbständiger ärztlicher Tätigkeit von 250.000 €					

FALL 2

Prüfen Sie, ob folgende Aufwendungen Betriebsausgaben (BA), Werbungskosten (WK) oder Aufwendungen für die private Lebensführung (AfdpL) sind.

Nr.	Aufwendungen	BA	WK	AfdpL
1.	Gewerkschaftsbeiträge			
2.	private Telefongebühren			
3.	Aufwendungen für eine Erholungsreise			
4.	Grundsteuer für ein Betriebsgrundstück			
5.	Aufwendungen eines Arbeitnehmers für typische Berufskleidung			
6.	Aufwendungen für einen Maßanzug, der von einem Angestellten nachweislich während der Arbeitszeit getragen wird			
7.	AfA für einen betrieblichen Lkw			
8.	Hypothekzinsen für ein Fabrikgebäude			
9.	Aufwendungen eines Arbeitnehmers für Ernährung			
10.	Telefongebühren für betrieblich veranlasste Gespräche, die über den privaten Telefonanschluss geführt werden			
11.	Steuerberatungskosten für das Ausfüllen einer Erbschaftsteuererklärung			

3.4 Zusammenfassung und Erfolgskontrolle

FALL 3

Beantworten Sie die folgenden Fragen durch Ankreuzen. Zu jeder Frage gibt es nur eine richtige Antwort.

1. Wie viele Gewinneinkunftsarten kennt das Einkommensteuergesetz?
   - (a) insgesamt zwei Gewinneinkunftsarten
   - (b) insgesamt drei Gewinneinkunftsarten
   - (c) insgesamt vier Gewinneinkunftsarten
   - (d) insgesamt sieben Gewinneinkunftsarten

2. Wie viele Überschusseinkunftsarten kennt das Einkommensteuergesetz?
   - (a) insgesamt zwei Überschusseinkunftsarten
   - (b) insgesamt drei Überschusseinkunftsarten
   - (c) insgesamt vier Überschusseinkunftsarten
   - (d) insgesamt sieben Überschusseinkunftsarten

3. Welche der folgenden Ausgaben sind abzugsfähige Betriebsausgaben?
   - (a) Gewerkschaftsbeiträge
   - (b) private Telefongebühren
   - (c) Geschenke an Geschäftsfreunde im Wert von 35 Euro
   - (d) Geschenke an Geschäftsfreunde im Wert von 40 Euro

4. Welche der folgenden Ausgaben sind Werbungskosten?
   - (a) Gewerkschaftsbeiträge
   - (b) Grundsteuer für ein Betriebsgrundstück
   - (c) Beiträge zur persönlichen Krankenversicherung
   - (d) Geldstrafen

5. Welche der folgenden Ausgaben sind Aufwendungen für die Lebensführung?
   - (a) Gewerkschaftsbeiträge
   - (b) Aufwendungen für typische Berufskleidung
   - (c) Steuerberatungskosten für das Ausfüllen des Mantelbogens der ESt-Erklärung
   - (d) Grundsteuer für ein Betriebsgrundstück

FALL 4

Prüfen und begründen Sie, ob in den folgenden Fällen steuerbare Einnahmen i.S.d. § 8, steuerfreie Einnahmen oder steuerpflichtige Einnahmen vorliegen. Geben Sie die Höhe der jährlichen Einnahmen jeweils in Euro an. Die Vereine sind alle gemeinnützig i.S.d. § 52 AO tätig.

a) Wolf Jäger ist seit Jahren nebenberuflich Übungsleiter beim Post-Sportverein Koblenz. Er betreut und trainiert die Jugendmannschaft des Vereins. Als Entschädigung für seine Tätigkeit erhält er vom Verein im Jahre 2020 200 €/Monat.

b) Karl Frank ist seit Jahren nebenberuflich Platzwart beim Post-Sportverein Koblenz. Als Entschädigung für seine Arbeit erhält er vom Verein im Jahre 2020 60 €/Monat.

c) Franz Schell ist seit Jahren nebenberuflich Dirigent des Musikvereins MGV Moselgruß in Cochem. Als Entschädigung für seine Tätigkeit erhält er vom Verein im Jahre 2020 300 €/Monat. Herr Schell hat sich von der Versicherungspflicht in der Rentenversicherung befreien lassen.

d) Markus Wimmer, Mannheim, trainiert 2020 nebenberuflich die Fußballjugend des örtlichen Fußballvereins. Er erhält ganzjährig eine Aufwandsentschädigung von 350,00 €/Monat. Wimmer ermittelt unbestritten Aufwendungen im Zusammenhang mit der Betreuung der Fußballjugend in Höhe von 3.000,00 €.

4 Methoden zur Ermittlung der Einkünfte

Die Einkünfte werden nach unterschiedlichen Methoden ermittelt. Die Ermittlungsmethoden der Einkünfte sind davon abhängig, ob es sich um Gewinneinkünfte oder um Überschusseinkünfte handelt.

4.1 Ermittlung der Gewinneinkünfte

4.1.1 Methoden der Gewinnermittlung

Das **Einkommensteuergesetz** unterscheidet **drei Gewinnermittlungsmethoden**:

1. Gewinnermittlung durch **Betriebsvermögensvergleich**,
2. Gewinnermittlung durch **Überschussrechnung nach § 4 Abs. 3**,
3. Gewinnermittlung nach **Durchschnittssätzen**.

zu 1. Gewinnermittlung durch Betriebsvermögensvergleich

Steuerpflichtige, die aufgrund gesetzlicher Vorschriften verpflichtet sind, Bücher zu führen und Abschlüsse zu machen oder dies freiwillig tun, **müssen** ihren Gewinn durch **Betriebsvermögensvergleich** ermitteln.

Beim **Betriebsvermögensvergleich** (§ 4 Abs. 1 **Satz 1**) ist

$\underline{\text{Gewinn}}$ der **Unterschiedsbetrag** zwischen dem Betriebsvermögen (BV) am Schluss des Wirtschaftsjahres (Wj) und dem BV am Schluss des vorangegangenen Wirtschaftsjahres, **vermehrt** um den Wert der **Entnahmen** und **vermindert** um den Wert der **Einlagen**.

BEISPIEL

Das **Betriebsvermögen** (= Eigenkapital) eines Gewerbetreibenden beträgt nach der Bilanz zum 31.12.2020 **170.000 €** und nach der Bilanz zum 31.12.2019 **80.000 €**.
Im Laufe des Jahres 2020 hat der Steuerpflichtige für **40.000 €** Waren **entnommen** und in seinem Haushalt verbraucht. Außerdem hat er 2020 von seinem privaten Sparkonto **5.000 €** abgehoben und auf das betriebliche Bankkonto eingezahlt.

Der **Gewinn** durch **Betriebsvermögensvergleich** wird wie folgt ermittelt:

	Betriebsvermögen am Schluss des Wj (31.12.2020)		170.000 €
	BV am Schluss des vorangegangenen Wj (31.12.2019)	−	80.000 €
=	Unterschiedsbetrag	+	90.000 €
+	Entnahme	+	40.000 €
−	Einlage	−	5.000 €
=	**Gewinn** aus Gewerbebetrieb 2020		**125.000 €**

Die Gewinnermittlung durch **Betriebsvermögensvergleich setzt** zunächst **voraus**, dass das **Betriebsvermögen** zu den Abschlussstichtagen (z. B. 31.12.) festgestellt wird.
Die Feststellung des **Betriebsvermögens** kann aufgrund **gesetzlicher** Vorschriften oder **freiwillig** erfolgen.

4.1 Ermittlung der Gewinneinkünfte

Die **Pflicht** zur Feststellung des **Betriebsvermögens** ergibt sich aus den **handelsrechtlichen** und/oder **steuerrechtlichen** Buchführungsvorschriften (§ 238 ff. HGB, § 141 AO).

Die Gewinnermittlung durch **Betriebsvermögensvergleich** wird in Kapitel 7, Seiten 59 ff., im Einzelnen dargestellt und erläutert.

ÜBUNG →
1. Wiederholungsfragen 1 bis 3 (Seite 37),
2. Fall 1 (Seite 37)

zu 2. Gewinnermittlung durch Überschussrechnung nach § 4 Abs. 3 EStG

Steuerpflichtige, die **nicht** aufgrund gesetzlicher Vorschriften **verpflichtet sind**, **Bücher zu führen** und Abschlüsse zu machen, und die dies auch nicht freiwillig tun, können als **Gewinn den Überschuss** der **Betriebseinnahmen über** die **Betriebsausgaben** ansetzen (§ 4 Abs. 3).

BEISPIEL

Dr. med. Müller hat für seine Arztpraxis in Köln im abgelaufenen Kalenderjahr **Betriebseinnahmen** in Höhe von **370.000 €** und **Betriebsausgaben** in Höhe von **95.000 €** aufgezeichnet.

Der **Gewinn** durch **Überschussrechnung nach § 4 Abs. 3** wird wie folgt ermittelt:

	Betriebseinnahmen		370.000 €
-	Betriebsausgaben	-	95.000 €
=	**Gewinn** aus selbständiger Arbeit		**275.000 €**

Die Gewinnermittlung nach **§ 4 Abs. 3** wird in Kapitel 10, Seiten 118 ff., im Einzelnen dargestellt und erläutert.

zu 3. Gewinnermittlung nach Durchschnittssätzen

Neben der Gewinnermittlung durch Betriebsvermögensvergleich und durch Überschussrechnung nach § 4 Abs. 3 kennt das EStG noch die Gewinnermittlung nach **Durchschnittssätzen**, die allerdings **nur für Land- und Forstwirte** in Betracht kommt (**§ 13a**) **und die Voraussetzungen des § 13a Nr. 1 bis 5 erfüllt sind.**
Land- und Forstwirte, die **weder** zur Buchführung verpflichtet sind **noch** die Voraussetzungen des § 13a Abs. 1 Satz 1 Nrn. 2 bis 5 oder Satz 2 erfüllen, können den Gewinn **entweder** nach **§ 4 Abs. 1** oder nach **§ 4 Abs. 3** ermitteln.
Haben sie **keine Bücher** i.S.d. § 4 Abs. 1 geführt und auch die Betriebseinnahmen und Betriebsausgaben i.S.d. § 4 Abs. 3 nicht aufgezeichnet, so ist der **Gewinn** nach den Grundsätzen des § 4 Abs. 1 **zu schätzen** (R 13.5 Abs. 1 Satz 3 EStR 2012).

4.1.2 Gewinnermittlungszeitraum

Gewinnermittlungszeitraum ist das **Wirtschaftsjahr** bzw. das **Kalenderjahr** (§ 4a).
Wirtschaftsjahr ist der Zeitraum, für den der Steuerpflichtige regelmäßig seinen Gewinn ermittelt.
Das **Wirtschaftsjahr** umfasst grundsätzlich einen Zeitraum von **zwölf Monaten**. Das Wirtschaftsjahr darf in bestimmten Fällen auch einen Zeitraum von weniger als zwölf Monaten umfassen, z.B. bei Eröffnung oder Aufgabe eines Betriebes (§ 8b Satz 2 Nr. 1 u. 2 EStDV).

32　A. Einkommensteuer

Das **Wirtschaftsjahr kann**, muss aber **nicht** mit dem **Kalenderjahr übereinstimmen**.
Wirtschaftsjahr ist

1. bei **Land- und Forstwirten (§ 4a Abs. 1 Nr. 1)**

   grundsätzlich der Zeitraum vom 1. Juli bis 30. Juni (Ausnahmen: § 8c EStDV);

2. bei **Gewerbetreibenden (§ 4a Abs. 1 Nr. 2 und Nr. 3)**

   a) die im **Handelsregister (HR)** eingetragen sind, der **Zeitraum, für den sie regelmäßig Abschlüsse machen**,

   b) die **nicht** im **Handelsregister (HR)** eingetragen sind, das **Kalenderjahr**.

zu 1. Wirtschaftsjahr bei Land- und Forstwirten

Bei Land- und Forstwirten ist der Gewinn des Wirtschaftsjahres auf das Kalenderjahr, in dem das Wirtschaftsjahr beginnt, und auf das Kalenderjahr, in dem das Wirtschaftsjahr endet, entsprechend dem zeitlichen Anteil aufzuteilen (§ 4a Abs. 2 Nr. 1).

B E I S P I E L

Das Wirtschaftsjahr eines Land- und Forstwirts läuft vom 01.07. bis 30.06. Sein Gewinn aus Land- und Forstwirtschaft betrug

2019/2020	=	130.000 €,
2020/2021	=	– 50.000 €.

Der Gewinn aus Land- und Forstwirtschaft beträgt nach der zeitlichen Aufteilung:

	50 % des Gewinns aus 2019/2020	65.000 €
+	50 % des Verlusts aus 2020/2021	–　25.000 €
=	**Gewinn 2020**	**40.000 €**

ÜBUNG →　1. Wiederholungsfragen 4 bis 9 (Seite 37),
2. Fall 2 (Seite 37)

zu 2. Wirtschaftsjahr bei Gewerbetreibenden

zu 2 a)

Wirtschaftsjahr ist bei **Gewerbetreibenden**, deren Firma im **Handelsregister (HR)** eingetragen ist, der **Zeitraum, für den sie regelmäßig Abschlüsse machen** (§ 4a Abs. 1 Nr. 2 Satz 1).

Das **Wirtschaftsjahr** kann ein **kalenderjahrgleiches** oder ein **kalenderjahrabweichendes** (abweichendes) Wirtschaftsjahr sein.

Die **Umstellung** des Wirtschaftsjahrs auf einen vom Kalenderjahr abweichenden Zeitraum **bedarf** steuerlich der **Zustimmung des Finanzamtes** (§ 4a Abs. 1 Nr. 2 Satz 2).

Bei **Gewerbetreibenden**, deren Wirtschaftsjahr vom Kalenderjahr abweicht (**abweichendes bzw. kalenderjahrabweichendes Wirtschaftsjahr**) gilt der **Gewinn** als in dem Kalenderjahr **bezogen**, in dem das Wirtschaftsjahr **endet** (§ 4a Abs. 2 Nr. 2).

4.2 Ermittlung der Überschusseinkünfte 33

B E I S P I E L

Das **Wirtschaftsjahr** eines Gewerbetreibenden, der im Handelsregister eingetragen ist, umfasst den Zeitraum von **01.02. bis 31.01.** Vom 01.02.2019 bis 31.01.2020 erzielte er einen Gewinn von **80.000 €** und vom 01.02.2020 bis 31.01.2021 einen Gewinn von **70.000 €**.

Der **Gewinn** des Wirtschaftsjahres 2019/2020 von **80.000 €** gilt als Gewinn des **Kalenderjahres 2020**, weil das Wirtschaftsjahr 2019/2020 im Kalenderjahr **2020** endet.

zu 2 b)

Bei **Gewerbetreibenden**, die **nicht** im **Handelsregister** eingetragen sind, ist das **Wirtschafts-jahr** stets das **Kalenderjahr** (§ 4a Abs. 1 Nr. 3).

Ebenso ist bei Steuerpflichtigen mit „**Einkünften aus selbständiger Arbeit**" (3. Einkunftsart) der **Gewinn** stets für das **Kalenderjahr** zu ermitteln (§ 2 Abs. 7).

ÜBUNG → 1. Wiederholungsfragen 10 bis 13 (Seite 37),
2. Fall 3 (Seite 38)

4.2 Ermittlung der Überschusseinkünfte

4.2.1 Methode der Überschussermittlung

Die **Einkünfte** der **Einkunftsarten vier bis sieben** werden grundsätzlich durch den Abzug der Werbungskosten von den Einnahmen ermittelt:

	Einnahmen
−	Werbungskosten
=	**Einkünfte**

Sind die **Werbungskosten größer** als die **Einnahmen**, wird das Ergebnis als **Verlust** bezeichnet.

Diese **Methode** der Einkunftsermittlung gilt **für alle Überschusseinkünfte**. Andere Einkunftsermittlungsmethoden gibt es bei diesen Einkunftsarten nicht.

4.2.2 Überschussermittlungszeitraum

Überschussermittlungszeitraum ist stets das **Kalenderjahr**. Einen vom Kalenderjahr **abweichenden** Ermittlungszeitraum **gibt es** bei den Überschusseinkünften **nicht**.

Die **zeitliche Zurechnung** von **Einnahmen und Werbungskosten** zu einem bestimmten Kalenderjahr ist in § 11 geregelt.

Einnahmen sind innerhalb des Kalenderjahres bezogen, in dem sie dem Steuerpflichtigen **zugeflossen sind** (§ 11 Abs. 1 **Satz 1**; **Zuflussprinzip**). Auch die Vereinnahmung durch einen **Bevollmächtigten** reicht für die Annahme als Zufluss beim Steuerpflichtigen aus (R 11 Satz 1 EStR 2012).

Es kommt grundsätzlich nicht darauf an, zu welchem Kalenderjahr eine Einnahme wirtschaftlich gehört. Entscheidend ist der **Zeitpunkt des Zuflusses**. **Einnahmen** sind **zugeflossen**, wenn der Steuerpflichtige **wirtschaftlich über sie verfügen kann**, wie z.B. bei Zahlung, Verrechnung oder Gutschrift.

Mit der **Entgegennahme** eines **Schecks** ist die **Einnahme** ebenfalls **zugeflossen** [H 11 (Scheck) EStH]. Bei Zahlung mit einem **Wechsel** ist die Einnahme mit der **Einlösung** oder **Diskontierung zugeflossen** [H 11 (Wechsel) EStH].

A. Einkommensteuer

> **BEISPIEL**
>
> Ein Hauseigentümer **erhält** die zum 31.12.2020 **fällige Dezembermiete** erst am 21.01.2021.
>
> Die Dezembermiete 2020 ist eine **Einnahme des Kalenderjahres 2021**, weil sie dem Steuerpflichtigen erst in **2021 zugeflossen** ist.

Der **Grundsatz**, nach dem **Einnahmen** innerhalb des Kalenderjahres bezogen sind, in dem sie dem Steuerpflichtigen **zugeflossen** sind, wird für **regelmäßig wiederkehrende Einnahmen durchbrochen** (§ 11 Abs. 1 **Satz 2**).

Regelmäßig wiederkehrende Einnahmen (z.B. Zinsen, Mieten), die dem Steuerpflichtigen **kurze Zeit** vor Beginn oder kurze Zeit nach Beendigung des Kalenderjahres, zu dem sie **wirtschaftlich gehören**, zugeflossen sind, gelten als in dem Kalenderjahr bezogen, zu dem sie **wirtschaftlich gehören** (**Zurechnungsprinzip**).

Kurze Zeit bei regelmäßig wiederkehrenden Einnahmen ist in der Regel ein Zeitraum bis zu **zehn Tagen** [H 11 (Allgemeines) EStH].

> **BEISPIEL**
>
>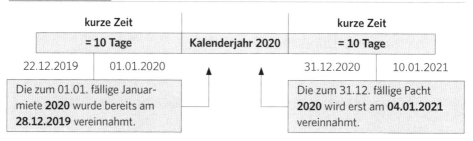

Zinsen als **regelmäßig wiederkehrende Einnahmen** fließen dem Steuerpflichtigen in dem Jahr zu, zu dem sie **wirtschaftlich gehören**. Die **wirtschaftliche Zugehörigkeit** bestimmt sich nach dem Jahr, in dem sie **zahlbar, d.h. fällig** sind.

> **BEISPIEL**
>
> Die Steuerpflichtige Corinna Lehmann hat ein Sparbuch bei der Deutschen Bank. Die Bank schreibt ihr **zum 31.12.2020** Zinsen für die Zeit vom **01.07. bis 31.12.2020** gut. Frau Lehmann lässt diese Zinsen am **25.03.2021** in ihr Sparbuch **eintragen**.
>
> Die Zinseinnahmen sind als regelmäßig wiederkehrende Einnahmen **2020** anzusetzen, weil sie bereits 2020 (31.12.2020) auf dem Sparkonto gutgeschrieben werden. Auf die Eintragung im Sparbuch (25.03.2021) kommt es nicht an.

Dem **Zufluss** der **Einnahmen** entspricht der **Abfluss** der **Ausgaben**.
Ausgaben (z.B. Werbungskosten) sind für das Kalenderjahr **abzusetzen**, in dem sie **geleistet** wurden (§ 11 **Abs. 2**).
Werbungskosten sind in dem Zeitpunkt **geleistet**, in dem ihr Geldwert aus dem Vermögen des Steuerpflichtigen **abgeflossen** ist (**Abflussprinzip**).
Mit der **Hingabe eines Schecks** ist die Ausgabe grundsätzlich **abgeflossen** [H 11 (Scheck) EStH].
Die **Ausgabe** ist bei einer **Überweisung** von einem Konto des Steuerpflichtigen grundsätzlich im **Zeitpunkt des Eingangs** des Überweisungsauftrags bei der **Überweisungsbank abgeflossen**, wenn das Konto die nötige Deckung aufweist oder ein entsprechender Kreditrahmen vorhanden ist; anderenfalls im Zeitpunkt der Lastschrift [H 11 (Überweisung) EStH].

4.3 Zusammenfassung und Erfolgskontrolle

> ### BEISPIEL
>
> Die Steuerfachangestellte Dagmar Müller erteilt am **31.12.2020** ihrer Bank den Auftrag, den Kaufpreis für das Fachbuch „**Steuerlehre 1**" zu überweisen. Das Konto weist die nötige Deckung auf. Die Bank führt den Auftrag am 02.01.2021 aus.
>
> Der **Überweisungsauftrag** ist **2020** bei der Überweisungsbank eingegangen, sodass sie die **Ausgabe 2020** als **Werbungskosten** absetzen kann.

Regelmäßig wiederkehrende Ausgaben [z.B. Versicherungsbeiträge, Umsatzsteuervorauszahlungen [H 11 (Umsatzsteuervorauszahlungen/-erstattungen)], die der Steuerpflichtige **kurze Zeit** (+/- 10 Tage) vor Beginn oder kurze Zeit nach Beendigung des Kalenderjahres, zu dem sie wirtschaftlich gehören, leistet, gelten als in dem Kalenderjahr geleistet, zu dem sie **wirtschaftlich gehören** (**Zurechnungsprinzip**). Nach Auffassung der Finanzverwaltung ist § 11 Abs. 2 Satz 2 nur anwendbar, wenn innerhalb der kurzen Zeit **sowohl** die **Fälligkeit als auch die Zahlung** liegen [H 11 (Allgemeines) EStH].

> ### BEISPIEL
>
> Die private Hauseigentümerin Levke Voss zahlt den **zum 01.01.2021 fälligen Gebäudeversicherungsbeitrag** bereits am **27.12.2020** bar. Der **Versicherungsbeitrag** ist eine **regelmäßig wiederkehrende Ausgabe**.
>
> Der **Versicherungsbeitrag** ist als im Jahre **2021 verausgabt** anzusetzen, weil es sich um eine regelmäßig wiederkehrende Ausgabe handelt, die kurze Zeit vor Beginn des Kalenderjahres 2021, zu dem sie wirtschaftlich gehört, abgeflossen und fällig ist. Die Hauseigentümerin kann deshalb den Versicherungsbeitrag erst **2021** als **Werbungskosten** geltend machen.

Werden Ausgaben für eine Nutzungsüberlassung von mehr als fünf Jahren im Voraus geleistet, sind sie insgesamt auf den Zeitraum gleichmäßig zu verteilen, für den die Vorauszahlung geleistet wird (§ 11 Abs. 2 **Satz 3**). In § 11 Abs. 2 **Satz 4** wird klargestellt, dass diese Regelung **nicht** auf ein **Damnum** oder **Disagio** anzuwenden ist, soweit dieses **marktüblich** ist. Von der Marktüblichkeit ist auszugehen, wenn der Kreditvertrag mit einer **Geschäftsbank** wie **unter fremden Dritten** abgeschlossen wird (BFH-Urteil vom 08.03.2016, IX R 38/14).

> **ÜBUNG →** 1. Wiederholungsfragen 14 bis 19 (Seite 37),
> 2. Fälle 4 und 5 (Seite 38)

4.3 Zusammenfassung und Erfolgskontrolle

4.3.1 Zusammenfassung

In der Übersicht auf der folgenden Seite werden wesentliche Merkmale dieses Kapitels nochmals zusammengefasst.

A. Einkommensteuer

Einkunftsarten	Einkünfte	Methoden zur Ermittlung der Einkünfte
Gewinneinkünfte		**Gewinnermittlungsmethoden**
1. Einkünfte aus Land- und Forstwirtschaft	**Gewinn** (Verlust)	• Gewinnermittlung durch **Betriebsvermögensvergleich**
2. Einkünfte aus Gewerbebetrieb		• Gewinnermittlung durch **Überschussrechnung nach §4 Abs.3**
3. Einkünfte aus selbständiger Arbeit		• Gewinnermittlung nach **Durchschnittssätzen**
Überschusseinkünfte		**Überschussermittlungsmethode**
4. Einkünfte aus nichtselbständiger Arbeit	**Überschuss** (Verlust)	Gegenüberstellung der **Einnahmen** und **Werbungskosten**
5. Einkünfte aus Kapitalvermögen		
6. Einkünfte aus Vermietung und Verpachtung		
7. Sonstige Einkünfte i.S.d. §22		

4.3 Zusammenfassung und Erfolgskontrolle

4.3.2 Erfolgskontrolle

WIEDERHOLUNGSFRAGEN

1. Welche Gewinnermittlungsmethoden unterscheidet das EStG?
2. Welche Steuerpflichtigen müssen ihren Gewinn durch Betriebsvermögensvergleich ermitteln?
3. Was ist Gewinn im Rahmen des Betriebsvermögensvergleichs?
4. Welche Steuerpflichtigen können ihren Gewinn durch Überschussrechnung nach § 4 Abs. 3 ermitteln?
5. Was ist Gewinn i.S.d. § 4 Abs. 3?
6. Für welche Steuerpflichtigen kommt die Gewinnermittlung nach Durchschnittssätzen in Betracht?
7. Was versteht man unter einem Wirtschaftsjahr?
8. Wie viele Monate umfasst maximal ein Wirtschaftsjahr?
9. Welchen Zeitraum umfasst grundsätzlich das Wirtschaftsjahr bei Land- und Forstwirten?
10. Welchen Zeitraum umfasst das Wirtschaftsjahr bei Gewerbetreibenden, die im Handelsregister eingetragen sind?
11. Was versteht man unter einem vom Kalenderjahr abweichenden Wirtschaftsjahr?
12. Ist die Umstellung eines Wirtschaftsjahres ohne Weiteres möglich?
13. In welchem Kalenderjahr gilt der Gewinn bei einem abweichenden Wirtschaftsjahr als bezogen?
14. Wie werden die Einkünfte der Einkunftsarten 4 bis 7 ermittelt?
15. Welche Zeit umfasst der Überschussermittlungszeitraum?
16. Wann sind Einnahmen grundsätzlich bezogen?
17. Wann sind Ausgaben grundsätzlich abzusetzen?
18. Wann gelten regelmäßig wiederkehrende Einnahmen bzw. Ausgaben in Ausnahmefällen als bezogen bzw. als geleistet?
19. Was versteht man unter kurzer Zeit im Sinne des § 11 Abs. 1?

FÄLLE

FALL 1

Ermitteln Sie den Gewinn bzw. Verlust für 2020:

Betriebsvermögen am 31.12.2020	– 30.000 €
Betriebsvermögen am 31.12.2019	60.000 €
Entnahmen 2020	100.000 €
Einlagen 2020	5.000 €

FALL 2

Der Landwirt Josef Gräf, der seinen Gewinn für die Zeit vom 01.07. bis 30.06. ermittelt, erzielte aus seinem landwirtschaftlichen Betrieb folgende Gewinne:

2019/2020	60.000 €,
2020/2021	80.000 €.

Ermitteln Sie den Gewinn des VZ 2020.

A. Einkommensteuer

FALL 3

Der Gewerbetreibende Joris Bühler, dessen Wirtschaftsjahr den Zeitraum vom 1. April bis 31. März umfasst, erzielte in der Zeit vom 01.04.2019 bis 31.03.2020 aus seinem Gewerbebetrieb einen Gewinn von 70.000 € und in der Zeit vom 01.04.2020 bis 31.03.2021 einen Gewinn von 90.000 €.

Wie viel Euro beträgt der Gewinn des VZ 2020?

FALL 4

Die private Hauseigentümerin Iris Hartmann erhält die zum 31.12. fällige Dezembermiete 2020 erst am 07.01.2021.

Für welches Kalenderjahr ist die Miete anzusetzen? Begründen Sie Ihre Antwort.

FALL 5

Die private Hauseigentümerin Ursula Hackenbruch erhält die zum 31.12. fällige Dezembermiete 2020 erst am 17.01.2021.

Für welches Kalenderjahr ist die Miete anzusetzen? Begründen Sie Ihre Antwort.

Zusammenfassende Erfolgskontrolle zum 1. bis 4. Kapitel

FALL 1

Der türkische Staatsbürger Achmed Türek reiste am 01.01.2020 in die Bundesrepublik Deutschland ein. Er ist verheiratet und hat eine Arbeitsgenehmigung für zwei Jahre. In Dortmund bewohnt er ein möbliertes Zimmer. Seine Frau und seine beiden Kinder wohnen in Ankara.

Ist Türek in der Bundesrepublik Deutschland persönlich einkommensteuerpflichtig? Begründen Sie Ihre Antwort.

FALL 2

Der ledige Steuerpflichtige Willi Löhr, der seit seiner Geburt in Mainz wohnt, erzielte im abgelaufenen Kalenderjahr (2020) folgende Einkünfte:

Einkünfte aus Land- und Forstwirtschaft	500 €
Einkünfte aus Gewerbebetrieb	
• Gewinn aus Metzgerei	70.000 €
• Verlust aus Gastwirtschaft	30.000 €
Einkünfte aus selbständiger Arbeit	
• Betriebseinnahmen	20.000 €
• Betriebsausgaben	2.500 €
Einkünfte aus Vermietung und Verpachtung	
• Einnahmen	32.000 €
• Werbungskosten	22.000 €

a) Ist Löhr persönlich einkommensteuerpflichtig? Begründen Sie Ihre Antwort.
b) Wie hoch ist die Summe der Einkünfte des Steuerpflichtigen Löhr für den VZ 2020?

5 Veranlagungsarten

Unter **Veranlagung** versteht man das förmliche Verfahren, in dem aufgrund einer Steuererklärung des Steuerpflichtigen die Besteuerungsgrundlagen ermittelt und die zu zahlende Steuer durch einen Bescheid des Finanzamtes festgesetzt wird.

Die Einkommensteuer wird nach Ablauf des Kalenderjahres (Veranlagungszeitraum) nach dem Einkommen veranlagt, das der Steuerpflichtige in diesem Veranlagungszeitraum bezogen hat, soweit nicht nach § 43 Abs. 5 und § 46 eine Veranlagung unterbleibt (§ 25 Abs. 1). Der Steuerpflichtige hat für den **abgelaufenen** Veranlagungszeitraum seine Einkommensteuererklärung grundsätzlich bis zum **31. Juli** des **Folgejahres** abzugeben (§ 149 Abs. 2 AO). Damit kann die **Einkommensteuererklärung 2020 bis zum 31. Juli 2021** fristgerecht abgegeben werden.

Die Einkommensteuererklärungen für **Gewinneinkünfte** sind **grundsätzlich** durch **Datenfernübertragung** an das Finanzamt zu übermitteln (§ 25 Abs. 4 Satz 1).

Zur Vermeidung unbilliger Härten kann die Finanzbehörde auf Antrag auf eine Übermittlung durch Datenfernübertragung verzichten (25 Abs. 4 Satz 2). Wird dem Antrag des Steuerpflichtigen durch das Finanzamt entsprochen, kann der Steuerpflichtige die Angaben in **Papierform** vornehmen.

> Das eigentliche Veranlagungs**verfahren** wird im Abschnitt 16.1, Seiten 345 ff., und im Abschnitt 18.6, Seiten 378 f., dargestellt und erläutert.

In diesem Kapitel wird lediglich geklärt, welche Steuerpflichtigen **allein** und welche **zusammen** zur Einkommensteuer veranlagt werden. Das Einkommensteuergesetz unterscheidet für 2020 folgende Veranlagungs**arten**:

1. **Einzelveranlagung** (§ 25 Abs. 1),
2. **Ehegattenveranlagung** (§ 26).

5.1 Einzelveranlagung

Steuerpflichtige sind grundsätzlich **einzeln** zur Einkommensteuer zu veranlagen. Der Grundsatz der **Einzelveranlagung** ergibt sich aus der Vorschrift des § 25 **Abs. 1**. Danach wird die Einkommensteuer nach Ablauf des Kalenderjahres (**Veranlagungszeitraums**) nach dem Einkommen veranlagt (festgesetzt), das **der** Steuerpflichtige (d. h. der **einzelne** Steuerpflichtige) in diesem Veranlagungszeitraum (**VZ**) bezogen hat.

> **BEISPIEL**
>
> Der seit Jahren verwitwete Heinz Fischer, Stuttgart, hat im VZ 2020 eine Einkommensteuererklärung nach § 56 EStDV abzugeben.
>
> Sein bei ihm wohnender lediger 22-jähriger Sohn, der als Steuerfachangestellter arbeitet, wird ggf. im VZ 2020 ebenfalls zur Einkommensteuer veranlagt, und zwar nach § 46.
>
> Beide Steuerpflichtige werden zur Einkommensteuer veranlagt. Für **Vater** und **Sohn** sind **zwei Einzelveranlagungen** durchzuführen, weil das EStG eine Zusammenveranlagung mit Kindern nicht kennt.

A. Einkommensteuer

Für eine **Einzelveranlagung** kommen in Betracht:

- **ledige** Steuerpflichtige,
- **verwitwete** Steuerpflichtige,
- **geschiedene** Steuerpflichtige,
- **dauernd getrennt lebende Ehegatten**,
- **Ehegatten**, bei denen einer oder beide **nicht unbeschränkt steuerpflichtig** ist bzw. sind.

Bei der **Einzelveranlagung** ist grundsätzlich die **Grundtabelle** anzuwenden (§ 32a **Abs. 1**). **Ausnahme: Splittingtabelle** in den Fällen des § 32a **Abs. 6** („Gnadensplitting"). **Beschränkt** Steuerpflichtige sind immer **einzeln zu veranlagen**.

5.2 Ehegattenveranlagung

Vom **Grundsatz der Einzelveranlagung** gibt es **zwei Ausnahmen**:

Ehegatten, die bestimmte **Voraussetzungen** erfüllen, können nach § 26 Abs. 1 **wählen** zwischen

a) der **Zusammenveranlagung von Ehegatten** (§ 26b) und

b) der **Einzelveranlagung von Ehegatten** (§ 26a).

Die Regelungen des Einkommensteuergesetzes zu **Ehegatten** und **Ehen** sind **auch** auf **Lebenspartner** und **Lebenspartnerschaften** anzuwenden (§ 2 Abs. 8).

Um das **Wahlrecht** ausüben zu können, müssen folgende **Voraussetzungen** gemeinsam (kumulativ) erfüllt sein (§ 26 Abs. 1 **Satz 1**):

1. Es muss sich um **Ehegatten** handeln.
2. Die Ehegatten müssen **beide unbeschränkt steuerpflichtig** im Sinne des § 1 Abs. 1 oder **Abs. 2** oder des § **1a** sein.
3. Die Ehegatten dürfen **nicht dauernd getrennt leben**.
4. Die Voraussetzungen **1 bis 3** müssen zusammen zu irgendeinem Zeitpunkt des VZ (ein einziger Tag im VZ genügt) **vorgelegen haben**.

Sind die Voraussetzungen zu 1 bis 3 zu **keinem** Zeitpunkt des VZ **gemeinsam** erfüllt, ist eine **Einzelveranlagung** i.S.d. § 25 Abs. 1 durchzuführen.

Welche Veranlagungsart bei der Ehegattenveranlagung am günstigsten ist, muss im Einzelfall geprüft werden.

5.2.1 Zusammenveranlagung von Ehegatten

Ehegatten werden **zusammen veranlagt**, wenn **beide** Ehegatten die **Zusammenveranlagung** **wählen** (§ 26 Abs. 2 Satz 2).

Die Wahl der Veranlagungsart wird für den betreffenden Veranlagungszeitraum durch **Ankreuzen** in der Steuererklärung (Hauptvordruck ESt 1 A, **Zeile 28**) getroffen (§ 26 Abs. 2 Satz 3):

		Nur von Ehegatten / Lebenspartnern auszufüllen	
28	Zusammenveranlagung	Einzelveranlagung von Ehegatten / Lebenspartnern	Wir haben Gütergemeinschaft vereinbart

Werden **keine** Erklärungen abgegeben, wird **unterstellt**, dass die Ehegatten/Lebenspartner die **Zusammenveranlagung** wählen (§ 26 Abs. 3).

Die **Zusammenveranlagung** führt zu einer **Zusammenrechnung**, **nicht** aber zu einer **einheitlichen Ermittlung** der Einkünfte der Ehegatten. Deshalb sind – ebenso wie bei der Einzelveranlagung – für **jeden** Ehegatten die von ihm bezogenen **Einkünfte gesondert** zu **ermitteln**.

B E I S P I E L

Die Eheleute Müller haben im VZ 2020 die folgenden **Einnahmen** aus nichtselbständiger Arbeit erzielt:

Ehemann	64.000 €
Ehefrau	60.000 €

Die Eheleute machen im Einzelnen keine Werbungskosten geltend, sodass sie von den Einnahmen den **Arbeitnehmer-Pauschbetrag** in Höhe von 1.000 Euro abziehen können (§ 9a Nr. 1a). Die Eheleute haben keine weiteren Einnahmen.

Die **Einkünfte** werden im Rahmen der **Zusammenveranlagung** für den **VZ 2020** wie folgt ermittelt:

		Ehemann €	Ehefrau €	gesamt €
Einkünfte aus nichtselbständiger Arbeit (§ 19)				
Ehemann (EM):				
Einnahmen	64.000 €			
– Arbeitnehmer-Pauschbetrag	– 1.000 €	63.000		
Ehefrau (EF):				
Einnahmen	60.000 €			
– Arbeitnehmer-Pauschbetrag	– 1.000 €		59.000	122.000
= **Summe der Einkünfte = Gesamtbetrag der Einkünfte**		63.000	59.000	**122.000**

Die Einkünfte werden zunächst für jeden Ehegatten **gesondert** ermittelt (EM: 63.000 €/ EF: 59.000 €) und anschließend **zusammengerechnet** (122.000 €).

Vom „**Gesamtbetrag der Einkünfte**" an bis zum „zu versteuernden Einkommen" bilden die Ehegatten **eine Einheit**, d.h., vom „Gesamtbetrag der Einkünfte" an erfolgt keine getrennte Ermittlung mehr.

Die **Zusammenveranlagung** von Ehegatten ist die **häufigste Veranlagungsart** der **Ehegattenveranlagung**, weil dann in der Regel die günstigere **Splittingtabelle** gilt.

Wählt einer der Ehegatten die Zusammenveranlagung und der andere Ehegatte die **Einzelveranlagung**, so werden die Ehegatten grundsätzlich **einzeln** veranlagt (§ 26 Abs. 2 Satz 1).

5.2.2 Einzelveranlagung von Ehegatten

Ehegatten werden **einzeln** veranlagt, wenn einer der Ehegatten die Einzelveranlagung wählt (§ 26 Abs. 2 Satz 1).

Bei der Einzelveranlagung von Ehegatten sind **jedem** Ehegatten die von ihm bezogenen Einkünfte zuzurechnen (§ 26a Abs. 1 Satz 1).

Sonderausgaben, außergewöhnliche Belastungen und die Steuerermäßigung nach § 35a werden demjenigen Ehegatten zugerechnet, der die Aufwendungen **wirtschaftlich** getragen hat, es sei denn, die Ehegatten **beantragen** übereinstimmend eine **hälftige** Aufteilung (§ 26a Abs. 2 Sätze 1 und 2).

Können die Ehegatten den Antrag nach § 26a Abs. 2 nicht gemeinsam stellen, weil einer der Ehegatten dazu aus zwingenden Gründen nicht in der Lage ist, kann das Finanzamt den Antrag des anderen Ehegatten als **genügend** ansehen (§ 61 EStDV).

Die Wahl der Veranlagungsart innerhalb eines Veranlagungszeitraums kann nach Eintritt der Unanfechtbarkeit des Steuerbescheids nur noch in Ausnahmefällen geändert werden (§ 26 Abs. 2 Satz 4).

 Einzelheiten zu den Veranlagungsarten erfolgen im Abschnitt 16.1 „Tarifliche und festzusetzende Einkommensteuer", Seiten 345 ff.

5.3 Zusammenfassung und Erfolgskontrolle
5.3.1 Zusammenfassung

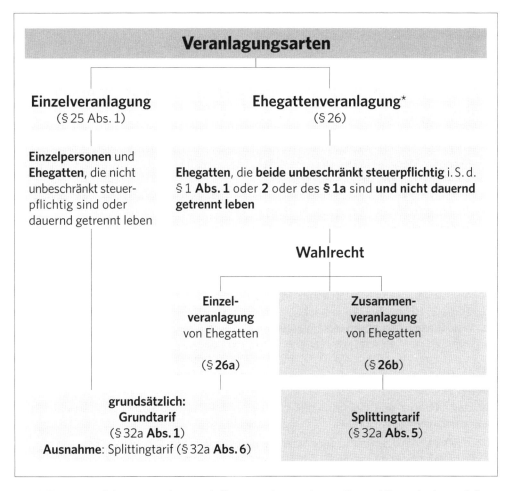

* Eingetragene **Lebenspartner** können wie Ehegatten eine gemeinsame Steuererklärung abgeben und die **Zusammenveranlagung** beantragen. Auf das gemeinsame zu versteuernde Einkommen wird dann der **Splittingtarif** angewendet (§ 2 Abs. 8).

44 A. Einkommensteuer

5.3.2 Erfolgskontrolle

WIEDERHOLUNGSFRAGEN

1. Was versteht man unter Veranlagung?
2. Welche Veranlagungsarten unterscheidet das Einkommensteuergesetz?
3. Für wen kommt eine Einzelveranlagung in Betracht?
4. Welche Voraussetzungen müssen für eine Zusammenveranlagung erfüllt sein?
5. Wie werden Ehegatten veranlagt, bei denen eine dieser Voraussetzungen fehlt?
6. In welchen Fällen erfolgt eine Einzelveranlagung von Ehegatten?

FÄLLE

FALL 1

Der Deutsche Hans Albach, München, heiratete am 27.12.2020 in New York die US-Amerikanerin Meagan Tailor. Die Eheleute zogen am 01.01.2021 in das in München gelegene Einfamilienhaus des Ehemannes.

Die Ehefrau, die keine inländischen (deutschen) und auch keine ausländischen Einkünfte erzielte, hat sich vorher nicht in der Bundesrepublik Deutschland aufgehalten.

Der Ehemann lebt seit seiner Geburt in München und erzielt dort Einkünfte aus selbständiger Arbeit (§ 18).

1. Sind beide Ehegatten im VZ 2020 und VZ 2021 unbeschränkt einkommensteuerpflichtig? Anträge werden nicht gestellt.
2. Welche Veranlagungsarten kommen für die Eheleute Albach für die Veranlagungszeiträume 2020 und 2021 in Betracht?
3. Welche Veranlagungsarten kämen für die Eheleute Albach für den Veranlagungszeitraum 2020 in Betracht, wenn Frau Albach (geb. Meagan Tailor) bereits am 31.12.2020 in das gemeinsame Haus nach München ziehen würde?

FALL 2

Die Eheleute Fritz und Helma Bungert, Mainz, haben am 05.12.2020 geheiratet. Beide haben nicht geringe Einkünfte im VZ 2020 bezogen.

1. Welche Veranlagungsart können die Eheleute Bungert für 2020 wählen?
2. Der Ehemann wünscht die Zusammenveranlagung und die Ehefrau die Einzelveranlagung. Wie werden die Ehegatten für den VZ 2020 veranlagt?

FALL 3

Die Eheleute Ernst und Helga Casper, wohnhaft in Köln, haben von 2016 bis 2020 dauernd getrennt gelebt. Im VZ 2020 betrugen die Einkünfte des Ehemannes 48.250 €, die Einkünfte der Ehefrau 37.000 €.

Welche Veranlagungsart(en) kommt (kommen) für den VZ 2020 in Betracht?

6 Gewinneinkünfte

Zu den **Gewinneinkünften** gehören

- die Einkünfte aus Land- und Forstwirtschaft (§ 13),
- die Einkünfte aus Gewerbebetrieb (§ 15) und
- die Einkünfte aus selbständiger Arbeit (§ 18).

Im Folgenden wird der **Umfang** der Gewinneinkünfte (nicht die Ermittlung der Gewinneinkünfte) dargestellt und erläutert.

6.1 Einkünfte aus Land- und Forstwirtschaft (§ 13 EStG)

Zu den **Einkünften aus Land- und Forstwirtschaft** gehören grundsätzlich alle Einkünfte, die mit einem Betrieb der Land- und Forstwirtschaft im Zusammenhang stehen.

6.1.1 Begriff der Land- und Forstwirtschaft

Land- und Forstwirtschaft ist die planmäßige Nutzung der natürlichen Kräfte des Bodens zur Erzeugung von Pflanzen und Tieren sowie der Verwertung der dadurch selbstgewonnenen Erzeugnisse (R 15.5 Abs. 1 Satz 1 EStR 2012).

Ob eine land- und forstwirtschaftliche Tätigkeit vorliegt, ist jeweils nach dem **Gesamtbild der Verhältnisse** zu entscheiden (R 15.5 Abs. 1 Satz 3 EStR 2012).

6.1.2 Arten der Einkünfte aus Land- und Forstwirtschaft

Nach § 13 Abs. 1 werden vor allem folgende **Arten der Einkünfte aus Land- und Forstwirtschaft** unterschieden:

- Einkünfte aus dem Betrieb von Landwirtschaft, Forstwirtschaft, Weinbau, Gartenbau und aus allen Betrieben, die Pflanzen und Pflanzenteile mithilfe der Naturkräfte gewinnen (§ 13 Abs. 1 **Nr. 1 Satz 1**),
- Einkünfte aus Tierzucht und Tierhaltung (§ 13 Abs. 1 **Nr. 1 Satz 2**),
- Einkünfte aus sonstiger land- und forstwirtschaftlicher Nutzung i.S.d. § 62 BewG, wie Binnenfischerei, Teichwirtschaft, Fischzucht, Imkerei, Wanderschäferei und Saatzucht (§ 13 Abs. 1 **Nr. 2**),
- Einkünfte aus Jagd (§ 13 Abs. 1 **Nr. 3**).

Zu den **Betrieben der Landwirtschaft** gehören vor allem Betriebe, die Pflanzen und Pflanzenteile mithilfe der Naturkräfte gewinnen.
Zur **Landwirtschaft** gehören z.B. **Getreideanbau**, **Gartenbau** (Obstbau, Gemüsebau, Baumschulen), **Weinbau**.

Zu den **Betrieben der Forstwirtschaft** gehören alle Betriebe, die Walderzeugnisse mithilfe der Naturkräfte gewinnen.
Zur **Forstwirtschaft** gehören z.B. **Holzgewinnung**, **Holzverarbeitung**.

Zu den Einkünften aus Land- und Forstwirtschaft gehören die Einkünfte aus der **Tierzucht und Tierhaltung**, wenn die Tierbestände den in § 13 Abs. 1 Nr. 1 **Satz 2** angegebenen Umfang **nicht** übersteigen.
Dieser Umfang wird durch das **Verhältnis** zwischen der landwirtschaftlichen Nutzfläche (Hektar) und dem gehaltenen Vieh (**Vieheinheiten**) bestimmt. Wird der Umfang des land-

wirtschaftlichen **Tierbestandes** nachhaltig **überschritten**, so gehört der darüber hinausgehende Tierbestand zur **gewerblichen** Tierzucht und Tierhaltung (Einkünfte aus Gewerbebetrieb nach § 15, R 13.2 Abs. 2 EStR 2012).

 Einzelheiten zur **Tierzucht und Tierhaltung** erfolgen im 2. Teil des Lösungsbuches der Steuerlehre 2, Seiten 137 ff.

Zu den Einkünften aus Land- und Forstwirtschaft gehören nicht nur die Einkünfte aus dem land- und forstwirtschaftlichen Hauptbetrieb, sondern auch die aus den dazugehörenden **Nebenbetrieben**. Als **Nebenbetrieb** gilt ein Betrieb, der dem land- und forstwirtschaftlichen **Hauptbetrieb zu dienen bestimmt** ist, z.B. **Molkerei** eines landwirtschaftlichen Betriebes, **Brennerei** eines Obstbaubetriebes, **Sägewerk** eines forstwirtschaftlichen Betriebes (§ 13 Abs. 2 Nr. 1).

Außerdem gehört auch die **Produktionsaufgaberente** zu den Einkünften aus Land- und Forstwirtschaft, die nach dem Gesetz zur Förderung der Einstellung der landwirtschaftlichen Erwerbstätigkeit gewährt wird (§ 13 Abs. 2 Nr. 3).

Die **Abgrenzung** der Land- und Forstwirtschaft (§ 13) vom Gewerbe (§ 15) erfolgt nach R 15.5 Abs. 11 EStR 2012.

Umsätze aus bestimmten gewerblichen Tätigkeiten sind typisierend der **Land- und Forstwirtschaft** zuzurechnen, wenn diese **nicht mehr als ein Drittel** des Gesamtumsatzes und nicht mehr als **maximal 51.500 Euro** im Wirtschaftsjahr betragen (R 15.5 Abs. 11 Satz 1 EStR 2012).

Bei Land- und Forstwirten ist der **Gewinn** des Wirtschaftsjahres auf das Kalenderjahr, in dem das Wirtschaftsjahr beginnt, und auf das Kalenderjahr, in dem das Wirtschaftsjahr endet, **entsprechend dem zeitlichen Anteil aufzuteilen** (§ 4a Abs. 2 Nr. 1).

 Einzelheiten zur **Gewinnermittlung** bei Land- und Forstwirten wurden bereits im Abschnitt 4.1.2, Seite 31 f., dargestellt und erläutert.

Bei der **Ermittlung des Gesamtbetrags der Einkünfte** (nicht bei der Ermittlung der Einkünfte aus Land- und Forstwirtschaft) wird unter bestimmten Voraussetzungen ein **Freibetrag** von **900 Euro bzw.** bei zusammen veranlagten Ehegatten von **1.800 Euro** berücksichtigt (§ 13 Abs. 3). Dieser **Freibetrag** ist nur dann abzuziehen, wenn die „**Summe der Einkünfte**" **30.700 Euro bzw.** bei zusammen veranlagten Ehegatten **61.400 Euro** nicht übersteigt (§ 13 Abs. 3).

 Einzelheiten zum **Freibetrag für Land- und Forstwirte** erfolgen im Abschnitt 13.3 „Freibetrag für Land- und Forstwirte", Seite 248.

Schwankende Gewinne aus **Ernteausfällen**, die z.B. auf die Folgen des globalen Klimawandels zurückgeführt werden, können im Sinne einer **Steuerermäßigung durch** eine **Tarifglättung** bis VZ 2022 ausgeglichen werden (§ 32c).

 Einzelheiten zu dieser neuen Steuerermäßigung erfolgen in Abschnitt 16 „Ermittlung der Einkommensteuerschuld", Seiten 345 ff.

ÜBUNG → 1. Wiederholungsfragen 1 bis 4 (Seite 54),
2. Fälle 1 und 2 (Seite 55)

6.2 Einkünfte aus Gewerbebetrieb (§ 15 EStG)

Zu den **Einkünften aus Gewerbebetrieb** gehören alle Einkünfte, die mit einem **Gewerbebetrieb** im Zusammenhang stehen.

6.2.1 Begriff des Gewerbebetriebs

Ein <u>Gewerbebetrieb</u> liegt vor, wenn folgende Merkmale erfüllt sind (§ 15 **Abs. 2** Satz 1):

	Merkmale	Erläuterungen
1.	Selbständigkeit	Handeln auf eigene Rechnung und Gefahr
2.	Nachhaltigkeit	Tätigkeit mit Wiederholungsabsicht
3.	Gewinnerzielungsabsicht	Streben nach Gewinn
4.	Beteiligung am allgemeinen wirtschaftlichen Verkehr	Leistungen, die der Allgemeinheit, d.h. einer unbestimmten Anzahl von Personen, gegen Entgelt angeboten werden
5.	keine Land- und Forstwirtschaft, keine freie Berufstätigkeit und keine andere selbständige Arbeit	Vergleiche R 15.5 EStR 2012 und H 15.5, 15.6 EStH.

6.2.2 Hauptarten der Einkünfte aus Gewerbebetrieb

Das EStG unterscheidet folgende **Hauptarten der Einkünfte aus Gewerbebetrieb**:

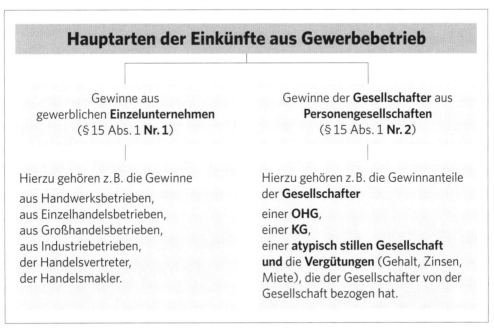

A. Einkommensteuer

zu 1. Gewinne aus gewerblichen Einzelunternehmen

Nach § 15 Abs. 1 **Nr. 1** gehören zu den Einkünften aus Gewerbebetrieb die Einkünfte aus gewerblichen (Einzel-) Unternehmen, z.B. Handwerksbetriebe, Einzelhandelsbetriebe, Großhandelsbetriebe, Industriebetriebe, Handelsvertreter, Handelsmakler.

Die aus gewerblichen Unternehmen erzielten Einkünfte werden **nicht** der **Einzelunternehmung** als solcher zugerechnet, **sondern** dem **Unternehmer** als natürliche Person, für dessen Rechnung und Gefahr ein gewerbliches Unternehmen betrieben wird.

zu 2. Gewinne der Gesellschafter aus Personengesellschaften

Zu den Einkünften aus Gewerbebetrieb gehören auch die Einkünfte aus **Mitunternehmerschaft** (Beteiligung an einer Personengesellschaft; § 15 Abs. 1 **Nr. 2**).

Die aus einer **Personengesellschaft (OHG, KG, GbR, GmbH und Co. KG, atypisch stillen Gesellschaft**) erzielten Einkünfte werden **nicht** der **Personengesellschaft, sondern** den einzelnen **Mitunternehmern** (Gesellschaftern) zugerechnet.
Die **Zurechnung** erfolgt nach den Vorschriften des **Gesellschaftervertrags** oder nach den Vorschriften des **Gesetzes** (z.B. HGB). **Mitunternehmer** ist, wer Gesellschafter einer Personengesellschaft ist und eine gewisse unternehmerische Initiative entfalten kann sowie unternehmerisches Risiko trägt [H 15.8 (1) Allgemeines EStH].

> **B E I S P I E L**
>
> Die Gesellschafter A, B und C betreiben in Koblenz ein Einzelhandelsgeschäft in der Rechtsform einer **OHG**. **A** ist an der OHG mit **30.000 €**, B mit **30.000 €** und C mit **40.000 €** beteiligt. Die OHG hat im vergangenen Jahr einen (**steuerlichen**) **Gewinn** von **154.000 €** erzielt, der nach den Vorschriften des HGB (§ 121 HGB) verteilt wird (4 % des jeweiligen Kapitalanteils, Rest nach Köpfen).
>
> Die **Einkünfte aus Gewerbebetrieb** der Gesellschafter **A**, **B** und **C** werden wie folgt ermittelt:
>
> | Gesellschafter | Kapitalanteil | 4 % des Kapitalanteils | Restgewinn | Einkünfte aus Gewerbebetrieb |
> |:---:|:---:|:---:|:---:|:---:|
> | | € | € | € | € |
> | A | 30.000 | 1.200 | 50.000 | **51.200** |
> | B | 30.000 | 1.200 | 50.000 | **51.200** |
> | C | 40.000 | 1.600 | 50.000 | **51.600** |
> | | 100.000 | 4.000 | 150.000 | **154.000** |

Zu den Einkünften aus Gewerbebetrieb des Gesellschafters einer Personengesellschaft gehören auch die **Vergütungen**, die **der Gesellschafter** von der Gesellschaft für

- seine **Tätigkeit** im Dienste der Gesellschaft („**Gehalt**") oder
- die **Hingabe von Darlehen** („**Zinsen**") oder
- die **Überlassung von Wirtschaftsgütern** („**Miete/Pacht**")

bezogen hat (§ 15 Abs. 1 Nr. 2). Die **neben** den **Gewinnanteilen** zufließenden **Vergütungen** bezeichnet man als **Sonderbetriebseinnahmen**. Die **Sonderbetriebseinnahmen** werden den Einkünften aus Gewerbebetrieb **hinzugerechnet**, weil sie als Aufwand den Gewinn der Gesellschaft (Handelsbilanzgewinn) gemindert haben.

6.2 Einkünfte aus Gewerbebetrieb (§ 15 EStG) 49

BEISPIEL

Die Gesellschafter **A** und **B** sind mit **je 50 %** an einer **KG** beteiligt. Der **Handelsbilanzgewinn** wird nach dem Gesellschaftsvertrag im **Verhältnis 1:1 verteilt**. Der nach den **handelsrechtlichen** Vorschriften ermittelte Bilanzgewinn der KG beträgt für das Kalenderjahr 2020 **400.000 €**. **A** ist als Geschäftsführer der KG tätig, **B** nicht. A erhielt für seine **Tätigkeit** in 2020 ein „Gehalt" von **80.000 €**. **B** hat der KG ein **Darlehen** in Höhe von 100.000 € zur Verfügung gestellt, für das er in 2020 **3.000 € Zinsen** erhalten hat. Außerdem hat **B** der KG in 2020 ein **Geschäftshaus** gegen Zahlung einer **Jahresmiete** von **40.000 €** überlassen.

Gehalt, Zinsen und eine Miete von insgesamt **123.000 €** haben den Handelsbilanzgewinn 2020 geschmälert.

Die **Einkünfte aus Gewerbebetrieb** der Gesellschafter **A** und **B** werden wie folgt ermittelt:

	Handelsbilanzgewinn	400.000 €
+	Vergütung für Tätigkeit A	80.000 €
+	Vergütung für Hingabe eines Darlehens B	3.000 €
+	Vergütung für Überlassung eines Hauses B	40.000 €
=	**steuerlicher Gewinn** (§ 15 Abs. 1 **Nr. 2**)	**523.000 €**

Gesellschafter	Vorweggewinn (Vergütungen) €	Handelsbilanzgewinn (1:1) €	**Einkünfte aus Gewerbebetrieb €**
A	80.000	200.000	**280.000**
B	43.000	200.000	**243.000**
	123.000	400.000	**523.000**

Die **Mitunternehmer** haben den auf sie entfallenden **Gewinnanteil** für den Veranlagungszeitraum zu versteuern, in dem der Gewinn **erzielt** wird.

BEISPIEL

Der Gesellschafter A ist an einer KG beteiligt, deren Wirtschaftsjahr mit dem Kalenderjahr übereinstimmt. Im April 2021 erhält er seinen Gewinnanteil für 2020.

Der Gesellschafter A hat seinen Gewinnanteil für den **VZ 2020** zu versteuern, weil der Gewinn im VZ 2020 **erzielt** worden ist.

Bei einem **abweichenden Wirtschaftsjahr** gilt der **Gewinn** bei Gewerbetreibenden als in dem Kalenderjahr **bezogen**, in dem das Wirtschaftsjahr **endet** (§ 4a Abs. 2 Nr. 2).

BEISPIEL

Die Steuerpflichtige Charlotte Gießen ist Gesellschafterin der Burg OHG. Ihr Gewinnanteil hat für das Wirtschaftsjahr 2019/2020 (01.04.2019 bis 31.03.2020) 50.000 € betragen.

Der Gewinn von 50.000 € **gilt** als im Kalenderjahr **2020** bezogen, weil das Wirtschaftsjahr 2019/2020 im Kalenderjahr 2020 **endet** (§ 4a Abs. 2 Nr. 2).

Gewinne eines (atypischen) stillen Gesellschafters

Zu den Einkünften aus Gewerbebetrieb gehören ferner die Einkünfte des **unechten (atypischen) stillen Gesellschafters**.

Unechte stille Gesellschafter sind **Mitunternehmer** im Sinne des § 15 Abs. 1 **Nr. 2**, weil sie nicht nur am Gesellschaftserfolg, sondern auch am **Betriebsvermögen** einschließlich der **stillen Reserven** und am **Geschäftswert** (Firmenwert) beteiligt sind.

Echte (typische) stille Gesellschafter sind als **Kapitalgeber** lediglich am **Erfolg** (Gewinn, ggf. auch am Verlust) der Gesellschaft beteiligt, **nicht** jedoch am Betriebsvermögen und am Geschäftswert (§§ 230 ff. HGB). Echte stille Gesellschafter haben daher keine Einkünfte aus Gewerbebetrieb, sondern **Einkünfte aus Kapitalvermögen**, sofern § 20 Abs. 8 nicht gilt (Subsidiaritätsprinzip).

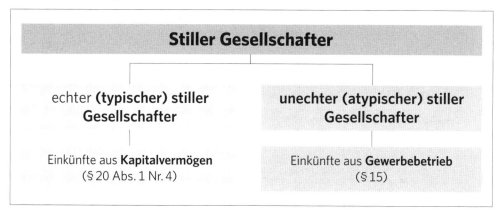

Zu den Einkünften aus Gewerbebetrieb gehören ferner die Gewinnanteile der **Gesellschafter einer GmbH & Co. KG**, weil die GmbH & Co. KG steuerlich als **Personengesellschaft** (**KG**) behandelt wird.

6.2.3 Veräußerung des Betriebs (§ 16 EStG)

Zu den Einkünften aus Gewerbebetrieb gehören nach § 16 Abs. 1 Satz 1 **auch** Gewinne, die erzielt werden bei der **Veräußerung**

1. des **ganzen Gewerbebetriebs** oder eines Teilbetriebs,
2. eines Mitunternehmeranteils,
3. des Anteils eines persönlich haftenden Gesellschafters einer KGaA.

Der Veräußerung wird die **Aufgabe** eines Betriebs **gleichgestellt** (§ 16 Abs. 3).

Die Veräußerung bzw. Aufgabe eines Betriebs ist als **letzte gewerbliche Handlung** des Unternehmers anzusehen.

Die **Veräußerungsgewinne bzw. Aufgabegewinne** stellen außerordentliche Einkünfte i. S. d. § 34 dar. Sie werden durch die Gewährung eines **Freibetrags** (§ 16 Abs. 4) sowie durch eine **Tarifermäßigung** (§ 34) steuerlich begünstigt.

Im Folgenden wird kurz die Veräußerung eines **ganzen Gewerbebetriebs** i. S. d. § 16 Abs. 1 **Nr. 1** erläutert.

6.2 Einkünfte aus Gewerbebetrieb (§ 15 EStG)

Der **Veräußerungsgewinn** wird nach § 16 **Abs. 2** wie folgt ermittelt:

	Veräußerungspreis
-	Veräußerungskosten
-	Wert des Betriebsvermögens (Vermögen – Schulden)
=	**Veräußerungsgewinn**

Für die Entscheidung, ob eine Betriebsveräußerung im Ganzen vorliegt, ist auf den **Zeitpunkt** abzustellen, an dem das wirtschaftliche Eigentum an den veräußerten Wirtschaftsgütern **übertragen** wird. Der Zeitpunkt des Zahlungseingangs ist unerheblich.
Die **Geschäftsveräußerung im Ganzen** unterliegt **nicht** der **Umsatzsteuer** (§ 1 Abs. 1a UStG).

B E I S P I E L

Der Steuerpflichtige Adnan Abbas, 60 Jahre alt, betreibt seit 30 Jahren in Bochum eine Möbelgroßhandlung. Zum 30.09.2020 veräußert er seinen Betrieb im Ganzen für **250.000 €**. Mit dem Verkauf des Betriebs stellt er seine gesamte gewerbliche Tätigkeit auf Dauer ein.
Zum Veräußerungszeitpunkt am 30.09.2020 betrug der Wert des Betriebsvermögens **85.000 €** (Vermögen 135.000 €, Schulden 50.000 €). An Verkaufskosten sind **5.000 €** angefallen.

Der **Veräußerungsgewinn** für Adnan Abbas wird für den VZ 2020 wie folgt ermittelt:

	Veräußerungspreis	250.000 €
-	Veräußerungskosten	- 5.000 €
-	Wert des Betriebsvermögens	- 85.000 €
=	**Veräußerungsgewinn**	160.000 €

Hat der Steuerpflichtige das **55. Lebensjahr vollendet** oder ist er im sozialversicherungsrechtlichen Sinne **dauernd berufsunfähig**, so wird der Veräußerungsgewinn auf Antrag um einen **Freibetrag** von **45.000 Euro** gemindert (§ 16 Abs. 4 **Satz 1**).

Der Freibetrag ermäßigt sich um den Betrag, um den der Veräußerungsgewinn **136.000 Euro** (**Grenzbetrag**) übersteigt (§ 16 Abs. 4 **Satz 3**). Der Freibetrag ist dem Steuerpflichtigen **nur einmal** zu gewähren (§ 16 Abs. 4 **Satz 2**).

52 A. Einkommensteuer

BEISPIEL

Sachverhalt wie im Beispiel zuvor

Der **steuerpflichtige** Veräußerungsgewinn für Adnan Abbas wird für den VZ 2020 wie folgt ermittelt:

	€	€	€
Veräußerungsgewinn			**160.000**
ungekürzter Freibetrag		45.000	
Veräußerungsgewinn von	160.000		
übersteigt den Grenzbetrag von	136.000		
um	24.000		
schädlich		- 24.000	
gekürzter Freibetrag		21.000	
Veräußerungsgewinn wird um gekürzten Freibetrag gemindert			- 21.000
steuerpflichtiger Veräußerungsgewinn			**139.000**

Der **steuerpflichtige** Veräußerungsgewinn in Höhe von 139.000 € wird nach § 34 mit einem **ermäßigten Steuersatz** besteuert.

> **ÜBUNG →** 1. Wiederholungsfragen 5 bis 13 (Seite 54 f.),
> 2. Fälle 3 bis 6 (Seite 55 f.)

6.3 Einkünfte aus selbständiger Arbeit (§ 18 EStG)

6.3.1 Begriff der selbständigen Arbeit

Das Einkommensteuergesetz enthält **keine Begriffsbestimmung** der „selbständigen Arbeit". Stattdessen werden in § 18 **Tätigkeiten aufgezählt**, die als **freiberufliche Tätigkeiten** und als **sonstige selbständige Tätigkeiten** anzusehen sind.
Diese Aufzählung ist jedoch **nicht erschöpfend** (vollständig).

Selbständige Arbeit ist „die Tätigkeit, mit der ein Steuerpflichtiger auf eigene Rechnung und Gefahr und ohne Weisungsabhängigkeit von anderen vorwiegend durch persönlichen Arbeitseinsatz nachhaltig (dauernd oder vorübergehend) Gewinne erzielen will" (Blümich/Hutter, § 18 EStG, Rz. 19).

Der Begriff „**selbständige Arbeit**" setzt folgende **Merkmale** voraus [H 18.1 i. V. m. H 15.1, H 15.6 (Allgemeines) EStH]:

1. Selbständigkeit,

2. Nachhaltigkeit,

3. Gewinnerzielungsabsicht,

4. Beteiligung am allgemeinen wirtschaftlichen Verkehr,

5. **persönlicher Arbeitseinsatz** des Steuerpflichtigen.

6.3.2 Hauptarten der Einkünfte aus selbständiger Arbeit

Das Einkommensteuergesetz unterscheidet folgende **Hauptarten der Einkünfte aus selbständiger Arbeit** (§ 18 **Abs. 1**):

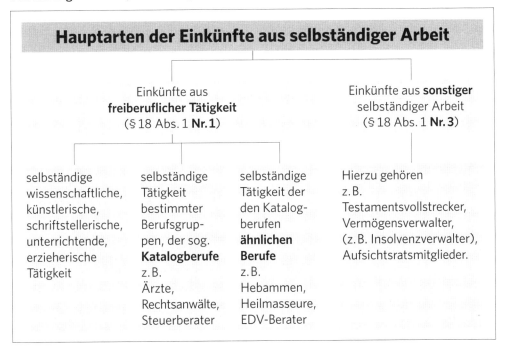

BEISPIEL

Der Internist Dr. Franz Fabel, Mainz, hat 2020 aus seiner **ärztlichen Tätigkeit** einen **Gewinn** in Höhe von **300.000 €** erzielt.

In die Zeile 4 der **Anlage S** ist der Gewinn 2020 wie folgt einzutragen:

\multicolumn{4}{l}{Einkünfte aus selbständiger Arbeit}			
Zeile	Gewinn		22
	aus freiberuflicher Tätigkeit		EUR
4	ärztlicher Tätigkeit	100/300	300.000

6.3.3 Abgrenzung zum Gewerbebetrieb

Es gibt zwischen der gewerblichen und der selbständigen Arbeit i.S.d. § 18 **keine eindeutigen Abgrenzungsmerkmale**, da das Gesetz den Begriff der selbständigen Arbeit nicht definiert.

Nach der **Rechtsprechung des BFH** gehören zur selbständigen Arbeit im Wesentlichen solche Tätigkeiten, die überwiegend **durch die Persönlichkeit des Ausübenden geprägt** sind.

Eine **Voraussetzung** für die Annahme einer selbständigen Arbeit im Sinne des § 18 ist, dass der Berufsträger aufgrund eigener Fachkenntnisse **leitend** tätig wird **und** auch hinsichtlich der für den Beruf typischen Tätigkeiten **eigenverantwortlich** mitwirkt.

Ob die Voraussetzung erfüllt ist, lässt sich nur nach dem **Gesamtbild der Verhältnisse** beurteilen [H 15.6 (Mithilfe anderer Personen) EStH].

Ein Angehöriger eines freien Berufs i.S.d. § 18 Abs. 1 Nr. 1 Sätze 1 und 2 ist auch dann freiberuflich tätig, wenn er sich der **Mithilfe fachlich vorgebildeter Arbeitskräfte** bedient; Voraussetzung ist, dass er aufgrund eigener Fachkenntnisse **leitend und eigenverantwortlich** tätig wird (§ 18 Abs. 1 Nr. 1 Satz 3).

Ein **Steuerbevollmächtigter** wurde als **Gewerbetreibender** vom Finanzgericht Düsseldorf (Urteil vom 17.03.1993, Az.: 14 K 112/88 G) eingestuft, weil er unter Mitwirkung von 20 Steuerfachgehilfen jährlich bis zu **13.000 Einkommensteuererklärungen** bearbeiten ließ.

Der Senat gelangte zu der Überzeugung, dass der Bevollmächtigte bei einem solchen Arbeitsumfang **nicht** mehr **leitend und eigenverantwortlich** tätig sein konnte.

Das bedeutet, dass der Steuerbevollmächtigte mit seinen Einkünften nicht nur der Einkommensteuer, sondern auch der **Gewerbesteuer** unterliegt.

Es wird auf **H 15.6 EStH** verwiesen. Dieser Hinweis befasst sich eingehend mit Fragen der Abgrenzung zwischen Einkünften aus **selbständiger Arbeit** gegenüber Einkünften aus **Gewerbebetrieb**.

 1. Wiederholungsfragen 14 bis 17 (Seite 55),
2. Fälle 7 und 8 (Seite 57)

6.4 Erfolgskontrolle

WIEDERHOLUNGSFRAGEN

1. Welche Einkünfte gehören allgemein zu den Einkünften aus Land- und Forstwirtschaft?
2. Welche Arten der Einkünfte aus Land- und Forstwirtschaft werden nach § 13 Abs. 1 unterschieden?
3. Welche Betriebe gehören z. B. zu den Betrieben der Landwirtschaft?
4. Welche Betriebe gehören z. B. zu den Betrieben der Forstwirtschaft?
5. Welche Merkmale kennzeichnen den Begriff Gewerbebetrieb?
6. Welche Arten der Einkünfte aus Gewerbebetrieb unterscheidet das EStG?
7. Zu welcher Einkunftsart gehören die Einkünfte eines echten (typischen) stillen Gesellschafters?
8. Zu welcher Einkunftsart gehören die Einkünfte eines unechten (atypischen) stillen Gesellschafters?

6.4 Erfolgskontrolle

9. Zu welcher Einkunftsart gehören die Vergütungen, die der Gesellschafter einer OHG für seine Tätigkeit im Dienst der Gesellschaft oder für die Hingabe von Darlehen oder für die Überlassung von Wirtschaftsgütern bezogen hat?

10. Für welchen Veranlagungszeitraum hat ein Mitunternehmer den auf ihn entfallenden Gewinnanteil zu versteuern?

11. In welchem Kalenderjahr gilt der Gewinn eines Gewerbetreibenden bei einem abweichenden Wirtschaftsjahr als bezogen?

12. Welche Gewinne gehören nach § 16 Abs. 1 auch zu den Einkünften aus Gewerbebetrieb?

13. Wie wird der Veräußerungsgewinn nach § 16 Abs. 2 ermittelt?

14. Welche Hauptarten der Einkünfte aus selbständiger Arbeit unterscheidet das EStG?

15. Welche Untergruppen gehören zur freiberuflichen Tätigkeit?

16. Welche Katalogberufe gehören nach § 18 Abs. 1 Nr. 1 zur freiberuflichen Tätigkeit?

17. Welche Tätigkeiten gehören zu den Einkünften aus sonstiger selbständiger Arbeit?

FÄLLE

FALL 1

Die Eheleute Schiefer, die zusammen veranlagt werden, haben im Veranlagungszeitraum 2020 Einkünfte aus Land- und Forstwirtschaft in Höhe von 1.300 € (EF) und Einkünfte aus Gewerbebetrieb in Höhe von 60.000 € (EM) erzielt. Die Eheleute haben zu Beginn des Jahres das 64. Lebensjahr noch nicht vollendet.

Wie hoch ist der Gesamtbetrag der Einkünfte der Eheleute Schiefer für den VZ 2020?

FALL 2

Sachverhalt wie im Fall 1 mit dem Unterschied, dass die Einkünfte aus Land- und Forstwirtschaft nicht 1.300 €, sondern 10.000 € betragen.

Wie hoch ist der Gesamtbetrag der Einkünfte der Eheleute Schiefer für den VZ 2020?

FALL 3

Der Steuerpflichtige Michael Fabel, Gummersbach, wird mit seiner Ehefrau zusammen veranlagt. Aus den Büchern und Unterlagen ergibt sich für den VZ 2020 Folgendes:

1. Der Ehemann ist an einer Kommanditgesellschaft als Kommanditist beteiligt. Sein Gewinnanteil beträgt für das Wirtschaftsjahr 2019/2020 (01.02.2019 bis 31.01.2020) 30.000 € und für das Wirtschaftsjahr 2020/2021 40.000 €.

2. Der Ehemann hat der KG ein Darlehen gegeben. Die KG hat ihm dafür im Januar 2020 für das Wirtschaftsjahr 2019/2020 Zinsen in Höhe von 1.000 € gezahlt. Dieser Betrag ist bei der KG als Aufwand gebucht worden.

3. Die Ehefrau ist an einem Einzelhandelsgeschäft als stille Gesellschafterin beteiligt. Nach den getroffenen Vereinbarungen ist sie nicht nur am Gesellschaftserfolg, sondern auch am Betriebsvermögen einschließlich der stillen Reserven beteiligt. In 2020 hat das Einzelhandelsgeschäft einen Gewinn von 70.000 € erzielt. Davon entfallen auf Frau Fabel 15.000 €.

Ermitteln Sie die Art und den Umfang der Einkünfte der Eheleute Fabel für den VZ 2020.

56 A. Einkommensteuer

FALL 4

Der Steuerpflichtige Heinz May, Wiesbaden, wird mit seiner Ehefrau zusammen veranlagt. Aus den Büchern und Unterlagen ergibt sich für den Veranlagungszeitraum 2020 Folgendes:

1. Der Ehemann ist an einem Großhandelsbetrieb in Koblenz als echter stiller Gesellschafter beteiligt. Seine Einkünfte aus dieser Beteiligung betragen im VZ 2020 29.200 €.

2. Die Ehefrau ist an einer KG als Kommanditistin beteiligt. Ihr Gewinnanteil hat für das Wirtschaftsjahr 2019/2020 (01.02.2019 bis 31.01.2020) 132.000 € betragen.

3. Die Ehefrau hat der KG seit 2011 ein Geschäftshaus gegen Zahlung einer Jahresmiete von 30.000 € überlassen. Die Jahresmiete für 2020 ist bei der KG als Aufwand gebucht worden. Die Abschreibungen der Ehefrau für das an die KG vermietete Gebäude betragen 4.000 €.

4. Die Ehefrau hat der KG in 2017 ein Fälligkeitsdarlehen von 200.000 € gegen Zahlung von 3 % Jahreszinsen gegeben. Die Zinsen für 2020 sind bei der KG über das Konto Zinsaufwendungen gebucht worden.

Ermitteln Sie die jeweiligen Einkünfte der Eheleute May für den Veranlagungszeitraum 2020?

FALL 5

Die Gesellschafter A, B und C betreiben in Dortmund ein Großhandelsgeschäft in der Rechtsform einer KG.
A ist an der KG als Vollhafter (Komplementär) mit 150.000 €, B als Teilhafter (Kommanditist) mit 100.000 € und C als Teilhafter mit 50.000 € beteiligt.
Der nach den handelsrechtlichen Vorschriften ermittelte Bilanzgewinn der KG beträgt für 2020 260.000 €.
A hat für seine Geschäftsführertätigkeit ein „Gehalt" von 130.000 € erhalten.
B hat für die Hingabe eines Darlehens an die KG Zinsen in Höhe von 16.000 € erhalten.
C hat für die Überlassung eines Geschäftshauses an die KG eine Jahresmiete von 48.000 € bezogen. Die Aufwendungen des von C vermieteten Gebäudes betragen insgesamt 12.000 €. Diese Aufwendungen hat C zu tragen.

Gehalt, Zinsen und Miete wurden als Aufwand gebucht.

1. Ermitteln Sie den steuerlichen Gesamtgewinn für den VZ 2020.

2. Wie hoch sind die Einkünfte aus Gewerbebetrieb für die Gesellschafter A, B und C, wenn laut Gesellschaftsvertrag jeder Gesellschafter 4 % Verzinsung seines Kapitalanteils erhält und der Restgewinn im Verhältnis 4:3:1 verteilt wird?

FALL 6

Der Steuerpflichtige Nagib Zeidan, 58 Jahre alt, veräußert zum 30.09.2020 seinen Gewerbebetrieb im Ganzen. Er erzielt dabei einen Veräußerungsgewinn i. S. d. § 16 Abs. 2 in Höhe von 150.000 €. In der Zeit vom 01.01. bis 30.09.2020 erzielt er aus seinem Gewerbebetrieb einen laufenden Gewinn von 65.200 €. Bisher hat Nagib Zeidan noch keinen Freibetrag nach § 16 in Anspruch genommen. Ein Antrag nach § 16 Abs. 4 wurde gestellt.

Wie hoch sind die Einkünfte aus Gewerbebetrieb für Nagib Zeidan im VZ 2020?

6.4 Erfolgskontrolle

FALL 7

Der Steuerpflichtige Bernd Fries, Bonn, wird mit seiner Ehefrau zusammen veranlagt. Aus den Aufzeichnungen ergibt sich für den VZ 2020 Folgendes:

1. Der Ehemann unterhält in Bonn eine Rechtsanwaltspraxis. In 2020 haben seine Betriebseinnahmen 140.000 € und seine Betriebsausgaben 30.000 € betragen.
2. Der Ehemann übernahm in 2020 eine Testamentsvollstreckung. Die Einkünfte aus der Testamentsvollstreckung haben 5.000 € betragen.
3. Die Ehefrau erhielt in 2020 für die Vergütung als Aufsichtsratsmitglied 10.000 €. Betriebsausgaben fielen nicht an.

Welche Einkunftsarten liegen bei den Eheleuten Fries für den VZ 2020 vor?

FALL 8

Der Steuerpflichtige Harald Vogt, Düsseldorf, wird mit seiner Ehefrau zusammen veranlagt. Aus den Aufzeichnungen ergibt sich für den VZ 2020 Folgendes:

1. Der Ehemann unterhält in Düsseldorf eine Arztpraxis. In 2020 haben seine Betriebseinnahmen 200.000 € und seine Betriebsausgaben 40.000 € betragen.
2. Neben seiner Praxis führt der Ehemann eine Privatschule, die er vor einigen Jahren geerbt hat. Er beschäftigt eine Anzahl von Lehrkräften, ohne durch eigenen Unterricht sowie durch das Mitgestalten des von anderen Lehrkräften erteilten Unterrichts eine überwiegend eigenverantwortliche Unterrichtstätigkeit auszuüben. Die Tätigkeit des Steuerpflichtigen beschränkt sich auf die Geschäftsführung der Privatschule. In 2020 haben seine Betriebseinnahmen 180.000 € und seine Betriebsausgaben 70.000 € betragen.
3. Der Ehemann ist ferner an einem Einzelhandelsbetrieb als stiller Gesellschafter beteiligt. Nach den getroffenen Vereinbarungen ist er nur am Gesellschaftserfolg beteiligt. In 2020 betragen seine Einkünfte aus dieser Beteiligung 4.200 €.
4. Die Ehefrau ist an der X-KG als Kommanditistin beteiligt. Ihr Gewinnanteil hat für das Wirtschaftsjahr 2019/2020 (01.02.2019 bis 31.01.2020) 20.000 € und für das Wirtschaftsjahr 2020/2021 (01.02.2020 bis 31.01.2021) 35.000 € betragen.
5. Die Ehefrau hat der KG in 2016 ein Fälligkeitsdarlehen von 200.000 € gegen Zahlung von 5 % Jahreszinsen gegeben. Die Jahreszinsen für 2020 wurden bei der KG auf dem Konto Zinsaufwendungen gebucht.
6. Die Ehefrau ist festangestellte Ärztin eines Krankenhauses. Ihre Einkünfte aus dieser Tätigkeit haben in 2020 65.000 € betragen.

Ermitteln Sie die Art und die Höhe der jeweiligen Einkünfte der Eheleute Vogt für den VZ 2020.

Weitere Fälle mit Lösungen zu den Gewinneinkünften finden Sie im **Lösungsbuch** der Steuerlehre 2.

A. Einkommensteuer

Zusammenfassende Erfolgskontrolle zum 1. bis 6. Kapitel

Ordnen Sie die folgenden Steuerpflichtigen der richtigen Einkunftsart zu.

	Steuerpflichtige	§ 13	§ 15	§ 18
1.	selbständiger Einzelhändler Marcus Simonis			
2.	selbständige Rechtsanwältin Alicia Jarzombek			
3.	selbständige Fachbuch-Autorin Alexandra Brücker-Lenz			
4.	selbständige Tierärztin Nicole Wingen			
5.	selbständige Handelsvertreterin Bianca Schmitz			
6.	selbständige Steuerberaterin Manuela Strub			
7.	selbständige Versicherungsberaterin Anja Ortmann			
8.	selbständige Insolvenzverwalterin Ute Henn			
9.	selbständige Hebamme Judith Doll			
10.	unechte stille Gesellschafterin Andrea Gückel			
11.	selbständige Friseurmeisterin Andrea Zimmerschied			
12.	selbständige Handelsmaklerin Regina Adams			
13.	OHG-Gesellschafterin Sandra Gohs			
14.	selbständige Großhändlerin Heike Schlich			
15.	selbständiger Winzer Karl Lotter			
16.	Kommanditistin Heike Schröder			
17.	selbständige Übersetzerin Monika Koschel			
18.	Aufsichtsratsmitglied Sandra Friderichs			
19.	selbständige Künstlerin Erika Murschel			
20.	selbständige Fußpflegerin Manuela Hermann			
21.	selbständige medizinische Fußpflegerin (Podologin) Ramona Illig			
22.	selbständiger Bezirksschornsteinfegermeister Thomas Krupski			

7 Gewinnermittlung durch Betriebsvermögensvergleich

Das Einkommensteuerrecht kennt **vier Methoden** der Gewinnermittlung, die in **zwei Gruppen** geordnet werden können. Bei der Gewinnermittlung **durch** Betriebsvermögensvergleich sind **zwei Arten** der Gewinnermittlung zu unterscheiden:

1. Gewinnermittlung **durch** Betriebsvermögensvergleich

    1.1 Betriebsvermögensvergleich nach **§ 4 Abs. 1**

    1.2 Betriebsvermögensvergleich nach **§ 5**

2. Gewinnermittlung **ohne** Betriebsvermögensvergleich

    2.1 Einnahmenüberschussrechnung nach **§ 4 Abs. 3**

    2.2 nach Durchschnittssätzen gemäß **§ 13a**

Im Folgenden wird zunächst die Gewinnermittlung **durch** Betriebsvermögensvergleich dargestellt und erläutert.

7.1 Grundlagen des Betriebsvermögensvergleichs

Den **beiden Arten** der Gewinnermittlung **durch** Betriebsvermögensvergleich liegt **derselbe Gewinnbegriff** zugrunde.

> **Gewinn** ist der Unterschiedsbetrag zwischen dem Betriebsvermögen (BV) am Schluss des Wirtschaftsjahres und dem Betriebsvermögen (BV) am Schluss des vorangegangenen Wirtschaftsjahres, **vermehrt** um den Wert der **Entnahmen** und **vermindert** um den Wert der **Einlagen** (§ 4 Abs. 1 Satz 1).

Der Gewinnermittlung durch Betriebsvermögensvergleich geht die Ermittlung des **Betriebsvermögens** voraus.

Betriebsvermögen im Sinne des § 4 Abs. 1 Satz 1 ist der **Unterschiedsbetrag zwischen** dem **Vermögen** und den **Schulden** des Betriebes. **Betriebsvermögen** ist demnach das Betriebsreinvermögen, **bilanzmäßig** ausgedrückt das **Eigenkapital**.

BEISPIEL 1

Durch Inventur zum 31.12.2020 wurde folgendes **Vermögen** (positive Wirtschaftsgüter) und wurden folgende **Schulden** (negative Wirtschaftsgüter) für den Steuerpflichtigen A festgestellt:

	Vermögen		
	Betriebs- und Geschäftsausstattung	30.000 €	
	Waren	40.000 €	
	Forderungen aLuL	20.000 €	
	Kassenbestand	10.000 €	100.000 €
–	**Schulden**		
	Verbindlichkeiten aLuL	5.000 €	
	Bankverbindlichkeiten	15.000 €	– 20.000 €
=	**Betriebsvermögen**		**80.000 €**

A. Einkommensteuer

Übersteigen die **Schulden das Vermögen**, spricht man vom **negativen** Betriebsvermögen.

B E I S P I E L 2

Durch Inventur zum 31.12.2020 wurde folgendes **Vermögen** (positive Wirtschaftsgüter) und wurden folgende **Schulden** (negative Wirtschaftsgüter) für den Steuerpflichtigen A festgestellt:

	Vermögen		
	Betriebs- und Geschäftsausstattung	35.000 €	
	Waren	10.000 €	
	Forderungen aLuL	8.000 €	
	Kassenbestand	7.000 €	60.000 €
−	**Schulden**		
	Verbindlichkeiten aLuL	20.000 €	
	Bankverbindlichkeiten	80.000 €	− 100.000 €
=	**negatives Betriebsvermögen**		**− 40.000 €**

Nach der Definition des Gewinnbegriffs wird der Vergleich zweier Betriebsvermögen gefordert, und zwar zwischen dem Betriebsvermögen am Schluss des Wirtschaftsjahres (Wj) und dem Betriebsvermögen am Schluss des vorangegangenen Wirtschaftsjahres.

B E I S P I E L 3

	Betriebsvermögen am **Schluss des Wj** (31.12.2020)	360.000 €
−	BV am **Schluss des vorangegangenen Wj** (31.12.2019)	120.000 €
=	**Unterschiedsbetrag** (Gewinn)	**+ 240.000 €**

Der **Unterschiedsbetrag** kann auch **negativ** sein. Der **Unterschiedsbetrag** ist **negativ**, wenn das Betriebsvermögen am Schluss des Wirtschaftsjahres niedriger ist als das Betriebsvermögen am Schluss des vorangegangenen Wirtschaftsjahres.

B E I S P I E L 4

	Betriebsvermögen am **Schluss des Wj** (31.12.2020)	− 80.000 €
−	BV am **Schluss des vorangegangenen Wj** (31.12.2019)	40.000 €
=	**Unterschiedsbetrag** (Verlust)	**− 120.000 €**

Der **Unterschiedsbetrag** ist in der Regel noch **nicht** der endgültige **Gewinn** bzw. der **Verlust**.

Der **Unterschiedsbetrag** ist noch um die **Entnahmen** und **Einlagen** zu berichtigen.

Entnahmen (Privatentnahmen) sind alle Wirtschaftsgüter (z.B. Bargeld, Waren), die der Steuerpflichtige dem Betrieb für sich, für seinen Haushalt oder für andere betriebsfremde Zwecke im Laufe des Wirtschaftsjahres entnommen hat (§ 4 Abs. 1 Satz 2).

Einlagen (Privateinlagen) sind alle Wirtschaftsgüter (Bareinzahlungen und sonstige Wirtschaftsgüter), die der Steuerpflichtige dem Betrieb im Laufe des Wirtschaftsjahres aus seinem Privatvermögen zugeführt hat (§ 4 Abs. 1 Satz 8).

Da nur die Vermögensänderungen im **betrieblichen** Bereich steuerlich Gewinn sein können, müssen die Vermögens**erhöhungen**, die aus Einlagen resultieren, **gekürzt** und die Vermögens**minderungen**, die durch Entnahmen entstanden sind, wieder **hinzugerechnet** werden.

7.2 Betriebsvermögensvergleich nach § 4 Abs. 1 EStG

BEISPIEL

Das Betriebsvermögen eines Gewerbetreibenden beträgt nach der Bilanz zum 31.12.2020 **180.000€** und nach der Bilanz zum 31.12.2019 **60.000€**. Im Laufe des Jahres 2020 hat der Steuerpflichtige für **40.000€** Waren für private Zwecke entnommen.
Außerdem hat er von seinem privaten Sparkonto **10.000€** abgehoben und in das Betriebsvermögen eingelegt, um damit Betriebsschulden zu begleichen.

Der **Gewinn** für 2020 errechnet sich wie folgt:

	Betriebsvermögen am **Schluss des Wj** (31.12.2020)	180.000 €
−	BV am **Schluss des vorangegangenen Wj** (31.12.2019)	60.000 €
=	positiver Unterschiedsbetrag	120.000 €
+	Entnahmen 2020	40.000 €
−	Einlagen 2020	10.000 €
=	**Gewinn aus Gewerbebetrieb 2020**	**150.000 €**

Die buchmäßige Darstellung (Bilanzierung) des **Betriebsvermögens** erfolgt in der **Buchführung 2**, 32. Auflage 2021, Seite 65 ff.

ÜBUNG → Wiederholungsfragen 1 bis 6 (Seite 64)

7.2 Betriebsvermögensvergleich nach § 4 Abs. 1 EStG

Die **Gewinnermittlung** nach **§ 4 Abs. 1** kommt in der Regel nur für

Land- und Forstwirte

in Betracht, die **buchführungspflichtig sind oder freiwillig Bücher führen sowie** für

selbständig Tätige,

die **freiwillig Bücher führen**.

Land- und Forstwirte sind **buchführungspflichtig**, wenn eine der folgenden in **§ 141 AO** genannten Grenzen überschritten ist:

1. **Umsätze** von mehr als **600.000 Euro** im Kalenderjahr **oder**
2. selbstbewirtschaftete land- und forstwirtschaftliche Flächen mit einem **Wirtschaftswert** (§ 46 BewG) von mehr als **25.000 Euro oder**
3. **Gewinn** aus Land- und Forstwirtschaft von mehr als **60.000 Euro** im Kalenderjahr.

Bei der Gewinnermittlung nach **§ 4 Abs. 1** sind **nur** die **einkommensteuerrechtlichen**, **nicht** die **handelsrechtlichen** Bewertungsvorschriften zu beachten.

Für Steuerpflichtige, die ihren Gewinn nach **§ 4 Abs. 1** ermitteln, ist bei der **Bewertung des Umlaufvermögens** (z.B. Vorräte) nur die **einkommensteuerrechtliche** Vorschrift des § 6 Abs. 1 Nr. 2 Satz 1 maßgebend, nach der Wirtschaftsgüter des Umlaufvermögens mit den **Anschaffungs- oder Herstellungskosten** anzusetzen sind. **Statt** der **AK/HK kann** der **niedrigere Teilwert** bei einer voraussichtlich dauernden Wertminderung angesetzt werden (§ 6 Abs. 1 Nr. 2 Satz 2).

> **BEISPIEL**
>
> Ein **Land- und Forstwirt**, der seinen Gewinn nach **§ 4 Abs. 1** ermittelt, hat Vorräte für **10.000 €** angeschafft. Am Bilanzstichtag beträgt der Marktpreis (Teilwert) dieser Vorräte **8.000 €**. Die Wertminderung ist voraussichtlich von Dauer.
>
> Der Steuerpflichtige **kann** diese Vorräte **entweder** mit den Anschaffungskosten von **10.000 €** **oder** mit dem niedrigeren Teilwert von **8.000 €** bilanzieren (**Wahlrecht**; Kannvorschrift, vgl. § 6 Abs. 1 Nr. 2 Satz 2).

7.3 Betriebsvermögensvergleich nach § 5 EStG

Die **Gewinnermittlungsvorschriften** des **§ 5** gelten nur für

Gewerbetreibende,

die **buchführungspflichtig** sind **oder freiwillig Bücher führen**.

Gewerbetreibende sind **buchführungspflichtig**, wenn sie **Kaufleute** im Sinne des HGB (vgl. §§ 1 – 7 HGB) sind (handelsrechtliche Buchführungspflicht) **oder** wenn eine der folgenden in **§ 141 AO** genannten Grenzen überschritten ist (originäre steuerrechtliche Buchführungspflicht):

1. **Umsätze** von mehr als **600.000 Euro** im Kalenderjahr **oder**
2. **Gewinn** aus Gewerbebetrieb von mehr als **60.000 Euro** im Wirtschaftsjahr.

 Die Darstellung der handels- und steuerrechtlichen Buchführungspflicht erfolgt in der **Buchführung 1**, 32. Auflage 2020, Seiten 7 ff.

Steuerpflichtige, die ihren Gewinn nach **§ 5** ermitteln, müssen **handelsrechtliche** und **einkommensteuerrechtliche** Bewertungsvorschriften beachten.

Da für den Ansatz des Betriebsvermögens die **handelsrechtlichen Vorschriften** maßgebend sind, spricht man in diesem Zusammenhang auch vom **Grundsatz der Maßgeblichkeit** der Handelsbilanz für die Steuerbilanz (§ 5 Abs. 1 **Satz 1**).

Bei der **Bewertung des Umlaufvermögens** gilt z.B. handelsrechtlich das **strenge Niederstwertprinzip** (§ 253 Abs. 4 HGB). Nach diesem Prinzip **müssen** Wirtschaftsgüter des Umlaufvermögens aufgrund einer – auch nur vorübergehenden – Wertminderung mit dem **niedrigeren Börsen-** oder **Marktpreis** (**Teilwert**) angesetzt werden.

Die Vornahme einer außerplanmäßigen Abschreibung in der **Handelsbilanz** ist **nicht zwingend** in der **Steuerbilanz** durch eine Teilwertabschreibung nachzuvollziehen; der Steuerpflichtige **kann** darauf auch verzichten (Wahlrecht; R 6.8 Abs. 1 Satz 3 EStR 2012).

BEISPIEL

Ein **Gewerbetreibender**, der seinen Gewinn nach § 5 ermittelt, hat einen Posten Waren für 10.000 € angeschafft. Am Bilanzstichtag beträgt der Marktpreis (Teilwert) dieser Waren 8.000 €. Die Wertminderung ist voraussichtlich von Dauer.

Handelsrechtlich muss der Steuerpflichtige den Warenposten mit **8.000 €** bilanzieren (**kein Wahlrecht**, § 253 Abs. 4 Satz 1 HGB).

Steuerrechtlich kann der Gewerbetreibende den Warenposten mit **8.000 €** oder mit **10.000 €** bilanzieren (**Wahlrecht**, § 6 Abs. 1 Nr. 2 Satz 2; R 6.8 Abs. 1 Satz 3 EStR 2012).

Bei einer **voraussichtlich nicht dauerhaften Wertminderung** des **Umlaufvermögens** kommt es zu unterschiedlichen Wertansätzen in Handels- und Steuerbilanz.

Gewerbetreibende, die **nicht** unter § 5 fallen, können den Gewinn durch Überschussrechnung nach **§ 4 Abs. 3** ermitteln, wenn der Gewerbetreibende für den Betrieb diese Gewinnermittlungsart **gewählt** hat (R 4.1 Abs. 2 Satz 5 EStR 2012).

Werden für einen Gewerbebetrieb **keine** Bücher geführt oder ist die Buchführung **nicht** ordnungsgemäß, ist der Gewinn nach § 5 unter Berücksichtigung der Verhältnisse des Einzelfalles **zu schätzen** (R 4.1 Abs. 2 Satz 3 EStR 2012).

Die Bewertung des Betriebsvermögens wird im Einzelnen in Kapitel 9 „**Bewertung des Betriebsvermögens**", Seiten 70 ff., dargestellt.

ÜBUNG → 1. Wiederholungsfragen 7 bis 10 (Seite 64),
2. Fälle 1 und 2 (Seite 64)

7.4 Zusammenfassung und Erfolgskontrolle

7.4.1 Zusammenfassung

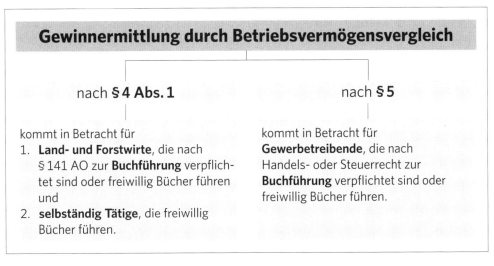

64 A. Einkommensteuer

7.4.2 Erfolgskontrolle

WIEDERHOLUNGSFRAGEN

1. Welche zwei Arten der Gewinnermittlung durch Vermögensvergleich gibt es?
2. Wie wird der Gewinn nach § 4 Abs. 1 Satz 1 definiert?
3. Wie wird das Betriebsvermögen rechnerisch ermittelt?
4. Was versteht man unter Entnahmen i. S. d. § 4 Abs. 1 Satz 2?
5. Was versteht man unter Einlagen i. S. d. § 4 Abs. 1 Satz 8?
6. Warum müssen Entnahmen und Einlagen bei der Gewinnermittlung durch Betriebs-vermögensvergleich hinzugerechnet bzw. gekürzt werden?
7. Wer ermittelt seinen Gewinn nach § 4 Abs. 1?
8. Welche Land- und Forstwirte sind nach § 141 AO buchführungspflichtig?
9. Wer ermittelt seinen Gewinn nach § 5?
10. Welcher Unterschied besteht zwischen der Gewinnermittlung nach § 4 Abs. 1 und nach § 5?

FÄLLE

F A L L 1

Nach welchen Vorschriften ist bei den Sachverhalten a) bis e) der Gewinn zu ermitteln? Begründen Sie Ihre Antwort unter Hinweis auf die Rechtsgrundlagen.

a) Der im Handelsregister eingetragene Getränkehändler Tross, der als Einzelkaufmann an zwei aufeinanderfolgenden Abschlussstichtagen die Schwellenwerte des § 241a HGB überschritten hat, hat im letzten Jahr einen Gewinn in Höhe von 61.000 € erzielt. Sein Umsatz lag im Vorjahr bei 610.000 €.

b) Steuerberater Gehlhardt hat im letzten Jahr einen Gewinn in Höhe von 610.000 € erzielt. Sein Umsatz lag im Vorjahr bei 630.000 €.

c) Der selbständige Architekt Merder führt seit Jahren freiwillig Bücher. Sein Gewinn hat im letzten Jahr 18.000 € betragen. Sein Umsatz lag im Vorjahr bei 230.000 €.

d) Der nicht im Handelsregister eingetragene Lebensmittelhändler Rosenbaum hat im letzten Jahr einen Gewinn in Höhe von 62.000 € erzielt. Sein Umsatz lag im Vorjahr bei 615.000 €. Er hat an zwei aufeinanderfolgenden Abschlussstichtagen die Schwellen-werte des § 241a HGB überschritten.

e) Landwirt Harder ist nicht im Handelsregister eingetragen, führt jedoch freiwillig Bücher. Sein Gewinn hat im letzten Jahr 36.000 € betragen. Sein Umsatz lag im Vorjahr bei 430.000 €.

F A L L 2

Der Gewerbetreibende Freimuth, dessen Firma im Handelsregister eingetragen ist, hat durch Inventur folgende Bestände festgestellt:

	31.12.2019	31.12.2020
Geschäftsausstattung	30.000 €	25.000 €
Verbindlichkeiten aLuL	20.000 €	24.000 €
Waren	50.000 €	55.000 €
Forderungen aLuL	15.000 €	10.000 €
Darlehensverbindlichkeit	30.000 €	10.000 €
Kassenbestand	5.000 €	3.000 €
Sonstige Verbindlichkeiten	1.000 €	3.000 €

In 2020 haben die Privatentnahmen 36.800 € und die Privateinlagen 3.000 € betragen.

Ermitteln Sie den Gewinn bzw. Verlust aus Gewerbebetrieb für 2020.

Zusammenfassende Erfolgskontrolle zum 1. bis 7. Kapitel

FALL 1

Der Steuerpflichtige Reiner Müller, Bonn, wird mit seiner Ehefrau zusammen veranlagt. Aus den Büchern und Unterlagen ergibt sich für den VZ 2020 Folgendes:

a) Das Betriebsvermögen des Gewerbetreibenden Reiner Müller beträgt nach der Bilanz zum 31.12.2020 265.000 € und nach der Bilanz zum 31.12.2019 135.000 €. Im Laufe des Jahres 2020 hat Müller für 20.000 € einschließlich 19 % USt Waren entnommen und in seinem Haushalt verbraucht. Außerdem hat er in 2020 eine Einlage von 30.000 € geleistet.

b) Frau Müller ist an einer KG mit 50 % beteiligt. Der nach den handelsrechtlichen Vorschriften ermittelte Bilanzgewinn der KG für 2020 beträgt 500.000 €. Frau Müller ist als Geschäftsführerin der KG tätig. Für ihre Tätigkeit erhielt sie in 2020 ein „Gehalt" von 70.000 €. Außerdem hat sie der KG ein Darlehen in Höhe von 200.000 € zur Verfügung gestellt, für das sie 2020 16.000 € Zinsen erhalten hat. Gehalt und Zinsen haben den Handelsbilanzgewinn geschmälert.

c) Frau Müller ist ferner an einem Einzelhandelsbetrieb als unechte (atypische) stille Gesellschafterin beteiligt. In 2020 ist ein Gewinn von 30.000 € erzielt worden. Davon entfallen auf Frau Müller 6.000 €.

Wie hoch ist die Summe der Einkünfte der Eheleute Müller für den VZ 2020?

FALL 2

Der ledige Steuerpflichtige Josef Gräf betreibt in Bayern einen reinen forstwirtschaftlichen Betrieb.

a) Aus seinem Betrieb der Land- und Forstwirtschaft erzielte er folgende Gewinne:

im Wirtschaftsjahr 2019/2020	48.000 €,
im Wirtschaftsjahr 2020/2021	52.000 €.

Gräf ermittelt seinen Gewinn jeweils für die Zeit vom 01.10. bis 30.09. (§ 8c Abs. 1 Nr. 2 EStDV).

b) Gräf ist außerdem an einem Einzelhandelsbetrieb in Hamburg als stiller Gesellschafter beteiligt. Nach den getroffenen Vereinbarungen ist er nur am Gesellschaftserfolg beteiligt. In 2020 betragen seine Einkünfte als stiller Gesellschafter 4.600 €. Die Beteiligung hält er in seinem Privatvermögen.

Bestimmen Sie die Art und den Umfang der Einkünfte des Steuerpflichtigen Gräf für den VZ 2020.

> **Methodischer Hinweis:** Will man die **sieben Einkunftsarten** geschlossen hintereinander erarbeiten, ist die Bearbeitung der Kapitel 8 bis 10 zunächst nicht erforderlich. Die Fortsetzung erfolgt dann auf Seite 137 mit dem 11. Kapitel „**Überschusseinkünfte**". Die Kapitel 8 bis 10 können später oder im Rahmen der Buchführung erarbeitet werden.

A. Einkommensteuer

8 Umfang des Betriebsvermögens

Voraussetzung einer exakten steuerlichen Gewinnermittlung durch Betriebsvermögensvergleich ist, dass das zu vergleichende **Betriebsvermögen** (**BV**) zunächst in seinem mengenmäßigen **Umfang** durch Inventur richtig erfasst wird.

Werden Wirtschaftsgüter des Betriebsvermögens nicht oder doppelt erfasst, ist die Grundlage der Gewinnermittlung falsch.

Die Wirtschaftsgüter des **Vermögens** eines Steuerpflichtigen lassen sich in folgende **zwei Vermögensgruppen** einordnen:

1. Wirtschaftsgüter des **Betriebsvermögens** und

2. Wirtschaftsgüter des **Privatvermögens**.

In den **Vermögensvergleich** zum Zwecke der Gewinnermittlung dürfen nur die Wirtschaftsgüter des **Betriebsvermögens** einbezogen werden.

Deshalb ist eine **klare Abgrenzung** zwischen den Wirtschaftsgütern des **Betriebsvermögens** und den Wirtschaftsgütern des **Privatvermögens** erforderlich.

Innerhalb des **Betriebsvermögens** ist zu unterscheiden zwischen dem **notwendigen** und dem **gewillkürten** Betriebsvermögen.

8.1 Notwendiges Betriebsvermögen

Zum **notwendigen Betriebsvermögen** gehören (R 4.2 Abs. 1 EStR 2012):

1. Wirtschaftsgüter, die **ausschließlich** und **unmittelbar** für **eigenbetriebliche Zwecke** genutzt werden oder **dazu bestimmt** sind,
   und

2. Wirtschaftsgüter, die **nicht** Grundstücke oder Grundstücksteile sind und die zu **mehr als 50% eigenbetrieblich** genutzt werden.

BEISPIELE

zu 1. Ein **Bauunternehmer** ist Eigentümer mehrerer **Baukräne**, die nur **betrieblich genutzt** werden.

Die Baukräne gehören zum **notwendigen BV**, weil sie **ausschließlich** und **unmittelbar** für **eigenbetriebliche Zwecke** genutzt werden bzw. dazu bestimmt sind.

zu 2. Ein Bauunternehmer hat einen Pkw, den er zu 80% betrieblich und zu 20% privat nutzt.

Der Pkw gehört **in vollem Umfang** zum **notwendigen Betriebsvermögen**, weil er zu **mehr als 50% eigenbetrieblich** genutzt wird.

Eigenbetrieblich genutzte Wirtschaftsgüter sind auch dann **notwendiges** Betriebsvermögen, wenn sie **nicht** in der Buchführung und in den Bilanzen ausgewiesen werden (R 4.2 Abs. 1 Satz 2 EStR 2012).

8.2 Notwendiges Privatvermögen

Zum notwendigen Privatvermögen gehören (R 4.2 Abs. 1 EStR 2012):

1. Wirtschaftsgüter, die **ausschließlich** und **unmittelbar** für **private Zwecke genutzt** werden oder **dazu bestimmt** sind,
   und

2. Wirtschaftsgüter, die **nicht** Grundstücke oder Grundstücksteile sind und die zu **mehr als 90 %** privat genutzt werden.

BEISPIELE

zu 1.   Ein Bauunternehmer kauft sich eine **Münzsammlung**. Er will sie seinem Betriebsvermögen zuordnen, um einen möglichen Wertverlust als Betriebsausgaben absetzen zu können.

Die Münzsammlung gehört in vollem Umfang zum **notwendigen Privatvermögen**, weil sie **ausschließlich** und **unmittelbar** für **private Zwecke bestimmt** ist.
Ein möglicher Wertverlust ist **nicht** als Betriebsausgaben absetzbar.

zu 2.   Ein Bauunternehmer hat einen Pkw, den er zu 95 % privat und zu **5 % betrieblich** nutzt.

Der Pkw gehört **in vollem Umfang** zum **notwendigen Privatvermögen**, weil seine **private Nutzung mehr als 90 %** beträgt (R 4.2 Abs. 1 Satz 5 EStR 2012).

Wirtschaftsgüter des **notwendigen** Privatvermögens gehören auch dann zum Privatvermögen, wenn sie in der Buchführung und in den Bilanzen ausgewiesen werden.

8.3 Gewillkürtes Betriebsvermögen

Zum **gewillkürten Betriebsvermögen** gehören (R 4.2 Abs. 1 Satz 6 EStR 2012):

1. Wirtschaftsgüter, die in einem gewissen **objektiven Zusammenhang mit dem Betrieb** stehen und diesen **zu fördern bestimmt und geeignet** sind,
   und

2. Wirtschaftsgüter, die weder zum notwendigen Betriebsvermögen noch zum notwendigen Privatvermögen gehören, die also zu **mindestens 10 %, aber höchstens 50 % betrieblich** genutzt werden.

Bei Wirtschaftsgütern, die zum gewillkürten Betriebsvermögen gehören, hat der Steuerpflichtige die **Wahl**, diese Wirtschaftsgüter dem **Betriebsvermögen** oder dem **Privatvermögen** zuzuordnen.
Steuerpflichtige, die ihren Gewinn nach § 4 Abs. 1 oder § 5 ermitteln, müssen die Zuordnung in ihrer **Buchführung** eindeutig zum Ausdruck bringen.

BEISPIEL

Ein Bauunternehmer, der seinen Gewinn nach § 5 ermittelt, hat einen Pkw, den er zu **40 %** **betrieblich** und zu **60 % privat** nutzt.

Er **kann** diesen Pkw als **gewillkürtes Betriebsvermögen** behandeln, da er weder zum notwendigen Betriebsvermögen noch zum notwendigen Privatvermögen gehört und der Pkw zu **10 % bis 50 %** (40 %) **betrieblich** genutzt wird.

Ordnet er ihn seinem **Betriebsvermögen** zu, so muss er dies eindeutig in seiner **Buchführung** zum Ausdruck bringen. Der Unternehmer kann jedoch für diesen PKW **nicht** die **1 %-Regelung** in Anspruch nehmen, weil das Kraftfahrzeug **nicht zu mehr als 50 %** betrieblich genutzt wird (§ 6 Abs. 1 Nr. 4 Satz 2).

Gewillkürtes Betriebsvermögen ist **auch** bei der Einnahmenüberschussrechnung nach **§ 4 Abs. 3** möglich. **Voraussetzung** ist, dass die **Zuordnung** des Wirtschaftsguts zum gewillkürten Betriebsvermögen in **unmissverständlicher Weise durch entsprechende** zeitnah erstellte **Aufzeichnungen** (z. B. im **Anlagenverzeichnis**) ausgewiesen wird.

Wird ein **Gebäude gemischt genutzt**, ist **jeder** der unterschiedlich genutzten **Gebäudeteile ein besonderes Wirtschaftsgut**, weil das Gebäude in verschiedenen Nutzungs- und Funktionszusammenhängen steht (R 4.2 Abs. 4 Satz 1 EStR 2012).

BEISPIEL

Der Steuerberater Klein ist Eigentümer eines Geschäfts- und Wohnhauses in Köln.
Das **Erdgeschoss** nutzt Herr Klein als **Steuerberatungspraxis**. Das **1. Obergeschoss** nutzt er zu **eigenen Wohnzwecken** und das **2. Obergeschoss** ist an eine Angestellte **vermietet**.

Das Erdgeschoss ist **notwendiges Betriebsvermögen**, das 1. Obergeschoss **notwendiges Privatvermögen** und das 2. Obergeschoss **gewillkürtes Betriebsvermögen**, das Klein seinem Betriebsvermögen oder seinem Privatvermögen zuordnen kann (R 4.2 Abs. 9 EStR 2012).

Eigenbetrieblich genutzte **Grundstücksteile** brauchen **nicht** als **Betriebsvermögen** behandelt zu werden, wenn ihr Wert **nicht mehr als ein Fünftel** des gemeinen Werts des gesamten Grundstücks **und nicht mehr als 20.500 Euro** beträgt (§ 8 EStDV, abgedruckt zu § 4 EStG).

8.4 Zusammenfassung und Erfolgskontrolle
8.4.1 Zusammenfassung

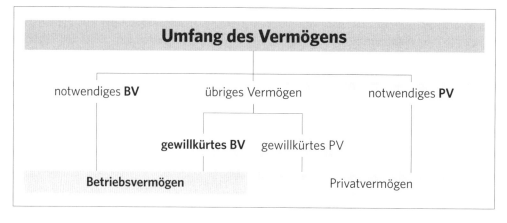

8.4 Zusammenfassung und Erfolgskontrolle

8.4.2 Erfolgskontrolle

WIEDERHOLUNGSFRAGEN

1. In welche zwei Vermögensgruppen lassen sich die Wirtschaftsgüter des Vermögens eines Steuerpflichtigen einordnen?
2. Warum ist es notwendig, zwischen diesen beiden Vermögensgruppen zu unterscheiden?
3. Wie wird das Betriebsvermögen unterteilt?
4. Welche Wirtschaftsgüter gehören zum notwendigen Betriebsvermögen?
5. Welche Wirtschaftsgüter gehören zum notwendigen Privatvermögen?
6. Welche Wirtschaftsgüter können als gewillkürtes Betriebsvermögen behandelt werden?
7. Unter welcher Voraussetzung können Gewinnermittler nach § 4 Abs. 3 gewillkürtes Betriebsvermögen haben?

FÄLLE

Bestimmen und begründen Sie bei den Sachverhalten a) bis f), zu welcher Vermögensart die einzelnen Wirtschaftsgüter gehören.

a) Der Bauunternehmer Henn, der seinen Gewinn nach § 5 ermittelt, ist Eigentümer von vier Pkws, die er wie folgt nutzt:

	betrieblich	privat
Pkw 1	100 %	—
Pkw 2	70 %	30 %
Pkw 3	30 %	70 %
Pkw 4	5 %	95 %

b) Die Zahnärztin Helga Brockmann, die ihren Gewinn nach § 4 Abs. 3 ermittelt, hat in 2020 einen Pkw angeschafft, den sie laut ordnungsgemäß geführtem Fahrtenbuch zu 55 % betrieblich und zu 45 % privat nutzt.

c) Der im Handelsregister eingetragene Baustoffhändler Emmerich hat in 2020 ein gemischt genutztes Grundstück für 500.000 € erworben. Das vorhandene Gebäude verfügt über 500 qm Nutzfläche. Herr Emmerich nutzt 350 qm zu eigenbetrieblichen Zwecken. Den übrigen Teil nutzt er zu eigenen Wohnzwecken.

d) Bei dem betrieblichen Pkw des Steuerberaters Müller werden für private Fahrten 25 % der gesamten Kfz-Kosten als Nutzungsentnahme aufgezeichnet.

e) Der Steuerberater Müller nutzt für seinen betrieblichen Pkw einen Abstellplatz, der seiner Ehefrau gehört.

f) Zur Finanzierung des betrieblichen Pkws nimmt der Steuerberater Müller eine Grundschuld auf sein selbstgenutztes Einfamilienhaus auf.

9 Bewertung des Betriebsvermögens

Eine weitere **Voraussetzung** für die **exakte Gewinnermittlung** durch Betriebsvermögensvergleich ist die **richtige Bewertung des Betriebsvermögens**.

 Die **buchmäßige** Darstellung des **Betriebsvermögens** erfolgt in der **Buchführung 2**, 32. Auflage 2021, Seiten 65 ff.

9.1 Grundlagen der Bewertung
9.1.1 Maßgeblichkeitsgrundsatz

Die **steuerlichen** Vorschriften für die **Bewertung des Betriebsvermögens** (= **Bewertungsvorschriften für die Steuerbilanz**) sind in den **§§ 5 bis 7i und 13a** enthalten.

Die folgenden Ausführungen beschränken sich auf die Erläuterung der Bewertungsvorschriften für **buchführende Gewerbetreibende**.

Bei **Gewerbetreibenden**, die aufgrund gesetzlicher Vorschriften verpflichtet sind, Bücher zu führen und regelmäßig Abschlüsse zu machen, oder die ohne eine solche Verpflichtung **Bücher führen und Abschlüsse machen**, ist für den Schluss des Wirtschaftsjahres das Betriebsvermögen (§ 4 Abs. 1 Satz 1) anzusetzen, das nach den **handelsrechtlichen** Grundsätzen ordnungsmäßiger Buchführung (**GoB**) auszuweisen ist, **es sei denn**, im Rahmen der Ausübung eines **steuerlichen** Wertansatzes wird oder wurde ein **anderer** Wertansatz gewählt (§ 5 Abs. 1 **Satz 1**).

Die **handelsrechtlichen** Wertansätze sind grundsätzlich für die **Steuerbilanz maßgebend** (Gewinnermittlung nach den **handelsrechtlichen** GoB).

Man spricht deshalb auch vom <u>Grundsatz der Maßgeblichkeit</u> der Handelsbilanz für die **Steuerbilanz** und bezeichnet die **Steuerbilanz** als abgeleitete Handelsbilanz.

Allerdings eröffnet § 5 Abs. 1 **Satz 1** die Möglichkeit, **steuerliche Wahlrechte unabhängig von der Handelsbilanz** für die Steuerbilanz **auszuüben**.

MERKE → **Steuerliche Wahlrechte** können unabhängig von der Handelsbilanz in der **Steuerbilanz** geltend gemacht werden.

Der Gesetzgeber weicht in den letzten Jahren bewusst immer mehr vom Grundsatz der Maßgeblichkeit ab, sodass sich die handels- und steuerrechtlichen Bewertungsvorschriften und damit die **Handels- und Steuerbilanz zunehmend auseinander entwickeln**.

Die Vornahme einer außerplanmäßigen Abschreibung in der Handelsbilanz ist nicht zwingend in der Steuerbilanz durch eine Teilwertabschreibung nachzuvollziehen; der Steuerpflichtige **kann** darauf auch verzichten. Bei einer Abweichung von der Handelsbilanz sind die Wirtschaftsgüter in besondere, laufend zu führende **Verzeichnisse** aufzunehmen (§ 5 Abs. 1 Satz 2, R 6.8 Abs. 1 EStR 2012).

9.1.2 Bewertungsgrundsätze

In Theorie und Praxis wurden im Lauf der Zeit **Grundsätze für die Bewertung** des Vermögens und der Schulden in der Bilanz entwickelt.
Handels- und Steuerrecht haben sich **in der Vergangenheit** zwar auf diese Grundsätze berufen, sie aber **gesetzlich nicht festgelegt (nicht kodifiziert)**.
Erstmals sind durch das Bilanzrichtlinien-Gesetz (BiRiLiG) vom 19.12.1985 die folgenden sechs allgemeinen **Bewertungsgrundsätze** in das HGB aufgenommen und beschrieben worden (§ 252 HGB).
Zu den **Bewertungsgrundsätzen** gehören nach § 252 Abs. 1 HGB der:

1. Grundsatz der **Bilanzidentität**,
2. Grundsatz der **Fortführung der** Unternehmenstätigkeit,
3. Grundsatz der **Einzelbewertung**,
4. Grundsatz der **Vorsicht**,
5. Grundsatz der **periodengerechten Aufwands- und Ertragsabgrenzung**,
6. Grundsatz der **Stetigkeit der Bewertungsmethoden**.

Durch die **Kodifizierung der Bewertungsgrundsätze** hat sich in der Bilanzierungspraxis **nichts geändert**, weil diese Grundsätze auch **vorher schon als** Grundsätze ordnungsmäßiger Buchführung (**GoB**) allgemein anerkannt waren und **beachtet wurden**.

Einzelheiten zu den Bewertungsgrundsätzen erfolgen in der **Buchführung 2**, 32. Auflage 2021, Seiten 24 ff.

9.1.3 Bewertungsmaßstäbe

Ein Wirtschaftsgut in der Bilanz zu **bewerten** heißt, ihm im Rahmen der Bewertungsvorschriften einen bestimmten **Betrag** in **Euro (€)** zuzuordnen.
Die **Bewertungsmaßstäbe** dienen dazu, diesen bestimmten **Betrag zu ermitteln**.
Bilanzrechtlich sind vor allem die folgenden **Bewertungsmaßstäbe** zu unterscheiden:

Handelsrecht	Steuerrecht
Anschaffungskosten	Anschaffungskosten
Herstellungskosten	Herstellungskosten
fortgeführte AK/HK	fortgeführte AK/HK
Börsen- oder Marktpreis beizulegender Zeitwert	Teilwert

Welcher dieser Bewertungsmaßstäbe im Einzelnen anzuwenden ist, richtet sich nach den **Bewertungsvorschriften**.

Die **Bewertungsvorschriften** werden anschließend im Einzelnen im Rahmen der Darstellung der **Bewertung des Betriebsvermögens** behandelt.

Im Folgenden werden zunächst die **Bewertungsmaßstäbe** dargestellt und erläutert.

A. Einkommensteuer

9.1.3.1 Anschaffungskosten

Die Bewertung **erworbener** Vermögensgegenstände, d.h. Gegenstände, die aus dem Vermögen eines anderen erlangt worden sind, richtet sich nach den **Anschaffungskosten** (AK).

Anschaffungskosten sind Aufwendungen, die geleistet werden, um einen Vermögensgegenstand zu erwerben und ihn in einen betriebsbereiten Zustand zu versetzen. Zu den Anschaffungskosten gehören auch die Nebenkosten. Anschaffungspreisminderungen sind abzusetzen (§ 255 Abs. 1 HGB).

Die **Anschaffungskosten** ergeben sich aus

	Kaufpreis (Anschaffungs**preis**)
+	**Anschaffungsnebenkosten** (ANK)
–	**Anschaffungspreisminderungen**
+	**nachträgliche Anschaffungskosten**
=	**Anschaffungskosten** (AK)

Kaufpreis (Anschaffungs**preis**) ist alles, was der Käufer aufwendet, um den Vermögensgegenstand zu erhalten, jedoch abzüglich der anrechenbaren Vorsteuer (§ 9b Abs. 1), sofern der Käufer zum Vorsteuerabzug berechtigt ist.

Anschaffungsnebenkosten sind Kosten, die **neben** dem **Kaufpreis** anfallen, z.B.

bei Grundstücken

- Grunderwerbsteuer,
- Notargebühren, netto,
- Grundbuchgebühren,
- Maklerprovision, netto,
- Vermessungsgebühren, netto;

bei anderen Vermögensgegenständen

- Eingangsfrachten, netto,
- Anfuhr- und Abladekosten, netto,
- Eingangsprovisionen, netto,
- Transportversicherungen,
- Montagekosten, netto.

Anschaffungspreisminderungen sind z.B.

- Skonti, netto,
- Rabatte, netto,
- Boni, netto,
- Preisnachlässe, netto.

9.1 Grundlagen der Bewertung

Nicht zu den **Anschaffungskosten** gehören:

- **Geldbeschaffungskosten** (Zinsen, Damnum, Wechseldiskont, Eintragung einer Grundschuld), die für die Finanzierung einer Anschaffung aufgewendet werden und die

- **abziehbare Vorsteuer (§ 9b Abs. 1)**.

Die nach § 15 UStG **abziehbare Vorsteuer** gehört **nicht** zu den **Anschaffungskosten** eines Wirtschaftsgutes (§ 9b Abs. 1). Daraus folgt, dass ein **Vorsteuerbetrag**, der nach § 15 UStG **nicht abziehbar** ist, **grundsätzlich** zu den **Anschaffungskosten** gehört.

B E I S P I E L

Ein Bauunternehmer kauft 2020 einen Baukran. Der Bauunternehmer ist zum Vorsteuerabzug berechtigt. Der Verkäufer erteilt folgende Rechnung:

	Baukran, netto	50.000 €
+	19 % USt	+ 9.500 €
=	Rechnungsbetrag	59.500 €

Der Bauunternehmer bezahlt die Rechnung für den Baukran unter Abzug von 2 % Skonto. Für den **Transport** des Baukrans vom Verkäufer zum Käufer erteilt der Frachtführer dem Bauunternehmer folgende Rechnung:

	Transportkosten, netto	6.000 €
+	19 % USt	+ 1.140 €
=	Rechnungsbetrag	7.140 €

Für die Transportleistung wird **kein Skonto** gewährt.

Die **Anschaffungskosten** des Baukrans werden wie folgt ermittelt:

	Kaufpreis, netto	50.000 €
+	Anschaffungs**nebenkosten**, netto	+ 6.000 €
-	Anschaffungspreis**minderungen**, netto (2 % von 50.000 €)	– 1.000 €
=	**Anschaffungskosten**	**55.000 €**

Bei der **Anschaffung von Kraftfahrzeugen** stellen **Sonderausstattungskosten** i.d.R. Anschaffungskosten des Fahrzeugs dar. Dies gilt grundsätzlich auch für den nachträglichen Einbau von Sonderausstattungsgegenständen (z.B. der nachträgliche Einbau eines **fest installierten Navigationsgerätes** führt zu **nachträglichen Anschaffungskosten**).

Zu prüfen ist jedoch, ob der Sonderausstattungsgegenstand ein **selbständig bewertbares Wirtschaftsgut** darstellt, der den Anschaffungskosten des Fahrzeugs **nicht** hinzuzurechnen ist (z.B. der nachträgliche Einbau eines **Autotelefons** führt nicht zu nachträglichen Anschaffungskosten, da das Telefon durch die Verschraubung und die Stromverbindung nicht zu einem wesentlichen Bestandteil des Fahrzeugs wird).

74 A. Einkommensteuer

Bei der **Anschaffung von Gebäuden** sind die **Anschaffungskosten aufzuteilen** auf den **Grund und Boden und** die **Baulichkeiten**, weil nur der Teil, der auf die Baulichkeiten entfällt, **abgeschrieben** werden kann.

BEISPIEL

Der Steuerpflichtige Stein kauft ein **bebautes Grundstück** zum **Kaufpreis** von **600.000 €**. Vom Kaufpreis entfallen 25 % von 600.000 € = **150.000 €** auf den **Grund und Boden** und 75 % von 600.000 € = **450.000 €** auf das **Gebäude**.

Außerdem sind Anschaffungs**nebenkosten** (Notar, Grunderwerbsteuer etc.) in Höhe von **50.000 €** angefallen.

Die **Anschaffungskosten** betragen:

	Kaufpreis	+	ANK	=	**AK**
Grund und Boden	150.000 €	+	12.500 €	=	**162.500 €**
Gebäude	450.000 €	+	37.500 €	=	**487.500 €**
	600.000 €		50.000 €		650.000 €

Die Finanzverwaltung hat eine Arbeitshilfe zur Aufteilung eines Gesamtkaufpreises (Stand April 2020) für ein bebautes Grundstück zur Verfügung gestellt (www.bundesfinanz-ministerium.de).

ÜBUNG → 1. Wiederholungsfragen 1 bis 9 (Seite 110), 2. Fälle 1 und 2 (Seite 112)

9.1.3.2 Herstellungskosten

Für **selbst hergestellte** Vermögensgegenstände richtet sich die Bewertung nach den **Herstellungskosten** (HK).

Selbst hergestellte Vermögensgegenstände sind insbesondere Vermögensgegenstände des Vorratsvermögens (**Erzeugnisse**). Aber auch **Gebäude** und selbst geschaffene immaterielle Vermögensgegenstände des Anlagevermögens können selbst hergestellte Vermögensgegenstände sein.

Herstellungskosten sind Aufwendungen, die durch den **Verbrauch** von Sachgütern **und** die **Inanspruchnahme** von Diensten für die **Herstellung** eines Vermögensgegenstands, seine **Erweiterung** oder für eine über den ursprünglichen Zustand hinausgehende **wesentliche Verbesserung** entstehen (§ 255 Abs. 2 Satz 1 HGB).

Durch das **Bilanzrechtsmodernisierungsgesetz** (BilMoG) erfolgte eine weitgehende **Anpassung** des handelsrechtlichen Herstellungskostenbegriffs an den steuerrechtlichen Herstellungskostenbegriff (§ 255 Abs. 2 HGB).

9.1 Grundlagen der Bewertung

Die handelsrechtlichen **Herstellungskosten** umfassen (§ 255 Abs. 2 Satz 2 HGB):

		€	€
Pflicht	Material**einzelkosten**	. . . . .	
	+ Material**gemeinkosten**	. . . . .	
	= **Materialkosten**		. . . . .
	Fertigungs**einzelkosten**	. . . . .	
	+ Fertigungs**gemeinkosten**	. . . . .	
	+ fertigungsbedingter **Werteverzehr des AV**	. . . . .	
	= **Fertigungskosten**		. . . . .
	+ **Sondereinzelkosten der Fertigung**		. . . . .
	= Wert**unter**grenze der **Herstellungskosten** (HK)		. . . . .
Wahlrecht	+ Verwaltungsgemeinkosten		. . . . .
	+ Fremdkapitalzinsen		. . . . .
	= Wert**ober**grenze der **Herstellungskosten** (HK)		. . . . .

Einzelkosten sind Kosten, die den hergestellten Vermögensgegenständen **direkt** zugerechnet werden können.

Die **Materialeinzelkosten** umfassen z.B. den Verbrauch an Roh-, Hilfs- und Betriebsstoffen, sofern dieser Werteverzehr den hergestellten Vermögensgegenständen direkt zurechenbar ist.

Zu den **Fertigungseinzelkosten** gehören insbesondere die Fertigungslöhne, die im Rahmen der Produktion anfallen und den einzelnen Produkten unmittelbar zurechenbar sind.

Die **Sondereinzelkosten der Fertigung** umfassen u.a. Kosten für Modelle und Spezialwerkzeuge, Lizenzgebühren sowie Kosten für Materialprüfungen.

Über die Einzelkosten hinaus sind handelsrechtlich angemessene Teile der Material- und Fertigungs**gemeinkosten** sowie des **Werteverzehrs des Anlagevermögens** – soweit durch die Fertigung veranlasst – verpflichtend in die Herstellungskosten einzurechnen.

Gemeinkosten sind Kosten, die dem hergestellten Vermögensgegenstand nur **indirekt** mithilfe von Zuschlagsätzen (ausgedrückt in Prozent, bezogen auf die Einzelkosten) zuzurechnen sind.

Zu den **Materialgemeinkosten** und den **Fertigungsgemeinkosten** gehören u.a. die Aufwendungen für folgende Kostenstellen:

- Lagerhaltung, Transport und Prüfung des Fertigungsmaterials,
- Vorbereitung und Kontrolle der Fertigung,
- Werkzeuglager,
- Betriebsleitung, Raumkosten, Sachversicherungen,
- Unfallstationen und Unfallverhütungseinrichtungen der Fertigungsstätten,
- Lohnbüro, soweit in ihm Löhne und Gehälter der in der Fertigung tätigen Arbeitnehmer abgerechnet werden.

A. Einkommensteuer

Neben den Pflichtbestandteilen der Herstellungskosten **dürfen** bestimmte **Verwaltungs-gemeinkosten** einbezogen werden. Diese **Einbeziehungswahlrechte** umfassen (§ 255 Abs. 2 Satz 3 HGB):

- Kosten der **allgemeinen Verwaltung** (z.B. Aufwendungen für die Geschäftsleitung und das Rechnungswesen)
- angemessene Aufwendungen für
  - **soziale Einrichtungen** des Betriebs,
  - **freiwillige soziale Leistungen** und
  - **betriebliche Altersversorgung**.

Werden sie eingerechnet, dann dürfen sie nur insoweit berücksichtigt werden, als sie auf den **Zeitraum der Herstellung** entfallen (§ 255 Abs. 2 Satz 3 HGB).

Das **Bewertungswahlrecht** für Verwaltungsgemeinkosten, Aufwendungen für soziale Einrichtungen, freiwillige soziale Leistungen und die betriebliche Altersversorgung muss in Steuer- und Handelsbilanz **einheitlich ausgeübt** werden (§ 6 Abs. 1 Nr. 1b Satz 2). Damit werden Abweichungen zwischen handels- und steuerrechtlichen Wertansätzen bei der Ermittlung der Herstellungskosten vermieden.

Zinsen für Fremdkapital gehören **nicht** zu den Herstellungskosten. Dennoch dürfen sie – als sog. **Bewertungshilfe** – angesetzt werden. Voraussetzung ist, dass es sich um Zinsen für Fremdkapital handelt, das zur Finanzierung der Herstellung eines Vermögensgegenstands verwendet wird. Diese Zinsen dürfen in der Höhe angesetzt werden, in der sie auf den Zeitraum der Herstellung entfallen. Sie **gelten** dann als Herstellungskosten des Vermögensgegenstands (§ 255 Abs. 3 Satz 2 HGB).

Forschungs- und Vertriebskosten dürfen **nicht** in die Herstellungskosten einbezogen werden (§ 255 Abs. 2 Satz 4 HGB).

BEISPIEL

Der buchführende Gewerbetreibende Kappuss, Mainz, legt Ihnen für ein selbst hergestelltes Erzeugnis in 2020 folgende Daten vor:

Materialeinzelkosten	25.000 €
Materialgemeinkosten	20 %
Fertigungseinzelkosten	30.000 €
Fertigungsgemeinkosten	100 %
Forschungskosten	10.000 €
Vertriebskosten	1.000 €
Verwaltungskosten	12.000 €

Der Gewinn für das Wirtschaftsjahr 2020 soll so niedrig wie möglich sein.

Die handels- und steuerrechtlichen **Herstellungskosten** werden wie folgt ermittelt:

	€	€
Materialkosten	25.000	
+ Materialgemeinkosten (20 % von 25.000 €)	5.000	
= Materialkosten		30.000
Fertigungseinzelkosten	30.000	
+ Fertigungsgemeinkosten (100 % von 30.000 €)	30.000	
= Fertigungskosten		60.000
+ Sondereinzelkosten der Fertigung		0
= Herstellungskosten (handels- und steuerrechtlich)		**90.000**

Forschungs- und Vertriebskosten dürfen **nicht** in die Herstellungskosten einbezogen werden (§ 255 Abs. 2 Satz 4 HGB). Die **Verwaltungskosten** (Wahlrecht) werden nicht berücksichtigt, weil ein möglichst niedriger Gewinn ermittelt werden soll. Für die Steuerbilanz müssen die Verwaltungsgemeinkosten ebenfalls nicht mehr berücksichtigt werden (§ 6 Abs. 1 Nr. 1b). Der steuerrechtliche Wertansatz beträgt ebenfalls 90.000 €. Das Wahlrecht ist bei der Gewinnermittlung nach § 5 in Übereinstimmung mit den handelsrechtlichen Bestimmungen auszuüben (§ 6 Abs. 1 Nr. 1b Satz 2).

9.1.3.3 Fortgeführte Anschaffungs- oder Herstellungskosten

Unter den **fortgeführten Anschaffungs- oder Herstellungskosten** versteht man die um die Absetzungen für Abnutzung oder Substanzverringerung verminderten Anschaffungs- bzw. Herstellungskosten (AK/HK).

Dieser Maßstab ist insbesondere von **Bedeutung** für die Bewertung von **abnutzbaren Anlagegütern** und **Einlagen**.

 1. Wiederholungsfragen 10 bis 16 (Seite 110),
2. Fall 3 (Seite 112)

9.1.3.4 Teilwert

Ein weiterer **steuerlicher** Bewertungsmaßstab ist der **Teilwert**.

Der **Teilwert** wird gesetzlich wie folgt beschrieben:

Teilwert ist der Betrag, den ein Erwerber des ganzen Betriebs im Rahmen des Gesamtkaufpreises für das einzelne Wirtschaftsgut ansetzen würde; dabei ist davon auszugehen, dass der Erwerber den Betrieb fortführt (§ 6 Abs. 1 Nr. 1 Satz 3).

Dem Teilwertbegriff liegt die **Annahme** zugrunde, dass der **Betrieb als Ganzes** an einen Dritten **veräußert** wird.

Solange jedoch der Betrieb **nicht veräußert** wird, kann der Teilwert nur **geschätzt** werden.

Zur Erleichterung der Schätzung des Teilwerts hat die Rechtsprechung Vermutungen aufgestellt (sog. **Teilwertvermutungen**). Dabei handelt es sich um allgemeine Erfahrungssätze, die im Einzelfall vom Unternehmer widerlegt werden können.

Zur Ermittlung des Teilwerts gelten folgende **Teilwertvermutungen** [H 6.7 (Teilwertvermutungen) EStH]:

1. Im **Anschaffungszeitpunkt und kurze Zeit danach** entspricht der Teilwert den **Anschaffungskosten**.
2. **In einem späteren Zeitpunkt** entspricht der Teilwert bei
    a) **nicht abnutzbaren** Anlagegütern den **Anschaffungskosten**,
    b) **abnutzbaren** Anlagegütern **den um die lineare AfA verminderten Anschaffungskosten**.

    Ändern sich die Preise, treten an die Stelle der Anschaffungskosten die **Wiederbeschaffungskosten**.
3. Bei Wirtschaftsgütern des **Umlaufvermögens** entspricht der Teilwert grundsätzlich den **Wiederbeschaffungskosten**.

Ist das Wirtschaftsgut nicht angeschafft, sondern **hergestellt** worden, treten an die Stelle der Anschaffungskosten die **Herstellungskosten**.

Die **Wiederbeschaffungs- oder Wiederherstellungskosten** bilden die **obere Grenze** des Teilwerts.

Die **untere Grenze** des Teilwerts ist der **Nettoveräußerungspreis**, d.h. der Preis ohne USt, der bei einem Verkauf zu erzielen wäre. Er kommt z.B. bei Wirtschaftsgütern in Betracht, die nicht wiederbeschafft werden können.

Der **handelsrechtlich „beizulegende Wert"** i.S.d. § 253 Abs. 3 Satz 3 HGB entspricht grundsätzlich dem **steuerrechtlichen „Teilwert"**.

Weitere Einzelheiten mit Beispielen zum Teilwert bzw. beizulegenden Wert folgen in den folgenden Kapiteln.

 Eine ausführliche Darstellung der handels- und steuerrechtlichen Bewertungsmaßstäbe erfolgt in der **Buchführung 2**, 32. Auflage 2021, Seiten 73 ff.

 1. Wiederholungsfrage 17 (Seite 110),
2. Fall 4 (Seite 113)

9.2 Bewertung der Wirtschaftsgüter in der Bilanz

Im Folgenden wird die **Bewertung** des Vermögens und der Verbindlichkeiten in der **Steuerbilanz** dargestellt.
Bewertungsbesonderheiten, die **nur** für die **Handelsbilanz** gelten, werden **nicht** erläutert.

 Einzelheiten dieser Bewertungsbesonderheiten werden in der **Buchführung 2**, 32. Auflage 2021, dargestellt und erläutert.

9.2 Bewertung der Wirtschaftsgüter in der Bilanz

9.2.1 Bewertungsmäßige Einteilung der Bilanzposten

In § 6 EStG sind die Bilanzposten für Zwecke der **steuerrechtlichen Bewertung** in folgende Gruppen unterteilt:

1. **abnutzbare** Wirtschaftsgüter des Anlagevermögens (§ 6 Abs. 1 **Nr. 1**)

   immaterielle Wirtschaftsgüter (z.B. Software, erworbener Geschäfts- oder Firmenwert),
   Gebäude,
   Maschinen,
   maschinelle Anlagen,
   Kraftfahrzeuge,
   Betriebs- und Geschäftsausstattung;

2. **nicht abnutzbare** Wirtschaftsgüter des Anlagevermögens (§ 6 Abs. 1 **Nr. 2**)

   Grund und Boden,
   Beteiligungen;

   Wirtschaftsgüter des **Umlaufvermögens** (§ 6 Abs. 1 **Nr. 2**)
   Vorräte (z.B. Waren),
   Forderungen aus Lieferungen und Leistungen,
   Wertpapiere,
   Kassenbestand,
   Guthaben bei Kreditinstituten;

3. **Verbindlichkeiten** (§ 6 Abs. 1 **Nr. 3**)

   Verbindlichkeiten gegenüber Kreditinstituten,
   Verbindlichkeiten aus Lieferungen und Leistungen,
   sonstige Verbindlichkeiten.

Zum **Anlagevermögen** gehören die Vermögensgegenstände, die am Bilanzstichtag dazu bestimmt sind, **dauernd** dem Betrieb zu dienen.

Vermögensgegenstände des Anlagevermögens können in **abnutzbare oder nicht abnutzbare** Vermögensgegenstände unterteilt werden. **Abnutzbar** sind Vermögensgegenstände in der Regel, wenn ihre Nutzung zeitlich begrenzt ist.

Zum **Umlaufvermögen** gehören die Vermögensgegenstände, die zur Veräußerung, Verarbeitung oder zum Verbrauch angeschafft oder hergestellt worden sind.

9.2.2 Bewertung des abnutzbaren Anlagevermögens

Vermögensgegenstände des **abnutzbaren Anlagevermögens** sind mit den **Anschaffungs- oder Herstellungskosten** oder dem **an deren Stelle tretenden Wert** (z.B. Einlagewert), **vermindert um bestimmte Abzüge**, anzusetzen (§ 6 Abs. 1 **Nr. 1**):

	Anschaffungs- oder Herstellungskosten oder dem an deren Stelle tretenden Wert
–	**Absetzung für Abnutzung**, erhöhte Absetzungen, Sonderabschreibungen, Abzüge nach § 6b und ähnliche Abzüge
=	**Bilanzansatz**

Die Bewertungsmaßstäbe **Anschaffungskosten und Herstellungskosten** wurden bereits in den Abschnitten 9.1.3.1 und 9.1.3.2, Seiten 72 ff., erläutert.

S | 2

Bei **abnutzbaren** Vermögensgegenständen, deren Nutzung sich erfahrungsgemäß auf einen Zeitraum von **mehr als einem Jahr** erstreckt, sind die **Anschaffungs- oder Herstellungskosten** (AK/HK) auf die **betriebsgewöhnliche Nutzungsdauer** zu verteilen.

Der **Teil** der **AK/HK, der auf ein Jahr entfällt**, wird steuerrechtlich als **A**bsetzung **f**ür **A**bnutzung (**AfA**) und handelsrechtlich als **Abschreibung** bezeichnet.

Wie die **Verteilung der AK/HK** auf die **betriebsgewöhnliche Nutzungsdauer** vorzunehmen ist, richtet sich nach der **AfA-Methode**, die der Steuerpflichtige anwendet.

Nach § 7 sind folgende **AfA-Methoden** für die planmäßige und außerplanmäßige Abschreibung zu unterscheiden:

1. AfA in **gleichen** Jahresbeträgen (**lineare AfA**)
   bei Gebäuden und beweglichen Anlagegütern,
2. AfA in **fallenden** Jahresbeträgen (**degressive AfA**)
   bei Gebäuden und beweglichen Anlagegütern,
3. AfA nach Maßgabe der Leistungen (**Leistungs-AfA**)
   nur bei beweglichen Anlagegütern,
4. **A**bsetzung **f**ür **a**ußergewöhnliche technische oder wirtschaftliche **A**bnutzung (**AfaA**)
   bei Gebäuden und beweglichen Anlagegütern.

In den folgenden Abschnitten 9.2.4.1, 9.2.4.2 und 9.2.5 werden nur die **lineare** und die **degressive AfA** bei **Gebäuden** und **beweglichen Anlagegütern** kurz erläutert.

Eine ausführliche Darstellung der **Bewertung des abnutzbaren Anlagevermögens** erfolgt im Abschnitt 6.1 der **Buchführung 2**, 32. Auflage 2021.

Handelsrechtlich muss ein buchführungspflichtiger Gewerbetreibender eine **außerplanmäßige Abschreibung** vornehmen, wenn der **Teilwert** bzw. der beizulegende Wert aufgrund einer **voraussichtlich dauernden Wertminderung niedriger** ist als die **fortgeführten AK/HK** (§ 253 Abs. 3 Satz 3 HGB).

Steuerrechtlich kann eine **Teilwertabschreibung** ebenfalls bei einer **voraussichtlich dauernden Wertminderung** vorgenommen werden (§ 6 Abs. 1 Nr. 1 Satz 2).

Eine **voraussichtlich dauernde Wertminderung** liegt bei **abnutzbaren Anlagegütern** dann vor, wenn der Wert des jeweiligen Wirtschaftsguts zum Bilanzstichtag mindestens für die halbe Restnutzungsdauer unter dem planmäßigen Restbuchwert liegt (BMF-Schreiben vom 02.09.2016, BStBl. I 2016, S. 995, RdNr. 8).

Die Prüfung, ob eine **voraussichtlich dauernde Wertminderung** vorliegt, kann mithilfe folgender Formel erfolgen:

$$\text{planmäßiger Restbuchwert nach der Hälfte der Restnutzungsdauer:} \quad \frac{\text{aktueller RBW}}{2}$$

Liegt der Teilwert unter dem planmäßigen Restbuchwert (RBW) nach der Hälfte der Restnutzungsdauer (RND), ist aufgrund einer **voraussichtlich dauerhaften Wertminderung** eine **Teilwert-AfA** zulässig.

9.2 Bewertung der Wirtschaftsgüter in der Bilanz

BEISPIEL

Bruno Neubes hat im Januar 2019 eine Maschine mit einer Nutzungsdauer von zehn Jahren für 100.000 € (AK) angeschafft. Neubes schreibt die Maschine linear mit jährlich 10.000 € ab. Zum 31.12.2020 ist der Teilwert der Maschine auf 30.000 € gesunken. Der aktuelle RBW beträgt zum 31.12.2020 noch 80.000 €. Die Restnutzungsdauer beträgt noch acht Jahre.

Die **Wertminderung** ist voraussichtlich von Dauer, weil der RBW der Maschine nach der Hälfte der RND (40.000 €) **größer** ist als der **Teilwert** (30.000 €). Eine Teilwertabschreibung ist zulässig:

RBW nach Hälfte der RND = 80.000 € : 2 = **40.000 €** > **30.000 €** (Teilwert).

Wurde eine **Teilwertabschreibung** zulässigerweise vorgenommen und hat sich der Wert des Wirtschaftsgutes **wieder erhöht**, ist der Steuerpflichtige **verpflichtet**, das Wirtschaftsgut in der **Bilanz** wieder mit dem sich nach § 6 Abs. 1 Nr. 1 **Satz 1** ergebenden Wert (i.d.R. mit den **fortgeführten AK/HK**) anzusetzen (**Wertaufholungsgebot,** § 6 Abs. 1 Nr. 1 Satz 4 und Nr. 2 Satz 3). Im Gegensatz zum Handelsrecht kommt es **nicht** darauf an, ob die konkreten Gründe für die vorherige Teilwertabschreibung weggefallen sind. Auch eine Erhöhung des Teilwerts **aus anderen Gründen** ist als Wertaufholung zu erfassen (BMF-Schreiben vom 02.09.2016, BStBl. I 2016, S. 995, RdNr. 27).

BEISPIEL

Zum Betriebsvermögen der Klaus Kollmann KG gehört eine computergesteuerte Maschine, die am 09.01.2017 für 100.000 € angeschafft worden ist. Die Nutzungsdauer beträgt 10 Jahre. Die Maschine wird linear abgeschrieben.

In 2018 ist aufgrund einer dauernden Wertminderung eine Teilwertabschreibung in Höhe von 50.000 € vorgenommen worden. Der Teilwert der Maschine beträgt am 31.12.2018 30.000 €. In 2019 erfolgte überraschenderweise eine Erhöhung des Teilwerts auf 80.000 €, sodass eine Wertaufholung nach § 6 Abs. 1 Nr. 1 Satz 4 zwingend erfolgen musste.

Die Maschine wird buchmäßig wie folgt behandelt:

	Anschaffungskosten 2017		100.000 €
-	AfA 2017 (10 % von 100.000 €)	-	10.000 €
=	Buchwert 31.12.2017		90.000 €
-	AfA 2018 (10 % von 100.000 €)	-	10.000 €
-	**Teilwertabschreibung 2018**	-	**50.000 €**
=	Buchwert 31.12.2018 (= Teilwert)		30.000 €
-	AfA 2019 (30.000 € : 8 Jahre Rest-Nutzungsdauer)	-	**3.750 €**
+	**Zuschreibung 2019**	+	**43.750 €**
=	Buchwert 31.12.2019		70.000 €
-	AfA 2020	-	10.000 €
=	Buchwert 31.12.2020		60.000 €

Die Zuschreibung darf maximal bis zur Höhe der fortgeführten Anschaffungs- bzw. Herstellungskosten erfolgen (70.000 €).

ÜBUNG → 1. Wiederholungsfragen 18 bis 22 (Seite 110),
2. Fall 5 (Seite 113)

A. Einkommensteuer

9.2.3 Absetzungen für Abnutzung bei immateriellen Vermögensgegenständen

Immaterielle Vermögensgegenstände stellen körperlich nicht fassbare Gegenstände dar. Zu den immateriellen Vermögensgegenständen des Anlagevermögens zählen z. B. Konzessionen, gewerbliche Schutzrechte, Lizenzen und der Geschäfts- oder Firmenwert (§ 266 Abs. 2 A.I. HGB).

9.2.3.1 Software

Unter **Software** versteht man das selbständig bewertbare Nutzungsrecht eines Computerprogramms.

Die **Software** ist als **immaterielles Wirtschaftsgut** mit den Anschaffungskosten zu **aktivieren** und **linear** abzuschreiben [R 7.1 Abs. 1 Nr. 2 EStR 2012; H 7.1 (Bewegliche Wirtschaftsgüter) EStH].

> **BEISPIEL**
>
> Die J & L GmbH kauft am 04.01.2020 **nicht** standardisierte Software, die speziell nach ihren Anforderungen erstellt worden ist (siehe **Steuerlehre 1**, 41. Auflage 2020, Seite 144 „Sonstige Leistungen"), für **10.000 €** + 1.900 € USt = 11.900 € auf Ziel.
> Die Nutzungsdauer der Software beträgt 5 Jahre.
>
> Die lineare **Abschreibung** beträgt jährlich **2.000 €** (10.000 € : 5 Jahre).

Liegt am Abschlussstichtag der tatsächliche Wert der Software unter dem Buchwert, darf der **niedrigere Wert** angesetzt werden (R 7.1 Abs. 1 **Nr. 2** EStR 2012).

Trivialprogramme werden nicht als immaterielle Wirtschaftsgüter behandelt.

Trivialprogramme gelten als abnutzbare **bewegliche** und selbständig nutzbare Wirtschaftsgüter (R 5.5 Abs. 1 **Satz 2** EStR 2012).

Computerprogramme, deren Anschaffungskosten ab dem 01.01.2018 **nicht mehr als 800 Euro** betragen, sind stets als **Trivialprogramme** zu behandeln und können als **GWG in vollem Umfang** sofort abgeschrieben werden (§ 6 Abs. 2; R 5.5 Abs. 1 Satz 3 EStR 2012 soll an den geänderten § 6 Abs. 2 angepasst werden).

 Die umsatzsteuerrechtliche Behandlung der **Software** erfolgt in der **Steuerlehre 1**, 41. Auflage 2020, Seite 140 und Seite 146.

9.2.3.2 Geschäfts- oder Firmenwert

Unter dem **Geschäfts- oder Firmenwert** versteht man den **Unterschiedsbetrag** zwischen dem Wert der einzelnen Vermögensgegenstände nach Abzug der Schulden und dem **Kaufpreis** für ein gewerbliches Unternehmen (= **derivativer Firmenwert**; § 246 Abs. 1 Satz 4 HGB).

```
  Kaufpreis
- Betriebsvermögen (Vermögen – Schulden)
= Geschäfts- oder Firmenwert
```

Die Geschäftsveräußerung im Ganzen unterliegt **nicht** der **Umsatzsteuer** (§ 1 Abs. 1a UStG).

9.2 Bewertung der Wirtschaftsgüter in der Bilanz

Als immaterielles Wirtschaftsgut ist der **derivative Firmenwert steuerrechtlich** mit den Anschaffungskosten **zu aktivieren und linear abzuschreiben**.

Bei der Berechnung des linearen AfA-Satzes ist steuerrechtlich von einer betriebsgewöhnlichen **Nutzungsdauer** von **15 Jahren** auszugehen, sodass der **AfA-Satz**

$$6\tfrac{2}{3}\,\%$$

beträgt (§ 7 Abs. 1 **Satz 3**).

> **BEISPIEL**
>
> Die Gewerbetreibende Gertrud Schaus hat am 04.01.2020 ein Unternehmen mit einem Firmenwert erworben. Die Anschaffungskosten des Firmenwerts haben **300.000 €** betragen.
>
> Die Gewerbetreibende hat **steuerrechtlich** in 2020 eine Abschreibung von **20.000 €** (6⅔ % von 300.000 €) vorzunehmen.

Handelsrechtlich gilt der entgeltlich erworbene Geschäfts- oder Firmenwert als **zeitlich begrenzt abnutzbarer Vermögensgegenstand** (§ 246 Abs. 1 Satz 4 HGB).

Bei Vermögensgegenständen des Anlagevermögens, deren Nutzung zeitlich begrenzt ist, sind die Anschaffungskosten um die **planmäßige Abschreibung** zu vermindern (§ 253 Abs. 3 Satz 1 HGB).

Mit dem Inkrafttreten des Bilanzrichtlinie-Umsetzungsgesetzes (**BilRUG**) sind der derivative Geschäfts- oder Firmenwert und andere aktivierte selbst geschaffene Vermögensgegenstände handelsrechtlich über eine Nutzungsdauer von **10 Jahre**n abzuschreiben, **wenn** eine andere Nutzungsdauer **nicht verlässlich geschätzt werden kann** (§ 253 Abs. 3 Satz 4 HGB).

Die Folgebewertung des Geschäfts- und Firmenwerts folgt den allgemeinen Vorschriften des **§ 253 HGB**.

Kein Geschäfts- oder Firmenwert i. S. d. § 7 Abs. 1 Satz 3 ist der beim Kauf einer **freiberuflichen** Praxis erworbene **Praxiswert** (BMF-Schreiben vom 15.01.1995, BStBl I 1995, S. 14).

§ 7 Abs. 1 Satz 3 bezieht sich nur auf den erworbenen Geschäfts- oder Firmenwert eines **gewerblichen** oder **land- und forstwirtschaftlichen** Unternehmens.

Der **Praxiswert** wurde bisher schon als **abnutzbar** angesehen. Die Abschreibungsdauer des Praxiswertes liegt in der Regel **zwischen 3 und 5 Jahren** (3 Jahre bei einer Arztpraxis).

Ebenso stellt der anlässlich der **Gründung einer Sozietät** aufgedeckte **Praxiswert** ein abnutzbares immaterielles Wirtschaftsgut dar. Die Abschreibungsdauer des bei einem Erwerb einer Sozietät aufgedeckten Praxiswertes liegt **zwischen 6 und 10 Jahren** [H 7.1 (Praxiswert) EStH, BMF-Schreiben vom 15.01.1995, BStBl I, S. 14].

> **ÜBUNG →** 1. Wiederholungsfragen 23 bis 26 (Seite 110),
> 2. Fall 6 (Seite 113)

84 A. Einkommensteuer

9.2.4 Absetzungen für Abnutzung bei Gebäuden
9.2.4.1 Lineare AfA bei Gebäuden

Bei **Gebäuden** ist hinsichtlich der **linearen** und **degressiven AfA** zu unterscheiden zwischen

1. **Wirtschaftsgebäuden**, für die die Abschreibungsdauer 33 Jahre beträgt
   und

2. **allen anderen Gebäuden**, für die die Abschreibungsdauer 50 bzw. 40 Jahre beträgt.

Wirtschaftsgebäude sind Gebäude, soweit sie zu einem **Betriebsvermögen** gehören **und nicht Wohnzwecken** dienen **und** für die der **Bauantrag nach dem 31.03.1985** gestellt worden ist (§ 7 Abs. 4 **Nr. 1**).

Alle anderen Gebäude sind Gebäude, die die Voraussetzungen des § 7 Abs. 4 **Nr. 1 nicht** erfüllen, d. h. **keine Wirtschaftsgebäude** sind.

Die **lineare Gebäude-AfA** beträgt:

1. bei **Wirtschaftsgebäuden**
   (vor 2001: **4 %**)   **3 %**

2. bei **allen anderen Gebäuden**,

   a) die **nach dem 31.12.1924** fertiggestellt worden sind   **2 %**
   b) die **vor dem 01.01.1925** fertiggestellt worden sind   **2,5 %**

der **Anschaffungskosten/Herstellungskosten** bis zur vollen Absetzung.

Der AfA-Satz von 3 % für Wirtschaftsgebäude gilt auch, wenn der Steuerpflichtige das Gebäude aufgrund eines **nach dem 31.12.2000** abgeschlossenen obligatorischen Vertrages **angeschafft** hat. Bei **hergestellten** Gebäuden gilt der Prozentsatz von 3 %, wenn der Bauantrag **nach dem 31.12.2000** gestellt wurde (§ 52 Abs. 15 Satz 2 und 3).

Diese Regelung der Gebäude-AfA entspricht einer **Abschreibungsdauer** der Gebäude von **33**, **50** oder **40 Jahren** (R 7.4 Abs. 3 EStR 2012).

> **BEISPIEL**
>
> Die Steuerpflichtige Sharda Gottwald, Trier, besitzt eine Lagerhalle, die zum **Betriebsvermögen gehört** und für die der **Bauantrag im Januar 2016** gestellt wurde.
> Die Lagerhalle ist ein **Wirtschaftsgebäude**. Ihre HK betrugen 200.000 €.
>
> Die Steuerpflichtige kann **linear** jährlich 6.000 € (**3 %** von 200.000 €) bis zur vollen Absetzung abziehen.

Beträgt die tatsächliche **Nutzungsdauer** eines Gebäudes **weniger** als **33**, **50** oder **40** Jahre, können **höhere AfA-Sätze** angewendet werden (§ 7 Abs. 4 **Satz 2**; R 7.4 Abs. 3 EStR 2012).

Die Anwendung **niedrigerer AfA-Sätze** ist hingegen **ausgeschlossen** (R 7.4 Abs. 4 Satz 2 EStR 2012).

Der **Wert des Grund und Bodens** gehört **nicht** zur **Bemessungsgrundlage** der **Gebäude-AfA**, weil der Grund und Boden nicht der Abnutzung unterliegt.

9.2 Bewertung der Wirtschaftsgüter in der Bilanz | 85

BEISPIEL

Der Steuerpflichtige Anil Neuerburg hat am 04.01.2020 ein **bebautes Grundstück**, Anschaffungskosten **450.000 €**, gekauft. Von den AK entfallen auf das **Gebäude**, das **1950 fertiggestellt** wurde, **360.000 €**.

Der Steuerpflichtige kann jährlich 7.200 € (**2 %** von 360.000 €) bis zur vollen Absetzung abziehen. Das Jahr der **Anschaffung** ist grundsätzlich für die AfA-Bemessung **unerheblich**. Entscheidend ist in diesem Fall das **Jahr der Fertigstellung** des Gebäudes (**1950**).

Wird ein Gebäude **im Laufe eines Jahres** angeschafft oder hergestellt, kann die **lineare** Gebäude-AfA für das **Erstjahr nur zeitanteilig** vorgenommen werden. Es ist nicht zu beanstanden, wenn angefangene Monate im **Zugangsjahr aufgerundet** und im **Abgangsjahr abgerundet** werden.

BEISPIEL

Der Steuerpflichtige Nicolas Müller hat am **18.04.2020** ein **bebautes Grundstück** erworben. Das Gebäude war **1960 fertiggestellt** worden. Die **Anschaffungskosten** des **Gebäudes** betrugen **420.000 €**.

Der Steuerpflichtige kann die **lineare AfA für 2020 nur zeitanteilig** in Höhe von **6.300 €** für 9 Monate (2 % von 420.000 € = 8.400 € x 9 : 12 = 6.300 €) in Anspruch nehmen.

Die **lineare Gebäude-AfA** wird grundsätzlich nach den **Anschaffungskosten/Herstellungskosten** der Gebäude berechnet.

ÜBUNG →   1. Wiederholungsfragen 27 bis 32 (Seite 110),
2. Fall 7 (Seite 113)

9.2.4.2 Degressive AfA bei Gebäuden

Abweichend von der **linearen** AfA nach § 7 **Abs. 4** kann der Steuerpflichtige unter bestimmten Voraussetzungen auch die **degressive AfA** in Form fallender Staffelsätze nach § 7 **Abs. 5** vornehmen.

Bei der **degressiven Gebäude-AfA** sind die **jährlichen AfA-Beträge** nicht gleich hoch, sondern **fallen in bestimmten zeitlichen Abständen** (**staffeldegressive AfA**).

Nach § 7 **Abs. 5** sind **fünf** degressive **AfA-Staffeln** zu unterscheiden:

1. **Staffel 81**
2. **Staffel 85**
3. **Staffel 89**
4. **Staffel 96**
5. **Staffel 04**

Die Zahlen **81**, **85**, **89**, **96 und 04** bezeichnen die **Jahre**, in denen diese Staffeln **erstmals anwendbar** waren.

Bei der **degressiven AfA** nach § 7 **Abs. 5** ist die Anwendung **höherer oder niedrigerer** Staffelsätze ausgeschlossen (R 7.4 Abs. 6 EStR 2012).

Im Jahr der **Fertigstellung (Herstellung) oder Anschaffung** des Gebäudes ist die **degressive AfA** nach § 7 **Abs. 5** mit dem **vollen Jahresbetrag** abzuziehen, wenn das Gebäude zur

A. Einkommensteuer

Erzielung von Einkünften verwendet wird [H 7.4 (Teil des auf ein Jahr entfallenden AfA-Betrags) EStH]. Wird das Gebäude **nicht** zur Erzielung von Einkünften verwendet, ist es **zeitanteilig** abzuschreiben (R 7.4 Abs. 2 Satz 1 EStR 2012).

Ein Gebäude ist **fertiggestellt**, wenn die wesentlichen Bauarbeiten abgeschlossen sind und der Bau so weit errichtet ist, dass der Bezug der Wohnung zumutbar ist.

Ein Gebäude ist **nicht fertiggestellt**, wenn Türen, Böden und der Innenputz noch fehlen [H 7.4 (Fertigstellung) EStH].

Bemessungsgrundlage der AfA sind die **Herstellungs- oder Anschaffungskosten** des **Gebäudes**.

Die **Staffel 04** (§ 7 Abs. 5 Satz 1 Nr. 3c) kann der Steuerpflichtige anwenden, wenn

- das Gebäude **Wohnzwecken** dient,
- der **Bauantrag nach dem 31.12.2003** und **vor dem 01.01.2006** gestellt wurde,
- die **Anschaffung** aufgrund eines **nach dem 31.12.2003** und **vor dem 01.01.2006** abgeschlossenen Kaufvertrags erfolgte.

Liegen die **Voraussetzungen** des § 7 Abs. 5 Satz 1 **Nr. 3c** vor, können folgende Beträge abgezogen werden:

1.	in den ersten	10 Jahren jeweils	**4 %**
2.	in den darauf folgenden	8 Jahren jeweils	**2,5 %**
3.	in den darauf folgenden	32 Jahren jeweils	**1,25 %**

der **Herstellungskosten oder** der **Anschaffungskosten** des Gebäudes.

Seit 2006 ist die **degressive Gebäude-AfA** nach § 7 Abs. 5 Satz 1 **Nr. 3c** für Neufälle **nicht mehr möglich**.

Die Vereinheitlichung des Abschreibungssatzes auf **2 %** soll dem tatsächlichen Wertverlust entsprechen.

9.2.4.3 Sonderabschreibung für Mietwohnungsneubau nach § 7b EStG

Mit dem **Gesetz zur steuerlichen Förderung des Mietwohnungsneubaus** (MwNbStFG) wurde in 2019 eine **Sonderabschreibung** beim **Mietwohnungsneubau** eingeführt (§ 7b).

Die Sonderabschreibung kann unter **folgenden Voraussetzungen** in Anspruch genommen werden:

- Schaffung von **neuem**, bisher nicht vorhandenem **Wohnraum**,
- der **Bauantrag wurde nach dem 31.08.2018** und **vor dem 01.01.2022** gestellt,
- die Anschaffungs- bzw. Herstellungskosten betragen **nicht mehr als 3.000 €/qm Wohnfläche**,
- die Wohnung muss **im Jahr der Anschaffung oder Herstellung und** in den **folgenden neun Jahren** der entgeltlichen Überlassung zu **Wohnzwecken** dienen **und**
- die Anforderungen der **europäischen sog. De-minimis-Verordnung** eingehalten werden (§ 7b Abs. 5).

9.2 Bewertung der Wirtschaftsgüter in der Bilanz   87

Im Fall der **Anschaffung** gilt eine Wohnung als „**neu**", wenn diese bis zum Ende des Jahres der Fertigstellung angeschafft worden ist. Wohnungen, die zur **vorübergehenden** Beherbergung von Personen genutzt werden (z. B. Ferienwohnungen), dienen **nicht** zu Wohnzwecken im Sinne des § 7b.

Werden die Voraussetzungen erfüllt, können **im Jahr der Herstellung/Anschaffung und** in den folgenden **drei** Jahren **jeweils 5 %** der Anschaffungs- bzw. Herstellungskosten als Sonderabschreibung in Anspruch genommen werden.

Die Sonderabschreibung wird dabei **neben der linearen Gebäudeabschreibung** (§ 7 Abs. 4 Nr. 2a) in Höhe von 2 %/Jahr geltend gemacht.

Bemessungsgrundlage der Sonderabschreibung sind die Anschaffungs- bzw. Herstellungskosten, jedoch **maximal 2.000 €/qm Wohnfläche**.

In § 7b **Abs. 5** sind **EU-rechtliche Voraussetzungen** geregelt, wonach die Sonderabschreibung nur gewährt wird, soweit die sog. **De-minimis-Verordnung** eingehalten wird. Nach dieser Verordnung darf u. a. der Gesamtbetrag der einem **einzigen** Unternehmer oder einer **einzigen** natürlichen Person gewährten De-minimis-Beihilfe **200.000 Euro** in einem Zeitraum von **drei Veranlagungszeiträumen nicht übersteigen**.

B E I S P I E L 1

Der Steuerpflichtige Timo Wurst, Ratingen, erstellte auf seinem Grundstück ein Gebäude mit vier Wohnungen zu je 100 qm Wohnfläche, die ausschließlich zu Wohnzwecken vermietet werden.
Der Bauantrag wurde am 15.10.2019 gestellt. Das Gebäude war mit Ablauf zu Beginn des Monats September 2020 fertiggestellt und ist seither zu Wohnzwecken vermietet.
Die **Herstellungskosten** für das Gebäude belaufen sich auf 744.000 €.
Timo Wurst möchte die höchstmögliche **Abschreibung** in Anspruch nehmen. Er hat in den Veranlagungszeiträumen 2018, 2019 und 2020 keine Beihilfen erhalten, welche unter die sog. De-minimis-Verordnung fallen.

Wurst kann neben der linearen Gebäude-AfA auch die Sonderabschreibung nach § 7b nutzen, da die Anschaffungskosten mit 1.860 € pro qm (744.000 €/400 qm Wohnfläche) unterhalb der Höchstgrenze von 3.000 €/qm Wohnfläche liegen und der Bauantrag nach dem 31.08.2018 gestellt wurde. Es liegen keine zu berücksichtigenden Beihilfen vor.

Abschreibung 2020:

	Lineare Gebäude-AfA 2 % (§ 7 Abs. 4 Nr. 2a), anteilig ab September 2020: 744.000 x 2 % x 4 : 12		4.960 €
+	Sonderabschreibung 2020 5 % (§ 7b), nicht zeitanteilig 744.000 € x 5 %	+	37.200 €
=	**Gesamt AfA 2020**	=	**42.160 €**

Insgesamt belaufen sich die **Abschreibungen 2020** auf 42.160 €.

B E I S P I E L 2

Wie Beispiel 1, nur belaufen sich die **Herstellungskosten** für das Gebäude auf 960.000 €.
Timo Wurst möchte die höchstmögliche **Abschreibung** in Anspruch nehmen.

Wurst kann neben der linearen Gebäude-AfA auch die Sonderabschreibung nach § 7b nutzen, da die Anschaffungskosten mit 2.400 € pro qm (960.000 €/400 qm Wohnfläche) unterhalb der Höchstgrenze von 3.000 €/qm Wohnfläche liegen und der Bauantrag nach dem 31.08.2018 gestellt wurde.

Allerdings ist die Bemessungsgrundlage für die Sonderabschreibung gedeckelt. Statt 960.000 € dürfen maximal 800.000 € (2.000 €/qm x 400 qm) als Bemessungsgrundlage für die Sonderabschreibung berücksichtigt werden.

Abschreibung 2020:

Lineare Gebäude AfA 2 % (§ 7 Abs. 4 Nr. 2a), anteilig ab September 2020: 960.000 x 2 % x 4 : 12		6.400 €
+ Sonderabschreibung 2020 5% (§ 7b), nicht zeitanteilig 800.000 € x 5%	+	40.000 €
= **Gesamt AfA 2020**	=	**46.400 €**

Insgesamt belaufen sich die **Abschreibungen 2020** auf 46.400 €.

BEISPIEL 3

Wie Beispiel 1, nur belaufen sich die **Herstellungskosten** für das Gebäude auf 1.440.000 €. Timo Wurst möchte die höchstmögliche **Abschreibung** in Anspruch nehmen.

Wurst kann ausschließlich die lineare Gebäude-AfA nutzen, da die Anschaffungskosten mit 3.600 € pro qm (1.440.000 € /400 qm Wohnfläche) oberhalb der Höchstgrenze von 3.000 €/qm Wohnfläche liegen.

Abschreibung 2020:

+ Lineare Gebäude AfA 2 % (§ 7 Abs. 4 Nr. 2a), anteilig ab September 2020: 1.440.000 x 2 % x 4 : 12		9.600 €
= **Gesamt AfA 2020**	=	**9.600 €**

Insgesamt belaufen sich die **Abschreibungen 2020** auf 9.600 €.

Fallen die Voraussetzungen für die Gewährung der Sonderabschreibung § 7b innerhalb des zehnjährigen Begünstigungszeitraums weg, so ist die in Anspruch genommene Sonderabschreibung **rückgängig** zu machen.

ÜBUNG → 1. Wiederholungsfragen 33 bis 37 (Seite 111),
2. Fall 8 (Seite 113)

Zusammenfassung zu Abschnitt 9.2.4:

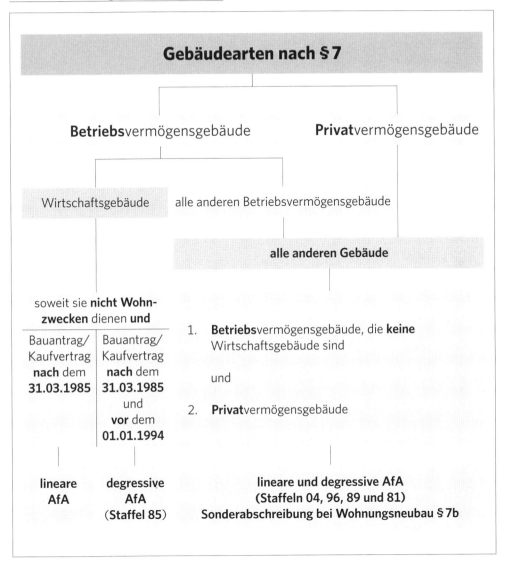

Übersicht über die lineare und degressive Gebäude-AfA nach §7

	Wirtschaftsgebäude		alle anderen Gebäude					
	linear	degressiv	linear		degressiv			
		Staffel 85	vor 01.01.1925	nach 31.12.1924	Staffel 81	Staffel 89	Staffel 96	Staffel 04
Voraussetzungen	Betriebsvermögen; keine Wohnzwecke; Bauantrag/Kaufvertrag **nach** dem **31.12.2000**	Betriebsvermögen; keine Wohnzwecke; Bauantrag/Kaufvertrag **nach** dem **31.03.1985** und **vor** dem **01.01.1994**			Bauantrag/Kaufvertrag **nach** dem 29.07.1981 und **vor** dem 01.01.1995	Wohnzwecke; Bauantrag/Kaufvertrag **nach** dem 28.02.1989 und **vor** dem 01.01.1996	Wohnzwecke; Bauantrag/Kaufvertrag **nach** dem 31.12.1995 und **vor** dem 01.01.2004	Wohnzwecke; Bauantrag/Kaufvertrag **nach** dem 31.12.2003 und **vor** dem 01.01.2006
AfA-Satz	**3%** (vor 2001: 4%)	4 x 10% 3 x 5% 18 x 2,5%	2,5%	2%	8 x 5% 6 x 2,5% 36 x 1,25%	4 x 7% 6 x 5% 6 x 2% 24 x 1,25%	8 x 5% 6 x 2,5% 36 x 1,25%	10 x 4% 8 x 2,5% 32 x 1,25%
Bemessungsgrundlage	AK / HK	HK / AK	AK / HK		HK / AK			
Personenkreis	Erwerber/ Bauherr	Erwerber/ Bauherr	Erwerber/Bauherr		Bauherr/ ggf. Erwerber			
AfA im Erstjahr	zeitanteilig	in voller Höhe	zeitanteilig		in voller Höhe			

9.2 Bewertung der Wirtschaftsgüter in der Bilanz

9.2.5 Absetzungen für Abnutzung bei beweglichen Anlagegütern
9.2.5.1 Lineare AfA bei beweglichen Anlagegütern

Bei der **linearen AfA** auf **bewegliche Anlagegüter** werden die AK/HK **gleichmäßig** auf die Zeit der betriebsgewöhnlichen **Nutzungsdauer** verteilt (§ 7 Abs. 1).

Der jährliche **lineare AfA-Betrag** ergibt sich, indem man die **AK/HK** durch die Anzahl der Jahre der betriebsgewöhnlichen **Nutzungsdauer** dividiert:

$$\text{jährlicher linearer \textbf{AfA-Betrag} (€)} = \frac{\textbf{AK/HK}}{\textbf{Nutzungsdauer}}$$

BEISPIEL

Die AK einer zum 02.01. angeschafften Maschine betragen **50.000 €**. Die betriebsgewöhnliche **Nutzungsdauer** beträgt **10 Jahre**.

Der **jährliche lineare AfA-Betrag** wird wie folgt ermittelt:

$$\text{jährlicher linearer \textbf{AfA-Betrag} (€)} = \frac{50.000 \, €}{10 \, \text{Jahre}} = \textbf{5.000 €/Jahr}$$

Der jährliche **lineare AfA-Satz** ergibt sich, indem man **100 %** durch die Anzahl der Jahre der betriebsgewöhnlichen **Nutzungsdauer** dividiert:

$$\text{jährlicher linearer \textbf{AfA-Satz} (\%)} = \frac{\textbf{100 \%}}{\textbf{Nutzungsdauer}}$$

BEISPIEL

Sachverhalt wie zuvor

Der **jährliche lineare AfA-Satz** wird wie folgt ermittelt:

$$\text{jährlicher linearer \textbf{AfA-Satz} (\%)} = \frac{100 \, \%}{10 \, \text{Jahre}} = \textbf{10 \%/Jahr}$$

Die **Höhe der AfA** ist somit von den **AK bzw. HK** und der betriebsgewöhnlichen **Nutzungsdauer** des Anlageguts abhängig.

Die **lineare AfA** kann bei **allen** abnutzbaren Wirtschaftsgütern und bei **allen** Einkunftsarten angewendet werden.

Die AfA **beginnt** bei der **Anschaffung** von abnutzbaren Anlagegütern mit dem **Zeitpunkt der Lieferung** und bei der **Herstellung** von abnutzbaren Anlagegütern mit dem **Zeitpunkt der Fertigstellung** (R 7.4 Abs. 1 EStR 2012, § 9a EStDV).

Zeitanteilige AfA

Werden bewegliche Anlagegüter im Laufe eines Wirtschaftsjahres angeschafft oder hergestellt, so ist die AfA in diesem Wirtschaftsjahr zeitanteilig (pro-rata-temporis) zu berechnen (R 7.4 Abs. 2 Satz 1 EStR 2012).

Die zeitanteilige AfA wird entsprechend beim Ausscheiden eines Anlageguts im Laufe eines Wirtschaftsjahres berechnet (R 7.4 Abs. 8 EStR 2012).

92 A. Einkommensteuer

> **BEISPIEL**
>
> Ein Gewerbetreibender, dessen Wirtschaftsjahr mit dem Kalenderjahr übereinstimmt, kauft am **03.04.2020** eine Maschine mit **AK** von **12.000 €**. Die betriebsgewöhnliche **Nutzungsdauer** beträgt **5 Jahre**.
>
> Nach der **Pro-rata-temporis-Regel** wird die AfA wie folgt berechnet:

Jahresbetrag der AfA (€)	$\dfrac{12.000\,€}{5\ \text{Jahre}}$	=	2.400 €/Jahr

zeitanteiliger AfA-Betrag (€)	$\dfrac{2.400\,€/\text{Jahr}}{12\ \text{Monate}}$ = 200 € x 9 Monate	=	**1.800 €**

> Der **zeitanteilige** AfA-Betrag beträgt 2020 für 9 Monate 1.800 € (2.400 € x ⁹⁄₁₂).

Wird ein Anlagegut **im Laufe** eines **Monats** (z. B. 15.02.) angeschafft oder hergestellt, so ist eine **Aufrundung auf volle Monate** (z. B. $^{11}/_{12}$) nicht zu beanstanden.

Beim **Ausscheiden** (z. B. 15.02.) eines Anlagegutes erfolgt im Allgemeinen eine **Abrundung auf volle Monate** (z. B. $^{1}/_{12}$).

> **ÜBUNG →** Wiederholungsfragen 38 und 39 (Seite 111),

9.2.5.2 Degressive AfA bei beweglichen Anlagegütern

Bei der **degressiven AfA** auf bewegliche Anlagegüter werden im Gegensatz zur linearen AfA die **AfA-Beträge** von Jahr zu Jahr **niedriger** (§ 7 **Abs. 2**). Dies betraf in den letzten Jahren nur Anlagegüter, die vor dem 31.12.2010 angeschafft wurden.

Durch das **Zweite Corona-Steuerhilfegesetz (CStHG)** vom 29.06.2020, BStBl I S. 151, hat die Bundesregierung für bewegliche Wirtschaftsgüter des Anlagevermögens die **geometrisch-degressive AfA vorübergehend wieder eingeführt,** wenn die Wirtschaftsgüter in den Kalenderjahren 2020 und 2021 angeschafft oder hergestellt worden sind. Die Abschreibung darf maximal das **2,5-fache des linearen** Abschreibungssatzes, **maximal 25 %** betragen. Die Gesetzesänderung entspricht damit der Regelung in den Jahren 2009 und 2010. Bei der degressiven Abschreibung sind Abschreibungen wegen außergewöhnlicher technischer oder wirtschaftlicher Abnutzung **nicht** zulässig.

Die folgende Übersicht zeigt die Änderungen der letzten Jahre.

Jahre	degressiver AfA-Satz nach § 7 Abs. 2
2006 und 2007	100 % : ND x 3, höchstens 30 %
2008	degressive AfA abgeschafft
2009 und 2010	100 % : ND x 2,5, höchstens 25 %
2011 bis 2019	degressive AfA abgeschafft
2020 und 2021	100 % : ND x 2,5, höchstens 25 %

Das übliche Verfahren der **degressiven AfA** ist die **Buchwertabsetzung**. Bei der Buchwertabsetzung werden die jährlichen Absetzungsbeträge nach einem **gleichbleibenden** Prozentsatz vom jeweiligen Buchwert (Restwert) bemessen (**geometrisch-degressive AfA**).

9.2 Bewertung der Wirtschaftsgüter in der Bilanz

Der degressive AfA-**Satz** für bewegliche Wirtschaftsgüter des Anlagevermögens, die in den Jahren **2020 oder 2021** angeschafft oder hergestellt werden, ist wie folgt zu ermitteln:

$$\text{degressiver \textbf{AfA-Satz} (\%)} = \frac{100}{\text{Nutzungsdauer}} \text{ x \textbf{2,5, höchstens 25\%.}}$$

Die Berechnung vom jeweiligen **Restbuchwert** hat zur **Folge**, dass nach Ablauf der betriebsgewöhnlichen Nutzungsdauer die **AK/HK** noch **nicht in voller Höhe abgesetzt** sind.

Da die degressive AfA die **Absetzungszeit** insgesamt aber **nicht verlängern** soll, durfte bzw. darf der zu Beginn des letzten Jahres der betriebsgewöhnlichen Nutzungsdauer vorhandene Restbuchwert in diesem Jahr bis auf den **Erinnerungswert von 1 Euro** abgesetzt werden.

Daneben ist auch ein **Übergang** auf die **lineare** Abschreibung möglich (§ 7 Abs. 3)

BEISPIEL

Die betriebsgewöhnliche Nutzungsdauer einer Maschine, die am 04.01.2010 mit **AK 10.000 €** gekauft wurde, beträgt **8 Jahre**. Die Maschine soll **degressiv** abgeschrieben werden.

Der **degressive AfA-Satz** (%) wird wie folgt berechnet:

$$\text{\textbf{linearer} AfA-Satz (\%)} = \frac{100}{8} = \textbf{12,5\%.}$$

degressiver AfA-Satz (%) = 12,5 % x 2,5 = 31,25 %, **höchstens 25 %.**

Der **degressive AfA-Satz** (%) beträgt also **25 %.**

Die jährlichen Abschreibungs**beträge** werden wie folgt berechnet:

	Anschaffungskosten	10.000 €
-	AfA 1. Jahr: 25 % von 10.000 €	- 2.500 €
=	Restbuchwert nach dem 1. Jahr	7.500 €
-	AfA 2. Jahr: 25 % von 7.500 €	- 1.875 €
=	Restbuchwert nach dem 2. Jahr	5.625 €
-	AfA 3. Jahr: 25 % von 5.625 €	- 1.406 €
=	Restbuchwert nach dem 3. Jahr	4.219 €
-	AfA 4. Jahr: 25 % von 4.219 €	- 1.055 €
=	Restbuchwert nach dem 4. Jahr	3.164 €
-	AfA 5. Jahr: 25 % von 3.164 €	- 791 €
=	Restbuchwert nach dem 5. Jahr	2.373 €
-	AfA 6. Jahr: 25 % von 2.373 €	- 593 €
=	Restbuchwert nach dem 6. Jahr	1.780 €
-	AfA 7. Jahr: 25 % von 1.780 €	- 445 €
=	Restbuchwert nach dem 7. Jahr	1.335 €
-	AfA 8. Jahr: 25 % von 1.335 € (= 334 €)	- **1.334 €**
=	**Erinnerungswert** nach dem 8. Jahr	**1 €**

ÜBUNG → 1. Wiederholungsfragen 40 und 41 (Seite 111)
2. Fälle 9 und 10 (Seite 114)

Zusammenfassung zu Abschnitt 9.2.5.1 und 9.2.5.2:

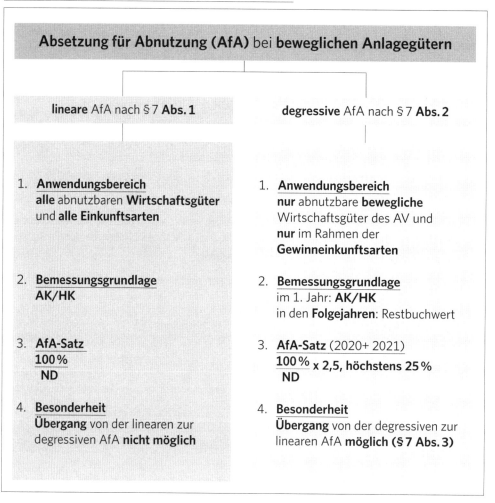

9.2.6 Bewertungsfreiheit für geringwertige Wirtschaftsgüter und Bildung eines Sammelpostens

Der Begriff **geringwertige Wirtschaftsgüter** (GWG) stammt aus dem **Steuerrecht** und bezeichnet **bewegliche** Gegenstände des betrieblichen Anlagevermögens, die **selbstständig nutzungsfähig** (R 6.13 Abs. 1 EStR 2012) sind und deren Anschaffungs- oder Herstellungskosten bestimmte **Höchstgrenzen** nicht überschreiten. Die steuerlichen Regelungen zu geringwertigen Wirtschaftsgütern wurden in der jüngsten Vergangenheit mehrfach geändert. Die letzte Änderung erfolgte durch das **Gesetz gegen schädliche Steuerpraktiken im Zusammenhang mit Rechteüberlassungen** vom 27.06.2017 (BGBl. I S. 2074). Damit wurden die **Wertgrenzen** für **nach dem 31.12.2017** angeschaffte, hergestellte oder eingelegte GWG **angehoben**. Für die Beantwortung der Frage, ob die Grenzen von 250 €, 800 € oder 1.000 € (§ 6 Abs. 2 und 2a) überschritten sind, ist **stets** von den Anschaffungs- bzw. Herstellungskosten **abzüglich** eines darin enthaltenen **Vorsteuerbetrages** (**Nettowert**) auszugehen. Ob der Vorsteuerabzug umsatzsteuerlich möglich ist oder nicht, spielt **keine Rolle** (R 9b Abs. 2 Sätze 1 und 2 EStR).

9.2 Bewertung der Wirtschaftsgüter in der Bilanz

9.2.6.1 Anschaffungs- oder Herstellungskosten bis 250 Euro

Für geringwertige Wirtschaftsgüter, deren **Anschaffungs- oder Herstellungskosten netto 250 Euro** (brutto 297,50 Euro) **nicht übersteigen**, besteht **steuerlich** ein **Wahlrecht**. Das Wahlrecht kann für jedes Wirtschaftsgut individuell in Anspruch genommen werden (**wirtschaftsgutbezogenes Wahlrecht**).

Sie können über die **betriebsgewöhnliche Nutzungsdauer** abgeschrieben **oder** im Jahr der Anschaffung oder Herstellung **in voller Höhe als Betriebsausgaben** angesetzt werden.

> **BEISPIEL**
>
> Der bilanzierende Gewerbetreibende Fritz Müller, Stuttgart, kauft am 03.04.2020 eine Schreibtischlampe für seinen Betrieb. Der Rechnungsbetrag in Höhe von 220 € zzgl. 19 % USt (insgesamt 261,80 €) wird bei der Lieferung bar bezahlt. Müller strebt einen möglichst niedrigen steuerrechtlichen Gewinn an.
>
> Müller schreibt die Schreibtischlampe in voller Höhe sofort als Betriebsausgabe ab.

Im Zeitraum **01.07. – 31.12.2020** beträgt die **Brutto**grenze **290,00 Euro** aufgrund des in diesem Zeitraum geltenden **abgesenkten Mehrwertsteuersatzes** von **16 %** (statt 19 %).

Für geringwertige Wirtschaftsgüter, deren **Anschaffungs- oder Herstellungskosten 250 Euro netto übersteigen**, stehen dem Steuerpflichtigen **zwei Alternativen** zur Wahl, die in einem Wirtschaftsjahr **einheitlich** auszuüben sind (§ 6 Abs. 2a Satz 5).

9.2.6.2 Anschaffungs- oder Herstellungskosten über 250 Euro bis 800 Euro (1. Alternative)

Geringwertige Wirtschaftsgüter, deren Anschaffungs- oder Herstellungskosten über 250 Euro, nicht aber über 800 Euro (jeweils netto) betragen, können über die **betriebsgewöhnliche Nutzungsdauer** abgeschrieben **oder** im Jahr der Anschaffung bzw. Herstellung **in voller Höhe als Betriebskosten angesetzt** werden (§ 6 Abs. 2 Satz 1). Das Wahlrecht kann für jedes Wirtschaftsgut individuell in Anspruch genommen werden. Dies gilt auch für die Überschusseinkünfte (§ 9 Abs. 1 Nr. 7 Satz 2).

Die **Bruttogrenze** beträgt für angeschaffte, hergestellte oder eingelegte GWG **952,00 Euro** (800 Euro + 152 Euro Umsatzsteuer). Im Zeitraum **01.07. – 31.12.2020** beträgt die Bruttogrenze **928,00 Euro** aufgrund des in diesem Zeitraum geltenden **abgesenkten Mehrwertsteuersatzes** von **16 %** (statt 19 %).

9.2.6.3 Anschaffungs- oder Herstellungskosten über 250 Euro bis 1.000 Euro (2. Alternative)

Abnutzbare bewegliche Wirtschaftsgüter des Anlagevermögens, deren Anschaffungs- oder Herstellungskosten **mehr als 250 Euro bis 1.000 Euro** (jeweils netto) betragen, können über die **betriebsgewöhnliche Nutzungsdauer** abgeschrieben **oder** in einen **Sammelposten** (Pool) eingestellt werden (§ 6 Abs. 2a Satz 1). Dieser ist im Wirtschaftsjahr seiner Bildung und in den folgenden vier Wirtschaftsjahren **linear** mit jeweils **20 %** abzuschreiben, unabhängig von der betriebsgewöhnlichen Nutzungsdauer der einzelnen Wirtschaftsgüter (§ 6 Abs. 2a **Satz 2**). Scheidet ein Wirtschaftsgut aus dem Sammelposten aus, wird der Sammelposten **nicht** vermindert (§ 6 Abs. 2a **Satz 3**).

A. Einkommensteuer

BEISPIEL

Der bilanzierende und zum Vorsteuerabzug berechtigte Gewerbetreibende Holger Müller, Bonn, hat im kalendergleichen Wirtschaftsjahr 2020 folgende abnutzbare bewegliche Wirtschaftsgüter des Anlagevermögens auf Ziel erworben:

1. im April einen Shredder (Nutzungsdauer 6 Jahre) 840 € zzgl. 19 % USt,
2. im Mai ein Büromöbel (Nutzungsdauer 13 Jahre) 1.000 € zzgl. 19 % USt,
3. im Juni eine Schreibtischlampe (Nutzungsdauer 3 Jahre) 300 € zzgl. 19 % USt.

Müller entscheidet sich für die Bildung eines **Sammelpostens** (§ 6 Abs. 2a). Da das Wahlrecht **einheitlich** auszuüben ist, muss er **auch** die **Schreibtischlampe,** die ansonsten in voller Höhe als Betriebsausgabe absetzbar gewesen wäre (AK unter netto 800 Euro), dem Sammelposten zuordnen und über fünf Jahre abschreiben und zwar unabhängig von der tatsächlichen Nutzungsdauer der einzelnen Wirtschaftsgüter. Im Jahr der Anschaffung müssen Wirtschaftsgüter des Sammelpostens nicht zeitanteilig abgeschrieben werden (§ 6 Abs. 2a Satz 2). Die Abschreibung beträgt 2020 428 € (20 % von 2.140 €).

Zusammenfassung zu Abschnitt 9.2.6.1 und 9.2.6.2:

Zweifelsfragen zur bilanzsteuerlichen Behandlung sog. geringwertiger Wirtschaftsgüter nach § 6 Abs. 2 und zum Sammelposten nach § 6 Abs. 2a beantwortet das BMF-Schreiben vom 30.09.2010 (BStBl 2010 I, S. 755 ff.).

ÜBUNG → 1. Wiederholungsfragen 42 bis 44 (Seite 111),
2. Fall 11 (Seite 114)

9.2.7 Investitionsabzugsbeträge und Sonderabschreibungen nach § 7g EStG

§ 7g soll die **Wettbewerbssituation** kleiner und mittlerer Betriebe **verbessern**, indem deren Liquidität und Eigenkapitalbildung unterstützt und die Investitions- und Innovationskraft gestärkt werden.

Um diese Ziele zu erreichen, gewährt § 7g **unter bestimmten Voraussetzungen** Investitionsabzugsbeträge und Sonderabschreibungen.

Im Zusammenhang mit dem **Jahressteuergesetz 2020** wurde § 7g überarbeitet und Anpassungen an den Voraussetzungen vorgenommen. Diese neuen Anforderungen gelten erstmals für Investitionsabzugsbeträge und Sonderabschreibungen, die in **nach dem 31.12.2019 endenden Wirtschaftsjahren** (z. B. am 31.12.2020) in Anspruch genommen werden.

9.2.7.1 Investitionsabzugsbeträge

Steuerpflichtige können unter bestimmten Voraussetzungen für die künftige Anschaffung oder Herstellung eines **abnutzbaren beweglichen Wirtschaftsguts des Anlagevermögens** einen **Investitionsabzugsbetrag** bis zu

50 % der voraussichtlichen Anschaffungs- oder Herstellungskosten

außerbilanziell gewinnmindernd abziehen (§ 7g Abs. 1 Satz 1).

Für **vor dem oder am 31.12.2019 endende Wirtschaftsjahre** betrug der Investitionsabzugsbetrag bis zu **40 %**.

Der **Investitionsabzugsbetrag** kann nach § 7g Abs. 1 **nur** in Anspruch genommen werden, **wenn**

1. der nach § 4 oder § 5 ohne Berücksichtigung von Investitionsabzugsbeträgen ermittelte Gewinn für das Wirtschaftsjahr, in dem der Abzug vorgenommen wird, Euro 200.000 nicht überschreitet,

2. der Steuerpflichtige die Summen der Abzugsbeträge und der nach den Absätzen 2 bis 4 des § 7g hinzuzurechnenden oder rückgängig zu machenden Beträge nach **amtlich vorgeschriebenen Datensätzen per Datenfernübertragung** übermittelt und

3. das abnutzbare bewegliche Wirtschaftsgut mindestens bis zum Ende des dem Wirtschaftsjahr der Anschaffung oder Herstellung folgenden Wirtschaftsjahres **vermietet oder** in einer **inländischen** Betriebsstätte des Betriebs **ausschließlich oder fast ausschließlich** (mind. 90 %) **betrieblich genutzt wird** (§ 7g Abs. 1 Satz 1).

Für **vor dem oder am 31.12.2019** endende Wirtschaftsjahre bestanden mit Blick auf die erste Voraussetzung **einkunftsartspezifische Wertgrenzen**, die teilweise auch auf den Wert des **Betriebsvermögens** im Jahr des Abzugs abstellten. Die Möglichkeit der **Vermietung** in Voraussetzung Nr. 3 stellt eine **Erweiterung** gegenüber den bisherigen Voraussetzungen dar. Somit führt das Jahressteuergesetz 2020 zu einer **Vereinheitlichung und Erleichterung**.

B E I S P I E L

Der Bauunternehmer Willi Bündgen, der seinen Gewinn nach § 5 ermittelt, weist in seiner Bilanz zum 31.12.2019 ein Eigenkapital von 200.000 € aus. Zum 31.12.2020 ist das Eigenkapital in seiner Bilanz auf 225.000 € gestiegen. Der nach § 5 ermittelte Gewinn für den VZ 2020 beträgt 225.000 €. Willi Bündgen möchte in 2020 einen Investitionsabzugsbetrag in Anspruch nehmen.

A. Einkommensteuer

Ein **Investitionsabzugsbetrag** kommt für Willi Bündgen als Gewerbetreibenden in 2020 **nicht in Betracht**, weil im **laufenden** Wirtschaftsjahr 2020 sein **Gewinn mehr als 200.000 Euro** betragen hat (§ 7g Abs. 1 Nr. 1).

Der **Investitionsabzugsbetrag** (IAB) kann auch dann in Anspruch genommen werden, wenn dadurch ein **Verlust** entsteht oder sich erhöht (§ 7g Abs. 1 **Satz 3**).

Der **Höchstbetrag** für die insgesamt in Anspruch genommenen Investitionsabzugsbeträge darf im Abzugsjahr je Betrieb **200.000 Euro** nicht übersteigen (§ 7g Abs. 1 Satz 4). Der Betrag von 200.000 Euro **vermindert** sich um die in den **drei vorangegangenen Wirtschaftsjahren** berücksichtigten Abzugsbeträge nach § 7g Abs. 1, die noch nicht „**verbraucht**" wurden, d.h., die nicht wieder gewinnerhöhend hinzugerechnet (§ 7g Abs. 2) oder rückgängig gemacht wurden (§ 7g Abs. 3 und 4).

B E I S P I E L

Der Gewerbetreibende Müller, der zum Vorsteuerabzug berechtigt ist und die Voraussetzungen des § 7g Abs. 1 erfüllt, plant 2020 die Anschaffung einer Maschine für das Jahr 2023. Nach vorliegendem Angebot wird der voraussichtliche Kaufpreis der Maschine 250.000 € + 47.500 € USt betragen. Der Stand der bereits „verbrauchten" Investitionsabzugsbeträge (IAB) der Vorjahre beträgt 130.000 €.

2020 kann Müller **nur** einen Investitionsabzugsbetrag von 70.000 € in Anspruch nehmen. Der grundsätzlich maximal mögliche IAB für die geplante Investition beträgt 100.000 € (40 % von 250.000 €). Da jedoch bereits 130.000 € des Höchstbetrages verbraucht sind, verbleibt für diese Investitionsmaßnahme nur noch ein Betrag von 70.000 € (200.000 € – 130.000 €).

Das Investitions**objekt** muss im Zeitpunkt des Abzugs **nicht konkret benannt** werden.

Der Investitionsabzugs**betrag** kann innerhalb des Investitionszeitraums **frei verwendet** werden und ist nicht an ein zuvor bestimmtes Investitionsobjekt geknüpft.

Folgen im Jahr der Investition

Im **Wirtschaftsjahr der Investition** (Anschaffung/Herstellung) **können** die zuvor in Anspruch genommenen Investitionsabzugsbeträge **gewinnerhöhend außerhalb der Bilanz hinzugerechnet werden** (§ 7g Abs. 2 Satz 1). Außerdem **kann** eine **gewinnmindernde Kürzung der Anschaffungs- oder Herstellungskosten** des Investitionsguts erfolgen (Aufwandsbuchung). Dies führt dann zu einer **Minderung** der AfA-Bemessungsgrundlage des Investitionsguts (§ 7g Abs. 2 Satz 2).

Spätestens zum Ende des **dritten** Wirtschaftsjahres, das auf das Wirtschaftsjahr des Abzugs folgt, sind **nicht** in Anspruch genommene Investitionsabzugsbeträge **rückgängig** zu machen. Eine **vorzeitige** Rückgängigmachung vor Ablauf der **dreijährigen Investitionsfrist** ist **zulässig** (§ 7g Abs. 3).

Durch das **Zweite Corona-Steuerhilfegesetz (CStHG)** wurde für Fälle, in denen die Investitionsfrist **in 2020 ausläuft**, eine Verlängerung **auf vier Jahre** gewährt. Entsprechend kann die Investition **auch in 2021** ohne negative steuerliche Konsequenzen erfolgen (§ 52 Abs. 16).

9.2 Bewertung der Wirtschaftsgüter in der Bilanz

BEISPIEL

Der Gewerbetreibende Alsdorf, der in 2020 einen Investitionsabzugsbetrag in Höhe von 100.000 € in Anspruch genommen hat, erwirbt im Jahr 2022 eine Maschine für netto 250.000 €. Die Maschine hat eine betriebsgewöhnliche Nutzungsdauer von zehn Jahren.

In **2022 kann** der in 2020 in Anspruch genommene Investitionsabzugsbetrag in Höhe von **100.000 €** dem steuerlichen **Gewinn** außerbilanziell **hinzugerechnet werden** (§ 7g Abs. 2 Satz 1).

Gleichzeitig können – wenn ein möglichst geringer steuerlicher Gewinn angestrebt wird – die Anschaffungskosten der Maschine in 2022 erfolgswirksam um 100.000 € gekürzt werden. Die **AfA-Bemessungsgrundlage** wird in diesem Fall **in gleicher Höhe vermindert** (§ 7g Abs. 2 Satz 3) und beträgt **150.000 €** (250.000 € - 100.000 €).

Will Alsdorf den Investitionsabzugsbetrag im Jahre 2022 nicht hinzurechnen, **kann** er ihn im Jahre 2023 bei einer anderen Investition hinzurechnen. Macht er auch das **nicht**, **muss** er den Abzug des Jahres 2020 **in 2023 rückgängig** machen.

Die verminderte Bemessungsgrundlage kann auch dazu führen, dass ein Wirtschaftsgut künftig als geringwertiges Wirtschaftsgut i. S. d. § 6 Abs. 2 (**Sofortabschreibung bis 800 Euro**) oder i. S. d. § 6 Abs. 2a (**Sammelposten**) behandelt werden kann.

Folgen bei Nichtinanspruchnahme § 7g Abs. 3 Satz 1 (z. B. keine Investition)

Wird der Investitionsabzugsbetrag innerhalb des dreijährigen Investitionszeitraums nicht in Anspruch genommen, erfolgt eine **rückwirkende Korrektur des Steuerbescheides** für den Veranlagungszeitraum, in dem der Investitionsabzugsbetrag **gebildet** wurde (§ 7g Abs. 3 Satz 1).

Durch die rückwirkende Korrektur entstehen **Steuerforderungen**, für die gemäß § 233a AO ab dem 15. Monat nach Ablauf des korrigierten Veranlagungszeitraums **Zinsen** anfallen.

BEISPIEL

Der Gewerbetreibende Alsdorf (Beispiel zuvor) nimmt den Investitionsabzugsbetrag bis zum 31.12.2023 **nicht** in Anspruch.

Für das Jahr 2023 ergibt sich keine Auswirkung auf die Steuerfestsetzung. Der **Steuerbescheid 2020** wird jedoch geändert, der Gewinn **rückwirkend um 100.000 € erhöht**. Ab **01.04.2022** ist eine **Verzinsung** der Steuernachzahlung nach § 233a AO vorzunehmen.

Durch das **Zweite Corona-Steuerhilfegesetz (CStHG)** wurde für Fälle, in denen die Investitionsfrist **in 2020 ausläuft**, eine Verlängerung **auf vier Jahre** gewährt. Entsprechend kann die Investition **auch in 2021** ohne negative steuerliche Konsequenzen erfolgen (§ 52 Abs. 16).

Erfolgt eine Investition, aber die tatsächlichen Anschaffungs-/Herstellungskosten sind **niedriger** als die ursprünglich geplanten, dann treten **in Höhe der Differenz** die entsprechenden Rechtsfolgen ein wie bei der fehlenden Investition, es sei denn, der Investitionsabzugsbetrag wird **für ein weiteres Wirtschaftsgut** in Anspruch genommen.

Die buchmäßige Darstellung der Investitionsabzugsbeträge erfolgt im Abschnitt 6.1.2.2.4, Seiten 115 ff., der **Buchführung 2**, 32. Auflage 2021.

ÜBUNG →
1. Wiederholungsfragen 45 und 46 (Seite 111),
2. Fälle 12 und 13 (Seiten 114 f.)

9.2.7.2 Sonderabschreibungen

Steuerpflichtige können unabhängig davon, ob sie den Investitionsabzugsbetrag in Anspruch genommen haben, unter den Voraussetzungen des § 7g Abs. 6 **neben der planmäßigen** linearen Abschreibung im Jahr der Anschaffung oder Herstellung und in den vier folgenden Jahren **Sonderabschreibungen** bis zu insgesamt

20 % der Anschaffungs- oder Herstellungskosten

vornehmen (§ 7g Abs. 5). Der **Begünstigungszeitraum** beträgt **fünf Jahre** (Jahr der Anschaffung/Herstellung und die vier folgenden Jahre).

Dabei wird die **AfA-Bemessungsgrundlage** um den Kürzungsbetrag nach § 7g Abs. 2 Satz 2 **gemindert**, wenn der Steuerpflichtige ihn in Anspruch nimmt.

Die Steuerpflichtigen können **wählen**, ob sie die Sonderabschreibung von **20 %** bereits **im Jahr der Anschaffung oder Herstellung** voll beanspruchen **oder** auf **fünf Jahre** (Begünstigungszeitraum) gleichmäßig oder ungleichmäßig **verteilen** wollen.

Die **Sonderabschreibung** kann nach § 7g Abs. 6 **nur** in Anspruch genommen werden, **wenn**

1. der **Betrieb** im **Wirtschaftsjahr**, das der Anschaffung oder Herstellung **vorangeht**, die **Gewinngrenze** des § 7g Abs. 1 Satz 2 Nr. 1 (**Euro 200.000**) **nicht überschreitet**, **und**

2. das **Wirtschaftsgut** im Jahr der Anschaffung oder Herstellung und im darauf folgenden Wirtschaftsjahr **vermietet oder** in einer inländischen Betriebsstätte des Betriebes des Steuerpflichtigen ausschließlich oder fast ausschließlich (mindestens 90 %) **betrieblich genutzt wird**; § 7g Abs. 4 gilt entsprechend.

Die Sonderabschreibungen können **nicht nur für neue** begünstigte Wirtschaftsgüter in Anspruch genommen werden, sondern auch für **gebrauchte** Wirtschaftsgüter.

Beträgt die Nutzungsdauer eines Wirtschaftsgutes **mehr als sechs Jahre**, ändern sich vom sechsten Jahr an, d.h. nach Ablauf des fünfjährigen Begünstigungszeitraumes, erstmals die Bemessungsgrundlage und der AfA-Satz (§ 7a Abs. 9).

BEISPIEL

Eine am 19.01.2020 für **100.000 €** gekaufte Maschine hat eine Nutzungsdauer von **zwölf Jahren**. Die Voraussetzungen für die Inanspruchnahme der Sonderabschreibung nach § 7g sind erfüllt. Der Steuerpflichtige hat in 2019 einen **Investitionsabzugsbetrag** in Höhe von **20.000 €** für die Maschine in Anspruch genommen. Ein entsprechender Kürzungsbetrag wurde 2020 vorgenommen.

Die Sonderabschreibung nach **§ 7g** wird von dem Steuerpflichtigen wie folgt auf den **fünfjährigen Begünstigungszeitraum** verteilt:

2020:	0%	von	80.000 €	=	0 €
2021:	5%	von	80.000 €	=	4.000 €
2022:	7%	von	80.000 €	=	5.600 €
2023:	8%	von	80.000 €	=	6.400 €
2024:	0%	von	80.000 €	=	0 €
insgesamt:	20%	von	80.000 €	=	16.000 €

9.2 Bewertung der Wirtschaftsgüter in der Bilanz

Die **AfA** wird **im fünfjährigen Begünstigungszeitraum** wie folgt vorgenommen:

	AK 2020 (100.000 € - 20.000 €)	80.000 €
	lineare AfA (8,33 % von 80.000 €)	6.667 €
1. Jahr	**Sonder-AfA (0%** von 80.000 €)	**0 €**
	Restwert 31.12.2020	73.333 €
	lineare AfA (8,33 % von 80.000 €)	6.667 €
2. Jahr	**Sonder-AfA (5%** von 80.000 €)	**4.000 €**
	Restwert 31.12.2021	62.666 €
	lineare AfA (8,33 % von 80.000 €)	6.667 €
3. Jahr	**Sonder-AfA (7%** von 80.000 €)	**5.600 €**
	Restwert 31.12.2022	50.399 €
	lineare AfA (8,33 % von 80.000 €)	6.667 €
4. Jahr	**Sonder-AfA (8%** von 80.000 €)	**6.400 €**
	Restwert 31.12.2023	37.332 €
	lineare AfA (8,33 % von 80.000 €)	6.667 €
5. Jahr	**Sonder-AfA (0%** von 80.000 €)	**0 €**
	Restwert 31.12.2024	30.665 €

Nach Ablauf des **fünfjährigen Begünstigungszeitraums** bemisst sich die **lineare AfA** nach dem **Restwert** (30.665 €) **und** der **Restnutzungsdauer** (sieben Jahre) § 7a Abs. 9 :

$$6.\text{ Jahr} \quad \frac{\text{Restwert}}{\text{Restnutzungsdauer}} = \frac{30.665 \text{ €}}{7 \text{ Jahre}} = \textbf{4.381 €/Jahr}$$

Beträgt die **Nutzungsdauer** eines Wirtschaftsgutes **bis zu sechs Jahren**, kann die **Abschreibungsdauer** durch die Inanspruchnahme der Sonderabschreibung nach **§ 7g verkürzt** werden.

BEISPIEL

Sachverhalt wie im Beispiel zuvor mit dem Unterschied, dass die **Nutzungsdauer** nur **fünf Jahre** beträgt und die Sonderabschreibung **im ersten Jahr** voll in Anspruch genommen wird.

		AK 2020 (100.000 € - 20.000 €)	80.000 €
	-	lineare AfA (20 % von 80.000 €)	16.000 €
1. Jahr	-	**Sonder-AfA (20%** von 80.000 €)	16.000 €
		Restwert 31.12.2020	48.000 €
2. Jahr	-	lineare AfA (20 % von 80.000 €)	16.000 €
		Restwert 31.12.2021	32.000 €
3. Jahr	-	lineare AfA (20 % von 80.000 €)	16.000 €
		Restwert 31.12.2022	16.000 €
	-	lineare AfA (20 % von 80.000 €)	16.000 €
4. Jahr		Restwert 31.12.2023	0 €

Das Beispiel zeigt, dass das Wirtschaftsgut, obwohl es eine **Nutzungsdauer von fünf Jahren** hat, bereits nach **vier Jahren** abgeschrieben ist.

> **ÜBUNG →**
> 1. Wiederholungsfragen 47 und 48 (Seite 111),
> 2. Fälle 14 und 15 (Seite 115)

> Die buchmäßige Darstellung der Sonderabschreibungen nach § 7g erfolgt im Abschnitt 6.1.2.2.4.2 der **Buchführung 2**, 32. Auflage 2021, Seite 119 ff.

> Weitere Aufgaben mit Lösungen zu den Investitionsabzugsbeträgen und Sonderabschreibungen finden Sie im **Lösungsbuch** der Steuerlehre 2.

9.2.8 Bewertung des nicht abnutzbaren Anlagevermögens

Steuerrechtlich sind Wirtschaftsgüter des **nicht abnutzbaren Anlagevermögens** (Grund und Boden, Beteiligungen und andere Finanzanlagen) grundsätzlich mit den **Anschaffungskosten** oder dem an deren Stelle tretenden Wert, vermindert um Abzüge nach § 6b und ähnliche Abzüge, anzusetzen (§ 6 Abs. 1 **Nr. 2**).

Herstellungskosten werden praktisch **nicht** anfallen, da es sich in der Regel um **erworbene** Wirtschaftsgüter handelt.

> Die Abzüge nach § 6b und ähnliche Abzüge werden in der Buchführung 2 im Rahmen der Rücklagen im Abschnitt 10.2, Seiten 225 ff., näher erläutert.

Ist der **Teilwert** aufgrund einer **voraussichtlich dauernden** Wertminderung **niedriger**, so **kann** dieser **steuerrechtlich** angesetzt werden (§ 6 Abs. 1 Nr. 2 **Satz 2**). Im Gegensatz zum handelsrechtlichen Abschreibungsgebot besteht steuerrechtlich ein **Abschreibungswahlrecht**. Eine in der **Handelsbilanz** wegen einer **vorübergehenden** Wertminderung zulässigerweise vorgenommene **außerplanmäßige Abschreibung** ist in der **Steuerbilanz** als **Teilwertabschreibung nicht möglich** (§ 6 Abs. 1 Nr. 2 Satz 2).

Für Wirtschaftsgüter des nicht abnutzbaren Anlagevermögens ist grundsätzlich darauf abzustellen, **ob** die **Gründe** für eine niedrigere Bewertung **voraussichtlich anhalten werden** (BMF-Schreiben vom 02.09.2016, BStBl I 2016, S. 995, RdNr. 11).

Wurde eine **Teilwertabschreibung** zulässigerweise vorgenommen und hat sich der Wert des Wirtschaftsgutes **wieder erhöht**, ist der Steuerpflichtige **verpflichtet**, das Wirtschaftsgut in der **Bilanz** wieder mit dem sich nach § 6 Abs. 1 Nr. 1 **Satz 1** ergebenden Wert (i.d.R. mit den **Anschaffungskosten**) anzusetzen. Somit besteht auch steuerrechtlich ein **Wertaufholungsgebot** (§ 6 Abs. 1 Nr. 1 Satz 4 und Nr. 2 Satz 3). Im Gegensatz zum Handelsrecht kommt es allerdings **nicht** darauf an, ob die konkreten Gründe für die vorherige Teilwertabschreibung weggefallen sind. Auch eine Erhöhung des Teilwerts **aus anderen Gründen** ist als Wertaufholung zu erfassen (BMF-Schreiben vom 02.09.2016, BStBl I 2016, S. 995, RdNr. 27).

> **BEISPIEL**
>
> Ein buchführender Gewerbetreibender hat 2018 ein unbebautes Grundstück für 200.000 € erworben, das zu seinem Betriebsvermögen gehört.
> Ende 2019 beträgt der **Teilwert** dieses Grundstücks aufgrund einer voraussichtlich dauernden Wertminderung **180.000 €**. Mit diesem Wert hat er das Grundstück in seiner Handels- und Steuerbilanz angesetzt. Ende 2020 beträgt der **Teilwert** dieses Grundstücks **210.000 €**.
>
> Der Steuerpflichtige ist **verpflichtet**, das Grundstück zum 31.12.2020 und in den Folgejahren mit den **Anschaffungskosten** von **200.000 €** (Wertobergrenze) zu bilanzieren (**Zuschreibungspflicht**, vgl. § 6 Abs. 1 Nr. 1 Satz 4 und Nr. 2 Satz 3).

9.2 Bewertung der Wirtschaftsgüter in der Bilanz

Von einer Zuschreibung kann nur dann abgesehen werden, wenn der **Steuerpflichtige nachweist**, dass der Teilwert niedriger ist. Der Steuerpflichtige hat die **Feststellungslast** für das Vorliegen eines niedrigeren Teilwerts (§ 6 Abs. 1 Nr. 2 Satz 3 i.V.m. § 6 Abs. 1 Nr. 1 Satz 4).

> Die buchmäßige Darstellung der Wirtschaftsgüter des **nicht abnutzbaren Anlagevermögens** erfolgt im Abschnitt 6.2 der **Buchführung 2**, 32. Auflage.

9.2.9 Bewertung des Umlaufvermögens

Wirtschaftsgüter des **Umlaufvermögens** (**UV**) sind mit den **Anschaffungs- oder Herstellungskosten** oder dem an deren Stelle tretenden Wert, vermindert um Abzüge nach § 6b und ähnliche Abzüge, anzusetzen (§ 6 Abs. 1 **Nr. 2**).

Wirtschaftsgüter des **Umlaufvermögens** sind im Regelfall mit den

Anschaffungskosten oder Herstellungskosten

anzusetzen.

Handelsrechtlich müssen Steuerpflichtige den **beizulegenden Wert** (niedrigeren Teilwert) ansetzen, auch wenn die **Wertminderung nicht von Dauer** ist (§ 253 Abs. 4 HGB).

> **BEISPIEL**
>
> Der Steuerpflichtige Thomas Muster, der seinen Gewinn nach § 5 ermittelt, hat Waren mit **Anschaffungskosten** von **10.000 €** erworben. Am Bilanzstichtag beträgt der **Teilwert** (Börsen- oder Marktpreis, beizulegender Wert) **vorübergehend 9.000 €**.
>
> Der Steuerpflichtige **muss** in seiner **Handelsbilanz** den niedrigeren Teilwert von **9.000 €** ansetzen, weil für ihn das **strenge** Niederstwertprinzip gilt.

Steuerrechtlich ist eine **Teilwertabschreibung** nur bei **voraussichtlich dauernder Wertminderung** zulässig (§ 6 Abs. 1 Nr. 2 Satz 2).

> **BEISPIEL**
>
> Sachverhalt wie im Beispiel zuvor mit dem **Unterschied**, dass die **Wertminderung** nicht nur vorübergehend, sondern **von Dauer** ist.
>
> Der Steuerpflichtige **kann** in seiner Steuerbilanz den niedrigeren Teilwert von **9.000 €** ansetzen oder die Anschaffungskosten von **10.000 €** beibehalten (R 6.8 Abs. 1 Satz 3 EStR 2012).

Handels- und steuerrechtlich gilt ein Wertaufholungs**gebot**. Ist eine außerplanmäßige Abschreibung zulässigerweise **vorgenommen** worden, ist der Steuerpflichtige **verpflichtet**, das Wirtschaftsgut in der **nachfolgenden Bilanz** wieder mit dem sich nach § 253 Abs. 5 HGB bzw. § 6 Abs. 1 Nr. 2 ergebenden Wert (i. d. R. mit den fortgeführten AK/HK) anzusetzen (**Zuschreibungspflicht**), es sei denn, der Steuerpflichtige weist nach, dass ein niedrigerer Teilwert angesetzt werden kann (§ 6 Abs. 1 Nr. 2 Satz 3).

> Die buchmäßige Darstellung der Wirtschaftsgüter des **Umlaufvermögens** erfolgt im 7. Kapitel der **Buchführung 2**, 32. Auflage 2021, Seiten 154 ff.

> **ÜBUNG →**
> 1. Wiederholungsfragen 49 bis 52 (Seite 111),
> 2. Fall 16 (Seite 116)

9.2.10 Bewertung der Verbindlichkeiten

Handelsrechtlich sind Verbindlichkeiten mit ihrem **Erfüllungsbetrag** anzusetzen (§ 253 Abs. 1 Satz 2 HGB). Der **Erfüllungsbetrag** ist der Geldbetrag, der zur Tilgung der Verbindlichkeit aufgewendet werden muss. Er entspricht grundsätzlich dem Nennwert der Verbindlichkeit. Nach dem Grundsatz der Vorsicht gilt für die Bewertung der Verbindlichkeiten das **Höchstwertprinzip** (§ 252 Abs. 1 Nr. 4 HGB). Demnach ist eine **Minderung** des Erfüllungsbetrags **unbeachtlich, es sei denn, es handelt sich um kurzfristige Währungsverbindlichkeiten** (§ 256a HGB). **Erhöht** sich hingegen der Erfüllungsbetrag, ist die Verbindlichkeit mit dem **höheren Wert** anzusetzen.

Steuerrechtlich sind Verbindlichkeiten grundsätzlich mit den **Anschaffungskosten** oder ihrem **höheren Teilwert** anzusetzen (§ 6 Abs. 1 Nr. 3 i. V. m. § 6 Abs. 1 **Nr. 2**).

Als **Anschaffungskosten** einer Verbindlichkeit gilt der **Nennwert** (**Rückzahlungsbetrag bzw. Erfüllungsbetrag**) der Verbindlichkeit [H 6.10 (Anschaffungskosten) EStH].

Bei der Bewertung von langfristig unverzinslichen Verbindlichkeiten besteht **steuerrechtlich grundsätzlich** ein **Abzinsungsgebot**. Dabei ist ein Zinssatz von **5,5 %** zu berücksichtigen (§ 6 Abs. 1 Nr. 3 **Satz 1**).

Ausgenommen von der Abzinsung sind Verbindlichkeiten, deren Laufzeit am Bilanzstichtag **weniger als zwölf Monate** beträgt, und Verbindlichkeiten, die **verzinslich** sind oder auf einer **Anzahlung** oder **Vorausleistung** beruhen (§ 6 Abs. 1 Nr. 3 **Satz 2**).

Eine **verzinsliche Verbindlichkeit** liegt vor, wenn ein Zinssatz von **mehr als 0 %** vereinbart ist. Eine Vereinbarung eines Zinssatzes nahe 0 % kann im Einzelfall als missbräuchliche Gestaltung i. S. d. § 42 AO zu werten sein (BMF-Schreiben vom 23.08.1999, BStBl I 1999, S. 818).

Darlehensschulden, bei denen der dem Schuldner zugeflossene Betrag (**Ausgabebetrag**) niedriger als der **Rückzahlungsbetrag** ist, sind mit dem **Rückzahlungsbetrag** anzusetzen; der **Unterschiedsbetrag** (**Damnum**) ist in der Steuerbilanz als Rechnungsabgrenzungsposten **auf die Laufzeit** des Darlehens **zu verteilen** [H 6.10 (Damnum) EStH]. In der Handelsbilanz darf ein Rechnungsabgrenzungsposten gebildet werden (§ 250 Abs. 3 Satz 1 HGB).

> **BEISPIEL**
>
> Der Steuerpflichtige Alex Vogel, der seinen Gewinn nach § 5 ermittelt, nimmt zum 01.01.2020 bei seiner Bank ein betriebliches **Darlehen** in Höhe von **50.000 €** (Rückzahlungsbetrag bzw. Nennwert) auf. Bei der Auszahlung des Darlehens wird ein **Damnum** in Höhe von **1.000 €** einbehalten, sodass dem Steuerpflichtigen **49.000 €** (Ausgabebetrag) ausgezahlt werden. Das Darlehen ist am 31.12.2029 in einer Summe zurückzuzahlen.
>
> Vogel **muss** die **Darlehensschuld** mit **50.000 €** passivieren und hat in der Handelsbilanz das Wahlrecht, das **Damnum** sofort als Aufwand zu behandeln oder die **1.000 €** in einen aktiven Rechnungsabgrenzungsposten einzustellen. In der Steuerbilanz ist das Damnum in Höhe von 1.000 Euro zu aktivieren und jährlich mit **100 €** abzuschreiben.

Schulden in ausländischer Währung (**Valutaverbindlichkeiten**) sind mit den **Anschaffungskosten** (= Geldkurs im Zeitpunkt ihres Entstehens) zu bewerten.

Ist der **Geldkurs** am Bilanzstichtag **höher**, so **müssen** Steuerpflichtige, die nach § 5 bilanzieren, den höheren Teilwert (**Geldkurs**) ansetzen, **wenn** die **Geldkurserhöhung voraussichtlich von Dauer** ist.

Für die **Bewertung der Verbindlichkeiten** gilt bei dauernder Werterhöhung das **Höchstwertprinzip**.

1. Wiederholungsfrage 53 (Seite 111),
2. Fall 17 (Seite 116)

9.3 Bewertung der Entnahmen und Einlagen

9.3.1 Bewertung der Entnahmen

Entnahmen sind alle Wirtschaftsgüter (Barentnahmen, Waren, Erzeugnisse, Nutzungen und Leistungen), die der Steuerpflichtige dem Betrieb für **sich**, für seinen **Haushalt** oder für **andere betriebsfremde Zwecke** im Laufe des Wirtschaftsjahres entnommen hat (§ 4 Abs. 1 Satz 2).

Entnahmen sind nur bei **Einzelunternehmern** und bei **Personengesellschaften** (nicht bei **Kapitalgesellschaften**) möglich.

Entnahmen sind steuerrechtlich grundsätzlich mit dem

Teilwert

anzusetzen (§ 6 Abs. 1 **Nr. 4** Satz 1).

Handelsrechtlich gibt es keine gesetzliche Bewertungsvorschrift für Entnahmen. Daher wird im Folgenden die **steuerrechtliche** Behandlung der Entnahmen dargestellt, die auch für handelsrechtliche Zwecke angewendet werden kann.

Bei **Geldentnahmen** (in Euro) entspricht der **Teilwert** dem **Nennwert des Geldbetrags**.

Sachentnahmen sind – von Ausnahmen abgesehen – auch dann mit dem **Teilwert** zu bewerten, wenn der **Teilwert über den Anschaffungskosten oder Herstellungskosten** liegt.

> **BEISPIEL**
>
> Ein Unternehmer entnimmt **Waren** für private Zwecke. Die **Anschaffungskosten** haben **1.000 €** betragen. Der **Teilwert** beträgt im Zeitpunkt der Entnahme **1.200 €**.
>
> Der Unternehmer muss die Entnahme mit dem **Teilwert** von **1.200 €** ansetzen.

Bei **Nutzungsentnahmen** entspricht der **Teilwert** grundsätzlich den **anteiligen** auf die Nutzungsentnahme entfallenden **Kosten**.

> **BEISPIEL**
>
> Ein Unternehmer benutzt den zu seinem Betriebsvermögen gehörenden Pkw **lt. Fahrtenbuch** zu 30 % für Privatfahrten. Die betrieblichen Gesamtkosten setzen sich wie folgt zusammen:
>
> | | |
> |---|---:|
> | Benzin | 2.250 € |
> | Reparaturen | 750 € |
> | Steuern und Versicherungen | 750 € |
> | AfA | 1.250 € |
> | | **5.000 €** |
>
> Als Entnahme muss der Unternehmer **1.500 €** (30 % von 5.000 €) ansetzen.

Abweichend von der Kostenaufteilung mithilfe eines **Fahrtenbuchs** nach § 6 Abs. 1 Nr. 4 Satz 3 kann der **private Nutzungsanteil** von Kraftfahrzeugen, die zu **mehr als 50 %** betrieblich genutzt werden, auch vereinfacht nach der sog. **1 %-Regelung** vorgenommen werden (§ 6 Abs. 1 Nr. 4 **Satz 2**).

Zur **Förderung der Elektromobilität** und damit der Erreichung des durch die Bundesregierung beschlossenen **Klimapaketes 2030** werden in § 6 Abs. 1 Nr. 4 bestimmten **Elektroautos und extern aufladbaren Hybridelektroautos** in Abhängigkeit von CO_2-**Ausstoß**, **Reichweite** und **Bruttolistenpreis** bei der Ermittlung des privaten Nutzenanteils **Vergünstigungen** gewährt.

Bei Fahrzeugen, die die Voraussetzungen des Elektromobilitätsgesetzes erfüllen, gilt für die Ermittlung des privaten Nutzungsanteils Folgendes:

Anschaffungs-zeitpunkt	Höchstschad-stoffausstoß CO^2 je km	Mindest-reichweite mit Elektroantrieb	§ 6 Abs. 1 Nr. 4	Bruttolisten-preis bzw. Abschreibung gemindert auf
01.01.2019 bis 31.12.2030	0 g	**und** Keine Mindestreichweite, **aber** Bruttolistenpreis **max.** 60.000 €	Satz 2 Nr. 3 bzw. Satz 3 Nr. 3	25 %
01.01.2019 bis 31.12.2021	50 g	**oder** 40 km	Satz 2 Nr. 2 bzw. Satz 3 Nr. 2	50 %
01.01.2022 bis 31.12.2024	50 g	**oder** 60 km	Satz 2 Nr. 4 bzw. Satz 3 Nr. 4	50 %
01.01.2025 bis 31.12.2030	50 g	**oder** 80 km	Satz 2 Nr. 5 bzw. Satz 3 Nr. 5	50 %

Die **ertragsteuerliche Reduzierung** der Bemessungsgrundlage auf 50 % bzw. 25 % für die Ermittlung des privaten Nutzungsanteils eines betrieblichen Kraftfahrzeugs gilt **nicht** für die **Umsatzsteuer**.

Bei **Leistungsentnahmen** sind als **Teilwert** die **Selbstkosten**, die auf die entnommene Leistung entfallen, als Entnahme anzusetzen.

BEISPIEL

Ein Bauunternehmer lässt durch einen Betriebsangehörigen während der Arbeitszeit Reparaturen an seinem Einfamilienhaus ausführen. Die auf die Reparaturarbeiten entfallenden **Selbstkosten** betragen **1.500 €**.

Der Bauunternehmer muss **1.500 €** als Entnahme ansetzen, da sich der Wert der entnommenen Leistungen nach den Selbstkosten bemisst.

Ist die **Entnahme umsatzsteuerpflichtig**, muss dies bei der Buchung der Entnahme berücksichtigt werden (§ 3 Abs. 9a Nr. 2 UStG).

1. Wiederholungsfragen 54 und 55 (Seite 111),
2. Fall 18 (Seite 116)

9.3.2 Bewertung der Einlagen

Einlagen sind alle Wirtschaftsgüter (Bareinzahlungen und sonstige Wirtschaftsgüter), die der Steuerpflichtige dem Betrieb im Laufe des Wirtschaftsjahres zugeführt hat (§ 4 Abs. 1 **Satz 8**).

Einlagen sind grundsätzlich mit dem

Teilwert

im Zeitpunkt ihrer Zuführung anzusetzen (§ 6 Abs. 1 **Nr. 5** Satz 1).

Ist das Wirtschaftsgut **innerhalb der letzten drei Jahre** vor dem Zeitpunkt der Zuführung privat angeschafft oder hergestellt worden, ist die Einlage höchstens mit den **Anschaffungskosten** oder **Herstellungskosten** zu bewerten.

BEISPIEL

Ein Unternehmer hat im **Mai 2018** ein Grundstück mit **Anschaffungskosten** von 200.000 € privat erworben. Der Unternehmer führt das Grundstück im **August 2020** seinem Betriebsvermögen zu. Der **Teilwert** des Grundstücks beträgt im Zeitpunkt der Zuführung 280.000 €.

Da das **Grundstück innerhalb der letzten drei Jahre** vor seiner Einlage angeschafft worden ist, dürfen **höchstens die Anschaffungskosten** von 200.000 € angesetzt werden.

Werden Wirtschaftsgüter eingelegt, die der **Abnutzung** unterliegen, so sind die **AK/HK** um die **AfA zu kürzen**, die auf die Zeit vor ihrer Einlage entfallen (§ 6 Abs. 1 Nr. 5 Satz 2).

BEISPIEL

Ein Unternehmer hat am 04.01.2019 einen Pkw für 50.000 € + 9.500 € USt = **59.500 €** privat angeschafft. Am 03.01.2020 legt er diesen Pkw in sein Betriebsvermögen ein.
Der Pkw hat eine betriebsgewöhnliche Nutzungsdauer von 6 Jahren.
Sonderabschreibungen oder erhöhte Absetzungen wurden nicht vorgenommen.

Der Pkw ist mit den **fortgeführten Anschaffungskosten** anzusetzen:

Anschaffungskosten 04.01.2019 (**brutto**)	59.500 €
− AfA: 16 ⅔ % von 59.500 € für 2019	− 9.917 €
= **fortgeführte AK** im Zeitpunkt der Einlage	**49.583 €**

Bei Wirtschaftsgütern, die nach einer Verwendung zur Erzielung von **Überschusseinkünften** in ein Betriebsvermögen eingelegt worden sind, **mindert** sich der **Einlagewert** um die **AfA** oder **Substanzverringerung**, **Sonderabschreibungen** oder **erhöhte Abschreibungen**, die bis zum Zeitpunkt der Einlage vorgenommen worden sind, **höchstens** jedoch bis zu den **fortgeführten Anschaffungs- oder Herstellungskosten**; ist der Einlagewert niedriger als dieser Wert, bemisst sich die weitere AfA vom Einlagewert (§ 7 Abs. 1 **Satz 5**). Für die Bemessungsgrundlage der AfA nach Einlage von zuvor zur Erzielung von Überschusseinkünften genutzten Wirtschaftsgütern zeigt das BMF-Schreiben vom 27.10.2010 (BStBl I 2010, S. 1204 f.) hilfreiche Lösungsvorschläge auf.

Die buchmäßige Darstellung der **Entnahmen** und **Einlagen** erfolgt in den Abschnitten 3.10.1 und 3.10.3 der **Buchführung 1**, 32. Auflage 2020, S. 136 ff.

ÜBUNG → 1. Wiederholungsfragen 56 bis 58 (Seite 111),
2. Fall 19 (Seite 116)

A. Einkommensteuer

9.4 Bilanzberichtigung und Bilanzänderung

Eine beim Finanzamt eingereichte **Bilanz** darf nur unter den in § 4 Abs. 2 genannten Voraussetzungen geändert werden. Dabei wird zwischen **Bilanzberichtigung** und **Bilanzänderung** unterschieden.

9.4.1 Bilanzberichtigung

Eine **Bilanzberichtigung** liegt vor, wenn ein **unrichtiger** Bilanzansatz durch einen **richtigen** Bilanzansatz korrigiert wird.

Ein Bilanzansatz ist **unrichtig**, wenn er unzulässig ist, d.h., wenn er gegen zwingende Vorschriften des Einkommensteuerrechts oder des Handelsrechts oder gegen die einkommensteuerrechtlich zu beachtenden handelsrechtlichen Grundsätze ordnungsmäßiger Buchführung verstößt (R 4.4 Abs. 1 Satz 2 EStR 2012).

> **BEISPIEL**
>
> Ein Steuerpflichtiger, der seinen Gewinn nach § 5 ermittelt, hat in seiner Bilanz zum 31.12.2020 eine **Drohverlustrückstellung** für bestellte Waren in Höhe von 3.000 € gebildet.
>
> Der Bilanzansatz ist **unrichtig**, weil er gegen § 5 Abs. 4a verstößt, wonach steuerrechtlich keine Rückstellungen für drohende Verluste aus schwebenden Geschäften gebildet werden dürfen.

9.4.2 Bilanzänderung

Eine **Bilanzänderung** liegt vor, wenn ein **zulässiger** Bilanzansatz durch einen **anderen zulässigen** Bilanzansatz ersetzt wird (R 4.4 Abs. 2 EStR 2012).

Eine Bilanzänderung liegt **nicht** vor, wenn sich einem Steuerpflichtigen erst nach Einreichung der Bilanz die Möglichkeit eröffnet, erstmalig sein Wahlrecht auszuüben (R 4.4 Abs. 2 Satz 3 EStR 2012).

Eine Bilanzänderung ist **zulässig**, wenn sie in einem **engen zeitlichen und sachlichen Zusammenhang mit einer Bilanzberichtigung** steht und soweit die Auswirkung der Bilanzberichtigung auf den Gewinn reicht (R 4.4 Abs. 2 Satz 4 EStR 2012).

Ein enger zeitlicher und sachlicher Zusammenhang zwischen Bilanzberichtigung und Bilanzänderung setzt voraus, dass sich beide Maßnahmen auf dieselbe Bilanz beziehen und die Bilanzänderung unverzüglich nach der Bilanzberichtigung vorgenommen wird (R 4.4 Abs. 2 Satz 5 EStR 2012).

Bei einer Mitunternehmerschaft beziehen sich beide Maßnahmen auf die Bilanz der Mitunternehmerschaft (Gesamthandsbilanz, Ergänzungsbilanz und Sonderbilanz); beispielsweise kann eine Bilanzberichtigung in der Gesamthandsbilanz eine Bilanzänderung in der Ergänzungsbilanz oder Sonderbilanz des Mitunternehmers oder der Mitunternehmer zulassen (R 4.4 Abs. 2 Satz 6 EStR 2012).

ÜBUNG → Wiederholungsfragen 59 und 60 (Seite 111)

9.5 Zusammenfassung und Erfolgskontrolle

9.5.1 Zusammenfassung

In dem Schaubild auf der folgenden Seite werden die wesentlichen Merkmale der **Bewertung** nochmals zusammengestellt.

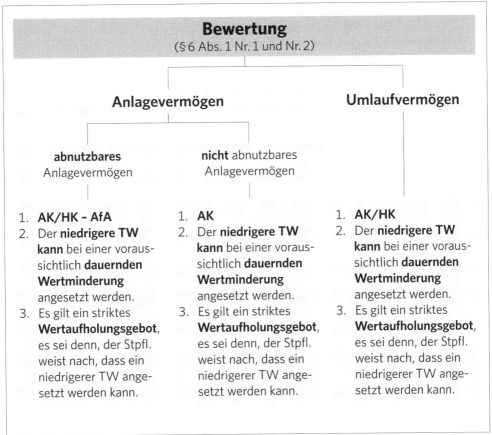

A. Einkommensteuer

9.5.2 Erfolgskontrolle

WIEDERHOLUNGSFRAGEN

1. Was besagt der Grundsatz der Maßgeblichkeit nach § 5 Abs. 1 Satz 1?
2. Welche sechs allgemeinen Bewertungsgrundsätze sind nach § 252 HGB zu unterscheiden?
3. Welche Bewertungsmaßstäbe gibt es im Handelsrecht?
4. Welche Bewertungsmaßstäbe gibt es im Steuerrecht?
5. Wie werden die Anschaffungskosten im § 255 Abs. 1 HGB definiert?
6. Welche Kosten gehören z. B. zu den Anschaffungsnebenkosten?
7. Was sind z. B. Anschaffungspreisminderungen?
8. Wie wird die Vorsteuer bei der Ermittlung der Anschaffungskosten behandelt?
9. Wie werden die Finanzierungskosten einer Anschaffung behandelt?
10. Wie werden die Herstellungskosten im § 255 Abs. 2 HGB definiert?
11. Welche Kosten bilden die handelsrechtliche und steuerrechtliche Wertuntergrenze der Herstellungskosten?
12. Was versteht man unter Einzelkosten?
13. Welche Aufwendungen dürfen handelsrechtlich und steuerrechtlich in die Herstellungskosten eingerechnet werden?
14. Wie werden die Herstellungskosten nach dem Kalkulationsschema ermittelt?
15. Was versteht man unter Gemeinkosten?
16. Was versteht man unter den fortgeführten Anschaffungs- oder Herstellungskosten?
17. Was versteht man unter dem Teilwert?
18. Welche Wirtschaftsgüter gehören allgemein zum Anlagevermögen?
19. Welche Wirtschaftsgüter gehören allgemein zum Umlaufvermögen?
20. Mit welchem Betrag sind Wirtschaftsgüter des abnutzbaren Anlagevermögens grundsätzlich in der Steuerbilanz anzusetzen?
21. In welchen Fällen muss der niedrigere Teilwert bei Wirtschaftsgütern des abnutzbaren Anlagevermögens angesetzt werden?
22. Was versteht man unter dem Wertaufholungsgebot?
23. Welche Wirtschaftsgüter kommen als immaterielle (unkörperliche) Wirtschaftsgüter in Betracht?
24. Was versteht man unter dem Geschäfts- oder Firmenwert?
25. Wie ist der derivative Geschäfts- oder Firmenwert steuerrechtlich zu behandeln?
26. Wie kann der Geschäfts- oder Firmenwert handelsrechtlich behandelt werden?
27. Welche drei AfA-Sätze kommen bei der linearen Gebäude-AfA in Betracht?
28. Für welche Gebäude beträgt die lineare AfA 3 %?
29. Für welche Gebäude beträgt die lineare AfA 2 %?
30. Für welche Gebäude beträgt die lineare AfA 2,5 %?
31. Wie ist die lineare Gebäude-AfA im Anschaffungs- oder Herstellungsjahr zu berechnen?
32. Wie ist die lineare Gebäude-AfA im Veräußerungsjahr zu berechnen?

9.5 Zusammenfassung und Erfolgskontrolle 111

33. Wie hoch ist der anfängliche AfA-Satz bei der Staffel 04 und wie viele Jahre kann dieser Satz angewendet werden?

34. Bei welchen Gebäuden kann die Staffel 04 angewendet werden?

35. Unter welchen Voraussetzungen ist die Sonderabschreibung nach § 7b anwendbar?

36. Wie hoch ist die Sonderabschreibung nach § 7b?

37. Was ist die Bemessungsgrundlage für die Sonderabschreibung nach § 7b?

38. Wie wird der jährliche AfA-Betrag bei der linearen AfA bei beweglichen Anlagegütern berechnet?

39. Wie berechnet man den AfA-Satz bei der linearen AfA?

40. Darf der Steuerpflichtige für bewegliche Anlagegüter, die nach dem 31.12.2019 angeschafft oder hergestellt worden sind, die degressive AfA vornehmen?

41. Wie hoch ist der maximale degressive AfA-Satz für bewegliche Anlagegüter im VZ 2020?

42. Was versteht man unter einem GWG i.S.d. § 6 Abs. 2?

43. Was versteht man unter einem WG i.S.d. § 6 Abs. 2a?

44. Wie müssen diese WG bei der Gewinnermittlung behandelt werden?

45. Wie hoch ist der Investitionsabzugsbetrag nach § 7g?

46. Wie kann der Investitionsabzugsbetrag im Jahr der Inanspruchnahme und im Jahr der Investition berücksichtigt werden?

47. Wie hoch ist die Sonderabschreibung nach § 7g?

48. Wie kann die Sonderabschreibung im Begünstigungszeitraum geltend gemacht werden?

49. Mit welchem Wert sind Wirtschaftsgüter des nicht abnutzbaren Anlagevermögens grundsätzlich zu bilanzieren?

50. Mit welchem Wert sind Wirtschaftsgüter des Umlaufvermögens grundsätzlich zu bilanzieren?

51. Welcher Wert kommt bei der Bewertung des Umlaufvermögens außerdem in Betracht für Gewerbetreibende, die ihren Gewinn nach § 5 ermitteln?

52. In welchem Fall ist dieser Wert anzusetzen?

53. Mit welchem Wert sind Verbindlichkeiten zu bilanzieren?

54. Mit welchem Wert sind Entnahmen grundsätzlich anzusetzen?

55. Was ist bei Nutzungsentnahmen von Fahrzeugen, welche die Voraussetzungen des Elektromobilitätsgesetzes erfüllen, zu beachten?

56. Mit welchem Wert sind Einlagen grundsätzlich anzusetzen?

57. In welchem Fall darf eine Einlage höchstens mit den AK/HK angesetzt werden?

58. In welchem Fall sind Einlagen mit den fortgeführten AK/HK anzusetzen?

59. Was versteht man steuerlich unter einer Bilanzberichtigung?

60. Was versteht man steuerlich unter einer Bilanzänderung?

A. Einkommensteuer

FÄLLE

FALL 1

Der vorsteuerabzugsberechtigte Spediteur Becker, Mainz, hat 2020 ein Grundstück mit einem Geschäftsgebäude erworben. Von dem Kaufpreis in Höhe von 500.000 € entfallen 100.000 € auf den Grund und Boden. Außerdem fielen an:

Grunderwerbsteuer (5 % in Rheinland-Pfalz von 500.000 €)	25.000 €
Grundbuchgebühren	500 €
Bereitstellungsprovision für ein Darlehen	1.250 €
Damnum	5.000 €
Notargebühren für Beurkundung des Kaufpreises inkl. 19 % USt.	1.190 €
Maklerprovision inkl. 19 % USt.	17.850 €

Wie hoch sind die Anschaffungskosten des Gebäudes und des Grund und Bodens?

FALL 2

Der vorsteuerabzugsberechtigte Fabrikant Aumann hat am 19.06.2020 von der Lenz GmbH eine Spezialmaschine für netto 20.000 € ab Werk gekauft. Der von Aumann beauftragte Spediteur Becker berechnet für den Transport der Maschine netto 800 € + Transportversicherung 200 €. Die fachgerechte Montage der Maschine übernahm die Lenz Maschinenservice GmbH für 1.785 € (inkl. 19 % USt.).

Aumann zahlte den Maschinenkaufpreis unter Abzug von 2 % Skonto. Die übrigen Rechnungen wurden noch nicht bezahlt.

Wie hoch sind die Anschaffungskosten der Maschine?

FALL 3

Der buchführende Gewerbetreibende Reuter, der einen möglichst niedrigen Gewinn ausweisen möchte, legt Ihnen für ein selbst hergestelltes Erzeugnis in 2020 folgende Kalkulationsdaten vor:

Materialeinzelkosten	400 €
Materialgemeinkosten	80 €
Fertigungseinzelkosten	800 €
Fertigungsgemeinkosten	960 €
Kosten für die allgemeine Verwaltung	60 €
Vertriebskosten (ohne USt)	150 €
Gewinn	350 €
Umsatzsteuer	440 €
Verkaufspreis	3.192 €

Ermitteln Sie die handels- und steuerrechtlichen Wertuntergrenzen.

9.5 Zusammenfassung und Erfolgskontrolle

FALL 4

Der im Handelsregister eingetragene, zum Vorsteuerabzug berechtigte Großhändler Oster hat in 2020 die folgenden am 31. Dezember 2020 noch vorhandenen 19 %-Waren (Umlaufvermögen) gekauft:

- Ware A: Anschaffungskosten netto 800 €,
  dauerhaft veränderte Wiederbeschaffungskosten am 31.12.2020 brutto 892,50 €;
- Ware B: Anschaffungskosten brutto 1.071 €,
  dauerhaft veränderte Wiederbeschaffungskosten am 31.12.2020 netto 950 €;
- Ware C: Anschaffungskosten netto 500 €, konstante Wiederbeschaffungskosten,
  eigener Verkaufspreis am 31.12.2020 netto 700 €.

Mit welchem Wert muss Herr Oster die Waren in der Handels- und Steuerbilanz ansetzen?

Begründen Sie Ihre Antwort unter Hinweis auf die einschlägigen Rechtsgrundlagen.

FALL 5

Mit welchem Betrag kann bzw. muss die Maschine zum 31.12.2020 in der Handels- und Steuerbilanz angesetzt werden?

Begründen Sie Ihre Antwort unter Hinweis auf die einschlägigen Rechtsgrundlagen.

a) Der im Handelsregister eingetragene Großhändler Oster hat am 04.01.2020 eine Maschine für netto 30.000 € (betriebsgewöhnliche Nutzungsdauer 5 Jahre, lineare Abschreibung) angeschafft. Eine unvorhersehbare dauerhafte Wertminderung reduziert den planmäßigen Restbuchwert zum 31. Dezember 2020 um 9.000 €.

b) Wie a), jedoch ist die Wertminderung nicht von Dauer.

FALL 6

Der Steuerpflichtige Arno Lambrich hat am 03.01.2020 ein Unternehmen gekauft. Der Wert aller übernommenen Vermögensgegenstände hat 2.170.000 €, der Wert aller übernommenen Schulden hat 1.840.000 € betragen. Der von Lambrich durch Banküberweisung gezahlte Kaufpreis belief sich auf 450.000 €. Die vorraussichtliche Nutzungsdauer eines evtl. entstehenden Firmenwertes schätzt Lambrich auf 10 Jahre.

a) Wie viel Euro beträgt der derivative Firmenwert?

b) Wie ist dieser Wert in der Steuerbilanz zum 31.12.2020 zu behandeln?

c) Wie muss dieser Wert handelsrechtlich behandelt werden?

FALL 7

Der vorsteuerabzugsberechtigte Kfz-Händler Malmann kaufte am 16.10.2020 eine in 2010 fertiggestellte Lagerhalle zum Kaufpreis von 400.000 €. Davon entfielen 100.000 € auf Grund und Boden. Außerdem hat Herr Malmann Grunderwerbsteuer (5 %), Notargebühren (netto 7.650 €), Grundbuchgebühren (1.030 €) und eine Maklerprovision (brutto 14.280 €) gezahlt.

Ermitteln Sie die steuerrechtlich höchstzulässige Abschreibung für 2020. Unterjährige Änderungen des Mehrwertsteuersatzes sind nicht zu berücksichtigen.

FALL 8

Unternehmer Werner Knöll, Bonn, erwarb am 08.08.2020 ein in 2013 fertiggestelltes Mietwohngrundstück (Sechsfamilienhaus) für sein Unternehmen zum Kaufpreis von 1.200.000 €. Davon entfallen auf den Grund und Boden 200.000 €.

Ermitteln Sie die steuerrechtlich höchstzulässige Abschreibung des Käufers für 2020.

A. Einkommensteuer

FALL 9

Berechnen Sie den linearen und den degressiven Abschreibungssatz (%) sowie den linearen und den degressiven Abschreibungsbetrag (€) des 1. Nutzungsjahrs für die beweglichen Anlagegüter A bis E:

Anlagegut	Anschaffungsdatum	Anschaffungskosten	Nutzungsdauer
A	25.01.2020	20.000 €	5 Jahre
B	31.05.2020	10.000 €	4 Jahre
C	06.06.2020	8.000 €	12 Jahre
D	27.12.2020	50.000 €	20 Jahre
E	04.01.2020	4.800 €	10 Jahre

FALL 10

Unternehmer Meyer hat im Januar 2017 eine Maschine (betriebsgewöhnliche Nutzungsdauer acht Jahre, lineare Abschreibung) für netto 400.000 € angeschafft.

In 2018 ist aufgrund einer dauernden Wertminderung eine Teilwertabschreibung in Höhe von 200.000 € vorgenommen worden. Zum 31. Dezember 2019 tritt eine unvorhersehbare Werterhöhung ein. Der planmäßige Restbuchwert steigt um 80.000 €.

Mit welchem Wert ist die Maschine zum 31.12.2020 in der Steuerbilanz anzusetzen?

FALL 11

Der vorsteuerabzugsberechtigte Lebensmittelhändler Klaus Puhl e. K. kaufte am 16.06.2020 eine Registrierkasse (betriebsgewöhnliche Nutzungsdauer sechs Jahre). Die ordnungsgemäß ausgestellte Rechnung weist unter anderem den ursprünglichen Bruttopreis in Höhe von 1.140 € sowie einen darauf gewährten Rabatt in Höhe von 15 % aus.
Herr Puhl beglich den verbleibenden Rechnungsbetrag unter Abzug von 2 % Skonto.
Er hat § 7g nicht in Anspruch genommen und weitere Wirtschaftsgüter des Anlagevermögens nicht erworben.

Mit welchem Wert muss Herr Puhl die Registrierkasse in seiner Steuerbilanz zum 31.12.2020 ansetzen, wenn er einen möglichst niedrigen steuerlichen Gewinn erzielen will?

FALL 12

Der vorsteuerabzugsberechtigte Einzelgewerbetreibende Ernst Berg, der seinen Gewinn nach § 5 ermittelt, weist in seiner Bilanz zum 31.12.2019 ein Eigenkapital von 200.000 € aus. Zum 31.12.2020 ist das Eigenkapital in seiner Bilanz auf 240.000 € gestiegen. Der Gewinn des Wirtschaftsjahres 2020 beträgt ohne Investitionsabzugsbeträge 195.000 €. Herr Berg plant in 2020 den Kauf einer neuen Maschine für 2021 zum Preis von brutto 57.120 € (lt. Angebot des Maschinenherstellers).
Herr Berg hat bisher keine Investitionsabzugsbeträge in Anspruch genommen.

a) Kann Herr Berg in 2020 einen Investitionsabzugsbetrag in Anspruch nehmen? Begründen Sie Ihre Antwort.

b) Wie hoch ist – falls möglich – der Investitionsabzugsbetrag in 2020?

9.5 Zusammenfassung und Erfolgskontrolle

FALL 13

Der vorsteuerabzugsberechtigte Einzelgewerbetreibende Hans Schneider, der seinen Gewinn nach § 5 ermittelt, plant 2020 die Anschaffung einer Maschine für das Jahr 2023. Die Voraussetzungen des § 7g Abs. 1 sind 2020 erfüllt. Nach vorliegendem Angebot wird der voraussichtliche Kaufpreis der Maschine brutto 38.080 € betragen. In 2020 nimmt Herr Schneider, der bisher noch keine Investitionsabzugsbeträge gewinnmindernd abgezogen hat, den maximal möglichen Investitionsabzugsbetrag in Anspruch. In 2023 erwirbt Herr Schneider die Maschine für brutto 35.700 €. Die Voraussetzungen des § 7g Abs. 6 sind 2023 erfüllt.

a) Wie hoch ist der Investitionsabzugsbetrag in 2020?
b) Wie wirkt sich der Investitionsabzugsbetrag auf die Investition der Maschine in 2023 aus, wenn Hans Schneider die Wahlrechte des § 7g Abs. 2 und § 7g Abs. 5 in Anspruch nehmen will und einen möglichst geringen Gewinn ausweisen möchte?

FALL 14

Der vorsteuerabzugsberechtigte Einzelgewerbetreibende Leonard Paul, der seinen Gewinn nach § 5 ermittelt, hat für einen noch anzuschaffenden Lkw in 2019 einen Investitionsabzugsbetrag von 80.000 € (40 % von 200.000 €) gewinnmindernd in Anspruch genommen. Am 14.11.2020 erwirbt er den Lkw zu einem Preis von netto 220.000 €. Der Lkw hat eine Nutzungsdauer von 9 Jahren. Der Steuerpflichtige möchte die Sonderabschreibung nach § 7g im Jahr der Anschaffung neben der linearen Abschreibung voll in Anspruch nehmen und einen möglichst niedrigen Gewinn ausweisen. Investitionsabzugsbeträge sollen im Jahr der Anschaffung des jeweiligen Objektes wieder außerbilanziell hinzugerechnet werden.

a) Wie hoch ist der Investitionsabzugsbetrag, der in 2020 dem Gewinn hinzugerechnet werden kann?
b) Wie hoch ist die AfA nach § 7 Abs. 1 in 2020?
c) Wie hoch ist die Sonderabschreibung nach § 7g Abs. 5 in 2020?

FALL 15

Der vorsteuerabzugsberechtigte Einzelgewerbetreibende Justus Frank, der seinen Gewinn nach § 5 ermittelt, hat für einen noch anzuschaffenden Pkw in 2019 einen Investitionsabzugsbetrag in Höhe von 12.000 € (40 % von 30.000 €) gewinnmindernd in Anspruch genommen. Am 13.12.2020 erwirbt er den Pkw mit einer Nutzungsdauer von sechs Jahren für netto 30.000 €. Herr Frank nutzt den betrieblichen Pkw in 2020 lt. ordnungsgemäß geführtem Fahrtenbuch zu 5 % für Privatfahrten. Der Steuerpflichtige möchte die Sonderabschreibung nach § 7g Abs. 5 im Jahr der Anschaffung voll in Anspruch nehmen und einen möglichst niedrigen Gewinn ausweisen. Die Voraussetzungen des § 7g Abs. 6 sind erfüllt. Investitionsabzugsbeträge sollen im Jahr der Anschaffung des jeweiligen Objektes wieder außerbilanziell hinzugerechnet werden.

a) Wie hoch ist der Investitionsabzugsbetrag, der in 2020 dem Gewinn hinzugerechnet werden kann?
b) Kann Herr Frank in 2020 die Sonderabschreibung nach § 7g Abs. 5 vornehmen?
c) Wie hoch ist die höchstzulässige AfA in 2020?
d) Wie hoch ist – falls möglich – die Sonderabschreibung nach § 7g Abs. 5 in 2020?

A. Einkommensteuer

FALL 16

Der im Handelsregister eingetragene Getränkehändler Hermann Hofrath hat für 2020 einen vorläufigen Gewinn in Höhe von 60.000 € ermittelt. Die folgenden Sachverhalte sind bei der Ermittlung des Gewinns noch nicht berücksichtigt:

a) Der Teilwert (31.12.2020) eines Warenpostens beträgt 8.378 €. Die Wertminderung ist voraussichtlich von Dauer. Hinweis: Die ursprünglichen Anschaffungskosten von 10.000 € wurden korrekt gebucht.

b) Kauf einer Registrierkasse (betriebsgewöhnliche Nutzungsdauer 6 Jahre) am 19.09.2020 für netto 2.520 €

c) Der aktuelle Teilwert (31.12.2020) einer in 2019 zulässigerweise auf 90.000 € außerplanmäßig abgeschriebenen Beteiligung des Umlaufvermögens beträgt 102.000 €. Die Anschaffungskosten dieser Beteiligung betrugen ursprünglich 100.000 €.

Ermitteln Sie den steuerrechtlichen Gewinn 2020. Unterstellen Sie, dass Herr Hofrath einen möglichst geringen steuerlichen Gewinn ausweisen möchte. § 7g ist nicht anwendbar.

FALL 17

Der Steuerpflichtige Stein, der seinen Gewinn nach § 5 ermittelt, hat am 04.01.2020 bei seiner Bank ein Darlehen mit einem Rückzahlungsbetrag von 50.000 € aufgenommen. Das Darlehen hat eine Laufzeit von zehn Jahren. 95 % des Rückzahlungsbetrags wurden Stein durch die Bank ausgezahlt. Das Darlehen wird am Ende der Laufzeit getilgt.

Erläutern Sie die Auswirkungen dieser Darlehensaufnahme auf den handels- bzw. steuerrechtlichen Jahresabschluss.

FALL 18

Textilgroßhändler Arenz, der zum Vorsteuerabzug berechtigt ist, entnahm im August 2020 seinem Betrieb folgende Wirtschaftsgüter:

a) einen Mantel für seine Tochter. Den Mantel hatte er für netto 250 € eingekauft. Der Wiederbeschaffungspreis belief sich im Zeitpunkt der Entnahme auf netto 230 €.

b) einen Pkw für seinen Sohn. Es betrugen im Zeitpunkt der Entnahme
der Buchwert des Pkws   1.000 €,
der Verkaufswert des Pkws netto   2.500 €.

Der Pkw wurde seinerzeit für 10.000 € angeschafft.

Mit welchem Betrag sind die Entnahmen zu bewerten?

FALL 19

Der buchführende Gewerbetreibende Groß, der zum Vorsteuerabzug berechtigt ist, hat am 15.02.2012 einen Teppich für seine Wohnung für 4.000 € netto zuzüglich 19 % USt gekauft. Den Teppich legte er am 03.09.2020 in sein Büro. Dort soll er in Zukunft bleiben. Der Teppich, der eine Nutzungsdauer von zehn Jahren hat, hatte im Zeitpunkt der Einlage einen Teilwert von 4.500 €.

Den Teppich, der bisher in seinem Büro lag, hat Groß zum gleichen Zeitpunkt für sein Wohnzimmer entnommen. Er hatte ihn am 17.07.2013 für 5.000 € netto zuzüglich 19 % USt für sein Büro gekauft. Der Teppich, der ebenfalls eine Nutzungsdauer von zehn Jahren hat und bisher linear abgeschrieben wurde, hatte im Zeitpunkt der Entnahme einen Teilwert von 4.800 €.

a) Mit welchem Betrag sind der eingelegte Teppich und der entnommene Teppich in 2020 zu bewerten?

b) Welche Auswirkungen haben die Einlage und die Entnahme auf den Gewinn?

Zusammenfassende Erfolgskontrolle zum 1. bis 9. Kapitel

Der vorläufige Gewinn 2020 des Bauunternehmers Kaul beträgt 300.000 €. Prüfen Sie die folgenden Vorgänge hinsichtlich ihrer Gewinnauswirkung. 2020 soll kein Sammelposten gebildet werden. Herr Kaul möchte einen möglichst niedrigen steuerlichen Gewinn ausweisen. Ermitteln Sie den endgültigen Gewinn. Unterjährige Änderungen des Mehrwertsteuersatzes sind nicht zu berücksichtigen.

1. Kauf eines unbebauten Grundstücks (AK 150.000 €) in 2020. Beim Erwerb sind Grunderwerbsteuer (7.500 €), Beurkundungskosten (netto 1.000 €) und Grundbuchgebühren (250 €) angefallen. Die Grunderwerbsteuer wurde dem Konto „Sonstige Betriebssteuern" und die Notariats- und Gerichtskosten wurden dem Konto „Rechts- und Beratungskosten" belastet. Die Vorsteuer wurde ordnungsgemäß erfasst.

2. Am 06.09.2020 wurde ein bebautes Grundstück mit einem Bürohaus für 450.000 € (davon Gebäude 300.000 €) erworben. Die AfA für das 1975 fertiggestellte Bürohaus wurde noch nicht vorgenommen.

3. Am 25.04.2020 wurde eine Maschine (Anschaffung Juni 2018, AK 40.000 €) für 34.000 € (netto) verkauft. Die Maschine (ND zehn Jahre) wurde in den Jahren 2018 und 2019 linear abgeschrieben. Die AfA für 2020 wurde noch nicht gebucht. Den Verkauf der Maschine hat Herr Kaul wie folgt gebucht:

1800 (1200) Bank		40.460,00 €
an **0440** (0210) Maschinen		34.000,00 €
3806 (1776) Umsatzsteuer		6.460,00 €

4. Im Oktober 2020 wurde ein Lkw für 129.600 € + 19 % USt angeschafft. Der Lkw, der eine Nutzungsdauer von neun Jahren hat, wurde auf Ziel gekauft. Die Zahlung ist Anfang Januar 2021 fällig. Eine Buchung wurde noch nicht vorgenommen.

5. Im Dezember 2020 wurde ein Stahlschrank für 400 € + 19 % USt gekauft. Die Frachtkosten in Höhe von 30 € + 19 % USt sind bei Anlieferung des Stahlschrankes am 27.12.2020 bar gezahlt und wie folgt gebucht worden:

5800 (3800) Anschaffungsnebenkosten	30,00 €	
1406 (1576) Vorsteuer	5,70 €	
an **1600** (1000) Kasse		35,70 €

Der Rechnungsbetrag in Höhe von 476 € ist noch nicht gebucht worden, weil der Rechnungsbetrag erst am 16.01.2021 überwiesen wird. Der Stahlschrank hat eine betriebsgewöhnliche Nutzungsdauer von fünf Jahren.

6. Im Umlaufvermögen sind Wertpapiere mit ihren Anschaffungskosten in Höhe von 50.000 € enthalten. Die Wertpapiere wurden im Mai 2020 für betriebliche Zwecke erworben. Am 31.12.2020 betrug der Teilwert der Wertpapiere 45.000 €. Die Wertminderung ist voraussichtlich von Dauer.

7. Am 04.01.2020 wurde bei einer Bank ein Darlehen aufgenommen. Die Tilgung soll in zehn gleichen Raten, zahlbar jeweils zum 01.01., erfolgen. Das Darlehen wurde mit seinem Rückzahlungsbetrag in Höhe von 500.000 € passiviert. 96 % des Rückzahlungsbetrags wurden ausgezahlt. Der Unterschiedsbetrag zwischen Ausgabebetrag und Nennbetrag wurde 2020 in voller Höhe auf das Konto „Zinsaufwendungen für langfristige Verbindlichkeiten" gebucht.

10 Gewinnermittlung ohne Betriebsvermögens-vergleich

Die Gewinnermittlung **ohne** Betriebsvermögensvergleich kann erfolgen durch

1. **Einnahmenüberschussrechnung** nach **§ 4 Abs. 3** oder

2. nach **Durchschnittssätzen** gemäß **§ 13a**.

10.1 Einnahmenüberschussrechnung nach § 4 Abs. 3 EStG

Die Einnahmenüberschussrechnung nach § 4 Abs. 3 ist eine **vereinfachte Art der Gewinner-mittlung**, bei der grundsätzlich nach dem **Zu- und Abflussprinzip des § 11** die Betriebsein-nahmen und die Betriebsausgaben bestimmt werden.

Der Gewinn nach § 4 Abs. 3 wird wie folgt ermittelt:

	Betriebseinnahmen
−	Betriebsausgaben
=	Gewinn/Verlust

Wird der Gewinn nach § 4 Abs. 3 durch den Überschuss der Betriebseinnahmen über die Betriebsausgaben ermittelt, ist die Einnahmenüberschussrechnung nach amtlich vorgeschrie-benem Datensatz durch Datenfernübertragung zu übermitteln. Auf Antrag kann die Finanz-behörde zur Vermeidung unbilliger Härten auf eine elektronische Übermittlung verzichten; in diesem Fall ist der Steuererklärung eine **Gewinnermittlung** nach **amtlich vorgeschriebenem Vordruck** (**EÜR**) beizufügen (§ 60 Abs. 4 Satz 2 EStDV).

10.1.1 Berechtigter Personenkreis

Steuerpflichtige, die **nicht** aufgrund gesetzlicher Vorschriften **verpflichtet** sind, **Bücher zu führen** und regelmäßig Abschlüsse zu machen, und die auch freiwillig **keine Bücher führen** und keine Abschlüsse machen und ihren **Gewinn** auch **nicht** nach **Durchschnittssätzen** (§ 13a) ermitteln, können als **Gewinn** den **Überschuss der Betriebseinnahmen über die Betriebsausgaben** ansetzen (§ 4 Abs. 3 Satz 1).

Die **Gewinnermittlung nach § 4 Abs. 3** kommt insbesondere für **kleine Gewerbetreibende** (z.B. Handwerker, Einzelhändler) **und** für **freiberuflich Tätige** (z.B. Steuerberater, Ärzte, Rechtsanwälte, Notare) in Betracht.

Land- und Forstwirte, die weder zur Buchführung verpflichtet sind noch die Voraussetzungen des § 13a Abs. 1 Satz 1 **Nrn. 2 bis 5** oder Satz 2 erfüllen, können den **Gewinn** entweder nach § 4 Abs. 1 oder nach **§ 4 Abs. 3** ermitteln (R 13.5 Abs. 1 Satz 2 EStR 2012).

Die Gewinnermittlung nach **§ 4 Abs. 3 setzt voraus**, dass der Steuerpflichtige seine Betriebs-einnahmen und seine Betriebsausgaben **aufzeichnet**.

Fehlen solche Aufzeichnungen, muss der Gewinn **geschätzt** werden (R 13.5 Abs. 1 Satz 3 EStR 2012).

10.1 Einnahmenüberschussrechnung nach § 4 Abs. 3 EStG

10.1.2 Umfang der Betriebseinnahmen

Der Begriff **Betriebseinnahmen** ist im EStG **nicht definiert**. In Anlehnung an die Definition des Begriffs **Einnahmen** (§ 8 Abs. 1) sind **Betriebseinnahmen** alle Güter, die in Geld oder Geldeswert bestehen und dem Steuerpflichtigen im Rahmen der Einkunftsarten 1 bis 3 zufließen.

<u>Betriebseinnahmen</u> der Einnahmenüberschussrechnung nach § 4 Abs. 3 sind z.B.:

- **Einnahmen** aus der Veräußerung von Wirtschaftsgütern des **Umlaufvermögens**, z.B. Waren, Erzeugnisse,

- **Einnahmen** aus der Veräußerung von Wirtschaftsgütern des **abnutzbaren Anlagevermögens**, z.B. Pkw, Büroeinrichtungsgegenstände.
  In diesem Fall wird der **empfangene Gegenwert** (die Einnahme) voll als **Betriebseinnahme** angesetzt, während der noch vorhandene **Restbuchwert** als **Betriebsausgabe** abgesetzt wird,

- **Einnahmen** aus der Veräußerung von Wirtschaftsgütern des **nicht abnutzbaren** Anlagevermögens, z.B. Grund und Boden, Beteiligungen.
  In diesem Fall wird der **empfangene Gegenwert** (die Einnahme) voll als **Betriebseinnahme** angesetzt, während die **früheren Anschaffungskosten** als **Betriebsausgaben** abgesetzt werden,

- **Einnahmen aus freiberuflicher Tätigkeit**,

- **vereinnahmte Umsatzsteuer** (auch vom Finanzamt erstattete USt-Beträge),

- **private Sachentnahmen** des Steuerpflichtigen, z.B. Entnahmen von Waren oder Gegenständen des Anlagevermögens für private Zwecke.
  Warenentnahmen sind, da sich der Wareneinkauf als Betriebsausgabe ausgewirkt hat, als Betriebseinnahmen zu behandeln. Nach § 6 Abs. 1 Nr. 4 sind Warenentnahmen mit dem **Teilwert** anzusetzen,

- **private Nutzungsentnahmen** des Steuerpflichtigen, z.B. die Benutzung des betrieblichen Pkws für private Zwecke.
  Damit werden frühere Betriebsausgaben entsprechend berichtigt. Nutzungsentnahmen sind mit dem **Teilwert** (= den **anteiligen tatsächlichen Ausgaben**) anzusetzen. Zur Ermittlung dieser Ausgaben hat der Steuerpflichtige bei der privaten Pkw-Nutzung die Wahl zwischen drei Methoden: **1%-Regelung**, **Fahrtenbuchregelung** und **Schätzung**,

- **Umsatzsteuer auf Privatentnahmen** (z.B. private Firmenwagennutzung).
  Nach § 12 Nr. 3 darf sich die Umsatzsteuer auf Umsätze, die Entnahmen sind, nicht gewinnmindernd auswirken,

- **vereinnahmte Zinsen**, z.B. Zinsen aus einer Darlehensforderung,

- **Vorschüsse**, **Teil- und Abschlagzahlungen** im Zeitpunkt des Zufließens,

- **Sach- und Geldgeschenke**, die der Steuerpflichtige mit Rücksicht auf die geschäftlichen Beziehungen erhält (jedoch keine Aufmerksamkeiten, siehe Seite 120),

- Hinzurechnung des **Investitionsabzugsbetrags** nach § 7g Abs. 2 Satz 1.

Keine Betriebseinnahmen der Überschussrechnung nach § 4 Abs. 3 sind z.B.:

- **Geldbeträge**, die dem Betrieb durch die **Aufnahme von Darlehen** zufließen,

- Geldbeträge, die im Namen und für Rechnung eines anderen vereinnahmt werden (**durchlaufende Posten**). Die Umsatzsteuer ist kein durchlaufender Posten und deshalb Betriebseinnahme (siehe Seite 119),

- **Geldeinlagen** des Steuerpflichtigen,

- im Geschäftsleben übliche erhaltene **Aufmerksamkeiten** (Geburtstag, Jubiläum etc.), z.B. Blumen, Pralinen, Bücher **bis 60 Euro** (Freigrenze).

10.1.3 Umfang der Betriebsausgaben

Der Begriff **Betriebsausgaben** ist im EStG **definiert**. Nach § 4 Abs. 4 sind **Betriebsausgaben** Aufwendungen, die durch den Betrieb veranlasst sind.

Der Begriff der **Betriebsausgaben** umfasst bei der Überschussrechnung nach § 4 Abs. 3 grundsätzlich **alle Ausgaben** eines Betriebes, ohne Rücksicht darauf, ob sie im Veranlagungszeitraum **Aufwand** geworden sind oder nicht.

> **B E I S P I E L**
>
> Der Steuerpflichtige Wagner, der seinen Gewinn durch Einnahmenüberschussrechnung ermittelt, kauft und **bezahlt** am 18.12.2020 Waren für 1.000 €, die er am **13.01.2021 verkauft**.
>
> Bei den 1.000 € handelt es sich um **Betriebsausgaben**, die den Gewinn des Jahres 2020 schmälern, obwohl betriebswirtschaftlich gesehen die 1.000 € **Aufwand** des Jahres 2021 sind.

Der **Grundsatz**, dass im Rahmen der Überschussrechnung nach § 4 Abs. 3 die Betriebsausgaben alle Ausgaben eines Betriebes umfassen, **gilt nicht für Wirtschaftsgüter des Anlagevermögens**. Hier wird der Grundsatz des **Abflussprinzips** des § 11 **durchbrochen**.

Die **Anschaffungs- oder Herstellungskosten abnutzbarer Anlagegüter** (z.B. Maschinen, Pkw) sind - wie beim Betriebsvermögensvergleich - **als AfA auf die Nutzungsdauer** der Anlagegüter zu **verteilen**. Die Vorschriften über die Bewertungsfreiheit für **geringwertige Wirtschaftsgüter** (§ 6 Abs. 2) oder die **Bildung eines Sammelpostens** (§ 6 Abs. 2a) können auch von Steuerpflichtigen in Anspruch genommen werden, die ihren Gewinn nach § 4 Abs. 3 ermitteln (§ 4 Abs. 3 Satz 3).

> **B E I S P I E L**
>
> Der Steuerpflichtige Wagner, der zum Vorsteuerabzug berechtigt ist, hat am 17.04.2020 einen Pkw für 40.000 € + 7.600 € USt = 47.600 € gekauft und **bezahlt**.
> Die betriebsgewöhnliche Nutzungsdauer des Pkws beträgt 6 Jahre. Der Pkw wird nur betrieblich genutzt. Wagner will einen möglichst **niedrigen** steuerlichen **Gewinn** ermitteln.
>
> Der Steuerpflichtige kann in 2020 die **gezahlte Vorsteuer** von **7.600 €** als **Betriebsausgabe** absetzen. Von den Anschaffungskosten in Höhe von 40.000 € kann er 2020 nur den **AfA**-Betrag von **5.000 €** (16 ⅔ % von 40.000 € = 6.666 € x ⁹/₁₂ = 5.000 €) als **Betriebsausgabe** absetzen.

Die **Anschaffungskosten nicht abnutzbarer Wirtschaftsgüter** (z.B. Grund und Boden, Wertpapiere) sind - unabhängig von der Zuordnung zum Anlage- oder Umlaufvermögen - erst im **Zeitpunkt der Veräußerung oder Entnahme** dieser Wirtschaftsgüter als **Betriebsausgaben** zu berücksichtigen (§ 4 Abs. 3 **Satz 4**).

10.1 Einnahmenüberschussrechnung nach § 4 Abs. 3 EStG

BEISPIEL

Der Steuerpflichtige Wagner verkauft am 19.06.2020 gegen **Bankscheck** ein unbebautes Grundstück (Anschaffung in 2015) für 100.000 €. Die Anschaffungskosten des Grundstücks haben 60.000 € betragen.

Wagner hat die 100.000 € als **Betriebseinnahme** anzusetzen und die AK von 60.000 € als **Betriebsausgabe im Jahr der Veräußerung**, sodass der Gewinn von 40.000 € – wie beim Betriebsvermögensvergleich – in 2020 zu versteuern ist.

Wirtschaftsgüter des **Anlagevermögens** und Wirtschaftsgüter des Umlaufvermögens i.S.d. § 4 Abs. 3 **Satz 4** sind bei der **Anschaffung oder Herstellung** in besondere, laufend zu führende **Verzeichnisse** aufzunehmen (§ 4 Abs. 3 **Satz 5**).

<u>Betriebsausgaben</u> der Einnahmenüberschussrechnung nach § 4 Abs. 3 sind z.B.:

- **Ausgaben** für die Anschaffung von Wirtschaftsgütern des **Umlaufvermögens**,
- **Ausgaben** für die Anschaffung von geringwertigen Wirtschaftsgütern (**GWG**) bis **800 Euro** (§ 6 Abs. 2)*,
- **AfA-Beträge** für Wirtschaftsgüter des **abnutzbaren Anlagevermögens** (einschließlich des **Sammelpostens von 250,01 € bis 1.000 €** nach § 6 Abs. 2a ab dem Zeitpunkt der **Anschaffung***. Der Zeitpunkt der **Bezahlung** ist **unerheblich** (§ 9a EStDV),
- **Restbuchwerte** der verkauften Wirtschaftsgüter des **abnutzbaren** Anlagevermögens,
- **gezahlte Zinsen** (z.B. für ein aufgenommenes Darlehen),
- **private Sacheinlagen** des Steuerpflichtigen. Bei Wirtschaftsgütern des **abnutzbaren** Anlagevermögens kann der Wert der Sacheinlage nicht sofort in voller Höhe als Betriebsausgabe abgezogen werden. Die Bewertung der Sacheinlagen erfolgt nach den Vorschriften des § 6 Abs. 1 Nr. 5,
- **verausgabte Umsatzsteuerbeträge**** (gezahlte **Vorsteuer** einschließlich der Einfuhrumsatzsteuer und die an das Finanzamt abgeführte USt-Zahllast),
- **Vorschüsse**, **Teil- und Abschlagzahlungen** im Zeitpunkt des Abflusses, wenn sie **nicht** für Wirtschaftsgüter des **Anlagevermögens** gezahlt werden,
- **Bearbeitungsgebühren** (Damnum, Disagio), die für die Aufnahme eines Darlehens gezahlt werden,
- **gewinnmindernder Investitionsabzugsbetrag** nach § 7g Abs. 1 Satz 1,
- **Sonderabschreibungen** nach § 7g Abs. 5.

* GWG-Regelung (§ 6 Abs. 2) oder Sammelposten (§ 6 Abs. 2a) ist jeweils für ein Kalenderjahr zu wählen.

** Zu den verausgabten Umsatzsteuerbeträgen gehören auch bei vierteljährlicher Abgabe der Umsatzsteuer-Voranmeldung die Umsatzsteuer-Vorauszahlung für das IV. Quartal des Vorjahres und bei monatlicher Abgabe der Umsatzsteuer-Voranmeldung die Umsatzsteuer-Vorauszahlung für den Dezember des Vorjahres. Nach einer Entscheidung des BFH vom 27.06.2019, BStBl. 2019 II S. 781 sind Umsatzsteuervorauszahlungen, die innerhalb von 10 Tagen nach Ablauf des Kalenderjahres gezahlt werden, auch dann im Vorjahr steuerlich abziehbar, wenn der 10.01. des Folgejahres auf einen Samstag oder Sonntag fällt, obwohl die Fälligkeit nach § 108 Abs. 3 AO auf den nächstfolgenden Werktag verlängert wird (H 11 EStH).

A. Einkommensteuer

Nicht sofort abzugsfähige bzw. **keine** Betriebsausgaben sind z.B.:

- **Ausgaben** für die Anschaffung von **nicht abnutzbaren** Wirtschaftsgütern (z.B. Grund und Boden, Wertpapiere) im Jahr der Anschaffung. Die Absetzung als Betriebsausgabe erfolgt unabhängig von der Zuordnung zum **Anlage-** oder **Umlaufvermögen** erst im Zeitpunkt der **Veräußerung** oder **Entnahme (§ 4 Abs. 3 Satz 4)**,

- **Ausgaben** für die Anschaffung von Wirtschaftsgütern des **abnutzbaren Anlagevermögens** im Jahr der Anschaffung, sofern es sich nicht um geringwertige Wirtschaftsgüter (GWG) handelt. Als Betriebsausgaben sind nur die jährlichen **AfA-Beträge** abzusetzen (§ 4 Abs. 3 Satz 3),

- Ausgaben für **nicht abziehbare Vorsteuerbeträge** nach § 15 **Abs. 1a** UStG (§ 12 Nr. 3),

- Ausgaben für die **Gewerbesteuer** und die darauf entfallenden **Nebenleistungen** (z.B. Säumniszuschläge, Verspätungszuschläge, Zinsen). Sie sind seit 2008 **keine abzugsfähigen Betriebsausgaben** mehr (§ 4 Abs. 5b),

- **Geldbeträge**, die zur **Tilgung von Darlehen** geleistet werden,

- **uneinbringliche Forderungen**,

- **Verluste**, die durch Diebstahl, Unterschlagung oder Verderb bzw. Schwund von Waren entstehen,

- **Geldstrafen**, die wegen eines Verbrechens oder Vergehens von den Gerichten verhängt werden,

- **Geldentnahmen**,

- **Vorschüsse**, **Teil- und Abschlagzahlungen** im Zeitpunkt des Abflusses, wenn sie für Wirtschaftsgüter des **Anlagevermögens** gezahlt werden.

ÜBUNG → Wiederholungsfragen 1 bis 5 (Seite 131)

Das **Abzugsverbot des § 4 Abs. 5**, nach dem bestimmte Betriebsausgaben den **Gewinn nicht mindern dürfen**, gilt auch bei der Gewinnermittlung durch **Einnahmenüberschussrechnung** nach § 4 Abs. 3.

Zu den **nicht abzugsfähigen Betriebsausgaben** i.S.d. § 4 **Abs. 5** gehören z.B.:

- **Aufwendungen für Geschenke** an Nichtarbeitnehmer, **ausgenommen Werbegeschenke bis zu 35 Euro netto** pro Person pro Jahr. Für Unternehmer, die nicht zum Vorsteuerabzug berechtigt sind, ist für die Bemessung der Freigrenze auf den Bruttowert abzustellen (R 9b Abs. 2 Satz 3 EStR 2012, H 9b Nr. 1 EStH),

- **30% der als angemessen** anzusehenden **Bewirtungsaufwendungen und** die **unangemessenen Bewirtungsaufwendungen** (Nr. 2),

- **Mehraufwendungen für Verpflegung**, soweit bestimmte Pauschbeträge (**mehr als 8 Std. = 14 €, 24 Std. = 28 €, bei Übernachtung jeweils 14 € für An- und Abreisetag**) überschritten werden (Nr. 5) i.V.m. § 9 Abs. 5a,

- **Aufwendungen für Fahrten zwischen Wohnung und Betriebsstätte**, soweit bestimmte Pauschbeträge überschritten werden (Nr. 6),

- **Schmiergelder und Bestechungsgelder** (Nr. 10).

10.1 Einnahmenüberschussrechnung nach § 4 Abs. 3 EStG

Der **private Nutzungsanteil von Kraftfahrzeugen** kann vereinfacht nach der sog. **1%-Regelung** vorgenommen werden, wenn das Kraftfahrzeug zu **mehr als 50% betrieblich genutzt** wird und damit zum **notwendigen** Betriebsvermögen gehört (§6 Abs. 1 Nr. 4 **Satz2**).

Alternativ kann der private Nutzungsanteil mithilfe eines **Fahrtenbuches** nach § 6 Abs. 1 Nr. 4 **Satz 3** ermittelt werden.

1%-Regelung

Nach §6 Abs. 1 Nr. 4 **Satz 2** ist die **private** Nutzung eines betrieblichen Kraftfahrzeugs, das zu mehr als 50 % betrieblich genutzt wird, für jeden Kalender**monat** mit **1 %** des inländischen **Brutto-Listenpreises** anzusetzen (allgemeine Privatfahrten).

Der **Listenpreis** ist – auch bei gebraucht erworbenen oder geleasten Fahrzeugen – die auf **volle hundert Euro abgerundete** unverbindliche **Preisempfehlung** des **Herstellers** für das genutzte Kraftfahrzeug im **Zeitpunkt seiner Erstzulassung zuzüglich** der Kosten für – auch nachträglich eingebaute – **Sonderausstattungen** (z.B. Navigationsgeräte, Diebstahlsicherungssysteme) **und** die **Umsatzsteuer**; der Wert eines **Autotelefons** einschließlich Freisprecheinrichtung bleibt **außer Ansatz**.

> **BEISPIEL**
>
> Zum notwendigen Betriebsvermögen des selbständigen Rechtsanwalts Kastor Fabel, Stuttgart, der zum Vorsteuerabzug berechtigt ist, gehört ein Pkw, der auch für private Fahrten genutzt wird. Fabel hat den Pkw am 04.01.2020 für 47.600 € (40.000 € + 7.600 € USt) gekauft. Der **Brutto-Listenpreis** des Kraftfahrzeugs hat im Zeitpunkt der **Erstzulassung 49.114 €** betragen. Die Nutzungsdauer des Pkws beträgt 6 Jahre.
>
> Rechtsanwalt Fabel pauschaliert den privaten Nutzungsanteil des Pkws zulässigerweise nach der **1%-Regelung** für 2020 wie folgt:
>
> | | |
> |---|---:|
> | **Brutto**-Listenpreis des Pkws | **49.114€** |
> | abgerundet auf volle 100 Euro | 49.100€ |
> | davon **1%** = Privatanteil für **einen Monat** | **491€** |
> | Privatanteil für **ein Jahr** (491 € x 12 Monate)* | **5.892€** |

---
* Umsatzsteuer auf Privatentnahme siehe S. 124.

Die neben der allgemeinen Privatnutzung (z.B. für Einkaufs- und Urlaubsfahrten) häufig in der Praxis anzutreffende private Nutzung des betrieblichen Kraftfahrzeugs für **Fahrten zwischen Wohnung und Betriebsstätte** ist mit **0,03%** des inländischen auf volle 100 Euro abgerundeten Brutto-Listenpreises im Zeitpunkt der Erstzulassung für jeden **Entfernungskilometer** pro **Monat** anzusetzen (§4 Abs. 5 Satz 1 Nr. 6).

Der sich danach ergebende Pauschbetrag ist um die **Entfernungspauschale** (§9 Abs. 1 Satz 3 Nr. 4 oder §9 Abs. 2) für die durchgeführten Fahrten zwischen Wohnung und Betriebsstätte **zu kürzen**, damit der Unternehmer steuerlich wie ein Arbeitnehmer behandelt wird.

A. Einkommensteuer

BEISPIEL

Sachverhalt wie im Beispiel zuvor mit der **Ergänzung**, dass Kastor Fabel 2020 das Kraftfahrzeug an **20 Tagen pro Monat** für **Fahrten zwischen seiner Wohnung und** der 25 km entfernten **Betriebsstätte** genutzt hat.

Die **nicht abzugsfähigen Betriebsausgaben** nach § 4 Abs. 5 Satz 1 Nr. 6 i. V. m. § 9 Abs. 1 Satz 3 Nr. 4 werden **für 2020** wie folgt **pauschal** ermittelt:

	0,03 % von 49.100 € = 14,73 € x 25 km x 12 Monate =	4.419,00 €
-	20 Arbeitstage x 25 km x 0,30 € x 12 Monate	- 1.800,00 €
=	**nicht abzugsfähige Betriebsausgaben** für **2020**	**2.619,00 €**

Der Pkw wird im Rahmen der Einnahmenüberschussrechnung nach § 4 Abs. 3 des Steuerpflichtigen Fabel für den VZ 2020 wie folgt behandelt:

Tz.	Vorgang		BE (€)	BA (€)
1.	Vorsteuer Pkw (§ 11)			7.600,00
	Pkw: AK 2020	40.000 €		
	lineare AfA 2020 (16 ⅔ % von 40.000 €)	6.667 €		6.667,00
	Wert 01.01.2021	33.333 €		
2.	Nutzungsentnahme nach § 6 Abs. 1 Nr. 4 Satz 2			
	1 % von 49.100 € = 491 € x 12 =		5.892,00	
	USt: (Berechnung siehe unten)		895,58	
3.	nicht abzugsfähige BA nach § 4 Abs. 5 Nr. 6			
	(Berechnung siehe oben)		2.619,00	
	unterliegen **nicht** der USt			

zu Tz. 2.

Ermittelt der Unternehmer die private Nutzung des betrieblichen Kraftfahrzeugs nach der sog. **1%-Regelung**, so kann er **von diesem Wert** aus Vereinfachungsgründen bei der **Bemessungsgrundlage** für die Besteuerung der **unentgeltlichen sonstigen Leistung** nach § 1 Abs. 1 Nr. 1 i. V. m. § 3 Abs. 9a Nr. 1 UStG ausgehen.

Für die nicht mit Vorsteuer belasteten Kosten (z.B. Kfz-Steuer, Kfz- Versicherung) kann er einen **pauschalen Abschlag von 20%** vornehmen.

Der so ermittelte Betrag ist ein sog. Nettowert, auf den die USt mit dem allgemeinen Steuersatz aufzuschlagen ist (Abschn. 15.23 Abs. 5 UStAE).

Die **Umsatzsteuer** für Tz. 2 kann demnach für 2020 wie folgt berechnet werden (unterjährige Mehrwertsteuersatzänderungen in 2020 bleiben unberücksichtigt):

	1% von 49.100 € = 491 € x 12 Monate =	5.892,00 €
-	**20%** von 5.892 €	- 1.178,40 €
=	Jahres-Bemessungsgrundlage	4.713,60 €
	19% USt von 4.173,60 €	**895,58 €**

Fahrtenbuchmethode

Ermittelt der Steuerpflichtige die private Nutzung des betrieblichen Kraftfahrzeugs nach der **Fahrtenbuchmethode** (§ 6 Abs. 1 Nr. 4 Satz 3), ist die **Differenz** zwischen den tatsächlichen **Aufwendungen** lt. Fahrtenbuch für Fahrten zwischen Wohnung und Betriebsstätte **und** dem **abzugsfähigen Betrag** lt. Entfernungspauschale (§ 9 Abs. 1 Satz 3 Nr. 4 oder § 9 Abs. 2) als **nicht abzugsfähige Betriebsausgabe** zu berücksichtigen.

> **BEISPIEL**
>
> Sachverhalt wie im Beispiel zuvor mit dem **Unterschied**, dass die tatsächlichen Aufwendungen lt. **Fahrtenbuch** für die Fahrten zwischen Wohnung und Betriebsstätte 3.100 € im Kalenderjahr 2020 betragen haben.
>
> Die **nicht abzugsfähigen Betriebsausgaben** werden für 2020 wie folgt ermittelt:
>
> | | | |
> |---|---|---:|
> | | tatsächliche Aufwendungen lt. Fahrtenbuch in 2020 | 3.100 € |
> | − | 20 Arbeitstage x 25 km x 0,30 € x 12 Monate | − 1.800 € |
> | = | Differenz = **nicht abzugsfähige Betriebsausgaben** für 2020 | **1.300 €** |

Bei Fahrzeugen, die die **Voraussetzungen des Elektromobilitätsgesetzes** erfüllen, gelten die auf Seite 106 zusammengestellten **Reduktionen**. So wird bei einem nach dem 31.12.2018 und vor dem 01.01.2022 angeschafften Elektro- und Hybridfahrzeug, das einen Höchstschadstoffausstoß von max. 50 g CO_2 oder eine Mindestreichweite mit Elektrobetrieb von 40 km hat, bei der Anwendung der 1 %-Methode **nur 50 % des Listenpreises** angesetzt. Bei Anwendung der Fahrtenbuchmethode halbiert sich die Abschreibung.

Bei einem nach dem 31.12.2018 und vor dem 01.01.2031 angeschafften Fahrzeug **ohne** Kohlendioxidemission und einem Bruttolistenpreis bis max. **60.000 €** ist die Bemessungsgrundlage für den privaten Nutzungsanteil mit **25 %** anzusetzen (§ 6 Abs. 1 Nr. 4 Satz 2 Nr. 3 bzw. Satz 3 Nr. 3)

Zur **buchmäßigen** Darstellung der **Fahrtenbuchmethode** und der **1 %-Regelung** siehe **Buchführung 1**, 32. Auflage 2020, Seiten 140 ff.

10.1.4 Zeitliche Zurechnung

Bei der Gewinnermittlung nach § 4 Abs. 3 sind die Betriebseinnahmen und die Betriebsausgaben nach den Grundsätzen des **§ 11** zu erfassen. Das gilt auch für Vorschüsse, Teil- und Abschlagzahlungen (R 4.5 Abs. 2 EStR 2012).

Einzelheiten der **zeitlichen Zurechnung** wurden bereits im Abschnitt 4.2.2 „Überschussermittlungszeitraum", Seiten 33 ff., erläutert.

ÜBUNG → 1. Wiederholungsfragen 6 und 7 (Seite 131),
2. Fall 1 (Seite 132)

Beispiele für **Überschussrechnungen** nach § 4 Abs. 3 für Steuerpflichtige, die zum Vorsteuerabzug berechtigt sind, werden im Folgenden dargestellt.

Das neu angeschaffte Fahrzeug (Nrn. 8/9) wird zu 20 % privat genutzt. Der Unternehmer wohnt bei der Betriebsstätte, sodass keine Fahrten zwischen Wohnung und Betriebsstätte anfallen.

A. Einkommensteuer

BEISPIEL 1

(für die Zeit vom 01.01. bis 31.12.2020)

Nr.	Vorgänge	Betriebs-einnahmen €	Betriebs-ausgaben €
1.	Barkauf von Waren 60.000 € + 11.400 € USt		71.400,00
2.	Barverkauf von Waren 100.000 € + 19.000 € USt	119.000,00	
3.	Der nur betrieblich genutzte Pkw, der einen **Restbuch-wert** von **4.500€** hat, wird für **6.000€** + **1.140€** USt bar verkauft.	7.140,00	4.500,00
4.	Ein unbebautes Grundstück, das für 10.000 € ange-schafft worden ist, wird für **15.000€ bar** verkauft.	15.000,00	10.000,00
5.	**Zinsgutschrift** der Bank **200,31€**	200,31	
6.	Barkauf einer Aktentasche (**GWG**) 150€ + 28,50€ USt		178,50
7.	Private Waren**entnahme** 1.500€ + 285€ USt	1.785,00	
8.	**Anzahlung** über **2.380€** für die Anschaffung des neuen Pkws (Nr. 9), die Anzahlungsrechnung mit Vorsteuer-ausweis liegt vor. Nur die Vorsteuer ist eine BA.		380,00
9.	Anschaffung **Neufahrzeug** im Mai gegen Barzahlung **10.000€** + **1.900€** USt, nach Abzug der Anzahlung (Nr. 8). Nutzungsdauer 6 Jahre. (**Bruttolistenpreis: 17.400€**)		1.900,00
10.	**AfA** nach § 7 Abs. 2 für den Pkw (Nr. 8/9) (25 % von 12.000 € = 3.000 € x 8/12 = 2.000 €)		2.000,00
11.	Barzahlung von Kfz-Kosten (Benzin) (Kfz Nr. 9) **2.500€** + **475€** USt		2.975,00
12.	**Privatnutzung** des betrieblichen Pkws (Kfz Nr. 9) **einkommensteuerrechtlich**: 1 % von 17.400 € = 174 € x 6 Monate = 1.044 € Fahrten zur Betriebsstätte finden nicht statt. **umsatzsteuerrechtlich**: 1.044 € – 208,80 (20 %) = 835,20 x 19 % = 158,69 €	1.044,00 158,69	
13.	GewSt-Vorauszahlungen werden durch Banküber-weisung beglichen **3.772,40€** (§ 4 Abs. 5b).		0,00
14.	Personalkosten bar **16.311,50€**		16.311,50
15.	Schuldzinsen für ein Darlehen zur Finanzierung des neuen betrieblichen Pkws **500€**		500,00
	Betriebs**einnahmen**	144.328,00	
	– Betriebs**ausgaben**	110.145,00	110.145,00
	= **Gewinn**	**34.183,00**	

A L Der Steuerpflichtige kann auf Antrag die Beträge in die Anlage EÜR „Einnahmenüberschussrechnung" eintragen (Einzelheiten siehe **Lösungsbuch**).

10.1 Einnahmenüberschussrechnung nach § 4 Abs. 3 EStG 127

BEISPIEL 2

Gemüsehändler Heinrich Lauer, Bremen, ermittelt seinen Gewinn nach **§ 4 Abs. 3**. Im VZ 2020 betrugen seine aufgezeichneten **Betriebseinnahmen 193.498,72 €** und seine aufgezeichneten **Betriebsausgaben 94.257 €**. Seine Umsätze versteuert er nach vereinnahmten Entgelten. Er will einen möglichst **niedrigen steuerlichen Gewinn** ermitteln. § 7g ist – soweit möglich – anzuwenden. Prüfen Sie die folgenden Sachverhalte und ermitteln Sie den **berichtigten steuerlichen Gewinn** nach **§ 4 Abs. 3**. Unterjährige Mehrwertsteuersatzänderungen in 2020 sind nicht zu berücksichtigen.

1. Der Steuerpflichtige nahm im Monat Januar 2020 ein **Darlehen** in Höhe von **10.000 €** zur Anschaffung eines betrieblichen Pkws auf. Die Bank hielt **300 € Bearbeitungsgebühren** ein. Lauer hat **9.700 €** als Betriebseinnahmen angesetzt.

2. Bei einem Einbruch wurde ein Computer gestohlen, der seit dem Vorjahr zum Betriebsvermögen gehörte. Der Computer wurde im Vorjahr als GWG abgeschrieben. Der Computer hatte zum Zeitpunkt des Diebstahls einen Marktwert von 350 €. Lauer hat 2020 **350 €** als Betriebsausgabe abgesetzt.

3. Der Steuerpflichtige erhielt von einem Geschäftsfreund einen Streuwerbeartikel (Kugelschreiber) im Wert von **10 €** geschenkt. Lauer hat **10 €** als Betriebseinnahme angesetzt.

4. Der Steuerpflichtige hat am 16.01.2020 einen Pkw gegen Barzahlung angeschafft. Das Fahrzeug wird zu mind. 50 % betrieblich genutzt. Der Rechnungsbetrag lautet über **50.000 € + 9.500 € USt = 59.500 €**. Der Bruttolistenpreis des Pkws zum Zeitpunkt der Erstzulassung beträgt ebenfalls 59.500 €. Die in Rechnung gestellte Umsatzsteuer hat er in voller Höhe als Betriebsausgabe abgesetzt.
Die Abschreibungen wurden bisher nicht berücksichtigt. Die betriebsgewöhnliche Nutzungsdauer des Pkws beträgt 6 Jahre. Fahrten zur ersten Betriebsstätte finden nicht statt.

5. In den Betriebsausgaben sind die folgenden Aufwendungen für den Pkw aus Tz. 4, der zu 20 % **privat** genutzt wird, enthalten:

Benzin (brutto)	3.384,36 €	
darin enthaltene Vorsteuer		540,36 €
Reparatur (brutto)	357,00 €	
darin enthaltene Vorsteuer		57,00 €
Kfz-Steuer	553,00 €	
Kfz-Haftpflichtversicherung	1.300,00 €	
	5.594,36 €	

Die **Privatnutzung** wurde noch **nicht** berücksichtigt. Lauer führt kein Fahrtenbuch. Der Pkw gehört zum notwendigen Betriebsvermögen.

6. Der Steuerpflichtige hat am 27.12.2020 ein Kopiergerät für seinen Betrieb erworben. Die Rechnung lautet:

Kopiergerät (netto)	410,00 €
+ 19 % USt	77,90 €
	487,90 €

Die Rechnung wird am 23.01.2021 durch Banküberweisung beglichen. Der Steuerpflichtige hat diesen Vorgang nicht berücksichtigt, weil die Zahlung erst im nächsten Jahr erfolgt. Das Kopiergerät hat eine betriebsgewöhnliche Nutzungsdauer von 7 Jahren.

A. Einkommensteuer

Nr.	Vorgänge	Betriebs-einnahmen + €	Betriebs-einnahmen - €	Betriebs-ausgaben + €	Betriebs-ausgaben - €
	Ausgangswerte	**193.498,72**		**94.257**	
1.	Darlehensaufnahme stellt **keine** Betriebs-einnahme dar. Bearbeitungsgebühren sind BA.		9.700	300	
2.	Wert des gestohlenen Computers ist keine Betriebsausgabe, da sich die Anschaffung (GWG) bereits als Betriebsausgabe ausge-wirkt hat.				350
3.	Streuwerbeartikel gehören zu den im Geschäftsleben üblichen **Aufmerksamkeiten**, die wegen ihres geringen Werts **nicht** als BE zu behandeln sind.		10		
4.	Vorsteuerabzug wurde richtig als BA abge-setzt. Die degressive Jahres-AfA beträgt 12.500 € (25 % von 50.000 €). Lauer kann die volle Jahres-AfA absetzen, da der Pkw im Januar 2020 angeschafft wurde ($^{12}/_{12}$). § 7g ist **nicht** möglich, weil die Privatnutzung mehr als 10 % beträgt (Tz. 5).			12.500	
5.	Vorsteuer und laufende Pkw-Kosten sind BA. **einkommensteuerrechtlich:** 1 % von 59.500 € (Brutto-Listenpreis) = 595 € x 12 = 7.140 € (§ 6 Abs. 1 Nr. 4 EStG) **umsatzsteuerrechtlich:** 7.140 € - 1.428 € (20 %) = 5.712 € x 19 % = 1.085,28 € (Abschnitt 15.23 Abs. 5 UStAE)	7.140,00 1.085,28			
6.	Das Kopiergerät ist ein GWG (§ 6 Abs. 2), da die AK (ohne Vorsteuer, R 9b Abs. 2 EStR 2012) nicht mehr als 800 € betragen. Als GWG kann das Kopiergerät im Jahr der **Anschaffung** (§ 9a EStDV) sofort als **BA** abgesetzt werden. Die abziehbare **Vor-steuer** ist im Jahr der **Zahlung** (2021) als **BA** abzugsfähig (§ 11).			410	
		201.724,00 10.120,00	10.120	107.057 - 350	350
	Betriebseinnahmen	191.604,00			
	- Betriebsausgaben	106.707,00		106.707	
	= **berichtigter Gewinn**	**84.897,00**			

10.1 Einnahmenüberschussrechnung nach § 4 Abs. 3 EStG

10.1.5 Unterschiede zwischen Betriebsvermögensvergleich und Einnahmenüberschussrechnung nach § 4 Abs. 3 EStG

Im Folgenden werden die wesentlichen **Unterschiede zwischen Betriebsvermögensvergleich** und **Einnahmenüberschussrechnung** nach § 4 Abs. 3 aufgezeigt:

1. Beim Betriebsvermögensvergleich werden grundsätzlich die **Wertänderungen** des Betriebsvermögens erfasst.
   Die vereinfachte Gewinnermittlung nach § 4 Abs. 3 berücksichtigt nur die Betriebseinnahmen und die Betriebsausgaben. Allerdings sind auch bei der Einnahmenüberschussrechnung nach § 4 Abs. 3 die Vorschriften über die AfA, die Bewertungsfreiheit für geringwertige Wirtschaftsgüter (§ 6 Abs. 2) oder die Bildung eines Sammelpostens (§ 6 Abs. 2 a) zu befolgen.

2. Auch Steuerpflichtige, die ihren Gewinn nach § 4 Abs. 3 ermitteln, haben **Betriebsvermögen**. Allerdings tritt das Betriebsvermögen bei der Einnahmenüberschussrechnung nach § 4 Abs. 3 unmittelbar **nicht** in Erscheinung. Wertänderungen des Betriebsvermögens, z.B. Änderung des Teilwerts, bleiben ohne Einfluss auf den Gewinn. Eine **Teilwertabschreibung** nach § 6 ist bei der Einnahmenüberschussrechnung nach § 4 Abs. 3 nicht möglich.

3. **Kreditverkäufe** (Verkauf auf Ziel) werden beim Betriebsvermögensvergleich bereits im Zeitpunkt der **Lieferung** gewinnwirksam erfasst, während sie bei der Einnahmenüberschussrechnung nach § 4 Abs. 3 erst im Zeitpunkt der **Bezahlung** (Vereinnahmung) gewinnwirksam sind.

4. **Krediteinkäufe** (Kauf auf Ziel) wirken sich beim Betriebsvermögensvergleich gewinnmäßig im Zeitpunkt des **Verkaufs** (z.B. als Wareneinsatz) aus, während sie bei der Einnahmenüberschussrechnung nach § 4 Abs. 3 im Zeitpunkt der **Bezahlung** (Verausgabung) der Liefererrechnung gewinnwirksam sind.

5. **Betriebsausgaben für Waren**, die am Ende eines Jahres noch als **Bestand** vorhanden sind, mindern beim Betriebsvermögensvergleich **nicht** den Gewinn, während sie bei der Einnahmenüberschussrechnung nach § 4 Abs. 3 den Gewinn mindern.

6. **USt-Einnahmen und USt-Ausgaben** beeinflussen beim Betriebsvermögensvergleich grundsätzlich **nicht** den Gewinn, während sie bei der Einnahmenüberschussrechnung nach § 4 Abs. 3 den Gewinn ändern.

7. **Erfolgsabgrenzungen** werden bei der Einnahmenüberschussrechnung nach § 4 Abs. 3, mit Ausnahme des § 11 Abs. 2 Sätze 3 und 4 grundsätzlich nicht berücksichtigt. Die Einnahmenüberschussrechnung nach § 4 Abs. 3 kennt deshalb **keine Rechnungsabgrenzungsposten** und **keine Rückstellungen**.

ÜBUNG →   1. Wiederholungsfrage 8 (Seite 131),
2. Fälle 2 und 3 (Seiten 132 ff.)

10.2 Gewinnermittlung nach Durchschnittssätzen

Eine Gewinnermittlung nach **Durchschnittssätzen** kommt **nur** für Einkünfte aus **Land- und Forstwirtschaft** in Betracht (§ 13a).

Land- und Forstwirte, die **nicht** aufgrund gesetzlicher Vorschriften **verpflichtet sind, Bücher zu führen** und regelmäßig Abschlüsse zu machen, **können**, wenn ihr Betrieb über eine im § 13a genau beschriebene Größe nicht hinausgeht, ihren **Gewinn** als **Durchschnittssatzgewinn** ermitteln.

Durchschnittssatzgewinn ist nach § 13a Abs. 3 die Summe aus dem Gewinn der land- und forstwirtschaftlichen Nutzung, dem Gewinn aus Sondernutzungen, dem Sondergewinn, den Einnahmen aus Vermietung und Verpachtung von Wirtschaftsgütern des Betriebsvermögens, Einnahmen aus Kapitalvermögen, soweit sie zu den Einkünften aus Land- und Forstwirtschaft gehören.

ÜBUNG → Wiederholungsfragen 9 und 10 (Seite 131)

10.3 Zusammenfassung und Erfolgskontrolle
10.3.1 Zusammenfassung

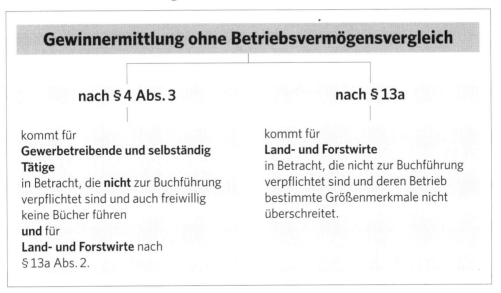

10.3.2 Erfolgskontrolle
WIEDERHOLUNGSFRAGEN

1. Welche Steuerpflichtigen können ihren Gewinn nach § 4 Abs. 3 ermitteln?
2. Was versteht man unter dem Gewinn im Sinne des § 4 Abs. 3?
3. Was versteht man unter Betriebseinnahmen? Nennen Sie drei Beispiele im Rahmen der Einnahmenüberschussrechnung.
4. Was versteht man unter Betriebsausgaben? Nennen Sie drei Beispiele im Rahmen der Einnahmenüberschussrechnung.
5. Wie sind die Anschaffungskosten für Wirtschaftsgüter des abnutzbaren Anlagevermögens, die keine GWG sind, bei der Einnahmenüberschussrechnung zu behandeln?
6. Wann sind Betriebseinnahmen bei der Einnahmenüberschussrechnung grundsätzlich anzusetzen?
7. Wann sind Betriebsausgaben bei der Einnahmenüberschussrechnung grundsätzlich abzusetzen?
8. Welche Unterschiede gibt es zwischen der Gewinnermittlung durch Betriebsvermögensvergleich und der Gewinnermittlung durch Einnahmenüberschussrechnung?
9. Welche Steuerpflichtigen können ihren Gewinn nach § 13a ermitteln?
10. Was versteht man unter dem Durchschnittssatzgewinn nach § 13a Abs. 3?

132 A. Einkommensteuer

FÄLLE

FALL 1

Rechtsanwalt U, München, ermittelt seinen Gewinn nach § 4 Abs. 3. Welche Beträge muss er in 2020 als Betriebseinnahmen ansetzen und welche kann er als Betriebsausgaben absetzen? U versteuert seine Umsätze nach vereinnahmten Entgelten. U will einen möglichst niedrigen steuerlichen Gewinn ermitteln. Annahme: 2020 ganzjährig 19 % USt-Satz.

1. Am 31.12.2020 kam ein Mandant in die Kanzlei des U und übergab ihm einen Scheck zur Begleichung der seit 23.12.2020 fälligen Gebührenrechnung über 1.000 € + 19 % USt. U löst den Scheck am 03.01.2021 bei seiner Bank ein.

2. U erwarb am 20.12.2020 ein Kopiergerät für 850 € + 19 % USt durch Banküberweisung. Nach einer Reklamation wegen Mängeln erteilt der Verkäufer eine Gutschrift (100 € netto) und überweist am 27.12.2020 119 € einschließlich USt.

3. Rechtsanwalt U zahlte am 09.10.2020 den fälligen Berufshaftpflichtversicherungsbeitrag in Höhe von 1.200 € für die Zeit vom 01.10.2020 bis 30.09.2021 per Banküberweisung.

4. Rechtsanwalt U hat in 2019 einen Investitionsabzugsbetrag nach § 7g Abs. 1 für die Anschaffung eines neuen Tresors in Höhe von 1.000 € in Anspruch genommen. Am 16.10.2020 kaufte und bezahlte U den Tresor für 6.000 € + 1.140 € USt. Der Tresor hat lt. AfA-Tabelle eine betriebsgewöhnliche Nutzungsdauer von 23 Jahren.

5. Für die Kanzleiräume zahlt U eine monatliche Miete, fällig jeweils zum Monatsende, von 1.250 €. Die Überweisung der Dezembermiete 2020 auf das Konto des Vermieters erfolgte am 09.01.2021.

6. U hat in seinem Betriebsvermögen einen Pkw, der zu 100 % betrieblich genutzt wird. Beim Erwerb des Fahrzeugs wurde ein Vorsteuerabzug in Anspruch genommen. Der Pkw wurde am 24.12.2020 dem Sohn des U als Geschenk übergeben. Der Buchwert des Pkws beträgt im Zeitpunkt der Schenkung 1 € und der Teilwert des Pkws laut Kfz-Gutachten 500 € netto.

FALL 2

Baustoffhändler Pütz, Kiel, ermittelt seinen Gewinn nach § 4 Abs. 3. Im VZ 2020 haben seine aufgezeichneten Betriebseinnahmen 149.129 € und seine aufgezeichneten Betriebsausgaben 100.480 € betragen. Pütz versteuert seine Umsätze nach vereinnahmten Entgelten.

Prüfen Sie folgende Sachverhalte und ermitteln Sie den berichtigten Gewinn nach dem Schema von Seite 128. Wahlrechte sind so auszuüben, dass die geringste steuerliche Belastung entsteht. § 7g kann nicht angewendet werden. Annahme: 2020 ganzjährig 19 % USt-Satz.

1. In den Betriebsausgaben sind 600 € für die Anschaffung eines Kopiergerätes von einem Kleinunternehmer, bei dem keine USt erhoben wird, enthalten.
   Die Anschaffung erfolgte am 18.12.2020, die Bezahlung erst am 04.01.2021. Das Kopiergerät hat eine betriebsgewöhnliche Nutzungsdauer von 7 Jahren.

2. Pütz nutzte seinen betrieblichen Pkw, der im Jahre 2019 angeschafft worden ist, auch für private Zwecke im Umfang von 20 %. Der Pkw gehört zum notwendigen Betriebsvermögen. Die private Nutzung, die nach der 1 %-Regelung erfolgt, wurde noch nicht berücksichtigt. Der Brutto-Listenpreis des betrieblichen Pkws betrug im Zeitpunkt der Erstzulassung 50.050 €. Die laufenden Kfz-Kosten wurden bereits ordnungsgemäß erfasst.

10.3 Zusammenfassung und Erfolgskontrolle 133

3. Pütz nutzte seinen betrieblichen Pkw im Jahr 2020 an 15 Tagen im Monat auch für Fahrten zwischen seiner Wohnung und der 20 km entfernten Betriebsstätte. Der Brutto-Listenpreis des Pkws betrug im Zeitpunkt der Erstzulassung 50.050 € (Tz. 2). Pütz ermittelt seinen Kfz-Privatnutzungsanteil nach der 1 %-Regelung (§ 6 Abs. 1 Nr. 4 Satz 2).

4. Ebenfalls nicht berücksichtigt ist der Kauf eines gebrauchten Gabelstaplers. Der Gabelstapler wurde am 09.05.2020 für netto 3.000 € zuzüglich 19 % USt angeschafft und sofort bar bezahlt. Der Gabelstapler hat eine betriebsgewöhnliche Nutzungsdauer von vier Jahren.

5. Pütz machte am 27.12.2020 seinem Lieferer eine Anzahlung für Waren in Höhe von 2.000 €. Er hat diesen Betrag nicht als Betriebsausgabe abgesetzt, weil die Lieferung erst 2021 erfolgt.

6. Pütz erhielt am 14.01.2020 von einem Geschäftsfreund mit Rücksicht auf die geschäftlichen Beziehungen einen gebrauchten Pkw im Wert von 10.000 € geschenkt. Der Pkw hat eine betriebsgewöhnliche Nutzungsdauer von vier Jahren.
Der Vorgang wurde bisher bei der Gewinnermittlung nicht berücksichtigt.

7. Pütz zahlt jeweils am Monatsletzten seine Lagerraummiete für den kommenden Monat, die jeweils zum 01. eines Monats fällig sind. Am 31.12.2020 hat er die Miete für den Monat Januar 2021 in Höhe von 1.500 € gezahlt. Pütz hat 2020 1.500 € als Betriebsausgaben abgesetzt. *Regelmäßig wiederkehrende Ausgaben → gehören in das Jahr 10 T. Regel*

8. Pütz hat die Gewerbesteuerabschlusszahlung in Höhe von 2.331 €, fällig am 23.12.2020, erst am 09.01.2021 geleistet. Der Steuerpflichtige hat den Betrag als Betriebsausgabe in 2020 abgesetzt.

FALL 3

Der Gewerbetreibende Jonas Kraus, München, ermittelt seinen Gewinn nach § 4 Abs. 3. Im Kalenderjahr 2020 betrugen lt. Aufzeichnungen die vorläufigen Betriebseinnahmen 200.450 € und die vorläufigen Betriebsausgaben 119.580 €.

Prüfen Sie folgende Sachverhalte und ermitteln Sie den berichtigten Gewinn nach dem Schema von Seite 128. Wahlrechte sind so auszuüben, dass die geringste steuerliche Belastung entsteht. Die Umsätze werden mit 19 % nach den allgemeinen Vorschriften des UStG versteuert. § 7g ist – soweit möglich – anzuwenden. Annahme: 2020 ganzjährig 19 % USt-Satz.

1. Herr Kraus nahm im Mai 2020 für die Beschaffung eines Kleinwagens einen Bankkredit von 25.000 € auf. Die Tilgung erfolgt in einer Summe im Mai 2024. Die Bank zahlte 96 % aus. Das marktübliche Damnum wurde mit 1.000 € als Betriebsausgabe erfasst.

2. Von einem Lieferanten aus Basel (Schweiz) wurden Waren bezogen. Die Rechnung vom 19.12.2020 über 5.500 € ist noch offen. Die fällige EUSt von 1.045 € wurde 2020 durch Banküberweisung beglichen. Aufzeichnungen wurden bisher nicht vorgenommen.

3. Aus dem Lager nahm Herr Kraus am 20.12.2020 Ware und schenkte sie einem Geschäftsfreund. Beim Kauf der Ware hatte er neben den Anschaffungskosten von 100 € auch die Vorsteuer von 19 € als Betriebsausgabe aufgezeichnet. Der Verkaufspreis beträgt 190 € brutto. *nicht abziehbares Geschenk § 4 Abs. 5 Nr. 1 EStG darf u nicht ansehe*

A. Einkommensteuer

4. Im Mai 2020 erhielt ein Angestellter zum Geburtstag ein Buch im Wert von 39 € einschließlich 7 % USt. Der Betrag wurde der Geschäftskasse entnommen und ist noch nicht erfasst.

5. Herr Kraus hat an eine Factoringgesellschaft in 2020 eine Forderung über 2.380 € verkauft und dafür einen Scheck über 2.100 € erhalten. 280 € wurden als Betriebsausgabe aufgezeichnet.

6. Durch einen Wasserschaden wurden im November 2020 Rohstoffe unbrauchbar. Die bezahlten und korrekt erfassten Anschaffungskosten der Rohstoffe betrugen 1.500 € + 19 % USt. Die Versicherung bezahlte am 19.12.2020 eine Entschädigung von 1.800 €. Der gesamte Vorgang wurde noch nicht erfasst.

7. Am 05.09.2020 erwarb Herr Kraus einen neuen Kleinlastwagen. Die Nutzungsdauer des Wagens beträgt 6 Jahre. Folgende Rechnung (Auszug) liegt vor:

Kaufpreis (52.300 € + 9.937 € USt)	62.237 €
− Inzahlungnahme Altfahrzeug (8.403,36 € + 1.596,64 € USt)	− 10.000 €
= Endbetrag (Überweisung im Oktober 2020)	52.237 €

Die Kfz-Zulassungsgebühr von 250 € wurde bar bezahlt. Der gesamte Vorgang wurde noch nicht erfasst.

a) Nehmen Sie alle Aufzeichnungen für das neue Fahrzeug vor. In 2019 hatte Herr Kraus einen Investitionsabzugsbetrag für das Fahrzeug in Anspruch genommen (Berechnungsgrundlage: Anschaffungskosten 2020).

b) Nehmen Sie alle Aufzeichnungen für das Altfahrzeug vor. Der Restbuchwert zum 03.09.2020 betrug 9.000 €. Die anteilige Jahres-AfA ist bereits in den vorläufigen Betriebsausgaben enthalten.

8. Auf dem betrieblichen Bankkonto wurden folgende Zahlungen verzeichnet, die noch nicht erfasst sind:

a) Gutschrift am 07.01.2021 in Höhe von 460 € für betriebliche Zinsen. Es handelt sich um Zinsen für Dezember 2020, fällig am 31.12.2020.

b) Überweisung 28.12.2020 für die betriebliche Kfz-Versicherung 2021, fällig am 01.01.2021 in Höhe von 1.150 €.

A L Weitere Aufgaben mit Lösungen – einschließlich der Anlage EÜR – finden Sie im **Lösungsbuch** der Steuerlehre 2.

Zusammenfassende Erfolgskontrolle zum 1. bis 10. Kapitel

FALL 1

Der praktische Arzt Dr. Christoph Fabel, der seinen Gewinn nach § 4 Abs. 3 ermittelt, ist seit 1982 mit Lotte geb. Mayer verheiratet. Beide wohnen im Zweifamilienhaus der Ehefrau in Wiesbaden. Die Eheleute werden zusammen veranlagt.

Aus den Unterlagen, die sie ihrem Steuerberater vorlegen, ergibt sich für den VZ 2020 Folgendes:

1. Der Ehemann betreibt in Mainz in gemieteten Räumen eine Arztpraxis für Allgemeinmedizin. Außerdem ist er Verfasser eines Fachbuchs. In 2020 haben seine Betriebseinnahmen aus ärztlicher Tätigkeit 259.920 € und sein Gewinn aus schriftstellerischer Tätigkeit 40.000 € betragen.

2. In 2020 hat Christoph Fabel Betriebsausgaben für seine Arztpraxis in Höhe von 125.570 € aufgezeichnet. In den Betriebsausgaben sind bereits enthalten:

    a) 2.400 € für die Anschaffung eines gebrauchten medizinischen Geräts von einem Nichtunternehmer. Die Anschaffung erfolgt am 09.01.2021, die Rechnung wurde am 27.12.2020 bar bezahlt. Das Gerät hat eine betriebsgewöhnliche Nutzungsdauer von fünf Jahren.

    b) 610 € für die Anschaffung eines Computers von einem Kleinunternehmer, von dem keine Umsatzsteuer erhoben wird (§ 19 Abs. 1 UStG). Die Anschaffung erfolgte am 19.12.2020, die Rechnung wurde am 15.02.2021 durch Banküberweisung beglichen.

    c) In den Betriebsausgaben ist außerdem ein Betrag in Höhe von 4.000 € Rückzahlung eines Darlehens für die Finanzierung der Praxiseinrichtung enthalten.

Die Einkünfte aus dem Zweifamilienhaus in Wiesbaden betragen in 2020 18.500 €.

Ermitteln Sie die Einkünfte der Eheleute Fabel für den VZ 2020.

Bei der Ermittlung der Einkünfte sind alle steuerlichen Vergünstigungen in Anspruch zu nehmen. § 7g ist – soweit möglich – anzuwenden.

136   A. Einkommensteuer

F A L L 2

Dr. Treumann ist als selbständiger Rechtsanwalt in Köln tätig. Er ermittelt seinen Gewinn nach § 4 Abs. 3 und versteuert seine Umsätze nach vereinnahmten Entgelten. Wahlrechte sind so auszuüben, dass ein möglichst niedriger Gewinn entsteht. Annahme 2020: ganzjährig 19 % USt-Satz.

Aus den Unterlagen des Rechtsanwalts ergibt sich für den VZ 2020 Folgendes:

1. Am 22.08.2020 kaufte Dr. Treumann einen neuen Aktenschrank für das Rechtsanwaltsbüro für 8.000 € + 19 % USt. Die betriebsgewöhnliche Nutzungsdauer des Schrankes beträgt zehn Jahre. Die Bezahlung erfolgte am 22.08.2020 unter Abzug von 2,5 % Skonto. Dr. Treumann hatte in 2019 einen Investitionsabzugsbetrag von 40 % der mutmaßlichen AK von 7.000 € für die beabsichtigte Anschaffung des Schrankes in Anspruch genommen.
2. Aufgrund einer im Jahr 2020 durchgeführten USt-Sonderprüfung leistete Dr. Treumann am 20.11.2020 eine USt-Nachzahlung für das IV. Quartal 2019 von 2.260 €.
3. Bei einem Einbruch in die Rechtsanwaltspraxis haben Diebe Folgendes erbeutet:
    a) einen Computer (AfA im Jahr 2020 bis zum Zeitpunkt des Diebstahls 600 €), Restbuchwert zum Zeitpunkt des Diebstahls 1.200 €;
    b) Büromaterial im Wert von 120 €.

Wie wirken sich die Sachverhalte 1 bis 3 auf den steuerlichen Gewinn des Dr. Treumann aus?

11 Überschusseinkünfte

Zu den **Überschusseinkünften** gehören

- die Einkünfte aus nichtselbständiger Arbeit (§ 19),
- die Einkünfte aus Kapitalvermögen (§ 20),
- die Einkünfte aus Vermietung und Verpachtung (§ 21) und
- die sonstigen Einkünfte i.S.d. § 22.

Im Folgenden wird die **Ermittlung** der Überschusseinkünfte dargestellt und erläutert.

11.1 Einkünfte aus nichtselbständiger Arbeit (§ 19 EStG)

Einkünfte aus nichtselbständiger Arbeit können nur **Arbeitnehmer** im Rahmen eines **Dienstverhältnisses** beziehen.

11.1.1 Arbeitnehmer

Arbeitnehmer sind Personen, die in öffentlichem oder privatem Dienst angestellt oder beschäftigt sind oder waren und die aus diesem **Dienstverhältnis** oder einem früheren Dienstverhältnis **Arbeitslohn** beziehen (§ 1 Abs. **1 Satz** 1 LStDV).

Arbeitnehmer sind **auch Rechtsnachfolger** dieser Personen (z.B. Witwen und Waisen), soweit sie Arbeitslohn aus dem früheren Dienstverhältnis ihres Rechtsvorgängers beziehen (§ 1 Abs. 1 **Satz 2** LStDV).

Es lassen sich demnach **zwei Gruppen von Arbeitnehmern** unterscheiden:

1. **Arbeitnehmer**, die aus einem **gegenwärtigen** Dienstverhältnis Arbeitslohn beziehen (z.B. eine Steuerfachangestellte);

2. **Arbeitnehmer**, die aus einem **früheren** Dienstverhältnis Arbeitslohn beziehen (z.B. ein pensionierter Finanzbeamter).

Ein **Dienstverhältnis** liegt vor, wenn der Beschäftigte dem Arbeit**geber** seine **Arbeitskraft schuldet** (§ 1 Abs. 2 **Satz 1** LStDV).

Dies ist der Fall, wenn die tätige Person in der Betätigung ihres geschäftlichen Willens **unter der Leitung des Arbeitgebers** steht oder im geschäftlichen Organismus des Arbeitgebers dessen Weisungen zu folgen verpflichtet ist (§ 1 Abs. 2 **Satz 2** LStDV).

Mit dem Merkmal der **Weisungsgebundenheit** kann in der Regel die nichtselbständige Tätigkeit leicht abgegrenzt werden gegenüber der Tätigkeit als Land- und Forstwirt, der Tätigkeit als Gewerbetreibender und der selbständigen Tätigkeit.

Kein Arbeitnehmer ist, wer Lieferungen und sonstige Leistungen innerhalb der von ihm selbständig ausgeübten gewerblichen oder beruflichen Tätigkeit im Inland gegen Entgelt ausführt (§ 1 Abs. 3 LStDV).

A. Einkommensteuer

11.1.2 Arbeitslohn

Ausgangsgröße für die Ermittlung der **Einkünfte aus nichtselbständiger Arbeit** ist der **Bruttoarbeitslohn**, d.h. der Arbeitslohn **vor** Kürzung durch die **Abzüge**.

Arbeitslohn sind alle **Einnahmen** in Geld oder Geldeswert, die dem **Arbeitnehmer** aus dem **Dienstverhältnis** zufließen. Dabei ist es gleichgültig, ob es sich um einmalige oder laufende Einnahmen handelt, ob ein Rechtsanspruch auf sie besteht und unter welcher Bezeichnung oder in welcher Form sie gewährt werden (§ 2 Abs. 1 LStDV).

Zum **Arbeitslohn** gehören nach **§ 19 Abs. 1**:

Arbeitslohn

Arbeitslohn aus einem **gegenwärtigen** Dienstverhältnis (§ 19 Abs. 1 **Nr. 1**)	Arbeitslohn aus einem **früheren** Dienstverhältnis (§ 19 Abs. 1 **Nr. 2**)
• **Gehälter** (Vergütungen für Angestellte bzw. Beamte) • **Löhne** (Vergütungen für Arbeiter) • **Gratifikationen** (zusätzliche Vergütungen für Arbeitnehmer aus besonderem Anlass, z.B. Weihnachtsgratifikation) • **Tantiemen** (einmalige Sondervergütungen für Arbeitnehmer, die nach dem Umsatz oder Gewinn bemessen werden) • **Bezüge und Vorteile** [Güter, die dem Arbeitnehmer in Geld oder Geldeswert (z.B. Waren, freie Kost, freie Wohnung) zufließen]	• **Wartegelder** (Einnahmen aus einem Dienstverhältnis, dessen normale Lohnzahlung eingestellt ist, das aber fortgesetzt werden soll) • **Ruhegelder** (Beiträge, die zur Versorgung des Arbeitnehmers für die Zeit nach Auflösung seines Dienstverhältnisses gezahlt werden, z.B. das Ruhegehalt des pensionierten Beamten) • **Witwen- und Waisengelder** (Einnahmen aus einem früheren Dienstverhältnis des Rechtsvorgängers)

11.1 Einkünfte aus nichtselbständiger Arbeit (§ 19 EStG)   **139**

Zum **Arbeitslohn** gehören **auch** (R 19.3 Abs. 1 und Abs. 3, H 19.3 LStR 2015):

- **Sachbezüge** (vgl. R 8.1 und 8.2 LStR 2015);

- **Lohnzuschläge** für Mehrarbeit und Erschwerniszuschläge, wie Hitzezuschläge, Wasserzuschläge, Gefahrenzuschläge, Schmutzzulagen usw.;

- **Entschädigungen**, die für **nicht gewährten Urlaub** gezahlt werden;

- pauschale **Fehlgeldentschädigungen**, die Arbeitnehmern im Kassen- und Zähldienst gezahlt werden, soweit sie **16 Euro im Monat** (**Freibetrag**) übersteigen;

- Vergütungen des Arbeitgebers zum Ersatz der dem Arbeitnehmer berechneten **Kontoführungsgebühren**;

- Trinkgelder, Bedienungszuschläge und ähnliche Zuwendungen, auf die der Arbeitnehmer einen Rechtsanspruch hat, ansonsten steuerfrei § 3 Nr. 51

- **Vergütungen** des Arbeitgebers zu den Aufwendungen des Arbeitnehmers für Fahrten **zwischen Wohnung und erster Tätigkeitsstätte**, soweit die Aufwendungen **nicht** zu den **Reisekosten** gehören, ggf. steuerfrei § 3 Nr. 15

Nicht zum **Arbeitslohn** gehören (R 19.3 Abs. 2 LStR 2015):

- Leistungen zur **Verbesserung der Arbeitsbedingungen**, z.B. die Bereitstellung von Aufenthalts- und Erholungsräumen sowie von betriebseigenen Dusch- und Badeanlagen [H 19.3 (Beispiele) LStR 2015],

- übliche Zuwendungen bei **Betriebsveranstaltungen** bis zu einem Höchstbetrag von **110 Euro** (**Freibetrag** je teilnehmendem Arbeitnehmer (§ 19 Abs. 1 Nr. 1a),

- übliche **Aufmerksamkeiten** (Blumen, Pralinen, Bücher, Tonträger) bis **60 €** brutto (**Freigrenze**), die dem Arbeitnehmer aus besonderem Anlass (z.B. Geburtstag) gewährt werden. **Geldzuwendungen** gehören stets zum Arbeitslohn, auch wenn ihr Wert gering ist (R 19.6 Abs. 1 LStR 2015),

- betriebliche **Fort- oder Weiterbildungsleistungen** (R 19.7 LStR 2015).

Nicht zum **Arbeitslohn** gehören auch **Renten aus der gesetzlichen Rentenversicherung** sowie die aus **juristisch selbständigen betrieblichen Pensionskassen** gezahlten Renten, weil sie dem Rentner **nicht** aus einem **Dienstverhältnis** zufließen.

Diese Renten gehören zu den **sonstigen Einkünften im Sinne des § 22**.

ÜBUNG →	1. Wiederholungsfragen 1 bis 5 (Seite 164),
	2. Fälle 1 und 2 (Seiten 164 f.)

A. Einkommensteuer

Nicht alle Einnahmen aus einem Dienstverhältnis sind auch steuerpflichtig. **Bestimmte Einnahmen** hat der Gesetzgeber für **steuerfrei** [H 19.3 (Beispiele) LStR 2015] erklärt.

Zu den **steuerfreien Einnahmen** gehören z.B. (siehe auch Seite 19):

- Leistungen einer **Krankenversicherung**, einer **Pflegeversicherung** und der gesetzlichen **Unfallversicherung**, z.B. Rente aus der Berufsgenossenschaft (§ 3 **Nr. 1a**);

- **Arbeitslosengeld**, Teilarbeitslosengeld, Kurzarbeitergeld, Winterausfallgeld, Arbeitslosenhilfe, Übergangsgeld, Unterhaltsgeld (§ 3 **Nr. 2**);

- **Corona-Sonderzahlungen**, die in der Zeit vom 01.03.2020 bis zum 30.06.2021 gewährt werden, sind bis zu einem Betrag von **1.500 €** steuerfrei (§ 3 **Nr. 11a**).

- **Jobticket**
  Zuschuss und Sachbezug des Arbeitgebers, der **zusätzlich** zum Arbeitslohn gezahlt wird, zu den Aufwendungen des Arbeitnehmers für Fahrten im öffentlichem Personennahverkehr oder mit öffentlichen Verkehrsmitteln im Personenfernverkehr zwischen Wohnung und erster Tätigkeitsstätte (§ 3 **Nr. 15**).

- Reisekostenvergütungen, Umzugskostenvergütungen und Trennungskostenvergütungen (§ 3 **Nr. 13** und **Nr. 16**);

- **Weiterbildungsleistungen** des Arbeitgebers, auch wenn sie der Verbesserung der Beschäftigungsfähigkeit des Arbeitnehmers dienen, sofern sie keinen überwiegenden Belohnungscharakter haben sowie Beratungsleistungen zur beruflichen Neuorientierung von ausscheidenden Arbeitnehmern (§ 3 **Nr. 19**)

- **Familienserviceleistungen** des Arbeitgebers, die zusätzlich zum ohnehin geschuldeten Arbeitslohn für Beratungs- bzw. Vermittlungsleistungen für Kinder und pflegebedürftige Angehörige erbracht werden (§ 3 Nr. 34a) **oder** die für die **kurzfristige**, beruflich veranlasste Betreuung von Kindern entstanden sind, die das 14. Lebensjahr noch nicht vollendet haben, sind steuerfrei bis **600 €** (§ 3 **Nr. 34b**).

- Geldwerter Vorteil eines **betrieblichen Fahrrads (Fahrräder und Pedelecs)**, **zusätzlich** zum ohnehin geschuldeten Arbeitslohn vom Arbeitgeber gewährte Vorteile für die Überlassung eines betrieblichen Fahrrads, das **kein Kraftfahrzeug** im Sinne des § 6 Abs. 1 Nr. 4 Satz 2 ist (§ 3 **Nr. 37**)

- Vorteile eines Arbeitnehmers aus der privaten Nutzung von **betrieblichen Personalcomputern** und **Telekommunikationsgeräten** (§ 3 **Nr. 45**);

- Zusätzlich zum ohnehin geschuldeten Arbeitslohn vom Arbeitgeber gewährte Vorteile für das **elektrische Aufladen** eines Elektro- oder Hybridelektrofahrzeugs (§ 3 **Nr. 46**).

- **Trinkgelder**, die dem Arbeitnehmer von Dritten gezahlt werden, **ohne** dass ein Rechtsanspruch darauf besteht (§ 3 **Nr. 51**);

- **Elterngeld** nach dem Bundeselterngeldgesetz (§ 3 **Nr. 67**);

- **Sachbezüge** (§ 8 **Abs. 2**; R 8.1 LStR 2015)
  Sachbezüge i.S.d. § 8 Abs. 2 Satz 1 bleiben grundsätzlich **außer Ansatz**, wenn sie insgesamt **44 Euro** im Kalender**monat** (**Freigrenze**) nicht übersteigen;

- **Sachbezüge** (§ 8 **Abs. 3**; R 8.1 LStR 2015)
  Erhält ein Arbeitnehmer aufgrund seines Dienstverhältnisses Waren oder Dienstleistungen (Sachbezüge), die vom Arbeitgeber nicht überwiegend für den Bedarf seiner Arbeitnehmer hergestellt, vertrieben oder erbracht werden und deren Bezug **nicht** nach § 40 **pauschal versteuert** wird, so gelten als deren Wert die um **4 %** geminderten Endpreise, zu denen der Arbeitgeber die Sachbezüge fremden Letztverbrauchern anbietet.
  Arbeitslöhne dieser Art bleiben steuerfrei, soweit sie insgesamt den **Rabattfreibetrag** von **1.080 Euro** im Kalenderjahr nicht übersteigen.

11.1 Einkünfte aus nichtselbständiger Arbeit (§ 19 EStG) 141

Sachbezüge

Fließt dem Arbeitnehmer **Arbeitslohn** in Form von **Sachbezügen** (Wohnung, Kost, Waren, Dienstleistungen und sonstige Sachbezüge) zu, so sind diese ebenso wie Barlohnzahlungen dem **laufenden Arbeitslohn** oder den **sonstigen Bezügen** zuzuordnen. Für die **Besteuerung unentgeltlicher** Sachbezüge ist deren **geldwerter Vorteil** maßgebend.

Den **geldwerten Vorteil** von Sachbezügen, die vom Arbeitgeber nicht überwiegend für den Bedarf seiner Arbeitnehmer hergestellt, vertrieben oder erbracht werden, kann der Arbeitnehmer im Rahmen seiner Einkommensteuerveranlagung **wahlweise**

- nach § 8 **Abs. 2 ohne** Bewertungsabschlag und **ohne** Rabattfreibetrag **oder**
- nach § 8 **Abs. 3 mit** diesen Abschlägen auf Basis des Endpreises des Arbeitgebers

bewerten lassen (BMF-Schreiben vom 16.05.2013, BStBl I 2013, S. 729 f.).

Im Zusammenhang mit dem **Jahressteuergesetz 2019** wurde durch eine Ergänzung des § 8 Abs. 1 mit den Sätzen 2 und 3 die Abgrenzung von **Bar**lohn bzw. **Sach**lohn neu gezogen. Dies hat insbesondere Bedeutung für die **Freigrenze in Höhe von 44 €** (§ 8 Abs. 2 Satz 11) und die **Pauschalierung der Einkommensteuer** bei Sachzuwendungen (§ 37b).

Zu den **Einnahmen in Geld** (**Barlohn**) gehören auch **zweckgebundene Geldleistungen**, **nachträgliche Kostenerstattungen**, **Geldsurrogate** und andere Vorteile, die auf einen **Geldbetrag** lauten (§ 8 Abs. 1 Satz 2).

Kein Barlohn sind Gutscheine und Geldkarten, die **ausschließlich** zum **Bezug von Waren** oder **Dienstleistungen** berechtigen und die Kriterien des § 2 Abs. 1 Nr. 10 des Zahlungsdiensteaufsichtsgesetzes (ZAG) erfüllen. Dies gilt für sogenannte **Closed-Loop-Karten** oder **Controlled-Loop-Karten**. Closed-Loop-Karten berechtigen dazu, Waren oder Dienstleistungen vom Aussteller des Gutscheins zu beziehen, während Controlled-Loop-Karten für einen begrenzten Kreis von Akzeptanzstellen genutzt werden können (Center-Gutscheine).

Solche Karten können **begünstigten Sachlohn** darstellen, der als **Sachbezug** bis zu **44 Euro** monatlich (Freigrenze) **steuerfrei** ist.

Kein begünstigter **Sachlohn** liegt vor, wenn die Geldkarten als Geldsurrogate im Rahmen unabhängiger Systeme des **unbaren Zahlungsverkehrs** eingesetzt werden können (**Open-Loop-Karten**). Dies gilt z. B. für Geldkarten, die über eine Bargeldauszahlungsfunktion oder über eine eigene IBAN verfügen. Dies gilt auch dann, wenn eine Karte für Überweisungen oder für den Erwerb von Devisen verwendet werden kann.

Die **44-Euro-Freigrenze** ist für die Gutscheine und Geldkarten **nur anwendbar**, wenn diese **zusätzlich zum** ohnehin geschuldeten **Arbeitslohn** gewährt werden (§ 8 Abs. 2 Satz 11 2. Halbsatz). Bei **Entgeltumwandlung** ist die 44-Euro-Freigrenze **ausgeschlossen**.

Im Folgenden werden die in der Praxis wichtigsten Sachbezüge beispielhaft erläutert.

Wohnung und Unterkunft

Wird einem Arbeit**nehmer** die Möglichkeit gegeben, eine **Wohnung oder Unterkunft** des Arbeit**gebers kostenlos oder verbilligt** zu nutzen, so handelt es sich um einen **geldwerten Vorteil**, der als **Arbeitslohn** steuerbar ist (§ 19 Abs. 1 i. V. m. § 8 Abs. 1).

Für die **Höhe** des **geldwerten Vorteils** ist zunächst zu unterscheiden, ob es sich um eine **Wohnung oder** um eine **Unterkunft** handelt.
Eine **Wohnung** ist eine in sich geschlossene Einheit von Räumen, in denen ein selbstständiger Haushalt geführt werden kann. Wesentlich ist, dass eine **Wasserversorgung und -entsorgung**, zumindest eine einer Küche vergleichbare **Kochgelegenheit** sowie eine

A. Einkommensteuer

Toilette vorhanden sind. Danach stellt z.B. ein Einzimmerappartement mit Küchenzeile und WC als Nebenraum eine Wohnung dar (R 8.1 Abs. 6 Sätze 2 bis 4 LStR 2015).

Soweit diese **Voraussetzungen nicht** vorhanden sind, handelt es sich um eine **Unterkunft**. Danach stellt z.B. ein Wohnraum bei Mitbenutzung von Bad, Toilette und Küche eine **Unterkunft** dar (R 8.1 Abs. 6 Satz 4 LStR 2015).

Vermietet der Arbeitgeber Wohnungen nicht überwiegend an fremde Dritte, sind die Mietvorteile bei **Wohnungen** nach § 8 Abs. 2 Satz 1 mit der **ortsüblichen Miete** zu bewerten. Als ortsübliche Miete ist die **Kaltmiete zuzüglich** der nach der Betriebskostenverordnung **umlagefähigen Kosten** anzusetzen. **Ortsüblicher Mietwert** ist auch der **niedrigste** Mietwert der **Mietpreisspanne** des Mietspiegels für vergleichbare Wohnungen **zuzüglich** der nach der Betriebskostenverordnung **umlagefähigen Kosten**, die konkret auf die Wohnung entfallen.

Bei der Ermittlung des geldwerten Vorteils der verbilligten Überlassung einer Mitarbeiterwohnung wurde ein **Bewertungsabschlag** eingeführt (§ 8 Abs. 2 Satz 12). Dieser beträgt ein Drittel der ortsüblichen Miete und hat den **Charakter** eines **Freibetrags**. Der Ansatz eines geldwerten Vorteils als Sachbezug unterbleibt, soweit das gezahlte Mietentgelt des Arbeitnehmers zwei Drittel der ortsüblichen Marktmiete entspricht und der ortsübliche Mietwert nicht mehr als 25 € je qm Kaltmiete beträgt. Wenn die Ermittlung des ortsüblichen Mietpreises große Schwierigkeiten bereitet, gelten laut § 2 Sozialversicherungsentgeltverordnung feste Quadratmeterpreise (für 2020 bundeseinheitliche 4,12 € je qm im Monat).

BEISPIEL

Der Arbeitnehmer A, Bochum, der ein Bruttogehalt von **2.900 €** bezieht, hat 2020 von seinem Arbeitgeber eine Wohnung (60 qm) verbilligt zur Verfügung gestellt bekommen.
An Miete zahlt A monatlich **400 €**. Der ortsübliche Mietpreis einschl. Nebenkosten beträgt monatlich **630 €**.
Der **steuerpflichtige Arbeitslohn** des A wird für einen Monat wie folgt ermittelt:

	Bruttogehalt		2.900 €
	⅔ der ortsüblichen Miete einschl. Nebenkosten von 630 €	420 €	
-	von Arbeitnehmer A gezahlte Miete	- 400 €	
=	verbleiben (positiv)	20 €	
-	44-€-Freigrenze § 8 Abs. 2 Satz 11 nicht überschritten	- 20 €	
	Geldwerter Vorteil		0 €
=	**Steuerpflichtiger Arbeitslohn**		2.900 €

Die **44-Euro-Grenze** nach § 8 Abs. 2 Satz 11 kann der Steuerpflichtige in diesem Fall nutzen, da die Freigrenze von 44 € nicht überschritten wurde.

Wird einem Arbeitnehmer eine **Unterkunft** des Arbeitgebers **kostenlos** oder **verbilligt** zur Verfügung gestellt, wird der **geldwerte Vorteil** nach § 2 Abs. 3 Sozialversicherungsentgeltverordnung ermittelt (R 8.1 Abs. 5 Satz 1 LStR 2015). Die monatliche **Geringfügigkeitsgrenze** von **44 Euro** nach § 8 Abs. 2 Satz 11 bleibt in diesem Fall **außer Ansatz**.

Für **2020** gelten nach der Sozialversicherungsentgeltverordnung folgende Sachbezugswerte (Unterkunft belegt mit einem Beschäftigtem):

Art des Sachbezugs	Sachbezugswerte	
	monatlich	täglich
Unterkunft	**235,00 €**	**7,83 €**

11.1 Einkünfte aus nichtselbständiger Arbeit (§ 19 EStG)

Für Jugendliche unter 18 Jahren und Auszubildende vermindert sich der Wert um 15 %.

Für **2021** erhöht sich der Wert nach der Sozialversicherungsentgeltverordnung auf **monatlich 237 €** (täglich 7,90 €).

Verpflegung

Ebenso wie für die Unterkunft wird der **geldwerte Vorteil** auch für **Verpflegung** nach **amtlichen Sachbezugswerten** festgelegt. Dabei bleibt die monatliche **Geringfügigkeitsgrenze von 44 Euro** nach § 8 Abs. 2 Satz 9 ebenfalls **außer Ansatz**.

Nach § 2 Abs. 1 und 6 Sozialversicherungsentgeltverordnung (SvEV) betragen die **Sachbezugswerte** von unentgeltlichen oder verbilligten Mahlzeiten **2020**:

Art des Sachbezugs	Sachbezugswerte	
	monatlich	täglich
Frühstück	**44,00 €**	**1,80 €**
Mittagessen	**102,00 €**	**3,40 €**
Abendessen	**102,00 €**	**3,40 €**
gesamt 2020	**258,00 €**	**8,60 €**

BEISPIEL

Die Auszubildende A, Leipzig, isst arbeitstäglich in einer Gaststätte zu Mittag. Der Preis der Mahlzeit beträgt **7,70 €**. A zahlt für das Mittagessen nur **1,60 €**. Der Unterschiedsbetrag wird von ihrem Arbeitgeber beglichen.

Der **geldwerte Vorteil** für A wird für **einen Tag** 2020 wie folgt ermittelt:

	Sachbezugswert der Mahlzeit	3,40 €
-	Zahlung der Arbeitnehmerin A	- 1,60 €
=	**geldwerter Vorteil**	**1,80 €**

Der **geldwerte Vorteil** ergibt sich aus dem **Unterschiedsbetrag** zwischen dem **Sachbezugswert** der Mahlzeit **und** der **Zahlung** der Arbeitnehmerin A.

Hieraus ergibt sich, dass die steuerliche Erfassung der Mahlzeiten entfällt, wenn gewährleistet ist, dass der Arbeitnehmer für jede Mahlzeit mindestens einen Preis in Höhe des amtlichen Sachbezugswerts zahlt (R 8.1 Abs. 7 LStR 2015).

Der amtliche Sachbezugswert enthält **19 % Umsatzsteuer**, die vom Arbeit**geber** anzumelden und abzuführen ist. Entrichtet der Arbeit**nehmer** ein **höheres** Entgelt als den Sachbezugswert, so ist die **Umsatzsteuer daraus zu errechnen**.

Für **2021** betragen die Sachbezugswerte für Frühstück **1,83 Euro** und für Mittag- und Abendessen **3,47 Euro** (Sachbezugswerte 2021). Der **monatliche Betrag** erhöht sich auf **263,00 €**.

Gestellung von Kraftfahrzeugen

Überlässt der Arbeitgeber dem Arbeitnehmer ein **Kraftfahrzeug** für eine **gewisse Dauer** (mehr als fünf Tage im Monat) zur privaten Nutzung, so ist der **geldwerte Vorteil** entweder nach der **1 %-Regelung**, mithilfe eines **Fahrtenbuches** oder durch **Schätzung** zu ermitteln. Dabei bleibt die monatliche **Geringfügigkeitsgrenze von 44 Euro** nach § 8 Abs. 2 Satz 11 **außer Betracht**. Zweifelsfragen zur Behandlung der Überlassung eines betrieblichen Kraftfahrzeugs beantwortet das BMF-Schreiben vom 04.04.2018, BStBl. I 2018, S. 592, abrufbar unter www.bmfschreiben.de.

A. Einkommensteuer

1%-Regelung

Der Arbeitgeber hat den **privaten Nutzungsanteil** mit monatlich **1% des Bruttolistenpreises** anzusetzen, der im **Zeitpunkt der Erstzulassung** für das Kraftfahrzeug festgelegt ist (§ 8 Abs. 2 Satz 2 i.V.m. § 6 Abs. 1 Nr. 4 Satz 2). Dies gilt **auch** bei **gebraucht erworbenen** oder **geleasten** Fahrzeugen. Der **Bruttolistenpreis ist auf volle 100 Euro abzurunden** (R 8.1 Abs. 9 Nr. 1 Satz 6 LStR 2015).

Dieser **prozentuale Ansatz** des privaten Nutzungsanteils umfasst die eigentlichen **Privatfahrten** (Freizeitfahrten).

Kann das Kraftfahrzeug **auch** zu **Fahrten zwischen Wohnung und erster Tätigkeitsstätte** genutzt werden, **erhöht sich der Wert** für jeden **Kalendermonat um 0,03% des Bruttolistenpreises** für jeden Entfernungskilometer zwischen Wohnung und erster Tätigkeitsstätte (§ 8 Abs. 2 Satz 3; R 8.1 Abs. 9 Nr. 1 Satz 2 LStR 2015).

BEISPIEL

Der ledige, kinderlose Arbeitnehmer A, 26 Jahre, ev., Köln, erhält neben seinem Bruttogehalt von 3.500 € ab 03.01.2020 einen gebraucht angeschafften Firmenwagen auch zur Privatnutzung. Der **Bruttolistenpreis** hat im Zeitpunkt der Erstzulassung **30.477€** betragen.

Die **Entfernung zwischen Wohnung und erster Tätigkeitsstätte** beträgt **30 km**. A fuhr 2020 an 225 Tagen mit dem Firmenwagen von seiner Wohnung zu seiner ersten Tätigkeitsstätte. Eine doppelte Haushaltsführung liegt nicht vor.

Der **geldwerte Vorteil** für A wird 2020 für **einen Monat** wie folgt ermittelt:

	geldwerter Vorteil für Privatfahren (1 % von 30.400 €)	304,00 €
+	**Zuschlag für Fahrten zwischen Wohnung und erster Tätigkeitsstätte** (0,03 % von 30.400 € x 30 km)	273,60 €
=	**geldwerter Vorteil insgesamt (inkl. 19 % USt)**	**577,60 €**

Aus dem ermittelten Betrag von 577,60 € ist die **Umsatzsteuer** (92,22 €) **herauszurechnen**.

Die **Gehaltsabrechnung** des A sieht 2020 für **einen Monat** wie folgt aus:

	Bruttogehalt		3.500,00 €
+	Sachbezug (Gestellung eines Pkws), netto	485,38 €	
	+ 19 % USt	92,22 €	**577,60 €**
=	steuer- und sozialversicherungspflichtiges Gehalt		4.077,60 €
–	Lohnsteuer/Kirchensteuer/Solidaritätszuschlag		796,23 €
–	Sozialversicherungsbeiträge (20,125 % von 4.077,60 €)	–	820,61 €
	Nettogehalt		2.460,76 €
–	Sachbezug	–	**577,60 €**
=	Auszahlungsbetrag		1.883,16 €

Wird das vom Arbeitgeber überlassene Kraftfahrzeug vom Arbeitnehmer zu Heimfahrten im Rahmen einer **doppelten Haushaltsführung** genutzt, **erhöht sich der Wert** für jeden Kilometer der Entfernung zwischen dem Beschäftigungsort und dem Ort des eigenen Hausstands um **0,002%** des inländischen Listenpreises für jede Fahrt, für die der Werbungskostenabzug nach § 9 Abs. 1 Satz 3 Nr. 5 Satz 5 **ausgeschlossen ist** (R 8.1 Abs. 9 Nr. 1 Satz 3 LStR 2015).

11.1 Einkünfte aus nichtselbständiger Arbeit (§ 19 EStG)

Fahrtenbuchmethode

Der **geldwerte Vorteil** für die private Nutzung des betrieblichen Kraftfahrzeugs kann auch mit den **entstehenden Aufwendungen** für das Kraftfahrzeug angesetzt werden, **wenn** die für das Kraftfahrzeug insgesamt entstehenden Aufwendungen durch Belege und das Verhältnis der privaten zu den übrigen Fahrten durch ein **ordnungsgemäßes Fahrtenbuch** (H 8.1 (9-10) LStR 2015) nachgewiesen werden. Die insgesamt durch das Kraftfahrzeug **entstehenden Aufwendungen** i.S.d. § 8 Abs. 2 Satz 4 (Gesamtkosten) sind als Summe der Nettoaufwendungen zuzüglich Umsatzsteuer zu ermitteln.

Bei Fahrzeugen, die die **Voraussetzungen des Elektromobilitätsgesetzes** erfüllen, gelten die auf Seite 106 zusammengestellten **Reduktionen**. So wird beispielsweise bei einem nach dem 31.12.2018 und vor dem 01.01.2022 angeschafften Elektro- und Hybridfahrzeug, das einen Höchstschadstoffausstoß von max. 50 g CO_2 oder eine Mindestreichweite mit Elektrobetrieb von 40 km hat, bei der Anwendung der 1%-Methode **nur 50% des Listenpreises** angesetzt. Bei Anwendung der Fahrtenbuchmethode halbiert sich die Abschreibung um die Hälfte.

Bei einem nach dem 31.12.2018 und vor dem 01.01.2031 angeschafften Fahrzeug **ohne** Kohlendioxidemission und einem Bruttolistenpreis bis max. **60.000 €** ist die Bemessungsgrundlage für den privaten Nutzungsanteil mit **25%** anzusetzen (§ 6 Abs. 1 Nr. 4 Satz 2 Nr. 3 bzw. Satz 3 Nr. 3).

Fahrräder und Elektrofahrräder

Die Steuerbefreiung nach § 3 Nr. 37 gilt für Fahrräder und für Elektrofahrräder, sofern diese verkehrsrechtlich **nicht** als **Kraftfahrzeuge** einzuordnen sind. Die Steuerbefreiung gilt jedoch **nicht**, wenn die Fahrradüberlassung im Wege der **Gehaltsumwandlung** erfolgt.

Überlässt der Arbeitgeber dem Arbeitnehmer das begünstigte betriebliche Fahrrad erstmals **nach dem 31.12.2018 und vor dem 01.01.2031**, wird der **monatliche Durchschnittswert** der privaten Nutzung (**einschließlich Privatfahrten, Fahrten zwischen Wohnung** und erster Tätigkeitsstätte sowie Familienheimfahrten im Rahmen einer doppelten Haushaltsführung) für das Kalenderjahr **ab 01.01.2020** mit 1% eines auf **volle 100 Euro abgerundeten Viertels** der unverbindlichen Preisempfehlung des Herstellers/Importeurs/Großhändlers im Zeitpunkt der Inbetriebnahme des Fahrrads einschließlich Umsatzsteuer festgesetzt.

Ist ein Elektrofahrrad verkehrsrechtlich als **Kraftfahrzeug** einzuordnen (z.B. Elektrofahrräder, deren Motor auch Geschwindigkeiten **über 25 km/h** unterstützt), greift die Steuerbefreiung für die gewährten Vorteile für die Überlassung eines betrieblichen Fahrrads nach § 3 Nr. 37 **nicht.** In diesem Falle gilt nach einem gleich lautenden Ländererlass vom 09.01.2020, BStBl I 2020, S. 216, die Neuregelung zu den **rein elektrisch angetriebenen Kraftfahrzeugen** (§ 6 Abs. 1 Nr. 4 Satz 2 Nr. 3).

Danach ist für die Bewertung des geldwerten Vorteils nach **§ 8 Abs. 2 Satz 2 bis 5** i.V.m. § 6 Abs. 1 Nr. 4 Satz 2 vorzunehmen, d.h., 1% für Privatfahrten, 0,03% für jeden Entfernungskilometer für Fahrten zwischen **Wohnung und erster Tätigkeitsstätte**. Bemessungsgrundlage ist das auf **volle 100 Euro abgerundete Viertel** der unverbindlichen Preisempfehlung des Herstellers/Importeurs/Großhändlers im Zeitpunkt der Inbetriebnahme des Fahrrads einschließlich Umsatzsteuer.

Die Geringfügigkeitsgrenze von **44 Euro** nach § 8 Abs. 2 Satz 11 kommt **nicht** zur Anwendung.

146 A. Einkommensteuer

BEISPIEL

Ein Arbeitgeber aus München überlässt zu Beginn des Jahres 2020 einem Arbeitnehmer ein E-Bike, das verkehrsrechtlich **nicht als Kraftfahrzeug** einzuordnen ist. Der Bruttolistenpreis des Herstellers des Fahrrads im Zeitpunkt der Inbetriebnahme beträgt 3.699 €. Der Arbeitnehmer nutzt das Fahrrad auch für tägliche Fahrten zur 12 km von seiner Wohnung entfernten ersten Tätigkeitsstätte.

Fall 1:

Der Arbeitnehmer erhält das E-Bike **zusätzlich** zum ohnehin geschuldeten Arbeitslohn.

Die Überlassung des Fahrrads an den Arbeitnehmer ist steuerfrei gemäß § 3 **Nr. 37**.

Fall 2:

Das vom Arbeitgeber überlassene E-Bike wird im Rahmen einer **Gehaltsumwandlung** finanziert Bemessungsgrundlage: ¼ x 3.699 € = 924,75 €, abgerundet auf volle 100 € = 900 €.

Der monatliche geldwerte Vorteil beträgt 9 € (1 % x 900 €). Dieser ist steuerpflichtig. Die Freigrenze nach § 8 Abs. 2 Satz 11 findet **keine** Anwendung (siehe RdNrn. 2 und 3 des gleich lautenden Ländererlasses vom 09.01.2020, BStBl. I 2020, S. 216).

Fall 3:

Der Arbeitnehmer erhält das E-Bike **zusätzlich** zum ohnehin geschuldeten Arbeitslohn, allerdings ist das überlassene E-Bike verkehrsrechtlich als **Kraftfahrzeug** einzuordnen, da der Elektromotor Geschwindigkeiten über 25 km/h unterstützt.

Die Steuerbefreiung § 3 Nr. 37 kommt **nicht** zur Anwendung, da es sich **verkehrsrechtlich um ein Kraftfahrzeug** handelt. Die Bewertung des geldwerten Vorteils erfolgt unter Anwendung des § 8 Abs. 2 Satz 2 bis 5 i. V.m. § 6 Abs. 1 Nr. 4 Satz 2.

Bemessungsgrundlage: ¼ x 3.699 € = 924,75 €, abgerundet auf volle 100 € = 900 €.

	Privatnutzung 1 % x 900 €	9,00 €
+	Fahrten Wohnung u. erste Tätigkeitsstätte: 0,03 % x 900 € x 12 E-km	3,24 €
=	**Geldwerter Vorteil pro Monat**	**12,24 €**

Die Freigrenze nach § 8 Abs. 2 Satz 11 findet **keine** Anwendung (siehe RdNrn. 5 und 6 des gleich lautenden Ländererlasses vom 09.01.2020, BStBl. I 2020, S. 216).

Bezug von Waren und Dienstleistungen

Der steuerlichen Bewertung der Sachbezüge, die die Voraussetzungen der R 8.2 Abs. 1 LStR 2015 erfüllen, sind die **Endpreise** (einschließlich der Umsatzsteuer) zugrunde zu legen, zu denen der Arbeitgeber die **Waren oder Dienstleistungen** fremden Letztverbrauchern im allgemeinen Geschäftsverkehr am Ende von Verkaufsverhandlungen durchschnittlich anbietet (§ 8 Abs. 3).

Auf diesen Angebotspreis sind der gesetzliche Bewertungsabschlag von **4 %** und der gesetzliche Rabattfreibetrag von **1.080 Euro** zu berücksichtigen (§ 8 Abs. 3 Satz 2).

Bei der Ermittlung des tatsächlichen Angebotspreises können übliche **Preisnachlässe** abgezogen werden (BMF-Schreiben vom 16.05.2013, BStBl I 2013, S. 729 f., RdNr. 8).

BEISPIEL

Ein Automobilunternehmen überlässt einem Arbeit**nehmer** ein Kraftfahrzeug zu einem Vorzugspreis von **28.000 €** brutto gegen Bankscheck. Der Listenpreis des Kraftfahrzeugs beträgt **35.000 €**. Der Automobilhändler gewährte seinen Kunden in den letzten drei Monaten für dieses Modell durchschnittlich einen Rabatt von **10 %**.

11.1 Einkünfte aus nichtselbständiger Arbeit (§ 19 EStG)

Der Arbeit**nehmer** erhielt in diesem Jahr noch keinen Personalrabatt.

Der **geldwerte Vorteil** wird wie folgt berechnet:

	Pkw-Listenpreis	35.000 €
-	10 % Rabatt (10 % von 35.000 €)	- 3.500 €
=	verbleiben	31.500 €
-	**4%** vom Endpreis (4 % von 31.500 €)	- 1.260€
	geminderter Endpreis	30.240 €
-	bezahlter Preis des Arbeitnehmers	- 28.000 €
	Arbeitslohn	2.240 €
-	**Rabatt-Freibetrag** (§ 8 Abs. 3)	- 1.080 €
=	**geldwerter Vorteil**	**1.160€**

Fahrtkostenzuschüsse des Arbeitgebers

Vergütungen des Arbeitgebers für Fahrten zwischen Wohnung und erster Tätigkeitsstätte (Fahrtkostenzuschüsse) stellen **grundsätzlich steuerpflichtigen Arbeitslohn** dar (R 19.3 Abs. 3 Nr. 2)

Eine Ausnahme besteht nach § 3 Nr. 15) für bestimmte Arbeitgeberleistungen, die **zusätzlich** zum ohnehin geschuldeten Arbeitslohn erbracht werden. Dies ist der Fall, wenn die zweckbestimmte Leistung zum Arbeitslohn hinzukommt, den der Arbeitgeber arbeitsrechtlich schuldet. Bei **Gehaltsumwandlung** liegt **keine** zusätzliche Leistung vor (BFM-Schreiben vom 14.12.2016, BStBl I S. 1446).

Unter die Steuerbefreiung des § 3 Nr. 15 fallen Arbeitgeberleistungen in Form von **unentgeltlichen** oder verbilligt überlassenen **Fahrberechtigungen** (Sachbezug) sowie **Zuschüsse** (Barlohn) des Arbeitgebers zu den von den Arbeitnehmern selbst erworbenen Fahrberechtigungen. Begünstigt sind Arbeitgeberleistungen (z.B. Jobtickets) mit öffentlichen Verkehrsmitteln im Personen**fern**verkehr zwischen **Wohnung** und **erster Tätigkeitsstätte** und für Fahrten nach § 9 Abs. 1 Satz 3 Nr. 4 a Satz 3 (1. Alternative) **und** Arbeitgeberleistungen für **alle** Fahrten des Arbeitnehmers im öffentlichen Personen**nah**verkehr (2. Alternative). Die steuerfreie Arbeitgeberleistung **mindert** den als **Entfernungspauschale** (§ 9 Abs. 1 Satz 3 Nr. 4 Satz 2) abziehbaren Betrag (§ 3 Nr. 15 Satz 3). Eine Minderung der Entfernungspauschale erfolgt maximal bis auf 0 Euro.

Kommt für diese Sachbezüge und Zuschüsse die Steuerfreiheit § 3 Nr. 15 **nicht** zum Ansatz, kann der Arbeitgeber die Lohnsteuer mit einem Pauschsteuersatz von 15 % (§ 40 Abs. 2 Satz 2 **Nr. 1**) besteuern. Die nach dieser Vorschrift pauschal besteuerten Sachbezüge und Zuschüsse werden auf die Entfernungspauschale **angerechnet**.

Durch § 40 Abs. 2 Satz 2 **Nr. 2** besteht für den Arbeitgeber die Möglichkeit, anstelle der Steuerfreiheit nach § 3 Nr. 15 die Lohnsteuerpauschalierung mit **25%** zu wählen. Dies hat zur Folge, dass die Anrechnung auf die Entfernungspauschale **unterbleibt**. Die Pauschalierungsmöglichkeit mit 25 % gilt darüber hinaus für die in § 3 Nr. 15 genannten Sachbezüge und Zuschüsse, die nicht zusätzlich zum ohnehin geschuldeten Arbeitslohn erbracht werden und deshalb die Voraussetzungen für die Steuerfreistellung nicht erfüllen.

Für mittels Entgeltumwandlung finanzierte Sachbezüge und Zuschüsse im Zusammenhang mit der Nutzung öffentlicher Verkehrsmittel für Fahrten zwischen Wohnung und erster Tätigkeitsstätte kann der Arbeitgeber zwischen den Pauschalsteuersätzen von 15 % oder 25 % wählen. Bei Anwendung des Pauschalsteuersatzes von 25 % erfolgt beim Arbeitnehmer keine Anrechnung auf die Entfernungspauschale. Wählt der Arbeitgeber die Pauschalsteuer von 25 %, ist diese einheitlich für alle in § 3 Nr. 15 genannten Bezüge anzuwenden, die der Arbeitgeber dem Arbeitnehmer innerhalb eines Kalenderjahres gewährt.

BEISPIEL

Der **Arbeitgeber ersetzt** in 2020 dem ledigen Arbeitnehmer A, der mit eigenem Pkw an 240 Arbeitstagen zur ersten Tätigkeitsstätte gefahren ist (kürzeste Straßenverbindung 25 km) 0,40 € pro Arbeitstag und Entfernungskilometer.
Macht der Arbeitgeber von der **Pauschalbesteuerung** Gebrauch, schuldet er die pauschale Steuer in Höhe von **270 €** (240 Tage x 25 km x 0,30 € = 1.800 € x 15 %). Der übersteigende Betrag von **600 €** (240 Tage x 25 km x 0,40 € = 2.400 € − 1.800 €) unterliegt der Regelbesteuerung (Besteuerung nach den Lohnsteuerabzugsmerkmalen). Für den Arbeitnehmer entfällt insoweit der Werbungskostenabzug (= 1.800 €).

Würde der Arbeitgeber von der **Pauschalbesteuerung keinen Gebrauch** machen, läge der steuerpflichtige Arbeitslohn für die Vergütung bei 2.400 € (240 Tage x 25 km x 0,40 €), der zusammen mit dem laufenden Arbeitslohn der Regelbesteuerung unterläge. Die abzugsfähigen Werbungskosten würden dann 1.800 € (240 Tage x 25 km x 0,30 €) betragen.

ÜBUNG → 1. Wiederholungsfragen 6 bis 8 (Seite 164),
2. Fälle 3 bis 6 (Seiten 165 f.)

11.1.3 Zeitlicher Ansatz des Arbeitslohns

Der **Zufluss** des Arbeitslohns richtet sich nach der **Sonderregelung** des **§ 38a Abs. 1 Satz 2 und Satz 3** (§ 11 Abs. 1 Satz 4).

Nach § 38a Abs. 1 Satz 2 und Satz 3 ist zwischen **laufendem Arbeitslohn** und **sonstigen Bezügen** zu unterscheiden.

Laufender Arbeitslohn ist der Arbeitslohn, der dem Arbeitnehmer regelmäßig fortlaufend zufließt, z.B. **Monatsgehälter**, Wochen- und Tagelöhne, Mehrarbeitsvergütungen, Zuschläge und Zulagen, geldwerte Vorteile aus der ständigen Überlassung von Dienstwagen zur privaten Nutzung.
Der **laufende Arbeitslohn** gilt in dem Kalenderjahr als **bezogen**, in dem der Lohnzahlungszeitraum **endet** (§ 11 Abs. 1 i.V.m. § 38a Abs. 1 **Satz 2**).

Ein **sonstiger Bezug** ist der Arbeitslohn, der **nicht** als laufender Arbeitslohn gezahlt wird. Zu den <u>sonstigen Bezügen</u> gehören insbesondere einmalige Arbeitslohnzahlungen, die neben dem laufenden Arbeitslohn gezahlt werden, z.B. **13. und 14. Monatsgehälter**, einmalige Abfindungen und Entschädigungen, Gratifikationen und Tantiemen, die nicht fortlaufend gezahlt werden sowie **Weihnachtszuwendungen**.
Ein **sonstiger Bezug** wird in dem Kalenderjahr **bezogen**, in dem er dem Arbeitnehmer **zufließt** (§ 11 Abs. 1 i.V.m. § 38a Abs. 1 **Satz 3**).

Zusammenfassung zu Abschnitt 11.1.3:

| ÜBUNG → | Wiederholungsfragen 9 und 10 (Seite 164) |

11.1.4 Vom Arbeitslohn abziehbare Beträge

Vom **steuerpflichtigen Arbeitslohn** können zur Ermittlung der Einkünfte unter bestimmten Voraussetzungen folgende **Beträge abgezogen** werden:

1. **Versorgungsfreibetrag und Zuschlag zum Versorgungsfreibetrag** (§ 19 Abs. 2),
2. **Werbungskosten** (§ 9) **oder** Arbeitnehmer-Pauschbetrag (§ 9a Nr. 1a) sowie **Pauschbetrag für Versorgungsbezüge** (§ 9a Nr. 1b).

11.1.4.1 Versorgungsfreibetrag und Zuschlag zum Versorgungsfreibetrag

Seit 2005 bleiben nach § 19 Abs. 2 von den Versorgungsbezügen ein nach einem Prozentsatz ermittelter, auf einen Höchstbetrag begrenzter Betrag (**Versorgungsfreibetrag**) und ein **Zuschlag** zum Versorgungsfreibetrag **steuerfrei**.

A. Einkommensteuer

Versorgungsbezüge sind nach § 19 Abs. 2 Satz 2 Bezüge und Vorteile aus **früheren** Dienstleistungen, die

1. als Ruhegehalt, Witwen- oder Waisengeld, Unterhaltsbeitrag oder gleichartiger Bezug aufgrund **beamtenrechtlicher** oder entsprechender gesetzlicher Vorschriften gewährt werden (**Beamtenpensionen**) **oder**

2. in anderen Fällen (bei Arbeitnehmern aus der **Privatwirtschaft**) wegen **Erreichen einer Altersgrenze**, wegen **verminderter Erwerbsfähigkeit** oder als **Hinterbliebenenbezüge** gewährt werden (**Direkt- oder Pensionszusage**). Bezüge, die wegen **Erreichen einer Altersgrenze** gewährt werden, gelten erst dann als **Versorgungsbezüge, wenn** der Steuerpflichtige das **63. Lebensjahr** oder, wenn er **Schwerbehinderter** (ab Grad der Behinderung von mindestens 50 %) ist, das **60. Lebensjahr** vollendet hat.

BEISPIELE

zu 1. Hugo Boos, **geb. 03.01.1962,** war als **Beamter** Steuerrat beim Finanzamt Nürnberg-Ost. Er erhielt im VZ 2020 Ruhegehälter von insgesamt 24.000 €. Die Ruhegehälter sind **Beamtenpensionen**.

Boos bezieht im VZ 2020 **Versorgungsbezüge** i.S.d. § 19 Abs. 2 Satz 2 Nr. 1a. Er hat Anspruch auf einen **Versorgungsfreibetrag** und einen **Zuschlag** zum Versorgungsfreibetrag (§ 19 Abs. 2 Satz 3).

zu 2. Andrea Herz, **geb. 15.05.1958**, war in der Privatwirtschaft **Buchhalterin beschäftigt**. Sie ist seit ihrem 60. Lebensjahr im Ruhestand und erhielt im VZ 2020 Betriebspensionen aus einer Pensionszusage in Höhe von insgesamt 7.200 €, die nicht auf frühere Beitragsleistungen der Steuerpflichtigen beruhen. Herz ist nicht schwerbehindert.

Herz bezieht im VZ 2020 **keine Versorgungsbezüge** i.S.d. § 19 Abs. 2 Satz 2 Nr. 2, weil sie die Altersgrenze (63. Lebensjahr; Vollendung des 63. Lebensjahres mit Ablauf 14.05.2021) noch nicht erreicht hat. Mit Vollendung des 63. Lebensjahrs hat sie Anspruch auf den **Versorgungsfreibetrag** und den **Zuschlag** zum Versorgungsfreibetrag.

Die **Direktzusage (Pensionszusage)** ist eine **Verpflichtung** des Arbeitgebers, seinem Arbeitnehmer **Versorgungsleistungen** bei Eintritt in den Ruhestand zu erbringen. Der Arbeitgeber bildet hierfür eine Pensionsrückstellung, die für die Steuerbilanz nach § 6a zu bewerten ist. Zusätzlich kann der Arbeitgeber die Anwartschaften über eine Rückdeckungsversicherung abdecken. Durch die **Zusage** erhält der Arbeitnehmer **keinen Rechtsanspruch** gegenüber einem Dritten. Der Arbeitnehmer hat **lediglich eine Zusage** für den Versorgungsfall.

Vor Eintritt des Versorgungsfalls fließt dem Arbeitnehmer **kein Vermögenswert** zu und damit auch **kein Arbeitslohn. Im Versorgungsfall** führen die Einnahmen beim Arbeitnehmer zu **Einkünften gemäß § 19 Abs. 1 Nr. 2** (ggf. unter Berücksichtigung des Versorgungsfreibetrags § 19 Abs. 2 Satz 2 Nr. 2).

Dies gilt auch bei **Unterstützungskassen**. Dabei handelt es sich um einen **externen Versorgungsträger**, der, wie bei der Pensionszusage, dem Arbeitnehmer **keinen Rechtsanspruch auf künftige Versorgungsleistungen** gewährt.

Der Versorgungsfreibetrag wird bis zum Jahr 2040 in dem Umfang abgeschmolzen, wie die Rentenbesteuerung ansteigt (§ 19 Abs. 2 Satz 3).

11.1 Einkünfte aus nichtselbständiger Arbeit (§ 19 EStG)

Für das Versorgungseintrittsjahr **2020** beträgt der **Versorgungsfreibetrag 16,0 % der Versorgungsbezüge, höchstens** jedoch **1.200 Euro** (siehe **Tabelle** in § 19 Abs. 2 Satz 3). Der **Zuschlag** zum Versorgungsfreibetrag ist für das Versorgungseintrittsjahr **2020** mit **360 Euro** anzusetzen (siehe **Tabelle** in § 19 Abs. 2 Satz 3).

Die Besteuerung der Versorgungsbezüge erfolgt nach dem sog. **Kohortenprinzip**, d.h., für den einzelnen Bezieher von Versorgungsbezügen wird die Besteuerungssituation jeweils in dem Zustand „eingefroren", der **im Jahr des Eintritts in die Pension** vorgelegen hat. Der bei **Beginn des Versorgungsbezugs** ermittelte **Versorgungsfreibetrag** und der **Zuschlag** zum Versorgungsfreibetrag bleiben **auf Dauer unverändert**.

<u>Bemessungsgrundlage</u> für den Versorgungsfreibetrag ist bei Versorgungsbeginn

a) **vor** 2005 das **Zwölffache** des Versorgungsbezugs für **Januar 2005**,
b) **ab** 2005 das **Zwölffache** des Versorgungsbezugs für den **ersten vollen Monat**.

Zur Bemessungsgrundlage gehören **auch Sonderzahlungen** im Kalenderjahr, auf die zu diesem Zeitpunkt ein Rechtsanspruch besteht (§ 19 Abs. 2 Satz 4).

Für jeden **vollen** Kalendermonat, für den keine Versorgungsbezüge gezahlt werden, **ermäßigen** sich der Versorgungsfreibetrag und der Zuschlag zum Versorgungsfreibetrag um je **ein Zwölftel** (§ 19 Abs. 2 Satz 12).

BEISPIEL

Der Beamte A geht am 01.07.2020 in Pension. Die Versorgungsbezüge betragen monatlich 2.000 € brutto. Zum 01.09.2020 erfolgt eine Anpassung auf 2.050 €. Für Dezember hat er Anspruch auf ein Weihnachtsgeld in Höhe von 50 % seiner Versorgungsbezüge.
Die zu versteuernden Versorgungsbezüge für den VZ 2020 werden wie folgt ermittelt:

Versorgungsbezüge für 6 Monate:		
2 x 2.000 € =	4.000 €	
4 x 2.050 € =	8.200 €	
Weihnachtsgeld (50 % von 2.050 €) =	1.025 €	13.225 €
Bemessungsgrundlage Versorgungsfreibetrag:		
12 x 2.000 € =	24.000 €	
Weihnachtsgeld (50 % von 2.000 €) =	1.000 €	
Summe	25.000 €	
Versorgungsfreibetrag:		
16,0% von 25.000 € =4.000 €, höchstens	1.200 €	
Zuschlag zum Versorgungsfreibetrag	360 €	
Summe (§ 19 Abs. 2 Satz 1)	1.560 €	
anteilig zu gewähren mit ⁶⁄₁₂ von 1.560 € =	−	780 €
steuerpflichtiger Teil der Versorgungsbezüge		12.445 €
abzüglich Werbungskosten-Pauschbetrag (§ 9a Nr. 1b)	−	102 €
zu versteuernde Versorgungsbezüge im VZ 2020		**12.343 €**

Der **jährliche** Freibetrag wird mit **1.560 €** (1.200 € Versorgungsfreibetrag und 360 € Zuschlag zum Versorgungsfreibetrag) bis ans Lebensende des A festgeschrieben.

ÜBUNG → 1. Wiederholungsfragen 11 bis 14 (Seite 164),
2. Fälle 7 bis 9 (Seite 166)

11.1.4.2 Werbungskosten oder Arbeitnehmer-Pauschbetrag sowie Pauschbetrag für Versorgungsbezüge

11.1.4.2.1 Werbungskosten

<u>Werbungskosten</u> sind bei einem Arbeitnehmer alle **Aufwendungen**, die ihm zur **Erwerbung, Sicherung oder Erhaltung** seiner **Einnahmen** aus nichtselbständiger Arbeit erwachsen (§ 9).

Werbungskosten sind bei den Einkünften aus nichtselbständiger Arbeit z.B.:

- **Beiträge zu Berufsverbänden** (z.B. Gewerkschaftsbeiträge),

- **Aufwendungen** des Arbeitnehmers **für die Wege zwischen Wohnung und erster Tätigkeitsstätte**. Zur Abgeltung dieser Aufwendungen ist für jeden Arbeitstag, an dem der Arbeitnehmer die erste Tätigkeitsstätte aufsucht, eine **Entfernungspauschale** für jeden vollen Kilometer der Entfernung zwischen Wohnung und erster Tätigkeitsstätte von **0,30 Euro** (**ab 2021: 0,35 Euro** ab dem **21. Kilometer**) anzusetzen, **höchstens** jedoch **4.500 Euro** im Kalenderjahr, sofern der Arbeitnehmer nicht den eigenen oder zur Nutzung überlassenen Pkw benutzt (**§ 9 Abs. 1 Satz 3 Nr. 4**),

- **Aufwendungen für Arbeitsmittel** (= Gegenstände, die unmittelbar der Erledigung der beruflichen Aufgaben dienen), zum Beispiel für Werkzeuge und typische Berufskleidung,

- **Absetzungen für Abnutzung (AfA)**. § 6 Abs. 2 Sätze 1 bis 3 ist in Fällen der Anschaffung oder Herstellung von Wirtschaftsgütern entsprechend anzuwenden,

- **Aufwendungen für ein häusliches Arbeitszimmer** sowie die **Kosten der Ausstattung**, wenn das Arbeitszimmer den Mittelpunkt der gesamten beruflichen Betätigung bildet oder für die berufliche Tätigkeit kein anderer Arbeitsplatz zur Verfügung steht (§ 9 **Abs. 5** i. V. m. § 4 Abs. 5 Satz 1 **Nr. 6b**),

- **Homeoffice-Pauschale** im Zeitraum **01.01.2020 bis 31.12.2021,** sofern **kein** häusliches Arbeitszimmer vorliegt: Für jeden Kalendertag **5 Euro**, **höchstens 600 Euro** im Kalenderjahr. Die Homeoffice-Pauschale wird in die Werbungskostenpauschale eingerechnet und **nicht zusätzlich** gewährt.

- **Mehraufwendungen für Verpflegung** (z.B. **doppelte Haushaltsführung**).

Aufwendungen für ein **häusliches Arbeitszimmer** sowie die **Kosten der Ausstattung** sind dann als Werbungskosten bzw. Betriebsausgaben abziehbar, wenn das Arbeitszimmer den Mittelpunkt der gesamten beruflichen und betrieblichen Betätigung bildet oder für die berufliche oder betriebliche Tätigkeit kein anderer Arbeitsplatz zur Verfügung steht. Im letzteren Fall wird die Höhe der abziehbaren Aufwendungen auf **1.250 Euro** begrenzt.

Die **Beschränkung** der Höhe nach gilt **nicht**, wenn das Arbeitszimmer den Mittelpunkt der gesamten beruflichen und betrieblichen Betätigung bildet.

Liegt **kein** häusliches Arbeitszimmer vor oder wird auf den Abzug solcher Aufwendungen **verzichtet**, kann der Arbeitnehmer für jeden Kalendertag, an dem er seine berufliche Tätigkeit ausschließlich in der **häuslichen Wohnung** ausübt und keine sonstige Betätigungsstätte aufsucht, einen Betrag von **5 Euro** abziehen, **höchstens** aber **600 Euro** im Kalenderjahr. Diese sog. **Homeoffice-Pauschale** wird in die **Werbungskostenpauschale eingerechnet** und **nicht zusätzlich** gewährt. Sie gilt **befristet** für im Zeitraum vom **01.01.2020 bis 31.12.2021** in der häuslichen Wohnung ausgeübte Tätigkeiten (§ 4 Abs. 5 Satz 1 Nr. 6b Satz 4).

11.1 Einkünfte aus nichtselbständiger Arbeit (§19 EStG)

Entfernungspauschale/tatsächliche Aufwendungen

Die folgenden Sachverhalte sind bei der Entfernungspauschale zu berücksichtigen:

- Der Abzug der Entfernungspauschale erfolgt **ab dem ersten Kilometer der Entfernung**.
- Bei Benutzung **öffentlicher Verkehrsmittel** dürfen die höheren Aufwendungen als die Entfernungspauschale abgesetzt werden (§ 9 Abs. 2 Satz 2).
- Bei Benutzung einer **Fähre** dürfen die Fährkosten zusätzlich zur Entfernungspauschale abgezogen werden (BMF-Schreiben vom 31.10.2013, BStBl I 2013, S. 1376).
- Neben der Entfernungspauschale sind **Unfallkosten** als Werbungskosten [H 9.10 (Unfallschäden) LStH 2015] zu berücksichtigen.

Die verkehrsmittelunabhängige **Entfernungspauschale** wird für jeden **vollen** Kilometer der Entfernung wie folgt ermittelt:

Entfernungspauschale = Arbeitstage x Entfernungskilometer x 0,30 Euro.

Zur Entlastung der Fernpendler wird die Entfernungspauschale (§ 9 Abs. 1 Satz 3 Nr. 4) **befristet erhöht**. Sie beträgt ab dem 21. Entfernungskilometer vom 01.01.2021 bis 31.12.2023 **0,35 Euro** je km der Entfernung und vom 01.01.2024 bis 31.12.2026 **0,38 Euro** je km der Entfernung. Außerdem wird eine **Mobilitätsprämie** eingeführt (siehe Seite 155).

Die Bestimmung der maßgeblichen ersten Tätigkeitsstätte richtet sich vorrangig **nach den dienst- oder arbeitsrechtlichen Bestimmungen durch den Arbeitgeber**. Der Ort der ersten Tätigkeitsstätte ist grundsätzlich entscheidend für die Bestimmung der Entfernungskilometer. Erläuterungen und Beispiele enthält das ergänzte BMF-Schreiben vom 24.10.2014, BStBl I 2014, S. 1412.

> **BEISPIEL**
>
> Der Arbeitnehmer A, Koblenz, fuhr im Jahr 2020 an **220 Arbeitstagen** mit seinem **Pkw** zu seiner **arbeitsvertraglich** bestimmten ersten Tätigkeitsstätte. Die kürzeste Straßenverbindung zwischen Wohnung und erster Tätigkeitsstätte beträgt **20,6 km**.
>
> A kann 2020 für Fahrten zwischen Wohnung und erster Arbeitsstätte folgende **Entfernungspauschale** als Werbungskosten geltend machen:
>
> Entfernungspauschale = 220 Arbeitstage x 20 km x 0,30 Euro = **1.320 €**.
>
> Der Arbeitnehmer A würde die gleiche steuerliche Entlastung erhalten, wenn er den Weg zwischen Wohnung und erster Arbeitsstätte mit einem **anderen Fahrzeug** (z.B. Motorrad, Motorroller, Moped, Mofa, Fahrrad) oder **zu Fuß** zurückgelegt hätte.

Die Entfernungspauschale ist grundsätzlich auf einen Höchstbetrag von **4.500 Euro** begrenzt (§ 9 Abs. 1 Satz 3 Nr. 4). Diese Beschränkung auf **4.500 Euro** greift

- wenn der Weg zwischen Wohnung und erster Tätigkeitsstätte mit einem **Motorrad, Motorroller, Moped, Fahrrad** oder **zu Fuß** zurückgelegt wird,
- bei Benutzung eines Kraftwagens für die Teilnehmer einer **Fahrgemeinschaft** und zwar für die Tage, an denen der Arbeitnehmer seinen **eigenen** oder **überlassenen** Kraftwagen nicht einsetzt,
- bei Benutzung **öffentlicher Verkehrsmittel**, soweit im Kalenderjahr keine höheren Aufwendungen glaubhaft gemacht oder nachgewiesen werden (§ 9 Abs. 2 Satz 2).

A. Einkommensteuer

Bei Benutzung eines **eigenen** oder dem Arbeitnehmer zur Nutzung **überlassenen** Kraftwagens darf der Ansatz der Entfernungspauschale zu einem **höheren Betrag als 4.500 Euro** führen, falls der Steuerpflichtige nachweist bzw. glaubhaft macht, dass er das Fahrzeug tatsächlich in entsprechendem Umfang für Fahrten zwischen Wohnung und erster Tätigkeitsstätte genutzt hat (§ 9 Abs. 1 Satz 3 Nr. 4).

Unabhängig von der Art der **Fahrgemeinschaft** wird jedem Teilnehmer der Fahrgemeinschaft die Entfernungspauschale entsprechend der für ihn maßgebenden Entfernungsstrecke gewährt. Einzelheiten zur Fahrgemeinschaft enthält das BMF-Schreiben vom 31.10.2013 BStBl I 2013, S. 1376 ff.

Bei Familienheimfahrten im Rahmen der **doppelten Haushaltsführung** ist die Entfernungspauschale nach § 9 Abs. 1 Satz 3 Nr. 5 Satz 4 für jeweils eine tatsächlich durchgeführte Heimfahrt wöchentlich abziehbar (R 9.11 Abs. 6 Satz 1 Nr. 2 LStR 2015).

Für **Flugstrecken** und Strecken mit **steuerfreier Sammelbeförderung** gilt die Entfernungspauschale **nicht** (§ 9 Abs. 1 Nr. 4 Satz 3). Für Flugstrecken sind die **tatsächlichen Aufwendungen** anzusetzen.

Behinderte Arbeitnehmer können **anstelle** der Entfernungspauschale die **tatsächlichen Aufwendungen** für die Benutzung des eigenen Kraftfahrzeugs zu Fahrten zwischen Wohnung und erster Tätigkeitsstätte als **Werbungskosten** geltend machen (§ 9 Abs. 2 Satz 3).

BEISPIEL

Ein **Behinderter** i. S. d. § 9 Abs. 2 Satz 3 ist in 2020 mit dem eigenen Pkw an 226 Arbeitstagen von seiner Wohnung zu seiner arbeitsvertraglich bestimmten ersten Tätigkeitsstätte gefahren. Die einfache Entfernung (kürzeste Straßenverbindung) beträgt 23 km.

Die gesamten Pkw-Kosten beliefen sich bei einer Gesamtleistung von 18.500 km auf **7.825 €**. Er kann für den VZ 2020 folgende Fahrtkosten als Werbungskosten geltend machen:

$$\text{Fahrtkosten} = \frac{7.825\,€ \times 226 \text{ Tage} \times 2 \times 23 \text{ km}}{18.500 \text{ km}} = 4.397,23\,€.$$

Ohne Einzelnachweis der tatsächlichen Aufwendungen können die Fahrtkosten nach den Regeln der R 9.5 Abs. 1 Satz 5 LStR 2015 i. V. m. dem **BMF-Schreiben vom 31.10.2013** (BStBl I 2013, S. 1376 ff.) angesetzt werden, d. h. zum Beispiel bei einer Pkw-Benutzung **0,30 Euro je gefahrenem Kilometer** (R 9.10 Abs. 3 LStR 2015).

BEISPIEL

Sachverhalt wie zuvor mit dem Unterschied, dass der Behinderte die Fahrtkosten nach dem BMF-Schreiben vom 31.10.2013 (BStBl I, 2013, S. 1376 ff.) ansetzt.

Der Steuerpflichtige kann für den VZ 2020 folgende Fahrtkosten ab dem ersten **gefahrenen** Kilometer als Werbungskosten geltend machen:

$$\text{Fahrtkosten} = 226 \text{ Tage} \times 2 \times 23 \text{ km} \times 0,30\,€ = 3.118,80\,€.$$

11.1 Einkünfte aus nichtselbständiger Arbeit (§ 19 EStG)

Mobilitätsprämie (§§ 101 bis 109 EStG n.F.)

Von 2021 bis einschließlich 2026 wird die sogenannte **Mobilitätsprämie** eingeführt. Im Rahmen des **Werbungskostenabzugs** können Steuerpflichtige für den Zeitraum 2021 bis 2026 die Mobilitätsprämie **anstelle** der Berücksichtigung der **erhöhten** Entfernungspauschalen wählen.

Ein **Anspruch** auf die **Mobilitätsprämie** besteht, wenn das **zu versteuernde Einkommen**, das sich unter Berücksichtigung der erhöhten Entfernungspauschalen ergibt, **unterhalb des Grundfreibetrages** (§ 32a) in Höhe von 9.744 Euro (2021) liegt. Bei Ehegatten, die zusammen zur Einkommensteuer veranlagt werden, sind das gemeinsame zu versteuernde Einkommen und der doppelte Grundfreibetrag maßgebend.

Bemessungsgrundlage für die Mobilitätsprämie ist die erhöhte Entfernungspauschale von 0,35 Euro (2021 bis 2023) bzw. 0,38 Euro (2024 bis 2026) **ab dem 21. Entfernungskilometer**.

Bei Arbeitnehmern gilt dies **nur**, **soweit** die **ab dem 21. Entfernungskilometer erhöhte Entfernungspauschale** zusammen mit den übrigen Werbungskosten aus nichtselbständiger Arbeit den Arbeitnehmer-Pauschbetrag in Höhe von 1.000 € (§ 9a Satz 1 Nr. 1 Buchstabe a) **überschreitet**.

Die Mobilitätsprämie beträgt **14 %** (§ 101 Satz 4) der Bemessungsgrundlage und muss mindestens 10 € betragen (§ 105 Satz 2 EStG n.F.).

Die Mobilitätsprämie gehört **nicht** zu den **steuerpflichtigen Einnahmen** i.S.d. EStG (§ 106 EStG n.F.).

Bei der Ermittlung der Mobilitätsprämie im Zusammenhang mit Einkünften aus nichtselbständiger Arbeit (§ 19) sind folgende Aspekte zu berücksichtigen:

- Das **zu versteuernde Einkommen** muss **geringer** sein als der im jeweiligen Veranlagungszeitraum maßgebende **Grundfreibetrag** (§ 32a Abs. 1 Satz 1 Nr. 1).

- Die **Entfernung** zwischen Wohnung und erster Tätigkeitsstätte muss **mehr als 20 Kilometer** betragen.

- Bei Arbeitnehmern muss die Summe der nachgewiesenen Werbungskosten **höher** als der Werbungskosten-Pauschbetrag von **1.000 Euro** (§ 9a Nr. 1a) sein.

- Die nachgewiesenen Werbungskosten werden bei der Ermittlung des zu versteuernden Einkommens **bis zur Höhe** des im Veranlagungszeitraum gültigen **Grundfreibetrags** berücksichtigt.

- Wird die erhöhte Entfernungspauschale ganz oder teilweise **nicht** verwendet, um den im Veranlagungszeitraum gültigen Grundfreibetrag zu erreichen und **übersteigen** die nachgewiesenen Werbungskosten den Werbungskosten-Pauschbetrag (1.000 €), wird der **verbleibende**, nicht für den Werbungskostenabzug benötigte Teil der erhöhten Entfernungspauschale als **Bemessungsgrundlage** für die Ermittlung der Mobilitätsprämie herangezogen.

- Die nachgewiesenen Werbungskosten **vermindern** sich um den Teil der **erhöhten** Entfernungspauschale, der für die Mobilitätsprämie Verwendung findet.

A. Einkommensteuer

BEISPIEL 1

Andreas Aicher, Mannheim, ledig, 21 Jahre, fährt in 2021 an 200 Tagen zur 45 km von seiner Wohnung entfernten ersten Tätigkeitsstätte. Neben den Fahrtkosten macht er unbestritten sonstige Werbungskosten i.H.v. 400 € geltend. Sein Bruttoarbeitslohn beträgt 10.250,00 €. Die abzugsfähigen Sonderausgaben belaufen sich auf 1.700 €. Weitere Einkünfte liegen nicht vor.

Ermittlung der Werbungskosten:

Fahrtkosten 1. bis 20. km:	20 km/Tag x 0,30 €/km x 200 Tage	1.200 €
Fahrtkosten 21. bis 45. km:	25 km/Tag x 0,35 €/km x 200 Tage	1.750 €
Sonstige Werbungskosten		400 €
Summe der Werbungskosten aus nichtselbständiger Arbeit		**3.350 €**

Ermittlung des zu versteuernden Einkommens **vor** Ermittlung der Mobilitätsprämie:

	Bruttoarbeitslohn	10.250 €	
	Verbleibende Werbungskosten vor Mobilitätsprämie	– 3.350 €	6.900 €
=	Summe der Einkünfte = Gesamtbetrag der Einkünfte		6.900 €
-	Sonderausgaben		– 1.700 €
=	**Einkommen = zu versteuerndes Einkommen**		**5.200 €**

Das zu versteuernde Einkommen i.H.v. 5.200 € unterschreitet den Grundfreibetrag (2021) um 4.544 € (9.744 € – 5.200 €). Damit liegt die erhöhte Entfernungspauschale (1.750 €) innerhalb des Betrags, um den das zu versteuernde Einkommen den Grundfreibetrag unterschreitet und der zu keiner steuerlichen Entlastung führen konnte. Die erhöhte Entfernungspauschale von 1.750 € bildet die Bemessungsgrundlage für die Mobilitätsprämie.

Mobilitätsprämie: 14 % x 1.750 € = 245 €

Ermittlung der abzugsfähigen Werbungskosten nach Mobilitätsprämie:

	Fahrtkosten 1. bis 20. km:	20 km/Tag x 0,30 €/km x 200 Tage	1.200 €
	Fahrtkosten 21. bis 45. km:	25 km/Tag x 0,35 €/km x 200 Tage	1.750 €
	Sonstige Werbungskosten		400 €
=	**Summe der Werbungskosten aus nichtselbständiger Arbeit**		**3.350 €**
-	Verbrauch für Mobilitätsprämie		–1.750 €
=	**verbleibender Werbungskostenabzug**		**1.600 €**

Ermittlung des zu versteuernden Einkommens **nach** Ermittlung der Mobilitätsprämie:

	Bruttoarbeitslohn	10.250 €	
	Verbleibende Werbungskosten nach der Mobilitätsprämie	– 1.600 €	8.650 €
=	Summe der Einkünfte = Gesamtbetrag der Einkünfte		8.650 €
-	Sonderausgaben		– 1.700 €
=	**Einkommen = zu versteuerndes Einkommen**		**6.950 €**

11.1 Einkünfte aus nichtselbständiger Arbeit (§ 19 EStG)

BEISPIEL 2

Bernhard Bär, Köln, ledig, 21 Jahre, fährt 2021 an 150 Tagen zur 40 km von seiner Wohnung entfernten ersten Tätigkeitsstätte. Außer den Fahrtkosten macht er keine weiteren Werbungskosten geltend. Sein Bruttoarbeitslohn beträgt 13.146,00 €. Die abzugsfähigen Sonderausgaben belaufen sich auf 1.900 €. Weitere Einkünfte liegen nicht vor.

Ermittlung der Werbungskosten:

Fahrtkosten 1. bis 20. km:	20 km/Tag x 0,30 €/km x 150 Tage	900 €
Fahrtkosten 21. bis 40. km:	20 km/Tag x 0,35 €/km x 150 Tage	1.050 €
Sonstige Werbungskosten		0 €
Summe der Werbungskosten aus nichtselbständiger Arbeit		**1.950 €**

Ermittlung des zu versteuernden Einkommens **vor** Ermittlung der Mobilitätsprämie:

	Bruttoarbeitslohn	13.146 €	
	Verbleibende Werbungskosten vor Mobilitätsprämie	- 1.950 €	11.196 €
=	Summe der Einkünfte = Gesamtbetrag der Einkünfte		11.196 €
-	Sonderausgaben		- 1.900 €
=	**Einkommen = zu versteuerndes Einkommen**		**9.296 €**

Das zu versteuernde Einkommen i.H.v. 9.296 € unterschreitet den Grundfreibetrag (2021) um 448 € (9.744 € - 9.296 €). Die nachgewiesenen Werbungkosten i.H.v. 1.950 € übersteigen die Werbungskostenpauschale um 950 €. Die verbleibenden 950 € resultieren aus der erhöhten Entfernungspauschale, die sich steuerlich nur in Höhe von 502 € (950 € - 448 €) auswirken kann.

Die Bemessungsgrundlage für die Mobilitätsprämie beträgt 448 €.

Mobilitätsprämie: 14 % x 448 € = 62,72 €

Ermittlung der abzugsfähigen Werbungskosten nach Mobilitätsprämie:

	Fahrtkosten 1. bis 20. km:	20 km/Tag x 0,30 €/km x 150 Tage	900 €
	Fahrtkosten 21. bis 40. km:	20 km/Tag x 0,35 €/km x 150 Tage	1.050 €
	Sonstige Werbungskosten		0 €
=	**Summe der Werbungskosten aus nichtselbständiger Arbeit**		**1.950 €**
-	Verbrauch für Mobilitätsprämie		- 448 €
=	**verbleibender Werbungskostenabzug**		**1.502 €**

Ermittlung des zu versteuernden Einkommens **nach** Ermittlung der Mobilitätsprämie:

	Bruttoarbeitslohn	13.146 €	
	Verbleibende Werbungskosten nach der Mobilitätsprämie	- 1.502 €	11.644 €
=	Summe der Einkünfte = Gesamtbetrag der Einkünfte		11.644 €
-	Sonderausgaben		- 1.900 €
=	**Einkommen = zu versteuerndes Einkommen**		**9.744 €**

A. Einkommensteuer

BEISPIEL 3

Anton Maier, Mannheim, ledig, 21 Jahre, fährt im Jahr 2021 an 150 Tagen zur 40 km von seiner Wohnung entfernten ersten Tätigkeitsstätte. Außer den Fahrtkosten macht er weitere Werbungskosten i. H. v. 200,00 € geltend. Sein Bruttoarbeitslohn beträgt 11.188 €. Die abzugsfähigen Sonderausgaben belaufen sich auf 1.450 €. Weitere Einkünfte liegen nicht vor.

Ermittlung der Werbungskosten:

Fahrtkosten 1. bis 20. km:	20 km/Tag x 0,30 €/km x 150 Tage	900 €
Fahrtkosten 21. bis 40. km:	20 km/Tag x 0,35 €/km x 150 Tage	1.050 €
Sonstige Werbungskosten		200 €
Summe der Werbungskosten aus nichtselbständiger Arbeit		**2.150 €**

Ermittlung des zu versteuernden Einkommens **vor** Ermittlung der Mobilitätsprämie:

	Bruttoarbeitslohn		11.188 €
	Verbleibende Werbungskosten vor Mobilitätsprämie	- 2.150 €	9.038 €
=	Summe der Einkünfte = Gesamtbetrag der Einkünfte		9.038 €
-	Sonderausgaben		- 1.450 €
=	**Einkommen = zu versteuerndes Einkommen**		**7.588 €**

Das zu versteuernde Einkommen i. H. v. 7.588 € unterschreitet den Grundfreibetrag (2021) um 2.156 € (9.744 € - 7.588 €). Die nachgewiesenen Werbungkosten i. H. v. 2.150 € übersteigen die Werbungskostenpauschale um 1.150 €. Die verbleibenden 1.150 € resultieren mit 1.050 € aus der erhöhten Entfernungspauschale.

Die Bemessungsgrundlage für die Mobilitätsprämie beträgt 1.050 €.

Mobilitätsprämie: 14 % x 1.050 € = 147 €

Ermittlung der abzugsfähigen Werbungskosten nach Mobilitätsprämie:

	Fahrtkosten 1. bis 20. km:	20 km/Tag x 0,30 €/km x 150 Tage	900 €
	Fahrtkosten 21. bis 40. km:	20 km/Tag x 0,35 €/km x 150 Tage	1.050 €
	Sonstige Werbungskosten		200 €
=	**Summe der Werbungskosten aus nichtselbständiger Arbeit**		**2.150 €**
-	Verbrauch für Mobilitätsprämie		- 1.050 €
=	**verbleibender Werbungskostenabzug**		**1.100 €**

Ermittlung des zu versteuernden Einkommens **nach** Ermittlung der Mobilitätsprämie:

	Bruttoarbeitslohn		11.188 €
	Verbleibende Werbungskosten nach der Mobilitätsprämie	- 1.100 €	10.088 €
=	Summe der Einkünfte = Gesamtbetrag der Einkünfte		10.088 €
-	Sonderausgaben		- 1.450 €
=	**Einkommen = zu versteuerndes Einkommen**		**8.638 €**

11.1 Einkünfte aus nichtselbständiger Arbeit (§ 19 EStG)

Arbeitsmittel

Aufwendungen für die Einrichtung eines häuslichen Arbeitszimmers sind nur dann – ggf. ohne Rücksicht auf die Anerkennung eines häuslichen Arbeitszimmers – als Werbungskosten abziehbar, wenn es sich um **typische Arbeitsmittel** handelt (z.B. Klavier eines Musiklehrers). § 4 Abs. 5 **Nr. 6b gilt nicht** für typische Arbeitsmittel (§ 9 Abs. 1 Nr. 6).

Die Anschaffungs- oder Herstellungskosten von **Arbeitsmitteln** einschließlich der Umsatzsteuer können **im Jahr der Anschaffung oder Herstellung** in voller Höhe als Werbungskosten abgesetzt werden, wenn die Anschaffungskosten (netto) für nach dem 31.12.2017 angeschaffte Arbeitsmittel **800 Euro nicht übersteigen** (§ 9 Abs. 1 Nr. 6 Satz 2 und R 9.12 Satz 1 LStR 2015, R 9b Abs. 2 EStR 2012).

> **BEISPIEL**
>
> Der Steuerpflichtige Kurt Leiner hat sich in 01.04.2020 einen Computer für **800 € + 152 € USt = 952,00 €** angeschafft, den er fast ausschließlich beruflich als Arbeitsmittel nutzt.
>
> Der Steuerpflichtige kann für den VZ 2020 **952 €** als **Werbungskosten** absetzen oder über die Nutzungsdauer des Computers abschreiben.

Nach dem 31.12.2017 anfallende Anschaffungs- oder Herstellungskosten **von mehr als 800 Euro netto** sind auf die Kalenderjahre der voraussichtlichen **Nutzungsdauer des Arbeitsmittels** zu verteilen und in jedem dieser Jahre **anteilig als Werbungskosten** zu berücksichtigen. Die AfA-Beträge sind im Jahr der Anschaffung **monatsgenau** zu ermitteln (§ 9 Abs. 1 Satz 3 Nr. 6 i.V.m. § 7, R 9.12 Satz 2 LStR 2015).

> **BEISPIEL**
>
> Der Steuerpflichtige Friedhelm Rengel hat sich am 13.08.2020 einen Computer für **1.000 € + 160 € USt = 1.160 €** angeschafft (angepasster Umsatzsteuersatz). Der Computer, der ein steuerlich anerkanntes Arbeitsmittel ist, hat eine **Nutzungsdauer** von **3 Jahren**.
>
> Der Steuerpflichtige kann für den VZ 2020 die **AfA** in Höhe von **161,11 €** (33 ⅓ % x 1.160 € x ⁵/₁₂) als **Werbungskosten** absetzen (§ 9 Abs. 1 Nr. 6 und Nr. 7, § 9b Abs. 1).

Doppelte Haushaltsführung

Nach § 9 Abs. 1 Satz 3 **Nr. 5 Satz 1** können **notwendige Mehraufwendungen**, die einem Arbeitnehmer wegen einer **aus beruflichem Anlass** begründeten **doppelten Haushaltsführung** entstehen, als Werbungskosten abgezogen werden, soweit sie nicht vom Arbeitgeber steuerfrei ersetzt werden.

Eine **doppelte Haushaltsführung** liegt nur vor, wenn der Arbeitnehmer außerhalb des Orts, in dem er einen **eigenen Hausstand** unterhält, beschäftigt ist und auch **am Beschäftigungsort wohnt** (§ 9 Abs. 1 Satz 3 **Nr. 5 Satz 2**; R 9.11 Abs. 1 LStR 2015).

Ein **eigener Hausstand** des Arbeitnehmers setzt eine eingerichtete, den Lebensbedürfnissen entsprechende Wohnung sowie die finanzielle Beteiligung an den Kosten der Lebensführung voraus (R 9.11 Abs. 3 LStR 2015).

Arbeitnehmer **ohne eigenen Hausstand** außerhalb des Beschäftigungsorts erfüllen **nicht** die Voraussetzungen für eine doppelte Haushaltsführung.

Als **Unterkunftskosten** im Rahmen der doppelten Haushaltsführung können die tatsächlichen Aufwendungen, **höchstens 1.000 Euro/Monat** angesetzt werden (§ 9 Abs. 1 Satz 3 Nr. 5 Satz 4). Für den Fall der Anmietung der Zweitwohnung unterliegen dem Höchstbetrag die Aufwendungen für die Bruttokaltmiete sowie die warmen und kalten Betriebskosten inklusive Strom. Steht die **Zweitwohnung im Eigentum des Arbeitnehmers**, umfassen die

A. Einkommensteuer

Unterkunftskosten die Abschreibung auf das Gebäude, Fremdkapitalzins während des Zeitraums der Nutzung sowie die warmen und kalten Betriebskosten inklusive Strom.

Die doppelte Haushaltsführung ist bei folgenden **Sachverhalten** praktisch bedeutsam:

- erstmaliger Antritt einer Arbeitsstelle oder ein Arbeitgeberwechsel,
- Versetzung an einen anderen Beschäftigungsort,
- längerfristige vorübergehende Auswärtstätigkeit, z.B. durch befristete Abordnung, Besuche von Lehrgängen,
- Tätigkeiten auf ständig wechselnden Einsatzstellen, z.B. Bau- und Montagearbeiter,
- Wegverlegung der Familienwohnung aus privaten Gründen vom Beschäftigungsort (R 9.11 Abs. 2 Sätze 5 und 6 LStR 2015).

Voraussetzungen für das Vorliegen einer doppelten Haushaltsführung (BMF-Schreiben vom 24.10.2014, BStBtl I 2014, S. 1412, Rz 99 f.) sind:

- Unterhalten eines eigenen Hausstands und finanzielle Beteiligung an den Kosten der Lebensführung in Höhe von **mehr als 10 %** der regelmäßig anfallenden laufenden Kosten der Haushaltsführung (z.B. Miete, Mietnebenkosten),
- zusätzliche Wohnung am Beschäftigungsort und
- berufliche Veranlassung der doppelten Haushaltsführung.

Einzelheiten zu diesen Voraussetzungen werden in den Lohnsteuer-Richtlinien (R 9.11 LStR 2015) sowie im ergänzten BMF-Schreiben vom 24.10.2014, BStBl I 2014, S. 1412 erläutert.

Liegen die Voraussetzungen für eine doppelte Haushaltsführung vor, können folgende **Werbungskosten** abgezogen werden [R 9.11 (5-10) LStR 2015] sowie ergänztes BMF-Schreiben vom 24.10.2014, BStBl I 2014, S. 1412]:

1. **Fahrtkosten (R 9.11 Abs. 6 LStR)**

   1.1 erste und letzte Fahrt:
   tatsächliche Aufwendungen oder
   mit eigenem Pkw 0,30 € je gefahrenem Kilometer (Reisekostenregelung),

   1.2 eine Heimfahrt pro Woche
   tatsächliche Aufwendungen für ein Flugticket oder
   Entfernungspauschale von 0,30 € je Entfernungskilometer.
   Unternimmt der Arbeitnehmer keine Heimfahrt, kann er Kosten für ein 15 Minuten dauerndes Telefongespräch pro Woche ansetzen.

2. **Verpflegungsmehraufwendungen (R 9.11 Abs. 7 LStR)**

   Wie bei einer beruflich veranlassten Auswärtstätigkeit gelten die Dreimonatsfrist und die folgenden Pauschbeträge (§ 9 Abs. 4a Satz 6):
   14 € für den An- und Abreisetag,
   28 € pro Tag bei 24 Std. Abwesenheit.

3. **notwendige Aufwendungen für die Zweitwohnung am Beschäftigungsort (R 9.11 Abs. 8 LStR)**

   Aufwendungen für notwendige Einrichtungsgegenstände sind **nicht** in die 1.000-Euro-Grenze nach § 9 Abs. 1 Satz 3 Nr. 5 Satz 4 EStG einzubeziehen (Urteil vom 04.04.2019 – VI R 18/17, BStBl 2019 II S. 499).

11.1 Einkünfte aus nichtselbständiger Arbeit (§ 19 EStG)

BEISPIEL

Der verheiratete Arbeitnehmer A wird von seinem Arbeitgeber aus beruflichem Anlass für zwei Jahre vom 01.01.2020 bis 31.12.2021 von seinem bisherigen Arbeitsort in Koblenz nach Berlin versetzt.

A behält seinen Hauptwohnsitz in Koblenz bei (Mittelpunkt seines Lebensinteresses) und bezieht eine Zweitwohnung (60 qm groß) am Beschäftigungsort Berlin. Bei der Hinfahrt nach Berlin verbringt A 12 Stunden außerhalb seines Hauptwohnsitzes. Die Miete einschließlich kalter und warmer Betriebskosten für die Zweitwohnung beträgt monatlich **1.120 €**.

Für Gegenstände, die zur Führung eines geordneten Haushalts erforderlich sind (z.B. Bett, Schränke, Sitzmöbel, Tisch, Kücheneinrichtung, Lampen), hat A **2.000 €/Jahr** Wertminderung.

An den meisten Wochenenden (in 2020: 40mal) fährt A zu seiner Familie nach Koblenz (einfache Entfernung 599 km). In den ersten drei Monaten kommt A ausnahmslos freitags gegen 23:00 Uhr zu Hause an und fährt montags gegen 2:00 Uhr wieder nach Berlin zurück. Anstelle einer Heimfahrt sind in 2020 Telefonkosten in Höhe von **235 €** angefallen, die nicht zu beanstanden sind. Mehraufwendungen für die doppelte Haushaltsführung werden vom Arbeitgeber **nicht** ersetzt.

A kann für 2020 folgende **Werbungskosten** absetzen:

1. Fahrtkosten		
• Kosten der ersten Fahrt: 599 km x 0,30 € =	180 €	
• Fahrtkosten für Heimfahrten: 599 km x 40 x 0,30 € =	7.188 €	
• Telefonkosten	235 €	7.603 €
2. Verpflegungsmehraufwendungen		
• Hinfahrt: 1 x 14 €	14 €	
• 3 Monate: 36 x 28 € (Dienstag bis Donnerstag) =	1.008 €	
26 x 14 € (Montag und Freitag) =	364 €	1.386 €
Für Samstag und Sonntag gibt es keinen Pauschbetrag.		
3. Aufwendungen für Zweitwohnung		
• Miete: 12 x 1.120 € = 13.440 €, max. 12 x 1.000 €	12.000 €	
• Wertminderung Einrichtungsgegenstände	2.000 €	
		14.000 €
Werbungskosten insgesamt		**22.289 €**

Keine Mehraufwendungen wegen doppelter Haushaltsführung sind Fahrten zwischen der Zweitwohnung und der ersten Tätigkeitsstätte. Die Fahrten zwischen der Zweitwohnung und der ersten Tätigkeitsstätte sind nach § 9 Abs. 1 Satz 3 **Nr. 4 neben** den Mehraufwendungen wegen doppelter Haushaltsführung als Werbungskosten abzugsfähig.

Sonstige Werbungskosten

Die **Aufzählung** der in § 9 Abs. 1 Nrn. 1 bis 7 als **Werbungskosten** anerkannten Aufwendungen ist **nicht erschöpfend**.

A. Einkommensteuer

Zu weiteren Aufwendungen, die als **Werbungskosten** abziehbar sind, gehören z.B.:

- **Aufwendungen für die Aus- und Fortbildung** (R 9.2 LStR 2015),
- **Ausgaben im Zusammenhang mit Berufsverbänden** (R 9.3 LStR 2015)
- **Reisekosten** (R 9.4 LStR 2015),
- **Umzugskosten** (R 9.9 LStR 2015),
- **Kontoführungsgebühren** (ohne Nachweis **16 Euro jährlich**).

11.1.4.2.2 Arbeitnehmer-Pauschbetrag und Pauschbetrag für Versorgungsbezüge

Werden **keine** höheren Werbungskosten nachgewiesen, wird von den Einnahmen aus nichtselbständiger Arbeit ein **Pauschbetrag** abgezogen (§ 9a Satz 1 Nr. 1).
Nach § 9a Satz 1 Nr. 1 sind folgende **Pauschbeträge** abzuziehen:

1. **Arbeitnehmer-Pauschbetrag** von **1.000 Euro** (§ 9a Satz 1 **Nr. 1a**),

2. **Pauschbetrag für Versorgungsbezüge** von **102 Euro**, wenn Versorgungsbezüge erzielt worden sind (§ 9a Satz 1 **Nr. 1b**),

3. Übernachtungs-Pauschbetrag für **Berufskraftfahrer** (§ 9 Abs. 1 Satz 3 Nr. 5b) i.H.v. **8 € pro Kalendertag**. Auf Nachweis können auch höhere Aufwendungen geltend gemacht werden (BStBl 2012 I, S. 1249, vom 01.12.2012).

BEISPIEL

Der ledige Steuerpflichtige Volker Beringer hat im VZ 2020 einen steuerpflichtigen Bruttoarbeitslohn (keine Versorgungsbezüge) in Höhe von **56.000 €** bezogen. Er macht im Einzelnen **keine Werbungskosten** geltend.

Die Einkünfte aus nichtselbständiger Arbeit werden für den VZ 2020 wie folgt ermittelt:

	steuerpflichtiger Bruttoarbeitslohn	56.000 €
-	**Arbeitnehmer-Pauschbetrag** (§ 9a Satz 1 Nr. 1a)	- 1.000 €
=	Einkünfte aus nichtselbständiger Arbeit	**55.000 €**

Die **Pauschbeträge** dürfen nur bis zur Höhe der um den Versorgungsfreibetrag einschließlich des Zuschlags zum Versorgungsfreibetrag (§ 19 Abs. 2) geminderten Einnahmen abgezogen werden (§ 9a Satz 2). Durch den Ansatz der **Pauschbeträge** dürfen also **keine negativen** Einkünfte entstehen.

Werden **Ehegatten zusammen veranlagt** und haben **beide** Ehegatten Einnahmen aus nichtselbständiger Arbeit, so kann **jeder** Ehegatte ebenso wie bei **Einzelveranlagung von Ehegatten** den **Pauschbetrag** bis zur Höhe seiner jeweiligen Einnahmen bzw. bis zur Höhe seiner jeweiligen um den Versorgungsfreibetrag einschließlich des Zuschlags zum Versorgungsfreibetrag geminderten Einnahmen **absetzen**.

11.1 Einkünfte aus nichtselbständiger Arbeit (§ 19 EStG)

BEISPIEL

Ein verheirateter Steuerpflichtiger, der mit seiner Ehefrau **zusammen veranlagt** wird, bezieht erstmals seit 01.01.2020 **Versorgungsbezüge** i.S.d. § 19 Abs. 2 in Höhe von **1.400 €/Monat**. Seine Ehefrau bezog im VZ 2020 einen **Bruttoarbeitslohn** (keine Versorgungsbezüge) von **900 €**. Beide machen im Einzelnen **keine Werbungskosten** geltend.

Die **Einkünfte aus nichtselbständiger Arbeit** werden für den VZ 2020 wie folgt ermittelt:

		Ehemann €	Ehefrau €
	steuerpflichtiger Bruttoarbeitslohn § 19 Abs. 1 Nr. 1 und Nr. 2	16.800	900
−	**Versorgungsfreibetrag** (§ 19 Abs. 2) 16,0 % von 16.800 € = 2.688 €, höchstens	− 1.200	
−	**Zuschlag** zum Versorgungsfreibetrag	− 360	
−	**Arbeitnehmer-Pauschbetrag** maximal 1.000 € (§ 9a **Nr. 1a**)		− 900
−	**Pauschbetrag für Versorgungsbezüge** (§ 9a **Nr. 1b**)	− 102	
=	**Einkünfte** aus nichtselbständiger Arbeit	15.138	0

Die **Pauschbeträge** sind **nicht** zu ermäßigen, wenn die unbeschränkte Steuerpflicht lediglich während eines Teils des Kalenderjahres bestanden hat (R 9a EStR).

Zusammenfassung zu Abschnitt 11.1:

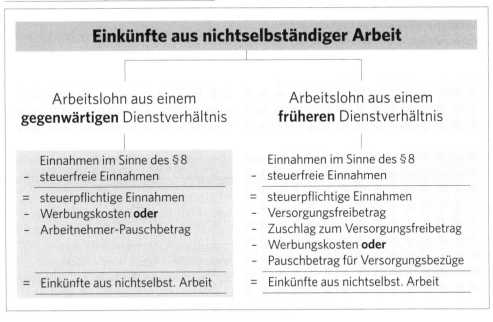

ÜBUNG → 1. Wiederholungsfragen 15 bis 18 (Seite 164),
2. Fälle 10 bis 14 (Seiten 166 f.)

A. Einkommensteuer

11.1.5 Erfolgskontrolle

WIEDERHOLUNGSFRAGEN

1. Welche Personen beziehen Einkünfte aus nichtselbständiger Arbeit?
2. Wer ist Arbeitnehmer?
3. In welche Gruppen lassen sich die Arbeitnehmer steuerlich unterteilen?
4. Was versteht man unter Arbeitslohn?
5. Welche Einnahmen gehören nicht zum Arbeitslohn?
6. Welche Einnahmen aus nichtselbständiger Arbeit sind z.B. steuerfrei?
7. Wie werden Trinkgelder steuerlich behandelt?
8. Wie werden die in der Praxis wichtigsten Sachbezüge steuerlich behandelt?
9. Wann gilt der laufend gezahlte Arbeitslohn als bezogen?
10. Wann wird der sonstige Bezug (der nicht laufend gezahlte Arbeitslohn) bezogen?
11. Welche Beträge können unter bestimmten Voraussetzungen bei der Ermittlung der Einkünfte vom Arbeitslohn abgezogen werden?
12. Was versteht man unter Versorgungsbezügen?
13. Bis zu welchem Betrag sind Versorgungsbezüge im Versorgungseintrittsjahr 2020 steuerfrei?
14. Was versteht man unter dem Kohortenprinzip bei der Besteuerung der Pensionen?
15. Was versteht man unter Werbungskosten bei den Einkünften aus nichtselbständiger Arbeit? Nennen Sie drei Beispiele
16. Wie hoch ist die verkehrsmittelunabhängige Entfernungspauschale?
17. Wie hoch ist der Arbeitnehmer-Pauschbetrag?
18. Wie hoch ist der Pauschbetrag für Versorgungsbezüge?

FÄLLE

FALL 1

Prüfen Sie, ob es sich in den folgenden Fällen um Arbeitnehmer handelt.

1. Die Auszubildende A ist bei einem Steuerberater tätig und bezieht für ihre Tätigkeit eine Ausbildungsvergütung.
2. Studienrat B ist als Beamter beim Land Rheinland-Pfalz tätig und bezieht für seine Tätigkeit ein Gehalt.
3. C erhält als Ruhestandsbeamter vom Land Nordrhein-Westfalen eine Pension.
4. D erhält als Rentner eine Altersrente aus der gesetzlichen Rentenversicherung.
5. E erhält seit Vollendung seines 65. Lebensjahres aus der betrieblichen Pensionskasse e. V. der X-AG aufgrund seiner früheren eigenen Beitragsleistungen eine Rente.
6. F bezieht als ehemaliger leitender Angestellter von seinem früheren Arbeitgeber eine Pension. Die Pension beruht nicht auf früheren Beitragsleistungen des F.
7. Witwe G bezieht nach dem Tod ihres Ehemannes, der beim Finanzamt als Beamter tätig war, eine Witwenpension.
8. Witwe H bezieht nach dem Tod ihres Ehemannes, der beim Finanzamt als Angestellter tätig war, eine Witwenrente aus der gesetzlichen Rentenversicherung.
9. Frau Dr. I bezieht als angestellte Ärztin bei der Universitätsklinik Köln ein Gehalt.

11.1 Einkünfte aus nichtselbständiger Arbeit (§ 19 EStG)

FALL 2

Prüfen Sie, ob es sich in den folgenden Fällen um Arbeitslohn handelt.

1. Ein Steuerberater überreicht seiner Angestellten Sonja Link zwei Goldmünzen im Wert von 1.000 € für hervorragende Leistungen. Ihre Betriebszugehörigkeit beträgt fünf Jahre.
2. Ein Steuerberater stellt allen Arbeitnehmern seines Betriebs kostenlos einen Tischtennisraum zur Verfügung.
3. Die Steuerfachangestellte Susanne Schunk erhält von ihrem Chef zum 21. Geburtstag einen Blumenstrauß im Wert von 30 € (brutto).
4. Metzgermeister Karl Flach gewährt seinem Gesellen Kurt Metzler neben dem Barlohn freie Kost.
5. Patrick Eisinger, Ministerialrat a.D., erhält vom Land Rheinland-Pfalz eine Beamtenpension in Höhe von 36.000 €/Jahr.
6. Die Auszubildende Bettina Stacklies erhält eine monatliche Ausbildungsvergütung von 700 €.
7. Die Steuerfachangestellte Marion Lenz ist in ihrer Freizeit als selbständige Kosmetikvertreterin tätig. Für die Vermittlung von Vertragsabschlüssen erhält sie eine Provision.
8. Schulhausmeister Vöge erhält neben dem Barlohn freie Wohnung von seinem Arbeitgeber zur Verfügung gestellt.
9. Die Auszubildende Mabel Mann besucht das Seminar „PC REWE" für Berufsanfänger. Die Bildungsmaßnahme wird für Rechnung des Arbeitgebers erbracht.

FALL 3

Helga Müller, 25 Jahre alt, ist in 2020 Haushälterin (Steuerklasse I; rk) bei Familie Herzog in Bonn. Neben ihrem monatlichen Bruttoentgelt von 2.856 € erhält Helga Müller volle Verpflegung (Frühstück, Mittag- und Abendessen) und bewohnt kostenlos ein möbliertes Zimmer mit Heizung (ohne Bad und WC) in der Nähe von Familie Herzog in Bonn.

a) Wie hoch sind die monatlichen Sachbezugswerte für 2020?
b) Wie hoch ist der monatliche steuerpflichtige Arbeitslohn?

FALL 4

Der ledige Angestellte Dieter Knopp, 24 Jahre alt, (Steuerklasse I; rk), Ulm, erhält in 2020 einen Firmenwagen auch zur Privatnutzung. Der Bruttolistenpreis im Zeitpunkt der Erstzulassung des Pkws hat 38.766 € betragen. Die Anschaffungskosten betrugen 29.400 €. Die Entfernung zwischen Wohnung und erster Tätigkeitsstätte beträgt 30 km. Dieter Knopp führt kein Fahrtenbuch.

Wie hoch ist der geldwerte Vorteil des Steuerpflichtigen Dieter Knopp für einen Monat?

FALL 5

Die ledige Angestellte Nora Müller, München, 27 Jahre (Steuerklasse I, konfessionslos), erhält seit dem 05.05.2020 einen Firmenwagen zur privaten Nutzung überlassen. Es handelt sich um Elektrofahrzeug ohne CO_2-Ausstoß. Der Bruttolistenpreis beträgt 39.990 €. Die Anschaffungskosten (netto) betrugen 32.000 €. Nora Müller benutzt das Fahrzeug auch für Fahrten zu ihrer 19 km entfernten ersten Tätigkeitsstätte.

Wie hoch ist der geldwerte Vorteil für Nora Müller im Jahr 2020?

A. Einkommensteuer

FALL 6

Arbeitnehmer Frank Hein erhält in 2020 von seinem Arbeitgeber, dem Möbelhändler Lindner, einen Wohnzimmerschrank für 5.000 €. Hein hat § 8 Abs. 3 noch nicht in Anspruch genommen. Der Endpreis dieses Schrankes beträgt für fremde Letztverbraucher 7.500 €. Wie hoch ist der geldwerte Vorteil des Steuerpflichtigen Frank Hein?

FALL 7

Diana Zorn, 81 Jahre alt, war Prokuristin bei den Castor-Werken, Stuttgart. Diana Zorn ist in 2004 wegen Erreichens der Altersgrenze in den Ruhestand getreten.

In 2020 erhielt sie von den Castor-Werken ein monatliches Ruhegehalt von 800 € und 500 € Weihnachtsgeld. Das von den Castor-Werken gezahlte Ruhegehalt beruht auf einer Pensionszusage. Sie beruht nicht auf eigenen Beitragsleistungen von Diana Zorn. Die Bemessungsgrundlage für den Versorgungsfreibetrag gemäß § 19 Abs. 2 Satz 4 beträgt 8.000 €.

Ermitteln Sie die Höhe der Einkünfte gemäß § 19 Abs. 1 Nr. 2 für den VZ 2020?

FALL 8

Jochen Niedersberg vollendete am 15.09.2020 sein 65. Lebensjahr. Er war Angestellter der Ferri-Werke, Hannover, und trat am 30.09.2020 wegen Erreichens der Altersgrenze in den Ruhestand. Die Ferri-Werke zahlen ihm seit 01.10.2020 ein monatliches Ruhegehalt von 1.000 €. Das von den Ferri-Werken gezahlte Ruhegehalt beruht auf einer Pensionszusage und nicht auf früheren Beitragsleistungen des Steuerpflichtigen. Niedersberg ist nicht schwerbehindert.

Wie hoch ist der Versorgungsfreibetrag für den VZ 2020?

FALL 9

Manfred Schneider, 68 Jahre alt, war Geschäftsführer der Tip-Werke, Frankfurt. Er ist mit 65 Jahren wegen Erreichens der Altersgrenze in den Ruhestand getreten. Er erhält seit 2017 von den Tip-Werken ein monatliches Ruhegehalt von 600 €, das sich ab 01.12.2020 auf monatlich 670 € erhöht hat. Das von den Tip-Werken gezahlte Ruhegehalt beruht auf einer Pensionszusage und nicht auf Beitragsleistungen des Steuerpflichtigen Manfred Schneider.

a) Wie hoch ist der Versorgungsfreibetrag für den VZ 2020?
b) Ermitteln Sie die Höhe der Einkünfte (§ 19) für den VZ 2020.

FALL 10

Der Arbeitnehmer Karl Egon Müller wohnt 14,7 Kilometer von seiner ersten Tätigkeitsstätte entfernt. Er legt diesen Weg im Jahr 2020 an 240 Arbeitstagen mit seinem Motorrad zurück.

Wie hoch ist die Entfernungspauschale für den VZ 2020?

FALL 11

Sachverhalt wie im Fall 9 mit dem Unterschied, dass Müller zusammen mit drei Kollegen eine Fahrgemeinschaft gebildet hat. Die Kollegen wechseln sich regelmäßig ab. Müller benutzt tatsächlich nur an 80 Tagen seinen eigenen Pkw für die Fahrten zur ersten Tätigkeitsstätte.

Wie hoch ist die Entfernungspauschale für den VZ 2020?

11.1 Einkünfte aus nichtselbständiger Arbeit (§ 19 EStG)

FALL 12

In 2020 fährt der Arbeitnehmer Werner Will mit seinem Pkw an 230 Tagen von seiner Wohnung zu seiner ersten Tätigkeitsstätte. Die kürzeste Entfernung zwischen Wohnung und erster Tätigkeitsstätte beträgt 30,7 km.

Wie hoch ist die Entfernungspauschale für den VZ 2020?

FALL 13

Der Arbeitnehmer Josef Klein und seine Ehefrau Gisela, geb. Groß, arbeiten im selben Betrieb. In 2020 fahren sie mit ihrem Pkw an 230 Tagen zu ihrer gemeinsamen ersten Tätigkeitsstätte. Die kürzeste Straßenverbindung zwischen Wohnung und erster Tätigkeitsstätte beträgt 20,5 km.

Wie hoch ist die Entfernungspauschale für den VZ 2020?

FALL 14

Karl Mayer, Beamter, geb. 01.05.1954, konfessionslos, ist seit Jahren alleinstehend und wohnt in Straubing. Zum 31.07.2020 ging Karl Mayer in den Ruhestand.
Bei der Ermittlung seiner Einkünfte ist Folgendes zu berücksichtigen:

- Das Bruttogehalt vom 01.01. bis 31.07.2020 betrug 29.400 €.
- Mayer fuhr mit seinem Pkw an 130 Tagen zur ersten Tätigkeitsstätte, einfache Entfernung 25 km.
- Die Pension vom 01.08. bis 31.12.2020 betrug 13.500 €. Der Versorgungsbezug für den ersten vollen Monat beträgt 2.700 €. Sonderzahlungen werden nicht geleistet.
- Weitere Werbungskosten in Zusammenhang mit den Einkünften nach § 19 macht Mayer nicht geltend.

Wie hoch sind die Einkünfte aus nichtselbständiger Arbeit des Steuerpflichtigen Mayer im VZ 2020, wenn keine weiteren Werbungskosten angefallen sind?

FALL 15

Alfred Lohmann, 46 Jahre, arbeitet in Stuttgart und wohnt in Karlsruhe. Die kürzeste Straßenentfernung zwischen Wohnung und erster Tätigkeitsstätte beträgt 82,8 km. Bei Nutzung der öffentlichen Verkehrsmittel beträgt die Entfernung zwischen Wohnung und erster Tätigkeitsstätte 93 km. Die Monatskarte für seine tägliche Fahrstrecke kostet 276 €. Er fährt an 230 Tagen zu seiner ersten Tätigkeitsstätte nach Stuttgart.

Ermitteln Sie die Höhe der Entfernungspauschale für die folgenden Alternativen, die Alfred Lohmann als Werbungskosten geltend machen kann:

a) Lohmann fährt ganzjährig mit der Bahn bzw. öffentlichen Verkehrsmitteln nach Stuttgart.
b) Er fährt ganzjährig unbestritten mit seinem eigenen Fahrzeug nach Stuttgart.
c) Alfred Lohmann bildet mit seinem unmittelbaren Nachbarn eine Fahrgemeinschaft. Sie wechseln sich mit den Fahrten mit dem eigenen PKW ab. Jeder fährt an 115 Tagen mit dem eigenen Pkw nach Stuttgart.
d) Lohmann bildet mit seinem unmittelbaren Nachbarn eine Fahrgemeinschaft. Sie fahren abwechselnd mit dem eigenen Pkw. Lohmann verliert Ende Februar seinen Führerschein und erhält ihn erst am Jahresende zurück. Er ist an 30 Tagen selbst gefahren, an den anderen Tagen konnte er bei seinem Nachbarn im Auto mitfahren.

Weitere Fälle mit Lösungen zu den **Einkünften aus nichtselbständiger Arbeit** (§ 19) finden Sie im **Lösungsbuch** der Steuerlehre 2.

11.2 Einkünfte aus Kapitalvermögen (§ 20 EStG)

Private Kapitalerträge und bestimmte Veräußerungsgeschäfte sind mit der sog. **Abgeltungsteuer** im Auszahlungszeitpunkt durch einen einheitlichen Steuersatz von **25 %** (zuzüglich Solidaritätszuschlag und ggf. Kirchensteuer) **abschließend** (abgeltend) **besteuert** (§ 32d Abs. 1 i.V.m. § 52 Abs. 28).

Tatsächliche Werbungskosten dürfen bei den durch die Abgeltungsteuer geminderten Einnahmen aus Kapitalvermögen **nicht** mehr abgezogen werden (§ 20 Abs. 9 Satz 1, 2. Halbsatz).

Lediglich der **Sparer-Pauschbetrag** in Höhe von 801 Euro bzw. bei zusammen veranlagten Ehegatten in Höhe von 1.602 Euro (**gemeinsamer Sparer-Pauschbetrag**) wird bei der Ermittlung der Einkünfte aus Kapitalvermögen **berücksichtigt** (§ 20 Abs. 9).

Voraussetzung für die Berücksichtigung des **Sparer-Pauschbetrags** bei der Ermittlung der Kapitalertragsteuer ist, dass der Steuerpflichtige einen **Freistellungsauftrag** bei der ausschüttenden Bank eingereicht hat.

Eine Einbeziehung der Einkünfte aus Kapitalvermögen in die **Veranlagung** soll grundsätzlich **nicht** mehr erfolgen. Nur auf **Antrag** werden die Kapitaleinkünfte in die **Veranlagung** einbezogen. Arbeitnehmer, die Kapitaleinkünfte **ohne Steuerabzug** erhalten haben, müssen ab dem **VZ 2019 zwingend** eine **Steuererklärung einreichen** (§ 32d Abs. 3 Satz 3).

Die **Abgeltungsteuer** ist keine neue Steuerart, sondern der Begriff für die seit 01.01.2009 einheitlich eingeführte **Kapitalertragsteuer** von **25 %** (zuzüglich Solidaritätszuschlag und ggf. Kirchensteuer) auf **private** laufende Kapitalerträge (§ 20 **Abs. 1**) und bestimmte **private** Veräußerungsgeschäfte (§ 20 **Abs. 2**).

Zu den Einnahmen aus Kapitalvermögen gehören nicht nur die **laufenden Kapitalerträge** (z.B. Dividenden, Zinsen), sondern auch die **privaten Veräußerungsgeschäfte** i.S.d. § 20 **Abs. 2**, bei denen die **Wertpapiere nach** dem **31.12.2008 angeschafft wurden** (§ 52 Abs. 28).

Rein rechnerische **Wertsteigerungen** während der Dauer der Kapitalanlage gehören **nicht** zu den Einnahmen aus Kapitalvermögen, weil durch bloße Wertsteigerungen keine Einnahmen im Sinne des § 8 zufließen.

Soweit Einnahmen aus Kapitalvermögen zu den Einkünften aus Land- und Forstwirtschaft, Gewerbebetrieb, aus selbständiger Arbeit oder aus Vermietung und Verpachtung gehören, sind sie diesen Einkunftsarten zuzurechnen (Subsidiaritätsprinzip, § 20 Abs. 8 Satz 1).

Zu den Einkünften aus Kapitalvermögen gehören

1. laufende **Kapitalerträge** (§ 20 **Abs. 1**) und
2. bestimmte private **Veräußerungsgeschäfte** (§ 20 **Abs. 2**).

Im Folgenden werden zunächst die **laufenden Kapitalerträge** als „Früchte" des eingesetzten Kapitals an wichtigen Beispielen der Praxis dargestellt und erläutert. Anschließend wird auf bestimmte private Veräußerungsgeschäfte eingegangen.

 Die buchmäßige Darstellung der Einnahmen aus Kapitalvermögen erfolgt im Abschnitt 6.6 „Wertpapiere" der **Buchführung 1**, 32. Auflage, Seiten 309 ff.

11.2.1 Laufende Kapitalerträge (§ 20 Abs. 1 EStG)

Zu den **laufenden Kapitalerträgen** gehören z. B.

1. Gewinnanteile (Dividenden) aus **Beteiligungen an bestimmten juristischen Personen** (§ 20 Abs. 1 Nr. 1),
2. Einnahmen aus der **Beteiligung als stiller Gesellschafter** und aus **partiarischen Darlehen** (§ 20 Abs. 1 Nr. 4),
3. Erträge aus **Kapitallebensversicherungen** (§ 20 Abs. 1 Nr. 6),
4. Erträge aus **sonstigen Kapitalforderungen** (§ 20 Abs. 1 Nr. 7).

11.2.1.1 Gewinnanteile aus Beteiligungen an bestimmten juristischen Personen (Dividendenerträge)

Zu den Einkünften aus Kapitalvermögen gehören **Gewinnanteile** (**Dividenden**) aus Beteiligungen an den in § 20 Abs. 1 Nr. 1 genannten juristischen Personen.
Das sind vor allem Gewinnanteile aus Beteiligungen an **Aktiengesellschaften** (AG), **Europäischen Aktiengesellschaften** (Societas Europaea, SE), **Kommanditgesellschaften auf Aktien** (KGaA), **Gesellschaften mit beschränkter Haftung** (GmbH) sowie **Erwerbs- und Wirtschaftsgenossenschaften**.
Der Gewinn der juristischen Personen wird auf der **Gesellschaftsebene** mit **15 % Körperschaftsteuer** belastet. Dies gilt nach § 23 Abs. 1 KStG unabhängig davon, ob die juristische Person den Gewinn ausschüttet oder einbehält (thesauriert).
Daneben wird bei der juristischen Person ein **Solidaritätszuschlag** in Höhe von **5,5 %** der **festgesetzten Körperschaftsteuer** erhoben (§ 1 Abs. 1 SolZG).
Der zur **Ausschüttung** zur Verfügung stehende Betrag (Brutto-Dividende) entspricht demnach dem Gewinn der juristischen Person abzüglich Körperschaftsteuer und Solidaritätszuschlag, d. h. **84,175 %** des **Gewinns**.

> **BEISPIEL**
>
> Die Borchmann-AG, Erfurt, erzielt in 2020 einen Gewinn vor Steuern von **200.000 €**, der in 2020 an die konfessionslosen Anteilseigner (Gesellschafter) ausgeschüttet wird.
>
> Die Borchmann-AG kann in 2020 folgende maximal mögliche **Ausschüttung** an ihre Gesellschafter vornehmen:
>
> | | | € | Prozent (%) |
> |---|---|---:|---:|
> | | Gewinn der Borchmann-AG 2020 | 200.000,00 | 100,000 |
> | - | Körperschaftsteuer (15 % von 200.000 €) | - 30.000,00 | - 15,000 |
> | - | Solidaritätszuschlag (5,5 % von 30.000 €) | - 1.650,00 | - 0,825* |
> | = | maximal mögliche **Ausschüttung** (**Brutto**-Dividende) | 168.350,00 | 84,175 |
>
> * 5,5 % von 15 % = 0,825 %
>
> Die Borchmann-AG kann in 2020 eine maximale Auszahlung in Höhe von **168.350 €** vornehmen.

Einzelheiten zur **Körperschaftsteuer** erfolgen im Teil B. „Körperschaftsteuer", Seiten 391 ff.

A. Einkommensteuer

Die **Gewinnausschüttungen** (Dividenden) werden i.d.R. **nicht brutto**, sondern **netto** ausgezahlt. Die auszahlende Stelle behält vom Bruttobetrag noch die **Kapitalertragsteuer** den **Solidaritätszuschlag** und ggf. die Kirchensteuer ein.

Die **Kirchensteuer** auf die Kapitalertragsteuer wird für die Angehörigen der kirchensteuererhebenden Religionsgemeinschaften grundsätzlich automatisch einbehalten und abgeführt. Abweichend hiervon kommt es zu einer Bruttoauszahlung, wenn der auszahlenden Stelle ein Freistellungsauftrag mit noch nicht verbrauchtem Freistellungsvolumen vorliegt.

Die **Kapitalertragsteuer** beträgt **25 %** der **Brutto-Dividende** (§ 43a Abs. 1 Nr. 1). Der **Solidaritätszuschlag** wird in Höhe von **5,5 %** der **Kapitalertragsteuer** erhoben (§ 3 Abs. 1 Nr. 5 i.V.m.§ 4 SolZG). Die **Kirchensteuer** beträgt **8 %** (steuerlicher Wohnsitz in Bayern, Baden-Württemberg) oder **9 %** (steuerlicher Wohnsitz in anderen Bundesländern) der **Abgeltungsteuer** (§ 51a Abs. 2b).

Das **Gesetz zur Rückführung des Solidaritätszuschlags** (BStBl I 2020, S. 15) sieht ab dem Jahr 2021 vor, dass der Solidaritätszuschlag als **Zuschlag auf die Kapitalertragsteuer erhalten** bleibt. Im Rahmen der Abgeltungsteuer kann die definitive Belastung durch den Solidaritätszuschlag nur dadurch **verhindert** werden, dass die **Veranlagung nach § 32d Abs. 4** beantragt wird.

Sofern der Steuerpflichtige einer kirchensteuerpflichtigen Religionsgemeinschaft angehört, hat er zwei Möglichkeiten:

1. Einbehaltung der Kirchensteuer durch die Bank durch Abruf der Information zur Religionszugehörigkeit beim Bundeszentralamt für Steuern (automatisiertes Verfahren, § 51a Abs. 2c).

2. Es besteht auch die Möglichkeit, den Abruf beim Bundeszentralamt für Steuern sperren zu lassen (§ 51a Abs. 2e). Der Sperrvermerk bewirkt, dass die Kapitalertragsteuerabzugsverpflichteten keine religionsbezogenen Daten abrufen können. In diesem Fall wird keine Kirchensteuer abgeführt. Der Sperrvermerk verpflichtet den Kirchensteuerpflichtigen zur Abgabe einer Steuererklärung zum Zwecke der Veranlagung wegen Kirchensteuer (§ 51a Abs. 2d Satz 1).

Wird der Bank kein Sperrvermerk übermittelt und gehört der Anleger einer steuererhebenden Religionsgemeinschaft an, wird bei Anlegern die **Abgeltungsteuer** nach folgender **Formel** berechnet (§ 32d Abs. 1 Satz 4):

$$\text{Abgeltungsteuer} \quad = \quad \frac{e - 4q}{4 + k}$$

e = Kapitalertrag, q = anzurechnende ausländische Steuer, k = Kirchensteuersatz

BEISPIEL

In 2020 erhält der Steuerpflichtige Franz Huber, Koblenz, von seiner Bank Dividenden der Borchmann-AG in Höhe von **7.200,49 €** (**Netto**-Dividende) auf seinem Bankkonto gutgeschrieben. Huber ist kirchensteuerpflichtig. Huber hat dem Bundeszentralamt für Steuern keinen Sperrvermerk erteilt (siehe oben). Der Kirchensteuersatz in Rheinland-Pfalz beträgt 9 %. Außerdem hat Huber seiner Bank weder einen Freistellungsauftrag noch eine Nichtveranlagungsbescheinigung eingereicht.

11.2 Einkünfte aus Kapitalvermögen (§ 20 EStG)

Die **Netto-Dividende** für den Steuerpflichtigen Huber wird wie folgt berechnet:

Brutto-Dividende		10.000,00 €
− Abgeltungsteuer $= \dfrac{10.000\,€ - 0}{4 + 0{,}09} = \dfrac{10.000\,€}{4{,}09} =$	−	2.444,99 €
− Kirchensteuer (2.444,99 € x 9 %)	−	220,05 €
− Solidaritätszuschlag (2.444,99 € x 5,5 %)	−	134,47 €
= **Netto-Dividende**		**7.200,49 €**

Mit dieser Berechnung ist die Abzugsfähigkeit der Kirchensteuer **abgegolten**; sie kann **nicht** mehr im Rahmen der **Veranlagung** geltend gemacht werden.

Die Formel für die Berechnung der Brutto-Dividenden mit **Kirchensteuer** lautet:

$$\textbf{Brutto-Dividenden (mit KiSt)} \ = \ \frac{\text{Netto-Dividenden x 100}}{\textbf{72,0049 (9 \%) oder 72,1814 (8 \%)}}$$

BEISPIEL

Sachverhalt wie im Beispiel zuvor

Die **Brutto-Dividende (mit 9 % KiSt)** für den Steuerpflichtigen Huber wird wie folgt berechnet:

$$\textbf{Brutto-Dividenden (mit KiSt)} \ = \ \frac{7.200{,}49\,€ \times 100}{\textbf{72,0049}} = 10.000\,€.$$

Beantragt der Kirchensteuerpflichtige beim Bundesamt für Steuern einen Sperrvermerk nach § 51a Abs. 2e Satz 3, muss der Steuerpflichtige eine Steuererklärung zum Zwecke der Veranlagung zur Kirchensteuer auf die Kapitaleinkünfte abgeben.

BEISPIEL

Sachverhalt wie zuvor mit dem Unterschied, dass Huber einen Sperrvermerk beim Bundeszentralamt für Steuern erklärt hat.

Die **Netto-Dividende** für den Steuerpflichtigen Huber wird wie folgt berechnet:

Brutto-Dividende		10.000,00 €
− Abgeltungsteuer (10.000 € x 25 %)	−	2.500,00 €
− Solidaritätszuschlag (2.500 € x 5,5 %)	−	137,50 €
= **Netto-Dividende**		**7.362,50 €**

Mit dieser Berechnung ist die Kirchensteuer **nicht abgegolten**. Der Steuerpflichtige ist verpflichtet, eine Steuererklärung zum Zwecke der Veranlagung wegen Kirchensteuer abzugeben. Die Kirchensteuer auf die Kapitalerträge führt nicht zu einem Sonderausgabenabzug.

Die Formel für die Berechnung der Brutto-Dividenden **ohne Kirchensteuer** lautet:

$$\textbf{Brutto-Dividenden (ohne KiSt)} \ = \ \frac{\text{Netto-Dividenden x 100}}{\textbf{73,625}}$$

A. Einkommensteuer

Die auszahlende Stelle (in der Regel die Bank) ist verpflichtet, dem Gläubiger der Kapitalerträge auf Antrag eine **Steuerbescheinigung** über die Kapitalertragsteuer und die entsprechenden Zuschlagsteuern auszustellen (§ 45a Abs. 2; BMF-Schreiben vom 15.12.2017, BStBl I 2018, S. 13).

> **BEISPIEL**
>
> Der ledige, konfessionslose Steuerpflichtige Willi Reich, Wiesbaden, erhält in 2020 nach Abzug der Kapitalertragsteuer und des Solidaritätszuschlags Dividenden in Höhe von **736,25 €** (Netto-Dividende) auf seinem Bankkonto gutgeschrieben. Herr Reich hat seiner Bank keinen Freistellungsauftrag eingereicht. Am 26.11.2020 stellt er bei seiner Bank einen Antrag auf eine Steuerbescheinigung nach § 45a Abs. 2.
>
> Die Bank erteilt Herrn Reich folgende Steuerbescheinigung:
>
> Bankhaus Irgendwo AG, A-Stadt
>
> Herrn Willi Reich
> Bahnhofstraße 10
> 65185 Wiesbaden
>
> **Steuerbescheinigung**
>
> Dem Kontoinhaber werden für das Kalenderjahr 2020 für den Zahlungstag 05.03.2020 folgende Abgaben bescheinigt:
>
> | | |
> |---|---:|
> | Höhe der Kapitalerträge
Zeile 7 der Anlage KAP | 1.000,00 € |
> | Kapitalertragsteuer
Zeile 37 der Anlage KAP | 250,00 € |
> | Solidaritätszuschlag
Zeile 38 der Anlage KAP | 13,75 € |
> | Höhe des in Anspruch genommenen Sparer-Pauschbetrages
Zeile 16 der Anlage KAP | 0,00 € |
> | Kirchensteuer zur Kapitalertragsteuer
Zeile 39 der Anlage KAP | 0,00 € |

Der **Abzug** der Kapitalertragsteuer und des Solidaritätszuschlags **entfällt** bei den inländischen Steuerpflichtigen, die der auszahlenden Stelle (in der Regel der Bank) eine „**Nichtveranlagungsbescheinigung (NV-Bescheinigung)**" eingereicht oder einen **Freistellungsauftrag** erteilt haben, soweit der Freistellungsauftrag noch nicht verbraucht ist.

 Einzelheiten zum Freistellungsauftrag und zur Nichtveranlagungsbescheinigung erfolgen im Abschnitt 11.2.3 „Befreiung vom Steuerabzug", Seiten 181 ff.

Gehören die Kapitalerträge **nicht** zu den Einkünften aus Kapitalvermögen, sondern über das Subsidiaritätsprinzip des § 20 Abs. 8 zu **anderen** Einkünften als zu den Einkünften aus Kapitalvermögen, werden die Kapitalertragsteuer und der Solidaritätszuschlag von der auszahlenden Stelle auch erhoben, jedoch **ohne abgeltende Wirkung**.

Bei **Einzelunternehmern** werden die einbehaltenen Steuern als **Privatentnahmen** behandelt, da es sich im Ergebnis um Vorauszahlungen auf die private Einkommensteuerschuld des Unternehmers handelt.

11.2 Einkünfte aus Kapitalvermögen (§ 20 EStG)

BEISPIEL

Die bilanzierende Gewerbetreibende Simone Geyer, Mannheim, besitzt 100 Aktien der Born AG, Koblenz. Die Aktien befinden sich im Betriebsvermögen (Umlaufvermögen).
Im Juni 2020 erhält Geyer eine Dividende. Die Hausbank erteilt Geyer folgende Abrechnung:

100 Aktien x 10 € je Aktie		1.000,00 €
− Kapitalertragsteuer (25 % von 1.000 €)	250,00 €	
− Solidaritätszuschlag (5,5 % von 250 €)	13,75 €	− 263,75 €
= Bankgutschrift		736,25 €

Die Dividenden stellen **Betriebseinnahmen** in Höhe von **1.000 €** dar (§ 15 i. V. m. § 20 Abs. 8). Nach § 3 Nr. 40 sind **40 %** der Betriebseinnahmen **steuerfrei** (**Teileinkünfteverfahren**).
Für Zwecke der **steuerlichen Gewinnermittlung** sind die Erträge in Höhe von 400 € (40 % von 1.000 €) außerhalb der Bilanz zu kürzen.
Aufwendungen, die in wirtschaftlichem Zusammenhang mit diesen Dividenden stehen (z. B. Schuldzinsen für die Aufnahme der Beteiligung an der AG), können nur zu **60 %** als **Betriebsausgaben** abgezogen werden (§ 3c Abs. 2).
Die einbehaltenen Steuerabzugsbeträge hat Frau Geyer in den Zeilen 43 und 44 der Anlage KAP einzutragen.

			EUR	Ct
	Anzurechnende Steuern zu Erträgen in den Zeilen 28 bis 34 sowie aus anderen Einkunftsarten			
43	Kapitalertragsteuer	286/486	250,00	
44	Solidaritätszuschlag	287/487	13,75	
45	Kirchensteuer zur Kapitalertragsteuer	288/488		

Die buchmäßige Darstellung der Dividendenerträge erfolgt im Abschnitt 6.6.2.2 „Dividendenerträge" der Buchführung 1, 32. Auflage 2020, S. 312 ff.

ÜBUNG → 1. Wiederholungsfragen 1 bis 7 (Seite 189),
2. Fälle 1 und 2 (Seite 190)

11.2.1.2 Einnahmen aus der Beteiligung als stiller Gesellschafter und aus partiarischen Darlehen

Einnahmen aus der Beteiligung an einem Handelsgewerbe als stiller Gesellschafter gehören zu den Einkünften aus Kapitalvermögen, wenn es sich um einen **echten** (**typischen**) **stillen Gesellschafter** handelt (§ 20 Abs. 1 **Nr. 4**).

Ein **echter (typischer) stiller Gesellschafter** ist als Kapitalgeber lediglich am Erfolg (Gewinn und ggf. auch am Verlust) der Gesellschaft beteiligt, **nicht** jedoch am Betriebsvermögen einschließlich der stillen Reserven und des Firmen- und Geschäftswertes. Es handelt sich dabei nicht um eine Vermögens-, sondern ausschließlich um eine Erfolgsbeteiligung (§ 230 Abs. 1 HGB).

Ist der Gesellschafter auch am Betriebsvermögen einschließlich der stillen Reserven und des Firmen- und Geschäftswertes beteiligt, ist er ein **unechter (atypischer) stiller Gesellschafter** und hat als Mitunternehmer **Einkünfte aus Gewerbebetrieb**.

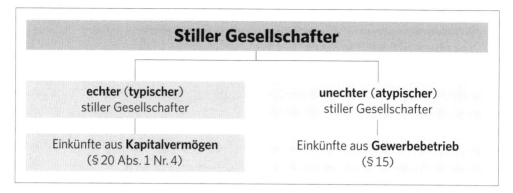

Auch die Einnahmen aus **partiarischen Darlehen** gehören zu den Einkünften aus Kapitalvermögen (§ 20 Abs. 1 **Nr. 4**). Ein **partiarisches Darlehen** ist ein Darlehen, bei dem der Darlehensgeber (Gläubiger) anstelle von Zinsen einen bestimmten Anteil am Gewinn oder Umsatz erhält. Das partiarische Darlehen ähnelt der stillen Gesellschaft, Gläubiger und Schuldner sind jedoch nicht zu einer wirklichen Gesellschaft zusammengeschlossen.

Einnahmen aus partiarischen Darlehen werden dann **nicht** als **Einnahmen aus Kapitalvermögen** behandelt, wenn der Darlehensgeber als **Mitunternehmer** einzustufen ist. Ist der Darlehensgeber als Mitunternehmer anzusehen, erzielt er **Einnahmen aus Gewerbebetrieb** im Sinne des § 15 Abs. 1 Nr. 2.

Handelt es sich bei den Einnahmen aus der Beteiligung als stiller Gesellschafter und den Einnahmen aus partiarischen Darlehen um **Einnahmen aus Kapitalvermögen**, unterliegen diese nach § 43 Abs. 1 Nr. 3 i.V.m. § 43a Abs. 1 **Nr. 1** der **Kapitalertragsteuer** in Höhe von **25 %** des auf den Steuerpflichtigen entfallenden Kapitalertrags. Daneben unterliegen diese Einnahmen dem **Solidaritätszuschlag** in Höhe von **5,5 %** der **Kapitalertragsteuer** (§ 3 Abs. 1 Nr. 5 SolZG). Die **Kirchensteuer** beträgt – wie bei den Dividenden – **8 % bzw. 9 %** der Abgeltungsteuer (§ 51a Abs. 2b).

Nach Abzug der Kapitalertragsteuer und des Solidaritätszuschlags (ohne KiSt) verbleiben **73,625 %** der Brutto-Einnahme. Die **Brutto-Einnahme** stellt die **steuerpflichtige Einnahme** dar.

Die Kapitalertragsteuer, der Solidaritätszuschlag und ggf. die Kirchensteuer werden grundsätzlich bei der auszahlenden Stelle einbehalten und an das Finanzamt abgeführt (§ 44 Abs. 1).

 Einzelheiten zu Ausnahmen vom Steuerabzug erfolgen im Abschnitt 11.2.3 „Befreiung vom Steuerabzug", Seiten 181 ff.

BEISPIEL

Die ledige, konfessionslose Steuerfachangestellte Anne Mehlem, Köln, ist an einem Einzelhandelsbetrieb in Koblenz mit **10 %** als **stille Gesellschafterin** beteiligt. Einen Freistellungsauftrag hat die stille Gesellschafterin dem Einzelhandelsbetrieb nicht erteilt. Nach den getroffenen Vereinbarungen ist sie lediglich am Gewinn beteiligt.

In 2019 hat der Einzelhandelsbetrieb einen Gewinn von 200.000 € erzielt. Bei Auszahlung des Gewinnanteils (10 % von 200.000 € = **20.000 €**) in 2020 sind 25 % Kapitalertragsteuer und 5,5 % Solidaritätszuschlag einbehalten worden, sodass Anne Mehlem **14.725,00 €** auf ihrem Konto gutgeschrieben bekam.

11.2 Einkünfte aus Kapitalvermögen (§ 20 EStG)

Die **Brutto-Einnahme** der Anne Mehlem beträgt 2020:

	€	Prozent (%)
Bankgutschrift (Netto-Betrag)	14.725,00	73,625
+ Kapitalertragsteuer (25 % von 20.000 €)	5.000,00	25,000
+ Solidaritätszuschlag (5,5 % von 5.000 €)	275,00	1,375
= **Brutto-Einnahme**	**20.000,00**	100,000

Mit dem Abzug der Kapitalertragsteuer von 5.000 € und dem Solidaritätszuschlag von 275 € ist der Steuerabzug abgegolten, sodass Frau Mehlem die Einkünfte aus Kapitalvermögen nicht mehr in ihrer Einkommensteuererklärung angeben muss.

Probe: 14.725 € (Netto-Betrag) : 73,625 x 100 = 20.000 € (Brutto-Einnahme)

Nicht unter die **Abgeltungsteuer** fallen Kapitalerträge i.S.d. § 20 Abs. 1 Nr. 4 zwischen **nahestehenden Personen** (§ 32d Abs. 2 Nr. 1a).

Ein Näheverhältnis ist dann anzunehmen, wenn ein besonderes Beherrschungsverhältnis besteht. Davon ist auszugehen, wenn der beherrschten Person aufgrund eines absoluten Abhängigkeitsverhältnisses im Grunde genommen kein eigener Entscheidungsspielraum verbleibt (BMF vom 18.01.2016, BStBl I 2016, S. 85, RdNr. 136).

> **ÜBUNG →** 1. Wiederholungsfragen 8 bis 10 (Seite 189),
> 2. Fall 3 (Seite 190)

11.2.1.3 Erträge aus Kapitallebensversicherungen

Bis zum VZ 2004 unterlagen Erträge aus Kapitallebensversicherungen (aus sog. Altverträgen) **nicht** der Besteuerung (§ 20 Abs. 1 Nr. 6 a.F.).

Seit dem VZ 2005 gehören Erträge aus Kapitallebensversicherungen, die nach dem 31.12.2004 abgeschlossen worden sind (sog. **Neuverträge**), zu den **Einnahmen aus Kapitalvermögen** (§ 20 Abs. 1 Nr. 6).

Als steuerpflichtiger **Ertrag** wird bei Neuverträgen der **Unterschiedsbetrag** zwischen der **Versicherungsleistung** und der **Summe der Versicherungsbeiträge** erfasst, unabhängig von der Laufzeit des Versicherungsvertrags (§ 20 Abs. 1 Nr. 6 **Satz 1**).

> **BEISPIEL**
>
> Der Steuerpflichtige A, Bonn, zahlt ab dem VZ 2020 insgesamt **50.000 €** in eine Kapitallebensversicherung (Neuvertrag) ein. Im Alter von **58 Jahren** erhält er eine Kapitalauszahlung aus dem Neuvertrag in Höhe von **80.000 €**.
>
> Nach § 20 Abs. 1 Nr. 6 **Satz 1** unterliegt der Ertrag mit **30.000 €** (80.000 € – 50.000 €) der Besteuerung.

Von dem Grundsatz, den **gesamten** Unterschiedsbetrag zu erfassen, gibt es nach § 20 Abs. 1 Nr. 6 Satz 2 eine **Ausnahme**.

Die **Erträge** werden nur mit der **Hälfte** versteuert, wenn die **Vertragslaufzeit mindestens zwölf Jahre** beträgt und die **Kapitalauszahlung** erst **nach Vollendung des 60. Lebensjahrs** erfolgt (BMF-Schreiben vom 01.10.2009, BStBl I 2009, S. 1172 ff. mit Ergänzungen durch BMF-Schreiben vom 06.03.2012, BStBl I 2012, S. 238 sowie BMF-Schreiben vom 18.06.2013, BStBl I 2013, S. 768).

A. Einkommensteuer

BEISPIEL

Der 50-jährige Steuerpflichtige B, Köln, schließt in 2020 eine Kapitallebensversicherung ab. Von 2020 bis 2035 zahlt er Beiträge in Höhe von insgesamt **50.000 €** und erhält im Alter von **65 Jahren** in 2035 die Versicherungssumme von **80.000 €** ausgezahlt.

Nach § 20 Abs. 1 Nr. 6 **Satz 2** unterliegt der Ertrag mit **15.000 €** (80.000 € – 50.000 € = 30.000 € x ½ = 15.000 €) der Besteuerung, weil der Steuerpflichtige 2035 das **62. Lebensjahr vollendet** hat und die Vertragslaufzeit **mindestens zwölf Jahre** beträgt.

Seit 2009 fallen Leistungen aus **Neuverträgen**, bei denen die Voraussetzungen des **hälftigen** Unterschiedsbetrags vorliegen, **nicht** unter den **abgeltenden Steuersatz von 25 %**. In diesen Fällen erfolgt eine **Veranlagung** gemeinsam mit den Einkünften aus anderen Einkunftsarten unter Verwendung des progressiven Einkommensteuertarifs (§ 32d Abs. 2 Nr. 2).

Bei Verträgen, die **nach dem 31.12.2011** abgeschlossen werden, ist die Vollendung des **62. Lebensjahres** des Steuerpflichtigen erforderlich (§ 52 Abs. 28 Satz 7 BMF-Schreiben vom 01.10.2009, BStBl I 2009, S. 1172 mit Ergänzungen gültig ab 06.03.2012, BStBl I 2012, S. 238).

ÜBUNG → 1. Wiederholungsfragen 11 und 12 (Seite 189),
2. Fall 4 (Seite 190)

11.2.1.4 Erträge aus sonstigen Kapitalforderungen (Zinsen)

Erträge aus sonstigen Kapitalforderungen gehören ebenfalls zu den Einnahmen aus Kapitalvermögen (§ 20 Abs. 1 Nr. 7). Zu diesen Erträgen gehören z. B. Zinsen aus:

- **Guthaben und Einlagen** (bei Kreditinstituten),
- **Bausparguthaben**,
- **festverzinslichen Wertpapieren** (einschließlich Stückzinsen),
- **Investmentanteilen**,
- **Steuererstattungen** gemäß § 233a AO.

Erträge aus sonstigen Kapitalforderungen (§ 20 Abs. 1 Nr. 7) unterliegen – wie die Dividenden – der **Kapitalertragsteuer**, dem **Solidaritätszuschlag** und ggf. der **Kirchensteuer**.

Die **Kapitalertragsteuer** für diese Einnahmen wird auch als **Zinsabschlag** bezeichnet und beträgt grundsätzlich **25 %** des Kapitalertrags (§ 43a Abs. 1 **Nr. 1**).

Neben dem Zinsabschlag unterliegen diese Einnahmen dem **Solidaritätszuschlag** in Höhe von **5,5 %** der **Kapitalertragsteuer** (Zinsabschlag) (§ 3 Abs. 1 Nr. 5 SolZG). Dieser bleibt auch nach Rückführung des Solidaritätszuschlags ab 2021 als Zuschlag zur Kapitalertragsteuer erhalten (siehe Seite 170).

Nach Abzug der 25 %igen Kapitalertragsteuer (Zinsabschlag) und des Solidaritätszuschlags verbleiben somit **73,625 %** der Brutto-Zinsen (ohne Kirchensteuer).

Die **Brutto-Zinsen** stellen die steuerpflichtige Einnahme dar und berechnen sich aus den Netto-Zinsen **ohne Kirchensteuer** wie folgt:

$$\text{Brutto-Zinsen (ohne KiSt)} = \frac{\text{Netto-Zinsen x 100}}{73,625}$$

11.2 Einkünfte aus Kapitalvermögen (§ 20 EStG)

Die Kapitalertragsteuer (Zinsabschlag), der Solidaritätszuschlag und ggf. die Kirchensteuer werden grundsätzlich von der auszahlenden Stelle (in der Regel einer Bank) einbehalten und an das Finanzamt abgeführt. Beim Abzug der Kirchensteuer gilt die Formel auf Seite 171.

BEISPIEL

Dem ledigen, konfessionslosen Steuerpflichtigen Ralph Dietrich, Köln, werden in 2020 Zinsen **nach** Abzug des Zinsabschlags und des Solidaritätszuschlags in Höhe von **4.417,50 €** auf seinem Bankkonto gutgeschrieben. Dietrich hat seiner Bank weder einen Freistellungsauftrag noch eine Nichtveranlagungsbescheinigung eingereicht.

Die **steuerpflichtige Einnahme** des Ralph Dietrich beträgt in 2020:

		€	Prozent (%)
	Bankgutschrift (Netto-Zinsen)	4.417,50	73,625
+	Zinsabschlag (25 % von 6.000 €)	1.500,00	25,000
+	Solidaritätszuschlag (5,5 % von 1.500 €)	82,50	1,375
=	**steuerpflichtige Einnahme** (Brutto-Zinsen)	**6.000,00**	**100,000**

Probe: 4.417,50 € (Netto-Zinsen) : 73,625 x 100 = 6.000 € (Brutto-Zinsen)

Die Zinsen werden steuerlich so behandelt wie die Dividenden (siehe Seite 169 ff.). Entsprechend kann die obige Formel zur Berechnung der Brutto-Dividende auch für die Berechnung der Brutto-Zinsen herangezogen werden.

Die **Brutto-Zinsen** berechnen sich aus den Netto-Zinsen **mit Kirchensteuer** wie folgt:

$$\text{Brutto-Zinsen (mit KiSt)} = \frac{\text{Netto-Zinsen} \times 100}{72{,}0049 \ (9\,\%) \ \text{oder} \ 72{,}1814 \ (8\,\%)}$$

Mit Einführung des Jahressteuergesetzes 2019 unterliegen ab dem **Veranlagungszeitraum 2020** auch Zinsen, die aus einer über eine **Internet-Dienstleistungsplattform** erworbenen Forderung resultieren (z.B. **Crowdlending**), dem Kapitalertragsteuerabzug (§ 43 Abs. 1 Satz 1 Nr. 7c). Der inländische Betreiber oder die inländische Zweigniederlassung des Betreibers der Internet-Dienstleistungsplattform handelt dabei als auszahlende Stelle (§ 44 Abs. 1 Satz 4 Nr. 1).

Die buchmäßige Darstellung der Zinserträge erfolgt in der **Buchführung 1**, 32. Auflage 2020, Seiten 320 ff.

A. Einkommensteuer

ZUSAMMENFASSENDES BEISPIEL

Dem ledigen, konfessionslosen Steuerpflichtigen Andreas Schlaudt, Mainz, werden in 2020 nach Abzug der Kapitalertragsteuer bzw. des Zinsabschlags und des Solidaritätszuschlags folgende Beträge auf seinem Bankkonto gutgeschrieben. Schlaudt hat seiner Bank weder einen Freistellungsauftrag noch eine Nichtveranlagungsbescheinigung eingereicht.

Dividendengutschrift der KORU AG (§ 20 Abs. 1 Nr. 1)	3.681,25 €
Bankgutschrift als echter stiller Gesellschafter (§ 20 Abs. 1 Nr. 4)	5.890,00 €
Zinsgutschrift aus Schuldverschreibungen (§ 20 Abs. 1 Nr. 7)	1.472,50 €

Die **steuerpflichtigen Einnahmen** aus Kapitalvermögen des Andreas Schlaudt in 2020 betragen:

		€
Gewinnanteile aus Beteiligungen an bestimmten juristischen Personen		
Bankgutschrift (Netto-Dividende)	3.681,25 €	
+ Kapitalertragsteuer (25 % von 5.000 €)	1.250,00 €	
+ Solidaritätszuschlag (5,5 % von 1.250 €)	68,75 €	
= steuerpflichtige Einnahme (Brutto-Dividende)		**5.000**
Einnahmen aus der Beteiligung als echter stiller Gesellschafter		
Bankgutschrift (Netto-Betrag)	5.890,00 €	
+ Kapitalertragsteuer (25 % von 8.000 €)	2.000,00 €	
+ Solidaritätszuschlag (5,5 % von 2.000 €)	110,00 €	
= steuerpflichtige Einnahme (Brutto-Betrag)		**8.000**
Erträge aus sonstigen Kapitalforderungen		
Bankgutschrift (Netto-Zinsen)	1.472,50 €	
+ Zinsabschlag (25 % von 2.000 €)	500,00 €	
+ Solidaritätszuschlag (5,5 % von 500 €)	27,50 €	
= steuerpflichtige Einnahme (Brutto-Zinsen)		**2.000**
steuerpflichtige Einnahmen aus Kapitalvermögen		**15.000**

Die steuerpflichtigen Einnahmen sind mit dem Abzug der Kapitalertragsteuer und des Solidaritätszuschlags abgegolten, sodass Herr Schlaudt die Einnahmen nicht mehr in seiner Einkommensteuererklärung angeben muss. Evtl. ist zu prüfen, ob ein Antrag nach § 32d Abs. 6 (Besteuerung mit dem individuellen Steuersatz) sinnvoll ist.

1. Wiederholungsfragen 13 und 15 (Seite 189),
2. Fall 5 (Seite 190)

Arbeitshilfen zur Berechnung von Brutto-Dividenden und -Zinsen finden Sie auf der Verlags-Homepage zur Steuerlehre 2 als „Online Plus".

11.2 Einkünfte aus Kapitalvermögen (§ 20 EStG)

11.2.2 Bestimmte private Veräußerungsgeschäfte (§ 20 Abs. 2 EStG)

Von der Abgeltungsteuer werden nicht nur die laufenden Kapitalerträge, sondern auch die Gewinne aus **bestimmten privaten Veräußerungsgeschäften** erfasst, insbesondere bei Wertpapieren, Investmentanteilen und Beteiligungen an Kapitalgesellschaften, nicht jedoch die Veräußerung von Immobilien (§ 20 **Abs. 2**).

Zu den **Veräußerungsgeschäften** i. S. d. § 20 **Abs. 2** gehören z. B. die

1. Veräußerung von **Aktien** und GmbH-Anteilen (§ 20 Abs. 2 Nr. 1),
2. Veräußerung von Dividendenscheinen und Zinsscheinen (§ 20 Abs. 2 Nr. 2),
3. Veräußerung von Versicherungsansprüchen (§ 20 Abs. 2 Nr. 6),
4. Veräußerung von sonstigen Kapitalforderungen (§ 20 Abs. 2 Nr. 7), z. B. Veräußerung von festverzinslichen Wertpapieren.

Im Folgenden werden exemplarisch die in der Praxis häufig vorkommenden Veräußerungen von **Aktien** erläutert.

Die Veräußerung von Aktien bleibt **steuerfrei**, wenn sie **vor dem 01.01.2009** erworben und **nach** Ablauf der vor 2009 geltenden **Jahresfrist** wieder **veräußert** werden (§ 52 Abs. 28 Satz 11).

> **BEISPIEL**
>
> Die Steuerpflichtige Johanna Sternberg, Berlin, erwarb im Oktober 2008 Aktien im Wert von 30.000 €.
> Im Dezember 2020 verkaufte sie diese Aktien für 50.000 €.
>
> Der Gewinn von **20.000 €** (50.000 € – 30.000 €) ist in 2020 **steuerfrei** und wird **nicht** von der **Abgeltungsteuer** erfasst, weil die Aktien **vor** dem **01.01.2009** erworben und **nach** Ablauf der vor 2009 geltenden Jahresfrist wieder veräußert wurden.

Bei Aktien, die **nach dem 31.12.2008 erworben** wurden bzw. werden, ist der Gewinn bei der Veräußerung von Aktien zu **100 % steuerpflichtig** (§ 20 Abs. 2 Satz 1 Nr. 1).

> **BEISPIEL**
>
> Sachverhalt wie zuvor mit dem Unterschied, dass Frau Sternberg die Aktien im Februar 2009 erwarb.
>
> Der Gewinn von **20.000 €** ist **steuerpflichtig** und wird von der **Abgeltungsteuer** erfasst, weil die Aktien **nach** dem 31.12.2008 erworben wurden.

Der **Gewinn oder der Verlust** aus Veräußerungsgeschäften i. S. d. § 20 Abs. 2 wird nach § 20 Abs. 4 Satz 1 wie folgt ermittelt:

	Veräußerungspreis
–	Veräußerungskosten
–	Anschaffungskosten
=	**Gewinn oder Verlust**

Bei einer **Beteiligung** des Steuerpflichtigen am Eigenkapital der Gesellschaft von **weniger als 1 %** gehören Gewinne aus Aktienverkäufen zu den **Einnahmen aus Kapitalvermögen**. Sollte eine **höhere Beteiligung** vorliegen, sind diese Gewinne **Einkünfte aus Gewerbebetrieb** (§ 15 i. V. m. § 17).

A. Einkommensteuer

Ein Abzug der **tatsächlichen Werbungskosten** ist bei Veräußerungsgeschäften i.S.d. § 20 Abs. 2 – wie bei laufenden Kapitalerträgen i.S.d. § 20 Abs. 1 – **nicht möglich** (§ 20 Abs. 9).
Bei Veräußerungsgeschäften können jedoch die **Veräußerungskosten** abgezogen werden (§ 20 Abs. 4).

BEISPIEL

Der Steuerpflichtige Leonard Paul, ledig, Köln, erwarb im Februar 2019 über seine Bank Aktien für 20.000 €. Im August 2020 verkaufte er diese Aktien für 30.000 €.
Veräußerungskosten sind in Höhe von 1.000 € angefallen, die nicht zu beanstanden sind.
Daneben sind noch weitere Werbungskosten (Depotgebühren) in Höhe von 180 € angefallen.
Der **Veräußerungsgewinn** wird nach § 20 Abs. 4 in 2020 wie folgt ermittelt:

	Veräußerungspreis	30.000 €
–	Veräußerungskosten	– 1.000 €
–	Anschaffungskosten	– 20.000 €
=	**Veräußerungsgewinn**	**9.000 €**

Der Veräußerungsgewinn in Höhe von 9.000 € ist **steuerpflichtig** und wird von der **Abgeltung-steuer** erfasst, weil die Aktien **nach** dem 31.12.2008 erworben wurden.
Die tatsächlichen Werbungskosten können **nicht** mehr berücksichtigt werden. Bei der Ermittlung der Einkünfte kann allerdings der Sparer-Pauschbetrag (§ 20 Abs. 9) angesetzt werden.

Horizontaler Verlustausgleich

Grundsätzlich können innerhalb der Einkunftsart „Einkünfte aus Kapitalvermögen" Veräußerungsverluste mit laufenden Kapitalerträgen verrechnet werden, z.B. Verlust aus Stückzinsen mit Zinserträgen.

Eine **Ausnahme** gibt es bei **Aktienverkäufen. Verluste aus Aktienverkäufen** können **nur** mit **Gewinnen aus Aktienverkäufen** ausgeglichen werden (§ 20 Abs. 6 Satz 4).
Nicht ausgeglichene Verluste aus Aktienverkäufen werden **unbefristet vorgetragen**, jedoch im Vortragsjahr nur mit Gewinnen aus Aktienverkäufen verrechnet (§ 20 Abs. 6 Satz 2). Ein **Verlustrücktrag** ist **nicht zulässig**.

Wertpapiere in Sammelverwahrung

Befinden sich Aktien in Sammelverwahrung (Girosammelverwahrung), so gelten die zuerst angeschafften Aktien als zuerst veräußert (§ 20 Abs. 4 Satz 7).
Dieses Verfahren wird als **Fifo-Methode** (first-in-first-out) bezeichnet.

BEISPIEL

Der Steuerpflichtige Gregor Unger, Stuttgart, konfessionslos, hat in der letzten Jahren Aktien eines inländischen Unternehmens erworben, die in einem Girosammeldepot verwahrt werden.

Kaufdatum	Anzahl der Aktien	Anschaffungskosten je Aktie
15.01.2012	30	45,00 €
14.05.2014	28	37,00 €
17.07.2016	22	62,00 €
06.06.2018	40	85,00 €

Seine Beteiligungsquote ist geringer als 1 %. Einen Freistellungsauftrag hat Unger seiner Bank nicht erteilt. Unger veräußert in 2020 60 Aktien. Der Veräußerungspreis je Aktie beträgt 112 €. Die Bank stellt für die Veräußerung Maklergebühren in Höhe von 22 € in Rechnung.

11.2 Einkünfte aus Kapitalvermögen (§ 20 EStG)

Der Veräußerungsgewinn wird nach § 20 Abs. 4 wie folgt ermittelt:

Veräußerungspreis (60 Aktien x 112,00 €/Aktie		6.720,00 €
- Anschaffungskosten („Fifo" § 20 Abs. 4 Satz 7)		
30 Aktien x 45,00 €/Aktie (angeschafft 2012)	1.350 €	
28 Aktien x 37,00 €/Aktie (angeschafft 2014)	1.036 €	
2 Aktien x 62,00 €/Aktie (angeschafft 2016)	124 €	- 2.510,00 €
- **Veräußerungskosten**		**- 22,00 €**
= **Veräußerungsgewinn**		4.188,00 €

Die Bank wird Gregor Unger nach Abzug der Kapitalertragsteuer und des Solidaritätszuschlages 3.083,42 € gutschreiben (4.188,00 € x 73,625 %).

Verlustverrechnungstopf

Veräußerungsverluste „wandern" in einen **Verlustverrechnungstopf**, der nochmals unterteilt wird in einen **Verlustverrechnungstopf „Aktien"** und in einen **Verlustverrechnungstopf „Sonstige"** (§ 43a Abs. 3). Durch diese zwei getrennten Verlustverrechnungskreise wird sichergestellt, dass Verluste aus Aktienverkäufen nur mit Gewinnen aus Aktienverkäufen verrechnet werden.

> **BEISPIEL**
>
> Michael Mahler, Stuttgart, hat im Januar 2020 **Aktien** aus seiner Sammeldepotverwahrung mit einem **Verlus**t von **1.200,00 €** veräußert. Die Aktien hatte Mahler 2018 erworben.
>
> Aus **festverzinslichen Wertpapieren** ermittelt er 2020 **Einnahmen** in Höhe von **2.900,00 €**.
>
> 2020 erwarb Mahler noch festverzinsliche Wertpapiere. Für diese Wertpapiere waren **Stückzinsen** in Höhe von 360,00 € angefallen.
>
> Weitere Einnahmen aus Kapitalvermögen sind 2020 nicht angefallen.
> Für 2020 ergeben sich folgende Einnahmen nach § 20 EStG:
>
> | | | |
> |---|---|---:|
> | Zinseinnahmen aus festverzinslichen Wertpapieren | | 2.900,00 € |
> | - Stückzinsen aus dem Erwerb festverzinslicher Wertpapiere | - | 360,00 € |
> | = **Summe der positiven Einnahmen** | | **2.540,00 €** |

Der Verlust aus der Veräußerung von **Aktien** in Höhe von 1.200,00 € **verbleibt** im Verlustverrechnungstopf „Aktien" und kann **in den Folgejahren** nur mit Gewinnen aus der Veräußerung von Aktien **verrechnet** werden.

11.2.3 Befreiung vom Steuerabzug

Der **Steuerabzug** der Kapitalertragsteuer, des Solidaritätszuschlags und ggf. der Kirchensteuer bei Einnahmen aus Kapitalvermögen wird bei der auszahlenden Stelle (in der Regel der Bank) **nicht** vorgenommen,

1. soweit die gesamten Kapitalerträge den **Sparer-Pauschbetrag** nach § 20 Abs. 9 von **801 Euro** für Alleinstehende bzw. **1.602 Euro** für zusammen veranlagte Ehegatten **nicht übersteigen** (§ 44a Abs. 1 Nr. 1) und der auszahlenden Stelle ein **Freistellungsauftrag** nach amtlich vorgeschriebenem Muster vorliegt (§ 44a Abs. 2 Nr. 1) **oder**

2. wenn der auszahlenden Stelle eine Nichtveranlagungsbescheinigung (**NV-Bescheinigung**) des Finanzamtes vorliegt (§ 44a Abs. 2 Nr. 2).

A. Einkommensteuer

zu 1. Freistellungsauftrag

Bei Vorlage eines **Freistellungsauftrags** nimmt die auszahlende Stelle vom Abzug der Kapitalertragsteuer, des Solidaritätszuschlags und ggf. der Kirchensteuer bis zur Höhe des Freistellungsvolumens (**801/1.602 Euro**) Abstand.

> **BEISPIEL**
>
> Die ledige, kirchensteuerpflichtige Jana Streckenbach, Koblenz, hat der Sparkasse Koblenz einen **Freistellungsauftrag** über 801 Euro eingereicht. Außerdem hat sie gegenüber ihrer Bank Angaben zu ihrer Religionszugehörigkeit gemacht.
>
> Am 22.01.2020 erhält die Steuerpflichtige den Zahlungseingang einer Dividenden der Adidas AG in Höhe von **85,50 €** (0,45 € Dividende x 190 Stück) mit folgender Abrechnung:
>
> | | |
> |---|---:|
> | Dividenden | 85,50 € |
> | steuerpflichtiger Ertrag | 85,50 € |
> | verrechnet mit Sparer-Pauschbetrag | 85,50 € |
> | Salden dieser Abrechnung (22.01.2020) | |
> | Verlustverrechnungstopf Aktien | 0 € |
> | Verlustverrechnungstopf Sonstige | 0 € |
> | verbleibender Sparer-Pauschbetrag (801 € – 85,50 €) | 715,50 € |

Übersteigen die Einnahmen aus Kapitalvermögen in 2020 den **Freistellungsauftrag** (**801 €/1.602 €**) oder liegt der Bank **kein Freistellungsauftrag** oder **keine NV-Bescheinigung** vor, werden die Einnahmen **netto** gutgeschrieben, d.h. **nach** Abzug der Kapitalertragsteuer, des Solidaritätszuschlags und ggf. der Kirchensteuer.

> **BEISPIEL**
>
> Die ledige, konfessionslose Steuerpflichtige Christina Umbach, München, erzielt in 2020 Brutto-Zinsen in Höhe von **750 €**. Umbach hat ihrer Bank weder einen Freistellungsauftrag noch eine NV-Bescheinigung vorgelegt.
>
> Obwohl die Zinserträge den Betrag von 801 € nicht übersteigen, werden Umbach die Netto-Zinsen in Höhe von **552,19 €** (entspricht 73,625 %), **nach** Abzug des Zinsabschlags und des Solidaritätszuschlags) gutgeschrieben, weil sie ihrer Bank weder einen Freistellungsauftrag noch eine NV-Bescheinigung vorgelegt hat. Läge der Bank z.B. ein Freistellungsauftrag vor, bekäme Frau Umbach 750 € auf ihrem Bankkonto gutgeschrieben.

zu 2. NV-Bescheinigung

Der **Steuerabzug** ist **nicht** vorzunehmen, wenn der auszahlenden Stelle eine Nichtveranlagungsbescheinigung (**NV-Bescheinigung**) vorliegt (§ 44a Abs. 2 Nr. 2).

Das gilt auch für die Fälle, in denen die Einnahmen aus Kapitalvermögen die Beträge von **801 Euro bzw. 1.602 Euro** übersteigen.

> **BEISPIEL**
>
> Der ledige, konfessionslose Steuerpflichtige Justus Jentsch, Koblenz, der nicht zur Einkommensteuer veranlagt wird, hat 2020 der Sparkasse Koblenz, eine **NV-Bescheinigung** eingereicht. In 2020 erhält der Steuerpflichtige eine **Brutto-Dividende** in Höhe von **3.500 €**.
>
> Justus Jentsch werden die **Dividenden in voller Höhe** von 3.500 € (**vor** Abzug der Kapitalertragsteuer und des Solidaritätszuschlags) gutgeschrieben, weil er seiner Bank eine **NV-Bescheinigung** eingereicht hat. Die NV-Bescheinigung, die Herr Jentsch seiner Bank eingereicht hat, wird auf der folgenden Seite dargestellt.

FINANZAMT Koblenz
Ordnungs-Nr.: 2/22/698/6987/6

Koblenz, 09.01.2020
Ferdinand-Sauerbruch-Str. 19
Telefon: 0261/493-0

FINANZAMT Koblenz
56060 Koblenz

    HERRN
    JUSTUS JENTSCH
    KARTHÄUSERHOFWEG 15c
    56075 KOBLENZ

Diese NV-Bescheinigung ist dem Finanzamt nach § 44a Abs. 2 Satz 2 EStG zurückzugeben,
1. wenn das Finanzamt sie zurückfordert,
2. wenn Sie erkennen, dass die Voraussetzungen für die Erteilung weggefallen sind.

NV-Bescheinigung
(Nichtveranlagungs-Bescheinigung – NV 1 B)
gem. § 44a Abs. 2 Nr. 2 EStG

Diese Bescheinigung gilt für Kapitalerträge, die zufließen in der Zeit vom 01.01.2020 bis 31.12.2022.

    HERRN
    JUSTUS JENTSCH
    GEBURTSDATUM: 07.08.73
    KARTHÄUSERHOFWEG 15c
    56075 KOBLENZ

wird hiermit bescheinigt, dass voraussichtlich in dem o.a. Zeitraum eine Veranlagung zur Einkommensteuer nicht in Betracht kommt.

11.2.4 Zeitliche Zurechnung der Einnahmen aus Kapitalvermögen

Die zeitliche Zurechnung der Einnahmen aus Kapitalvermögen richtet sich grundsätzlich nach dem **Zuflussprinzip** des § 11. Einnahmen aus Kapitalvermögen sind danach grundsätzlich zugeflossen, sobald der Steuerpflichtige **wirtschaftlich über sie verfügen** kann [H 20.2 (Zuflusszeitpunkt bei Gewinnausschüttungen) EStH].

Ausschüttungen an den beherrschenden Gesellschafter oder den Alleingesellschafter einer zahlungsfähigen Kapitalgesellschaft sind diesem in der Regel bereits im Zeitpunkt der Beschlussfassung zugeflossen [H 20.2 (Zuflusszeitpunkt bei Gewinnausschüttungen) EStH].

11.2.5 Werbungskosten

Bei der Ermittlung der Einkünfte aus Kapitalvermögen ist der Abzug der **tatsächlichen Werbungskosten ausgeschlossen** (§ 20 Abs. 9 Satz 1).

11.2.6 Sparer-Pauschbetrag

Von den Einnahmen aus Kapitalvermögen wird ein Sparer-Pauschbetrag von **801 Euro** abgezogen. Ehegatten, die zusammen veranlagt werden, wird ein **gemeinsamer Sparer-Pauschbetrag** von **1.602 Euro** gewährt. Der Sparer-Pauschbetrag und der gemeinsame Sparer-Pauschbetrag dürfen nicht höher sein als die Kapitalerträge (§ 20 Abs. 9 Satz 4).

Die **Voraussetzungen** für den Abzug des **Sparer-Pauschbetrags** wurden bereits im Abschnitt 11.2.3 „Befreiung vom Steuerabzug", Seiten 181 ff., erläutert.

BEISPIEL

Ein lediger, konfessionsloser Steuerpflichtiger, Köln, erzielte im VZ 2020 Einnahmen aus Kapitalvermögen in Höhe von **750 €**. Die **tatsächlichen** Werbungskosten (Depotgebühren) betrugen **25 €**. Bei den Einnahmen handelt es sich um Dividenden **vor** Abzug der Kapitalertragsteuer und des Solidaritätszuschlags.

Die **Einkünfte** aus Kapitalvermögen werden für 2020 wie folgt ermittelt:

Einnahmen aus Kapitalvermögen (§ 8 Abs. 1)	750 €
− Sparer-Pauschbetrag (801 €, höchstens 750 €)	− 750 €
= **Einkünfte** aus Kapitalvermögen (§ 20 Abs. 1)	0 €

Abgeltungsteuer fällt nicht an, weil die Einkünfte 0 € betragen.

Der gemeinsame Sparer-Freibetrag von **1.602 Euro** ist bei der Ermittlung der Einkünfte **bei jedem Ehegatten je zur Hälfte** abzuziehen.

Sind die Kapitalerträge eines Ehegatten **geringer als 801 Euro**, so ist der anteilige Sparer-Pauschbetrag insoweit, als er die Kapitalerträge dieses Ehegatten übersteigt, **bei dem anderen Ehegatten abzuziehen** (§ 20 Abs. 9 Satz 3).

BEISPIEL

Ein **zusammen veranlagtes** Ehepaar, Düsseldorf, das nicht kirchensteuerpflichtig ist, erzielte im VZ 2020 Einnahmen aus Kapitalvermögen. Die **Einnahmen** beim Ehemann betrugen **750 €**, bei der Ehefrau **7.300 €**. Werbungskosten sind nicht angefallen.

Die **Einkünfte** aus Kapitalvermögen werden für 2020 wie folgt ermittelt:

	Ehemann €	Ehefrau €	gesamt €
Einnahmen aus Kapitalvermögen (§ 8 Abs. 1)	750	7.300	
− Sparer-Pauschbetrag (§ 20 Abs. 9)	− 750	− 852	
= **Einkünfte** aus Kapitalvermögen (§ 20 Abs. 1)	0	6.448	6.448

Der von dem Ehemann nicht ausgenutzte Sparer-Pauschbetrag (**51 €**) wird nach § 20 Abs. 9 Satz 3 auf die Ehefrau übertragen (801 € − 750 € = 51 € + 801 € = 852 €).
Die Einkünfte der Eheleute in Höhe von 6.448 € unterliegen der grundsätzlich der Abgeltungsteuer, es sei denn, der individuelle Grenzsteuersatz ist geringer als 25 % (Antrag erforderlich).

ÜBUNG → 1. Wiederholungsfragen 16 bis 22 (Seite 189),
2. Fälle 6 bis 10 (Seiten 191 f.)

11.2.7 Veranlagung zur Einkommensteuer

Mit der Abgeltungsteuer wird das **Ziel** verfolgt, **Gleichmäßigkeit** bei der Besteuerung zu erreichen und die **Steuererhebung** zu **vereinfachen**. Mit der abgeltenden Steuererhebung erübrigt sich grundsätzlich eine Veranlagung.

Trotzdem kommt es in bestimmten Fällen zu einer **Veranlagung** der **Einkommensteuer**.

Bei der **Veranlagung zur Einkommensteuer** werden zwei Grundfälle unterschieden:

1. **Pflichtveranlagung** und
2. **Veranlagungswahlrechte**.

11.2.7.1 Pflichtveranlagung

Der Steuerpflichtige hat eine **Einkommensteuererklärung** abzugeben, wenn er steuerpflichtige Kapitalerträge bezogen hat, die **nicht** der Kapitalertragsteuer unterlegen haben (§ 32d Abs. 3 Satz 1).

Für **diese** Kapitalerträge (nicht sämtliche Kapitalerträge) beträgt der **Steuersatz 25 %** (§ 32d Abs. 3 Satz 2 i.V.m. § 32d Abs. 1 Satz 1).

Aus dem Gesetzeswortlaut „diese" ergibt sich, dass sich die Erklärungspflicht nur auf den **Teil der Einkünfte** aus Kapitalvermögen bezieht, der **nicht** der Kapitalertragsteuer unterlegen hat, z.B. Zinsen von ausländischen Banken. Einer Erklärung **sämtlicher** Einkünfte aus Kapitalvermögen bedarf es deshalb **nicht**.

Die Einkommensteuer auf die Kapitalerträge i.S.d. § 32d Abs. 3 Satz 1 wird vom **Finanzamt** festgesetzt und erhoben. Für diese Kapitalerträge gelten die **Regeln der Abgeltungsteuer**:

- Sondertarif 25 %,
- keine Werbungskosten außer Sparer-Pauschbetrag,
- keine Verrechnung mit anderen Einkunftsarten.

11.2.7.2 Veranlagungswahlrechte

Soweit der Steuerpflichtige die Anwendung des individuellen (persönlichen) Steuersatzes begehrt, muss er einen **Antrag** nach § 32d Abs. 4 oder Abs. 6 stellen. Dabei ist zwischen der **kleinen und großen Veranlagungsoption** zu unterscheiden.

Kleine Veranlagungsoption

Die **kleine Veranlagungsoption** gewährt dem Steuerpflichtigen ein **Wahlrecht**, Kapitalerträge, die der Kapitalertragsteuer unterlegen haben, in die **Veranlagung** einzubeziehen (§ 32d **Abs. 4**).

Der Gesetzgeber nennt in § 32d Abs. 4 die Tatbestände, in denen es sinnvoll sein kann, eine Einkommensteuererklärung abzugeben, z.B. im Fall eines nicht vollständig ausgeschöpften Sparer-Pauschbetrags.

Die **Aufzählung der Tatbestände** in § 32d Abs. 4 ist **nicht erschöpfend**. Die Formulierung „insbesondere" bringt dies zum Ausdruck.

Auch im Fall des ausgeübten **Veranlagungswahlrechts** nach § 32d Abs. 4 sind die **Regeln der Abgeltungsteuer** anzuwenden.

A. Einkommensteuer

Nach Durchführung der Veranlagung wird die Kapitalertragsteuer nach § 36 Abs. 2 Nr. 2 auf die festgesetzte Einkommensteuer angerechnet.

> **BEISPIEL**
>
> Der ledige, konfessionslose Steuerpflichtige Karl Fabel, Düsseldorf, der zur Einkommensteuer veranlagt wird, erhielt in 2020 von seiner Bank Zinsen in Höhe von 7.500 €. Karl Fabel hat seiner Bank keinen Freistellungsauftrag vorgelegt.
>
> Die Zinsen gehören zu den Einkünften aus Kapitalvermögen, die dem Steuerabzug unterliegen. Da Herr Fabel seiner Bank keinen Freistellungsauftrag erteilt hat, betragen die Abgeltungsteuer 1.875 € (25 % von 7.500 €) und der Solidaritätszuschlag 103,12 € (5,5 % von 1.875 €). Für Kapitalerträge i. S. d. § 20, die der Kapitalertragsteuer unterlegen haben, ist die Einkommensteuer mit dem Steuerabzug abgegolten (§ 43 Abs. 5 Satz 1). Karl Fabel kann jedoch nach § 32d Abs. 4 den Zinsertrag in seiner Einkommensteuererklärung angeben, um den Sparer-Freibetrag auszuschöpfen. Gibt er den Zinsertrag in seiner Einkommensteuererklärung an, beträgt der Steuerabzug für die korrigierte Abgeltungsteuer 1.674,75 € (25 % von 6.699 €) und für den korrigierten Solidaritätszuschlag 92,11 € (5,5 % von 1.674,75 €). Der zu hoch einbehaltene Steuerbetrag von 211,26 € (200,25 € Kapitalertragsteuer + 11,01 € Solidaritätszuschlag) wird auf die festgesetzte Einkommensteuer angerechnet.

Große Veranlagungsoption

Bei der **großen Veranlagungsoption** werden auf Antrag die **positiven** Einkünfte aus Kapitalvermögen mit den anderen Einkünften zusammengerechnet und mit dem individuellen Einkommensteuersatz besteuert (§ 32d Abs. 6).

Der Antrag nach § 32d Abs. 6 **lohnt sich** z. B. bei einem persönlichen **Grenzsteuersatz unter 25 %** z. B. wegen niedrigen Einkünften oder bei hohen Sonderausgaben.

Positive Einkünfte aus Kapitalvermögen können in diesem Fall mit Verlusten aus anderen Einkunftsarten verrechnet.

Verluste aus Kapitalvermögen können jedoch trotz Veranlagung **nicht** mit anderen Einkünften verrechnet werden (§ 20 Abs. 6).

Auch bei der großen Veranlagungsoption ist der Abzug der **tatsächlichen Werbungskosten ausgeschlossen**. Lediglich der **Sparer-Pauschbetrag** (801/1.602 Euro) kann in Anspruch genommen werden (§ 20 Abs. 9).

Die Veranlagung nach § 32d Abs. 6 kann **nicht** beschränkt werden auf **einzelne** Kapitalerträge. Sie ist vielmehr bei **sämtlichen** Kapitalerträgen eines Jahres durchzuführen.

Macht der Steuerpflichtige Gebrauch von der großen Veranlagungsoption, prüft das Finanzamt im Rahmen der Steuerfestsetzung von Amts wegen, ob die Anwendung des individuellen Steuersatzes zu einer niedrigeren Steuerfestsetzung führt (**Günstigerprüfung**).

> **ÜBUNG →** 1. Wiederholungsfragen 23 bis 25 (Seite 189),
> 2. Fall 11 (Seite 192)

11.2.8 Zusammenfassung und Erfolgskontrolle
11.2.8.1 Zusammenfassung

In den Schaubildern auf den folgenden Seiten werden die Einkünfte aus Kapitalvermögen (laufende Kapitalerträge) und die Veranlagung zur Einkommensteuer nochmals zusammengestellt.

11.2 Einkünfte aus Kapitalvermögen (§ 20 EStG)

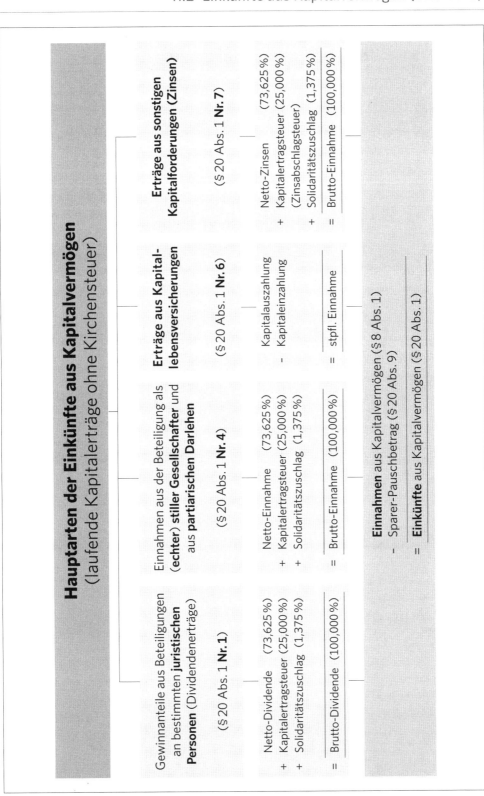

A. Einkommensteuer

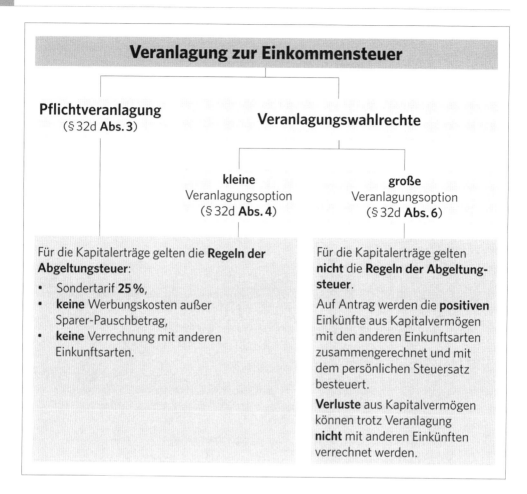

11.2 Einkünfte aus Kapitalvermögen (§ 20 EStG)

11.2.8.2 Erfolgskontrolle

WIEDERHOLUNGSFRAGEN

1. Welche Einkünfte gehören zu den Einkünften aus Kapitalvermögen?
2. Welche Erträge gehören zu den laufenden Kapitalerträgen? Nennen Sie vier Beispiele.
3. Was versteht man unter der Abgeltungsteuer?
4. Wie hoch ist der Kapitalertragsteuersatz?
5. Wie wird die Kirchensteuer bei einem Kirchensteuerpflichtigen berechnet, wenn auf die Kapitalerträge die Kirchensteuer einbehalten wird?
6. Wie wird die Kirchensteuer bei einem Kirchensteuerpflichtigen berechnet, wenn auf die Kapitalerträge die Kirchensteuer nicht einbehalten wird?
7. Wie hoch ist die steuerpflichtige Einnahme der Dividenden in 2020 bei einem konfessionslosen Steuerpflichtigen?
8. Zu welcher Einkunftsart gehören die Einnahmen des echten (typischen) stillen Gesellschafters?
9. Zu welcher Einkunftsart gehören die Einnahmen des unechten (atypischen) stillen Gesellschafters?
10. Wie hoch ist die Kapitalertragsteuer für Einnahmen aus der Beteiligung als echter stiller Gesellschafter?
11. Was versteht man unter dem Ertrag aus Kapitallebensversicherungen?
12. Wie wird der Ertrag aus Kapitallebensversicherungen steuerlich erfasst?
13. Wie hoch ist die Kapitalertragsteuer für Erträge aus sonstigen Kapitalforderungen?
14. Wie werden die Brutto-Zinsen (ohne KiSt) rechnerisch aus den Netto-Zinsen ermittelt?
15. Wie werden die Brutto-Zinsen (mit KiSt) rechnerisch aus den Netto-Zinsen ermittelt?
16. Welche Veräußerungen i.S.d. § 20 Abs. 2 gehören z.B. zu den Veräußerungsgeschäften, die der Abgeltungsteuer unterliegen?
17. Wie wird der Gewinn oder Verlust aus Veräußerungsgeschäften i.S.d. § 20 Abs. 2 ermittelt?
18. Wie werden nicht ausgeglichene Verluste aus Aktienverkäufen steuerlich behandelt?
19. Was wissen Sie über den Freistellungsauftrag?
20. Was wissen Sie über eine NV-Bescheinigung?
21. Ist der Abzug der tatsächlichen Werbungskosten nach den Regeln der Abgeltungsteuer zulässig?
22. Was wissen Sie über den Sparer-Pauschbetrag nach § 20 Abs. 9?
23. Was wissen Sie über die Pflichtveranlagung?
24. Was versteht man unter der kleinen Veranlagungsoption?
25. Was versteht man unter der großen Veranlagungsoption?

A. Einkommensteuer

FÄLLE

FALL 1

Die ledige, konfessionslose Steuerpflichtige Sonja Hopmeier, Köln, die zur Einkommensteuer veranlagt wird, erhält in 2020 für das Kalenderjahr 2019 Dividenden in Höhe von 883,50 € (nach Abzug der Kapitalertragsteuer und des Solidaritätszuschlags) auf ihrem Bankkonto gutgeschrieben.

Frau Hopmeier hat ihrer Bank weder einen Freistellungsauftrag noch eine NV-Bescheinigung vorgelegt.

a) Wie hoch sind die Brutto-Dividenden?
b) Muss Frau Hopmeier die Dividenden in ihrer Einkommensteuererklärung angeben?

FALL 2

Die ledige, katholische Steuerpflichtige Inge Bühnemann, Köln, die zur Einkommensteuer veranlagt wird, erhält in 2020 für das Kalenderjahr 2019 Dividenden in Höhe von 2.160,16 € (nach Abzug der Kapitalertragsteuer, des Solidaritätszuschlag und der Kirchensteuer 9 %) auf ihrem Bankkonto gutgeschrieben. Frau Bühnemann hat ihrer Bank weder einen Freistellungsauftrag noch eine NV-Bescheinigung eingereicht.

a) Wie hoch sind die Brutto-Dividenden?
b) Muss Frau Bühnemann die Dividenden in ihrer Einkommensteuererklärung angeben?

FALL 3

Der ledige, konfessionslose Steuerpflichtige Heiko Silbernagel, Berlin, der zur Einkommensteuer veranlagt wird, ist an einem Einzelhandelsbetrieb als echter stiller Gesellschafter beteiligt. Silbernagel erhält in 2020 für das Kalenderjahr 2019 nach Abzug der Kapitalertragsteuer und des Solidaritätszuschlags einen Gewinnanteil in Höhe von 7.000 € auf seinem Bankkonto gutgeschrieben.

a) Wie hoch sind die Brutto-Einnahmen?
b) Muss Herr Silbernagel die Einnahmen in seiner Einkommensteuererklärung angeben?

FALL 4

Der Steuerpflichtige A, München, konfessionslos, zahlt insgesamt 60.000 € in eine Kapital-lebensversicherung (Neuvertrag) ein.

Im Alter von 52 Jahren erhält er eine Kapitalauszahlung aus dem Neuvertrag in Höhe von 90.000 €.

a) Wie hoch ist der steuerpflichtige Ertrag?
b) Muss A diesen Ertrag in seine Einkommensteuererklärung einbeziehen?

FALL 5

Die ledige, evangelische Steuerpflichtige Ina Wolfs, Stuttgart, die zur Einkommensteuer veranlagt wird, erhält in 2020 Zinsen in Höhe von 6.200 € (nach Abzug der Kapitalertragsteuer, des Solidaritätszuschlags und der Kirchensteuer 8 %) auf ihrem Bankkonto gutgeschrieben. Frau Wolfs hat ihrer Bank weder einen Freistellungsauftrag noch eine NV-Bescheinigung eingereicht.

a) Wie hoch sind die Brutto-Zinsen?
b) Muss Frau Wolfs die Zinsen in ihrer Einkommensteuererklärung angeben?

11.2 Einkünfte aus Kapitalvermögen (§ 20 EStG)   191

FALL 6

Die steuerpflichtige Marion Gläser, Bonn, erwarb im Januar 2020 über ihre Bank Aktien für 35.000 €. Im November 2020 verkaufte sie diese Aktien für 45.000 €. Veräußerungskosten sind in Höhe von 1.200 € angefallen, die nicht zu beanstanden sind. Die tatsächlichen Werbungskosten (Depotgebühren) haben 200 € betragen. Die Beteiligungshöhe unter 1 % des Grundkapitals.

a)   Wie hoch ist der Veräußerungsgewinn bzw. Veräußerungsverlust?
b)   Wie wird dieses Veräußerungsgeschäft steuerlich behandelt?

FALL 7

Die ledige, kirchensteuerpflichtige Jana Streckenbach, Koblenz, hat der Sparkasse Koblenz einen Freistellungsauftrag in maximaler Höhe eingereicht. Außerdem hat sie gegenüber ihrer Bank Angaben zu ihrer Religionszugehörigkeit gemacht. Am 25.01.2020 erhielt die Steuerpflichtige Dividenden der ThyssenKrupp AG in von Höhe 85,50 € auf ihrem Bankkonto gutgeschrieben (siehe Beispiel Seite 182 oben). Am 09.05.2020 erhielt sie weitere Dividenden der E.ON SE über 450 € (1,00 € Dividenden x 450 Stück) auf ihrem Bankkonto gutgeschrieben.

Ergänzen Sie die Angaben zu den Details der Dividendengutschrift der E.ON SE.

Dividenden	450 €
steuerpflichtiger Ertrag	450 €
verrechnet mit Sparer-Pauschbetrag	450 €
Salden dieser Abrechnung (09.05.2020)	
Verlustverrechnungstopf Aktien	0 €
Verlustverrechnungstopf Sonstige	0 €
verbleibender Sparer-Pauschbetrag (... €)	... €

FALL 8

Der ledige, konfessionslose Justus Frank, Rentner, Köln, der nicht zur Einkommensteuer veranlagt wird, hat 2020 seiner Bank eine NV-Bescheinigung eingereicht.
In 2020 erhielt der Steuerpflichtige Brutto-Dividenden in Höhe von 2.800 € auf seinem Bankkonto gutgeschrieben.
Wie wird die Dividendengutschrift steuerlich behandelt?   *Netto Dividende → 2.800€*

FALL 9

Ein zusammen veranlagtes konfessionsloses Ehepaar erzielte im VZ 2020 Einnahmen aus Kapitalvermögen. Die Einnahmen beim Ehemann betrugen 450 €, bei der Ehefrau 3.800 €. Sie haben ihrer Bank einen Freistellungsauftrag in maximaler Höhe eingereicht. Werbungskosten werden im Einzelnen nicht geltend gemacht. Bei den Einnahmen handelt es sich um Dividenden vor Abzug der Kapitalertragsteuer und des Solidaritätszuschlags. *Brutto*

a)   Wie hoch sind die Einkünfte der Eheleute?
b)   Wie hoch ist die endgültige Steuerbelastung der Kapitalerträge?

A. Einkommensteuer

FALL 10

Franz Alt ist seit 1990 mit Helga geb. Jung verheiratet. Beide wohnen seit 1990 in Essen. Die Eheleute, die nicht kirchensteuerpflichtig sind, wählen die Zusammenveranlagung. Die Eheleute haben ihrer Bank keinen Freistellungsauftrag eingereicht. Ihnen liegen die folgenden Daten vor:

1. Franz Alt hat 2020 als Angestellter einen Bruttojahresarbeitslohn (keine Versorgungsbezüge) von 63.252 € bezogen. Werbungskosten wurden keine nachgewiesen.
2. Herr Alt nahm zum Erwerb von Aktien einen Kredit in Höhe von 20.000 € auf, für den er im VZ 2020 1.000 € Zinsen zahlte. Nach Abzug der Kapitalertragsteuer und des Solidaritätszuschlags wurden ihm im VZ 2020 Dividenden aus diesen Aktien in Höhe von 3.534 € auf seinem Bankkonto gutgeschrieben.
3. Frau Alt ist seit 01.01.2017 mit einem Geschäftsanteil von 10.000 € an einer GmbH beteiligt. Für das Wirtschaftsjahr 01.01. bis 31.12.2019 schüttete die GmbH eine Dividende (nach Abzug der KSt) von 10 % aus. Die GmbH hat am 15.06.2020 die Gewinnausschüttung für 2019 beschlossen. Am 10.07.2020 wurde Frau Alt ihr Gewinnanteil (nach Abzug der Kapitalertragsteuer und des Solidaritätszuschlags) auf ihrem privaten Bankkonto gutgeschrieben.
4. Frau Alt wurden in 2020 auf ihrem Festgeldkonto Zinsen in Höhe von 368,13 € (nach Abzug der Kapitalertragsteuer und des Solidaritätszuschlags) gutgeschrieben. Die tatsächlichen Werbungskosten haben 50 € betragen.

   a) Ermitteln Sie die Einkünfte der Eheleute Alt für den VZ 2020.
   b) Wie werden die Einkünfte steuerlich behandelt?

FALL 11

Die ledige und konfessionslose Vera Stein, München, hat der Sparkasse einen Freistellungsauftrag in Höhe von 600 € und der Volksbank einen Freistellungsauftrag in Höhe von 201 € erteilt. Die Sparkasse schreibt Frau Stein Dividenden ohne Steuerabzug in Höhe von 200 € gut. Die Volksbank bescheinigt ihr Brutto-Dividenden in Höhe von 600 € und schreibt ihrem Bankkonto unter Beachtung des Freistellungsauftrags nach Abzug der Kapitalertragsteuer und des Solidaritätszuschlages 494,76 € gut.
Der persönliche Steuersatz von Frau Stein beträgt 42 %.

a) Beschreiben Sie das steuerrechtliche Problem und wie könnte Frau Stein dieses Problem steuerlich optimal lösen?
b) Unterstellen Sie einen persönlichen Steuersatz von 20 %. Wie sollte sich Frau Stein jetzt verhalten?

FALL 12

Der ledige, konfessionslose Julian Pfaff, Stuttgart, erteilt seiner Bank einen Freistellungsauftrag in Höhe von 250,00 €. Die Bank schreibt 2020 aus Sparguthaben insgesamt 986,25 € gut. Weitere Einkünfte aus Kapitalvermögen liegen 2020 nicht vor.

a) Ermitteln Sie die Höhe der Einkünfte aus Kapitalvermögen für den VZ 2020.
b) Ermitteln Sie die Höhe einer möglichen Steuergutschrift, wenn Julian Pfaff die kleine Veranlagungsoption (§ 32d Abs. 4) wählt.

Weitere Aufgaben mit Lösungen zu den **Einkünften aus Kapitalvermögen** finden Sie im **Lösungsbuch** der Steuerlehre 2.

11.3 Einkünfte aus Vermietung und Verpachtung (§ 21 EStG)

Zu den **Einnahmen aus Vermietung und Verpachtung** gehören insbesondere die **Einnahmen**, die der Steuerpflichtige aus der **Nutzungsüberlassung** von **Grundstücken** des **Privatvermögens** erzielt (§ 21 **Abs. 1 Nr. 1**).

Gehört das Grundstück zum **Betriebsvermögen**, so sind die Einnahmen den Einkunftsarten 1 bis 3 (**Gewinneinkunftsarten**) zuzurechnen (Subsidiaritätsprinzip, § 21 **Abs. 3**).

Die Nutzung der Grundstücke des **Privatvermögens** wird nach der folgenden Übersicht dargestellt und erläutert:

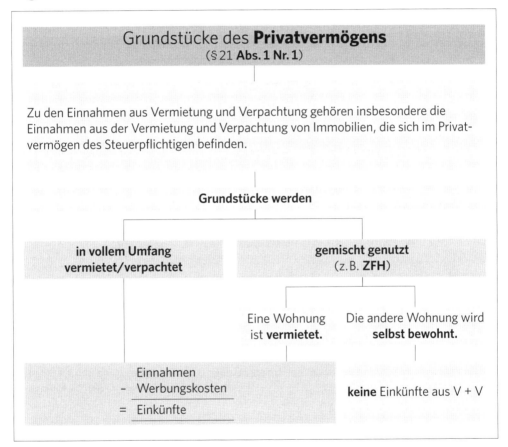

194 A. Einkommensteuer

11.3.1 Grundstücke, die in vollem Umfang vermietet/verpachtet sind

Die **Einkünfte** für Grundstücke, die **in vollem Umfang vermietet bzw. verpachtet** sind, werden wie folgt ermittelt:

	Einnahmen
−	**Werbungskosten**
=	**Einkünfte**

11.3.1.1 Einnahmen

Ausgangsgröße für die Ermittlung der Einkünfte sind die **Einnahmen** (§ 8 Abs. 1).

Einnahmen aus Vermietung und Verpachtung sind alle Einnahmen, die dem Vermieter bzw. Verpächter aus der Nutzungsüberlassung des Grundstücks zufließen.

Zu den **Einnahmen** gehören nach der **Anlage V** 2020:

- Mieteinnahmen für Wohnungen bei **ortsüblicher** Überlassung,

- Mieteinnahmen für **andere** (nicht Wohnzwecken dienenden) Räume,

- Einnahmen aus **Umlagen**, z.B. Wassergeld, Flur- und Kellerbeleuchtung, Müllabfuhr, Zentralheizung usw.,

- vereinnahmte Mieten für **frühere** Jahre bzw. auf das Kalenderjahr (2020) entfallende **Mietvorauszahlungen**,

- Einnahmen aus der Vermietung von Garagen, Werbeflächen, Grund und Boden für Kioske usw. sowie erstattete Umsatzsteuer,

- vereinnahmte Umsatzsteuer,

- vom Finanzamt erstattete und ggf. verrechnete Umsatzsteuer.

BEISPIEL

Die Steuerpflichtige Ute Henn ist Eigentümerin eines **Mietwohngrundstücks** (Dreifamilienhauses) in Bonn. Das Grundstück gehört zum Privatvermögen der Eigentümerin. Das Haus ist in vollem Umfang zur ortsüblichen Marktmiete vermietet. Die in 2020 vereinnahmten Mieten haben für das Erdgeschoss, das 1. Obergeschoss und das 2. Obergeschoss je **6.000 €** betragen. Die Wohnfläche beträgt pro Geschoss 90 qm.

Die Einnahmen aus **Umlagen**, die nicht in den Mieten enthalten sind, haben in 2020 insgesamt **2.250 €** betragen. Aus der Vermietung von drei **Garagen** hat die Steuerpflichtige in 2020 insgesamt **900 €** vereinnahmt.

Die **Einnahmen** aus Vermietung und Verpachtung betragen in 2020:

		€
1.	vereinnahmte Mieten bei ortsüblicher Überlassung EG 6.000 € + 1. OG 6.000 € + 2. OG 6.000 €	18.000,00
2.	Einnahmen aus Umlagen	2.250,00
3.	Einnahmen aus Vermietung von Garagen	900,00
=	**Summe der Einnahmen**	**21.150,00**

11.3 Einkünfte aus Vermietung und Verpachtung (§ 21 EStG)

Die **Einnahmen** werden in der **Anlage V** 2020 wie folgt eingetragen:

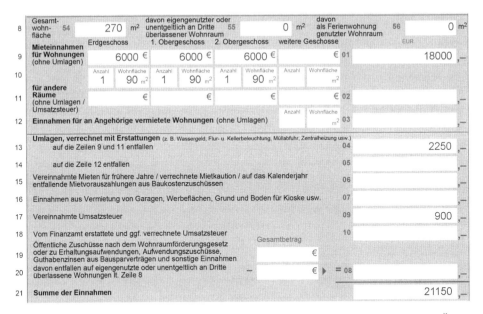

Beträgt die **vereinnahmte Miete** (Kaltmiete zuzüglich der gezahlten Umlagen) für die Überlassung einer Wohnung zu Wohnzwecken weniger als **66 % der ortsüblichen Marktmiete** (Kaltmiete zuzüglich der umlagefähigen Kosten nach der Betriebskostenverordnung), so ist als **Einnahme** die **vereinnahmte Miete** anzusetzen, während die **Werbungskosten anteilig zu kürzen** sind (§ 21 Abs. 2 Satz 1, R 21.3 EStR 2012).

Den Zusammenhang zwischen der **ortsüblichen Miete** und den **Werbungskosten** siehe folgenden Abschnitt 11.3.1.2, Seite 196.

Keine Einnahmen aus Vermietung und Verpachtung sind **Kautionen**, die ein Mieter zahlt (**Mietkautionen**), da die Kautionen den Mietern zuzurechnen sind. Für die **zeitliche Zuordnung** der **Einnahmen** ist § 11 maßgebend (siehe Seiten 33 f.).

ÜBUNG → 1. Wiederholungsfragen 1 und 2 (Seite 209),
2. Fall 1 (Seite 210)

A. Einkommensteuer

11.3.1.2 Werbungskosten

Werbungskosten sind Aufwendungen zur Erwerbung, Sicherung und Erhaltung der Mieteinnahmen (§ 9 Abs. 1 Satz 1).

Die auf die **Vermietung/Verpachtung entfallenden Grundstücksaufwendungen** können deshalb **grundsätzlich** als **Werbungskosten** abgezogen werden.

Eine **Ausnahme** von dieser Regelung gilt für die Fälle, in denen die **Miete** für die Überlassung der Wohnung zu Wohnzwecken weniger als **66 % der ortsüblichen Marktmiete** beträgt. Beträgt das **Entgelt**, d. h. die **Miete** einschließlich der **umlagefähigen Kosten** für die Überlassung einer Wohnung zu Wohnzwecken weniger als **66 % der ortsüblichen Marktmiete**, so ist die Nutzungsüberlassung in einen **entgeltlichen** und einen **unentgeltlichen Teil** aufzuteilen (§ 21 Abs. 2 Satz 1).

In diesem Fall werden nur für den **entgeltlichen Teil** der Nutzungsüberlassung die **Einkünfte** aus Vermietung und Verpachtung ermittelt. Die **Grundstücksaufwendungen** können nur in dem Verhältnis als **Werbungskosten** abgezogen werden, wie die Überlassung **entgeltlich** erfolgt ist.

B E I S P I E L E

1. Der Steuerpflichtige Martin Fabel hat eine Wohnung an seinen Neffen Willi Klein für **monatlich 300 €** vermietet. Die **ortsübliche Marktmiete** beträgt **monatlich 800 €**. Die **Grundstücksaufwendungen**, die auf die Wohnung des Neffen entfallen, haben im VZ 2020 **5.000 €** betragen.

   Die **Einkünfte** für die Wohnung des Neffen werden wie folgt ermittelt:

	tatsächliche Einnahmen (12 x 300 €)	3.600,00 €
-	anteilige Werbungskosten (**37,5 %** von 5.000 €)	- 1.875,00 €
=	**Einkünfte**	**1.725,00 €**

   Martin Fabel kann von den Grundstücksaufwendungen von 5.000 € nur **1.875 €** als Werbungskosten abziehen, weil die Miete **weniger als 66 %** der ortsüblichen Marktmiete beträgt (300 € x 100 : 800 € = 37,5 %).

2. Sachverhalt wie zuvor mit dem Unterschied, dass die **monatliche Mieteinnahme** nicht 300 €, sondern **560 €** beträgt.

   Die **Einkünfte** für die Wohnung des Neffen werden wie folgt ermittelt:

	tatsächliche Einnahmen (12 x 560 €)	6.720,00 €
-	**Werbungskosten** (100 % von 5.000 €)	- 5.000,00 €
=	**Einkünfte**	**1.720,00 €**

   Martin Fabel kann die Grundstücksaufwendungen in **voller Höhe** als Werbungskosten abziehen, weil die Miete **70 %** beträgt (§ 21 Abs. 2 Satz 2).

Zur Steuervereinfachung ist der maßgebliche Prozentsatz auf **66 %** (bzw. ⅔ der ortsüblichen Marktmiete) vereinheitlicht (§ 21 Abs. 2).

Ab dem Veranlagungszeitraum **2021** wird diese Grenze **von 66 % auf 50 % abgesenkt**. Bei Mieteinnahmen, die **mindestens 50 %**, aber **weniger als 66 %** der ortsüblichen Miete betragen, sind die Einnahmen und Werbungskosten über die gesamte vorraussichtliche Nutzungsdauer der Wohnung zu schätzen (sog. **Totalüberschuss-Prognose**).

11.3 Einkünfte aus Vermietung und Verpachtung (§ 21 EStG)   197

Ergibt sich ein **Überschuss** der Einnahmen über die Werbungskosten, werden die diese **nicht** gekürzt. Übersteigen die geschätzten gesamten Werbungskosten die geschätzten Gesamteinnahmen, wird die Einnahmeerzielungsabsicht **nur** für den **entgeltlich** vermieteten Anteil unterstellt und nur für diesen werden die **anteiligen Werbungskosten** anerkannt.

Zu den **Werbungskosten**, die üblicherweise bei einer Vermietung und Verpachtung anfallen, gehören insbesondere:

- **Schuldzinsen** nach § 9 Abs. 1 Satz 3 Nr. 1,

- **Erhaltungsaufwand** (R 21.1 EStR 2012),

- **sonstige Werbungskosten nach § 9,**

- **Absetzung für Abnutzung** (AfA) nach § 7 **Abs. 4** und **Abs. 5**.

Besonderheit „Bauabzugsteuer" (§§ 48 – 48d EStG)

Bestimmte Unternehmer unterliegen einer 15 %igen Sondersteuer (Bauabzugsteuer), die **vom Leistungsempfänger einzubehalten und abzuführen** ist. Gem. § 48 Abs. 1 muss es sich bei dem Leistungsempfänger um einen **Vermieter** handeln, der **mehr als zwei Wohnungen vermietet** und die **Unternehmereigenschaft** i.S.d. § 2 UStG **besitzt**. Der **Leistungsempfänger haftet** für nicht abgeführte Steuerbeträge (§ 48a Abs. 3).

Die Bauabzugsteuer **entfällt**, wenn der Leistende eine **Freistellungsbescheinigung** nach § 48b vorlegen kann oder die Freigrenzen des § 48 Abs. 2 Satz 1 Nrn. 1 + 2 nicht überschritten werden.

Soweit der Abzugsbetrag einbehalten und angemeldet worden ist, wird die Bauabzugsteuer dem Leistenden auf die eigene Steuerschuld angerechnet oder erstattet (§ 48c).

11.3.1.2.1 Schuldzinsen

Schuldzinsen sind als **Werbungskosten** abzugsfähig, soweit sie mit einer Überschusseinkunftsart in **wirtschaftlichem Zusammenhang** stehen (§ 9 Abs. 1 Satz 3 **Nr. 1**).

Bei der Einkunftsart **Vermietung und Verpachtung** sind **Schuldzinsen Werbungskosten**, wenn sie der Erwerbung, Sicherung oder Erhaltung der **Einnahmen aus Vermietung und Verpachtung** dienen.

> **BEISPIEL**
>
> Ein Hauseigentümer nimmt ein **Darlehen** zur **Renovierung** eines zum Privatvermögen gehörenden **Mietwohngrundstücks** auf. Das Haus ist in vollem Umfang zur ortsüblichen Marktmiete vermietet.
>
> Die **Schuldzinsen** sind ohne Beschränkung als **Werbungskosten abzugsfähig**, weil ein **wirtschaftlicher Zusammenhang** zwischen den Schuldzinsen und den Einnahmen aus Vermietung und Verpachtung besteht.

Zu den **Werbungskosten** i.S.d. § 9 Abs. 1 Satz 3 **Nr. 1** gehören **nicht nur Schuldzinsen im engeren Sinne** (= Entgelt für die Überlassung des Kapitals), sondern **auch Geldbeschaffungs- und Finanzierungsnebenkosten** (z.B. Maklerprovision, Bereitstellungszinsen, Grundbuch- und Notariatsgebühren im Zusammenhang mit der Eintragung einer Grundschuld oder Hypothek im Grundbuch, Damnum/Disagio).

198 A. Einkommensteuer

BEISPIEL

Pia Klein kaufte am 07.03.2020 eine in 1992 fertiggestellte Eigentumswohnung in Köln, die zum 01.04.2020 vermietet wurde. Für die Finanzierung der Wohnung nahm Frau Klein ein Darlehen bei ihrer Bank auf. Der Notar berechnete für die Darlehenssicherung folgende Aufwendungen, die Frau Klein in 2020 bezahlte:

	Grundschuldaufnahme		1.300,00 €
+	19 % USt	247,00 €	1.547,00 €
+	Grundbuchgebühren für die Grundschuldaufnahme		353,00 €
			1.900,00 €

Pia Klein kann in 2020 **1.900 €** als **Werbungskosten** abziehen.

Ein **Darlehensabgeld** (Damnum, Disagio), das bei der Auszahlung eines Darlehens einbehalten wird, ist **im Jahr der Einbehaltung** in voller Höhe als **Werbungskosten** abzugsfähig, soweit dieses **marktüblich** ist (§ 11 Abs. 2 Satz 4).

Ein **marktübliches Darlehensabgeld** ist grundsätzlich anzunehmen, wenn die Zins- und Disagiovereinbarung **mit einer Geschäftsbank wie unter fremden Dritten** geschlossen wird. Die üblichen Pflichten von Geschäftsbanken zur Risikokontrolle führen zu Zinsgestaltungen, die regelmäßig als im Rahmen des am Kreditmarkt Üblichen anzusehen sind. Damit ist die Marktüblichkeit **nicht** zwingend an einen festen Prozentsatz gekoppelt, wie z.B. die aus Vereinfachungsgründen im BMF-Schreiben vom 20.10.2003 (BStBl I 2003, S. 546, Rz. 15) genannten 5 % (BFH-Urteil vom 08.03.2016, IX R 38/14, BStBl II 2016, S. 648).

BEISPIEL

Ein Steuerpflichtiger hat 2020 zum Bau seines Miethauses bei der Bank ein Darlehen, Laufzeit zehn Jahre, von **250.000 €** aufgenommen. Bei der Auszahlung des Darlehens kürzt die Bank den Betrag von 250.000 € um ein **Damnum** von **12.500 €** (5 %), sodass dem Steuerpflichtigen **237.500 €** ausgezahlt werden. Das Haus ist in vollem Umfang zu ortsüblicher Marktmiete vermietet.

Das Damnum von **12.500 €** ist im Einbehaltungsjahr (2020) voll als **Werbungskosten** abzugsfähig, weil keine Anzeichen für eine marktunübliche Höhe vorliegen.

Schuldzinsen, die in **keinem wirtschaftlichen Zusammenhang** mit einer Überschusseinkunftsart stehen, sind **keine Werbungskosten** (§ 12 Nr. 1).

ÜBUNG → 1. Wiederholungsfragen 3 bis 5 (Seite 209),
2. Fälle 2 bis 4 (Seite 210)

11.3.1.2.2 Erhaltungs- und Herstellungsaufwand

Bis zur Fertigstellung eines Gebäudes gehören Grundstücksaufwendungen grundsätzlich zu den **Herstellungskosten**.

Nach Fertigstellung eines Gebäudes unterscheidet die Finanzverwaltung zwischen **Erhaltungsaufwand** und **Herstellungsaufwand**.

Zum **Erhaltungsaufwand** zählen Aufwendungen für die Erneuerung von bereits vorhandenen Teilen, Einrichtungen oder Anlagen (R 21.1 Abs. 1 Satz 1 EStR 2012).
Diese Aufwendungen werden in der Regel durch die **gewöhnliche** Nutzung des Gebäudes veranlasst, z. B. Reparaturen, Neuanstrich des Gebäudes, Erneuerung des Daches, Erneuerung einer Heizungsanlage.
Erhaltungsaufwendungen können im Jahr der Verausgabung (§ 11) **sofort** als **Werbungskosten** abgezogen werden.

Zum **Herstellungsaufwand** zählen Aufwendungen, die durch den Verbrauch von Sachgütern und die Inanspruchnahme von Diensten für die **Erweiterung** oder für die über den ursprünglichen Zustand hinausgehende **wesentliche Verbesserung** eines Gebäudes entstehen (R 21.1 Abs. 2 Satz 1 EStR 2012).
Grundstücksaufwendungen, die als **Herstellungsaufwand** gelten, gehören zu den **Herstellungskosten** bzw. **Anschaffungskosten** eines Gebäudes und können nur über die Nutzungsdauer **im Rahmen der AfA** als **Werbungskosten** abgezogen werden (§ 7 Abs. 4 und Abs. 5 i. V. m. § 9 Abs. 1 Satz 3 Nr. 7).

Nach den beiden BFH-Urteilen vom 12.09.2001, IX R 39/97 und IX R 52/00 (DB 2002, S. 1297 ff.) hat der BFH seine Rechtsprechung zu den Instandhaltungsaufwendungen geändert (BStBl II 2003, S. 569 ff.).
So spielen formelle Gesichtspunkte, wie **Höhe** der Grundstücksaufwendungen oder **zeitliche Nähe** zur Anschaffung eines Gebäudes grundsätzlich **keine Rolle mehr**.

Zur Anwendung der Gesichtspunkte und zu Abgrenzungsfragen hat der Bundesminister der Finanzen mit **Schreiben vom 18.07.2003** (BStBl 2003 I, S. 386) Stellung genommen.
Entscheidend ist allein, ob die Voraussetzungen der **Anschaffungskosten** (§ 255 Abs. 1 HGB) oder der **Herstellungskosten** (§ 255 Abs. 2 HGB) erfüllt sind.

> Die Begriffe **Anschaffungskosten** und **Herstellungskosten** wurden bereits im Abschnitt 9.1.3 „Bewertungsmaßstäbe", Seiten 71 ff., erläutert.

Zu den steuerrechtlichen **Herstellungskosten** eines Gebäudes gehören nach § 6 Abs. 1 **Nr. 1a** Satz 1 **auch** Aufwendungen für Instandsetzungs- und Modernisierungsmaßnahmen, die innerhalb von **drei Jahren** nach der **Anschaffung** des Gebäudes durchgeführt werden, wenn die Aufwendungen (ohne USt) **15 % der Anschaffungskosten** des Gebäudes übersteigen (**anschaffungsnahe Herstellungskosten**). Wird die 15 %-Grenze innerhalb des Dreijahreszeitraums überschritten, werden die ursprünglichen Instandhaltungs- und Modernisierungsaufwendungen steuerrechtlich in Herstellungskosten umqualifiziert.

Nicht zu diesen Aufwendungen gehören Aufwendungen für die **Erweiterungen** i. S. d. § 255 Abs. 2 Satz 1 HGB sowie Aufwendungen für **Erhaltungsarbeiten**, die jährlich üblicherweise anfallen (§ 6 Abs. 1 **Nr. 1a** Satz 2).

Größere Erhaltungsaufwendungen (z. B. Erneuerung des Daches) kann der Steuerpflichtige auf **zwei bis fünf Jahre gleichmäßig verteilen** (§ 82b EStDV).

A. Einkommensteuer

Die Frage, ob **Erhaltungs- oder Herstellungsaufwand** vorliegt, ist **einzelfallbezogen**. Bei der Beantwortung dieser Frage sind folgende **Grundsätze** zu beachten:

1. Instandhaltungsaufwendungen sind **nicht** allein wegen ihrer **Höhe** oder ihrer **zeitlichen Nähe** zur Anschaffung eines Gebäudes als Herstellungskosten zu beurteilen. Soweit sie nicht der Herstellung oder Erweiterung eines Gebäudes dienen, stellen sie nur dann Herstellungskosten dar, wenn sie zu seiner **wesentlichen Verbesserung** gemäß § 255 Abs. 2 Satz 1 HGB führen.

2. Instandsetzungs- und Modernisierungsmaßnahmen, die für sich **allein** noch als **Erhaltungsaufwand** zu beurteilen wären, können in ihrer **Gesamtheit** zu einer **wesentlichen Verbesserung** gemäß § 255 Abs. 2 Satz 1 HGB führen, wenn dadurch der **Gebrauchswert** (das **Nutzungspotenzial**) eines Wohngebäudes gegenüber dem Zustand im Zeitpunkt des Erwerbs **deutlich erhöht** wird (Bestätigung des BFH-Urteils vom 09.05.1995, BStBl II 1996, S. 632).

3. Der **Gebrauchswert** eines Wohngebäudes wird insbesondere durch die Modernisierung derjenigen Einrichtungen **erhöht**, die ihn maßgeblich bestimmen: Das sind **vor allem die Heizungs-, Sanitär- und Elektroinstallationen** sowie die **Fenster**. Eine deutliche Erhöhung des Gebrauchswerts ist immer dann gegeben, wenn durch die Modernisierung ein Wohngebäude von einem **einfachen** auf einen **mittleren** oder von einem **mittleren** auf einen **sehr anspruchsvollen** Standard gehoben wird (sog. Standardsprung).

4. Instandsetzungs- und Modernisierungsmaßnahmen innerhalb eines Veranlagungszeitraums können als Herstellungskosten gemäß § 255 Abs. 2 Satz 1 HGB zu bewerten sein, wenn sie zwar für sich gesehen nicht zu einer wesentlichen Verbesserung führen, wenn sie aber **Teil einer Gesamtmaßnahme** sind, die sich planmäßig in zeitlichem Zusammenhang **über mehrere Veranlagungszeiträume erstreckt** und die **insgesamt** zu einer **wesentlichen Verbesserung** führt (**Sanierung „in Raten"**).

Werden z. B. folgende Reparaturen **nach Erwerb** und **vor der ersten Nutzung** eines Gebäudes durchgeführt, führen sie zu **Anschaffungskosten**:

- die nach dem Frost geplatzten Heizungsrohre werden durch neue ersetzt,
- ein undichtes Dach wird repariert,
- eine durch Brand verwüstete Wohnung wird saniert,
- die alten Balken einer Holzdecke sind morsch, die statische Sicherheit ist nicht mehr gewährleistet, sie werden erneuert,
- das asbestverseuchte Gebäude wird saniert.

Werden diese Reparaturen **nach Erwerb** und **nach der ersten Nutzung** eines Gebäudes durchgeführt, sind es sofort abziehbare **Werbungskosten** (**Erhaltungsaufwand**).

Betragen die Aufwendungen nach Fertigstellung eines Gebäudes für die einzelne Baumaßnahme nicht mehr als **4.000 Euro** (Rechnungsbetrag ohne USt), so ist der Aufwand auf Antrag stets als **Erhaltungsaufwand** zu behandeln (R 21.1 Abs. 2 Satz 2 EStR 2012).

> **ÜBUNG →** 1. Wiederholungsfragen 6 und 7 (Seite 209),
> 2. Fall 5 (Seite 211)

11.3.1.2.3 Sonstige Werbungskosten

Zu den **sonstigen Werbungskosten** gehören z.B.:

- **Grundsteuer**,
- Gebühren für **Müllabfuhr**, **Wasser**, **Kanalbenutzung** und **Straßenreinigung**,
- Kosten für **Zentralheizung**, **Warmwasserversorgung**, **Fahrstuhlbetrieb** und Hausbeleuchtung,
- **Schornsteinfegergebühren**,
- Beiträge zu den **Hausversicherungen** (z.B. Brand-, Haftpflicht-, Glas-, Wasserschadenversicherung),
- Ausgaben für **Hausbesitzerverein** und für **Hausmeister**.

Die Beiträge für die Haus**rat**versicherung gehören grundsätzlich **nicht** zu den **Werbungskosten**.
Ebenso gehören **Instandhaltungsrücklagen** bei einer vermieteten Eigentumswohnung, die der Eigentümer zu entrichten hat, **nicht** zu den **Werbungskosten**. Erst die aus dieser Rücklage bestrittenen Reparaturkosten sind Werbungskosten.

BEISPIEL

Die Steuerpflichtige Tina Hülse ist Eigentümerin eines Zweifamilienhauses in Koblenz.
Das Haus ist in vollem Umfang zu ortsüblicher Marktmiete vermietet. Für den VZ 2020 hat die Steuerpflichtige folgende **Ausgaben** belegt:

Grundsteuer, Straßenreinigung, Abfallentsorgung	960,00 €
Wasser, Abwasserbeseitigung	1.350,00 €
Strom, Gas	3.254,00 €
Schornsteinreinigung, Hausversicherungen	970,00 €
insgesamt	6.534,00 €

Diese Beträge werden in der Anlage V zur Einkommensteuererklärung 2020 wie folgt als Werbungskosten geltend gemacht:

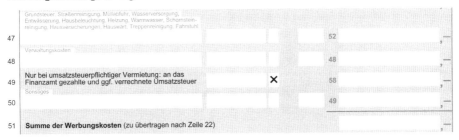

ÜBUNG → 1. Wiederholungsfrage 8 (Seite 209),
2. Fall 6 (Seite 211)

11.3.1.2.4 Lineare und degressive AfA nach § 7 EStG

Die **Absetzungen für Abnutzung** (**AfA**) gehören ebenfalls zu den **Werbungskosten** aus Vermietung und Verpachtung (§ 9 Abs. 1 Satz 3 Nr. 7).

A. Einkommensteuer

Bei der **Absetzung für Abnutzung** ist zu unterscheiden zwischen

- der **linearen AfA**, die für **alle Gebäude** in Betracht kommt, die vom Steuerpflichtigen angeschafft oder hergestellt worden sind (§ 7 **Abs. 4**), und
- der **degressiven AfA**, die für Gebäude in Betracht kommt, die vom Steuerpflichtigen **hergestellt** oder bis zum **Ende des Fertigstellungsjahrs angeschafft** worden sind (§ 7 **Abs. 5**).

Für Gebäude, die zum **Privatvermögen** gehören, kommt für **Neufälle** seit 2006 nur noch die **lineare AfA** nach § 7 **Abs. 4 Nr. 2** in Betracht.

AfA-Methoden	Voraussetzungen	AfA-Sätze	BMG	Personenkreis	AfA im Erstjahr
lineare Gebäude-AfA (§ 7 Abs. 4)	Fertigstellung **vor** 01.01.1925	**2,5 %**	AK/HK	Erwerber/Bauherr	zeitanteilig
	Fertigstellung **nach** 31.12.1924	**2 %**	AK/HK	Erwerber/Bauherr	
degressive Gebäude-AfA (§ 7 Abs. 5)	Bauantrag/Kaufvertrag **vor** 30.07.1981	12 x 3,5 % 20 x 2 % 18 x 1 %	AK/HK	Bauherr/Erwerber	in voller Höhe
	Bauantrag/Kaufvertrag **nach** 29.07.1981 und **vor** 01.01.1995	8 x 5 % 6 x 2,5 % 36 x 1,25 %	AK/HK	Bauherr/Erwerber	
	Wohnzwecke; Bauantrag/Kaufvertrag **nach** 28.02.1989 und **vor** 01.01.1996	4 x 7 % 6 x 5 % 6 x 2 % 24 x 1,25 %	AK/HK	Bauherr/Erwerber	
	Wohnzwecke; Bauantrag/Kaufvertrag **nach** 31.12.1995 und **vor** 01.01.2004	8 x 5 % 6 x 2,5 % 36 x 1,25 %	AK/HK	Bauherr/Erwerber	
	Wohnzwecke; Bauantrag/Kaufvertrag **nach** 31.12.2003 und **vor** 01.01.2006	10 x 4 % 8 x 2,5 % 32 x 1,25 %	AK/HK	Bauherr/Erwerber	

Die **Gebäude-AfA** wird grundsätzlich nach den **Anschaffungskosten** oder **Herstellungskosten** des Gebäudes berechnet.

 Der Begriff **Anschaffungskosten** wurde bereits im Abschnitt 9.1.3.1 „Anschaffungskosten", Seiten 72 ff., erläutert.

11.3 Einkünfte aus Vermietung und Verpachtung (§ 21 EStG) 203

Zu den **Herstellungskosten eines Gebäudes** gehören neben den reinen Baukosten z. B. (H 6.4 EStH):

- die **Kosten des Anschlusses** an das **Strom**versorgungsnetz, das **Gas**netz und die **Wasser**versorgung und **Wärme**versorgung,
- die **Kosten für Anlagen zur Ableitung von Abwässern**, soweit sie auf die Hausanschlusskosten einschließlich der Kanalstichgebühr entfallen, die der Hauseigentümer für die Zuleitungsanlagen vom Gebäude zum öffentlichen Kanal aufwendet (**Kanalanschlusskosten**),
- **Aufwendungen für Fahrstuhlanlagen**,
- **Aufwendungen für Heizungsanlagen** einschließlich der dazugehörenden Heizkörper, auch in Form von Elektrospeicherheizungen oder Gaseinzelheizungen,
- **Aufwendungen für „lebende Umzäunungen"** (z. B. Hecken) in angemessenem Umfang (R 21.1 Abs. 3 EStR 2012).

<u>Nicht</u> **zu den Herstellungskosten** eines Gebäudes gehören z. B. (H 6.4 EStH):

- Straßenanlieger**beiträge** und Erschließungs**beiträge**,
- Kanalanschluss**gebühren** (Kanal- oder Sielbaubeiträge), die für den erstmaligen Anschluss an die gemeindliche Abwasserbeseitigungsanlage entrichtet werden,
- der **Wert der eigenen Arbeitsleistung**,
- die Aufwendungen für **Waschmaschinen**, auch wenn sie mit Schrauben an einem Zementsockel befestigt sind,
- die Aufwendungen für eine **Einbauküche** (Spüle, Herd, Einbaumöbel, Elektrogeräte, Arbeitsplatte): einheitliches Wirtschaftsgut, das über 10 Jahre abzuschreiben ist.

Angeschaffte Gebäude werden ab dem Zeitpunkt der **Anschaffung**, **hergestellte Gebäude** ab dem Zeitpunkt der **Fertigstellung** abgeschrieben.

Ein Gebäude ist **fertiggestellt**, wenn die wesentlichen Bauarbeiten abgeschlossen sind und der Bau so weit errichtet ist, dass der **Bezug der Wohnung zumutbar** ist.

Ein Gebäude ist **nicht fertiggestellt**, wenn z. B. Türen, Böden und der Innenputz noch fehlen [H 7.4 (Fertigstellung) EStH].

> ### BEISPIEL
>
> Der Steuerpflichtige Matthias Neumann hat in Köln ein Zweifamilienhaus gebaut.
> Das Gebäude war am **01.12.2020 fertiggestellt**. Die Mieter zogen am **01.01.2021** ein.
>
> Das Gebäude ist in 2020 fertiggestellt, sodass Neumann bereits 2020 die lineare AfA (für einen Monat) als (vorweggenommene) Werbungskosten abziehen kann.

Werden für ein Gebäude **nachträglich Herstellungskosten** aufgewendet, so sind diese so zu berücksichtigen, als wären sie zu Beginn des Jahres aufgewendet worden (R 7.4 Abs. 9 Satz 3 EStR).

Die weitere **lineare oder degressive AfA** bemisst sich nach der **bisherigen Bemessungsgrundlage zuzüglich der nachträglichen Herstellungskosten** (R 7.4 Abs. 9 EStR 2012).

A. Einkommensteuer

> **BEISPIEL**
>
> Die Steuerpflichtige Birgit Feuerpeil hat 2001 ein Zweifamilienhaus in Bonn gekauft. Die **Anschaffungskosten** des Gebäudes, das 1970 fertiggestellt worden ist, haben umgerechnet **200.000 €** betragen. In 2020 sind ihr **nachträglich Herstellungskosten** in Höhe von **100.000 €** entstanden. Die **degressive** AfA kann **nicht** vorgenommen werden, weil das 2001 erworbene Haus bereits 1970 fertiggestellt worden ist.
>
> Die **lineare** AfA für 2020 beträgt [H 7.4 (Beispiel Nr. 2) EStH]:
>
> | | | |
> |---|---|---:|
> | | Anschaffungskosten des Gebäudes in 2001 | 200.000 € |
> | + | nachträgliche Herstellungskosten in 2020 | 100.000 € |
> | = | Bemessungsgrundlage ab 2020 | 300.000 € |
> | | **2 %** von 300.000 € | **6.000 €** |
>
> In der **Anlage V** zur Einkommensteuererklärung 2020 ist die **lineare AfA** nach § 7 **Abs. 4** wie folgt einzutragen:

Ein **Übergang** von der **linearen zur degressiven** Gebäude-AfA **oder umgekehrt** ist grundsätzlich **unzulässig** [H 7.4 (Wechsel der AfA-Methode bei Gebäuden) EStH].

Die degressive Gebäude-AfA wurde ab 01.01.2006 abgeschafft. Für Neubauten gilt nur noch der **lineare** AfA-Satz mit **2 %**.

Bereits **laufende degressive** Abschreibungen für in Vorjahren hergestellte oder angeschaffte Mietwohngebäude **gelten** für die restliche Nutzungsdauer unverändert **weiter** (Bestandsschutz).

11.3.1.2.5 Sonderabschreibung nach § 7b EStG

Mit dem **Gesetz zur steuerlichen Förderung des Mietwohnungsneubaus** (MwNbStFG) wurde in 2019 eine **Sonderabschreibung** beim **Mietwohnungsneubau** eingeführt (§ 7b).

Werden die Voraussetzungen der Sonderabschreibung erfüllt, können **im Jahr der Herstellung/Anschaffung und** in den folgenden **drei** Jahren **jeweils 5 %** der Anschaffungs- bzw. Herstellungskosten als Sonderabschreibung in Anspruch genommen werden.

Die Sonderabschreibung wird dabei **neben der linearen Gebäudeabschreibung** (§ 7 Abs. 4 Nr. 2a) in Höhe von 2 %/Jahr geltend gemacht.

Bemessungsgrundlage der Sonderabschreibung sind die Anschaffungs- bzw. Herstellungskosten, jedoch **maximal 2.000 €/qm Wohnfläche**.

 Die **Sonderabschreibung nach § 7b** wurde bereits im Abschnitt 9.2.4.3 „Sonderabschreibung für Mietwohnungsneubau nach § 7b", Seiten 86 f., erläutert.

11.3 Einkünfte aus Vermietung und Verpachtung (§ 21 EStG) — 205

Zusammenfassung zu 11.3.1:

Grundstücke, die in vollem Umfang vermietet/verpachtet sind

Die **Einkünfte** werden durch Überschussrechnung nach **§ 21** ermittelt:

Einnahmen

- Mieteinnahmen für Wohnungen
- Mieteinnahmen für andere Räume
- Einnahmen aus Umlagen
- vereinnahmte Mieten für frühere Jahre/Mietvorauszahlungen
- Einnahmen aus Vermietungen von Garagen, Werbeflächen

– **Werbungskosten**

1. Schuldzinsen nach § 9 Abs. 1 Satz 3 Nr. 1
2. Erhaltungsaufwand (R 21.1 EStR 2012)
3. sonstige Werbungskosten nach § 9
4. Absetzungen für Abnutzung nach § 7 Abs. 4 und Abs. 5

= **Einkünfte**

Besonderheit:
Beträgt die Miete **weniger als 66 %** der ortsüblichen Marktmiete, so ist die Nutzungs-überlassung nach § 21 Abs. 2 Satz 1 **aufzuteilen** in einen

entgeltlichen Teil	**un**entgeltlichen Teil
tatsächliche Einnahmen	keine Einnahmen
– **anteilige** Werbungskosten	– keine Werbungskosten
= **Einkünfte**	= **keine** Einkünfte

ÜBUNG → 1. Wiederholungsfragen 9 bis 15 (Seite 209),
2. Fälle 7 bis 9 (Seite 212)

11.3.2 Grundstücke, die gemischt genutzt werden

Grundstücke, die gemischt genutzt werden, werden im Folgenden in zwei Fallgruppen unterteilt:

1. Gebäude, die **teilweise vermietet** sind und **teilweise eigenen Wohnzwecken** dienen bzw. **teilweise unentgeltlich überlassen** werden und

2. Gebäude, die **teilweise vermietet** sind und **teilweise eigenbetrieblich genutzt** werden.

A. Einkommensteuer

Einkünfte aus Vermietung und Verpachtung liegen **nur** für die genutzten Gebäudeteile vor, die **vermietet** sind. Die **Einkünfte** der vermieteten Gebäudeteile sind durch Gegenüberstellung der Einnahmen und Werbungskosten zu ermitteln.

11.3.2.1 Gebäude, die teilweise vermietet sind und teilweise eigenen Wohnzwecken dienen bzw. teilweise unentgeltlich überlassen werden

Einnahmen

Bei den Gebäuden, die **teilweise vermietet** sind, bestehen die **Einnahmen** aus den **Mieten** und den **Umlagen**, die die Mieter zahlen.

Bei den Gebäuden, die **teilweise eigenen Wohnzwecken** dienen **bzw. teilweise unentgeltlich überlassen** werden, liegen **keine Einnahmen** (kein Mietwert) vor.

> **BEISPIEL**
>
> Die Steuerpflichtige Tanja Rieger ist Eigentümerin eines **Dreifamilienhauses** in Koblenz. Das Haus ist am 28.02.1998 fertiggestellt worden. **Eine Wohnung** ist seit dem 01.03.2018 zu einer ortsüblichen Marktmiete für monatlich **900 € vermietet**, die **zweite Wohnung** bewohnt Tanja Rieger **selbst** und die **dritte Wohnung** hat sie ihrer Mutter **unentgeltlich überlassen**.
>
> Die steuerpflichtigen **Einnahmen aus Vermietung und Verpachtung** betragen für den VZ 2020 **10.800 €** (900 € x 12).
>
> Der **Mietwert** der **eigenen Wohnung** und der **unentgeltlich überlassenen Wohnung** gehört **nicht** zu den **Einnahmen aus Vermietung und Verpachtung**, weil Frau Rieger keine Einnahmen zufließen. Die anteiligen Werbungskosten für die selbst genutzte und unentgeltlich überlassene Wohnung dürfen nicht angesetzt werden.

Werbungskosten

Bei den Gebäuden, die **teilweise vermietet** sind und **teilweise selbst genutzt** bzw. **teilweise unentgeltlich überlassen** werden, müssen die auf die Gebäudeteile entfallenden **Aufwendungen** der Nutzung entsprechend **aufgeteilt** werden.

Aufwendungen, die ausschließlich nur auf **einen** Gebäudeteil entfallen, sind **nur** diesem **Teil** zuzuordnen.

> **BEISPIEL**
>
> Sachverhalt wie zuvor. 2020 lässt Tanja Rieger nur in der **vermieteten** Wohnung eine kleine **Reparatur** für 750 € durchführen.
>
> Die **Reparaturkosten** sind ausschließlich der **vermieteten Wohnung zuzurechnen** und in **voller Höhe** als **Werbungskosten** abziehbar, weil den Werbungskosten Einnahmen gegenüberstehen.

Soweit eine **unmittelbare Zuordnung** von Aufwendungen zu einem bestimmten Grundstücksteil **nicht möglich ist**, sind bei gemischter Nutzung die Aufwendungen im **Verhältnis der Nutzflächen aufzuteilen**. Das gilt auch für die AfA (R 21.1 Abs. 5 EStR 2012).

Aufwendungen, die auf **vermietete Wohnungen** entfallen, sind **Werbungskosten**.

Aufwendungen, die auf den zu **eigenen Wohnzwecken** genutzten Teil des Gebäudes bzw. auf den **unentgeltlich überlassenen** Teil entfallen, sind **keine Werbungskosten**.

> **BEISPIEL**
>
> Die Steuerpflichtige Bianca Braun hat 1999 auf eigenem Grund und Boden ein **Zweifamilienhaus** hergestellt. Der Antrag auf Baugenehmigung wurde 1998 gestellt. Die **Herstellungskosten** des Hauses haben umgerechnet **300.000 €** betragen.

11.3 Einkünfte aus Vermietung und Verpachtung (§ 21 EStG)

Das **Erdgeschoss** hat sie für **900 €** monatlich zu einer ortsüblichen Marktmiete **vermietet**. Das **Obergeschoss** nutzt sie für **eigene Wohnzwecke**. 1999 wurde die Abschreibung nach § 7 Abs. 5 in Anspruch genommen.
Beide Geschosse haben gleich große Nutzflächen. An Grundstücksaufwendungen sind in 2020 – ohne die AfA – **8.000 €** angefallen.

Als **Werbungskosten** sind 2020 abziehbar:

die **Hälfte** der **Grundstücksaufwendungen** (8.000 € : 2)	4.000 €
die **Hälfte** der degressiven **Gebäude-AfA** (§ 7 Abs. 5 Nr. 3b) (Staffel 96, 22. Jahr) (1,25 % von 300.000 € = 3.750 € : 2)	1.875 €
insgesamt	**5.875 €**

Für die **selbstgenutzte Wohnung** kann Bianca Braun **keine Werbungskosten** absetzen, da den Werbungskosten keine Einnahmen gegenüberstehen.

> **MERKE →** Bei Grundstücken, die teilweise **vermietet** sind und teilweise **eigenen Wohnzwecken** dienen bzw. teilweise **unentgeltlich überlassen** werden, liegen **Einkünfte aus Vermietung und Verpachtung nur** bei dem **vermieteten** Teil vor.

> **ÜBUNG →** 1. Wiederholungsfragen 16 und 17 (Seite 209),
> 2. Fall 10 (Seiten 212 f.)

11.3.2.2 Gebäude, die teilweise vermietet sind und teilweise eigenbetrieblich genutzt werden

Einnahmen

Bei Gebäuden, die **teilweise vermietet** sind, bestehen die **Einnahmen** aus den **Mieten** und **Umlagen**, die die Mieter zahlen.

Bei Gebäuden, die **teilweise eigenbetrieblich genutzt** werden, fallen **keine Betriebseinnahmen** an.

>
>
> Die Steuerberaterin Annette Vogel hat 1991 ein **Zweifamilienhaus** für umgerechnet **150.000 €** gekauft, das 1975 hergestellt worden ist. Das Haus ist **teilweise vermietet** und dient **teilweise eigenen beruflichen Zwecken**. Den vermieteten Anteil hat sie dem Privatvermögen zugeordnet. Das Zweifamilienhaus hat insgesamt eine Nutzfläche von **200 qm**, davon entfallen auf die **Wohnung 150 qm** und auf die **Praxisräume 50 qm**. Annette Vogel hat die Wohnung zu einer ortsüblichen Marktmiete von jährlich **6.000 €** vermietet.
>
> Ihre steuerpflichtigen **Einnahmen** aus Vermietung und Verpachtung betragen für den VZ 2020:
>
> | | |
> |---|---:|
> | Mieteinnahmen | 6.000 € |
> | Mietwert der **Praxisräume** | 0 € |
> | insgesamt | **6.000 €** |

Werbungskosten bzw. Betriebsausgaben

Wird ein Gebäude im Rahmen der gemischten Nutzung **teilweise vermietet**, so sind die Grundstücksaufwendungen, die auf den vermieteten Teil entfallen, als **Werbungskosten** abzuziehen, wenn das Gebäude dem Privatvermögen zugeordnet wurde.

A. Einkommensteuer

Bei Gebäuden, die **teilweise eigenbetrieblich** genutzt werden (z. B. als Büroräume, Praxisräume), sind die Grundstücksaufwendungen, die auf den **eigenbetrieblich** genutzten Teil
entfallen, als **Betriebsausgaben** abzuziehen (Subsidiaritätsprinzip).

BEISPIEL

Sachverhalt wie im Beispiel zuvor. In 2020 sind folgende **Aufwendungen** für das Zweifamilienhaus entstanden:

Schuldzinsen	2.500 €
Erhaltungsaufwand für das gesamte Haus	4.040 €
Erhaltungsaufwand nur für die Praxisräume	1.800 €
sonstige Grundstücksaufwendungen	500 €
AfA (2 % von 150.000 €)	3.000 €
Aufwendungen insgesamt	**11.840 €**

Die **Aufwendungen**, die **anteilig** auf die **vermietete** Wohnung entfallen, sind **Werbungskosten**,
die bei den Einkünften aus Vermietung und Verpachtung berücksichtigt werden. Das sind **75 %**
der **Aufwendungen** (150 qm x 100 : 200 qm = 75 %):

75 % von 2.500 € =	1.875,00 €
75 % von 4.040 € =	3.030,00 €
75 % von 500 € =	375,00 €
75 % von 3.000 € =	2.250,00 €
Werbungskosten insgesamt	**7.530,00 €**

Die **Aufwendungen**, die **anteilig auf die betrieblich genutzten Räume** entfallen, sind **Betriebsausgaben**, die bei den Einkünften aus selbständiger Arbeit berücksichtigt werden.
Das sind **25 % der Aufwendungen** (50 qm : 200 qm x 100 = 25 %). Dazu kommen die Aufwendungen wie in diesem Fall die Erhaltungsaufwendungen für die Praxisräume, die **ausschließlich**
für die **betrieblich genutzten Räume** angefallen sind:

25 % von 2.500 € =	625,00 €
25 % von 4.040 € =	1.010,00 €
100 % von 1.800 € =	**1.800,00 €**
25 % von 500 € =	125,00 €
25 % von 3.000 € =	750,00 €
Betriebsausgaben insgesamt	**4.310,00 €**

<u>Probe:</u> 7.530 € (Werbungskosten insgesamt) + 4.310 € (Betriebsausgaben insgesamt)
= 11.840 € (Aufwendungen insgesamt)

MERKE → Bei Grundstücken, die teilweise **vermietet** sind, liegen **Einkünfte aus
Vermietung und Verpachtung** vor.
Bei Grundstücken, die teilweise **eigenbetrieblich genutzt
oder dem Betriebsvermögen zugeordnet** werden, sind die
Grundstücksaufwendungen **Betriebsausgaben**.

ÜBUNG → 1. Wiederholungsfragen 18 und 19 (Seite 209),
2. Fälle 11 bis 13 (Seiten 213 f.)

11.3 Einkünfte aus Vermietung und Verpachtung (§ 21 EStG)   **209**

11.3.3 Erfolgskontrolle

WIEDERHOLUNGSFRAGEN

1. Welche Entgelte gehören insbesondere zu den Einnahmen aus Vermietung und Verpachtung?

2. Welche Entgelte gehören nicht zu den Einnahmen aus Vermietung und Verpachtung?

3. In welchem Fall ist die Überlassung einer Wohnung zu Wohnzwecken in einen entgeltlichen und einen unentgeltlichen Teil aufzuteilen?

4. Welche Folgen hat diese Aufteilung auf die Ermittlung der Einkünfte aus Vermietung und Verpachtung?

5. Welche Voraussetzung muss gegeben sein, damit Schuldzinsen Werbungskosten bei den Einkünften aus Vermietung und Verpachtung sind?

6. Welche Aufwendungen zählen grundsätzlich zum Erhaltungsaufwand?

7. Welche Aufwendungen zählen grundsätzlich zum Herstellungsaufwand?

8. Welche Werbungskosten gehören zu den sonstigen Werbungskosten?

9. Was wissen Sie über die lineare Gebäude-AfA nach § 7 Abs. 4 bei Gebäuden, die zum Privatvermögen des Steuerpflichtigen gehören?

10. Was wissen Sie über die degressive Gebäude-AfA nach § 7 Abs. 5 bei Gebäuden, die zum Privatvermögen des Steuerpflichtigen gehören?

11. Welche Aufwendungen gehören zu den Herstellungskosten eines Gebäudes?

12. Welche Aufwendungen gehören nicht zu den Herstellungskosten eines Gebäudes?

13. Wann sind Wohngebäude als fertiggestellt anzusehen?

14. Ist ein Übergang von der degressiven zur linearen Gebäude-AfA möglich?

15. Ist ein Übergang von der linearen zur degressiven Gebäude-AfA möglich?

16. Unter welchen Voraussetzungen ist die Sonderabschreibung nach § 7b anwendbar?

17. Wie hoch ist die Sonderabschreibung nach § 7b?

18. Was ist die Bemessungsgrundlage für die Sonderabschreibung nach § 7b?

19. Was gehört bei Gebäuden, die teilweise vermietet sind und teilweise eigenen Wohnzwecken dienen bzw. teilweise unentgeltlich überlassen werden, zu den Einnahmen?

20. Wie sind Grundstücksaufwendungen steuerlich zu behandeln, wenn das Gebäude teilweise vermietet ist und teilweise eigenen Wohnzwecken dient bzw. teilweise unentgeltlich überlassen wird?

21. Werden Betriebseinnahmen bei Gebäuden angesetzt, die teilweise eigenbetrieblich genutzt werden?

22. Wie sind Grundstücksaufwendungen zu behandeln, die auf den eigenbetrieblich genutzten Teil des Gebäudes entfallen?

A. Einkommensteuer

FÄLLE

FALL 1

Der Steuerpflichtige Michael Mörsch ist Eigentümer eines Dreifamilienhauses in Duisburg. Das Haus ist in vollem Umfang zu einer ortsüblichen Marktmiete vermietet.

1. Die in 2020 für 2020 vereinnahmten Mieten betragen 18.000 €.
2. Im Februar 2020 hat ein säumiger Mieter für die Monate Oktober und November 2019 insgesamt 1.000 € gezahlt.
3. Aus der Vermietung einer Garage wurden in 2020 300 € vereinnahmt.
4. Aus der Vermietung einer Werbefläche wurden in 2020 60 € vereinnahmt.
5. Die umlagefähigen Hauskosten betragen in 2020 1.750 €. Davon wurden den Mietern in 2020 1.350 € und in 2021 400 € berechnet. Die in 2020 berechneten Umlagen wurden von den Mietern auch in 2020 gezahlt. Außerdem haben die Mieter in 2020 die restlichen Umlagen für 2019 in Höhe von 550 € gezahlt.

Wie hoch sind die Einnahmen aus Vermietung und Verpachtung für den VZ 2020?

FALL 2

Der Steuerpflichtige Josef Eimuth ist Eigentümer eines Dreifamilienhauses in Hannover. Das Haus ist in vollem Umfang vermietet. Es betragen in 2020 die

	ortsübliche Marktmiete	tatsächliche Miete	Grundstücksaufwendungen
Erdgeschoss	12.000 €	5.000 €	5.000 €
1. Obergeschoss	12.000 €	12.000 €	5.000 €
2. Obergeschoss	12.000 €	8.000 €	5.000 €

Umlagen für Nebenleistungen wurden nicht erhoben.

Wie hoch sind die Einkünfte des Herrn Eimuth aus Vermietung und Verpachtung für den VZ 2020?

FALL 3

Der Steuerpflichtige Klaus Kollmann hat zum Bau eines Zweifamilienhauses ein Darlehen von 150.000 € aufgenommen. Das Haus ist in vollem Umfang zu ortsüblicher Marktmiete vermietet. Das Darlehen wurde am 01.04.2020 unter Einbehaltung eines Damnums von 2 % ausgezahlt. Der Zinssatz beträgt 4 %/Jahr. Die Zinsen wurden anteilig für 2020 am 31.12.2020 gezahlt. Für die Eintragung einer Hypothek wurden am 24.04.2020 800 € an das Grundbuchamt und 700 € an den Notar gezahlt.

Wie hoch sind die tatsächlichen Werbungskosten für den VZ 2020?

FALL 4

Die Steuerpflichtige Gaby Jahner hat in 2020 folgende Beträge gezahlt, die mit ihrem Mietwohngrundstück in wirtschaftlichem Zusammenhang stehen:

Darlehenstilgung	7.500 €,
Darlehenszinsen	10.500 €,
Geldbeschaffungskosten	2.000 €.

Welche Beträge sind Werbungskosten?

11.3 Einkünfte aus Vermietung und Verpachtung (§ 21 EStG) 211

FALL 5

Prüfen Sie in den folgenden Fällen, ob grundsätzlich Erhaltungsaufwand oder Herstellungsaufwand vorliegt. Erklären Sie anschließend die unterschiedliche steuerrechtliche Wirkung der Erhaltungs- bzw. Herstellungsaufwendungen bei der Ermittlung der Einkünfte aus Vermietung und Verpachtung.

1. Aufwendungen für den Austausch von Fenster- und Türschlössern gegen Sicherheitsschlösser nach Erwerb und nach erster Nutzung des Gebäudes
2. Aufwendungen für die Umstellung einer funktionsunfähigen Zentralheizung von Koks- auf Ölfeuerung nach Erwerb und nach erster Nutzung des Gebäudes
3. Aufwendungen für den Ausbau des Dachgeschosses nach Erwerb und vor erster Nutzung des Gebäudes
4. Aufwendungen für eine fest an der Außenmauer angebrachte Markise nach Fertigstellung und nach erster Nutzung des Gebäudes für 5.000 € (netto)
5. Aufwendungen für den Einbau einer Alarmanlage nach Fertigstellung und vor erster Nutzung des Gebäudes
6. Aufwendungen für den Anbau eines Wintergartens nach Fertigstellung und vor erster Nutzung des Gebäudes
7. Aufwendungen für den Austausch eines leck gewordenen Öltanks nach Fertigstellung und nach erster Nutzung des Gebäudes
8. Wie 4., allerdings betragen die Aufwendungen 2.560 € (brutto).

FALL 6

Bernd Weber ist Eigentümer eines Mietwohngrundstücks in Bonn. Das Mietwohngrundstück ist Teil seines Privatvermögens. Das Haus hat er vor vier Jahren erworben. Es ist in vollem Umfang zu ortsüblicher Marktmiete vermietet. Für den VZ 2020 werden folgende Einnahmen und Ausgaben belegt:

1. Mieteinnahmen   21.150 €
   a) In den Mieteinnahmen ist die zum 01.01. fällige Januarmiete 2021 in Höhe von   750 € enthalten. Sie wurde am 27.12.2020 vereinnahmt.
   b) Ein säumiger Mieter hat die fällige Novembermiete 2019, Dezembermiete 2019 und Januarmiete 2020 von insgesamt   2.250 € erst am 08.02.2020 gezahlt. Dieser Betrag ist ebenfalls in den Mieteinnahmen enthalten. Die Miete ist zu Beginn eines Monats fällig.
2. Einnahmen aus Umlagen für Wasser, Strom, Müllabfuhr, Heizung u.ä.   2.350 €
3. Grundsteuer, Hausversicherungen   450 €
4. nachträglicher Einbau von Rollläden   1.850 €
5. Kosten des Außenanstrichs   7.500 €
6. sonstige Reparaturkosten   400 €
7. Gebühren für Wasser, Müllabfuhr, Fernwärme, Strom   2.350 €
8. Absetzung für Abnutzung (AfA)   3.150 €

Ermitteln Sie die Einkünfte aus Vermietung und Verpachtung des Bernd Weber für den VZ 2020. Die Einkünfte sollen so niedrig wie möglich sein.

A. Einkommensteuer

FALL 7

Wie hoch ist die lineare AfA 2020 für ein am 10.10.2020 fertiggestelltes Haus?

Die Herstellungskosten des Gebäudes haben 600.000 € betragen. Das Haus ist in vollem Umfang zur ortsüblichen Marktmiete zu Wohnzwecken vermietet.

FALL 8

Wie hoch ist die höchstzulässige degressive AfA in 2020 für ein am 06.10.2005 fertig-gestelltes Zweifamilienhaus?

Die Herstellungskosten des Gebäudes haben 250.000 € betragen. Der Bauantrag wurde am 17.05.2005 gestellt. Das Haus ist ganz zu ortsüblicher Marktmiete vermietet.

FALL 9

Anne Rinneberg kaufte am 01.04.2020 eine Eigentumswohnung in Stuttgart für 345.000 €. Die Wohnung wurde 2002 fertiggestellt. Der Übergang von Nutzen und Lasten war am 02.05.2020. Von den Anschaffungskosten entfallen 25 % auf Grund und Boden. Die Wohnung wurde ab 01.07.2020 für monatlich 1.000 € + 150 € Nebenkosten vermietet. Mit der Mietzahlung ging auch die vereinbarte Kaution in Höhe von 3.000 € ein. Die zum 31.12. fällige Dezembermiete 2020 wurde jedoch erst am 09.01.2021 gutgeschrieben.

Im Oktober 2020 wurden vom Mieter 100 € + 19 € USt = 119 € Schadenersatz für die Ausbesserung beschädigter Fliesen im Bad überwiesen.

Es liegen folgende Belege vor:

Notarrechnung:

Umschreibung der Eigentumswohnung	2.000 €	
Grundschuldaufnahme	1.400 € WK + 19%	
	3.400 €	
+ 19 % USt	646 €	4.046 €
Grundbuchkosten für die Umschreibung *Na*		570 €
Grundbuchkosten für die Grundschuldaufnahme WK		330 €
Grunderwerbsteuer		5 %
Überweisung für laufende Kosten		1.300 €
bezahlte Schuldzinsen		7.480 €

a) Wie hoch sind die Einnahmen aus Vermietung und Verpachtung im VZ 2020?
b) Wie hoch ist die AfA im VZ 2020?
c) Wie hoch sind die Werbungskosten im VZ 2020?

FALL 10

Dr. med. Christoph Fabel gehört seit 1995 ein Zweifamilienhaus in Mainz.
Der Antrag auf Baugenehmigung wurde am 20.10.1994 gestellt. Die Herstellungskosten des Hauses, das am 10.12.1995 von ihm und den Mietern bezogen wurde, haben umge-rechnet 180.000 € betragen. Die Anschaffungskosten des Grund und Bodens haben 32.000 € betragen. Dr. Fabel wählte 1995 eine Abschreibung nach § 7 Abs. 5.

Im VZ 2020 wurde das Zweifamilienhaus wie folgt genutzt:

- Die Erdgeschosswohnung ist 120 qm groß und ist zu einem ortsüblichen monatlichen Mietpreis von 10 € pro qm vermietet.
- Die Wohnung im 1. Obergeschoss bewohnt Dr. Fabel selbst.
  Beide Wohnungen sind gleichartig und gleichwertig.

11.3 Einkünfte aus Vermietung und Verpachtung (§ 21 EStG) · 213

- Im VZ 2020 sind noch folgende Aufwendungen angefallen:

Schuldzinsen	6.916 €
Haushaftpflichtversicherungsbeitrag	600 €
Brandversicherungsbeitrag	100 €
Beitrag zur Hausratversicherung	260 €
An insgesamt umlagefähigen Hauskosten hat Dr. Fabel	2.550 €
verausgabt. Davon entfallen auf seine privat genutzte Wohnung	1.275 €
Den Rest hat er in 2020 den Mietern berechnet und auch vereinnahmt.	

Ermitteln Sie die Einkünfte aus Vermietung und Verpachtung des Herrn Dr. Fabel für den VZ 2020.

FALL 11

Leo und Grete Steinert wohnen seit 1995 in dem Einfamilienhaus des Ehemannes in Dortmund. Aus den Unterlagen, die sie ihrem Steuerberater vorlegen, ergibt sich für den VZ 2020 Folgendes:

1. Leo Steinert ist Rechtsanwalt und nutzt sein als Einfamilienhaus bewertetes Haus zu 20 % der Nutzfläche als Kanzlei und zu 80 % zu Wohnzwecken.
   Der freiberuflich genutzte Grundstücksteil gehört zu seinem Betriebsvermögen, der zu Wohnzwecken genutzte Teil gehört zu seinem Privatvermögen.
   Die Herstellungskosten des Gebäudes haben umgerechnet 150.000 € betragen.

2. An Grundsteuer und sonstigen Grundstücksaufwendungen ohne AfA und Schuldzinsen sind 2020 insgesamt 800 € angefallen.

3. Die Schuldzinsen für die Errichtung des Gebäudes haben 2020 2.500 € betragen.

4. Leo Steinert nahm für das am 01.01.1995 fertiggestellte Einfamilienhaus für den betrieblich genutzten Teil die höchstzulässige AfA nach § 7 Abs. 5 in Anspruch. Der Antrag auf Baugenehmigung wurde am 13.06.1993 gestellt.

5. Leo Steinert hat aus seiner Anwaltspraxis in 2020 Betriebseinnahmen in Höhe von 125.000 € und Betriebsausgaben in Höhe von 33.113 € aufgezeichnet.
   In den Betriebsausgaben sind die Beträge, die auf den beruflich genutzten Teil des Einfamilienhauses entfallen, nicht enthalten.

Ermitteln Sie die Einkünfte der Eheleute Steinert für den VZ 2020.

FALL 12

Die Steuerpflichtige Katharina Braus ist Eigentümerin eines Geschäfts- und Wohnhauses in Heidelberg. Das Erdgeschoss ist an einen Unternehmer vermietet, der darin eine Bäckerei betreibt. Das 1. Obergeschoss bewohnt die Mutter der Steuerpflichtigen; sie bezahlt 40 % der ortsüblichen Miete. Das 2. Obergeschoss ist zu einer ortsüblichen Miete an eine Steuerfachangestellte vermietet. Die vermieteten Einheiten verfügen jeweils über 90 qm. Es werden folgende Mieten und Nebenkosten pro Monat erzielt:

Erdgeschoss:	Miete	3.000 € + 570 € USt	3.570 €
	Nebenkosten	400 € + 76 € USt	476 €
1. Obergeschoss:	Miete	300 €	300 €
	Nebenkosten	100 €	100 €
2. Obergeschoss:	Miete	800 €	800 €
	Nebenkosten	200 €	200 €

A. Einkommensteuer

Im VZ 2020 sind folgende Aufwendungen angefallen:

Grundbesitzabgaben	1.978,60 €
Wohngebäudeversicherung	768,40 €
Gebäudehaftpflichtversicherung	450,00 €
Schornsteinfegergebühr (inkl. 19 % USt)	228,40 €
Hausstrom (inkl. 19 % USt)	268,30 €
Wasser (inkl. 7 % USt)	2.251,19 €
Heizöl (inkl. 19 % USt)	2.980,11 €
Reparaturen am gesamten Haus (inkl. 19 % USt)	21.000,00 €
Erneuerung des Fußbodens in der Bäckerei (inkl. 19 % USt)	11.600,00 €
Im VZ 2020 wurden Umsatzsteuer-Vorauszahlungen von 4 x 1.632 € = verausgabt.	6.528,00 €
Die AfA beträgt – wie im Vorjahr – für das gesamte Haus	3.870,00 €

Ermitteln Sie die Einkünfte aus Vermietung und Verpachtung für den VZ 2020.

FALL 13

Der Steuerpflichtige Erich Waldschmidt hat in 2007 ein unbebautes Grundstück in Köln zu einem Kaufpreis von 162.000 € (Grunderwerbsteuer 2007: 3,5 %) erworben. Aufgrund des Bauantrags vom 07.01.2018 wurde am 08.02.2020 mit dem Bau eines Hauses mit zwei Geschossen begonnen. Am 01.11.2020 wurde das Gebäude fertiggestellt. Beide Einheiten sind gleichartig und gleichwertig. Das Gebäude, das sich im Privatvermögen von Erich Waldschmidt befindet, wurde im VZ 2020 wie folgt genutzt:
Die Erdgeschosseinheit ist seit 01.11.2020 für monatlich 2.000 € an eine GmbH vermietet, die im Erdgeschoss ein Sonnenstudio betreibt. Umsatzsteuer ist im Mietvertrag nicht ausgewiesen. Die Einheit im 1. Obergeschoss bewohnt Herr Waldschmidt seit 01.01.2021 – wie ursprünglich geplant – selbst.

Kostenaufstellung:

• Grunderwerbsteuer	bezahlt am 05.03.2007	5.670 €
• Notar- und Grundbuchkosten	bezahlt am 10.02.2007	700 €
• Erschließungsbeiträge	bezahlt am 11.08.2011	8.500 €
• Baugenehmigungsgebühren	bezahlt am 07.11.2020	300 €
• Architektenhonorar	bezahlt am 17.10.2020	6.300 €
• Bauunternehmer	bezahlt am 19.12.2020	350.000 €
• Grundsteuer	bezahlt am 20.12.2020	400 €

Finanzierung:

- Herr Waldschmidt nahm in 2020 ein Darlehen bei der Stadtsparkasse Köln im Nennwert von 308.500 € auf.
- Für die Eintragung der Grundschuld zugunsten der Stadtsparkasse waren Notarkosten (800 € einschl. USt, bezahlt am 14.03.2020) und Grundbuchkosten (400 € bezahlt am 26.04.2020) zu entrichten.
- Für das Darlehen, das zu 98 % ausbezahlt worden ist, wurden in 2020 Zinsen in Höhe von insgesamt 15.000 € bezahlt.

Ermitteln Sie die Einkünfte aus Vermietung und Verpachtung für den VZ 2020. Gehen Sie davon aus, dass die Herstellungskosten je qm Wohnfläche über 3.000 € betragen.

Weitere Aufgaben mit Lösungen zu den **Einkünften aus Vermietung und Verpachtung** finden Sie im **Lösungsbuch** der Steuerlehre 2.

11.4 Sonstige Einkünfte im Sinne des § 22 EStG

Zu den **sonstigen Einkünften** gehören nur die Einkünfte, die in **§ 22** genau bezeichnet sind. Die **Aufzählung** des § 22 ist nicht beispielhaft, sondern **erschöpfend** (abschließend).

Da die **sonstigen Einkünfte** zu den Überschusseinkünften gehören, werden sie als **Überschuss der Einnahmen** über die **Werbungskosten** ermittelt.

Die Einnahmen und Werbungskosten sind nach den **Grundsätzen des § 11** zu erfassen.

§ 22 unterscheidet folgende **sonstige Einkünfte**:

1. Einkünfte aus **wiederkehrenden Bezügen** (Renten) (§ 22 **Nr. 1**),
2. Einkünfte aus Leistungen und Zahlungen nach § 10 Abs. 1a (z. B. Unterhalts- und Versorgungsleistungen), soweit für diese die Voraussetzungen für den Sonderausgabenabzug beim Leistungs- oder Zahlungsverpflichteten nach § 10 Abs. 1a erfüllt sind (§ 22 **Nr. 1a**),
3. Einkünfte aus **privaten Veräußerungsgeschäften** i. S. d. § 23 (§ 22 **Nr. 2**),
4. Einkünfte aus **bestimmten Leistungen** (§ 22 **Nr. 3**),
5. Einkünfte aus der Ausübung eines Mandats (Abgeordnetenbezüge) (§ 22 **Nr. 4**),
6. Leistungen aus Altersvorsorgeverträgen (§ 22 **Nr. 5**).

Im Folgenden werden die unter § 22 **Nrn. 1, 2, 3** und **5** fallenden Einkünfte erläutert. Die **Renten** sind in das Formular „**Anlage R**" einzutragen. Die übrigen sonstigen Einkünfte werden in die „**Anlage SO**" eingetragen.

Die Einkünfte aus **Unterhaltsleistungen** (§ 22 Nr. 1a) werden im Rahmen der **Sonderausgaben** im Abschnitt 14.2.3.1, Seiten 260 f., erläutert.

11.4.1 Einkünfte aus wiederkehrenden Bezügen (Renten)

Zu den wiederkehrenden Bezügen i. S. d. § 22 Nr. 1 gehören insbesondere die Leibrenten (R 22.3 EStR 2012).

11.4.1.1 Leibrenten

Alle Leibrenten und andere Leistungen, die auf Vorsorgebeiträgen beruhen, unterliegen der Besteuerung. Zu den Leibrenten zählen insbesondere:

- die Renten aus den **gesetzlichen Rentenversicherungen** (Hauptfall),
- die Renten aus den **landwirtschaftlichen Alterskassen**,
- die Renten aus den **berufsständischen Versorgungseinrichtungen** und
- die Renten aus **privaten Rentenversicherungen** i. S. d. § 10 Abs. 1 Nr. 2b.

Renten aus den gesetzlichen Rentenversicherungen (Hauptfall)

Versicherte, die aufgrund ihrer Beitragsleistungen zu den gesetzlichen Rentenversicherungen einen Anspruch erworben haben, erhalten vom Erreichen der Altersgrenze an ein **Altersruhegeld** (eine **Altersrente**), das nach § 22 Nr. 1 Satz 3 Buchstabe a Doppelbuchstabe aa zu versteuern ist.

A. Einkommensteuer

Zu den nach § 22 Nr. 1 Satz 3 Buchstabe a Doppelbuchstabe aa zu versteuernden **Renten** gehören nicht nur die (echten) **Leibrenten**, deren Dauer nur von der **Lebenszeit einer Person** abhängt, sondern auch die **abgekürzten Leibrenten**.

Ab 2020 werden die Leibrenten und andere Leistungen, die im VZ 2020 **erstmals** gezahlt werden, mit einem **Besteuerungsanteil** von 80 % erfasst (§ 22 Nr. 1).

Für Renten, die in 2005 erstmals gezahlt wurden und Renten, die bereits vor 2005 gezahlt worden sind (**Bestandsrenten**), beträgt der Besteuerungsanteil **50 %** (siehe unten).

Bemessungsgrundlage für die Berechnung des Jahresbetrags der Rente ist die **Brutto-Rente, nicht** der ausgezahlte Rentenbetrag (die **Netto-Rente**).

Auch für Rentner gilt der **Beitragssatz zur Krankenversicherung, der 14,6 %** der Brutto-Rente beträgt. Wie ein Arbeitnehmer trägt der Rentner die Hälfte des Beitrags (7,3 %), die andere Hälfte übernimmt der Rentenversicherungsträger in Form eines Zuschusses.

Hinzu kommt ein **kassenindividueller Zusatzbeitrag**, den der **Rentner** sich mit dem Rentenversicherungsträger teilt. Für **2020** beträgt der durchschnittliche Zusatzbeitrag **1,1 %** (Bundesanzeiger vom 28.10.2019). Für **2021** wird er um 0,2 % **auf 1,3 % angehoben** (Bundesanzeiger vom 30.10.2020).

Der **Beitragssatz zur Pflegeversicherung der Rentner** beträgt seit 01.01.2019 3,05 %, für Kinderlose 3,30 %.

BEISPIEL

Der Steuerpflichtige A, Köln, Vater einer Tochter, erhält seit dem **01.09.2020** von der gesetzlichen Rentenversicherung (Deutsche Rentenversicherung Bund) eine **Brutto-Rente** von monatlich **1.900 €**. Der kassenindividuelle Zusatzbeitrag für die Krankenversicherung beträgt 1,1 %. Der ausgezahlte Rentenbetrag (die **Netto-Rente**) wird wie folgt berechnet:

	Altersrente (Brutto-Rente) monatlich	1.900,00 €
-	**Krankenversicherungsbeitrag** insgesamt **(14,6 % + 1,1 %)**	- 298,30 €
-	**Pflegeversicherung** insgesamt **(3,05 %)**	- 57,65 €
		1.543,75 €
+	**Zuschuss** zum Krankenversicherungsbeitrag **(7,3 % + 0,55 %)**	149,15 €
+	**Zuschuss** zur Pflegeversicherung (0 %)	0,00 €
=	Zahlbetrag (**Netto-Rente**)	1.692,90 €

Die **Bemessungsgrundlage** für den der Besteuerung unterliegenden Anteil ist die **Brutto-Rente** von monatlich **1.900 €**. Für den VZ 2020 beträgt sie **7.600 €** (1.900 € x 4 Monate).

Maßgebend für die Berechnung des **steuerpflichtigen Teils der Rente** ist das **Jahr des Rentenbeginns** und der für dieses Jahr in der Tabelle des § 22 Nr. 1 Satz 3 Buchstabe a Doppelbuchstabe aa Satz 3 aufgeführte **Prozentsatz**.

Seit 2005 ist die **Tabelle** in § 22 Nr. 1 wie folgt gefasst (Auszug):

Jahr des Rentenbeginns	Besteuerungsanteil in Prozent
bis 2005	**50**
ab 2006	52
2007	54
.....	....
2018	76
2019	78
2020	**80**

11.4 Sonstige Einkünfte im Sinne des § 22 EStG

Für jeden neu hinzukommenden Rentenjahrgang (Kohorte) erhöht sich der Besteuerungsanteil bis zum Jahr 2020 jährlich um 2 %, ab dem Jahr 2021 bis zum Jahr 2040 um 1 % bis auf 100 %.

Der **Unterschiedsbetrag** zwischen dem **Jahresbetrag der Rente** und dem der **Besteuerung** unterliegenden Anteil der Rente ist der **steuerfreie** Teil der Rente (**Rentenfreibetrag**).

Der **Rentenfreibetrag** gilt ab dem Jahr, das dem Jahr des Rentenbeginns **folgt**, für die **gesamte Laufzeit** des Rentenbezugs (§ 22 Nr. 1 Satz 3 Buchstabe a Doppelbuchstabe aa Satz 5).

B E I S P I E L

Der Steuerpflichtige B, Düsseldorf, der zur Einkommensteuer veranlagt wird, bezieht seit dem **01.09.2020** eine **Brutto-Rente** von monatlich **2.000 €**.
Zum **01.07.2022** erhöht sich die Rente auf monatlich **2.100 €**.

Der **steuerpflichtige Teil der Rente** (die Einnahme) wird für den VZ 2020, den VZ 2021 und den VZ 2022 wie folgt berechnet:

	VZ 2020	€
	Renteneintritt 01.09.2020 (4 x 2.000 €)	8.000,00
−	Rentenfreibetrag (20 %*) von 8.000 €	− 1.600,00
=	**steuerpflichtiger Teil der Rente** (Einnahme) im VZ 2020 (Besteuerungsanteil: 80 % von 8.000 € = 6.400,00 €)	**6.400,00**

Im Jahr des Rentenbeginns (2020) wird der Rentenfreibetrag **noch nicht** festgeschrieben, sondern erst im Folgejahr (2021).

	VZ 2021	€
	Jahresbetrag der Rente 2021 (12 x 2.000 €)	24.000,00
−	Rentenfreibetrag (20 %*) von 24.000 €	− 4.800,00
=	**steuerpflichtiger Teil der Rente** (Einnahme) im VZ 2021 (Besteuerungsanteil: 80% von 24.000 € = 19.200 €)	**19.200,00**

Für die Folgejahre (2022 ff.) wird der Rentenfreibetrag aus 2021 von 4.800 € für die restliche Laufzeit der Rente festgeschrieben.

	VZ 2022	€
	Jahresbetrag der Rente 2022 (6 x 2.000 € + 6 x 2.100 €)	24.600,00
−	unveränderter Rentenfreibetrag aus dem VZ 2021	− 4.800,00
=	**steuerpflichtiger Teil der Rente** (Einnahme) im VZ 2022	**19.800,00**

Die Änderung des steuerpflichtigen Teils der Rente entspricht der Rentenerhöhung zum 01.07.2022 von 600 €. Da der Rentenfreibetrag unverändert bleibt, werden Rentenerhöhungen in vollem Umfang (zu 100 %) versteuert.

* Rentenfreibetrag: 100 % − 80 % = **20 %**

Bei den Bestandsrenten liegt der erstmalige Rentenbezug **vor** dem Jahr **2005**. Bei den **Bestandsrenten** liegt der Rentenbeginn somit in einem Jahr, in dem das Alterseinkünftegesetz noch keine Gültigkeit hatte. In diesen Fällen wird unterstellt, dass der **Rentenbeginn** im Jahr 2005 liegt, sodass für die restliche Laufzeit der Rente der **Freibetrag** aus dem Jahr 2005 **unverändert** bleibt (BMF-Schreiben vom 19.08.2013, BStBl I 2013, S. 1087, RZ 231 - 232).

Werden **Rentenerhöhungen** (Rentenanpassungen) in späteren Jahren vorgenommen, zählen diese in **vollem Umfang** zum **steuerpflichtigen** Teil der Rente, während der **Rentenfreibetrag** für die gesamte Laufzeit der Rente **unverändert** bleibt.

BEISPIEL

Der Steuerpflichtige C, Bonn, der zur Einkommensteuer veranlagt wird, bezieht seit dem 01.07.2004 eine Altersrente von monatlich **1.650 €**. In 2005 wurde ein Rentenfreibetrag von **9.900 €** (50 % von 19.800 €) angesetzt. Die monatliche Rente vom 01.01.2020 bis 30.06.2020 beträgt 1.810 €, ab 01.07.2020 bis 31.12.2021 1.830 €.

Der **steuerpflichtige Teil der Rente** (die Einnahme) wird für den VZ 2020 wie folgt berechnet:

	€
Jahresbetrag der Rente im VZ 2020 (6 x 1.810 € + 6 x 1.830 €)	21.840,00
− unveränderter Rentenfreibetrag aus dem VZ 2005	− 9.900,00
= **steuerpflichtiger Teil der Rente** (Einnahme) im VZ 2020	**11.940,00**

Nicht zu den **Leibrenten** i.S.d. § 22 Nr. 1 Satz 3 Buchstabe a) Doppelbuchstabe aa) gehören die Renten aus der **gesetzlichen Unfallversicherung**. Sie sind nach § 3 Nr. 1a **steuerfrei**.

 1. Wiederholungsfragen 1 bis 3 (Seite 230),
2. Fälle 1 und 2 (Seite 230)

11.4.1.2 Rentenbesteuerung von Leibrenten mit dem Ertragsanteil

Die Besteuerung des Ertragsanteils findet auf Leibrenten und andere Bezüge Anwendung, die **nicht** unter die Basisversorgung nach § 22 Nr. 1 Satz 3a) aa) fallen und Einkünfte aus Erträgen des Rentenrechts enthalten. Hierunter fallen z.B. folgende Renten:

- Leibrenten aus privaten Renten- und Lebensversicherungsverträgen i.S.d. § 10 Abs. 1 Nr. 3b, die vor dem 01.01.2005 abgeschlossen wurden,

- Private Rentenversicherungsverträge, die nicht dem neuen § 10 Abs. 1 Nr. 2b entsprechen, z.B. weil ein Kapitalwahlrecht besteht oder ein Rentenbeginn vor Vollendung des 60. Lebensjahres möglich ist,

- Renten aus umlagefinanzierten Zusatzversorgungseinrichtungen (z.B. Versorgungsanstalt des Bundes und der Länder VBL),

- Private Leibrenten z.B. aus Veräußerungsgeschäften.

Diese Renten werden deshalb mit dem Ertragsanteil versteuert, da in der **Ansparphase** die Beiträge ganz oder teilweise aus **versteuertem** Einkommen stammen und sich der Rentenbetrag in der **Auszahlungsphase** aus der Rückzahlung des **eingezahlten Kapitals** und angesammelter **Zinsen** zusammensetzt. Dieser „Zinsanteil" der Rente entspricht dem **Ertragsanteil**, der der Besteuerung zugeführt wird.

11.4 Sonstige Einkünfte im Sinne des § 22 EStG

BEISPIEL 1

Helga Müller, geb. 06.06.1957, Mannheim, erhält seit dem 01.07.2017 eine monatliche Rente i.H.v. 4.000 € aufgrund eines privaten Veräußerungsgeschäfts. Frau Müller ist alleinstehend und hat keine Erben. Deshalb veräußerte sie ein unbebautes Grundstück auf Basis einer lebenslangen Rente. Das Grundstück hatten die Großeltern von Helga Müller vor ca. 50 Jahren für umgerechnet 5.000 € erworben und der Enkeltochter geschenkt. Da das Grundstück zwischenzeitlich in Bauland umgewidmet wurde, ist der Wert des Grundstücks erheblich gestiegen.

Frau Müller hat zu Beginn der Rente das 60. Lebensjahr vollendet. Der Ertragsanteil der Rente liegt bei 22 %.

Der Ertragsanteil der Rente beläuft sich auf 10.560 € (4.000 €/Monat x 12 Monate x 22 %).

BEISPIEL 2

Arno Wummer, Detmolt, geb. 17.07.1956, erhält aus einer privaten Rentenversicherung, die er 1985 abgeschlossen hat, seit dem 01.08.2020 eine monatliche, lebenslange Rente i.H.v. 460,00 €.

Herr Wummer hat mit Ablauf des 15.07.2020 sein 64. Lebensjahr vollendet. Der Ertragsanteil der Rente beträgt 19 %. Für 2020 ergibt sich eine steuerpflichtige Einnahme aus dem Rentenbezug i.H.v. 437 € (460 €/Monat x 5 Monate x 19 %).

11.4.1.3 Besteuerung der Riester-Renten

Bei der Besteuerung von Leistungen aus einem Riester-Rentenversicherungsvertrag muss geprüft werden, ob die Leistungen aus der Rentenversicherung auf **geförderten** Beiträgen oder **nicht** geförderten Beiträgen beruhen.

Beziehen sich die Leistungen der Riester-Rente auf Grundlage geförderter Beiträge in Form von staatlichen Zulagen und/oder durch den Sonderausgabenabzug § 10a oder im Fall der Entgeltumwandlung auf Beiträge, die in der Ansparphase **steuerfrei** nach § 3 Nr. 63 behandelt wurden, ist der Rentenanteil im Jahre des Zuflusses der Leistung **in vollem Umfang** (zu 100 %) nach § 22 Nr. 5 Satz 1 der Besteuerung zu unterwerfen.

Soweit sich die Leistungen der Riester-Rente auf **nicht** geförderte Beiträge beziehen, erfolgt die Besteuerung mit dem **Ertragsanteil** (§ 22 Nr. 5 Satz 2 i.V.m. § 22 Nr. 1 Satz 3a) bb).

Da der Rentenbetrag aufgeteilt werden muss, hat das leistende Versicherungsunternehmen eine Bescheinigung auszustellen, wie der Rentenbetrag aufzuteilen ist.

BEISPIEL

Anja Rabe, Worms, geb. 15.09.1954, erhält seit Januar 2019 eine Hinterbliebenenversorgung aus einem Riester-Rentenversicherungsvertrag ihres verstorbenen Ehemanns. Das Versicherungsunternehmen bescheinigt Frau Rabe für 2020 folgende Leistungen aus der Riester-Rente des verstorbenen Ehemannes:

§ 22 Nr. 5 Satz 1	1.560 €
§ 22 Nr. 5 Satz 2 i.V.m. § 22 Nr. 1 Satz 3a) bb)	700 €

Frau Rabe hat zu Beginn der Rente im Januar 2019 das 64. Lebensjahr vollendet. Der Ertragsanteil nach i.V.m. § 22 Nr. 1 Satz 3a) bb) liegt bei 19 %.

	Einnahmen (§ 22 Nr. 5 Satz 1) 100 % x 1.560 €	1.560 €
+	Einnahmen (§ 22 Nr. 5 Satz 2 i.V.m. § 22 Nr. 1 Satz 3a) bb)) 19 % x 700 €	133 €
=	Summe der steuerpflichtigen Einnahmen	1.693 €

11.4.1.4 Besteuerung von Renten aus einer Pensionskasse

Zu den Leibrenten gehören **auch** Renten aus **betrieblichen Pensionskassen**. Pensionskassen sind vom Arbeitgeber unabhängige rechtsfähige Versorgungseinrichtungen. Die Pensionskasse räumt dem Arbeitnehmer einen unmittelbaren Rechtsanspruch auf Versorgungsleistungen ein. Die Beiträge sind unter den Voraussetzungen des § 3 Nr. 63 **steuerfrei**. Dies ist dann der Fall, wenn die **Auszahlung** der zugesagten Altersversorgung nur in Form einer **lebenslangen Rente** erfolgt. Auch müssen die Beiträge aus dem **ersten** Dienstverhältnis stammen. Die Beiträge in der Ansparphase sind mit maximal 8 % der Beitragsbemessungsgrenze (West) der allgemeinen Rentenversicherung steuerfrei (für 2020 maximal bis 8 % von 82.800 € = 6.624 €).

Im **Versorgungsfall** sind Zahlungen der Pensionskasse, die auf **steuerfreien** Beitragsleistungen gemäß § 3 Nr. 63 beruhen, **in voller Höhe** als sonstige Einkünfte nach § 22 Nr. 5 Satz 1 **steuerpflichtig**. Dagegen sind Zahlungen der Pensionskasse, die auf **nicht** geförderten Beiträgen beruhen (z.B. Renten auf Beiträge, die in der Ansparphase nach der Lohnsteuerkarte besteuert wurden), nur mit dem **Ertragsanteil** nach § 22 Nr. 1 Satz 3 Buchstabe a) Doppelbuchstabe bb) steuerpflichtig.

Der Steuerpflichtige hat eine gegebenenfalls vorzunehmende Aufteilung durch eine **Bescheinigung** der Pensionskasse nachzuweisen.

BEISPIEL

Rainer Wunderlich, Hamburg, geb. 10.08.1955, ging mit Ablauf des 31.08.2020 in den Ruhestand und bezieht seit dem 01.09.2020 eine Rente aus der gesetzlichen Rentenversicherung i.H.v. 2.100 € im Monat. Außerdem erhält er ab dem 01.09.2020 eine monatliche Rente aus der Pensionskasse i.H.v. 460 €. Die Pensionskasse bescheinigt Rainer Wunderlich für das Kalenderjahr 2020, die nachfolgenden Leistungen bezogen zu haben:

Leistungen nach § 22 Nr. 5 Satz 1 i.H.v.	1.340 €
Leistungen nach § 22 Nr. 5 Satz 2 i.V.m. § 22 Nr. 1 Satz 3a) bb) i.H.v.	500 €

Die Höhe der Renteneinkünfte für 2020 wird wie folgt ermittelt:

Rente aus der gesetzlichen Rentenversicherung § 22 Nr. 1 Satz 3a) aa)	
Renteneinnahme 2020 (2.100 €/Monat x 4 Monate) x 80 %	6.720 €
Rente aus der Pensionskasse § 22 Nr. 5 Satz 1	
Renteneinnahme 2020	1.340 €
Rente aus der Pensionskasse § 22 Nr. 5 Satz 1 .V.m. § 22 Nr. 1 Satz 3a) bb)	
Renteneinnahme 2020 (500 € x 18 %)	
Vollendung des 65. Lebensjahres mit Ablauf des 09.08.2020	90 €
= **Summe der Renteneinnahmen**	**8.150 €**
- Werbungskosten-Pauschbetrag § 9a Nr. 3	- 102 €
= **Einkünfte § 22**	**8.048 €**

11.4.1.5 Werbungskosten oder Werbungskostenpauschbetrag

Von den **steuerpflichtigen Einnahmen** aus wiederkehrenden Bezügen (insbesondere Leibrenten) können **Werbungskosten** (z. B. Honorar für einen Rentenberater, Prozess- und ähnliche Kosten im Zusammenhang mit Rentenansprüchen) abgezogen werden [H 22.3 (Werbungskosten) EStH].

Ein **Werbungskosten-Pauschbetrag** in Höhe von **102 Euro** wird abgezogen, wenn keine höheren Werbungskosten nachgewiesen werden (§ 9a Satz 1 Nr. 3).

> **BEISPIEL**
>
> Der Steuerpflichtige D, Köln, der zur Einkommensteuer veranlagt wird, bezieht seit dem **01.09.2020** eine **Brutto-Rente** von monatlich **2.400 €** aus der gesetzlichen Rentenversicherung. Werbungskosten werden im Einzelnen nicht nachgewiesen.
>
> Die **Einkünfte aus Leibrenten** werden für den VZ 2020 wie folgt berechnet:
>
> | | |
> |---|---:|
> | Brutto-Rente (2.400 € x 4 Monate) = | 9.600,00 € |
> | − Rentenfreibetrag (20 % von 9.600 €) | − 1.920,00 € |
> | = steuerpflichtiger Teil der Rente (80 % von 9.600 €) | 7.680,00 € |
> | − Werbungskosten-Pauschbetrag | − 102,00 € |
> | = **Einkünfte aus Leibrenten** | **7.578,00 €** |

In der **Anlage R** zur Einkommensteuererklärung 2020 hat D folgende Eintragungen vorzunehmen:

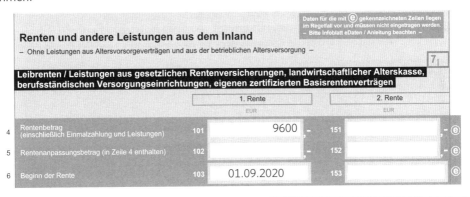

 1. Wiederholungsfrage 4 (Seite 230),
2. Fälle 3 und 4 (Seite 230)

11.4.2 Einkünfte aus privaten Veräußerungsgeschäften im Sinne des § 23 EStG

Zu den **sonstigen Einkünften** gehören auch die Einkünfte aus **privaten Veräußerungsgeschäften** (früher: Spekulationsgeschäfte) i. S. d. § 22 Nr. 2 i. V. m. § 23.

Bei privaten Veräußerungsgeschäften i. S. d. § 23 Abs. 1 **Nr. 1** und **Nr. 2** beträgt der Zeitraum zwischen **Anschaffung** und **Veräußerung** grundsätzlich:

- bei **Grundstücken** – einschließlich innerhalb dieser Frist erstellten Gebäude(teile)n – nicht mehr als **zehn Jahre**;
- bei **anderen Wirtschaftsgütern** nicht mehr als **ein Jahr**.

A. Einkommensteuer

Private Veräußerungsgeschäfte mit **Gegenständen des täglichen Gebrauchs** (z.B. Gebrauchtfahrzeuge) innerhalb der Haltefrist von einem Jahr sind **nicht steuerbar** (§ 23 Abs. 1 Nr. 2 **Satz 2**).

Der einjährige Zeitraum erhöht sich auf **zehn Jahre** bei Wirtschaftsgütern, aus deren Nutzung als Einkunftsquelle in einem Kalenderjahr **Einkünfte** erzielt werden, z.B. Vermietung von privaten Gegenständen, die anschließend verkauft werden (§ 23 Abs. 1 Nr. 2 **Satz 3**).

Die Verlängerung auf **zehn Jahre** gilt **nicht**, wenn das Wirtschaftsgut **vor dem 01.01.2009** erworben wurde (§ 52 Abs. 31). Bei diesen Altfällen gilt weiterhin die einjährige Veräußerungsfrist.

Im Rahmen der steuerpflichtigen privaten Veräußerungsgeschäfte werden nach § 23 Abs. 1 **Satz 2** auch die Wirtschaftsgüter erfasst, die durch **Entnahmen** oder eine **Betriebsaufgabe** in das Privatvermögen überführt und innerhalb der steuerschädlichen Frist nach § 23 Abs. 1 Nr. 1 und Nr. 2 veräußert werden.

Private Grundstücksveräußerungen

Einen Veräußerungsgewinn nach § 23 Abs. 1 **Nr. 1** muss versteuern, wer innerhalb von **zehn Jahren** ein **Grundstück** kauft und wieder verkauft.

Für die **Berechnung der steuerschädlichen Veräußerungsfrist** nach § 23 Abs. 1 **Nr. 1** ist grundsätzlich das der Anschaffung oder Veräußerung zugrunde liegende **obligatorische** (schuldrechtliche) **Geschäft** (z.B. Abschluss des Kaufvertrags) **maßgebend** und **nicht** das **dingliche Geschäft** (z.B. Eintragung im Grundbuch) [H 23 (Veräußerungsfrist) EStH].

> **MERKE →** Die Berechnung der Frist erfolgt von Kaufvertrag zu Kaufvertrag.

BEISPIEL

Ein Steuerpflichtiger **kaufte** am 01.08.2011 durch notariellen Vertrag ein unbebautes **Grundstück**, das er im Privatvermögen hält. Die Eintragung im Grundbuch erfolgte am 14.10.2011. Am 06.06.2021 **verkauft** er das Grundstück durch notariellen Vertrag. Die Eintragung im Grundbuch erfolgt am 23.10.2021.

Es liegt ein **privates Veräußerungsgeschäft** vor, weil der maßgebende Zeitraum zwischen Anschaffung und Veräußerung (01.08.2011 bis 06.06.2021) **nicht mehr als zehn Jahre** beträgt (von Kaufvertrag zu Kaufvertrag). Es ist unerheblich, dass der Zeitraum zwischen den beiden Eintragungen im Grundbuch (14.10.2011 bis 23.10.2021) mehr als zehn Jahre beträgt, weil die Berechnung der steuerschädlichen Veräußerungsfrist lediglich auf die Zeitpunkte der Vertragsabschlüsse abstellt.

Nach § 23 Abs. 1 **Nr. 1 Satz 2** sind **Gebäude(teile)** und **Außenanlagen** einzubeziehen, die innerhalb der steuerschädlichen Veräußerungsfrist (Spekulationsfrist) „errichtet" werden. Mit der Formulierung „errichtet" soll klargestellt werden, dass auch ein Gebäude im **teilfertigen** Zustand in die Besteuerung einzubeziehen ist.

BEISPIEL

Der Steuerpflichtige A hat am **02.01.2014** in Erfurt einen Bauplatz für 20.000 € **erworben**. 2019 begann er mit der Errichtung eines Gebäudes.

Am **03.01.2020 verkaufte** A das kurz vor seiner Fertigstellung stehende Gebäude für 350.000 €.

11.4 Sonstige Einkünfte im Sinne des § 22 EStG

Es liegt ein **privates Veräußerungsgeschäft** i. S. d. § 23 Abs. 1 Nr. 1 vor, weil der maßgebende Zeitraum zwischen Anschaffung und Veräußerung (02.01.2014 bis 03.01.2020) **nicht mehr als zehn Jahre** beträgt.

Eigentümer einer **selbstgenutzten** Immobilie sollen grundsätzlich **von der Besteuerung** nach § 23 **ausgenommen** werden, um insbesondere die Mobilität von Arbeitnehmern nicht zu behindern.

Nach § 23 Abs. 1 Nr. 1 **Satz 3** unterliegt der Verkauf von Grundstücken **nicht der Besteuerung, wenn** das Grundstück

- im Zeitraum zwischen **Anschaffung oder Fertigstellung und Veräußerung** ausschließlich zu **eigenen Wohnzwecken** verwendet **oder**

- im Jahr der **Veräußerung** und in den **beiden vorangegangenen Jahren** zu **eigenen Wohnzwecken** genutzt worden ist.

> **B E I S P I E L**
>
> Der Steuerpflichtige A **erwarb 01.12.2018** ein **Einfamilienhaus** in Bonn **für sich und seine Familie.**
> Das Haus wurde als Familienheim genutzt. Bereits am 31.03.**2020** musste A das Haus berufsbedingt wieder **verkaufen.** Er erzielte dabei einen Veräußerungsgewinn von 70.000 €.
>
> Der **Veräußerungsgewinn** von 70.000 € unterliegt **nicht der Besteuerung,** weil im Zeitraum zwischen **Anschaffung und Veräußerung** das Haus ausschließlich zu **eigenen Wohnzwecken** genutzt wurde.

Die Freistellung der Besteuerung nach § 23 Abs. 1 Nr. 1 **Satz 3** gilt lediglich für Wohnungen, die zu **eigenen Wohnzwecken** genutzt werden. Wohnungen, die **nicht zu eigenen Wohnzwecken** genutzt werden, sind von der **Freistellung** der Besteuerung **ausgenommen**.

> **B E I S P I E L**
>
> Sachverhalt wie im Beispiel zuvor mit dem **Unterschied,** dass es sich nicht um ein Einfamilienhaus, sondern um ein **Zweifamilienhaus** mit zwei gleich großen Wohnungen handelt, von denen A eine Wohnung mit seiner Familie **selbst bewohnte** und die andere Wohnung **vermietete.** A erzielte einen Veräußerungsgewinn von 140.000 €.
>
> Der Veräußerungsgewinn von 70.000 €, der auf die **selbstgenutzte** Wohnung entfällt, unterliegt **nicht** der Besteuerung. Den auf die **vermietete** Wohnung entfallenden Gewinn von 70.000 € muss A **versteuern.**

Der zweite Ausnahmetatbestand des § 23 Abs. 1 Nr. 1 **Satz 3** betrifft die Fälle, in denen der Steuerpflichtige die Immobilie **zunächst vermietet** hat.

> **B E I S P I E L**
>
> Der Steuerpflichtige B ist Eigentümer einer in 2014 angeschafften Eigentumswohnung in Köln, die er bis einschließlich Oktober 2018 **vermietet** hat. Ab **01.11.2018** bewohnt er die Wohnung **selbst.** Im **März 2020** veräußerte er die Wohnung und erzielte dabei einen Veräußerungsgewinn von 35.000 €.
> Der **Veräußerungsgewinn** von 35.000 € unterliegt **nicht** der Besteuerung, weil die Wohnung von B im Veräußerungsjahr 2020 und den beiden vorangegangenen Jahren (2018, 2019 – volle Jahre sind nicht erforderlich) zu eigenen Wohnzwecken genutzt wurde. Es reicht aus, wenn sich die Nutzung zu eigenen Wohnzwecken auf das gesamte mittlere Kalenderjahr erstreckt.

A. Einkommensteuer

Kein privates Veräußerungsgeschäft liegt vor, wenn der Veräußerer das Grundstück unentgeltlich erworben hat, z.B. durch Erbschaft, Vermächtnis oder Schenkung. Beim unentgeltlichen Erwerb eines Wirtschaftsguts liegt **keine Anschaffung** i.S.d. § 23 vor [H 23 (Anschaffung) EStH]. Allerdings ist bei Veräußerung eines im Wege der Gesamt- bzw. Einzelrechtsnachfolge erworbenen Grundstücks der Anschaffungszeitpunkt des Rechtsvorgängers maßgebend [Fußstapfentheorie, H 23 (Veräußerungsfrist) EStH].

> **BEISPIEL**
>
> Der Steuerpflichtige A hat zum 31.12.2016 von seinem Vater ein Einfamilienhaus in Koblenz geschenkt bekommen, das dieser am 03.05.2003 erworben hatte. In 2020 verkauft A das Haus für 450.000 € an die Familie B. Der Veräußerungsgewinn beträgt 90.000 €.
>
> Der Verkauf des Hauses ist **kein** privates Veräußerungsgeschäft i.S.d. § 23, weil der unentgeltliche Erwerb des Hauses **keine Anschaffung** i.S.d. § 23 ist und der Rechtsvorgänger das Grundstück außerhalb des 10-Jahres-Zeitraums erworben hat.

Ermittlung des steuerpflichtigen Veräußerungsgewinns bei privaten Grundstücksveräußerungen

Die **Einkünfte aus privaten Veräußerungsgeschäften** werden als **Überschuss** der **Einnahmen** über die **Werbungskosten** ermittelt. In § 23 Abs. 3 wird zwar von **Gewinn** aus privaten Veräußerungsgeschäften gesprochen, trotzdem handelt es sich **nicht um Gewinneinkünfte**, sondern um **Überschusseinkünfte (§ 2 Abs. 2 Nr. 2)**.

Der **Gewinn oder Verlust aus Veräußerungsgeschäften** wird nach § 23 **Abs. 3** grundsätzlich wie folgt ermittelt:

	Veräußerungspreis
−	Anschaffungs- oder Herstellungskosten
−	Veräußerungskosten (Werbungskosten)
=	Gewinn/Verlust aus privaten Veräußerungsgeschäften

> **BEISPIEL**
>
> Der Steuerpflichtige A hat am 04.01.2015 in Erfurt einen Bauplatz für **145.000 € erworben**.
> 2019 begann er mit der Errichtung eines Gebäudes.
> Am 04.01.2020 **verkaufte** er das kurz vor seiner Fertigstellung stehende Gebäude für **700.000 €** durch notariellen Vertrag.
> Die Herstellungskosten des teilfertigen Gebäudes haben **400.000 €** betragen.
> Beim Verkauf fielen Veräußerungskosten (Werbungskosten) in Höhe von **5.000 €** an.
>
> Es liegt ein **privates Veräußerungsgeschäft** i.S.d. § 23 Abs. 1 **Nr. 1** vor, weil der maßgebende Zeitraum zwischen Anschaffung und Veräußerung (04.01.2015 bis 04.01.2020) **nicht mehr als zehn Jahre** beträgt.
>
> Der **Gewinn aus dem privaten Veräußerungsgeschäft** wird wie folgt ermittelt:
>
> | | | |
> |---|---|---:|
> | | Veräußerungspreis | 700.000 € |
> | − | Anschaffungskosten des Grund und Bodens | − 145.000 € |
> | − | Herstellungskosten des teilfertigen Gebäudes | − 400.000 € |
> | − | Veräußerungskosten (Werbungskosten) | − 5.000 € |
> | = | Gewinn aus privatem Veräußerungsgeschäft | 150.000 € |

11.4 Sonstige Einkünfte im Sinne des § 22 EStG

Für die Berechnung der steuerschädlichen Veräußerungsfrist ist der **Anschaffungszeitpunkt des Grund und Bodens** maßgebend. Ist der Veräußerungsgewinn des Grund und Bodens steuerfrei, ist auch der Veräußerungsgewinn, der auf das errichtete Gebäude entfällt, steuerfrei (BMF 05.10.2000, BStBl I 2000, S. 1383 Rz 9 unter Berücksichtigung BMF 07.02.2007, BStBl. I 2007, S. 262).

Nach § 23 Abs. 3 **Satz 4 mindern** sich die **Anschaffungs- oder Herstellungskosten** noch um

- **Absetzungen für Abnutzungen** (AfA),
- **erhöhte Absetzungen** und
- **Sonderabschreibungen**,

soweit sie bei der Ermittlung der Einkünfte im Sinne des § 2 Abs. 1 Satz 1 **Nrn. 4 bis 7** abgezogen worden sind.

BEISPIEL

Der Steuerpflichtige A hat am 10.12.2011 in Dresden ein Mietwohngrundstück (Neubau) für **800.000 € erworben**. Davon entfallen **100.000 €** auf Grund und Boden. Die AfA nach § 7 Abs. 4 beträgt bis zum Veräußerungszeitpunkt **116.358 €**. Am 16.12.2020 **veräußerte** A das Grundstück für **750.000 €**.

Da A das Grundstück innerhalb von zehn Jahren seit der Anschaffung wieder veräußert hat, ist der **Veräußerungsgewinn** nach § 23 Abs. 1 Nr. 1 **steuerpflichtig**.

Der Gewinn aus dem privaten Veräußerungsgeschäft wird wie folgt ermittelt:

Veräußerungspreis		750.000 €
Anschaffungskosten des Grund und Bodens	100.000 €	
Anschaffungskosten des Gebäudes	700.000 €	
Anschaffungskosten insgesamt	800.000 €	
- lineare AfA nach § 7 Abs. 4	- 116.358 €	- 683.642 €
= Gewinn aus privatem Veräußerungsgeschäft		66.358 €

Obwohl A das Grundstück, bezogen auf die Anschaffungskosten, mit einem „Verlust" von 50.000 € veräußert, erzielt er einen **steuerpflichtigen Gewinn** aus privatem Veräußerungsgeschäft von 66.358 €.

Werbungskosten sind im Zusammenhang mit privaten Veräußerungsgeschäften Aufwendungen, die dem Steuerpflichtigen zur Herbeiführung der Veräußerung entstehen. Hierzu gehören z. B. Gerichtsgebühren, Maklergebühren, Werbekosten.

Nicht zu den **Werbungskosten** gehören alle Aufwendungen, die mit der **laufenden Nutzung** des veräußerten Wirtschaftsgutes zwischen dessen Anschaffung und Veräußerung zusammenhängen (z. B. Schuldzinsen, Grundsteuer).

Private Wertpapierveräußerungen

Seit 2009 ist die bisherige Regelung zu Wertpapieren im § 23 Abs. 1 Satz 1 Nr. 2 entfallen, weil die Besteuerung dieser Geschäfte seit 2009 nach **§ 20 Abs. 2** erfolgt.

Wertpapierveräußerungen wurden bereits im Abschnitt 11.2 „Einkünfte aus Kapitalvermögen (§ 20)" erläutert, Seiten 168 ff.

Gegenstände des täglichen Gebrauchs

Gegenstände des täglichen Gebrauchs sind von der Besteuerung privater Veräußerungsgeschäfte ausgenommen (§ 23 Abs. 1 Nr. 2 **Satz 2**).

Der Begriff „Gegenstände des täglichen Gebrauchs" wird vom Gesetzgeber nicht definiert. Nach der Gesetzesbegründung fallen darunter **insbesondere Gebrauchtfahrzeuge**.

> **BEISPIEL**
>
> Der kaufmännische Angestellte A, Bonn, veräußerte im Januar 2020 seinen gebrauchten Pkw zum Preis von 25.000 €, den er im August 2019 zum Preis von 28.000 € angeschafft hatte.
>
> Der gebrauchte Pkw gehört zu den Gegenständen des täglichen Gebrauchs. Der Verkauf ist daher **nicht steuerbar** (§ 23 Abs. 1 Nr. 2 Satz 2).
> Deshalb darf A den **Verlust** von 3.000 € (28.000 € – 25.000 €) **auch nicht** bis zur Höhe des Gewinns, den ein Steuerpflichtiger im gleichen Kalenderjahr aus privaten Veräußerungsgeschäften erzielt hat, **ausgleichen** (§ 23 Abs. 3 **Satz 7**).

Privates Veräußerungsgeschäft § 22 Nr. 2 i.V.m. § 23 Abs. 1 Nr. 2

> **BEISPIEL**
>
> Anton Wimmer, Stuttgart, kaufte im April 2020 über die offizielle UEFA-Website zwei Tickets für das Filiale der UEFA Champions League, Kaufpreis 400 €. Im Mai 2020 veräußerte er über eine Ticketplattform die Tickets nach Abzug der Verkaufsgebühren für 3.000 €.
>
> Bei den Tickets handelt es sich um „andere Wirtschaftsgüter" i.S.d. § 23 Abs. 1 Satz 1 Nr. 2. Da der Gesamtgewinn die Freigrenze von weniger als 600 € überschreitet, unterliegt der gesamte Gewinn i.H.v. 2.600 € dem § 22 Nr. 2 i.V.m. § 23 (BFH 29.10.2019, IX R 10/18).

Freigrenze

Gewinne bleiben **steuerfrei**, wenn der aus dem privaten Veräußerungsgeschäft erzielte Gesamtgewinn im Kalenderjahr **weniger** als **600 Euro** (**Freigrenze**) betragen hat (§ 23 Abs. 3 **Satz 5**).

Haben von **zusammen veranlagten Ehegatten** beide Veräußerungsgewinne erzielt, so steht **jedem** Ehegatten die Freigrenze des § 23 Abs. 3 zu, höchstens jedoch bis zur Höhe seines Gesamtgewinns aus privaten Veräußerungsgeschäften [H 23 (Freigrenze) EStH].

Bei **Zusammenveranlagung** von Ehegatten **verdoppelt sich** die **Freigrenze von 599,99 Euro nicht**. Da die Einkünfte der Ehegatten zunächst für jeden Ehegatten **gesondert** ermittelt und dann **zusammengerechnet** werden, kann ein von einem Ehegatten nicht voll ausgenutzter Teil der **Freigrenze nicht** auf den anderen Ehegatten **übertragen** werden (BMF 05.10.2000, BStBl I, S. 1383, RZ 41).

 Die Ermittlung der Einkünfte im Rahmen der Zusammenveranlagung wurde bereits im Abschnitt 5.2.1 „Zusammenveranlagung", Seiten 41 f. dargestellt.

> **BEISPIEL**
>
> Die Eheleute Müller, Berlin, haben im VZ 2020 Einnahmen aus privaten Veräußerungsgeschäften erzielt. Der Gewinn des Ehemannes hat dabei **850 €** und der der Ehefrau **300 €** betragen. Werbungskosten wurden im Einzelnen nicht nachgewiesen.

11.4 Sonstige Einkünfte im Sinne des § 22 EStG

Die **steuerpflichtigen Einkünfte** werden wie folgt ermittelt:

	Ehemann €	Ehefrau €	gesamt €
sonstige Einkünfte i.S.d. § 22 i.V.m. § 23			
Ehemann Gewinn aus Veräußerungsgeschäften 850 €. Freigrenze von 599,99 € ist überschritten, sodass der volle Betrag angesetzt wird.	850		
Ehefrau 300 € sind steuerfrei, weil die Freigrenze von 599,99 € nicht überschritten ist.		0	
			850

Der nicht ausgenutzte Teil der Freigrenze bei der Ehefrau darf **nicht** auf den Ehemann übertragen werden.

Verlustausgleich und Verlustabzug

Verluste aus privaten Veräußerungsgeschäften **können nur** mit Gewinnen aus privaten Veräußerungsgeschäften verrechnet werden. Ein vertikaler **Verlustausgleich** mit positiven Einkünften aus **anderen** Einkunftsarten ist **ausgeschlossen**.

Verluste aus privaten Veräußerungsgeschäften können **zunächst** mit Gewinnen aus privaten Veräußerungsgeschäften **des gleichen Kalenderjahres** verrechnet werden (§ 23 Abs. 3 **Satz 7**). **Darüber hinaus** können Verluste aus privaten Veräußerungsgeschäften mit Gewinnen aus privaten Veräußerungsgeschäften des **unmittelbar vorangegangenen** Veranlagungszeitraums und der **folgenden** Veranlagungszeiträume verrechnet werden (**Verlustabzug**; § 23 Abs. 3 **Satz 8**).

Die privaten Verluste des **VZ 2020** können zunächst mit privaten Veräußerungsgewinnen des Jahres **2019** (**Verlustrücktrag**) und anschließend mit Veräußerungsgewinnen der Jahre **2021 ff.** (**Verlustvortrag**) verrechnet werden.

BEISPIEL

Der Angestellte A, Bonn, hat mit Kaufvertrag vom **15.10.2019** ein unbebautes Grundstück für **500.000 € erworben**.

Am **12.02.2020 verkaufte** er dieses Grundstück für **475.000 €**. Weitere private Veräußerungsgeschäfte hat er in den Jahren 2019 und 2020 nicht getätigt.

Im Jahre 2021 erzielt er einen Gewinn aus einem privaten Veräußerungsgeschäft in Höhe von 30.000 €.

Der **Verlust aus dem privaten Veräußerungsgeschäft** wird für den VZ 2020 wie folgt ermittelt:

Veräußerungspreis	475.000 €
- Anschaffungskosten	- 500.000 €
= **Verlust aus privatem Veräußerungsgeschäft**	**25.000 €**

Ein **Verlustrücktrag** nach 2019 ist **nicht möglich**, weil A in 2019 keinen Gewinn aus privaten Veräußerungsgeschäften erzielt hat (§ 23 Abs. 3 **Satz 7**). Ein **Ausgleich** mit **anderen** Einkunftsarten ist **unzulässig**.

Nach § 23 Abs. 3 **Satz 8** kann A jedoch im Jahre 2021 den Verlust von 25.000 € mit dem Gewinn von 30.000 € verrechnen, sodass er von den 30.000 € nur noch 5.000 € (30.000 € – 25.000 €) zu versteuern hat (**Verlustvortrag**).

 Einzelheiten zum **Verlustabzug** (Verlustrücktrag und Verlustvortrag) **nach** § 10d erfolgen im Abschnitt 14.1, Seiten 252 ff.

 1. Wiederholungsfragen 5 bis 11 (Seite 230 f.),
2. Fälle 5 bis 7 (Seite 231)

11.4.3 Einkünfte aus bestimmten Leistungen

Nach § 22 **Nr. 3** gehören zu den sonstigen Einkünften schließlich noch **bestimmte Leistungen**, soweit sie **weder** zu den **anderen** Einkunftsarten Nrn. 1 bis 6 **noch** zu den Einkünften aus **wiederkehrenden Bezügen**, **Unterhaltsleistungen**, **privaten Veräußerungsgeschäften** oder **Abgeordnetenbezügen** gehören.

<u>Leistung</u> im Sinne des § 22 **Nr. 3** ist jedes Tun, Dulden oder Unterlassen, das Gegenstand eines entgeltlichen Vertrags sein kann und das um des Entgelts willen erbracht wird [H 22.8 (Allgemeines) EStH].

Zu den **Leistungseinkünften** gehören z. B. Einkünfte aus **gelegentlichen Vermittlungen** und aus der **Vermietung** einzelner **beweglicher** Gegenstände.

BEISPIEL 1

Ein Steuerpflichtiger vermietet seinen privaten Pkw für eine Urlaubsreise an einen Bekannten.

Es liegt eine **Leistung i. S. d.** § 22 Nr. 3 vor, weil ein **beweglicher** Gegenstand **vermietet** wurde.

BEISPIEL 2

Ein Student schließt mit einem Dienstleister einen Werbevertrag ab. Er verpflichtet sich für monatlich 18 € sein E-Bike für die Fahrten zur Uni zu verwenden. Das E-Bike wird mit Aufklebern versehen, die auf einen E-Bike-Händler hinweisen.

Es handelt sich um eine sonstige Leistung i. S. d. § 22 Nr. 3 EStG. Die Einnahmen sind grundsätzlich einkommensteuerpflichtig. Da sie weniger als 256 € (Freigrenze) betragen, entfällt die Einkommensteuerpflicht.

Bei der **Vermietung von Sachinbegriffen** (z. B. Vermietung einer Praxiseinrichtung an einen Arzt) liegen jedoch Einkünfte aus Vermietung und Verpachtung vor (§ 21 Abs. 1 Satz 1 Nr. 2).

Freigrenze

Die **Einkünfte aus bestimmten Leistungen**, die durch den **Überschuss der Einnahmen** über die **Werbungskosten** ermittelt werden, sind **nicht steuerpflichtig**, wenn sie **weniger als 256 Euro** (<u>Freigrenze</u> = 255,99 Euro) im Kalenderjahr betragen.

Haben beide **zusammenveranlagten Ehegatten** Einkünfte aus bestimmten Leistungen i. S. d. § 22 Nr. 3 bezogen, so ist bei **jedem** Ehegatten die **Freigrenze** zu beachten, höchstens jedoch bis zur Höhe seiner Einkünfte i. S. d. § 22 Nr. 3 (R 22.8 EStR 2012).

Verlustausgleich und Verlustabzug

Übersteigen die Werbungskosten die Einnahmen, so darf der übersteigende Betrag bei der Ermittlung des Einkommens nicht ausgeglichen werden. Er darf auch nicht nach § 10d abgezogen werden.

11.4 Sonstige Einkünfte im Sinne des § 22 EStG

Verluste i.S.d. § 22 Nr. 3 dürfen jedoch – wie bei den privaten Veräußerungsgeschäften – mit positiven Einkünften i.S.d. § 22 Nr. 3 des **unmittelbar vorangegangenen** Veranlagungszeitraums (Verlustrücktrag) und der **folgenden** Veranlagungszeiträume (Verlustvortrag) verrechnet werden (**Verlustabzug**; § 22 Nr. 3 **Satz 4**)

> **ÜBUNG →** 1. Wiederholungsfragen 12 und 13 (Seite 230),
> 2. Fall 8 (Seite 232)

11.4.4 Zusammenfassung und Erfolgskontrolle
11.4.4.1 Zusammenfassung

Sonstige Einkünfte im Sinne des § 22

Einkünfte aus **wiederkehrenden Bezügen** (§ 22 **Nr. 1**)	Einkünfte aus **privaten Veräußerungsgeschäften** (§ 22 **Nr. 2**)	Einkünfte aus **bestimmten Leistungen** (§ 22 **Nr. 3**)
	Hierzu gehören Veräußerungsgeschäfte, bei denen der **Zeitraum** zwischen **Anschaffung** und **Veräußerung** beträgt:	Hierzu gehören z.B.: Einkünfte aus **gelegentlichen Vermittlungen** und aus der **Vermietung** einzelner **beweglicher Gegenstände**.
Hierzu gehören vor allem die **Renten** aus den **gesetzlichen Rentenversicherungen**.	a) bei **Grundstücken** und innerhalb des Zeitraums errichteten Gebäuden nicht mehr als **zehn Jahre**,	
	b) bei anderen Wirtschaftsgütern grundsätzlich nicht mehr als **ein Jahr**. Veräußerungen von Gegenständen des täglichen Gebrauchs sind davon ausgenommen.	
Besonderheit: **Ab 2020** werden **Leibrenten** mit einem **Besteuerungsanteil** von **80 %** erfasst. Bei der Ermittlung der Einkünfte kann ein **WK-Pauschbetrag** von **102 Euro** abgesetzt werden.	**Besonderheit:** **Gewinne** aus privaten Veräußerungsgeschäften bleiben **steuerfrei**, wenn sie weniger als **600 Euro** betragen.	**Besonderheit:** Einkünfte aus bestimmten Leistungen bleiben **steuerfrei**, wenn sie weniger als **256 Euro** betragen.

A. Einkommensteuer

11.4.4.2 Erfolgskontrolle

WIEDERHOLUNGSFRAGEN

1. Welche sonstigen Einkünfte werden in § 22 genannt?
2. Welche Leibrenten und andere Leistungen unterliegen der Besteuerung?
3. Mit welchem Besteuerungsanteil werden Leibrenten, die im VZ 2020 erstmals gezahlt werden, erfasst?
4. Wie hoch ist der Werbungskosten-Pauschbetrag bei der Ermittlung der Einkünfte im Sinne des § 22 Nr. 1?
5. In welchen Fällen liegen private Veräußerungsgeschäfte i. S. d. § 23 Abs. 1 Nr. 1 und Nr. 2 vor?
6. Wie wird die steuerschädliche Veräußerungsfrist nach § 23 Abs. 1 Nr. 1 berechnet?
7. Welche Gebäude unterliegen nach § 23 Abs. 1 Nr. 1 der Besteuerung?
8. Welche Gebäude unterliegen nach § 23 Abs. 1 Nr. 1 nicht der Besteuerung?
9. In welchem Falle bleiben private Veräußerungsgeschäfte steuerfrei?
10. Wie können Verluste aus privaten Veräußerungsgeschäften verrechnet werden?
11. Unterliegen private Veräußerungsgeschäfte bei Gegenständen des täglichen Gebrauchs der Besteuerung?
12. Was sind Einkünfte aus bestimmten Leistungen i. S. d. § 22 Nr. 3? Nennen Sie zwei Beispiele.
13. In welchem Falle bleiben Einkünfte aus bestimmten Leistungen steuerfrei?

FÄLLE

FALL 1

Der Steuerpflichtige A, Bochum, 77 Jahre alt, der zur Einkommensteuer veranlagt wird, bezieht seit Vollendung seines 65. Lebensjahres eine Altersrente aus der gesetzlichen Rentenversicherung. Die Brutto-Rente betrug im VZ 2020 insgesamt 20.380 €. In 2010 wurde ein Rentenfreibetrag von 6.480 € festgesetzt.

Wie hoch ist der steuerpflichtige Teil der Rente (die Einnahme) im VZ 2020?

FALL 2

Der Steuerpflichtige B, Vater einer Tochter, Aachen, der zur Einkommensteuer veranlagt wird, bezieht seit 01.07.2020 von der gesetzlichen Rentenversicherung eine Netto-Rente von monatlich 1.069,20 €. B ist Mitglied bei der BEK (14,6 % + 1,1 % Zusatzbeitrag).

Wie hoch ist der steuerpflichtige Teil der Rente (die Einnahme) im VZ 2020?

FALL 3

Sachverhalt wie im Fall 1

Wie hoch sind die Einkünfte des Steuerpflichtigen A für den VZ 2020?

FALL 4

Sachverhalt wie im Fall 2

Wie hoch sind die Einkünfte des Steuerpflichtigen B für den VZ 2020?

11.4 Sonstige Einkünfte im Sinne des § 22 EStG   231

FALL 5

Arno Gans, Essen, geb. 10.08.1954, seit drei Jahren Witwer, erhält seit dem 01.09.2019 eine monatliche Rente aus der gesetzlichen Rentenversicherung in Höhe von 1.860 €. Ab dem 01.07.2020 erhöhte sich die monatliche Rente um 60 € auf monatlich 1.920 €.

Auf Grund einer Pensionszusage eines früheren Arbeitgebers erhält er seit 01.09.2019 eine monatliche Rente i.H.v. 120 €, die bisher unverändert blieb.

Außerdem erhält Arno Gans seit dem 01.09.2019 240 € im Monat aus der kapitalgedeckten Pensionskasse aus einer betrieblichen Altersversorgung. Die Pensionskasse meldet Gans für 2020 Folgendes:

§ 22 Nr. 5 Satz 1	864 €
§ 22 Nr. 5 Satz 2 i.V.m. § 22 Nr. 1 Satz 3a) bb)	2.016 €

Werbungskosten macht Arno Gans nicht geltend. Weitere Einkünfte liegen nicht vor.

Ermitteln Sie die Summe der Einkünfte für 2020.

FALL 6

Der ledige Steuerpflichtige Bruno Klein, geb. am 01.01.1940, trat mit Erreichen der Altersgrenze von 65 Jahren in den Ruhestand. Aus den Unterlagen, die er seinem Steuerberater vorlegt, ergibt sich für den VZ 2020 Folgendes:

1. Bruno Klein bezieht seit 01.01.2005 aus der gesetzlichen Rentenversicherung eine Altersrente. Die Brutto-Rente betrug in 2005 insgesamt 7.614 €. 2020 bezog Bruno Klein eine Brutto-Rente in Höhe von 9.440 €.
2. Bruno Klein kaufte am 01.06.2011 durch notariellen Vertrag ein unbebautes Grundstück für 50.000 €. Die Eintragung im Grundbuch erfolgte am 15.08.2011. Am 11.04.2020 verkaufte er das Grundstück durch notariellen Vertrag für 70.000 €. Die Eintragung im Grundbuch erfolgte am 17.05.2020. Die Veräußerungskosten haben 2.000 € betragen.

Ermitteln Sie die sonstigen Einkünfte i.S.d. § 22 für den VZ 2020.

FALL 7

Der Privatmann D hat am 02.01.2012 in München einen Bauplatz für 400.000 € erworben, auf dem er 2012 ein zur Vermietung bestimmtes Einfamilienhaus errichtet hat. Das Haus wurde im Januar 2013 fertiggestellt (Bauantrag 2010) und von den Mietern bezogen. Die Herstellungskosten des Hauses haben 800.000 € betragen.
Am 27.12.2020 verkaufte D das bebaute Grundstück für 1.450.000 €. Im Rahmen der Einkünfte aus Vermietung und Verpachtung hat D das Gebäude linear (§ 7 Abs. 4 Nr. 2b) abgeschrieben. Beim Verkauf des Hauses sind Veräußerungskosten in Höhe von 10.220 € angefallen.

a) Liegt ein privates Veräußerungsgeschäft i.S.d. § 23 Abs. 1 Nr. 1 vor?
b) Wenn ja, wie hoch ist der Gewinn aus dem privaten Veräußerungsgeschäft?
c) Unterläge der Veräußerungsgewinn der Besteuerung, wenn D das Einfamilienhaus seit Fertigstellung bis zum Zeitpunkt der Veräußerung selbst bewohnt hätte?

A. Einkommensteuer

FALL 8

Der Angestellte Willi Maier, Dortmund, hat 2019 einen Gewinn aus privaten Veräußerungsgeschäften i. S. d. § 23 Abs. 1 Nr. 1 von 30.000 € erzielt.

In 2020 erzielte er einen Verlust aus privaten Veräußerungsgeschäften i. S. d. § 23 Abs. 1 Nr. 1 in Höhe von 50.000 €.

Wie kann Maier den Verlust aus privaten Veräußerungsgeschäften steuerlich berücksichtigen?

FALL 9

Gerhard Lang, Wiesbaden, verheiratet, hat im VZ 2020 sein Auto für zwei Wochen einem Bekannten vermietet. Der Bekannte hat ihm für die Überlassung des Pkws 245 € gezahlt. Judith Lang, die mit ihrem Ehemann zusammen veranlagt wird, hat in 2020 den Abschluss eines Bausparvertrags vermittelt und dafür 300 € erhalten. Werbungskosten fielen nicht an.

Wie hoch sind die sonstigen Einkünfte i. S. d. § 22 der Eheleute Lang im VZ 2020?

> Weitere Aufgaben mit Lösungen zu den **sonstigen Einkünften im Sinne des § 22** finden Sie im **Lösungsbuch** der Steuerlehre 2.

Zusammenfassende Erfolgskontrolle zum 1. bis 11. Kapitel

1 Allgemeines

Willi Weyer ist seit 1975 mit Helga geb. Bremm verheiratet. Beide wohnen in Koblenz-Metternich. Die Eheleute haben keine Kinder. Sie haben keine getrennte Veranlagung beantragt. Zur Ermittlung der Einkünfte belegen sie für 2020 folgende Angaben:

2 Einkünfte

Annahme : Grenzsteuersat. 27/

2.1 Arbeitslohn

Herr Weyer, konfessionslos, war 2020 bei einer Verlagsdruckerei in Mainz als Buchdruckermeister beschäftigt. Die Lohnsteuerbescheinigung 2020 enthält u. a. folgende Eintragungen:

	Bruttolohn	58.195,00 €,
	Lohnsteuer (III)	6.746,00 €,
	Solidaritätszuschlag	371,03 €.

Der Nettolohn wird monatlich durch Banküberweisung gezahlt.

Willi Weyer fuhr in 2020 an 220 Tagen mit seinem eigenen Pkw von seiner Wohnung zu seiner ersten Tätigkeitsstätte (einfache Entfernung = 22,8 km).

Der Steuerpflichtige hatte in 2020 Aufwendungen für typische Berufskleidung in Höhe von 150 €. Herr Weyer hat an die Gewerkschaft 2020 einen monatlichen Beitrag in Höhe von 16 € gezahlt. Sein Gehalt wird vom Arbeitgeber auf sein Gehaltskonto überwiesen.

2.2 Dividende

Frau Weyer, konfessionslos, ist seit 2019 mit einem Geschäftsanteil von 84.550 € an einer GmbH beteiligt. Die auszahlende Stelle schüttete in 2020 für 2019 eine Dividende (nach Abzug der Kapitalertragsteuer und des Solidaritätszuschlages) in Höhe von 5.595,50 € aus. Der auszahlenden Stelle liegt kein Freistellungsauftrag vor.

2.3 Grundbesitz

Die Eheleute Weyer wohnen seit 1974 im eigenen Einfamilienhaus in Koblenz. Das Haus hat Herr Weyer 1963 von seinen Eltern geerbt. Die Herstellungskosten des Hauses haben umgerechnet 90.000 € betragen.

Am 04.01.2020 wurde ein den Eheleuten gemeinsam gehörendes Zweifamilienhaus in Neuwied fertiggestellt, das in vollem Umfang vermietet werden soll. Der Bauantrag wurde am 12.02.2019 gestellt. Die Herstellungskosten des Gebäudes haben 248.500 € betragen. Zur Finanzierung des Hauses wurde ein Darlehen bei der Sparkasse Neuwied aufgenommen. Die Zinsen betrugen für die Zeit vom 01.01. bis 30.09.2020 4.000 € und vom 01.10. bis 31.12.2020 2.750 €. Die Zinsen sind 2020 abgeflossen. Weitere Kosten sind nicht angefallen. Während das Erdgeschoss 2020 noch leer stand, weil noch kein geeigneter Mieter gefunden wurde, ist die Wohnung im Obergeschoss seit 01.10.2020 vermietet. Die monatliche Miete beträgt 750 €. Sie wurde monatlich im Voraus gezahlt und ist ortsüblich. Die Abschreibung nach § 7b nehmen die Eheleute nicht in Anspruch.

Außerdem sind die Eheleute Eigentümer eines in Bonn gelegenen Einfamilienhauses.

Das Haus wurde im September 2019 für 500.000 € (Anteil Grund und Boden 25 %) erworben und seitdem ganz zu Wohnzwecken vermietet.

A. Einkommensteuer

Die monatliche Miete beträgt 1.250 € und wird monatlich im Voraus gezahlt. Die Miete ist ortsüblich. Das Einfamilienhaus in Bonn, das 1987 hergestellt worden ist, wird nach § 7 Abs. 4 abgeschrieben. An laufenden Werbungskosten sind in 2020 1.000 € angefallen.

Gemäß notariellem Kaufvertrag vom 8. November 2020 verkauften die Eheleute das Einfamilienhaus in Bonn zu einem Preis von 505.000 €. Nutzen und Lasten gingen laut Kaufvertrag am 31. Dezember 2020 auf die neuen Eigentümer über. Die Eintragung im Grundbuch erfolgte im Januar 2021. Der Kaufpreis wurde vereinbarungsgemäß im Dezember 2020 gezahlt. Beim Verkauf des Hauses in 2020 sind noch Veräußerungskosten in Höhe von 2.600 € angefallen.

Ermitteln Sie die Einkünfte der Eheleute Weyer für den VZ 2020. Die Eheleute wählen die Zusammenveranlagung.

12 Summe der Einkünfte

Der Begriff „**Summe der Einkünfte**" ist ein gesetzlich definiertes **Zwischenergebnis** im Schema zur Ermittlung des zu versteuernden Einkommens.

Die **Summe der Einkünfte** ist die **Zusammenrechnung** der positiven und/oder negativen Einkünfte der verschiedenen Einkunftsarten:

	1.	Einkünfte aus Land- und Forstwirtschaft (§ 13)
+	2.	Einkünfte aus Gewerbebetrieb (§ 15)
+	3.	Einkünfte aus selbständiger Arbeit (§ 18)
+	4.	Einkünfte aus nichtselbständiger Arbeit (§ 19)
+	5.	Einkünfte aus Kapitalvermögen (§ 20)
+	6.	Einkünfte aus Vermietung und Verpachtung (§ 21)
+	7.	sonstige Einkünfte im Sinne des § 22
=	**Summe der Einkünfte**	

Bei der **Ermittlung** der Summe der Einkünfte werden grundsätzlich sowohl **positive** als auch **negative** Einkünfte der einzelnen Einkunftsarten berücksichtigt.

Bei der Verrechnung von **Verlusten** unterscheidet man folgende Begriffe:

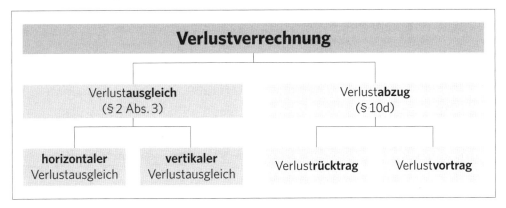

Im Folgenden wird der Verlust**ausgleich** dargestellt und erläutert.

Der **Verlustabzug nach § 10d** wird entsprechend dem Berechnungsschema (R 2 Abs. 1 EStR 2012) im Abschnitt 14.1, Seite 252 ff., dargestellt.

12.1 Horizontaler Verlustausgleich

Unter einem **horizontalen Verlustausgleich** versteht man die **Verrechnung** der **positiven und negativen** Einkünfte innerhalb einer einzigen Einkunftsart zur Ermittlung der Einkünfte **dieser** Einkunftsart innerhalb eines Veranlagungszeitraums.

Überschreiten die **positiven** die negativen Einkünfte innerhalb **einer** Einkunftsart, entstehen **positive Einkünfte** dieser Einkunftsart.

A. Einkommensteuer

BEISPIEL

Der Steuerpflichtige Martin Stoffel erzielte im VZ 2020 folgende positive und negative Einkünfte aus seinen beiden Gewerbebetrieben:

Gewinn aus seiner Metzgerei	50.000 €,
Verlust aus seiner Gastwirtschaft	10.000 €.

Die **Einkünfte aus Gewerbebetrieb** werden durch Verrechnung der positiven und negativen Einkünfte für den VZ 2020 wie folgt ermittelt (**horizontaler Verlustausgleich**):

		€
Einkünfte aus Gewerbebetrieb (§ 15)		
Gewinn aus Metzgerei	50.000 €	
Verlust aus Gastwirtschaft	− 10.000 €	**40.000 €**

Stoffel erzielte im VZ 2020 **Einkünfte aus Gewerbebetrieb** in Höhe von **40.000 €**.

Überschreiten die **negativen** die positiven Einkünfte innerhalb **einer** Einkunftsart, entstehen **negative Einkünfte** dieser Einkunftsart.

BEISPIEL

Stoffel erzielte im VZ 2020 außerdem folgende positive und negative Einkünfte aus seinen beiden Mietobjekten:

positive Einkünfte aus Mietobjekt 1	40.000 €,
negative Einkünfte aus Mietobjekt 2	65.000 €.

Die **Einkünfte aus Vermietung und Verpachtung** werden für den VZ 2020 wie folgt ermittelt (**horizontaler Verlustausgleich**):

		€
Einkünfte aus Vermietung und Verpachtung (§ 21)		
Einkünfte aus Mietobjekt 1	40.000 €	
Einkünfte aus Mietobjekt 2	− 65.000 €	**- 25.000 €**

Stoffel erzielte im VZ 2020 negative **Einkünfte aus Vermietung und Verpachtung** in Höhe von **− 25.000 €**.

Der horizontale Verlustausgleich ist der Höhe nach **grundsätzlich nicht beschränkt. Ausnahmen** bestehen bei Einkünften aus **Kapitalvermögen** (§ 20) sowie bei **privaten Veräußerungsgeschäften** (§ 22).

Verluste aus Aktienverkäufen dürfen nur mit Gewinnen aus Aktienverkäufen ausgeglichen werden (§ 20 Abs. 6 **Satz 4**, siehe Seite 180). Dasselbe gilt für Verluste aus **privaten Veräußerungsgeschäften** (§ 22 Nr. 2 i. V. m. § 23 Abs. 3 **Satz 7**).

Für **bestimmte Verluste** im Sinne des § 20 **Abs. 6 Sätze 5 und 6** (z. B. Uneinbringlichkeit einer Kapitalforderung, Ausbuchung wertloser Wirtschaftsgüter im Sinne des § 20 Abs. 1), die nach dem 31.12.2019 entstanden sind, gilt darüberhinaus eine Verrechnungsbeschränkung in Höhe von **20.000 Euro**. Für Verluste aus **Termingeschäften** (§ 20 Abs. 6 **Satz 5**) beträgt die Verrechnungsbeschränkung **10.000 Euro**, wenn die Verluste **nach dem 31.12.2019 und vor dem 01.01.2021** entstanden sind. Entstehen solche Verluste **nach dem 31.12.2020**, beträgt die Verrechnungsbeschränkung **20.000 Euro** (§ 52 Abs. 28 Satz 25 f.).

12.2 Vertikaler Verlustausgleich

Unter einem **vertikalen Verlustausgleich** versteht man die Verrechnung der positiven Einkünfte einzelner Einkunftsarten mit negativen Einkünften **anderer** Einkunftsarten zur Ermittlung der Summe der Einkünfte innerhalb eines Veranlagungszeitraums.

BEISPIEL

Der Steuerpflichtige Martin Stoffel erzielte im VZ 2020 insgesamt folgende Einkünfte:

Einkünfte aus Gewerbebetrieb (§ 15)	40.000 €,
Einkünfte aus Vermietung und Verpachtung (§ 21)	– 25.000 €.

Die **Summe der Einkünfte** wird wie folgt ermittelt (**vertikaler Verlustausgleich**):

	€
Einkünfte aus Gewerbebetrieb (§ 15)	40.000
Einkünfte aus Vermietungen und Verpachtungen (§ 21)	**– 25.000**
= **Summe der Einkünfte**	**15.000**

Übersteigen die **negativen Einkünfte** die **positiven** Einkünfte der **verschiedenen** Einkunftsarten, so ist ein vertikaler Verlustausgleich **nur bis zur Höhe der positiven Einkünfte** möglich. Die **Summe der Einkünfte** ist grundsätzlich **positiv** oder beträgt **mindestens 0 Euro.**

BEISPIEL

Die Steuerpflichtige Elisabeth Ott erzielte im VZ 2020 insgesamt folgende Einkünfte:

Einkünfte aus Gewerbebetrieb (§ 15)	– 50.000 €,
Einkünfte aus selbständiger Arbeit (§ 18)	30.000 €.

Die **Summe der Einkünfte** wird wie folgt ermittelt (**vertikaler Verlustausgleich**):

	€
Einkünfte aus Gewerbebetrieb (§ 15)	**– 50.000**
Einkünfte aus selbständiger Arbeit (§ 18)	30.000
= **Summe der Einkünfte**	**0**

Der im Beispiel **nicht ausgeglichene Verlust** aus Gewerbebetrieb von **20.000 €** kann unter bestimmten Voraussetzungen nach § 10d ein Jahr zurückgetragen oder in zukünftige Veranlagungszeiträume vorgetragen werden.

> Einzelheiten zum **Verlustabzug** nach § 10d werden im Abschnitt 14.1 „Verlustabzug", Seite 252 ff., dargestellt und erläutert. S 2

Der vertikale Verlustausgleich ist der Höhe nach grundsätzlich **nicht beschänkt**. Wie beim horizontalen Verlustausgleich gelten aber auch beim vertikalen Verlustausgleich Ausnahmen bei den Einkünften aus **Kapitalvermögen** und den **sonstigen Veräußerungsgeschäften**.

Ein **vertikaler** Verlustausgleich ist bei **Einkünften aus Kapitalvermögen** grundsätzlich **nicht** mehr möglich (§ 20 Abs. 6 **Satz 1**). Dasselbe gilt für Verluste aus **privaten Veräußerungsgeschäften** (§ 22 Nr. 2 i. V. m. § 23 Abs. 3 **Satz 7**).

A. Einkommensteuer

12.3 Nicht ausgleichbare Verluste

Nicht alle Verluste eines Steuerpflichtigen **können** im Rahmen des Verlustausgleichs mit positiven Einkünften **ausgeglichen werden**.

Vom Verlustausgleich **ausgeschlossen** sind z.B.

- Verluste aus gewerblicher Tierzucht oder gewerblicher Tierhaltung (§ 15 Abs. 4 Satz 1),

- Verluste aus Aktienverkäufen, die die Gewinne aus Aktienverkäufen im selben Kalenderjahr übersteigen (§ 20 Abs. 6 Satz 4),

- Verluste aus Termingeschäften (z.B. Verfall von Optionen), soweit sie 10.000 Euro (VZ 2020) bzw. 20.000 Euro (VZ 2021) übersteigen (§ 20 Abs. 6 Satz 5),

- bestimmte Verluste aus Kapitalvermögen gemäß § 20 Abs. 6 Satz 6 (z.B. aus der ganzen oder teilweisen Uneinbringlichkeit von Kapitalforderungen, aus der Ausbuchung von wertlosen Wirtschaftsgütern im Sinne des § 20 Abs. 1), soweit sie 20.000 Euro übersteigen,

- Verluste aus bestimmten Leistungen (§ 22 Nr. 3 Satz 3),

- Verluste aus privaten Veräußerungsgeschäften, soweit sie Gewinne, die der Steuerpflichtige im selben Kalenderjahr aus privaten Veräußerungsgeschäften erzielt hat, übersteigen (§ 23 Abs. 3 Satz 7).

BEISPIEL

Die Steuerpflichtige Annette Vogel erzielte im VZ 2020 folgende Einkünfte:

Einkünfte aus Gewerbebetrieb	60.000 €,
Gewinn aus privaten Veräußerungsgeschäften	5.000 €,
Verlust aus privaten Veräußerungsgeschäften	6.000 €.

Die Summe der Einkünfte wird wie folgt ermittelt (horizontaler Verlustausgleich):

		€
Einkünfte aus Gewerbebetrieb (§ 15)		60.000
sonstige Einkünfte im Sinne des § 22 i.V.m. § 23		
Gewinn	5.000 €	
Verlust	– 6.000 €	0
= Summe der Einkünfte		**60.000**

Der in 2020 nicht ausgeglichene Verlust von 1.000 € ist nach den Grundsätzen des § 10d einkunftsartspezifisch zurück- oder vorzutragen (§ 23 Abs. 3 Satz 8). Dieser darf nur mit Gewinnen aus einem **privaten Veräußerungsgeschäft** verrechnet werden.

12.4 Erfolgskontrolle

WIEDERHOLUNGSFRAGEN

1. Was versteht man unter der „Summe der Einkünfte"?
2. Was versteht man unter dem horizontalen Verlustausgleich?
3. Was versteht man unter dem vertikalen Verlustausgleich?
4. Welche Verluste können nicht ausgeglichen werden? Nennen Sie zwei Beispiele.

FÄLLE

FALL 1

Der Steuerpflichtige Willi Wirz erzielte im VZ 2020 insgesamt folgende Einkünfte:

Einkünfte aus Gewerbebetrieb (§ 15)	20.000 €
Einkünfte aus selbständiger Arbeit (§ 18)	10.000 €
Einkünfte aus Vermietung und Verpachtung (§ 21)	
Einfamilienhaus	3.000 €
Zweifamilienhaus	– 10.000 €
Mietwohngrundstück	5.000 €
Verluste aus privaten Veräußerungsgeschäften (§ 22 Nr. 2 i. V. m. § 23)	– 5.000 €

Ermitteln Sie die Summe der Einkünfte für den VZ 2020.

FALL 2

Die Eheleute Helga und Hans Bauer, die zusammen veranlagt werden, erzielten im VZ 2020 insgesamt folgende Einkünfte:

Ehemann:	
Einkünfte aus Gewerbebetrieb (§ 15)	75.000 €
Einkünfte aus Vermietung und Verpachtung (§ 21)	– 150.000 €
Ehefrau:	
Einkünfte aus selbständiger Arbeit (§ 18)	40.000 €
Einkünfte aus Vermietung und Verpachtung (§ 21)	12.500 €
sonstige Einkünfte i. S. d. § 22 Nr. 1	2.500 €

Ermitteln Sie die Summe der Einkünfte für den VZ 2020.

240 A. Einkommensteuer

Zusammenfassende Erfolgskontrolle zum 1. bis 12. Kapitel

Der ledige, konfessionslose Steuerpflichtige Anton Stein, geb. am 15.10.1960, wohnt in Ludwigshafen. Für den VZ 2020 legt er Ihnen folgende Zahlen vor:

1 Sachverhalt

1. Herr Stein war bis Ende Oktober 2020 bei der Firma X-AG als Buchhalter tätig. Sein Monatsgehalt betrug brutto 3.000 €. Ab November 2020 bezog er von seinem früheren Arbeitgeber ein Ruhegehalt, das nicht auf früheren Beitragsleistungen beruht, von monatlich 300 €. Er ist nicht schwerbehindert.

2. Herr Stein hat sich am 10.01.2010 eine Eigentumswohnung in Ludwigshafen gekauft, die er seit diesem Zeitpunkt selbst nutzt. Die Anschaffungskosten der Wohnung haben 205.000 € betragen. Davon entfallen 30.000 € auf den Grund und Boden.
   Herr Stein zahlte 2020 4.000 € Schuldzinsen für die auf der Eigentumswohnung lastende Grundschuld.

3. Am 13.03.2020 erwarb Herr Stein 100 Stück Aktien der X-AG zu einem Kurs von je 60 €. Für Bankspesen und Courtage wurden ihm 80 € berechnet. Um den Kauf der Aktien zu finanzieren, nahm Herr Stein einen Kredit auf, für den er in 2020 450 € Zinsen zahlte. Die X-AG schüttete 2020 eine Brutto-Dividende von 2,25 € je Aktie aus. Die Bank, der ein Freistellungsauftrag in Höhe von 801 € vorliegt, zahlte die Dividenden aus. Herr Stein erzielte im VZ 2020 keine weiteren Kapitalerträge.

4. Seit 01.11.2020 erhält Herr Stein eine Brutto-Rente von der Deutschen Renten-versicherung in Höhe von 1.700 € monatlich.

5. Am 26.09.2020 konnte Herr Stein einem Kollegen eine Lebensversicherung vermitteln und erhielt dafür eine einmalige Provision in Höhe von 350 € von der Versicherungs-gesellschaft. Herr Stein kann für die Vermittlungstätigkeit 72 € Werbungskosten nach-weisen.

2 Aufgabe

1. Nehmen Sie Stellung zur persönlichen Steuerpflicht, zur Veranlagungsart und zum Steuertarif.
2. Ermitteln Sie die Summe der Einkünfte für den VZ 2020.

13 Gesamtbetrag der Einkünfte

Die **Summe der Einkünfte**, vermindert um den **Altersentlastungsbetrag**, den **Entlastungsbetrag für Alleinerziehende** und den **Freibetrag für Land- und Forstwirte**, ist der **Gesamtbetrag der Einkünfte** (§ 2 Abs. 3):

1.	Einkünfte aus Land- und Forstwirtschaft (§ 13)
2.	Einkünfte aus Gewerbebetrieb (§ 15)
3.	Einkünfte aus selbständiger Arbeit (§ 18)
4.	Einkünfte aus nichtselbständiger Arbeit (§ 19)
5.	Einkünfte aus Kapitalvermögen (§ 20)
6.	Einkünfte aus Vermietung und Verpachtung (§ 21)
7.	sonstige Einkünfte im Sinne des § 22
=	Summe der Einkünfte
−	**Altersentlastungsbetrag** (§ 24a)
−	**Entlastungsbetrag für Alleinerziehende** (§ 24b)
−	**Freibetrag für Land- und Forstwirte** (§ 13 Abs. 3)
=	**Gesamtbetrag der Einkünfte** (§ 2 Abs. 3)

Der **Gesamtbetrag der Einkünfte** dient der Berechnung der **zumutbaren Belastung** (§ 33 Abs. 3) im Rahmen der **außergewöhnlichen Belastung** und der Höhe der abzugsfähigen **Zuwendungen** (Spenden und Mitgliedsbeiträge, § 10b).

Die **zumutbare Belastung** wird im Abschnitt 14.3.1.2, Seiten 297 f., und die abzugsfähigen **Spenden** werden im Abschnitt 14.2.3.5, Seiten 266 ff., dargestellt.

13.1 Altersentlastungsbetrag (§ 24a EStG)

13.1.1 Persönliche und sachliche Voraussetzungen

Steuerpflichtige, die **vor** Beginn des Kalenderjahres (Veranlagungszeitraums) das **64. Lebensjahr vollendet** haben, erhalten einen **Altersentlastungsbetrag**, wenn sie bestimmte Einkünfte beziehen (**§ 24a**).

Persönliche Voraussetzung

Persönliche Voraussetzung für die Gewährung des **Altersentlastungsbetrags** ist, dass der Steuerpflichtige **vor Beginn des Kalenderjahres** (Veranlagungszeitraums), in dem er sein Einkommen bezogen hat, das **64. Lebensjahr vollendet** hatte (§ 24a **Satz 3**).

Für die **Lebensaltersberechnung** gelten § 108 Abs. 1 **AO** i.V.m. den §§ 187 Abs. 2 Satz 2 und 188 Abs. 2 **BGB**. Ein Lebensjahr wird jeweils **mit Ablauf des Tages vollendet**, der dem Tag der Wiederkehr des **Geburtstages vorangeht (Beginnfrist)**. Demnach können Steuerpflichtige für den Veranlagungszeitraum **2020** den Altersentlastungsbetrag erhalten, wenn sie **vor** dem **02.01.1956** geboren wurden.

BEISPIEL

Ein am 01.01.1956 geborener Steuerpflichtiger vollendete mit Ablauf des **31.12.2019** (24:00 Uhr) sein **64. Lebensjahr**, also mit **Ablauf des Tages**, der seinem sog. **64. Geburtstag vorausgeht**.

Er hat demnach das **64. Lebensjahr vor** Beginn des VZ 2020 **vollendet**, sodass er erstmals für **2020** die **altersmäßige Voraussetzung** für die Gewährung des **Altersentlastungsbetrags** erfüllt.

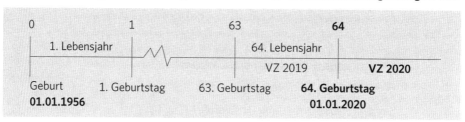

Ein Steuerpflichtiger, der **nach dem 01.01.1956** (z.B. ab dem 02.01.1956) geboren wurde, kann den **Altersentlastungsbetrag** für den **VZ 2020 nicht** beanspruchen.

Sachliche Voraussetzung

Sachlich wird für die Berücksichtigung des Altersentlastungsbetrags vorausgesetzt, dass der Steuerpflichtige im Veranlagungszeitraum **andere** Einkünfte bezogen hat **als**:

1. **Versorgungsbezüge** (§ 24a Satz 2 Nr. 1),
2. Einkünfte aus **Leibrenten** (§ 24a Satz 2 Nr. 2),
3. Abgeordnetenversorgungsbezüge (§ 24a Satz 2 Nr. 3),
4. Altersversorgungsleistungen aus Pensionsfonds (§ 24a Satz 2 Nr. 4),
5. steuerlich geförderte Altersvorsorgeleistungen (§ 24a Satz 2 Nr. 5).

13.1.2 Berechnung des Altersentlastungsbetrags

Um den **Altersentlastungsbetrag** berechnen zu können, muss zunächst die **Bemessungsgrundlage** ermittelt werden.

Die **Bemessungsgrundlage** für den Altersentlastungsbetrag setzt sich aus **zwei selbständigen Teilen** zusammen:

Teil 1: der **Arbeitslohn ohne Versorgungsbezüge** nach § 19 Abs. 2 **und**

Teil 2: die positive „**Summe der Einkünfte**", ohne **Einkünfte aus nichtselbständiger Arbeit**, **Einkünfte aus Leibrenten** und Einkünfte i.S.d. § 24a Satz 2 Nrn. 3 bis 5.

zu 1. Bemessungsgrundlage Teil 1

Bezieht ein Steuerpflichtiger **Einkünfte aus nichtselbständiger Arbeit**, so sind **nicht** die **Einkünfte, sondern** der **Bruttoarbeitslohn** Teil der Bemessungsgrundlage.

Ferner ist zu beachten, dass **Versorgungsbezüge**, obwohl sie **Arbeitslohn** sind, **nicht** zur **Bemessungsgrundlage** gehören (diese wurden bereits durch den Versorgungsfreibetrag steuerlich entlastet; § 19 Abs. 2).

13.1 Altersentlastungsbetrag (§ 24a EStG)

> **BEISPIEL**
>
> Ein **66-jähriger** Steuerpflichtiger hat im VZ 2020 **Bruttoarbeitslohn** von 30.000 € einschließlich **5.000 € Versorgungsbezüge** bezogen.
>
> Die **Bemessungsgrundlage Teil 1** beträgt:
>
> | | |
> |---|---:|
> | Bruttoarbeitslohn insgesamt | 30.000 € |
> | – Versorgungsbezüge | – 5.000 € |
> | = **Bemessungsgrundlage Teil 1** | **25.000 €** |

zu 2. Bemessungsgrundlage Teil 2

Der **zweite** vom Arbeitslohn unabhängige Teil der **Bemessungsgrundlage** ist die **positive „Summe der Einkünfte"**, die **nicht** solche aus **nichtselbständiger Arbeit** sind, **gekürzt um** evtl. darin enthaltene Einkünfte aus **Leibrenten** und **Einkünfte** i.S.d. § 24a Satz 2 **Nrn. 3 bis 5**.

Kapitalerträge, die der Abgeltungsteuer unterlagen, sind in die Bemessungsgrundlage des Altersentlastungsbetrags **nicht** einzubeziehen (R 24a Abs. 1 **Satz 2** EStR 2012).

> **BEISPIEL**
>
> Ein **66-jähriger** Steuerpflichtiger erzielte im VZ 2020 folgende Einkünfte:
>
> | | |
> |---|---:|
> | Einkünfte aus Gewerbebetrieb (§ 15) | – 25.000 €, |
> | Einkünfte aus selbständiger Arbeit (§ 18) | 15.000 €. |
>
> Die **Bemessungsgrundlage Teil 2** beträgt:
>
> | | |
> |---|---:|
> | Einkünfte aus Gewerbebetrieb (§ 15) | – 25.000 € |
> | – Einkünfte aus selbständiger Arbeit (§ 18) | 15.000 € |
> | = **Bemessungsgrundlage Teil 2** | **0 €** |
>
> Die **Bemessungsgrundlage Teil 2 beträgt 0 Euro**, weil nach § 24a Satz 1 **nur** die **positive** Summe der nicht aus Arbeitslohn bestehenden Einkünfte zur Bemessungsgrundlage gehört.

Ein nicht berücksichtigter **Verlust** (im vorangegangenen Beispiel **10.000 €**) wird **nicht** mit dem Betrag des **Arbeitslohns** (Bemessungsgrundlage Teil 1) verrechnet.

Seit 2005 werden der **Prozentsatz** und der **Höchstbetrag** des Altersentlastungsbetrags jährlich **gesenkt** (§ 24a Satz 5).

Im **VZ 2020** beträgt der Altersentlastungsbetrag für Steuerpflichtige, die in **2020** erstmals die altersmäßigen Voraussetzungen (vor dem 02.01.1956 geborene Stpfl.) erfüllen

16,0 % der Bemessungsgrundlage, höchstens 760 Euro.

In den folgenden 20 Jahren werden der **Prozentsatz** und der **Höchstbetrag** auf **0** abgeschmolzen (siehe **Tabelle** in § 24a).

Die Abschmelzung erfolgt nach dem sog. **Kohortenprinzip**, d.h., für jeden hinzukommenden Bezieher von Alterseinkünften wird die Besteuerungssituation in dem auf die Vollendung des 64. Lebensjahrs folgenden Jahr (1. Jahr) „eingefroren".

Der Altersentlastungsbetrag ist auf den nächsten **vollen Euro-Betrag aufzurunden** (R 24a Abs. 1 Satz 4 EStR 2012).

244 A. Einkommensteuer

B E I S P I E L

Der ledige Steuerpflichtige Tumbi Schmidt, geb. am 01.01.1956, hat im VZ 2020 folgende Einnahmen bzw. Einkünfte bezogen:

1. Einkünfte aus selbständiger Arbeit (§ 18)	4.000 €,
2. Arbeitslohn	25.000 €,
darin enthaltene Versorgungsbezüge seit 01.01.2020	5.000 €,
3. Einkünfte aus Vermietung und Verpachtung (§ 21)	– 5.000 €.

Der **Gesamtbetrag der Einkünfte** wird wie folgt ermittelt:

			€
Einkünfte aus selbständiger Arbeit (§ 18)			4.000
Einkünfte aus nichtselbständiger Arbeit (§ 19)			
Einnahmen: aus aktiver Tätigkeit	**20.000 €**		
+ Versorgungsbezüge	+ 5.000 €		
= Brutto-Arbeitslohn	25.000 €		
– Arbeitnehmer-Pauschbetrag (§ 9a Nr. 1a)	– 1.000 €		
– Versorgungsfreibetrag (§ 19 Abs. 2)			
(16,0 % von 5.000 € = 800 €) max. 1.200 €	– 800 €		
– Zuschlag	– 360 €		
– Pauschbetrag für Versorgungsbezüge	– 102 €		22.738
Einkünfte aus Vermietung und Verpachtung (§ 21)			– 5.000
Summe der Einkünfte			**21.738**
– **Altersentlastungsbetrag** (§ 24a)			
16,0 % von **20.000 €** (20.000 € + 0 €) = 3.200 €, max. 760 €			**– 760**
Gesamtbetrag der Einkünfte (§ 2 Abs. 3)			**20.978**

Die Einkünfte aus selbständiger Arbeit und Vermietung und Verpachtung werden nicht berücksichtigt, weil ihre Summe **negativ** ist (4.000 € – 5.000 € = – 1.000 €). Als Bemessungsgrundlage bleibt der Bruttoarbeitslohn ohne die Versorgungsbezüge.

Die **16,0 %** und der **Höchstbetrag von 760 €** bleiben für Steuerpflichtige zeitlebens **unverändert**, die mit Beginn des Jahres 2020 erstmals das 64. Lebensjahr vollendet haben.

Im Fall der **Zusammenveranlagung** von Ehegatten ist der Altersentlastungsbetrag **jedem** Ehegatten, der das **64. Lebensjahr** vollendet hat, nach Maßgabe **seiner** Einkünfte zu gewähren (§ 24a Satz 4).

B E I S P I E L

Ehegatten (Ehemann geb. 01.01.1955, Ehefrau geb. 24.12.1955), die zusammen veranlagt werden, haben im VZ 2020 folgende Einnahmen bzw. Einkünfte erzielt:

Ehemann:	Bruttojahresarbeitslohn (keine Versorgungsbezüge)	30.000,00 €
	Einkünfte aus Gewerbebetrieb (§ 15)	– 5.000,00 €
Ehefrau:	Bruttojahresarbeitslohn (keine Versorgungsbezüge)	18.000,00 €
	Einkünfte aus Vermietung und Verpachtung (§ 21)	7.000,00 €

Der **Gesamtbetrag der Einkünfte** wird wie folgt ermittelt:

	Ehemann €	Ehefrau €	gesamt €
Einkünfte aus Gewerbebetrieb (§ 15)	– 5.000		– 5.000
Einkünfte aus nichtselbständiger Arbeit (§ 19)			
Ehemann: Einnahmen: **30.000 €**			
– Arbeitnehmer-Pauschbetrag –1.000 €	29.000		
Ehefrau: Einnahmen: **18.000 €**			
– Arbeitnehmer-Pauschbetrag –1.000 €		17.000	46.000
Einkünfte aus Vermietung und Verpachtung (§ 21)		7.000	7.000
Summe der Einkünfte	24.000	24.000	48.000
– **Altersentlastungsbetrag** (§ 24a) Ehemann: 17,6 % von **30.000 €** (30.000 € + 0 €) = 5.280 €, max. 836 €			– 836
Ehefrau: 16,0 % von **25.000 €** (18.000 € + 7.000 €) = 4.000 €, max. 760 €			– 760
Gesamtbetrag der Einkünfte (§ 2 Abs. 3)			46.404

Die **17,6 % bzw. 16,0 %** und der **Höchstbetrag** von **836 Euro** bzw. **760 Euro** bleiben auf Dauer **unverändert**.

Der Ehemann vollendet sein 64. Lebensjahr mit Ablauf 31.12.2018 (01.01.1955 + 64 Jahre abzüglich 1 Tag). Damit hat er zu Beginn des Jahres 2019 das 64. Lebensjahr vollendet und erhält den Altersentlastungsbetrag gemäß den für den VZ 2019 geltenden Regeln.

Die Ehefrau vollendet ihr 64. Lebensjahr mit Ablauf 01.01.2019 (02.01.1955 + 64 Jahre abzüglich 1 Tag). Damit hat sie erst zu Beginn des Jahres 2020 das 64. Lebensjahr vollendet.

1. Wiederholungsfragen 1 bis 5 (Seite 249),
2. Fall 1 (Seite 249)

13.2 Entlastungsbetrag für Alleinerziehende (§ 24b EStG)

Alleinerziehende Steuerpflichtige erhalten den **Entlastungsbetrag für Alleinerziehende** in Höhe von **1.908 Euro** jährlich bzw. **159 Euro** monatlich (§ 24b Abs. 2). Mit dem **Zweiten Corona-Steuerhilfegesetz** wurde der Betrag für die **Kalenderjahre 2020 und 2021** um jeweils 2.100 Euro auf **4.008 Euro (monatlich 334 Euro)** erhöht. Das **Jahressteuergesetz 2020** schreibt diesen Betrag **auch** für **2022** fest.

Der Freibetrag steigt für das zweite und jedes weitere Kind um zusätzlich **240 Euro** jährlich bzw. **20 Euro** monatlich.

Im Laufe des Jahres wird der Entlastungsbetrag im Rahmen der **Lohnsteuerabzugsmerkmale** durch die **Steuerklasse II** berücksichtigt, wenn die Voraussetzungen für die Inanspruchnahme des Entlastungsbetrags für Alleinerziehende vorliegen (§ 38b Nr. 2).

246 A. Einkommensteuer

Voraussetzungen

Für die Inanspruchnahme des Entlastungsbetrags sind nach § 24b **Abs. 1** und **Abs. 2** folgende **Voraussetzungen** erforderlich:

1. Zum Haushalt eines alleinstehenden Steuerpflichtigen muss mindestens ein **Kind** (leibliches Kind, Adoptivkind, Pflegekind, Stiefkind oder Enkelkind) gehören, für das ihm ein **Freibetrag nach § 32 Abs. 6** oder **Kindergeld** zusteht.

2. Das Kind muss in der Wohnung des Alleinstehenden **gemeldet** sein.

3. Ist das Kind bei **mehreren** alleinstehenden Steuerpflichtigen **gemeldet** (z. B. in der Wohnung der Mutter **und** in der Wohnung des von der Mutter getrennt lebenden Vaters), steht der Entlastungsbetrag dem Alleinstehenden zu, der die **Voraussetzungen** auf Auszahlung des **Kindergeldes** nach § 64 Abs. 2 Satz 1 erfüllt oder erfüllen würde in den Fällen, in denen nur ein Anspruch auf einen Freibetrag nach § 32 Abs. 6 besteht.

4. Der Alleinstehende darf **nicht** die Voraussetzungen für die Anwendung des **Splitting-Verfahrens** nach § 26 Abs. 1 erfüllen. **Ausnahme**: Alleinstehende, die **verwitwet** sind und im Todesjahr des Ehegatten und im auf das Todesjahr folgenden Kalenderjahr nach dem **Splitting-Verfahren** besteuert werden.

5. Alleinstehende Steuerpflichtige dürfen **keine Haushaltsgemeinschaft** mit einer anderen **volljährigen** Person bilden, es sei denn,

   * für diese Person steht ihnen ein Freibetrag nach § 32 Abs. 6 oder Kindergeld zu oder

   * es handelt sich um ein Kind i. S. d. § 63 Abs. 1 Satz 1, das

     * einen Dienst nach § 32 Abs. 5 Satz 1 Nr. 1 oder Nr. 2 leistet oder

     * eine Tätigkeit nach § 32 Abs. 5 Satz 1 Nr. 3 leistet.

Eine steuerschädliche **Haushaltsgemeinschaft** mit einer **anderen Person** ist in der Regel dann anzunehmen, wenn diese mit **Haupt- oder Nebenwohnsitz** in der Wohnung des Steuerpflichtigen gemeldet ist (§ 24b Abs. 3 Satz 2).
Diese Vermutung ist widerlegbar, es sei denn, der Steuerpflichtige und die andere Person leben in einer **eheähnlichen Gemeinschaft** oder in einer **eingetragenen Lebenspartnerschaft** (§ 24b Abs. 3 Satz 3).

B E I S P I E L E

a) Die **ledige** Steuerpflichtige A, Mainz, ist Mutter einer 15-jährigen Tochter, die in ihrer Wohnung mit Hauptwohnsitz gemeldet ist und für die sie Anspruch auf Kindergeld hat. Eine Haushaltsgemeinschaft mit einer anderen Person besteht nicht.

Die Steuerpflichtige A hat im VZ 2020 **Anspruch** auf den **Entlastungsbetrag für Alleinerziehende** in Höhe von **4.008 Euro**, weil alle Voraussetzungen des § 24b **Abs. 1** (zu ihrem Haushalt gehört ein Kind, für das sie Anspruch auf Kindergeld hat und das bei ihr gemeldet ist) und **Abs. 3** (keine Anwendung des Splitting-Verfahrens und keine Haushaltsgemeinschaft mit einer anderen Person) erfüllt sind.

13.2 Entlastungsbetrag für Alleinerziehende (§ 24b EStG)

b) Die **verwitwete** Steuerpflichtige B, Köln, ist Mutter einer 16-jährigen Tochter, die in ihrer Wohnung gemeldet ist und für die sie Anspruch auf Kindergeld hat. Ihr Mann ist in 2019 verstorben. In 2019 erfüllten beide Ehegatten die Voraussetzung für eine Zusammenveranlagung. B wird in 2020 nach dem **Splitting-Verfahren** („Gnadensplitting") besteuert (§ 32a Abs. 5 i. V. m. § 32a Abs. 6 Nr. 1). Eine Haushaltsgemeinschaft mit einer anderen Person besteht nicht.

Die Steuerpflichtige B erfüllt alle Voraussetzungen des § 24b Abs. 1 und Abs. 3, sodass sie im VZ 2020 den **Entlastungsbetrag für Alleinerziehende** in Höhe von **4.008 Euro** in Anspruch nehmen kann.

c) Die Eltern (A und B) des dreijährigen Andreas sind nicht verheiratet, sie leben aber zusammen in einer Wohnung in Köln. Andreas ist in der gemeinsamen Wohnung seiner Eltern mit Hauptwohnsitz gemeldet.

Weder A noch B steht der Entlastungsbetrag für Alleinerziehende zu, weil eine Voraussetzung des § 24b Abs. 2 **nicht** erfüllt ist, und zwar bilden sie eine Haushaltsgemeinschaft mit einer anderen Person. Beide Elternteile sind nicht alleinstehend i. S. d. § 24b Abs. 3.

Hat der alleinstehende Steuerpflichtige **mehrere** minderjährige Kinder, die eine Haushaltsgemeinschaft bilden, erhöht sich der Entlastungsbetrag für jedes weitere Kind um 240 Euro jährlich.

BEISPIEL

Die **ledige** Steuerpflichtige A, Mainz, ist Mutter einer 15-jährigen Tochter und eines 19-jährigen Sohnes, der sich in Ausbildung befindet, die in ihrer Wohnung mit Hauptwohnsitz gemeldet sind. Für beide Kinder besteht Anspruch auf Kindergeld. Eine Haushaltsgemeinschaft mit einer anderen Person besteht nicht.

Die Steuerpflichtige A erfüllt alle Voraussetzungen des § 24b Abs. 1 und Abs. 2, sodass sie im VZ 2020 den **Entlastungsbetrag für Alleinerziehende** in Höhe von 4.248 **Euro** (4.008 Euro + 240 Euro) in Anspruch nehmen kann.

Für jeden **vollen** Kalendermonat, in dem die Voraussetzungen **nicht** vorgelegen haben, **ermäßigt** sich der Entlastungsbetrag um ein **Zwölftel** (§ 24b **Abs. 4**).

BEISPIEL

Die **ledige** Steuerpflichtige B, München, ist Mutter eines 10-jährigen Sohnes, der in ihrer Wohnung mit Hauptwohnsitz gemeldet ist und für den sie Anspruch auf Kindergeld hat. Eine Haushaltsgemeinschaft mit einer anderen Person bestand bis August 2020 **nicht**. Am **10.08.2020 heiratete** B ihren langjährigen Freund C, der erst zu diesem Zeitpunkt in ihre Wohnung zog.

Die Steuerpflichtige B war **bis August 2020 alleinstehend** i. S. d. § 24b **Abs. 3** und erfüllt auch die weiteren Voraussetzungen des § 24b **Abs. 1** bis zu diesem Zeitpunkt.
Für **vier volle** Kalendermonate (September bis Dezember) lagen die Voraussetzungen für die Inanspruchnahme des Entlastungsbetrags **nicht** vor ($^{12}/_{12} - ^4/_{12} = ^8/_{12}$), sodass sich der Entlastungsbetrag nach § 24b Abs. 4 um **⁴⁄₁₂ ermäßigt**.
Die Voraussetzungen für die Inanspruchnahme des **Entlastungsbetrags für Alleinerziehende** liegen aufgrund der Heirat nur für die Monate Januar bis August ($^8/_{12}$) vor, sodass ihre steuerliche Entlastung im VZ 2020 **2.672 €** (334 € x 8 oder 4.008 Euro x $^8/_{12}$) beträgt.

ÜBUNG → 1. Wiederholungsfragen 6 und 7 (Seite 249),
2. Fall 2 (Seite 249)

A. Einkommensteuer

13.3 Freibetrag für Land- und Forstwirte (§ 13 Abs. 3 EStG)

Die **Einkünfte aus Land- und Forstwirtschaft** werden bei der Ermittlung des Gesamtbetrags der Einkünfte **nur berücksichtigt**, **soweit** sie den Betrag von **900 Euro** bzw. bei **zusammenveranlagten Ehegatten** den Betrag von **1.800 Euro** übersteigen (§ 13 **Abs. 3**).

Dieser Freibetrag ist **nicht** bei der **Ermittlung der Einkünfte** aus Land- und Forstwirtschaft, sondern erst bei der **Ermittlung** des **Gesamtbetrags der Einkünfte** abzuziehen.

Der **erhöhte Freibetrag** für **zusammen veranlagte Ehegatten** von **1.800 Euro** ist **auch** dann zu gewähren, wenn nur **einer** der Ehegatten **Einkünfte aus Land- und Forstwirtschaft** erzielt hat.

Der Freibetrag für Land- und Forstwirte darf jedoch nicht höher sein als die **Einkünfte** aus Land- und Forstwirtschaft.

> **BEISPIEL**
>
> Der **ledige** Steuerpflichtige A, 30 Jahre alt, hat im VZ 2020 folgende Einkünfte erzielt:
>
> | | |
> |---|---|
> | Einkünfte aus Land- und Forstwirtschaft | 500 €, |
> | Einkünfte aus nichtselbständiger Arbeit | 23.500 €. |
>
> Der **Gesamtbetrag der Einkünfte** wird wie folgt ermittelt:
>
> | | € |
> |---|---:|
> | Einkünfte aus Land- und Forstwirtschaft (§ 13) | **500** |
> | Einkünfte aus nichtselbständiger Arbeit (§ 19) | 23.500 |
> | = Summe der Einkünfte | 24.000 |
> | - **Freibetrag für Land- und Forstwirte** (900 Euro, höchstens Einkünfte aus LuF) | - **500** |
> | = Gesamtbetrag der Einkünfte | 23.500 |

Der **Freibetrag** für Land- und Forstwirte von **900 Euro** bzw. **1.800 Euro ist nur** dann **abzuziehen**, wenn die „**Summe der Einkünfte**" **30.700 Euro** bzw. bei **zusammen veranlagten Ehegatten 61.400 Euro nicht übersteigt** (§ 13 Abs. 3 Satz 2).

> **BEISPIEL**
>
> Der **ledige** Steuerpflichtige Alexander Vogel, 30 Jahre alt, hat im VZ 2020 Einkünfte aus Land- und Forstwirtschaft in Höhe von 20.000 € erzielt. Andere Einkünfte hat der Steuerpflichtige in 2020 nicht bezogen.
>
> Der **Gesamtbetrag der Einkünfte** wird wie folgt ermittelt:
>
> | | € |
> |---|---:|
> | Einkünfte aus Land- und Forstwirtschaft (§ 13) | 20.000 |
> | = **Summe der Einkünfte** | **20.000** |
> | - **Freibetrag für Land- und Forstwirte** | - **900** |
> | = Gesamtbetrag der Einkünfte | 19.100 |

Der Freibetrag für Land- und Forstwirte kann berücksichtigt werden, weil die **Summe der Einkünfte 30.700 Euro** nicht übersteigt.

> **ÜBUNG →** 1. Wiederholungsfragen 8 und 9 (Seite 249),
> 2. Fall 3 (Seite 249)

13.4 Erfolgskontrolle

WIEDERHOLUNGSFRAGEN

1. Was versteht man unter dem „Gesamtbetrag der Einkünfte"?
2. Welche persönliche Voraussetzung wird für die Gewährung des Altersentlastungsbetrags nach § 24a gefordert?
3. Welche sachliche Voraussetzung ist für die Gewährung des Altersentlastungsbetrags nach § 24a erforderlich?
4. Wie wird die Bemessungsgrundlage für den Altersentlastungsbetrag ermittelt?
5. Wie wird der Altersentlastungsbetrag im VZ 2020 für Steuerpflichtige berechnet, die in 2020 erstmals die altersmäßigen Voraussetzungen erfüllen?
6. Welche Voraussetzungen sind für die Inanspruchnahme des Entlastungsbetrags für Alleinerziehende nach § 24b Abs. 1 und Abs. 2 erforderlich?
7. Wie hoch ist der Entlastungsbetrag für Alleinerziehende nach § 24b?
8. Wie hoch ist der Freibetrag für Land- und Forstwirte nach § 13 Abs. 3?
9. Kann der Freibetrag für Land- und Forstwirte höher sein als die Einkünfte aus Land- und Forstwirtschaft?

FÄLLE

FALL 1

Der ledige Finanzbeamte A, geb. am 01.01.1955, erzielte im VZ 2020:

Versorgungsbezüge i.S.d. § 19 Abs. 2 Nr. 1 Buchstabe a EStG (A ist seit 01.01.2019 pensioniert.)	29.200 €
Einkünfte aus Vermietung und Verpachtung (§ 21)	6.000 €

Wie hoch ist der Gesamtbetrag der Einkünfte im VZ 2020?

FALL 2

Die Steuerpflichtige Jutta Horn, Bonn, ist seit 2017 geschieden. Sie lebt mit ihren zwei Kindern in einer Haushaltsgemeinschaft. Der 19-jährige Sohn und die 13-jährige Tochter gehen noch zur Schule. Für beide Kinder besteht Anspruch auf Kindergeld. Der Vater, der in Berlin lebt, kommt seinen Unterhaltsverpflichtungen nach.

Wie hoch ist der Entlastungsbetrag für Alleinerziehende für den VZ 2020? §24b EStG

FALL 3

Der Steuerpflichtige Josef Bach, geb. am 01.05.1967, ist seit 1990 mit Marion geb. Müller, geb. am 10.12.1970, verheiratet. Die Eheleute werden zusammen veranlagt. Im VZ 2020 haben sie folgende Einkünfte erzielt:

1. Die Ehefrau erzielte aus einer Baumschule in Koblenz folgende Gewinne:
   im Wirtschaftsjahr 2019/20, § 4a Abs. 1 Nr. 1   20.000 €,
   im Wirtschaftsjahr 2020/21, § 4a Abs. 1 Nr. 1   30.000 €.
2. Der Ehemann ist an einem Einzelhandelsbetrieb in Köln als stiller Gesellschafter beteiligt. Nach den getroffenen Vereinbarungen ist er nicht nur am Gesellschaftserfolg, sondern auch am Betriebsvermögen einschließlich der stillen Reserven beteiligt. In 2020 hat die stille Gesellschaft einen Gewinn von 65.000 € erzielt. Davon entfallen auf Josef Bach 30.000 €.

Ermitteln Sie den Gesamtbetrag der Einkünfte der Eheleute Bach für den VZ 2020.

A. Einkommensteuer

Zusammenfassende Erfolgskontrolle zum 1. bis 13. Kapitel

1 Sachverhalt

1.1 Allgemeines

Herbert Altmann, geb. am 15.10.1954, ist mit Lydia geb. Weber, geb. am 13.03.1955, verheiratet. Die Eheleute, die in Hamburg wohnen, sind konfessionslos. Sie haben nicht die Einzelveranlagung für Ehegatten gewählt. Der Bank lag kein Freistellungsauftrag vor.

Zur Ermittlung des Gesamtbetrags der Einkünfte, der so niedrig wie möglich sein soll, belegen die Eheleute für 2020 folgende Angaben:

1.2 Einkünfte

1.2.1 Tapetengeschäft

Herbert Altmann betreibt in Hamburg in gemieteten Räumen ein Tapetengeschäft. Sein nach § 5 ermittelter vorläufiger Gewinn beträgt im VZ 2020 105.000 €. Altmann ist regelbesteuerter Unternehmer.

Sein Betriebsvermögen hat 2020 250.000 € betragen.

Herbert Altmann hat am 09.07.2020 einen neuen Lieferwagen, der ausschließlich betrieblich genutzt wird, für 36.000 € + 6.840 € USt = 42.840 € erworben. Er hat diesen Vorgang wie folgt gebucht:

Pkw	36.000 €	
Vorsteuer	6.840 €	
an Bank		42.840 €

Der Pkw hat eine betriebsgewöhnliche Nutzungsdauer von 6 Jahren. Die Abschreibung des Pkws wurde noch nicht gebucht.

Der alte Pkw – Buchwert 1 € – ist am 09.07.2020 für 2.000 € + 380 € USt = 2.380 € verkauft worden. Der Vorgang ist wie folgt gebucht worden:

Bank	2.380 €	
an Pkw		2.000 €
USt		380 €

1.2.2 Sparguthaben

Den Eheleuten wurden im VZ 2020 auf ihrem gemeinsamen Sparkonto Zinsen in Höhe von 1.104,38 € (nach Abzug der KapESt und des SolZ) gutgeschrieben.

1.2.3 Aktienbesitz

Die Ehefrau besitzt Aktien. Nach Abzug der Kapitalertragsteuer und des Solidaritätszuschlags sind ihr in 2020 Dividenden in Höhe von 883,50 € ausgezahlt worden.

1.2.4 Grundbesitz

Die Eheleute sind Eigentümer eines Zweifamilienhauses in Hamburg. Die Eheleute haben das Gebäude, das 1984 fertiggestellt worden ist, Anfang 2011 für 317.500 € erworben. Davon entfallen auf Grund und Boden 67.500 €.

Beide Wohnungen sind für eine monatliche Miete von je 800 € vermietet. Die Miete ist ortsüblich. Neben der Miete bekommen die Eheleute von den Mietern für Nebenkosten (z. B. Grundsteuer, Straßenreinigung, Müllabfuhr usw.) monatlich je 160 €.

Im Kalenderjahr 2020 sind im Zusammenhang mit dem Haus folgende Ausgaben angefallen:

Schuldzinsen	1.800 €
Kosten für Dachreparatur, netto	5.000 €
+ USt	950 €
Grundsteuer, Straßenreinigung, Müllabfuhr	1.650 €
Schornsteinreinigung, Hausversicherungen, Heizung	2.190 €

1.2.5 Rente

Wegen einer im Betrieb erlittenen Körperverletzung bezieht Herbert Altmann seit seinem 60. Lebensjahr eine Unfallrente aus der gesetzlichen Unfallversicherung in Höhe von 1.200 € jährlich.

2 Aufgabe

Ermitteln Sie den Gesamtbetrag der Einkünfte der Eheleute Altmann für den VZ 2020.

252 A. Einkommensteuer

14 Einkommen

Das **Einkommen** wird nach § 2 **Abs. 4** dadurch ermittelt, dass der **Gesamtbetrag der Einkünfte** festgestellt und um die **Sonderausgaben** und **außergewöhnlichen Belastungen** gemindert wird.

Vom Gesamtbetrag der Einkünfte sind außerdem der **Verlustabzug nach § 10d** und **sonstige Abzugsbeträge** abzuziehen (R 2 Abs. 1 EStR 2012).

Der **Verlustabzug nach § 10d** ist vorrangig **vor** den **Sonderausgaben**, den **außergewöhnlichen Belastungen** und den **sonstigen Abzugsbeträgen** abzuziehen (§ 10d Abs. 1 Satz 1).

Ausgangspunkt für die Ermittlung des Einkommens bilden die in § 2 **Abs. 1** Satz 1 genannten **sieben Einkunftsarten**:

1.	Einkünfte aus Land- und Forstwirtschaft (§ 13)
2.	Einkünfte aus Gewerbebetrieb (§ 15)
3.	Einkünfte aus selbständiger Arbeit (§ 18)
4.	Einkünfte aus nichtselbständiger Arbeit (§ 19)
5.	Einkünfte aus Kapitalvermögen (§ 20)
6.	Einkünfte aus Vermietung und Verpachtung (§ 21)
7.	sonstige Einkünfte im Sinne des § 22
=	**Summe der Einkünfte**
−	Altersentlastungsbetrag (§ 24a)
−	Entlastungsbetrag für Alleinerziehende (§ 24b)
−	Freibetrag für Land- und Forstwirte (§ 13 Abs. 3)
	Gesamtbetrag der Einkünfte (§ 2 Abs. 3)
−	**Verlustabzug nach § 10d**
−	**Sonderausgaben** (§§ 10, 10c, 10a, 10b)
−	**außergewöhnliche Belastungen** (§ 33 bis 33b)
−	**sonstige Abzugsbeträge** (z.B. § 7 FördG)
+	**Erstattungsüberhänge** (§ 10 Abs. 4b Satz 3)
=	**Einkommen** (§ 2 Abs. 4)

14.1 Verlustabzug nach § 10d EStG

Können negative Einkünfte bei der Ermittlung des Gesamtbetrages der Einkünfte (§ 2 Abs. 3) **nicht ausgeglichen** werden, stehen sie für den **Verlustabzug nach § 10d** zur Verfügung.

Während der Verlust**ausgleich** (Seiten 235 ff.) die Verlustverrechnung innerhalb **eines** Veranlagungszeitraumes bezeichnet, versteht man unter **Verlustabzug** die **Verlustverrechnung** zwischen **verschiedenen** Veranlagungszeiträumen.

14.1 Verlustabzug nach § 10d EStG

Der **Verlustabzug** wird unterteilt in den Verlust**rücktrag** und den Verlust**vortrag**.

14.1.1 Verlustrücktrag

Negative Einkünfte (Verluste), die bei der Ermittlung des Gesamtbetrags der Einkünfte im laufenden Veranlagungszeitraum (VZ 2020) nicht ausgeglichen werden, sind nach § 10d Abs. 1 Satz 1 bis zu einem Betrag von **5.000.000 Euro (für VZ 2020 und VZ 2021, ab VZ 2022: 1.000.000 Euro)**, bei zusammen veranlagten Ehegatten bis zu einem Betrag von **10.000.000 Euro** (für VZ 2020 und VZ 2021, ab VZ 2022: 2.000.000 Euro) vom Gesamtbetrag der Einkünfte des unmittelbar **vorangegangenen** Veranlagungszeitraums (VZ 2019) abzuziehen (**Verlustrücktrag**).

BEISPIEL

Der Steuerpflichtige A, 50 Jahre alt, erzielte im **VZ 2020** negative Einkünfte (Verluste) aus Gewerbebetrieb in Höhe von 50.000 € und positive Einkünfte aus Vermietung und Verpachtung in Höhe von 30.000 €.
Sein Gesamtbetrag der Einkünfte betrug im **VZ 2019** 100.000 €.

Der **Verlustrücktrag** wird – ohne Antrag des Steuerpflichtigen – von Amts wegen wie folgt berücksichtigt:

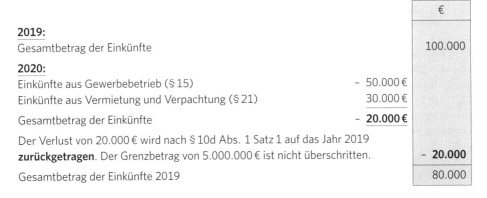

Wird der Grenzbetrag von **5.000.000 Euro (2020 und 2021)** bzw. bei Zusammenveranlagung von Ehegatten **10.000.000 Euro (2020 und 2021)** überschritten, darf maximal der Grenzbetrag zurückgetragen werden (§ 10d Abs. 1 Satz 1 EStG).

254 A. Einkommensteuer

BEISPIEL

Der **ledige** Steuerpflichtige B, 60 Jahre alt, erzielte im **VZ 2020** einen Verlust aus Gewerbebetrieb in Höhe von 7 Millionen €.

Sein Gesamtbetrag der Einkünfte betrug im **VZ 2019** 8 Millionen €.

Der **Verlustrücktrag** wird – ohne Antrag des Steuerpflichtigen – von Amts wegen wie folgt berücksichtigt:

	€
2019:	
Gesamtbetrag der Einkünfte	8.000.000
2020:	
Einkünfte aus Gewerbebetrieb (§ 15) – 7.000.000 €	
Gesamtbetrag der Einkünfte – **7.000.000 €**	
Der Verlust von 7 Mio. € kann nur bis zur Höhe von **zurückgetragen** werden.	– 5.000.000
Gesamtbetrag der Einkünfte 2019	3.000.000

Der Gesamtbetrag der Einkünfte beträgt in dem für den VZ 2019 geänderten Steuerbescheid 3.000.000 €.

Der nicht ausgeglichene Verlust von **2.000.000 €** (7.000.000 € – 5.000.000 €) kann nach § 10d **Abs. 2** auf die folgenden Veranlagungszeiträume (VZ 2021 ff.) vorgetragen werden.

Die Verrechnung des Verlustrücktrags mit dem Gesamtbetrag der Einkünfte kann dazu führen, dass im Rücktragsjahr die sich **anschließenden Abzüge** in Form von Sonderausgaben, außergewöhnlichen Belastungen und sonstigen Abzugsbeträgen **nicht mehr** zu einer **Steuerentlastung** führen, da der Verlustabzug **vorrangig** vor Sonderausgaben und außergewöhnlichen Belastungen abzuziehen ist (§ 10d Abs. 1 Satz 1).

Nach § 10d Abs. 1 **Satz 5** ist auf **Antrag** des Steuerpflichtigen ganz oder teilweise von der Durchführung des **Verlustrücktrags abzusehen** (**Wahlrecht**).

Der Antrag nach § 10d Abs. 1 **Satz 5** kann der **Höhe** nach beschränkt werden (R 10d Abs. 3 Satz 4 EStR 2012).

BEISPIEL

Der Steuerpflichtige Willi Klein, 35 Jahre alt, erzielte im **VZ 2020** negative Einkünfte (Verluste) aus Gewerbebetrieb in Höhe von **90.000 €**.

An Sonderausgaben kann er im VZ 2019 10.000 € und an außergewöhnlichen Belastungen 5.000 € geltend machen.

Sein Gesamtbetrag der Einkünfte betrug im **VZ 2019** 85.000 €.

Klein stellt einen **Antrag** auf Beschränkung des Verlustrücktrags nach 2019 in Höhe von **61.000 €**. Diesen Betrag hat er wie folgt ermittelt:

Gesamtbetrag der Einkünfte 2019	85.000 €
– Sonderausgaben	– 10.000 €
– außergewöhnliche Belastungen	– 5.000 €
– Grundfreibetrag in 2019 (§ 32a Abs. 1 EStG)	– 9.168 €
	60.832 €

Die folgende Übersicht verdeutlicht die Auswirkung des Verlustrücktrags **mit** und **ohne** Antrag des Steuerpflichtigen:

14.1 Verlustabzug nach § 10d EStG

	Verlustrücktrag ohne Antrag €	Verlustrücktrag mit Antrag €
Gesamtbetrag der Einkünfte 2019	85.000	85.000
− Verlustabzug nach § 10d (**Verlustrücktrag** 2020)	− 85.000	− 60.832
− Sonderausgaben 2019	0	− 10.000
− außergewöhnliche Belastungen 2019	0	− 5.000
= **Einkommen bzw. zvE nach Verlustrücktrag 2019**	0	9.168
verbleibender Verlustvortrag	5.000	29.168

Bei einem Einkommen bzw. zvE von 9.168 Euro zahlt Klein keine Einkommensteuer (Nullzone) in 2019. Im **VZ 2020** beträgt der Grundfreibetrag **9.408 Euro** (§ 32a Abs. 1 Nr. 1).
Außerdem kann er seine Sonderausgaben und außergewöhnlichen Belastungen geltend machen. Schließlich hat er als Folge seines Antrags einen höheren Verlustvortrag, den er in den folgenden Veranlagungszeiträumen in Anspruch nehmen kann (90.000 € − 60.832 € = 29.168 €).

In Zeile 8 der Anlage Sonstiges ist anzugeben, welcher Betrag nach 2019 zurückgetragen werden soll.

Für **Verluste aus Kapitalvermögen** ist ein **Verlustrücktrag nicht zulässig** (§ 20 Abs. 6 **Satz 1**).

 ÜBUNG → 1. Wiederholungsfragen 1 bis 4 (Seite 256),
2. Fall 1 (Seite 256)

14.1.2 Verlustvortrag

Können negative Einkünfte (Verluste) **nicht** oder **nicht in vollem Umfang** durch Verlustrücktrag berücksichtigt werden oder macht der Steuerpflichtige von seinem **Wahlrecht** (§ 10d Abs. 1 Satz 5) Gebrauch und trägt nicht oder nur eingeschränkt seine Verluste zurück, sind die Verluste nach § 10d Abs. 2 Satz 1 in den folgenden Veranlagungszeiträumen (VZ 2021 ff.) bis zu einem Gesamtbetrag der Einkünfte von **1 Million Euro**, bei zusammen veranlagten Ehegatten bis zu **2 Millionen Euro** unbeschränkt abzuziehen.
Darüber hinaus ist noch ein Verlustabzug bis zu **60 % des 1 Million Euro** (bzw. 2 Millionen Euro bei Zusammenveranlagung) **übersteigenden Gesamtbetrags der Einkünfte** möglich (**Verlustvortrag**).
Die Verlustverrechnung bedeutet nicht, dass Verluste endgültig verloren gehen, sie werden lediglich **zeitlich gestreckt**.
Der am Schluss eines Veranlagungszeitraums (VZ 2020) verbleibende **Verlustvortrag** ist **gesondert festzustellen** (§ 10d Abs. 4 Satz 1).

BEISPIEL

Die Feststellung der negativen Einkünfte des Steuerpflichtigen B (Beispiel Seite 254 oben) wird wie folgt gesondert durchgeführt:

	€
Die im VZ 2020 erzielten negativen Einkünfte betragen	7.000.000
Dieser Betrag vermindert sich um den Verlustrücktrag nach § 10d **Abs. 1** um	− 5.000.000
Verlustvortrag nach § 10d **Abs. 2** zum 31.12.2020	2.000.000

A. Einkommensteuer

Der Gesamtbetrag der Einkünfte des Steuerpflichtigen B beträgt im **VZ 2021** 2 Millionen €. Der **Verlustvortrag** aus 2020 wird im VZ 2021 wie folgt berücksichtigt:

	€	€
Verlustvortrag zum 31.12.2020	2.000.000	
Gesamtbetrag der Einkünfte 2021		2.000.000
- unbeschränkter Verlustabzug (Verlustvortrag)	- 1.000.000	- **1.000.000**
= verbleibender Gesamtbetrag der Einkünfte 2021		1.000.000
- eingeschränkter Verlustabzug (Verlustvortrag) bis zu 60 % des verbleibenden Gesamtbetrags der Einkünfte (60 % von 1.000.000 €)	- 600.000	- **600.000**
= Gesamtbetrag der Einkünfte 2021		400.000
verbleibender Verlustvortrag	400.000	

B kann von seinem nicht ausgeglichenen Verlust von 2.000.000 € aus VZ 2020 insgesamt 1.600.000 € im VZ 2021 verrechnen. Der verbleibende Verlustvortrag von 400.000 € ist in den folgenden Veranlagungszeiträumen (VZ 2022 ff.) zu berücksichtigen.

Verluste aus Kapitalvermögen können ebenfalls unbefristet **vorgetragen** werden (§ 20 Abs. 6 **Satz 2**).

> **ÜBUNG →** 1. Wiederholungsfragen 5 und 6 (Seite 256),
> 2. Fall 2 (Seite 256)

14.1.3 Erfolgskontrolle

WIEDERHOLUNGSFRAGEN

1. Was versteht man unter einem Verlustabzug nach § 10d?
2. Was versteht man unter einem Verlustrücktrag nach § 10d?
3. Bis zu welcher Höhe können Verluste im VZ 2020 zurückgetragen werden?
4. In welchen Fällen ist es sinnvoll, den Verlustrücktrag durch Antrag zu beschränken?
5. Was versteht man unter einem Verlustvortrag nach § 10d?
6. Bis zu welcher Höhe kann der Verlust in einem Veranlagungszeitraum vorgetragen werden?

FÄLLE

FALL 1

Der ledige Steuerpflichtige Hans Eibel, München, 35 Jahre alt, erklärt für die Veranlagungszeiträume 2019 und 2020 folgende Einkünfte:

	VZ 2019 €	VZ 2020 €
Einkünfte aus Gewerbebetrieb (§ 15)	6.300.000	-5.200.000
Einkünfte aus selbständiger Arbeit (§ 18)	400.000	0

In welcher Höhe kann der Verlust von 2020 nach 2019 maximal zurückgetragen werden?

FALL 2

Sachverhalt wie im Fall 1. Der Gesamtbetrag der Einkünfte des Steuerpflichtigen Eibel beträgt im VZ 2021 300.000 €.

In welcher Höhe kann der Verlust von 2020 nach 2021 vorgetragen werden?

14.2 Sonderausgaben

Im Einkommensteuerrecht gilt der Grundsatz, dass **Aufwendungen für die private Lebensführung** bei der Ermittlung des Einkommens **nicht** abgezogen werden dürfen (§ 12 EStG).

Dieser Grundsatz wird u. a. durch den Abzug von **Sonderausgaben** durchbrochen. Mit der Sonderausgaben-Regelung werden Aufwendungen, die nicht im Zusammenhang mit der Erzielung von Einnahmen stehen, sondern durch die private Lebensführung veranlasst sind, zum **steuerlichen Abzug** zugelassen.

Als **Sonderausgaben** im Sinne des § 10 Abs. 1 können grundsätzlich nur Aufwendungen abgezogen werden, die auf einer **eigenen** Verpflichtung des Steuerpflichtigen beruhen und von ihm **selbst** entrichtet worden sind.

> **BEISPIEL**
>
> Die 19-jährige Auszubildende A zieht in ihrer Steuererklärung Kfz-Haftpflichtversicherungsbeiträge ab. Sie benötigt den Pkw, dessen Halter und Versicherungsnehmer ihr Bruder ist, für tägliche Fahrten von ihrer Wohnung zur Ausbildungsstätte. Der Bruder zahlt die Beiträge, erhält diese aber von seiner Schwester zurück.
>
> Die **Beiträge** können von A **nicht** als **Sonderausgaben** berücksichtigt werden, weil A die Leistung nicht als Versicherungsnehmerin erbracht hat.

Basisbeiträge zur Kranken- und gesetzlichen **Pflegeversicherung** von **Kindern** können nach § 10 Abs. 1 Nr. 3 in vollem Umfang als **Sonderausgaben** bei den Eltern berücksichtigt werden. Bei **bestehender Unterhaltsverpflichtung** gibt es eine **Ausnahme vom Grundsatz** der Abziehbarkeit von Sonderausgaben beim **Versicherungsnehmer** (§ 10 Abs. 1 Nr. 3 Satz 2). **Eltern können** danach auch **die eigenen Beiträge** zur Basiskranken- und gesetzlichen Pflegeversicherung eines Kindes, bei dem **das Kind selbst Versicherungsnehmer** ist, **als Sonderausgaben geltend** machen, falls die Eltern **Anspruch** auf den **Freibetrag nach § 32 Abs. 6** oder **Kindergeld** haben **und** Unterhalt in Form von **Bar-** oder **Sachunterhalt** für das Kind tragen. Dies gilt **unabhängig davon**, ob das Kind **eigene Einkünfte** hat (§ 10 Abs. 1 Nr. 3 Satz 2). Allerdings können die Beiträge **nur einmal** als Vorsorgeaufwand berücksichtigt werden, entweder bei den **Eltern** (§ 10 Abs. 1 Nr. 3 Satz 2 oder 3) **oder** beim **Kind** (§ 10 Abs. 1 Nr. 3 Satz 1).

> **BEISPIEL**
>
> Jonas Hans, 19 Jahre, wohnt im Haushalt seiner Eltern in Karlsruhe, die beide berufstätig sind. Die Eltern kommen der Unterhaltspflicht gegenüber ihrem Sohn nach. Die Eltern erhalten Kindergeld für Jonas, der gerade eine Ausbildung zum Steuerfachangestellten absolviert und 2020 eine monatliche Ausbildungsvergütung i. H. v. 850,00 € erhält. Insgesamt werden von der Ausbildungsvergütung Beiträge zur Basiskrankenversicherung i. H. v. 769 € einbehalten und 156 € für die gesetzliche Pflegeversicherung. Für ein Auto, das auf seinen Namen angemeldet ist, zahlt Jonas 560 € für die Haftpflichtversicherung. Weitere Einkünfte hat er nicht.
>
> Da Jonas' Einkünfte aus nichtselbständiger Arbeit geringer sind als der Grundfreibetrag, wirken sich die Sonderausgaben bei ihm steuerlich nicht aus. Die Eltern können die Beiträge zur Basiskranken- und gesetzlichen Pflegeversicherung im Rahmen ihrer Steuererklärung als Sonderausgaben geltend machen, die sich bei einem hohen Einkommen steuerlich auswirken. Dies gilt nicht für den Beitrag zur Haftpflichtversicherung für das Auto des Sohnes.

Bei **Einzelveranlagung von Ehegatten** erfolgt der Abzug grundsätzlich bei dem Ehegatten, der die **Sonderausgaben geleistet** hat.

Bei Ehegatten, die nach § 26b **zusammen veranlagt werden**, ist es für den Abzug von Sonderausgaben gleichgültig, ob sie der **Ehemann oder die Ehefrau geleistet haben**, weil Ehegatten nach § 26b „gemeinsam als Steuerpflichtige behandelt werden" (R 10.1 EStR 2012).

A. Einkommensteuer

Für den **Zeitpunkt** des Abzugs der Sonderausgaben ist das **Abflussprinzip** nach **§ 11 Abs. 2** maßgebend. **Sonderausgaben** sind in dem Veranlagungszeitraum **abziehbar**, in dem sie geleistet worden sind [H 10.1 (Abzugshöhe/Abzugszeitpunkt) EStH].

14.2.1 Begriff und Einteilung der Sonderausgaben

Der Begriff **Sonderausgaben** wird im EStG **nicht** definiert. In den §§ 10 bis 10b werden jedoch **Aufwendungen**, die im Einzelnen als Sonderausgaben abgezogen werden dürfen, **erschöpfend** (abschließend) **aufgezählt** (**Enumerationsprinzip**).

Die in den §§ 10 bis 10b genannten Aufwendungen dürfen **nicht** in wirtschaftlichem Zusammenhang mit den sieben Einkunftsarten stehen und daher weder **Betriebsausgaben noch Werbungskosten** darstellen oder **wie** Betriebsausgaben oder **wie** Werbungskosten behandelt werden.

Sonderausgaben sind demnach Aufwendungen, die nach den §§ 10 bis 10b vom Gesamtbetrag der Einkünfte abgezogen werden können und weder Betriebsausgaben noch Werbungskosten sind oder wie Betriebsausgaben oder wie Werbungskosten behandelt werden.

Nach ihrer **Art** und **betragsmäßigen Auswirkung** auf das Einkommen können die **Sonderausgaben** nach den §§ 10 bis 10b wie folgt eingeteilt werden:

14.2 Sonderausgaben

14.2.2 Unbeschränkt abzugsfähige Sonderausgaben
14.2.2.1 Vermögensübertragung gegen Versorgungsleistungen

Lebenslange und wiederkehrende Versorgungsleistungen sind nur noch als Sonderausgaben abzugsfähig, wenn die Versorgungsleistungen im Zusammenhang mit folgenden **betrieblichen Vermögensübertragungen** eines

a) **Mitunternehmeranteils** an einer Personengesellschaft, die eine Tätigkeit i.S.d. §§ 13, 15 Abs. 1 Satz 1 Nr. 1 oder des § 18 Abs. 1 ausübt oder

b) **Betriebs- oder Teilbetriebs** oder

c) mindestens 50 % betragenden **Anteils an einer GmbH**, wenn der Übergeber als Geschäftsführer tätig war und der Übernehmer diese Tätigkeit nach der Übertragung übernimmt

erbracht werden (§ 10 Abs. 1a Nr. 2).

Durch § 10 Abs. 1a **Nr. 2** wird die steuerliche Begünstigung von Vermögensübertragungen insbesondere auf die Übertragung von **land- und forstwirtschaftlichen Betrieben, Gewerbebetrieben** und von **Betriebsvermögen Selbständiger** in der Rechtsform des Einzelunternehmens oder der Personengesellschaft konzentriert.

Der **Sonderausgabenabzug** von Versorgungsleistungen durch den Zahlungsverpflichteten nach § 10 Abs. 1a Nr. 2 ist **nur** möglich, **wenn** die Versorgungsleistungen beim **Empfänger** als sonstige Einkünfte nach § 22 Nr. 1a **besteuert** werden (**Korrespondenzprinzip**). Ab dem **VZ 2021** wird zur Gewährleistung des Korrespondenzprinzips als weitere Voraussetzung die **Angabe der steuerlichen Identifikationsnummer des Empfängers** in der Steuererklärung des Zahlungsverpflichteten in § 10 Abs. 1a Nr. 2 Satz 4 **aufgenommen**.

14.2.2.2 Gezahlte Kirchensteuer

Kirchensteuern i.S.d. § 10 Abs. 1 **Nr. 4** sind Geldleistungen, die von den als Körperschaften des öffentlichen Rechts anerkannten Religionsgemeinschaften von ihren Mitgliedern aufgrund gesetzlicher Vorschriften erhoben werden [H 10.7 (Kirchensteuer i.S.d. § 10 Abs. 1 Nr. 4 EStG) EStH].

Kirchensteuern können nur in der **Höhe** abgezogen werden, in der sie **erstattete oder gutgeschriebene Beträge übersteigen** [H 10.1 (Abzugshöhe/Abzugszeitpunkt) und H 10.7 (Willkürliche Zahlungen) EStH].

> **BEISPIEL**
>
> Der Steuerpflichtige Walter Scharrenbach hat im VZ 2020 Kirchensteuer in Höhe von **500 €** entrichtet. Im März 2020 wurde ihm der Einkommensteuerbescheid 2018 zugestellt. Danach ergibt sich eine **Erstattung** an Kirchensteuer für 2018 in Höhe von **200 €**. Das Finanzamt hat diesen Betrag im März 2020 auf das Konto des Steuerpflichtigen Walter Scharrenbach überwiesen.
>
> Die in 2020 als **Sonderausgabe** abziehbare **Kirchensteuer** wird wie folgt berechnet:
>
> | | |
> |---|---:|
> | im VZ 2020 **gezahlte** Kirchensteuer | 500 € |
> | - im VZ 2020 **erstattete** Kirchensteuer aus 2018 | - 200 € |
> | **Sonderausgaben** im VZ 2020 | **300 €** |

Beiträge der Mitglieder von Religionsgemeinschaften (**Kirchenbeiträge**), die mindestens in einem Land als Körperschaft des öffentlichen Rechts anerkannt sind, aber während des ganzen Kalenderjahres **keine** Kirchensteuer erheben, sind aus Billigkeitsgründen wie Kirchensteuern abziehbar (R 10.7 Abs. 1 Satz 1 EStR 2012).

A. Einkommensteuer

Ein Erstattungsüberhang aus Kirchensteuer ist dem Gesamtbetrag der Einkünfte hinzuzu-rechnen (§ 10 Abs. 4b Satz 3).

Kirchensteuerbeiträge, die nach R 10.7 Abs. 1 EStR 2012 nicht wie Kirchensteuer als Sonder-ausgaben abgezogen werden können, können im Rahmen des § 10b (Spenden) steuerlich berücksichtigt werden (R 10.7 Abs. 2 EStR 2012).

Wird die **Kirchensteuer** im Rahmen der **Abgeltungsteuer** berücksichtigt, kann sie **nicht** als Sonderausgabe abgezogen werden (§ 10 Abs. 1 Nr. 4 2. Halbsatz). Der Abzug der Kirchen-steuer auf Kapitalerträge wird dadurch gewährleistet, dass sich der Kapitalertragsteuersatz entsprechend verringert (§ 32d Abs. 1). Der Kapitalertragsteuersatz bei einem Kirchensteu-ersatz von 8 % bzw. 9 % beträgt dann 24,5098 % bzw. 24,4450 %. Im Fall der Günstiger-prüfung ist die auf Kapitalerträge entfallende Kirchensteuer als Sonderausgabe abzugsfähig.

> **ÜBUNG →** 1. Wiederholungsfragen 1 bis 4 (Seite 286),
> 2. Fall 1 (Seite 287)

14.2.3 Beschränkt abzugsfähige Sonderausgaben, die keine Vorsorgeaufwendungen sind

14.2.3.1 Bestimmte Unterhaltsleistungen

Für die einkommensteuerliche Berücksichtigung von **Unterhaltsleistungen** an den geschiedenen oder dauernd getrennt lebenden Ehegatten kommen **zwei Möglichkeiten** in Betracht:

1. entweder der Abzug als **Sonderausgaben** (Realsplitting)
   oder

2. der Abzug als **außergewöhnliche Belastung**.

Im Rahmen des <u>Realsplittings</u> kann der **Unterhaltsverpflichtete** (**Geber**) die Unterhalts-leistungen an den **geschiedenen oder dauernd getrennt lebenden Ehegatten** (**Empfänger**) **bis zu 13.805 Euro** im Kalenderjahr als **Sonderausgaben** abziehen (§ 10 Abs. 1a **Nr. 1**). Der Höchstbetrag erhöht sich um die im VZ für Basis-Krankenversicherungsbeiträge und Beiträge zur gesetzlichen Pflegeversicherung des geschiedenen oder dauernd getrennt lebenden unbeschränkt einkommensteuerpflichtigen Ehegatten aufgewendeten Beiträge (§ 10 Abs. 1a Nr. 1 Satz 2).

Voraussetzungen für den Sonderausgabenabzug von Unterhaltsleistungen sind, dass

- der Geber und der Empfänger **geschiedene oder dauernd getrennt lebende Ehegatten** sind,

- der **Empfänger unbeschränkt** einkommensteuerpflichtig ist,

- der **Geber** den Sonderausgabenabzug **beantragt**,

- der **Empfänger** diesem Antrag **zustimmt** (**Anlage U**) und

- der **Geber** in seiner Steuererklärung die **Identifikationsnummer des Empfängers** angibt.

Der **Antrag** kann jeweils nur für **ein Kalenderjahr** gestellt und nicht zurückgenommen werden (§ 10 Abs. 1a Nr. 1 Satz 3).

Soweit Unterhaltsleistungen den Betrag von **13.805 Euro** im Kalenderjahr **übersteigen**, sind sie **vom Abzug ausgeschlossen**.

14.2 Sonderausgaben **261**

Sie können auch **nicht** als außergewöhnliche Belastung geltend gemacht werden [§ 33 Abs. 2 Satz 2, H 33a.1 EStH (Geschiedene oder dauernd getrennt lebende Ehegatten)].

Beim **Empfänger** werden die **Unterhaltsleistungen** als **sonstige Einkünfte i.S.d. § 22** Nr. 1a **behandelt**. Zur Sicherstellung der Besteuerung beim Empfänger ist dessen steuerliche Identifikationsnummer (§ 139b AO) in der Steuererklärung des Gebers anzugeben. Sollte der Empfänger diese dem Geber nicht mitteilen, kann der Geber sie bei der für ihn zuständigen Finanzbehörde erfragen (§ 10 Abs. 1a Nr. 1 Satz 7 ff.).

Von seinen **Einnahmen** kann der **Empfänger** eventuell entstandene **Werbungskosten** abziehen, **mindestens** jedoch einen **Werbungskosten-Pauschbetrag** in Höhe von **102 Euro** (§ 9a Satz 1 **Nr. 3**).

B E I S P I E L

Ein Steuerpflichtiger erbrachte an seine **geschiedene** Ehefrau, die unbeschränkt einkommensteuerpflichtig ist, in 2020 ganzjährig Unterhaltsleistungen von monatlich 1.250 €. Er beantragte mit Zustimmung seiner geschiedenen Ehefrau den Abzug als Sonderausgaben. Die steuerliche Identifikationsnummer hatte die geschiedene Ehefrau dem Steuerpflichtigen mitgeteilt, der diese in seiner Steuererklärung angegeben hat.

Von den **gesamten** Unterhaltsleistungen des Steuerpflichtigen (**15.000 €**) wird der Höchstbetrag von **13.805 €** als **Sonderausgabe** vom Gesamtbetrag der Einkünfte abgezogen. Der **übersteigende Betrag** von **1.195 €** kann **weder** als **Sonderausgabe** noch als **außergewöhnliche Belastung** geltend gemacht werden.

Bei der geschiedenen Ehefrau stellen die empfangenen **Unterhaltsleistungen sonstige Einkünfte i.S.d. § 22 Nr. 1a** dar, und zwar bis zur Höhe des Betrags, der beim geschiedenen Ehemann als Sonderausgabe abgezogen wird. Die Ehefrau kann von den steuerpflichtigen **Einnahmen** in Höhe von 13.805 € den **Werbungskosten-Pauschbetrag** von **102 €** abziehen.

Wird der Antrag auf Sonderausgabenabzug **nicht** gestellt **oder stimmt** der unterhaltsberechtigte Empfänger dem Antrag **nicht zu**, so können die Unterhaltsleistungen nur als **außergewöhnliche Belastung** nach § 33a Abs. 1 geltend gemacht werden [H 33a.1 (Geschiedene oder dauernd getrennt lebende Ehegatten) EStH].

Das gleiche gilt, wenn der unterhaltsberechtigte **Empfänger nicht unbeschränkt** einkommensteuerpflichtig ist.

Einzelheiten zu den Unterhaltsaufwendungen als **außergewöhnliche Belastung** erfolgen im Abschnitt 14.3.2.1 „Unterhaltsaufwendungen", Seiten 299 ff.	S 2

Für Unterhaltsleistungen an den geschiedenen oder dauernd getrennt lebenden Ehegatten, der **nicht unbeschränkt steuerpflichtig** ist, kann ein Abzug der Unterhaltsleistungen bei Vorliegen der Voraussetzungen des **§ 1a** Abs. 1 Nr. 1 **oder** auf Grund eines **Doppelbesteuerungsabkommens** (DBA) in Betracht kommen [(H 10.2 EStH (Nicht unbeschränkt steuerpflichtiger Empfänger)].

Die **Voraussetzungen nach § 1a** liegen vor, wenn der nicht unbeschränkt steuerpflichtige **Empfänger** seinen Wohnsitz oder gewöhnlichen Aufenthalt in einem **EU/EWR-Staat** hat (§ 10a Abs. 1 Nr. 1a) **und** die Besteuerung der Unterhaltsleistung beim Empfänger durch eine **Bescheinigung der** zuständigen ausländischen **Steuerbehörde** nachgewiesen wird (§ 10a Abs. 1 Nr. 1b).

ÜBUNG →	1. Wiederholungsfragen 5 bis 8 (Seite 286), 2. Fälle 2 und 3 (Seite 287)

14.2.3.2 Aufwendungen für die eigene Berufsausbildung

Aufwendungen für die **erstmalige Berufsausbildung** oder ein **Erststudium** als Erstausbildung gehören nach § 10 Abs. 1 **Nr. 7** i. V. m. § 9 Abs. 6 bzw. § 4 Abs. 9 zu den beschränkt abzugsfähigen Sonderausgaben, wenn diese **nicht im Rahmen eines Dienstverhältnisses** stattfinden (BMF-Schreiben vom 22.09.2010, BStBl I S. 721).

Die Berufsausbildung ist als **erstmalige Berufsausbildung** anzusehen, wenn ihr keine andere abgeschlossene Berufsausbildung bzw. kein abgeschlossenes Hochschulstudium vorausgegangen ist (H 32.10 EStR 2012).

Nach § 10 Abs. 1 **Nr. 7** i. V. m. § 9 Abs. 6 bzw. § 4 Abs. 9 können die Aufwendungen für die **erstmalige Berufsausbildung** in einem nicht ausgeübten Beruf oder für ein **Erststudium**, das zugleich eine Erstausbildung vermittelt, bis zu **6.000 Euro** im Kalenderjahr als **Sonderausgaben** abgezogen werden.

Bei Ehegatten, die die Voraussetzung des § 26 Abs. 1 erfüllen, wird der Höchstbetrag von 6.000 Euro für **jeden Ehegatten** gesondert gewährt (§ 10 Abs. 1 Nr. 7 Satz 2).

Zu den **Aufwendungen** für die eigene **Berufsausbildung** als Erstausbildung und das **Erststudium** als Erstausbildung gehören nicht nur Lehrgangs- und Studiengebühren sowie die Aufwendungen für Fachbücher und anderes Lernmaterial, sondern auch (§ 10 Abs. 1 Nr. 7 Sätze 3 und 4):

- Aufwendungen für eine auswärtige Unterbringung (§ 10 Abs. 1 Nr. 7 Satz 3),
- Verpflegungsmehraufwendungen (§ 4 Abs. 5 Satz 1 Nr. 5),
- Aufwendungen für ein häusliches Arbeitszimmer (§ 4 Abs. 5 Satz 1 Nr. 6b),
- Fahrtkosten zwischen Wohnung und Ausbildungsort (§ 9 Abs. 1 Satz 3 Nr. 4),
- Mehraufwendungen wegen doppelter Haushaltsführung (§ 9 Abs. 1 Satz 3 Nr. 5).

BEISPIEL

Die **verheiratete** Karin Lehr, Mainz, studiert an der Universität Köln Jura. Ihr Erststudium ist nicht berufsbegleitend. Frau Lehr behält ihren Hauptwohnsitz in Mainz bei (Mittelpunkt ihres Lebensinteresses) und bezieht eine Zweitwohnung am Studienort in Köln. In 2020 sind ihr Mehraufwendungen für die doppelte Haushaltsführung einschließlich Verpflegungsmehraufwendungen in Höhe von 13.500 € entstanden, die nicht zu beanstanden sind. Frau Lehr fuhr in 2020 mit ihrem eigenen Pkw an 32 Tagen von ihrer Wohnung in Köln zum Studienort (einfache Entfernung 30 km).

Frau Lehr hat durch ihr Erststudium Aufwendungen in Höhe von **13.788 €** (13.500 € + 288 € Fahrtkosten), von denen sie **6.000 Euro** als Sonderausgaben nach § 10 Abs. 1 **Nr. 7** EStG geltend machen kann.

Alle weiteren Bildungsmaßnahmen, die **nach** dem Abschluss einer ersten Berufsausbildung oder einem Erststudium als Erstausbildung erworben werden, sind **Fortbildungskosten** und führen zum **Werbungskostenabzug** bzw. **Betriebsausgabenabzug**, wenn sie beruflich bzw. betrieblich veranlasst sind.

Werbungskosten liegen vor, wenn die erstmalige Berufsausbildung oder das Erststudium als Erstausbildung Gegenstand eines **Dienstverhältnisses** bzw. eines **Ausbildungsverhältnisses** sind (§ 9 Abs. 6).

14.2 Sonderausgaben

BEISPIEL

Die Steuerfachangestellte Julia Schöne, Bonn, besucht im Rahmen ihres ausgeübten Berufs einen Bilanzbuchhalterkurs. Hierdurch sind ihr Aufwendungen entstanden.

Die Aufwendungen für den Kurs sind als **Werbungskosten** in voller Höhe abziehbar, weil die Berufsausbildung Gegenstand eines Dienstverhältnisses ist bzw. im Rahmen eines ausgeübten Berufs erfolgt.

Der Abzug der Aufwendungen als Werbungskosten, Betriebsausgaben oder Sonderausgaben setzt einen **konkreten Bezug** zu zukünftigen steuerpflichtigen Einnahmen voraus. Aufwendungen, die nicht der Berufsausbildung dienen (z.B. Studium eines Seniors), sind Kosten der **privaten Lebensführung** (§ 12).

ÜBUNG → 1. Wiederholungsfrage 9 (Seite 286),
2. Fälle 4 und 5 (Seiten 287 f.)

14.2.3.3 Kinderbetreuungskosten

Der Abzug der Kinderbetreuungskosten als Sonderausgaben ist unter folgenden **Voraussetzungen** möglich (§ 10 Abs. 1 **Nr. 5**):

- Es muss sich um ein **Kind im Sinne des § 32 Abs. 1** handeln.
- Das **Kind** muss zum **Haushalt des Steuerpflichtigen** gehören.
- Das **Kind** darf das **14. Lebensjahr nicht vollendet** haben **oder** muss wegen einer **vor** Vollendung des 25. Lebensjahres eingetretenen körperlichen, geistigen oder seelischen Behinderung außerstande sein, sich selbst zu unterhalten.
- Der **Steuerpflichtige** muss für die Aufwendungen eine **Rechnung** erhalten, und die **Zahlung** muss auf das Konto des Empfängers erfolgen.

Aufwendungen im Sinne des § 10 Abs. 1 Nr. 5 sind Ausgaben in Geld oder Geldeswert, die der Steuerpflichtige **als Entgelt für Dienstleistungen** zur Betreuung eines Kindes erbringt.

Zu den **Kinderbetreuungskosten** gehören nach dem BMF-Schreiben vom 14.03.2012, Rn. 8, BStBl I 2012, S. 307 z.B.

- Aufwendungen für die Unterbringung in **Kindergärten**, **Kindertagesstätten**, **Kinderhorten**, **Kinderheimen** und **Kinderkrippen** sowie bei **Tagesmüttern**, **Wochenmüttern** und in **Ganztagspflegestellen**,
- Aufwendungen für die Beschäftigung von **Kinderpflegerinnen**, **Erzieherinnen** und **Kinderschwestern**,
- Aufwendungen für die Beschäftigung von **Hilfen im Haushalt**, soweit diese Kinder betreuen,
- Aufwendungen für die Beaufsichtigung von Kindern bei der **Erledigung der häuslichen Schulaufgaben**.

Da es sich um Aufwendungen für **Dienstleistungen** handeln muss, können **Sachleistungen** (z.B. Verpflegung des Kindes in einer Kindertagesstätte), die neben der Betreuung erbracht werden, **nicht** berücksichtigt werden.

264 A. Einkommensteuer

Das Gleiche gilt für **Nebenkosten**, die nicht unmittelbar der Betreuung des Kindes dienen, z.B. Fahrtkosten des Kindes zur Betreuungsperson (BMF-Schreiben vom 14.03.2012, Rn. 5). **Nicht** berücksichtigt werden auch Aufwendungen für **Unterricht**, die **Vermittlung besonderer Fertigkeiten** (z.B. für EDV-Kurse, Fahrschulen, Tanzkurse) sowie für **sportliche** und andere **Freizeitbeschäftigungen** (BMF-Schreiben vom 14.03.2012, Rn. 8).

Steuerpflichtige können

⅔ der Kinderbetreuungskosten, höchstens 4.000 Euro je Kind

als Sonderausgaben abziehen (§ 10 Abs. 1 Nr. 5).

Der **Höchstbetrag** von 4.000 Euro ist ein **Jahresbetrag**. Eine **zeitliche Aufteilung** findet auch dann **nicht** statt, wenn für das Kind **nicht** im gesamten Kalenderjahr Betreuungskosten angefallen sind (BMF-Schreiben vom 14.03.2012, Rn. 18, BStBl I, 2012, S. 307).

BEISPIEL

Das Kind eines verheirateten Elternpaares in Düsseldorf geht von Januar bis Juni 2020 in den Kindergarten. Die Sommermonate von Juli bis zu seiner Einschulung Ende September 2020 verlebt das Kind bei seinen Großeltern in Koblenz. Ab der Einschulung geht das Kind nachmittags in den Kinderhort. Den Eltern sind in 2020 Kinderbetreuungskosten von insgesamt 3.600 € entstanden.

Von den Betreuungskosten können die Eltern **2.400 €** (⅔ von 3.600 €) als Sonderausgaben geltend machen. Es findet **keine zeitanteilige Kürzung** statt.

Für den Abzug von Kinderbetreuungskosten als Sonderausgaben kommt es bei verheirateten Eltern, die nach § 26b **zusammen** zur Einkommensteuer **veranlagt** werden, nicht darauf an, welcher Elternteil die Aufwendungen geleistet hat oder ob sie von beiden getragen wurden (BMF-Schreiben vom 14.03.2012, Rn. 25, BStBl I, 2012, S. 307).

Im Fall der **Einzelveranlagung von Ehegatten** sind die Sonderausgaben demjenigen Ehegatten zuzurechnen, der die Aufwendungen wirtschaftlich getragen hat. Trifft dies auf beide Ehegatten zu, kann jeder seine tatsächlichen Aufwendungen grundsätzlich bis zur Höhe des hälftigen Abzugshöchstbetrages (2.000 Euro) geltend machen. Etwas anderes gilt nur dann, wenn die Ehegatten einvernehmlich gegenüber dem Finanzamt eine anderweitige Aufteilung des Abzugshöchstbetrages wählen (BMF-Schreiben vom 14.03.2012, Rn. 27, BStBl I, 2012, S. 307).

ÜBUNG → 1. Wiederholungsfragen 10 bis 12 (Seite 286),
2. Fälle 6 und 7 (Seite 288)

14.2 Sonderausgaben

14.2.3.4 Schulgeld

Besucht ein Kind eine nicht öffentliche Schule (Privatschule), müssen die Eltern hierfür in der Regel ein **Schulgeld** zahlen.

30 % des gezahlten Schulgeldes, **höchstens 5.000 Euro**, das der Steuerpflichtige für den Schulbesuch eines Kindes entrichtet, sind als **Sonderausgaben** abzugsfähig (§ 10 Abs. 1 **Nr. 9**).

Für die Inanspruchnahme des Sonderausgabenabzugs müssen folgende **Voraussetzungen** vorliegen:

- Die Schulgeldzahlungen sind für eine Schule in **freier Trägerschaft** oder eine **überwiegend privat finanzierte Schule** zu entrichten.

- Der Steuerpflichtige, der die Aufwendungen für den Schulbesuch eines Kindes erbracht hat, muss einen **Kinderfreibetrag** oder **Kindergeld** erhalten.

- Die Schule muss in einem **Mitgliedstaat der EU** oder in einem Staat belegen sein, auf den das **EWR-Abkommen** Anwendung findet.

- Für **Deutsche Schulen** im Ausland gilt der Sonderausgabenabzug **weltweit**.

- Die Schule muss zu einem anerkannten **Schul-, Jahrgangs- oder Berufsabschluss** führen.
  Bei ausländischen Schulen muss dieser Abschluss mit einem inländischen Abschluss einer öffentlichen Schule vergleichbar und als **gleichwertig** anerkannt sein.

Nicht abzugsfähig sind **Internatskosten**, d.h. Aufwendungen für Beherbergung, Betreuung und Verpflegung des Kindes (§ 10 Abs. 1 **Nr. 9** Satz 1).

Für die Berücksichtigung der Aufwendungen als Sonderausgaben kommt es allein auf den erreichten oder beabsichtigten Abschluss an (BMF-Schreiben vom 09.03.2009, Rz 1, BStBl I 2009, S. 487).

> **BEISPIEL**
>
> Die Eheleute Haunschild haben eine 12-jährige Tochter, die ein Internat im Schwarzwald besucht. Das Internat erfüllt die Voraussetzungen des § 10 Abs. 1 Nr. 9 EStG. Die Kosten der Unterkunft und Verpflegung betrugen im VZ 2020 12.000 €, das Schulgeld 4.800 Euro. Die Kosten haben die Eltern getragen.
>
> Die Eheleute können **Sonderausgaben** in Höhe von **1.440 €** (30 % von 4.800 €) nach § 10 Abs. 1 Nr. 9 geltend machen. Die Kosten der Unterkunft und Verpflegung sind nicht abzugsfähig.

Hochschulen, einschließlich **Fachhochschulen** und die ihnen im EU-/EWR-Ausland gleichgestellten Einrichtungen, sind **keine Schulen** i.S.d. § 10 Abs. 1 Nr. 9 EStG, sodass das **Entgelt** für den Besuch dieser Einrichtungen **nicht** berücksichtigt werden kann (BMF-Schreiben vom 09.03.2009 Rz 4, BStBl I 2009, S. 487).

Der Höchstbetrag beläuft sich auch bei einem Elternpaar, das nicht zusammen zur Einkommensteuer veranlagt wird, auf insgesamt **5.000 Euro** je Kind.
Die Schulgeldzahlungen sind dabei grundsätzlich bei dem Elternteil zu berücksichtigen, der sie getragen hat. Haben beide Elternteile entsprechende Aufwendungen getragen, sind sie bei **jedem** Elternteil nur **bis** zu einem Höchstbetrag von **2.500 Euro** zu berücksichtigen, es sei denn, die Eltern **beantragen** einvernehmlich eine **andere** Aufteilung (BMF-Schreiben vom 09.03.2009 Rz 5, BStBl I 2009, S. 487).

A. Einkommensteuer

14.2.3.5 Zuwendungen (Spenden und Mitgliedsbeiträge)

Bei den Zuwendungen (Spenden und Mitgliedsbeiträge) werden **drei Arten** unterschieden:

1. Zuwendungen zur Förderung steuerbegünstigter Zwecke i.S.d. § 10b **Abs. 1**,

2. Stiftungszuwendungen i.S.d. § 10b **Abs. 1a** und

3. Zuwendungen an politische Parteien i.S.d. § 10b **Abs. 2**.

Stiftungszuwendungen nach § 10b **Abs. 1a** werden im Folgenden **nicht** erläutert.

14.2.3.5.1 Zuwendungen zur Förderung steuerbegünstigter Zwecke (§ 10b Abs. 1 EStG)

Zuwendungen sind nach § 10b Abs. 1 als Sonderausgaben abzugsfähig, wenn folgende **Voraussetzungen** vorliegen:

1. Der Steuerpflichtige muss **Zuwendungen** tätigen.

2. Die Zuwendungen müssen für **steuerbegünstigte Zwecke** erfolgen.

3. Die Zuwendungen für steuerbegünstigte Zwecke müssen an einen **steuerbegünstigten Empfänger** (Zuwendungsempfänger) geleistet werden.

4. Der Steuerpflichtige muss **nachweisen**, dass die Voraussetzungen 1 bis 3 erfüllt sind.

Fehlt eine dieser Voraussetzungen, dann sind die Zuwendungen nach § 10b Abs. 1 nicht abzugsfähig.

zu 1. Zuwendungen

Zuwendungen i.S.d. § 10b Abs. 1 sind alle Wertabgaben, die aus dem Vermögen des Steuerpflichtigen abfließen.

Zuwendungen müssen **Leistungen ohne Gegenleistung** sein. Sie brauchen jedoch **nicht** in **Geld** zu bestehen. Als Zuwendung gilt **auch** die Zuwendung von Wirtschaftsgütern (**Sachzuwendung**, § 10b Abs. 3).

> **BEISPIEL**
>
> Die Familie Denkelmann, Koblenz, spendet im Juni 2020 zwei Sessel und ein Gesundheitsbett, gemeiner Wert 250 €, an die Arbeiterwohlfahrt, Koblenz (siehe Seite 256).
>
> Es liegt eine **Sachzuwendung** vor, die eine **Zuwendung** im Sinne des § 10b Abs. 1 ist. Die Höhe der Zuwendung bemisst sich nach § 10b Abs. 3 Satz 2 und 3.

Keine Zuwendungen sind **Nutzungen** und (**sonstige**) **Leistungen** (§ 10b Abs. 3, Satz 1).

14.2 Sonderausgaben

zu 2. steuerbegünstigte Zwecke

Steuerbegünstigte Zwecke sind nach § 10b Abs. 1 Satz 1 Zuwendungen im Sinne der §§ 52 bis 54 AO. Dazu gehören

- **gemeinnützige** Zwecke (§ 52 Abs. 2 **Nrn. 1 bis 25** AO),
- **mildtätige** Zwecke (§ 53 AO) und
- **kirchliche** Zwecke (§ 54 AO).

In § 52 **Abs. 2** AO sind die **gemeinnützigen** Zwecke in einem Katalog zusammengefasst.
Nicht abziehbar sind nach § 10b Abs. 1 **Satz 8** die **Mitgliedsbeiträge** an Körperschaften für **folgende Zwecke**:

1. Förderung des Sports (§ 52 Abs. 2 Nr. 21 AO),
2. Förderung kultureller Betätigungen, die in erster Linie der Freizeitgestaltung dienen,
3. Förderung der Heimatpflege und Heimatkunde (§ 52 Abs. 2 Nr. 22 AO),
4. Förderungen i.S.d. § 52 Abs. 2 Nr. 23 AO (z.B. Tierzucht, Kleingärtnerei) oder
5. deren Zweck nach § 52 Abs. 2 Satz 2 AO für gemeinnützig erklärt worden ist.

zu 3. Zuwendungsempfänger

Empfänger einer abziehbaren Zuwendung können nach § 10b Abs. 1 **Satz 2** nur sein

1. eine juristische Person des öffentlichen Rechts oder eine öffentliche Dienststelle (z.B. Schule) in einem **EU-Staat** oder in einem **EWR-Staat** oder
2. eine nach § 5 Abs. 1 Nr. 9 KStG bezeichnete Körperschaft (z.B. Verein), Personenvereinigung oder Vermögensmasse oder
3. eine Körperschaft, Personenvereinigung oder Vermögensmasse in einem **EU-Staat** oder **EWR-Staat**.

zu 4. Zuwendungsnachweis

Zuwendungen i.S.d. § 10b dürfen nur abgezogen werden, wenn sie durch eine **Zuwendungsbestätigung** (Spendenbestätigung) **nachgewiesen** werden.

Nach § 50 Abs. 1 EStDV hat die Zuwendungsbestätigung grundsätzlich auf einem amtlich **vorgeschriebenen Vordruck** zu erfolgen.
Muster dieser Vordrucke finden sich allgemein in Anhang 37 zu R 10b EStR (BMF-Schreiben vom 07.11.2013, BStBl. I 2013, S. 1333 ergänzt durch BMF-Schreiben vom 26.03.2014, BStBl. I 2014, S. 791).

Bei Spenden bis zu **200 Euro** (ab **VZ 2021**: **300 Euro**) reichen ein einfacher **Bareinzahlungsbeleg** oder eine **Buchungsbestätigung** eines Kreditinstituts als Nachweis (§ 50 Abs. 4 Satz 1 Nr. 2a EStDV).

Wie ein **Nachweis** bei einer **Sachzuwendung** in der Praxis für 2020 konkret geführt werden kann, wird auf der folgenden Seite (Seite 268) gezeigt.	

A. Einkommensteuer

BEISPIEL

Familie Denkelmann, Im Palmenstück 34, 56072 Koblenz, hat in 2020 an die Arbeiterwohlfahrt, Koblenz, **2 Sessel und 1 Gesundheitsbett** im Wert von **250 €** gespendet.

Die Arbeiterwohlfahrt (AWO) gibt Familie Denkelmann für die Sachzuwendung die folgende **Zuwendungsbestätigung**:

AWO Kreisverband Koblenz-Stadt e. V. • Dreikaiserweg 4 • 56068 Koblenz

Ihr Zeichen	Ihr Schreiben	Akt.-Zeichen	Diktat-Zeichen	Datum
				27.06.2020

Bestätigung über Sachzuwendungen

im Sinne des § 10b des Einkommensteuergesetzes an juristische Personen des öffentlichen Rechts oder öffentliche Dienststellen in EU-Staaten oder EWR-Staaten

Name und Anschrift des Zuwendenden:

Familie Denkelmann, Im Palmenstück 34, 56072 Koblenz

Wert der Zuwendung in Ziffern/in Buchstaben/Tag der Zuwendung:

250 €/zweihundertfünfzig/27.06.2020

Genaue Bezeichnung der Sachzuwendung mit Alter, Zustand, Kaufpreis usw.

2 Sessel und 1 Gesundheitsbett, Alter der Sessel drei und des Bettes vier Jahre, der Zustand der Wirtschaftsgüter ist gut, der Kaufpreis der Sessel je 60 €, des Bettes 600 €

Die Sachzuwendung stammt nach den Angaben des Zuwendenden aus dem Privatvermögen. Geeignete Unterlagen, die zur Wertermittlung gedient haben, liegen vor:

Gutachten über den aktuellen Wert der zugewendeten Sachen.

Es wird bestätigt, dass die Zuwendung nur zur Förderung mildtätiger Zwecke verwendet wird.

Die Zuwendung wird von uns unmittelbar für den angegeben Zweck verwendet.
Finanzamt Koblenz, Steuernummer 22/Gem 959 XI/4, mit Bescheid vom 12.05.2019 als begünstigter Empfänger anerkannt.

Arbeiterwohlfahrt
Kreisverband Koblenz-Stadt e. V.

S. Speh

Siegfried Speh
Geschäftsführer

ÜBUNG → 1. Wiederholungsfrage 13 (Seite 286),
2. Fälle 8 bis 11 (Seiten 288 f.)

14.2 Sonderausgaben

Höhe der abzugsfähigen Zuwendungen

Zuwendungen können bis zu einem bestimmten **Höchstbetrag** als Sonderausgaben abgezogen werden (§ 10b).

Zuwendungen für steuerbegünstigte Zwecke können wahlweise bis zu

1. **20% des Gesamtbetrags der Einkünfte** (Berechnungsmethode 1)
   oder

2. **4‰ der Summe aus Umsätzen, Löhnen und Gehältern** (Berechnungsmethode 2)

als Sonderausgaben abgezogen werden.

Kapitalerträge nach § 32d Abs. 1 und § 43 Abs. 5 sind bei der Ermittlung des Gesamtbetrags der Einkünfte **nicht** einzubeziehen (§ 2 Abs. 5b Satz 2).

B E I S P I E L

Ein Steuerpflichtiger wendete im VZ 2020 **5.000 €** für **gemeinnützige** (wissenschaftliche) Zwecke und **4.000 €** für **kirchliche** Zwecke auf.

Der **Gesamtbetrag der Einkünfte** des Steuerpflichtigen betrug **40.000 €**, die **Summe seiner gesamten Umsätze, Löhne und Gehälter 900.000 €**.

Die abzugsfähigen Zuwendungen werden für den VZ 2020 wie folgt berechnet:

Berechnungsmethode 1:	Zuwendungen **9.000 €** (5.000 € + 4.000 €),	
	höchstens 20 % von 40.000 €	**8.000 €**
Berechnungsmethode 2:	4 ‰ von 900.000 €	**3.600 €**

Die Berechnungsmethode 1 ist in diesem Fall günstiger als die Berechnungsmethode 2, sodass der Steuerpflichtige von seinen Zuwendungen von 9.000 € in 2020 **8.000 €** als Sonderausgaben abziehen kann.

Der **nicht abziehbare Teil** (im obigen Beispiel 1.000 €) kann **zeitlich unbegrenzt** in den **folgenden Veranlagungszeiträumen** (VZ 2021 ff.) abgezogen werden (§ 10b Abs. 1 Satz 9 EStG).

In der **Einkommensteuererklärung 2020** werden die Zuwendungen in Zeile 5 der Anlage Sonderausgaben wie folgt eingetragen:

Zuwendungen (Spenden und Mitgliedsbeiträge)				
	Spenden und Mitgliedsbeiträge (ohne Beträge in den Zeilen 9 bis 12)		lt. Bestätigungen EUR	lt. Betriebsfinanzamt EUR
5	– zur Förderung steuerbegünstigter Zwecke an Empfänger im Inland	123	9000 — 124	9000 —
6	– zur Förderung steuerbegünstigter Zwecke an Empfänger im EU- / EWR-Ausland	133	— 134	—
7	– an politische Parteien (§§ 34g, 10b EStG)	127	— 128	—
8	– an unabhängige Wählervereinigungen (§ 34g EStG)	129	— 130	—

ÜBUNG → Fall 12 (Seite 289)

14.2.3.5.2 Zuwendungen an politische Parteien (§ 10b Abs. 2 EStG)

Bei **Zuwendungen** (Mitgliedsbeiträgen und Spenden) **an politische Parteien** gilt **vorrangig** die Steuerermäßigung nach § 34g (§ 10b Abs. 2 **Satz 2**). Das bedeutet, dass bei Zuwendungen an politische Parteien **zuerst § 34g** und **dann § 10b Abs. 2 Satz 1** zu berücksichtigen sind.

Ein **Wahlrecht** zwischen dem Abzug der Zuwendungen von der Steuer nach § 34g und dem Sonderausgabenabzug nach § 10b Abs. 2 besteht **nicht**.

> **MERKE →** Die Steuerermäßigung nach § 34g hat **Vorrang vor** dem Sonderausgabenabzug nach § 10b Abs. 2.

Nach **§ 34g Satz 2** können bei Zuwendungen an politische Parteien bis zu **50 % der Ausgaben**, höchstens jedoch **825 Euro** von der **tariflichen Einkommensteuer** abgezogen werden. Um die maximale Ermäßigung der tariflichen Einkommensteuer (825 Euro) zu erzielen, muss der Steuerpflichtige Ausgaben/Zuwendungen in Höhe von 1.650 Euro tätigen.

BEISPIEL

Die **ledige** Steuerpflichtige Melanie Huber, Bonn, spendete im VZ 2020 einer **politischen Partei** **1.500 €** (= Ausgabe/Zuwendung).

Ihre **Einkommensteuerschuld** vermindert sich nach § 34g Satz 2 um **750 €** (50 % von 1.500 € = 750 €). Die Zuwendung (1.500 €) übersteigt nicht den Zuwendungshöchstbetrag von **1.650 Euro**, sodass ein **Sonderausgabenabzug nicht** in Betracht kommt (§ 10b Abs. 2).

Im Fall der **Zusammenveranlagung** von Ehegatten verdoppeln sich die Beträge, d.h., die Steuerpflichtigen können ihre tarifliche Einkommensteuer um **1.650 Euro** vermindern, wenn ihr Ausgaben-/Zuwendungsvolumen **3.300 Euro** beträgt.

BEISPIEL

Die **Eheleute** Mischke, Berlin, die **zusammen** zur Einkommensteuer **veranlagt** werden, spendeten im VZ 2020 einer **politischen Partei 3.000 €** (= Ausgabe/Zuwendung).

Ihre **Einkommensteuerschuld** vermindert sich nach § 34g Satz 2 um **1.500 €** (50 % von 3.000 € = 1.500 €). Die Zuwendung (3.000 €) übersteigt nicht den Zuwendungshöchstbetrag von **3.300 Euro**, sodass ein **Sonderausgabenabzug nicht** in Betracht kommt (§ 10b Abs. 2).

> **MERKE →** Um die Höchstbeträge von **825 Euro** bzw. **1.650 Euro** von der tariflichen Einkommensteuer absetzen zu können, muss das **Doppelte** gespendet werden, d.h. bei Einzelveranlagung **1.650 Euro** und bei zusammen veranlagten Ehegatten **3.300 Euro**.

 Der Abzug von der **tariflichen** Einkommensteuer erfolgt im Schema zur Ermittlung der **festzusetzenden** Einkommensteuer im Abschnitt 16.1, S. 345.

14.2 Sonderausgaben 271

Soweit die Zuwendungen an politische Parteien i.S.d. §10b Abs. 2 i.V.m. §34g **Nr. 1 1.650 Euro**, im Falle der Zusammenveranlagung von Ehegatten **3.300 Euro** übersteigen, sind sie **als Sonderausgaben bis** zu **1.650 Euro/3.300 Euro** nach §10b Abs. 2 **Satz 1** abzugsfähig.

In diesen Fällen werden die abzugsfähigen Zuwendungen (§10b Abs. 2) und die Steuerermäßigung (§34g **Nr. 1**) an **politische Parteien** nach folgendem **Berechnungsschema** ermittelt.

Zeile		Sonderaus-gaben €	Steuer-ermäßi-gung €
1	Spenden und Mitgliedsbeiträge an **politische Parteien** i.S.d. § 10b Abs. 2 i.V.m. § 34g **Nr. 1**	....	
2	– Ausgaben für Steuerermäßigung nach § 10b Abs. 2, höchstens 1.650 Euro/3.300 Euro	–.........	
3	Steuerermäßigung bei Zuwendungen an **politische Parteien** nach § 34g **Satz 2**, 50 % der Ausgaben, höchstens 825/1.650 Euro		....
4	= abzugsfähige Sonderausgaben/Steuerermäßigung	....	....

BEISPIEL

Die **ledige** Steuerpflichtige Karin Bollmann, Köln, spendete im VZ 2020 einer **politischen Partei 2.000 €.**

Die **abzugsfähigen Zuwendungen an politische Parteien** und die **Steuerermäßigung** werden wie folgt berechnet:

Zeile		Sonder-ausgaben €	Steuer-ermäßi-gung €
1	Spenden und Mitgliedsbeiträge an **politische Parteien** i.S.d. § 10b Abs. 2 i.V.m. § 34g **Nr. 1**	2.000	
2	– Ausgaben für Steuerermäßigung nach § 10b Abs. 2, höchstens 1.650 Euro/3.300 Euro	– 1.650	
3	Steuerermäßigung bei Zuwendungen an **politische Parteien** nach § 34g **Satz 2**, 50 % von 2.000 € = 1.000 €, höchstens 825 €		825
4	= abzugsfähige Sonderausgaben/Steuerermäßigung	350	825

Wie für Zuwendungen an politische Parteien (§ 34g **Nr. 1**) wird nach § 34g **Nr. 2** auch für Zuwendungen und Mitgliedsbeiträge an **unabhängige Wählervereinigungen**, die bestimmte Voraussetzungen erfüllen, eine **Tarifermäßigung** von 50 % der Ausgaben, höchstens **825 Euro** bzw. **1.650 Euro** im Falle der Zusammenveranlagung von Ehegatten, gewährt.

Ein **Sonderausgabenabzug** nach § 10b Abs. 2 ist **nicht** möglich [H 34g (Zuwendungen an unabhängige Wählervereinigungen) EStH].

BEISPIEL

Die Eheleute Müller, Bonn, die **zusammen** zur Einkommensteuer **veranlagt** werden, spendeten im VZ 2020 an eine **unabhängige Wählervereinigung** i.S.d. § 34g **Nr. 2** 7.000 €.

Die **Tarifermäßigung** nach § 34g **Nr. 2** wird für die Eheleute wie folgt ermittelt:

Zeile		Sonderausgaben €	Steuerermäßigung €
1	Spenden und Mitgliedsbeiträge an **unabhängige Wählervereinigung** i.S.d. § 34g **Nr. 2**	7.000	
2	− Ausgaben für Steuerermäßigung nach § 10b Abs. 2, höchstens 1.650 Euro/3.300 Euro	− 0	
3	Steuerermäßigung bei Zuwendungen an **unabhängige Wählervereinigung** nach § 34g **Satz 2**, 50 % von 7.000 € = 3.500 €, höchstens 1.650 Euro		1.650
4	= abzugsfähige Sonderausgaben/Steuerermäßigung	0	1.650

1. Wiederholungsfragen 14 und 15 (Seite 286),
2. Fälle 13 bis 18 (Seite 289 f.)

Arbeitshilfen zur Berechnung der abzugsfähigen Zuwendungen finden Sie auf der Verlags-Homepage zur Steuerlehre 2 als „Online Plus".

14.2.4 Vorsorgeaufwendungen

Zu den **Vorsorgeaufwendungen gehören** nach § 10 Abs. 1 **Nr. 2**, **Nrn. 3** und **3a**

1. die **Altersvorsorgeaufwendungen** i.S.d. § 10 Abs. 1 **Nr. 2** und
2. die **sonstigen Vorsorgeaufwendungen** i.S.d. § 10 Abs. 1 **Nr. 3** und **Nr. 3a**.

Für den Sonderausgabenabzug der Beiträge zu den verschiedenen Versorgungssystemen sieht das EStG unterschiedliche Abzugsbeträge vor.

Neben den Vorsorgeaufwendungen gehört zur **Altersvorsorge** noch die **Zusatzversorgung** (Altersvorsorgebeiträge i.S.d. **§ 10a**, betriebliche Altersvorsorge).

Einzelheiten zu den zusätzlichen **Altersvorsorgebeiträgen** i.S.d. § 10a erfolgen im Abschnitt 14.2.6, Seiten 283 ff.

Vorsorgeaufwendungen sind in das Formular „**Anlage Vorsorgeaufwand**" einzutragen.

14.2 Sonderausgaben | **273**

14.2.4.1 Altersvorsorgeaufwendungen im Sinne des § 10 Abs. 1 Nr. 2 EStG

Zu den **Altersvorsorgeaufwendungen** i.S.d. § 10 Abs. 1 **Nr. 2** Buchstaben **a** und **b**, die der sog. **Grundversorgung** zuzurechnen sind, gehören

a) Beiträge zu **gesetzlichen Rentenversicherungen** (AN-Anteil + AG-Anteil),
Beiträge zu **landwirtschaftlichen Alterskassen** sowie
Beiträge zu **berufsständischen Versorgungseinrichtungen**, die den
gesetzlichen Rentenversicherungen vergleichbare Leistungen erbringen,

b) Beiträge zu **privaten kapitalgedeckten Leibrentenversicherungen**
(sog. Rürup-Beiträge).

Begünstigte Beiträge

Zu den berücksichtigungsfähigen Beiträgen zu den **gesetzlichen Rentenversicherungen** gehören bei den Arbeitnehmern, die in der gesetzlichen Rentenversicherung versichert sind, nicht nur die **Arbeitnehmer-Beiträge**, sondern auch die **Arbeitgeber-Beiträge**.
Nach § 10 Abs. 1 Nr. 2 **Satz 6** gehört zu den begünstigten Beiträgen der nach § 3 Nr. 62 **steuerfreie Arbeitgeberanteil zur gesetzlichen Rentenversicherung** und ein diesem **gleichgestellter** steuerfreier Zuschuss des Arbeitgebers.

Beiträge zum Aufbau einer **kapitalgedeckten Altersversorgung** (Rürup-Beiträge) sind nur begünstigt, wenn der Vertrag die Zahlung einer monatlichen auf das Leben des Steuerpflichtigen bezogene Leibrente (**private kapitalgedeckte Leibrentenversicherung**) ab dem **60. Lebensjahr** vorsieht und die Ansprüche **nicht vererblich**, **nicht übertragbar**, **nicht beleihbar**, **nicht veräußerbar** und **nicht kapitalisierbar** sind.

Bei Verträgen, die **nach dem 31.12.2011** abgeschlossen werden, ist die Vollendung des **62. Lebensjahres** maßgebend (§ 10 Abs. 1 Nr. 2 Buchstabe b) Doppelbuchstabe aa)).

Zulässig ist eine ergänzende Absicherung für den Fall der **Berufsunfähigkeit** oder der verminderten **Erwerbsunfähigkeit** und die ergänzende Absicherung von **Hinterbliebenen**. Voraussetzung ist, dass die Beiträge dem Aufbau einer **eigenen** Altersversorgung dienen (§ 10 Abs. 1 Nr. 2b).

Nicht begünstigt sind Beiträge, die Eltern zum Aufbau einer Altersversorgung für ihre Kinder erbringen.

14.2.4.2 Höchstbetragsberechnung für Altersvorsorgeaufwendungen

Personenkreis A

Zum **Personenkreis A** gehören **Arbeiter**, **Angestellte** und **Selbständige**.

Altersvorsorgeaufwendungen i.S.d. § 10 Abs. 1 **Nr. 2** können nach § 10 **Abs. 3** nur bis zu bestimmten **Höchstbeträgen** abgezogen werden.

Altersvorsorgeaufwendungen i.S.d. § 10 Abs. 1 **Nr. 2** dürfen seit 2015 bis zum Höchstbetrag zur knappschaftlichen Rentenversicherung berücksichtigt werden. Der Höchstbetrag liegt 2020 bei **25.046 Euro (2021 25.787 Euro)**. Bei zusammen veranlagten Ehegatten **verdoppelt** sich der Höchstbetrag auf **50.092 Euro (2021: 51.574 Euro)** (§ 10 Abs. 3 Satz 1 und Satz 2).

A. Einkommensteuer

Als **Altersvorsorgeaufwendungen** sind entweder die **tatsächlichen Altersvorsorgeaufwendungen** oder der **gekürzte Höchstbetrag** zu berücksichtigen. Der jeweils niedrigere Betrag ist maßgeblich. Von diesem niedrigeren Betrag sind im Kalenderjahr 2020 lediglich **90 %** (2021: 92 %) anzusetzen.
Dieser Prozentsatz steigt jährlich um 2 % an. Im Kalenderjahr 2025 sind dann 100 % anzusetzen (§ 10 Abs. 3 Satz 6).
Von dem **anzusetzenden** Betrag ist noch der nach § 3 Nr. 62 steuerfreie Arbeitgeberanteil zur gesetzlichen Rentenversicherung **abzuziehen** (§ 10 Abs. 3 Satz 5). Der danach verbleibende Betrag ist als **Sonderausgabe** abziehbar.

BEISPIEL

Der verheiratete **Angestellte** A, dessen Ehefrau nicht berufstätig ist, hat im VZ 2020 einen Arbeitnehmeranteil zur gesetzlichen Rentenversicherung in Höhe von 4.000 € entrichtet. Dazu hat er einen steuerfreien Arbeitgeberanteil in der gleichen Höhe erhalten.
Daneben hat er zusätzlich 3.000 € in eine private kapitalgedeckte Leibrentenversicherung i. S. d. § 10 Abs. 1 Nr. 2b eingezahlt.

Die **abzugsfähigen Sonderausgaben** werden für den Steuerpflichtigen A (**Personenkreis A**) im VZ 2020 wie folgt ermittelt:

Zeile	Altersvorsorgeaufwendungen i. S. d. § 10 Abs. 1 Nr. 2	€	€
1	Arbeitnehmeranteil zur allgemeinen RV	4.000	
2	steuerfreier Arbeitgeberanteil zur allgemeinen RV	4.000	
3	Beiträge zu landwirtschaftlichen Alterskassen	0	
4	Beiträge zu berufsständischen Versorgungseinrichtungen	0	
5	Beiträge zur kapitalgedeckten Altersversorgung	3.000	
6	zu berücksichtigende Altersvorsorgeaufwendungen	11.000	
7	Höchstbetrag (25.046 Euro/50.092 Euro)	50.092	
8	der niedrigere Betrag der Zeile 6 oder der Zeile 7 ist anzusetzen		
9	in 2020 sind 90 % des niedrigeren Betrages anzusetzen (90% von 11.000 €)	11.000	9.900
10	abzüglich steuerfreier Arbeitgeberanteil nach § 3 Nr. 62		- 4.000
11	**abzugsfähige Sonderausgaben nach § 10 Abs. 3**		**5.900**

Die Eheleute haben in den Zeilen 4, 8 und 9 der „**Anlage Vorsorgeaufwand**" für den VZ 2020 folgende Angaben zu machen:

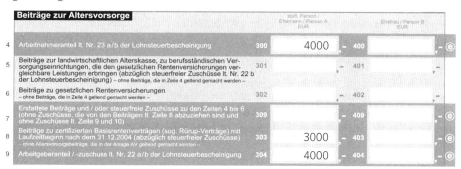

 Arbeitshilfen zur Berechnung der Altersvorsorgeaufwendungen finden Sie auf der Verlags-Homepage zur Steuerlehre 2 als „Online Plus".

14.2 Sonderausgaben

Personenkreis B

Zum **Personenkreis B** gehören **Beamte** und **Abgeordnete**.

Der jeweilige **Höchstbetrag** (25.046 Euro/50.092 Euro, 2021: 25.787 Euro/51.574 Euro) ist bei Steuerpflichtigen, die zum Personenkreis des § 10c Abs. 3 Nr. 1 und Nr. 2 gehören (Beamte) oder Einkünfte i.S.d. § 22 Nr. 4 erzielen (Abgeordnete), um einen **fiktiven Gesamtrentenversicherungsbeitrag zu kürzen** (§ 10 Abs. 3 Satz 3).

Der **fiktive Gesamtrentenversicherungsbeitrag** wird unter Zugrundelegung des jeweils zu **Beginn** des Kalenderjahres gültigen Beitragssatzes zur allgemeinen Rentenversicherung (RV) ermittelt (2020: **18,6 %** des Arbeitslohns, höchstens 18,6 % der Jahresbeitragsbemessungsgrenze (Ost) in der allgemeinen Rentenversicherung von **77.400 Euro (2021: 80.400 Euro)**. Aus Vereinfachungsgründen ist einheitlich auf die Beitragsbemessungsgrenze (**Ost**) abzustellen (BMF-Schreiben vom 19.08.2013, BStBl I S. 1087, 10.01.2014, BStBl. I 2014, S. 70, BMF-Schreiben vom 24.05.2017 Rz 63, BStBl I 2017, S. 820).

BEISPIEL

Der ledige **Beamte** B, München, hat im Kalenderjahr 2020 aus seinem Dienstverhältnis 63.900 € erzielt. Er zahlte 3.000 € in eine private kapitalgedeckte Leibrentenversicherung i.S.d. § 10 Abs. 1 Nr. 2 Buchstabe b EStG ein.

Die **abzugsfähigen Sonderausgaben** werden für den Steuerpflichtigen B (**Personenkreis B**) im VZ 2020 wie folgt ermittelt:

Zeile	Altersvorsorgeaufwendungen i.S.d. § 10 Abs. 1 Nr. 2	€	€
1	Beiträge zu privaten kapitalgedeckten Leibrentenversicherungen	3.000	
2	zu berücksichtigende Altersvorsorgeaufwendungen	3.000	
3	Höchstbetrag (25.046 Euro/50.092 Euro)	25.046	
4	abzüglich fiktivem Gesamtrentenversicherungsbeitrag (18,6 % vom Bruttoarbeitslohn (18,6 % von 63.900 € = 11.885), höchstens 18,6 % der Jahresbeitragsbemessungsgrenze (Ost) in der allgemeinen RV in Höhe von 77.400 € (14.396 €)	- 11.885	
5	gekürzter Höchstbetrag	13.161	
6	der niedrigere Betrag der Zeile 2 oder der Zeile 5 ist anzusetzen	3.000	
7	in 2020 sind **90 %** des niedrigeren Betrages anzusetzen (90 % von 3.000 €)		2.700
8	**abzugsfähige Sonderausgaben nach § 10 Abs. 3**		**2.700**

Der Beamte B hat in der Zeile 8 der „**Anlage Vorsorgeaufwand**" für den VZ 2020 folgende Angaben zu machen:

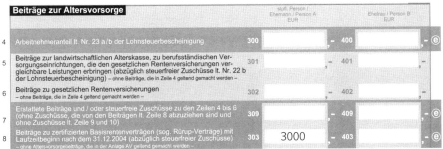

Arbeitshilfen zur Berechnung der Altersvorsorgeaufwendungen finden Sie auf der Verlags-Homepage zur Steuerlehre 2 als „Online Plus".

Höchstbetragsberechnung
für Altersvorsorgeaufwendungen nach § 10 **Abs. 3**

Für den **Personenkreis A** (Arbeiter, Angestellte, Selbständige):

Zeile	Altersvorsorgeaufwendungen i.S.d. § 10 Abs. 1 Nr. 2	€	€
1	Arbeitnehmeranteil zur allgemeinen Rentenversicherung	....	
2	steuerfreier Arbeitgeberanteil zur allgemeinen Rentenversicherung	....	
3	Beiträge zu landwirtschaftlichen Alterskassen	....	
4	Beiträge zu berufsständischen Versorgungseinrichtungen	....	
5	Beiträge zur kapitalgedeckten Altersversorgung	....	
6	zu berücksichtigende Altersvorsorgeaufwendungen	....	
7	Höchstbetrag (25.046 Euro/50.092 Euro)	....	
8	der niedrigere Betrag der Zeile 6 oder der Zeile 7 ist anzusetzen	....	
9	in 2020 sind **90 %** des niedrigeren Betrages anzusetzen		....
10	abzüglich steuerfreier Arbeitgeberanteil nach § 3 Nr. 62		- ....
11	**abzugsfähige Sonderausgaben nach § 10 Abs. 3**		....

Für den **Personenkreis B** (Beamte, Abgeordnete):

Zeile	Altersvorsorgeaufwendungen i.S.d. § 10 Abs. 1 Nr. 2	€	€
1	Beiträge zu privaten kapitalgedeckten Leibrentenversicherungen	....	
2	zu berücksichtigende Altersvorsorgeaufwendungen	....	
3	Höchstbetrag (25.046 Euro/50.092 Euro)	....	
4	abzüglich fiktivem Gesamtrentenversicherungsbeitrag (**18,6 %** vom Bruttoarbeitslohn, höchstens 18,6 % der Jahresbeitragsbemessungsgrenze (Ost) in der allgemeinen RV (2020: **77.400 €**)	-	
5	gekürzter Höchstbetrag	....	
6	der niedrigere Betrag der Zeile 2 oder der Zeile 5 ist anzusetzen	....	
7	in 2020 sind **90 %** des niedrigeren Betrages anzusetzen		....
8	**abzugsfähige Sonderausgaben nach § 10 Abs. 3**		....

ÜBUNG → 1. Wiederholungsfragen 16 bis 18 (Seite 287),
2. Fälle 19 bis 23 (Seiten 290 f.)

14.2 Sonderausgaben 277

14.2.4.3 Sonstige Vorsorgeaufwendungen im Sinne der §§ 10 Abs. 1 Nr. 3 und 3a EStG

Maßgebend für die sonstigen Vorsorgeaufwendungen ist der Aufwand, der für eine **Absicherung auf Sozialhilfeniveau** erforderlich ist (**Basisabsicherung**).

Zu den **sonstigen Vorsorgeaufwendungen** i.S.d. § 10 Abs. 1 **Nr. 3 und 3a** gehören:

1. die **Krankenversicherungsbeiträge** (§ 10 Abs. 1 **Nr. 3** Buchstabe a)),
2. die **Pflegeversicherungsbeiträge** (§ 10 Abs. 1 **Nr. 3** Buchstabe b) und
3. **weitere sonstige Vorsorgeaufwendungen** (§ 10 Abs. 1 **Nr. 3a**).

14.2.4.3.1 Kranken- und Pflegeversicherungsbeiträge nach § 10 Abs. 1 Nr. 3 EStG

Die Beiträge für eine **Krankenversicherung** (§ 10 Abs. 1 Nr. 3 Buchstabe a)) sowie die Beiträge für die gesetzliche **Pflegeversicherung** (§ 10 Abs. 1 Nr. 3 Buchstabe b)) sind **in voller Höhe** – ohne Höchstbetragsbegrenzung – als Sonderausgaben **abziehbar** (§ 10 Abs. 4 Satz 4).

Allerdings werden die Beiträge zu Krankenversicherungen nur insoweit begünstigt, als sie zur Erlangung eines sozialhilfegleichen Leistungsniveaus erforderlich sind. Dies entspricht bei **gesetzlich** Krankenversicherten grundsätzlich den **geleisteten Beiträgen**. Diese sind jedoch um **4 % zu kürzen**, wenn der Versicherte Anspruch auf **Krankengeld** (Regelfall in der gesetzlichen Krankenversicherung) oder eine vergleichbare Leistung hat (§ 10 Abs. 1 Nr. 3 Buchstabe a) Satz 4).

BEISPIEL

Der ledige Arbeitnehmer Michael Pritzer, 25 Jahre, keine Kinder, Bonn, Bruttojahresarbeitslohn 43.200 €, wendete in 2020 3.392 € für seine gesetzliche Krankenversicherung und 767 € für seine gesetzliche Pflegeversicherung auf. Der Versicherte hat Anspruch auf Krankengeld.

Von den sonstigen Vorsorgeaufwendungen in Höhe von 4.159 € (3.392 € + 767 €) kann Herr Pritzer in 2020 folgende Vorsorgeaufwendungen als Sonderausgaben abziehen.

1	Beiträge für die gesetzliche Krankenversicherung	3.392 €
2	- 4 %-Kürzung für Anspruch auf Krankengeld (4 % von 3.392 €)	- 135 €
3	verbleiben (96 % von 3.392 €)	3.257 €
4	+ Beiträge für die gesetzliche Pflegeversicherung	767 €
5	= abzugsfähige Sonderausgaben (Basisabsicherung)	**4.024 €**

Herr Pritzer hat in der „**Anlage Vorsorgeaufwand**" in den Zeilen 11 und 13 folgende Beträge einzutragen:

	Beiträge zur inländischen gesetzlichen Kranken- und Pflegeversicherung				
11	Arbeitnehmerbeiträge zu Krankenversicherungen lt. Nr. 25 der Lohnsteuerbescheinigung	320	3392	420	⊖
12	In Zeile 11 enthaltene Beiträge, aus denen sich kein Anspruch auf Krankengeld ergibt	322		422	
13	Arbeitnehmerbeiträge zu sozialen Pflegeversicherungen lt. Nr. 26 der Lohnsteuerbescheinigung	323	767	423	⊖

Die **4 %-Kürzung** für den Anspruch auf Krankengeld wird **vom Finanzamt von Amts wegen vorgenommen**.

A. Einkommensteuer

Beiträge oder Beitragsteile für eine darüber hinausgehende Kranken- oder Pflege-versicherung, sog. **Komfort- oder Mehrleistungen** (z.B. Chefarztbehandlung, Einbett-zimmer im Krankenhaus) sowie Beitragsteile zur Finanzierung eines **Krankengeldes** gehören **nicht** dazu.

BEISPIEL

Der ledige Arbeitnehmer Martin Fabel, Berlin, leistet für seine gesetzliche Krankenversicherung 2.840 €. Außerdem hat er eine Krankenzusatzversicherung (Wahlleistungen) abgeschlossen, die jährlich 300 € kostet. Für seine gesetzliche Pflegeversicherung zahlt er 385 €. Der Versicherte hat Anspruch auf Krankengeld aus der Krankenversicherung.

Von den sonstigen Vorsorgeaufwendungen in Höhe von 3.525 € (2.840 € + 300 € + 385 €) kann Herr Fabel in 2020 folgende Vorsorgeaufwendungen als Sonderausgaben abziehen:

1	Beiträge für die gesetzliche Krankenversicherung	2.840 €
2	− 4 %-Kürzung für Anspruch auf Krankengeld (4 % von 2.840 €)	**− 113 €**
3	verbleiben (96 % von 2.840 €)	2.727 €
4	+ Beiträge für die gesetzliche Pflegeversicherung	385 €
5	= abzugsfähige Sonderausgaben (§ 10 Abs. 1 Nr. 3)	**3.112 €**

Die Beiträge für die Krankenhauszusatzversicherung in Höhe von 300 € können grundsätzlich als Sonderausgaben nach § 10 Abs. 1 Nr. 3a berücksichtigt werden. Sie werden sich allerdings steuerlich nicht auswirken, da der Höchstbetrag (1.900 €) nach § 10 Abs. 4 bereits überschritten ist.

Herr Fabel hat in der „**Anlage Vorsorgeaufwand**" in den Zeilen 11, 13 und 22 folgende Beträge einzutragen:

Beiträge zur inländischen gesetzlichen Kranken- und Pflegeversicherung

11	Arbeitnehmerbeiträge zu Krankenversicherungen lt. Nr. 25 der Lohnsteuer-bescheinigung	320	2840	420	– ⓔ
12	In Zeile 11 enthaltene Beiträge, aus denen sich kein Anspruch auf Krankengeld ergibt	322		422	
13	Arbeitnehmerbeiträge zu sozialen Pflegeversicherungen lt. Nr. 26 der Lohn-steuerbescheinigung	323	385	423	– ⓔ
14	Zu den Zeilen 11 bis 13: Von der Kranken- und / oder sozialen Pflegeversicherung erstattete Beiträge	324		424	– ⓔ
15	In Zeile 14 enthaltene Beiträge zur Krankenversicherung, aus denen sich kein Anspruch auf Krankengeld ergibt, und zur sozialen Pflegeversicherung	325		425	– ⓔ
16	Beiträge zu Krankenversicherungen – ohne Beiträge, die in Zeile 11 geltend gemacht werden – (z. B. bei Rentnern, bei freiwillig gesetzlich versicherten Selbstzahlern)	326		426	– ⓔ
17	In Zeile 16 enthaltene Beiträge zur Krankenversicherung, aus denen sich ein Anspruch auf Krankengeld ergibt	328		428	
18	Beiträge zu sozialen Pflegeversicherungen – ohne Beiträge, die in Zeile 13 geltend gemacht werden – (z. B. bei Rentnern, bei freiwillig gesetzlich versicherten Selbstzahlern)	329		429	– ⓔ
19	Zu den Zeilen 16 bis 18: Von der Kranken- und / oder sozialen Pflegeversicherung erstattete Beiträge	330		430	– ⓔ
20	In Zeile 19 enthaltene Beiträge zur Krankenversicherung, aus denen sich ein Anspruch auf Krankengeld ergibt	331		431	
21	Zuschuss zu den Beiträgen lt. Zeile 16 und / oder 18 – ohne Beträge lt. Zeile 37 und 39 – (z. B. von der Deutschen Rentenversicherung)	332		432	– ⓔ
22	Über die Basisabsicherung hinausgehende Beiträge zu Krankenversiche-rungen (z. B. für Wahlleistungen, Zusatzversicherungen) abzüglich erstatteter Beiträge	338	300	438	–

Bei **privaten** Krankenversicherten bildet der Leistungskatalog für den sog. **Basistarif** i. S. d. § 12 des Versicherungsaufsichtsgesetzes den Maßstab für das Vorsorge-Existenzminimum (§ 10 Abs. 1 Nr. 3 Buchstabe a) Satz 3).

14.2 Sonderausgaben

Neben den Beiträgen des Steuerpflichtigen für seine **eigene** Basisabsicherung sind auch die vom Steuerpflichtigen getragenen Beiträge für eine Absicherung des nicht dauernd getrennt lebenden **Ehegatten** oder **Partners** i.S.d. Partnerschaftsgesetzes und für **Kinder**, für die ein Anspruch auf einen Freibetrag nach § 32 Abs. 6 oder auf Kindergeld besteht, in voller Höhe als Sonderausgaben abziehbar.

Die Abziehbarkeit der Beiträge des Kindes bei den Eltern besteht **unabhängig** von eigenen Einkünften oder Bezügen **des Kindes**, wenn die Eltern die Beiträge des Kindes in Form von **Bar- oder Sachunterhalt wirtschaftlich getragen** haben (§ 10 Abs. 1 Nr. 3 Satz 2, siehe auch Beispiel Seite 257).

BEISPIEL

Die Eheleute Achim und Ulrike Beckmann, Mainz, werden zusammen zur Einkommensteuer veranlagt. Achim Beckmann ist als selbständiger Steuerberater tätig, Ulrike Beckmann ist als Angestellte beschäftigt, die Anspruch auf einen steuerfreien Arbeitgeberanteil zur gesetzlichen Krankenversicherung hat. Mit dem Beitrag zur Krankenversicherung ist die Lohnfortzahlung im Krankheitsfall abgesichert. Die Beiträge werden von jedem Ehegatten selbst getragen.

Im VZ 2020 weisen sie folgende Aufwendungen nach, die sie als sonstige Vorsorgeaufwendungen geltend machen wollen:

Der Ehemann leistete in 2020 folgende Beiträge:

- Beiträge für die private Basis-Krankenversicherung	4.500 €
- Beiträge für die private Pflegeversicherung	500 €

Die Ehefrau leistete in 2020 folgende Beiträge:

- Beiträge für die gesetzliche Krankenversicherung (ohne Komfortleistungen)	3.280 €
- Beiträge für die gesetzliche soziale Pflegeversicherung	490 €
- Beiträge für die gesetzliche Arbeitslosenversicherung	600 €

Bei zusammen veranlagten Ehegatten ist zunächst für jeden Ehegatten nach dessen persönlichen Verhältnissen der ihm zustehende **Höchstbetrag** zu bestimmen (§ 10 Abs. 4).

Übersteigen die von den Ehegatten geleisteten Beiträge für die Basisversicherung und Pflegeversicherung in der Summe den gemeinsamen Höchstbetrag, sind diese Beiträge für die Basisabsicherung als Sonderausgaben zu berücksichtigen. Eine **betragsmäßige Deckelung** auf den gemeinsamen Höchstbetrag erfolgt in diesen Fällen **nicht** (§ 10 Abs. 4 S. 3).

Der gemeinsame Höchstbetrag § 10 Abs. 4 wird wie folgt ermittelt:	
Ehemann (finanziert seine Krankenversicherung vollständig aus eigenen Mittel)	2.800 €
Ehefrau (hat Anspruch auf teilweise Erstattung von Krankheitskosten)	1.900 €
= **gemeinsamer Höchstbetrag**	**4.700 €**

Der Mindestsatz der sonstigen Vorsorgeaufwendungen wird wie folgt ermittelt:	
Beiträge für private Basis-Krankenversicherung	4.500 €
Beiträge für private Pflegeversicherung	500 €
Beiträge für gesetzliche Krankenversicherung (96 % von 3.280)	3.149 €
Beiträge für gesetzliche soziale Pflegeversicherung	490 €
= abzugsfähige Sonderausgaben 2020	**8.639 €**

Die Eheleute Beckmann können in 2020 als Sonderausgaben **8.639 €** geltend machen.

Ein **zusätzlicher Abzug** von Beiträgen nach § 10 Abs. 1 Nr. 3a (z.B. Beiträge für die gesetzliche Arbeitslosenversicherung) ist daneben **nicht mehr möglich** (§ 10 Abs. 4 Satz 4).

14.2.4.3.2 Weitere sonstige Vorsorgeaufwendungen nach § 10 Abs. 1 Nr. 3a EStG

Zu den **weiteren sonstigen Vorsorgeaufwendungen** i.S.d. § 10 Abs. 1 **Nr. 3a** gehören:

- Beiträge zu gesetzlichen oder privaten Kranken- und Pflegeversicherungen, soweit diese auf Leistungen entfallen, die über die Basisversicherung hinausgehen (z.B. Komfortleistungen),
- Beiträge zur Arbeitslosenversicherung,
- Beiträge zu Erwerbs- und Berufsunfähigkeitsversicherungen,
- Beiträge zu Unfallversicherungen,
- Beiträge zu Haftpflichtversicherungen (z.B. Kfz-Haftpflichtversicherung),
- Beiträge zu Risikoversicherungen, die nur für den Todesfall eine Leistung vorsehen.
- Beiträge zu Kapitalversicherungen gegen laufende Beitragsleistungen mit Sparanteil, wenn der Vertrag für die Dauer von mindestens zwölf Jahren abgeschlossen worden ist.
  Voraussetzung ist, dass die Laufzeit der entsprechenden Verträge vor dem 01.01.2005 begonnen hat und ein Versicherungsbeitrag bis zum 31.12.2004 entrichtet ist (Altverträge). Diese Beiträge werden mit 88 % weiter anerkannt.

Ein **Abzug** dieser Beträge als Sonderausgaben kommt **nur insoweit** in Betracht, als die Beiträge zur Basiskrankenversicherung und zur Pflegeversicherung die in § 10 Abs. 4 genannten **Höchstbeträge** von **2.800 Euro** bzw. **1.900 Euro** nicht voll ausschöpfen.

Der Höchstbetrag von **2.800 Euro** gilt z.B. bei Steuerpflichtigen, die Aufwendungen für ihre Krankenversicherung und Krankheitskosten **vollständig aus eigenen** (versteuerten) **Einnahmen** tragen, insbesondere für **Selbständige**.

Für Steuerpflichtige, die ganz oder teilweise **ohne Aufwendungen** einen Anspruch auf vollständige oder teilweise Erstattung oder Übernahme von Krankheitskosten (Beihilfe) haben oder für deren Krankenversicherung Leistungen i.S.d. § 3 Nr. 62 oder § 3 Nr.14 erbracht werden (Arbeitgeberanteil zur Krankenversicherung), beträgt der Höchstbetrag **1.900 Euro**.

Der Höchstbetrag von **1.900 Euro** gilt z.B. für

- **Rentner**, die aus der gesetzlichen Rentenversicherung nach § 3 Nr. 14 steuerfreie Zuschüsse zu den Krankenversicherungsbeiträgen erhalten,
- **sozialversicherungspflichtige Arbeitnehmer**, für die der Arbeitgeber nach § 3 Nr. 62 steuerfreie Beiträge zur Krankenversicherung leistet,
- **Besoldungsempfänger** oder gleichgestellte Personen, die von ihrem Arbeitgeber nach § 3 Nr. 11 steuerfreie Beihilfen zu Krankheitskosten erhalten,
- **Versorgungsempfänger** im öffentlichen Dienst mit Beihilfeanspruch oder gleichgestellte Personen,
- in der gesetzlichen Krankenversicherung ohne eigene Beiträge **familienversicherte Angehörige**.

Die als **Sonderausgaben** zu berücksichtigenden Aufwendungen sind **in § 10 abschließend aufgezählt**.

14.2 Sonderausgaben

Nicht benannte Aufwendungen können nicht als Sonderausgaben abgezogen werden. Hierzu zählen z.B. Beiträge für eine **Hausratversicherung**, **Kaskoversicherung**, **Rechtsschutzversicherung**, **Sachversicherung** [H 10.5 (Keine Sonderausgaben) EStH].

Übersteigen die Beträge zur **Basiskrankenversicherung** und zur **Pflegeversicherung** bereits den maßgeblichen **Höchstbetrag**, ist ein **Abzug der weiteren sonstigen Vorsorgeaufwendungen nicht mehr möglich** (§ 10 Abs. 4 Satz 4).

BEISPIEL 1

Der ledige selbständige Rechtsanwalt Reinhard Klein, Aachen, zahlt in 2020 an eine private Krankenversicherung Beiträge in Höhe von 2.600 €, davon entfallen 260 € auf Komfortleistungen. Außerdem wendet er 200 € an Beiträgen für eine Pflegeversicherung und 300 € an Beiträgen für Unfall-, Haftpflicht- und Erwerbsunfähigkeitsversicherungen auf.

Herr Klein kann in 2020 folgende Vorsorgeaufwendungen als Sonderausgaben abziehen:

1	Krankenversicherungsbeiträge, einschließlich Komfortleistungen	2.600 €
2	Pflegeversicherungsbeiträge	200 €
3	weitere sonstige Vorsorgeaufwendungen	300 €
4	Summe	3.100 €
5	Höchstbetrag	2.800 €
6	mind. abziehbar Zeile 1 + 2 − Komfortleistung KV (2.600 € − 260 € + 200 €)	2.540 €
7	der höhere Betrag der Zeile 5 oder 6 ist als SA abziehbar	**2.800 €**

Herr Klein hat mit seinen KV- u. PV-Basisbeiträgen in Höhe von 2.540 € den Höchstbetrag von 2.800 € noch **nicht** überschritten.

BEISPIEL 2

Sachverhalt wie im Beispiel 1 nur mit dem Unterschied, dass Herr Klein für die private Krankenversicherung Beiträge in Höhe von 4.500 € zahlt, davon entfallen 450 € auf Komfortleistungen.

Herr Klein kann in 2020 folgende Vorsorgeaufwendungen als Sonderausgaben abziehen:

1	Krankenversicherungsbeiträge, einschließlich Komfortleistungen	4.500 €
2	Pflegeversicherungsbeiträge	200 €
3	weitere sonstige Vorsorgeaufwendungen	300 €
4	Summe	5.000 €
5	Höchstbetrag	2.800 €
6	mind. abziehbar Zeile 1 + 2 − Komfortleistung KV (4.500 € − 450 € + 200 €)	4.250 €
7	der höhere Betrag der Zeile 5 oder 6 ist als SA abziehbar	**4.250 €**

Herr Klein hat bereits mit seinen KV- u. PV-Basisbeiträgen in Höhe von 4.250 € den Höchstbetrag von 2.800 € **überschritten**.

14.2.4.3.3 Günstigerprüfung nach § 10 Abs. 4a EStG

Die Regelungen zum **Abzug von Vorsorgeaufwendungen** nach § 10 Abs. 1 Nr. 2, Nr. 3 und Nr. **3a** sind **in bestimmten Fällen ungünstiger** als nach der für das Kalenderjahr **2004** geltenden Fassung des § 10 Abs. 3.

Zur **Vermeidung einer Schlechterstellung** wurde in diesen Fällen **bis 2019** der **höhere Betrag** zwischen altem und neuem Recht berücksichtigt (**Günstigerprüfung**).

Die **Überprüfung** erfolgte **von Amts wegen letztmalig** für den **VZ 2019**.

Die **Höchstbeträge** für den Vorwegabzug ergaben sich aus der **Tabelle** zu § 10 Abs. **4a**.

> **ÜBUNG →** 1. Wiederholungsfragen 19 bis 21 (Seite 287),
> 2. Fälle 24 bis 27 (Seiten 291 f.)

14.2.5 Sonderausgaben-Pauschbetrag

Wenn der Steuerpflichtige bzw. die zusammen veranlagten Ehegatten **keine höheren** übrigen Sonderausgaben nachweisen, wird **mindestens** der **Sonderausgaben-Pauschbetrag** (§ 10c) berücksichtigt:

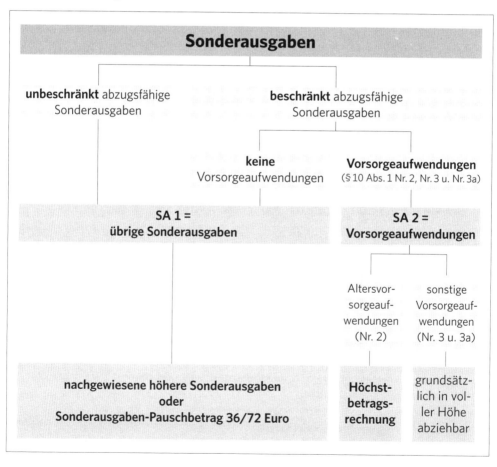

14.2 Sonderausgaben

Für die **übrigen Sonderausgaben**, die **keine** Vorsorgeaufwendungen sind = (**SA1**), wird ein **Sonderausgaben-Pauschbetrag** von **36 Euro** abgezogen, wenn der Steuerpflichtige **keine höheren** Aufwendungen **nachweist** (§ 10c Satz 1).
Im Fall der **Zusammenveranlagung** von Ehegatten erhöht sich dieser Betrag auf **72 Euro** (§ 10c **Satz 2**).

> **ÜBUNG →** 1. Wiederholungsfrage 22 (Seite 287),
> 2. Fall 28 (Seite 292)

14.2.6 Zusätzliche Altersvorsorgebeiträge im Sinne des § 10a EStG

Neben dem Sonderausgabenabzug für Vorsorgeaufwendungen im Sinne des § 10 Abs. 1 **Nr. 2, Nr. 3 und Nr. 3a** können zusätzliche Altersvorsorgebeiträge nach **§ 10a** als Sonderausgaben abgezogen werden.
Die zusätzlichen Altersvorsorgebeiträge sind jedoch nur bis zu bestimmten **Höchstbeträgen** als **Sonderausgaben** abziehbar.
Daneben sind die **§§ 79 bis 99** (Altersvorsorgezulage) zu beachten, die für zusätzliche Altersvorsorgebeiträge **Zulagen** gewähren.
Das **Finanzamt** hat nach § 10a Abs. 2 Satz 3 **von Amts wegen** zu prüfen, ob der Anspruch auf Zahlung der **Altersvorsorge-Zulagen** günstiger ist als die Inanspruchnahme des Sonderausgabenabzugs (**Günstigerprüfung**).
Kommt das Finanzamt zu dem Ergebnis, dass die Altersvorsorgebeiträge als Sonderausgaben i.S.d. § 10a zu berücksichtigen sind, wird der **Anspruch auf Zulage** der **tariflichen** Einkommensteuer hinzugerechnet (§ 10a Abs. 2 Satz 1).

Einzelheiten zur **tariflichen** Einkommensteuer erfolgen im Abschnitt 16.1 „Tarifliche und festzusetzende Einkommensteuer", Seiten 345 ff.

14.2.6.1 Begünstigter Personenkreis

Zum begünstigten Personenkreis gehören grundsätzlich alle, die von der Absenkung des Rentenniveaus oder des Pensionsniveaus betroffen sind. Das sind vor allem

- die in der inländischen **gesetzlichen Rentenversicherung Pflichtversicherten** (§ 10a Abs. 1 Satz 1),
  hierzu gehören z.B. Arbeitnehmer, Behinderte in Werkstätten, Versicherte während Kindererziehungszeiten, geringfügig Beschäftigte, die auf die Versicherungsfreiheit verzichtet haben, Bezieher von Lohnersatzleistungen und auf Antrag pflichtversicherte Selbständige,
- die aktiv tätigen **Beamten** (§ 10a Abs. 1 Satz 1 Nr. 1),
- Versicherungspflichtige nach dem Gesetz über die Altersversicherung der **Landwirte** (§ 10a Abs. 1 Satz 3 Nr. 1),
- **Arbeitslosenhilfeberechtigte**, deren Leistungen aufgrund der Anrechnung von Einkommen und Vermögen ruht (§ 10a Abs. 1 Satz 3 Nr. 2).

Ehegatten können die Begünstigung jeweils für sich in Anspruch nehmen, wenn **jeder** von ihnen pflichtversichert oder eine Person i.S.d. § 10a Abs. 1 Satz 1 ist.

A. Einkommensteuer

Gehört nur **ein** Ehegatte zum Kreis der Begünstigten, der andere nicht, hat er **keinen Anspruch auf Sonderausgabenabzug**, ist aber **zulagenberechtigt**, wenn ein auf seinen Namen lautender Altersvorsorgevertrag besteht (§ 79 Satz 2).

Nicht begünstigt sind insbesondere

- **freiwillig** in der gesetzlichen Rentenversicherung **Versicherte**,
- **Selbständige**, die in der gesetzlichen Rentenversicherung **nicht pflichtversichert** sind,
- **geringfügig Beschäftigte**, die **nicht** auf die Versicherungsfreiheit verzichtet haben,
- **Rentner und Pensionäre**,
- **Sozialhilfeempfänger**.

14.2.6.2 Altersvorsorgebeiträge

Zu den Altervorsorgebeiträgen (§ 82) gehören

- **private Altersvorsorgebeiträge** und
- Beiträge im Rahmen der **betrieblichen** Altersversorgung.

Im Folgenden werden nur einige steuerliche Aspekte der **privaten** Altersvorsorgebeiträge kurz erläutert.

Begünstigt sind nach § 82 Abs. 1 Beiträge zu den staatlich zugelassenen privaten **Altersvorsorgeverträgen**.

Die Zulassung (Zertifikation) der Altersvorsorgeverträge erfolgt durch das **Bundesamt für das Versicherungswesen**.

Die Altersvorsorgebeiträge können als Sonderausgaben nach § 10a abgezogen werden, wenn in den Zeilen 45 ff. der **Anlage Vorsorgeaufwand** die entsprechenden Angaben gemacht werden.

14.2.6.3 Höhe des Sonderausgabenabzugs

Die **Altersvorsorgebeiträge zuzüglich** der dafür nach den §§ 79 ff. zustehenden **Zulagen** können jährlich bis zu einem **Höchstbetrag** von **2.100 Euro** als Sonderausgaben abgezogen werden (§ 10a Abs. 1).

Gehört nur ein Ehegatte zu dem begünstigten Personenkreis und ist der andere Ehegatte zulageberechtigt, erhöht sich der Höchstbetrag um **60 Euro (§ 10a Abs. 3 Satz 3)**.

Zulagen und Sonderausgaben können nicht nebeneinander in Anspruch genommen werden. Das Finanzamt prüft **von Amts wegen**, ob die **Zulage** oder der **Sonderausgabenabzug** vorteilhafter ist (§ 10a Abs. 2 Satz 3).

Der Gesetzgeber geht – wie beim Kindergeld – davon aus, dass **zunächst** die **Zulage** bei allen Anspruchsberechtigten **gewährt** wird.

Ist der Anspruch der Zulage höher als der Vorteil aus dem Abzug der Altersvorsorgebeiträge als Sonderausgaben, scheidet ein Sonderausgabenabzug aus (§ 10a Abs. 2 Satz 2).

Ergibt die Günstigerprüfung, dass durch den Sonderausgabenabzug eine höhere steuerliche Förderung erfolgt als durch die Zulage, ist der Sonderausgabenabzug zu gewähren. In diesem Falle ist die tarifliche Einkommensteuer um die Zulage zu erhöhen (§ 10 Abs. 2 Satz 1).

14.2 Sonderausgaben   285

Jeder Zulageberechtigte erhält eine **Grundzulage**; diese beträgt jährlich **175 Euro** (§ 84 Satz 1). Die **Kinderzulage** beträgt für jedes Kind, für das dem Zulageberechtigten Kindergeld ausgezahlt wird, **185 Euro** (§ 85 Abs. 1 **Satz 1**).

Für ein **nach dem 31.12.2007** geborenes Kind erhöht sich die **Kinderzulage** nach § 85 Abs. 1 Satz 1 auf **300 Euro** (§ 85 Abs. 1 **Satz 2**).

Die **Kinderzulage** wird bei zusammen veranlagten Ehegatten grundsätzlich der **Mutter** zugeordnet, es sei denn, sie soll auf Antrag beider Eltern dem Vater zustehen (§ 85 Abs. 2 Satz 1).

Um die maximale Zulage zu erhalten, muss ein **Mindesteigenbeitrag** aufgewendet werden. Dieser beträgt jährlich **4 %** der im **vorangegangenen** Kalenderjahr erzielten **beitragspflichtigen Einnahmen abzüglich** der **Zulagen** nach den §§ 84 und 85 (§ 86 Abs. 1 Satz 2). Ist dieser jedoch geringer als 60 €, ist ein Sockelbetrag von jährlich mindestens 60 € zu leisten (§ 81 Abs. 1 Satz 3).

Für nach § 79 Satz 1 Zulageberechtigte, die zu Beginn des Beitragsjahres das 25. Lebensjahr noch nicht vollendet haben, erhöht sich die Zulage einmalig um 200 € (§ 84 Satz 2).

BEISPIELE

1. Der **ledige** pflichtversicherte Angestellte A, Bonn, 30 Jahre alt, hatte im **VZ 2020** ein Bruttogehalt (beitragspflichtige Einnahmen) von insgesamt **30.000 €**.
   In **2020** zahlte er einen **Eigenbeitrag** von **1.025 €** für seinen Altersvorsorgevertrag und erhielt eine **Grundzulage** von **175 €**.

   Nach § 10a kann A für den VZ 2020 **1.200 €** (1.025 € + 175 € = 1.200 €) als Sonderausgaben abziehen. Der Mindestbeitrag wurde aufgewendet:
   4 % von 30.000 € = 1.200 € – 175 € (Zulage) = 1.025 € (Eigenbeitrag).

2. Die **zusammen veranlagten** Ehegatten Franz und Elke Huber, München, 35 und 33 Jahre alt, haben im **VZ 2020** folgende beitragspflichtigen Einnahmen (Einnahmen aus nichtselbständiger Arbeit):

Franz Huber	**50.000 €** und
Elke Huber	**35.000 €**.

   Sie haben zwei Kinder (geb. 2007 und 2009), für die sie seit Jahren Kindergeld erhalten. In **2020** zahlte Franz Huber **Eigenbeiträge** von **1.825 €** für seinen Altersvorsorgevertrag und erhielt eine **Grundzulage** von **175 €**. Elke Huber zahlte in **2020 Eigenbeiträge** von **855 €** und erhielt eine **Grundzulage** von **175 €** und **Kinderzulagen** von **370 €** (185 € x 2).

   Nach § 10a kann Franz Huber für den VZ 2020 **2.000 €** (1.825 € + 175 € Zulage) als Sonderausgaben abziehen. Der Mindestbeitrag wurde aufgewendet:
   4 % von 50.000 € = 2.000 € – 175 € = 1.825 €.
   Elke Huber kann für den VZ 2020 **1.400 €** (855 € + 175 € + 370 €) als Sonderausgaben abziehen. Der Mindestbeitrag wurde aufgewendet:
   4 % von 35.000 € = 1.400 € – 175 € – 370 € = 855 €. Die Kinderzulage wird der Mutter zugeordnet.

   Der Höchstbetrag von 2.100 € (§ 10a) ist bei keinem der Ehegatten überschritten. Bei einem unterstellten Grenzsteuersatz des Ehepaares Huber von 30 % ermittelt sich ein Steuervorteil von 300 € (30 % x (2.000 € + 1.400 €) = 1.020 € - Zulagen (175 € x 2 + 185 € x 2), wenn die Altersvorsorgebeiträge als Sonderausgaben nach § 10a berücksichtigt werden.

A. Einkommensteuer

Bevor der Sonderausgabenabzug vorgenommen werden kann, hat das Finanzamt eine **Günstigerprüfung** vorzunehmen (§ 10a Abs. 2).

Bei **zusammen veranlagten** Ehegatten, die die Voraussetzungen des § 10a erfüllen, steht der Abzugsbetrag **jedem** Ehegatten **gesondert** zu (§ 10a Abs. 3).

Nicht ausgeschöpfte Sonderausgabenhöchstbeträge des einen Ehegatten können nicht auf den anderen Ehegatten **übertragen** werden.

Im Rahmen der Günstigerprüfung bei zusammen veranlagten Ehegatten werden jeweils die den Ehegatten zustehenden Zulagen mit dem sich insgesamt ergebenden Steuervorteil (Differenzbetrag) verglichen.

Weitere Einzelheiten zur steuerlichen Förderung der privaten Altersvorsorge ergeben sich aus dem BMF-Schreiben vom 21.12.2017, BStBl I 2019, S. 93, abrufbar unter www.bmf-schreiben.de.

ÜBUNG → Wiederholungsfragen 23 bis 25 (Seite 287)

14.2.7 Erfolgskontrolle

WIEDERHOLUNGSFRAGEN

1. Was sind Sonderausgaben?
2. In welche zwei Hauptgruppen lassen sich die Sonderausgaben hinsichtlich ihrer Abzugsfähigkeit einordnen?
3. Welche Voraussetzungen müssen erfüllt sein, um Vermögensübertragungen gegen Vorsorgeleistungen als Sonderausgaben abziehen zu können?
4. In welcher Höhe können Kirchensteuern als Sonderausgaben abgezogen werden?
5. Welche Aufwendungen gehören zu den beschränkt abzugsfähigen Sonderausgaben, die keine Vorsorgeaufwendungen sind?
6. Welche Voraussetzungen müssen erfüllt sein, um die Unterhaltsleistungen als Sonderausgaben abziehen zu können?
7. Bis zu welchem Betrag können die Unterhaltsleistungen als Sonderausgaben berücksichtigt werden?
8. Wie werden die Unterhaltsleistungen beim Empfänger steuerlich behandelt?
9. Bis zu welchem Höchstbetrag können Aufwendungen für die eigene Berufsausbildung i. S. d. § 10 Abs. 1 Nr. 7 als Sonderausgaben abgezogen werden?
10. Unter welchen Voraussetzungen können Kinderbetreuungskosten nach § 10 Abs. 1 Nr. 5 als Sonderausgaben abgezogen werden?
11. Welche Aufwendungen können als Kinderbetreuungskosten nach § 10 Abs. 1 Nr. 5 als Sonderausgaben abgezogen werden?
12. Wie hoch ist der Höchstbetrag, der nach § 10 Abs. 1 Nr. 5 für ein Kind als Sonderausgabe abgezogen werden kann?
13. Unter welchen Voraussetzungen können Zuwendungen nach § 10b Abs. 1 als Sonderausgaben abgezogen werden?
14. Wie werden Zuwendungen (Spenden und Mitgliedsbeiträge) an politische Parteien, die unter § 34g fallen, einkommensteuerlich behandelt?
15. Wie werden Zuwendungen (Spenden und Mitgliedsbeiträge) an politische Parteien, die nicht unter § 34g fallen, einkommensteuerlich behandelt? Beschreiben Sie kurz die Berechnungsmethode.

14.2 Sonderausgaben

16. Welche Beiträge gehören zu den Altersvorsorgeaufwendungen i.S.d. § 10 Abs. 1 Nr. 2?

17. Wie erfolgt die Höchstbetragsberechnung nach § 10 Abs. 3 für den Personenkreis A?

18. Wie erfolgt die Höchstbetragsberechnung nach § 10 Abs. 3 für den Personenkreis B?

19. Welche Beiträge gehören zu den sonstigen Vorsorgeaufwendungen i.S.d. § 10 Abs. 1 Nr. 3 und Nr. 3a?

20. Wie hoch sind die Höchstbeträge nach § 10 Abs. 4?

21. Was wissen Sie über die Günstigerprüfung nach § 10 Abs. 4a?

22. Was wissen Sie über den Sonderausgaben-Pauschbetrag?

23. Welchem Personenkreis steht ein Anspruch auf Zahlung einer Zulage oder auf Inanspruchnahme des Sonderausgabenabzugs nach § 10a zu?

24. Wie hoch sind die Zulagen (Grundzulage und Kinderzulage) in 2020?

25. Wie hoch ist der Höchstbetrag in 2020, der als Sonderausgabe nach § 10a Abs. 1 EStG abgezogen werden kann?

FÄLLE

FALL 1

Ein Steuerpflichtiger zahlte in 2020 an Kirchensteuer

als Vorauszahlungen	800 €,
als Lohnkirchensteuer	1.950 €.

An Kirchensteuer wurden ihm in 2020 für 2019 370 € erstattet.

Wie hoch sind die unbeschränkt abzugsfähigen Sonderausgaben des Steuerpflichtigen in 2020?

FALL 2

Ein Steuerpflichtiger aus Köln hat für die Zeit vom 01.03. bis 31.12.2020 Unterhaltsleistungen von 18.000 € an seine geschiedene, in Berlin lebende Frau erbracht. Die Frau hat die nach § 10 Abs. 1a Nr. 1 erforderliche Zustimmung gegeben und ihre Identifikationsnummer mitgeteilt.

a) Wie viel Euro der Unterhaltsleistungen sind als Sonderausgaben abzugsfähig?

b) Wie hoch sind die steuerpflichtigen sonstigen Einkünfte der Frau aus diesen Unterhaltsleistungen?

FALL 3

Daniel Kühn, Bonn, hat im VZ 2020 10.400 € Unterhaltsleistungen an seine geschiedene, in Kairo (Ägypten) lebende Ehefrau erbracht. Seine Frau hat die nach § 10 Abs. 1a Nr. 1 erforderliche Zustimmung gegeben. Das Doppelbesteuerungsabkommen Ägypten/Deutschland sieht keinen Abzug von Unterhaltsleistungen vor.

Wie viel Euro der Unterhaltsleistungen sind als Sonderausgaben abzugsfähig?

FALL 4

Die Steuerfachangestellte Gabi Aller, Mainz, besuchte 2020 – ohne ihre berufliche Tätigkeit aufzugeben – einen Vorbereitungskurs zur Ablegung der Steuerberaterprüfung in Bad Herrenalb.

Im Zusammenhang mit diesem Kurs sind ihr Aufwendungen in Höhe von 10.000 € entstanden.

Handelt es sich um abzugsfähige Sonderausgaben i.S.d. § 10 Abs. 1 Nr. 7? →

A. Einkommensteuer

FALL 5

Der freiberuflich tätige Internist und Diabetologe Dr. Baier, Mainz, hat 2020 in Berlin an einem dreitägigen ärztlichen Fortbildungslehrgang teilgenommen.
Im Zusammenhang mit diesem Lehrgang sind ihm Aufwendungen in Höhe von 1.800 € entstanden.
Seine Ehefrau, mit der er nach § 26 Abs. 1 zusammen zur Einkommensteuer veranlagt wird, ist in seiner Praxis als Arzthelferin beschäftigt. In 2020 hat Frau Baier einen Fortbildungslehrgang zur Ablegung der Prüfung als medizinische Qualitätsmanagerin besucht. Im Zusammenhang mit dem Lehrgang sind ihr Aufwendungen in Höhe von 2.500 € entstanden. Nach Ablegung der Prüfung bleibt Frau Baier weiterhin in der Praxis ihres Ehemannes beschäftigt.
Handelt sich sich um abzugsfähige Sonderausgaben i.S.d. § 10 Abs. 1 Nr. 7?

FALL 6

Die Eheleute Dagmar und Edmund Holzer, München, haben eine zehnjährige Tochter, die in ihrem Haushalt lebt. Herr Holzer ist berufstätig; Frau Holzer führt den Haushalt.
Im VZ 2020 haben die Eheleute, die zusammen zur ESt veranlagt werden, nachgewiesene Kinderbetreuungskosten in Höhe von 2.100 € aufgewendet, die nicht zu beanstanden sind.
Wie hoch sind die abziehbaren Kinderbetreuungskosten der Eltern?

FALL 7

Die alleinerziehende Mutter Elke Kahl, Essen, hat eine Tochter (geb. am 01.06.2013), die in ihrem Haushalt lebt. Im VZ 2020 sind nachgewiesene Kinderbetreuungskosten in Höhe von 6.500 € aufgewendet worden, die nicht zu beanstanden sind. Der Vater wohnt in Köln und kommt seinen Unterhaltsverpflichtungen nach. Die Kinderbetreuungskosten werden von beiden Elternteilen geltend gemacht, weil sie von ihnen hälftig getragen werden. Die Eltern werden 2020 einzeln veranlagt.
Wie hoch sind die abziehbaren Kinderbetreuungskosten der Eltern?

FALL 8

Der Steuerpflichtige Jörg Grings zahlte 2020 bei einer Bank 18 € ein für ein Jahreslos der ZDF-Lotterie „Aktion Mensch". Die Zahlung wird durch einen Zahlungsbeleg bestätigt. Auf dem Los steht der Hinweis, dass zwölfmal die Chance besteht, 500.000 € zu gewinnen.
Liegt eine abzugsfähige Zuwendung i.S.d. § 10b Abs. 1 vor?

FALL 9

Der Steuerpflichtige Dr. Simon Sabel spendete 2020 dem Sportverein seiner Heimatgemeinde Damscheid (Hunsrück) einen Fußball. Der Sportverein ist nach § 5 Abs. 1 Nr. 9 KStG von der Körperschaftsteuer befreit. Der Verein bestätigt diese Zuwendung. Außerdem ist Herr Sabel Mitglied des Sportvereins Damscheid e. V. und zahlt regelmäßig die üblichen Mitgliedsbeiträge.
Liegt eine abzugsfähige Zuwendung i.S.d. § 10b Abs. 1 vor?

FALL 10

Der Steuerpflichtige Herbert Mertin zahlte im Kalenderjahr 2020 250 € an den Förderverein der Berufsbildende Schule Wirtschaft in Koblenz zur Förderung der Berufsbildung. Der Förderverein bestätigt die Zuwendung durch Spendenquittung.
Liegt eine abzugsfähige Zuwendung i.S.d. § 10b Abs. 1 vor?

14.2 Sonderausgaben   289

FALL 11

Die Steuerpflichtige Inge Neis zahlte 2020 an die Universität Münster 500 € zur Förderung wissenschaftlicher Zwecke. Sie erhielt für ihre Zahlung eine Bestätigung von der Universität Münster.

Liegt eine abzugsfähige Zuwendung i.S.d. § 10b Abs. 1 vor?

FALL 12

Die ledige Steuerpflichtige Christine Luckhaupt, deren Gesamtbetrag der Einkünfte 20.000 € beträgt, weist für den VZ 2020 folgende Spenden nach:

Spenden für kulturelle Zwecke	2.000 €,
Spenden für kirchliche Zwecke	1.500 €.

Wie hoch sind die abzugsfähigen Zuwendungen nach § 10b?

FALL 13

Die ledigen Steuerpflichtigen A bis D weisen 2020 die folgenden Zuwendungen an politische Parteien nach:

A	1.000 €,
B	1.600 €,
C	2.200 €,
D	4.000 €

und die Ehegatten AA bis DD, die zusammen zur Einkommensteuer veranlagt werden, weisen 2020 die folgenden Zuwendungen an politische Parteien nach:

AA	2.000 €,
BB	2.500 €,
CC	3.300 €,
DD	7.500 €.

Ermitteln Sie die Steuerermäßigung nach § 34g und die als Sonderausgaben abzugsfähigen Zuwendungen nach § 10b.

FALL 14

Die ledige Steuerpflichtige Sabine Müller, deren Gesamtbetrag der Einkünfte 15.000 € beträgt, wendete im VZ 2020 1.500 € für eine politische Partei auf.

Ermitteln Sie die Steuerermäßigung nach § 34g und ggf. die als Sonderausgaben abzugsfähigen Zuwendungen nach § 10b.

FALL 15

Der ledige Angestellte Kuhn, dessen Gesamtbetrag der Einkünfte 30.000 € beträgt, weist für den VZ 2020 folgende Zuwendungen nach:

Zuwendungen für wissenschaftliche Zwecke	1.750 €
Zuwendungen für kirchliche Zwecke	1.400 €
Zuwendungen an eine politische Partei	2.500 €

Ermitteln Sie die Steuerermäßigung nach § 34g und die als Sonderausgaben abzugsfähigen Zuwendungen nach § 10b.

A. Einkommensteuer

FALL 16

Der ledige Angestellte Maier, dessen Gesamtbetrag der Einkünfte 40.000 € beträgt, weist für den VZ 2020 folgende Zuwendungen nach:

Zuwendungen an eine politische Partei	2.000 €
Zuwendungen zur Förderung der Wissenschaft	400 €
Zuwendungen zur Förderung der Religion	250 €
Zuwendungen zur Förderung von Kunst und Kultur	1.500 €
Spenden zur Förderung der Heimatpflege und Heimatkunde	1.100 €

Ermitteln Sie die Steuerermäßigung nach § 34g und die als Sonderausgaben abzugsfähigen Zuwendungen nach § 10b.

FALL 17

Ein lediger Steuerpflichtiger ist Inhaber eines Einzelunternehmens in Koblenz. Der Gesamtbetrag der Einkünfte des Steuerpflichtigen beträgt im VZ 2020 50.000 €, die Summe seiner Umsätze, Löhne und Gehälter 1 Mio. €. Für den VZ 2020 weist er folgende Zuwendungen nach:

Mitgliedsbeitrag an eine politische Partei	300 €
Zuwendungen zur Förderung der Jugend- und Altenhilfe	2.500 €
Spenden an eine politische Partei	1.300 €
Zuwendungen zur Förderung des Tierschutzes	900 €

Ermitteln Sie die Steuerermäßigung nach § 34g und die als Sonderausgaben abzugsfähigen Zuwendungen nach § 10b.

FALL 18

Die zusammen veranlagten Ehegatten Stegemann, deren Gesamtbetrag der Einkünfte 50.000 € beträgt, weisen für den VZ 2020 folgende Zuwendungen nach:

Zuwendungen zur Förderung von Wissenschaft und Forschung	1.250 €
Zuwendungen an eine politische Partei	3.500 €

Ermitteln Sie die Steuerermäßigung nach § 34g und die als Sonderausgaben abzugsfähigen Zuwendungen nach § 10b.

FALL 19

Der ledige Angestellte A hat im VZ 2020 einen Arbeitnehmeranteil zur gesetzlichen Rentenversicherung in Höhe von 3.000 € entrichtet. Dazu hat er einen steuerfreien Arbeitgeberanteil in der gleichen Höhe erhalten.

Daneben hat der Arbeitnehmer noch eine private kapitalgedeckte Leibrentenversicherung i.S.d. § 10 Abs. 1 Nr. 2b abgeschlossen und dort Beiträge in Höhe von 2.000 € (Rürup-Beiträge) eingezahlt.

Wie hoch ist die abzugsfähige Sonderausgabe nach § 10 Abs. 3 für den VZ 2020?

14.2 Sonderausgaben   291

FALL 20

Der verheiratete Angestellte A, dessen Ehefrau nicht berufstätig ist, hat im VZ 2020 einen Arbeitnehmeranteil zur gesetzlichen Rentenversicherung in Höhe von 6.084 € entrichtet. Dazu hat er einen steuerfreien Arbeitgeberanteil in der gleichen Höhe erhalten.
Daneben hat er zusätzlich 4.200 € (Rürup-Beiträge) in eine private kapitalgedeckte Leibrentenversicherung i.S.d. § 10 Abs. 1 Nr. 2b eingezahlt.
Wie hoch ist die abzugsfähige Sonderausgabe nach § 10 Abs. 3 für den VZ 2020?

FALL 21

Der verheiratete selbständige Arzt A, dessen Ehefrau nicht berufstätig ist, hat im VZ 2020 an eine berufsständige Versorgungseinrichtung 24.000 € eingezahlt.
Darüber hinaus hat er noch 12.000 € (Rürup-Beiträge) in eine private kapitalgedeckte Leibrentenversicherung i.S.d. § 10 Abs. 1 Nr. 2b eingezahlt.
Wie hoch ist die abzugsfähige Sonderausgabe nach § 10 Abs. 3 für den VZ 2020?

FALL 22

Der ledige Beamte B hatte im Kalenderjahr 2020 Einnahmen aus seinem Dienstverhältnis in Höhe von 30.151 €.
Daneben hat er zusätzlich 2.000 € (Rürup-Beiträge) in eine private kapitalgedeckte Leibrentenversicherung i.S.d. § 10 Abs. 1 Nr. 2b eingezahlt.
Wie hoch ist die abzugsfähige Sonderausgabe nach § 10 Abs. 3 für den VZ 2020?

FALL 23

Der verheiratete Beamte B, dessen Ehefrau nicht berufstätig ist, hatte im Kalenderjahr 2020 Einnahmen aus seinem Dienstverhältnis in Höhe von 79.000 €.
Daneben hat er zusätzlich 6.000 € (Rürup-Beiträge) in eine private kapitalgedeckte Leibrentenversicherung i.S.d. § 10 Abs. 1 Nr. 2b eingezahlt.
Wie hoch ist die abzugsfähige Sonderausgabe nach § 10 Abs. 3 für den VZ 2020?

FALL 24

Prüfen Sie, ob die folgenden Versicherungsbeiträge zu den sonstigen Vorsorgeaufwendungen i.S.d. § 10 Abs. 1 Nr. 3 und Nr. 3a gehören. Begründen Sie Ihre Antwort unter Hinweis auf die entsprechende Rechtsgrundlage.

> Beiträge zur gesetzlichen Krankenversicherung mit Anspruch auf Krankengeld
> Beiträge zur freiwilligen Krankenversicherung (ohne Komfortleistungen)
> Beiträge zur gesetzlichen Pflegeversicherung
> Beiträge zur Hundehaftpflichtversicherung
> Beiträge zur Kfz-Haftpflichtversicherung
> Beiträge zur Krankenhaustagegeldversicherung
> Beiträge zur Kfz-Kaskoversicherung
> Beiträge zur Rechtsschutzversicherung
> Beiträge zur Krankentagegeldversicherung
> Beiträge zur Hausratversicherung
> Beiträge zur Unfallversicherung

A. Einkommensteuer

FALL 25

Der ledige Angestellte Fritz Barden, 38 Jahre, keine Kinder, Bonn, hat im VZ 2020 einen Bruttoarbeitslohn von 30.720 € bezogen. Der Versicherte hat Anspruch auf Krankengeld. Er weist für das Kalenderjahr 2020 folgende Aufwendungen nach, die er als sonstige Vorsorgeaufwendungen geltend machen möchte:

Beiträge zur gesetzl. Krankenversicherung (ohne Komfortleistungen)	2.411,52 €
Beiträge zur gesetzlichen Pflegeversicherung	545,28 €
Beiträge zur Arbeitslosenversicherung	368,54 €
Beiträge zur privaten Unfallversicherung	45,00 €
Beiträge zur privaten Kfz-Haftpflichtversicherung	450,00 €
Beiträge zur privaten Kfz-Kaskoversicherung	125,00 €
Beiträge zur Kapitallebensversicherung i.S.d. § 10 Abs. 1 Nr. 3a vor 01.01.2005	1.200,00 €
Beiträge zur Hausratversicherung	60,00 €

Wie hoch sind die abzugsfähigen Sonderausgaben, die Herr Barden in 2020 für die Versicherungsbeiträge geltend machen kann? Die 4 %-Kürzung bei der Krankenversicherung ist vorzunehmen. Die Günstigerprüfung nach § 10 Abs. 4a ist nicht durchzuführen.

FALL 26

Die Friseurin Lena Reuter (ledig, kinderlos, 21 Jahre), Jahresbruttoarbeitslohn 18.000 € hat im VZ 2020 u.a. die folgenden Versicherungsbeiträge gezahlt:

Beiträge zur Krankenversicherung (ohne Komfortleistungen)	1.413,00 €
Beiträge zur Pflegeversicherung	274,50 €
Beiträge zur Arbeitslosenversicherung	225,00 €
Beiträge zur Haftpflichtversicherung	350,00 €

Ermitteln Sie die als Sonderausgaben abziehbaren sonstigen Vorsorgeaufwendungen. Die 4 %-Kürzung bei der Krankenversicherung ist vorzunehmen.

FALL 27

Die Eheleute Richter (kinderlos, beide Arbeitnehmer) haben im VZ 2020 u.a. die folgenden Versicherungsbeiträge gezahlt:

Beiträge zur Krankenversicherung (ohne Komfortleistungen)	5.904 €
Beiträge zur Pflegeversicherung	882 €
Beiträge zur Arbeitslosenversicherung	1.080 €
Beiträge zur Haftpflichtversicherung	550 €

Ermitteln Sie die als Sonderausgaben abziehbaren sonstigen Vorsorgeaufwendungen. Die 4 %-Kürzung bei der Krankenversicherung ist vorzunehmen.

FALL 28

Ein verheirateter Steuerpflichtiger bezog im VZ 2020 nur Einkünfte aus Gewerbebetrieb. Seine Frau erzielte im VZ 2020 lediglich Einkünfte aus Vermietung und Verpachtung. Sie weisen keine Sonderausgaben nach. Die Eheleute werden zusammen zur Einkommensteuer veranlagt.

Erhalten die Eheleute einen Sonderausgabenabzug?

 Weitere Aufgaben mit Lösungen zu den Sonderausgaben finden Sie im **Lösungsbuch** der Steuerlehre 2.

Zusammenfassende Erfolgskontrolle

1 Sachverhalt

1.1 Persönliche Verhältnisse

Heinrich Kurz, geb. am 01.01.1956, ist seit 1980 mit Helga Kurz, geb. am 25.09.1964, verheiratet und konfessionslos. Das Ehepaar hat keine Kinder. Freistellungsaufträge gegenüber ihrer Bank wurden nicht erteilt. Die Eheleute wohnen in Bonn und leben nicht dauernd getrennt. Sie beantragen für 2020 die Zusammenveranlagung.

1.2. Einkünfte

Einkünfte des Ehemannes

1.2.1   Heinrich Kurz betreibt in Troisdorf eine Plastikwarenfabrik in der Rechtsform eines Einzelunternehmens. Das Unternehmen ist im Handelsregister eingetragen. Der nach § 5 von Heinrich Kurz ermittelte vorläufige Gewinn beträgt 67.451 €.

Aus der Buchführung ergibt sich Folgendes:

a)   Eine Zuwendung zur Förderung des Tierschutzes von 900 € wurde als Betriebsausgabe gebucht. Eine ordnungsgemäße Spendenbescheinigung liegt vor.

b)   Ein im Januar 2020 für 238 € angeschafftes Geschenk an einen Geschäftsfreund wurde mit 238 € (brutto) als Betriebsausgabegebucht. Der Vorsteuerabzug wurde nicht in Anspruch genommen

1.2.2   Im November 2020 wurden dem privaten Bankkonto 1.432,50 € gutgeschrieben. Es handelt sich hierbei um die ausgezahlte Netto-Dividende (nach Abzug der KapESt und des SolZ) für 2020 aus privaten Aktien der

Stahlhandels AG in Duisburg in Höhe von	1.472,50 €
nach Abzug der Depotgebühren von	– 40,00 €
Gutschrift der Bank	= 1.432,50 €

1.2.3   Heinrich Kurz ist Eigentümer eines Mehrfamilienhauses (Mietwohngrundstücks) in Bonn, das er zum 01.02.2020 für 700.000 € erworben hat. Davon entfallen 25 % auf Grund und Boden. Außerdem sind Grunderwerbsteuer und Notariatskosten (für Kaufvertrag) in Höhe von insgesamt 41.000 € angefallen. Das Gebäude ist in 1988 gebaut worden. Alle Wohnungen haben gleiche Ausstattung und Größe. Drei Wohnungen sind seit 01.02.2020 zu je 900 € monatlich vermietet, während Heinrich Kurz die vierte Wohnung ebenfalls seit 01.02.2020 selbst bewohnt.
Außer der AfA sind für 2020 folgende Ausgaben für die Immobilie angefallen:

a) Reparaturen, Grundsteuer	3.003 €
b) ein in 2020 gezahltes Disagio auf ein Hypothekendarlehen	5.000 €
c) Zinsen für das Hypothekendarlehen	9.500 €
d) Tilgungsrate Hypothekendarlehen	7.500 €
e) Notariatskosten (für Bestellung des Hypothekendarlehens)	500 €

1.2.4   Heinrich Kurz hat für die private Krankenversicherung (ohne Komfortleistungen) in 2020 Beiträge in Höhe von 5.388 € und für die private Pflegeversicherung Beiträge in Höhe von 742 € entrichtet.

A. Einkommensteuer

Einkünfte der Ehefrau

1.2.5 Helga Kurz ist Kommanditistin der Müller KG, deren Wirtschaftsjahr mit dem Kalenderjahr übereinstimmt. Der Gewinnanteil für 2020 beträgt 6.310 €. Der entsprechende Betrag wurde Helga Kurz am 13.03.2021 auf ihr privates Bankkonto überwiesen.

1.2.6 Helga Kurz arbeitet halbtags als Angestellte in einem Rechtsanwaltsbüro. Sie hat Anspruch auf Krankengeld. Ihr Gehalt wird auf ihr Gehaltskonto überwiesen.

a) In 2020 hatte sie aus ihrem Dienstverhältnis ein Bruttogehalt (Steuerklasse 3) von insgesamt 23.760 € bezogen. Frau Kurz leistet in 2020 folgende Beiträge:

Kirchensteuer	0 €
Arbeitnehmerbeiträge zur gesetzlichen Krankenversicherung	1.866 €
Arbeitnehmerbeiträge zur sozialen Pflegeversicherung	422 €
Arbeitnehmerbeiträge zur Arbeitslosenversicherung	286 €
Arbeitnehmeranteil zur gesetzlichen Rentenversicherung	2.210 €
Lohnsteuer	0 €

Der Nettolohn wird monatlich durch die Bank überwiesen.

b) Helga Kurz fuhr 2020 an 180 Tagen mit ihrem Pkw von der Wohnung zur ersten Tätigkeitsstätte (einfache Entfernung 25 km). Nach einem von ihr geführten Fahrtenbuch betragen die auf die Fahrten zwischen Wohnung und erster Tätigkeitsstätte entfallenden Kfz-Kosten einschließlich der AfA nachgewiesenermaßen 2.250 €. In diesen Kosten sind Kfz-Haftpflicht und Teilkaskoversicherung mit 580 € enthalten. Der in diesen Kosten enthaltene Kfz-Haftpflichtversicherungsbeitrag beträgt 430 €.

c) Für Fachliteratur hat Helga Kurz in 2020 220 € aufgewendet.

d) Helga Kurz hat in 2020 3.000 € (Rürup-Beiträge) in eine private kapitalgedeckte Leibrentenversicherung i.S.d. § 10 Abs. 1 Nr. 2b eingezahlt.

2 Aufgabe

2.1 Nehmen Sie Stellung zur persönlichen Steuerpflicht und zur Veranlagungsart.

2.2 Ermitteln Sie den Gesamtbetrag der Einkünfte der Eheleute Kurz für den VZ 2020.

2.3 Wie hoch sind die abzugsfähigen Sonderausgaben der Eheleute Kurz für den VZ 2020? Die Günstigerprüfung nach § 10 Abs. 4a ist nicht durchzuführen. Die 4 %-Kürzung bei den Beiträgen zur gesetzlichen Krankenversicherung ist vorzunehmen.

14.3 Außergewöhnliche Belastungen   295

14.3 Außergewöhnliche Belastungen

Der Grundsatz, dass Aufwendungen für die private Lebensführung bei der Ermittlung des Einkommens nicht abgezogen werden dürfen, wird u.a. durch den Abzug der **außergewöhnlichen Belastungen** (agB) durchbrochen.

Die **außergewöhnlichen Belastungen** sind gesetzlich wie folgt gegliedert:

1. außergewöhnliche Belastungen **allgemeiner Art (§ 33)**,

2. außergewöhnliche Belastungen **in besonderen Fällen (§ 33a)** und

3. Pauschbeträge für **behinderte Menschen, Hinterbliebene** und **Pflegepersonen (§ 33b)**.

14.3.1 Außergewöhnliche Belastungen allgemeiner Art (§ 33 EStG)

14.3.1.1 Begriff der außergewöhnlichen Belastung

Eine **außergewöhnliche Belastung** liegt vor, wenn einem Steuerpflichtigen **zwangsläufig** größere Aufwendungen als der überwiegenden Mehrzahl der Steuerpflichtigen **gleicher Einkommensverhältnisse, gleicher Vermögensverhältnisse und gleichen Familienstandes** erwachsen (§ 33 Abs. 1).

Aufwendungen erwachsen dem Steuerpflichtigen **zwangsläufig**, wenn er sich ihnen aus

*   **rechtlichen Gründen** (z.B. gesetzliche Unterhaltspflicht),

*   **tatsächlichen Gründen** (z.B. Krankheit, Unfall, Tod) **oder**

*   **sittlichen Gründen** (z.B. Unterstützung bedürftiger Angehöriger)

nicht entziehen kann und soweit die Aufwendungen den Umständen nach notwendig sind und einen angemessenen Betrag nicht übersteigen (§ 33 Abs. 2 Satz 1).

Dem **Grunde nach** setzt der Abzug als **außergewöhnliche Belastung** somit voraus:

*   Es müssen **Aufwendungen** vorliegen.

*   Der Steuerpflichtige muss wirtschaftlich **belastet** sein.

*   Das Ereignis muss für ihn **außergewöhnlich** sein.

*   Das Ereignis und die Beseitigung seiner Folgen müssen für ihn **zwangsläufig** sein.

Aufwendungen, die zu den **Betriebsausgaben, Werbungskosten** oder **Sonderausgaben** gehören, **bleiben** bei der Ermittlung der **außergewöhnlichen Belastung** grundsätzlich **außer Betracht**; das gilt für Aufwendungen i.S.d. § 10 Abs. 1 Nr. 7 und Nr. 9 nur insoweit, als sie als Sonderausgaben abgezogen werden können (§ 33 Abs. 2 Satz 2).

Aufwendungen i.S.d. § 33 sind vor allem

*   **Pflegeaufwendungen** (R 33.3 EStR 2012),

*   **Krankheitskosten** (R 33.4 Abs.1 EStR 2012),

*   **Kurkosten** [H 33.1 – 33.4 (Kur) EStH],

*   **Bestattungskosten** [H 33.1 – 33.4 (Bestattungskosten) EStH].

A. Einkommensteuer

Zu den **Aufwendungen infolge Pflegebedürftigkeit** zählen sowohl Kosten für die Beschäftigung einer ambulanten Pflegekraft und/oder die Inanspruchnahme von Pflegediensten als auch Aufwendungen zur Unterbringung in einem Heim.

Wird bei einer Heimunterbringung wegen Pflegebedürftigkeit der private Haushalt aufgelöst, ist die **Haushaltsersparnis** mit dem in § 33a Abs. 1 Satz 1 genannten Höchstbetrag der abziehbaren Aufwendungen anzusetzen. Liegen die Voraussetzungen nur während eines Teils des Kalenderjahres vor, sind die **anteiligen** Beträge anzusetzen (26,13 € pro Tag bzw. 784 € im Monat; R 33.3 Abs. 2 EStR 2012 und H 33.1 – 33.4 (Haushaltsersparnis) EStH).

Der Nachweis von **Krankheitskosten** ist nach §64 EStDV zu führen (R 33.4 Abs. 1 EStR 2012).

Zu den **Krankheitskosten** gehören u.a. Aufwendungen für **ärztliche Behandlung** (z.B. Operation), **Medikamente mit** ärztlicher Verordnung, **Krankenhausaufenthalt**, **Krankenpflege**.

Aufwendungen, die durch **Diätverpflegung** entstehen, können **nicht** als außergewöhnliche Belastung berücksichtigt werden (§ 33 Abs. 2 Satz 3) ebenso wenig Aufwendungen für **medizinische Fachliteratur** und Aufwendungen für **Arzneimittel ohne** ärztliche Verordnung [H 33.1 – 33.4 (Medizinische Fachliteratur) EStH].

Kurkosten können **nur** berücksichtigt werden, **wenn** der Steuerpflichtige die Kurbedürftigkeit **nachweist**. Verpflegungs**mehr**aufwendungen anlässlich der Kur können nur in tatsächlicher Höhe nach Abzug der **Haushaltsersparnis von ⅕ der Aufwendungen** berücksichtigt werden (R 33.4 Abs. 3 Satz 2 EStR 2012).

Bestattungskosten sind beim Erben regelmäßig nur eine außergewöhnliche Belastung, **wenn** sie den Wert des **Nachlasses übersteigen** [H 33.1 – 33.4 (Bestattungskosten) EStH].

Ersatzleistungen (Unterstützungen), die der Steuerpflichtige zum Ausgleich der Belastung von **dritter Seite** erhält, **sind** von den berücksichtigungsfähigen Aufwendungen **abzusetzen** [H 33.1 – 33.4 Satz 2 (Ersatz von dritter Seite) EStH]:

	berücksichtigungsfähige Aufwendungen i.S.d. § 33
–	erhaltene Ersatzleistungen (Unterstützungen)
=	**außergewöhnliche Belastung**

Als erhaltene **Ersatzleistungen** (Unterstützungen) sind z.B. abzusetzen:

- **Beihilfen des Arbeitgebers** in Krankheitsfällen,

- **Ersatzleistungen** aus einer **Krankenversicherung** für Arztkosten und Arzneimittel,

- **Bezüge** aus einer Kranken**haus**tagegeldversicherung bis zur Höhe der durch einen Kranken**haus**aufenthalt verursachten Kosten.

Leistungen aus einer Kranken**tage**geldversicherung sind **nicht** abzusetzen, im Gegensatz zu Leistungen aus einer Kranken**haus**tagegeldversicherung [H 33.1 – 33.4 (Ersatz von dritter Seite – Krankenhaustagegeldversicherungen) EStH].

Ersatzleistungen sind auch dann von den berücksichtigungsfähigen Aufwendungen **abzusetzen, wenn** sie erst in einem **späteren Jahr** gezahlt werden, der Steuerpflichtige aber bereits in dem Jahr, in dem die Belastung eingetreten ist, mit ihnen rechnen konnte [H 33.1 – 33.4 (Ersatz von dritter Seite) EStH].

14.3 Außergewöhnliche Belastungen

BEISPIEL

Einem Steuerpflichtigen sind in 2020 folgende **Krankheitskosten** erwachsen:

Arztkosten	750 €
Kosten für Medikamente	300 €
Krankenhauskosten	2.000 €
	3.050 €

Die private **Krankenversicherung** des Steuerpflichtigen **erstattet** ihm in 2021 hiervon **1.750 €**.
Die **außergewöhnliche Belastung** des Steuerpflichtigen wird wie folgt berechnet:

	berücksichtigungsfähige Aufwendungen i.S.d. § 33	3.050 €
−	erhaltene Ersatzleistungen 2021	− 1.750 €
=	**außergewöhnliche Belastung 2020**	**1.300 €**

Anders als bei den Sonderausgaben sind die Fälle der **außergewöhnlichen Belastung** im Gesetz **nicht abschließend** aufgeführt. **§ 33** ist vielmehr eine Rechtsvorschrift, die eine Vielzahl von Einzelfällen auffängt (**Generalklausel**).

Für den **Zeitpunkt des Abzugs** der außergewöhnlichen Belastung ist grundsätzlich das **Abflussprinzip** nach § 11 Abs. 2 **maßgebend**, ausgenommen ist der Ersatz von dritter Seite [H 33.1 – 33.4 (Ersatz von dritter Seite) EStR 2012], siehe Seite 296.

Bei **Ehegatten**, die die Voraussetzungen des § 26 Abs. 1 erfüllen, kommt es **nicht** darauf an, **wer** von beiden die Aufwendungen geleistet hat.

Die **außergewöhnliche Belastung** ist noch um die **zumutbare Belastung** zu kürzen.

14.3.1.2 Zumutbare Belastung

Die zwangsläufig erwachsenen **außergewöhnlichen Aufwendungen** i.S.d. § 33 dürfen **nicht in voller Höhe** bei der Einkommensermittlung **abgezogen** werden.

Dem Steuerpflichtigen wird vielmehr **zugemutet**, dass er einen bestimmten **Teil** dieser Aufwendungen **selbst trägt**. Dieser **Teil** der Aufwendungen heißt **zumutbare Belastung**.

Die Höhe der **abziehbaren** außergewöhnlichen Belastung wird demnach wie folgt ermittelt:

	außergewöhnliche Belastung
−	**zumutbare Belastung**
=	**abziehbare** außergewöhnliche Belastung

Die **Berechnung** der **zumutbaren Belastung** erfolgt nach der Übersicht in **§ 33 Abs. 3**.

Die **zumutbare Belastung** wird dadurch ermittelt, dass man den in § 33 Abs. 3 vorgesehenen **Prozentsatz** auf die **Bemessungsgrundlage** anwendet.

Die **Bemessungsgrundlage** für die zumutbare Belastung ist der **Gesamtbetrag der Einkünfte**.

Der **Prozentsatz**, der für die Ermittlung der zumutbaren Belastung maßgebend ist, richtet sich nach dem **Einkommensteuertarif**, der **Zahl der Kinder** und der **Höhe der Bemessungsgrundlage** (§ 33 Abs. 3 Satz 1).

A. Einkommensteuer

Die zumutbare Belastung beträgt bei einem **Gesamtbetrag der Einkünfte**	bis 15.340 €	über 15.340 € bis 51.130 €	über 51.130 €
1. bei Steuerpflichtigen, die **keine Kinder** haben und bei denen die Einkommensteuer			
a) nach § 32a Abs. 1 (**Grundtabelle**)	5	6	7
b) nach § 32a Abs. 5 oder 6 (**Splittingtabelle**) zu berechnen ist,	4	5	6
2. bei Steuerpflichtigen mit			
a) **einem Kind** oder **zwei Kindern**	2	3	4
b) **drei** oder **mehr Kindern**	1	1	2
	Prozent des Gesamtbetrags der Einkünfte.		

Als **Kinder** des Steuerpflichtigen zählen die, für die er Anspruch auf einen **Freibetrag** nach § 32 Abs. 6 oder auf **Kindergeld** hat (§ 33 Abs. 3 Satz 2).

14.3.1.3 Abziehbare außergewöhnliche Belastung

Der Bundesfinanzhof hat mit Urteil vom 19.01.2017 (BFH VI R 75/14) entschieden, dass die zumutbare Belastung stufenweise zu ermitteln ist. Der gesetzliche Prozentsatz (Tabelle oben) ist auf den Gesamtbetrag der Einkünfte in der Spalte der Tabelle anzuwenden, in der sich die jeweilige Prozentzahl befindet. Der höhere Prozentsatz der nächsten Spalte ist nur auf den Teil des Gesamtbetrages der Einkünfte anzuwenden, der den im Gesetz genannten Grenzbetrag der vorangegangenen Spalte übersteigt.

> **BEISPIEL**
>
> Das Ehepaar Müller, Stuttgart, zwei Kinder (5 und 7 Jahre), wird zusammen zur Einkommensteuer veranlagt. Das Ehepaar ermittelt 2020 einen Gesamtbetrag der Einkünfte in Höhe von 70.000 €. An nicht zu beanstandenden Krankheitskosten sind im VZ 2020 **8.000 €** entstanden; davon wurden ihnen 2020 von der Krankenversicherung **3.000 € erstattet**.
>
> Die **abziehbare außergewöhnliche Belastung** wird wie folgt berechnet:
>
> | | | | |
> |---|---|---:|---:|
> | | Krankheitskosten | | 8.000 € |
> | - | Erstattung von der Krankenversicherung | | - 3.000 € |
> | = | außergewöhnliche Belastung | | 5.000 € |
> | - | zumutbare Belastung | | |
> | | 2 % von 15.340 € | 306,80 € | |
> | | 3 % von 35.790 € (51.130 € - 15.340 €) | 1.073,70 € | |
> | | 4 % von 18.870 € (70.000 € - 51.130 €) | 754,80 € | - 2.135 € |
> | = | **abziehbare außergewöhnliche Belastung** (§ 33) | | **2.865 €** |

Wäre nur der auf den **Gesamtbetrag** der Einkünfte anwendbare Prozentsatz zur Berechnung der zumutbaren Belastung verwendet worden, hätte diese 2.800 € (70.000 € x 4 %) betragen. Die abziehbare außergewöhnliche Belastung wäre 2.200 € (5.000 € - 2.800 €) gewesen. Die **stufenweise Ermittlung** berücksichtigt um 665 € (2.865 € - 2.200 €) **höhere** Krankheitskosten.

ÜBUNG →   1. Wiederholungsfragen 1 bis 5 (Seite 312),
                 2. Fälle 1 bis 3 (Seite 313)

14.3 Außergewöhnliche Belastungen

14.3.2 Außergewöhnliche Belastungen in besonderen Fällen (§ 33a EStG)

§ 33a regelt außergewöhnliche Belastungen in **besonderen**, häufig vorkommenden Fällen.

Die in § 33a genannten Aufwendungen können **nur** bis zu bestimmten **Höchstbeträgen** – ohne Kürzung einer zumutbaren Belastung – vom Gesamtbetrag der Einkünfte abgezogen werden.

Zu den **besonderen Fällen** des § 33a gehören:

1. **Unterhaltsaufwendungen** nach § 33a **Abs.1** und
2. der **Freibetrag** (Ausbildungsfreibetrag) nach § 33a **Abs.2**.

14.3.2.1 Unterhaltsaufwendungen nach § 33a Abs.1 EStG

Unterhaltsaufwendungen i.S.d. § 33a **Abs.1** liegen vor, wenn

1. die unterstützte Person dem Steuerpflichtigen oder seinem Ehegatten gegenüber **gesetzlich unterhaltsberechtigt** ist,
2. **kein** Anspruch auf einen **Freibetrag nach § 32 Abs.6** oder auf **Kindergeld** besteht und
3. die unterhaltene Person **bedürftig** ist.

zu 1. gesetzlich unterhaltsberechtigte Person

<u>Gesetzlich unterhaltsberechtigte Personen</u> sind der Ehegatte (z.B. bei Grenzpendlern im Nicht-EU- oder EWR-Raum), der getrennt lebende Ehegatte, der geschiedene Ehegatte, die Eltern, die Kinder, die Großeltern, die Enkelkinder, nichteheliche Kinder, für ehelich erklärte Kinder, Adoptivkinder und die Mutter eines nichtehelichen Kindes [H 33a.1 (Unterhaltsberechtigung) EStH].

Gleichgestellt ist der **nichteheliche Lebenspartner**, soweit bei ihm zum Unterhalt bestimmte öffentliche Mittel (z.B. Sozialhilfe, Arbeitslosenhilfe) gekürzt werden.

Keine gesetzlich unterhaltsberechtigte Personen sind **Geschwister**.

zu 2. Freibetrag nach § 32 Abs.6 oder Kindergeld

Weder der Steuerpflichtige **noch** eine andere Person dürfen **Anspruch auf** einen **Freibetrag nach § 32 Abs.6** oder auf **Kindergeld** haben (§ 33a Abs. 1 Satz 4).

zu 3. Bedürftigkeit der unterhaltenen Person

Die unterhaltene Person ist **bedürftig**, wenn sie keine oder nur **geringe eigene Einkünfte und Bezüge** hat und kein oder nur **geringes eigenes Vermögen** besitzt.

Als **geringfügig** kann in der Regel ein **Vermögen** bis zu einem gemeinen Wert (Verkehrswert) von **15.500 Euro** angesehen werden (R 33a.1 Abs. 2 Satz 3 EStR 2012). Dabei bleibt ein **angemessenes Hausgrundstück** i.S.d. § 90 Abs. 2 Nr. 8 SGB XII, das vom Unterhaltsempfänger bewohnt wird, als „Schonvermögen" **außer Betracht** [R 33a.1 Abs. 2 Nr. 2 EStR 2012, H 33a.1 (Geringes Vermögen) EStH].

A. Einkommensteuer

Anrechnung eigener Einkünfte und Bezüge

Der **Höchstbetrag** für den Abzug von Unterhaltsaufwendungen beträgt für den VZ 2020 **9.408 Euro** (VZ 2021: 9.696 Euro, ab VZ 2022: 9.984 Euro) im Kalenderjahr (§ 33a Abs. 1 Satz 1).

Hat der **Unterhaltsempfänger eigene Einkünfte und Bezüge**, so **vermindert** sich der **Höchstbetrag** von **9.408 Euro** um (§ 33a Abs. 1 Satz 5)

1. den Betrag, um den diese Einkünfte und Bezüge den Betrag von **624 Euro** im Kalenderjahr übersteigen (= **anrechnungsfreier Betrag = Karenzbetrag**) sowie

2. die von der unterhaltenen Person **als Ausbildungshilfe** aus öffentlichen Mitteln bezogenen Zuschüsse (keine Darlehen) in **vollem Umfang**, ohne Berücksichtigung des anrechnungsfreien Betrags von **624 Euro**.

> **BEISPIEL**
>
> Ein Steuerpflichtiger unterhielt ganzjährig in 2020 seine in Ulm lebende, vermögenslose Mutter mit insgesamt **7.800 €**. Die Mutter hatte eigene **Einkünfte und Bezüge** von **4.000 €**.
>
> Der **abziehbare Unterhaltsbetrag** nach § 33a Abs. 1 ist wie folgt zu ermitteln:
>
> | | € | € |
> |---|---:|---:|
> | ungekürzter **Höchstbetrag** | | 9.408 |
> | Einkünfte und Bezüge der Mutter | 4.000 | |
> | übersteigen den **anrechnungsfreien Betrag** von | − 624 | |
> | um (= **anzurechnende** Einkünfte und Bezüge) | | − 3.376 |
> | gekürzter Höchstbetrag | | 6.032 |
> | **abziehbare außergewöhnliche Belastung** (§ 33a Abs. 1) | | **6.032** |
>
> Die tatsächlichen Aufwendungen von 7.800 € liegen über dem gekürzten Höchstbetrag von 6.032 €, sodass der Betrag von 6.032 € als außergewöhnliche Belastung abgezogen werden.

Bezüge sind alle Einnahmen in Geld oder Geldeswert, die **nicht** im Rahmen der einkommensteuerrechtlichen Einkunftermittlung erfasst werden, also **nicht steuerbare** sowie grundsätzlich **steuerfreie** Einnahmen (R 33a.1 Abs. 3 Satz 3 EStR 2012).

Zu diesen **Bezügen** gehören insbesondere (R 33a.1 Abs. 3 Satz 4 EStR 2012):

1. **Kapitalerträge** i.S.d. § 32d Abs. 1 **ohne** Abzug des Sparer-Pauschbetrags,

2. die **Teile von Leibrenten**, die den **Besteuerungsanteil** nach § 22 Nr. 1 Satz 3 Buchstabe a Doppelbuchstabe aa **übersteigen** (der **Rentenfreibetrag**),

3. Einkünfte und Leistungen, soweit sie dem **Progressionsvorbehalt** unterliegen,

4. **steuerfreie** Einnahmen nach § 3 Nr. 1 Buchstabe a, Nrn. 2b, 3, 5, 6, 11, 27, 44, 58 und § 3b,

5. die nach § 3 Nrn. 40 und 40a **steuerfrei** bleibenden Beträge abzüglich der damit in Zusammenhang stehenden Aufwendungen i.S.d. § 3c,

6. **pauschal besteuerte** Bezüge nach § 40a,

7. **Unterhaltsleistungen** des geschiedenen oder dauernd getrennt lebenden Ehegatten, **soweit** sie **nicht** als sonstige Einkünfte i.S.d. § 22 Nr. 1a erfasst sind,

8. Zuschüsse eines Trägers der gesetzlichen Rentenversicherung zu den Aufwendungen eines Rentners für seine Krankenversicherung.

14.3 Außergewöhnliche Belastungen

Nicht zu diesen **Bezügen** zählen insbesondere die **steuerfreien Einnahmen** nach § 3 Nrn. **12**, **13**, **26**, (z. B. Freibetrag von **2.400 Euro** für Übungsleiter) **26a** und **30** (Werkzeuggeld).

Bei der **Feststellung** der **anzurechnenden Bezüge** sind aus Vereinfachungsgründen insgesamt **180 Euro** (**Kostenpauschale**) im Kalenderjahr abzuziehen, wenn nicht höhere Aufwendungen, die im Zusammenhang mit dem Zufluss der entsprechenden Einnahmen stehen, nachgewiesen oder glaubhaft gemacht werden (R 33a.1 **Abs. 3 Satz 5** EStR 2012).

B E I S P I E L

Ein Steuerpflichtiger unterhielt ganzjährig seinen im Inland lebenden vermögenslosen Vater im VZ 2020 mit **3.600 €**. Der Vater erhält seit 01.01.2020 eine **Rente** aus der gesetzlichen Sozialversicherung von insgesamt **3.000 €**, deren Besteuerungsanteil **80 %** beträgt.
Der **Zuschuss** zur Krankenversicherung beträgt **236 €**. Außerdem bezieht er ein steuerfreies **Wohngeld** in Höhe von **747 €**.

Die **abziehbare außergewöhnliche Belastung** nach § 33a Abs. 1 ist wie folgt zu ermitteln [H 33a.1 (Anrechnung eigener Einkünfte und Bezüge) EStH]:

	€	€	€
ungekürzter **Höchstbetrag**			9.408
a) Ermittlung der Einkünfte des Vaters			
Rente (§ 22 Nr. 1) .... 3.000 €			
Besteuerungsanteil 80 % von 3.000 € = ... 2.400 €	2.400		
− Werbungskosten-Pauschbetrag (§ 9a Nr. 3)	− 102		
= Einkünfte des Vaters		2.298	
b) Ermittlung der Bezüge des Vaters			
Rentenanteil, der den Besteuerungsanteil übersteigt (3.000 € − 2.400 €) = (20 %)	600		
+ Zuschuss zur Krankenversicherung	236		
+ Wohngeld	747		
	1.583		
− Kostenpauschale (R 33a.1 **Abs. 3 Satz 5** EStR 2012)	− 180		
= Bezüge des Vaters		1.403	
Summe der Einkünfte und Bezüge des Vaters		3.701	
c) Ermittlung der abziehbaren agB			
Die Einkünfte und Bezüge des Vaters = übersteigen den **anrechnungsfreien Betrag** von		3.701 − 624	
= **anzurechnende Einkünfte und Bezüge**		3.077	
Die anzurechnenden Einkünfte und Bezüge sind vom ungekürzten **Höchstbetrag** abzuziehen			− 3.077
= gekürzter Höchstbetrag (§ 33a Abs. 1 Satz 4)			6.331
Es können jedoch **höchstens** die **tatsächlichen Aufwendungen** in Höhe von 3.600 € als **agB** abgezogen werden.			3.600

ÜBUNG → 1. Wiederholungsfragen 6 bis 10 (Seite 312 f.),
2. Fall 4 (Seite 314)

A. Einkommensteuer

Zeitanteilige Ermäßigung

Der **Höchstbetrag** von **9.408 Euro** und der **anrechnungsfreie Betrag** (**Karenzbetrag**) von **624 Euro** sind **Jahresbeträge**.

Sie **ermäßigen sich** um je **ein Zwölftel** für jeden **vollen Kalendermonat**, in dem die **Voraussetzungen** für eine außergewöhnliche Belastung **nicht** vorliegen (§ 33a Abs. 3 **Satz 1**).

Eigene Einkünfte und Bezüge der unterhaltenen Person sind **nur anzurechnen**, **soweit** sie auf den **Unterhaltszeitraum** entfallen (§ 33a Abs. 3 Satz 2).

Der **Jahresbetrag** der **eigenen Einkünfte und Bezüge** ist für die Anwendung des § 33a Abs. 3 Satz 2 grundsätzlich wie folgt auf die Zeiten **innerhalb** und **außerhalb** des **Unterhaltszeitraums aufzuteilen** (R 33a.3 Abs. 2 Satz 1 EStR 2012):

1. Einkünfte aus nichtselbständiger Arbeit, sonstige Einkünfte sowie Bezüge nach dem Verhältnis der in den jeweiligen Zeiträumen zugeflossenen Einnahmen; Pausch-beträge nach § 9a und die Kostenpauschale (180 €) nach R 33a.1 Abs. 3 Satz 5 EStR 2012 sind hierbei zeitanteilig anzusetzen;

2. andere Einkünfte auf jeden Monat des Kalenderjahres mit einem Zwölftel.

BEISPIEL

Ein Steuerpflichtiger unterhielt seine im Inland lebende vermögenslose Mutter vom 15. Juli bis 31. Dezember 2020 (**Unterhaltszeitraum = 6 Monate**) mit insgesamt **3.600 €**.
Die Mutter bezog ganzjährig eine Rente aus der privaten Lebensversicherung von **monatlich 200 €** (Besteuerungsanteil 52 %).
Außerdem hatte sie in 2020 Einkünfte aus Vermietung und Verpachtung von **1.050 €**.

Die abziehbare **außergewöhnliche Belastung** nach § 33a Abs. 1 in Verbindung mit § 33a Abs. 3 und H 33a.3 (Allgemeines) EStH wird wie folgt ermittelt:

	€	€	€
ungekürzter **Höchstbetrag** für das **Kalenderjahr**			9.408
anteiliger **Höchstbetrag** für den Unterhaltszeitraum (⁶⁄₁₂ von 9.408 Euro)			4.704
a) eigene Einkünfte der Mutter im Unterhaltszeitraum			
sonstige Einkünfte im Sinne des § 22 Nr. 1			
Brutto-Rente (12 x 200 €) — 2.400 €			
Besteuerungsanteil 52 % von 2.400 € = — 1.248 €	1.248		
– WKP nach § 9a Nr. 3	– 102		
Einkünfte	1.146		
davon entfallen auf den Unterhaltzeitraum ⁶⁄₁₂ von 1.146 € = 573 €		573	
Einkünfte aus Vermietung und Verpachtung	1.050		
davon entfallen auf den Unterhaltzeitraum ⁶⁄₁₂ von 1.050 €		525	
Summe der Einkünfte im Unterhaltszeitraum		1.098	
Übertrag:		1.098	4.704

14.3 Außergewöhnliche Belastungen

	€	€	€
Übertrag:		1.098	4.704
b) eigene Bezüge der Mutter im Unterhaltszeitraum			
Rentenanteil, der über den Besteuerungsanteil hinausgeht (2.400 € - 1.248 €) = Rentenfreibetrag (48 %)	1.152		
− Kostenpauschale (R 33a.1 Abs. 3 Satz 5 EStR 2012)	− 180		
verbleibende **Bezüge**	972		
davon entfallen auf den Unterhaltszeitraum $^6/_{12}$ von 972 € = 486 €		486	
Summe der eigenen Einkünfte und Bezüge im Unterhaltszeitraum		1.584	
c) Ermittlung der abziehbaren agB			
Die eigenen Einkünfte und Bezüge der Mutter im Unterhaltszeitraum von übersteigen den **anrechnungsfreien Betrag** (Karenzbetrag) von ($^6/_{12}$ von 624 €)		1.584 − 312	
um (= anzurechnende Einkünfte und Bezüge)		1.272	
Die anzurechnenden Einkünfte und Bezüge sind vom anteiligen Höchstbetrag abzuziehen			− 1.272
= **abziehbare außergewöhnliche Belastung**			**3.432**

Die tatsächlichen Aufwendungen von 3.600 € liegen über dem gekürzten Höchstbetrag von 3.432 €, sodass als außergewöhnliche Belastung der Betrag von 3.432 € abgezogen werden kann (§ 33a Abs. 1 Sätze 1 bis 5 und Abs. 3).

Unterhalt für Personen im Ausland

Unterhaltsleistungen an **Personen** mit **Wohnsitz im Ausland** können nur insoweit abgezogen werden, als sie nach den Verhältnissen des **Wohnsitzstaates** der unterhaltenen Person notwendig und angemessen sind; ob der Steuerpflichtige zum Unterhalt **gesetzlich** verpflichtet ist, ist nach **inländischen** Maßstäben zu beurteilen (§ 33a Abs. 1 **Satz 6**).

> **ÜBUNG →** 1. Wiederholungsfrage 11 (Seite 313),
> 2. Fall 5 (Seite 314)

Unterhalt durch mehrere Personen

Tragen **mehrere** Steuerpflichtige zu dem Unterhalt und (oder) einer etwaigen Berufsausbildung **derselben Person** bei und erfüllen sie die Voraussetzungen für einen Freibetrag nach § 33a **Abs. 1**, so wird bei jedem **der Teil** des sich hiernach ergebenden Betrags abgezogen, der seinem **Anteil am Gesamtbetrag der Leistungen** entspricht (§ 33a Abs. 1 **Satz 7**).

304   A. Einkommensteuer

BEISPIEL

Der Steuerpflichtige Josef Klein und seine Schwester Gisela Müller geb. Klein unterhielten ganzjährig im VZ 2020 ihre im Inland lebende vermögenslose Mutter.

Josef Klein hat **4.400 €** und **Gisela** Müller **2.200 €** aufgewendet. Die Mutter erhielt in 2020 eine **Rente** aus der gesetzlichen Rentenversicherung von insgesamt **3.600 €**, deren Besteuerungsanteil 1.800 € beträgt. Der **Zuschuss** zur Krankenversicherung betrug in 2020 **283 €**.

Die abziehbare **außergewöhnliche Belastung** nach § 33a Abs. 1 ist wie folgt zu ermitteln:

	€	€	€
ungekürzter **Höchstbetrag**			9.408
a) eigene Einkünfte der Mutter			
Brutto-Rente (§ 22 Nr. 1)	3.600 €		
Besteuerungsanteil 50 %* von 3.600 € =	1.800 €	1.800	
− Werbungskosten-Pauschbetrag		− 102	
Einkünfte der Mutter			1.698
b) eigene Bezüge der Mutter			
Rentenanteil, der den Besteuerungsanteil übersteigt			
(Rentenfreibetrag) (3.600 € − 1.800 €)		1.800	
+ Zuschuss zur Krankenversicherung		283	
		2.083	
− Kostenpauschale (R 33a.1 Abs. 3 Satz 5 EStR 2012)		− 180	
= Bezüge der Mutter		1.903	
Summe der Einkünfte und Bezüge der Mutter		3.601	
c) Ermittlung der abziehbaren agB			
Die Einkünfte und Bezüge der Mutter =		3.601	
Karenzbetrag		− 624	
= **anzurechnende Einkünfte und Bezüge**		2.977	
Die anzurechnenden Einkünfte und Bezüge sind vom ungekürzten **Höchstbetrag** abzuziehen			− 2.977
= gekürzter Höchsbetrag			6.431
Von den Unterhaltsaufwendungen in Höhe von insgesamt **6.600 €** können als **agB** abgezogen werden			**6.431**

> Von dem Betrag von **6.600 €** entfallen entsprechend ihrem Anteil am Gesamtbetrag der Leistungen auf (§ 33a Abs. 1 Satz 7 EStG)
>
> | | | | |
> |---|---|---|---:|
> | **Josef Klein** | 66,67 % (= 4.400 €/6.600 €) von 6.431 € | | **4.287** |
> | **Gisela Klein** | 33,33 % (= 2.200 €/6.600 €) von 6.431 € | | **2.144** |

* Bestandsrente

ÜBUNG → Fall 6 (Seite 314)

14.3 Außergewöhnliche Belastungen **305**

14.3.2.2 Freibetrag (Ausbildungsfreibetrag) nach § 33a Abs. 2 EStG

Die steuerliche **Freistellung** eines Einkommensbetrags in Höhe des **Existenzminimums** eines Kindes einschließlich der Bedarfe für **Betreuung** und **Erziehung** oder **Ausbildung** wird im gesamten Veranlagungszeitraum entweder durch die **Freibeträge nach § 32 Abs. 6** (Kinder- und Betreuungsfreibetrag) oder durch das **Kindergeld** bewirkt (§ 31 Satz 1).

Darüber hinaus wird zur Abgeltung des **Sonderbedarfs** eines sich in **Berufsausbildung** befindenden, **auswärtig untergebrachten, volljährigen Kindes**, für das Anspruch auf einen **Freibetrag nach § 32 Abs. 6** oder **Kindergeld** besteht, ein **Freibetrag** (Ausbildungsfreibetrag) von **924 Euro** je Kalenderjahr anerkannt (§ 33a Abs. 2 Satz 1).

Die Gewährung des Freibetrags (Ausbildungsfreibetrags) nach § 33a Abs. 2 Satz 1 ist demnach vom Vorliegen folgender **Voraussetzungen** abhängig:

- Das Kind muss sich in **Berufsausbildung** befinden,

- das Kind muss **auswärtig untergebracht** sein (d.h. außerhalb des Haushalts der Eltern wohnen) und

- das Kind muss **volljährig** sein (d.h. das 18. Lebensjahr vollendet haben).

- Für das Kind muss ein Anspruch auf einen **Freibetrag nach § 32 Abs. 6 oder** auf **Kindergeld** (§§ 62 ff.) bestehen.

Berufsausbildung

Eine **Berufsausbildung** i.S.d. § 32 Abs. 4 liegt vor, wenn das Kind durch eine berufliche Ausbildungsmaßnahme die notwendigen fachlichen Fertigkeiten und Kenntnisse erwirbt, die zur Aufnahme eines Berufs (z.B. Steuerfachangestellte) befähigen.

Voraussetzung ist, dass der Beruf durch eine Ausbildung in einem öffentlich-rechtlich geordneten Ausbildungsgang erlernt wird und der Ausbildungsgang durch eine Prüfung abgeschlossen wird (BZSt-Einführungsschreiben vom 27.08.2020, ST II 2 – S 2280-DA/19/00001, A 20.2.1 Abs. 1 Satz 2 DA-KG 2020, beides abrufbar unter www.bzst.de).

Die Berufsausbildung ist als **erstmalige Berufsausbildung** anzusehen, wenn ihr keine andere abgeschlossene Berufsausbildung bzw. kein abgeschlossenes Hochschulstudium vorausgegangen ist (A 20.2.2 Abs. 1 Satz 1 DA-KG 2020, abrufbar unter www.bzst.de).

Zum Tatbestandsmerkmal „**für einen Beruf ausgebildet**" gehören nach § 32 Abs. 4 Satz 1 Nr. 2a **bereits**

- der Besuch von **Allgemeinwissen vermittelnden Schulen** (z.B. Grundschulen, Hauptschulen, Realschulen, Gymnasien) sowie

- von **Fachschulen** und **Hochschulen**.

Der **abgeschlossene Schulabschluss** führt später **nicht** zum **Verbrauch** der **erstmaligen Berufsaubildung (A 20.2.1 Abs. 1 Satz 6 DA_KG 2020)**.

Weitere Tatbestandsmerkmale, die zur Berufsausbildung gehören, enthält das BZSt-Einführungsschreiben vom 27.08.2020, ST II 2 – S 2280-DA/19/00001 (abrufbar unter www.bzst.de).

A. Einkommensteuer

Freibetrag nach § 32 Abs. 6 oder Kindergeld

Der Freibetrag (Ausbildungsfreibetrag) nach § 33a Abs. 2 Satz 1 für **volljährige Kinder**, die sich in der **Berufsausbildung** befinden und **auswärtig untergebracht** sind, kann nur anerkannt werden, wenn ein Anspruch auf einen **Freibetrag nach § 32 Abs. 6** oder **Kindergeld** (§§ 62 ff.) besteht (§ 33a Abs. 2 Satz 1).

Der Ausbildungsfreibetrag für volljährige Kinder, die wegen ihrer Berufsausbildung auswärtig untergebracht sind, wird **nicht** um **deren eigene Einkünfte und Bezüge** oder **Ausbildungshilfen** aus öffentlichen Mitteln (z.B. BAföG-Zuschüsse) **gekürzt**. Damit entfällt eine Einkommensüberprüfung.

BEISPIELE

1. Der Steuerpflichtige A, München, hat eine 19-jährige Tochter, die voraussichtlich in 2021 ihr Abitur absolvieren wird. Die Tochter besucht ein Internat in Salem am Bodensee. Im VZ 2020 hat sie Einkünfte in Höhe von 13.500 € erzielt. Für seine Tochter erhält A Kindergeld.

   Die Tochter (§ 32 Abs. 1) ist ein **zu berücksichtigendes Kind**, weil sie in 2020 das **18., aber noch nicht das 25. Lebensjahr vollendet** hat, auswärtig untergebracht ist und für einen **Beruf** ausgebildet wird (§ 32 Abs. 4 Satz 1 Nr. 2a, A 15.2 Satz 1 DA-KG 2020). Die Einkünfte des Kindes sind irrelevant. A erhält einen **Ausbildungsfreibetrag** nach § 33a Abs. 2 Satz 1 in Höhe von 924 Euro, weil alle Voraussetzungen des § 33a Abs. 2 Satz 1 erfüllt sind.

2. Nach bestandenem Abitur in 2021 beginnt die Tochter des A ein Studium der Informatik in Koblenz.

   Die Tochter (§ 32 Abs. 1) ist ein **zu berücksichtigendes Kind**, weil sie in 2021 das **18., aber noch nicht das 25. Lebensjahr vollendet** hat, auswärtig untergebracht ist und für einen **Beruf** ausgebildet wird (§ 32 Abs. 4 Satz 1 Nr. 2a). A erhält einen **Ausbildungsfreibetrag** nach § 33a Abs. 2 Satz 1 in Höhe von 924 Euro, weil alle Voraussetzungen des § 33a Abs. 2 Satz 1 erfüllt sind.

Nach **§ 32 Abs. 6** erhalten Steuerpflichtige für jedes zu **berücksichtigende Kind** einen **Kinderfreibetrag** von **2.586/5.172 Euro** (ab VZ 2021: 2.730 Euro/5.460 Euro) sowie einen **Freibetrag** (Betreuungsfreibetrag) von **1.320 Euro** (ab 2021 1.464 Euro) für den **Betreuungs-, Erziehungs- oder Ausbildungsbedarf** eines Kindes.

Bei Ehegatten, die **zusammen** zur Einkommensteuer veranlagt werden, **verdoppeln** sich die Beträge. Entsprechend beträgt der Kinderfreibetrag in diesen Fällen **5.172 Euro** (ab VZ 2021: 5.460 Euro) und der Betreuungsfreibetrag **1.320 Euro** (ab 2021: 2.928 Euro).

> **S 2** Einzelheiten zu den Freibeträgen für Kinder erfolgen im Abschnitt 15.1 **„Freibeträge für Kinder"**, Seiten 321 ff.

Kindergeld gibt es für alle Kinder bis zum 18. Lebensjahr, für Kinder in Ausbildung bis zum **25. Lebensjahr**, für Kinder ohne Ausbildungsplatz bis zum 21. Lebensjahr und zeitlich unbegrenzt für Kinder, die wegen einer Behinderung außerstande sind, sich selbst zu unterhalten. Zusätzliche Voraussetzung für die Berücksichtigung der letztgenannten Kinder ist, dass die Behinderung **vor** dem **25. Lebensjahr** eingetreten ist (R 32.9 Satz 3 EStR 2012, A 19.4 DA-KG 2020).

> **ÜBUNG →** 1. Wiederholungsfrage 12 (Seite 313),
> 2. Fälle 7 bis 9 (Seiten 314 f.)

14.3 Außergewöhnliche Belastungen

Zeitanteilige Ermäßigung

Liegen die **Voraussetzungen** für die Gewährung eines Freibetrags nach § 33a Abs. 2 **nur für einen Teil des Kalenderjahres** vor, so wird der Freibetrag von 924 Euro **für jeden vollen Kalendermonat**, für den die Voraussetzungen **nicht** vorgelegen haben, um **je ein Zwölftel** ermäßigt (§ 33a **Abs. 3**).

> **BEISPIEL**
>
> Ein **20-jähriges Kind**, für das der Steuerpflichtige **Kindergeld** erhält, befand sich im VZ 2020 vom **15. Januar** bis **18. September** in der **Berufsausbildung** (Erststudium) und war deswegen **auswärts** untergebracht.
>
> Der Steuerpflichtige erhält für den VZ 2020 einen **Ausbildungsfreibetrag** in Höhe von **693 €** (924 Euro x $^{9}/_{12}$). Für drei volle Monate war das Kind nicht auswärts untergebracht.

> **ÜBUNG →**   1. Wiederholungsfrage 13 (Seite 313),
> 2. Fälle 10 bis 13 (Seiten 315 f.)

Nach Abschluss einer erstmaligen Berufsausbildung oder eines Erststudiums wird ein Kind nur berücksichtigt, wenn das Kind **keiner Erwerbstätigkeit** nachgeht (§ 32 Abs. 4 Satz 2).

Ein Kind ist **erwerbstätig**, wenn es einer auf die Erzielung von Einkünften gerichteten Beschäftigung nachgeht, die den Einsatz seiner persönlichen Arbeitskraft erfordert.

Eine **Erwerbstätigkeit** mit **bis zu 20 Stunden** regelmäßiger wöchentlicher Arbeitszeit, ein Ausbildungsdienstverhältnis oder ein geringfügiges Beschäftigungsverhältnis sind **unschädlich** (§ 32 Abs. 4 Satz 3).

> **BEISPIEL**
>
> Die Diplom-Finanzwirtin (FH) Simone Groß, 24 Jahre alt, arbeitet ab VZ 2020 Teilzeit mit mehr als 20 Wochenstunden und beginnt in 2020 ein Jura-Studium, um später in den höheren Dienst eines Finanzamtes eintreten zu können.
>
> Das Kind hat ein **Erststudium** (Diplom-Finanzwirtin) **abgeschlossen**. Es ist somit die **Erwerbstätigkeit** zu **prüfen**. Eine Erwerbstätigkeit von **mehr als 20 Stunden** pro Woche ist **schädlich**, sodass eine **Berücksichtigung** als Kind **ausgeschlossen** ist.

Auslandskinder

Für **nicht unbeschränkt** einkommensteuerpflichtige Kinder (sog. **Auslandskinder**) mindert sich der Höchstbetrag von **924 Euro** nach den **wirtschaftlichen Verhältnissen des Wohnsitzstaates** der Kinder (§ 33a Abs. 2 Satz 2 i. V. m. § 33a Abs. 1 Satz 6).

Der Ausbildungsfreibetrag nach § 33a Abs. 2 ist nach der **Ländergruppeneinteilung** (BMF-Schreiben vom 20.10.2016, BStBl I 2016, S. 1183) in **voller Höhe** abzuziehen oder auf **drei Viertel** (¾) oder auf **ein Halb** (½) oder auf **ein Viertel** (¼) zu ermäßigen.

308 A. Einkommensteuer

Für die **Ländergruppeneinteilung** (Auszug) nach dem BMF-Schreiben vom 20.10.2016, BStBl I 2016, S. 1183 gilt seit 01.01.2017 Folgendes:

in voller Höhe	mit ¾	mit ½	mit ¼
Wohnsitzstaat des Kindes			
1	2	3	4
Andorra	Bahamas	Algerien	Afghanistan
Belgien	Chile	Argentinien	Ägypten
Dänemark	Estland	Bosnien	Albanien
Finnland	Griechenland	Brasilien	Georgien
Frankreich	Lettland	Bulgarien	Indien
Hongkong	Litauen	China	Indonesien
Irland	Portugal	Kroatien	Kamerun
Island	Saudi Arabien	Kuba	Kenia
Italien	Slowakei	Libanon	Kosovo
Japan	Slowenien	Libyen	Marokko
Luxemburg	Taiwan	Polen	Pakistan
Neuseeland	Tschechische Republik	Rumänien	Syrien
Niederlande	Zypern	Russische Föderation	Tunesien
Norwegen		Serbien	Uganda
Österreich		Thailand	Ukraine
Schweden		Türkei	Usbekistan
Schweiz		Ungarn	
Spanien			
Vereinigte Staaten			

B E I S P I E L

Die Eheleute Colak, Köln, haben eine **19-jährige** Tochter, die in Warschau (**Polen**) bei ihrer Großmutter lebt. Sie studiert dort osteuropäische Sprachen (Erststudium).
Die Tochter ist **nicht** unbeschränkt einkommensteuerpflichtig (**Auslandskind**).
Die Freibeträge (Kinder- und Betreuungsfreibeträge) nach § 32 Abs. 6 sind nicht auf die Großmutter übertragen worden. Der Wohnsitzstaat der Tochter gehört der **Ländergruppe 3** an.

Die **nicht** unbeschränkte Steuerpflicht der Tochter (**Auslandskind**) wirkt sich 2020 auf die **Höhe** des **Ausbildungsfreibetrags nach § 33a Abs. 2** wie folgt aus:

	€	€
Ausbildungsfreibetrag nach § 33a Abs. 2	924	
½ von 924 Euro =		**462**

Um den Freibetrag zur Abgeltung eines Sonderbedarfs bei Berufsausbildung eines volljährigen Kindes (**Ausbildungsfreibetrag nach § 33a Abs. 2**) in Anspruch nehmen zu können, hat der Steuerpflichtige die Zeilen 60 bis 64 der **Anlage Kind** auszufüllen.

ÜBUNG → 1. Wiederholungsfrage 14 (Seite 313),
2. Fall 14 (Seite 316)

14.3 Außergewöhnliche Belastungen

14.3.3 Pauschbeträge für behinderte Menschen, Hinterbliebene und Pflegepersonen (§ 33b EStG)

14.3.3.1 Behinderten-Pauschbetrag

Wegen der Aufwendungen für die Hilfe bei den gewöhnlichen und regelmäßig wiederkehrenden Verrichtungen des täglichen Lebens, für die Pflege sowie für einen erhöhten Wäschebedarf können behinderte Menschen **anstelle** einer Ermäßigung nach § 33 einen **Behinderten-Pauschbetrag** nach **§ 33b** Abs. 3 geltend machen (§ 33b Abs. 1).

Die **Höhe des Pauschbetrags** richtet sich nach dem dauernden **Grad der Behinderung** (GdB).

Als **Pauschbeträge** werden nach § 33b Abs. 3 gewährt bei einem **Grad der Behinderung** (GdB)

bis 2020			ab 2021		
			von	20 %	384 Euro,
von 25 und	30	310 Euro,	von	30 %	620 Euro,
von 35 und	40	430 Euro,	von	40 %	860 Euro,
von 45 und	50	570 Euro,	von	50 %	1.140 Euro,
von 55 und	60	720 Euro,	von	60 %	1.440 Euro,
von 65 und	70	890 Euro,	von	70 %	1.780 Euro,
von 75 und	80	1.060 Euro,	von	80 %	2.120 Euro,
von 85 und	90	1.230 Euro,	von	90 %	2.460 Euro,
von 95 und	100	1.420 Euro.	von	100 %	2.840 Euro.

Für behinderte Menschen ergeben sich oft Mehrkosten für unvermeidbare Fahrten. Hierfür wird ab 2021 ein fester, **behinderungsbedingter Fahrtkosten-Pauschbetrag** eingeführt (§ 33 Abs. 2a n. F.).

> **BEISPIEL**
>
> Ein **lediger** Steuerpflichtiger ist an einem chronischen Leiden erkrankt. Durch einen **Ausweis** nach dem Neunten Sozialgesetzbuch weist der Steuerpflichtige einen Grad der Behinderung von **70** nach.
>
> Der zu gewährende **Behinderten-Pauschbetrag** nach § 33b Abs. 3 beträgt **890 Euro (2021: 1.780 Euro)**.

Bei Beginn, Änderung oder Wegfall der Behinderung **im Laufe eines Kalenderjahres** ist stets der Pauschbetrag nach dem **höchsten** Grad zu gewähren, der im Kalenderjahr festgestellt war. Eine **Zwölftelung** ist **nicht** vorzunehmen (R 33b Abs. 8 EStR 2012).

Für behinderte Menschen, die **hilflos** im Sinne des § 33b **Abs. 6** sind, **und** für **Blinde** erhöht sich der Pauschbetrag gemäß § 33b Abs. 3 Satz 3 auf **3.700 Euro** (ab VZ 2021: 7.400 Euro). **Hilflos** ist eine Person, wenn sie für eine Reihe von häufig und regelmäßig wiederkehrenden Verrichtungen zur Sicherung ihrer persönlichen Existenz im Ablauf eines jeden Tages fremder Hilfe dauernd bedarf (§ 33b Abs. 6 Satz 3).

Die gesundheitlichen Merkmale „hilflos" und „blind" hat der Steuerpflichtige durch einen Ausweis nach dem Neunten Sozialgesetzbuch, der mit den Merkzeichen „H" oder „Bl" gekennzeichnet ist, nachzuweisen (§ 65 Abs. 2 EStDV).

Nach § 65 Abs. 2 Satz 2 EStDV kann der **Nachweis** der Hilflosigkeit **auch** über einen **Bescheid der Pflegekasse** mit der Einstufung als Schwerstbehinderter (mit Pflegestufe III) geführt werden.

A. Einkommensteuer

Die Inanspruchnahme eines Pauschbetrags nach § 33b Abs. 3 **schließt** die Berücksichtigung von **Pflegeaufwendungen** im Rahmen des **§ 33 aus** (R 33.3 Abs. 4 Satz 1 EStR 2012).

Steht der **Behinderten-Pauschbetrag** einem Kind des Steuerpflichtigen zu, für das der Steuerpflichtige Anspruch auf einen **Freibetrag nach § 32 Abs. 6** oder **Kindergeld** hat, so wird der Pauschbetrag auf **Antrag** auf den **Steuerpflichtigen übertragen**, wenn ihn das Kind nicht in Anspruch nimmt. Dabei ist der Pauschbetrag grundsätzlich auf beide Elternteile je zur Hälfte aufzuteilen, es sei denn, die Freibeträge für Kinder wurden auf den anderen Elternteil übertragen (§ 33b **Abs. 5**).

> **BEISPIEL**
>
> Ein Steuerpflichtiger hat eine **14-jährige Tochter**, die von Geburt an **blind** ist. In dem Schwerbehindertenausweis des Kindes ist das Merkmal „**Bl**" eingetragen. Das Kind hat **keine eigenen Einkünfte**. Der Steuerpflichtige erhält für seine Tochter **Kindergeld**.
>
> Der Steuerpflichtige kann **auf Antrag** den **Behinderten-Pauschbetrag** in Höhe von **3.700 Euro** geltend machen, weil seine Tochter wegen fehlender eigener Einkünfte den Pauschbetrag selbst nicht in Anspruch nehmen kann.

Mit dem Behinderten-Pauschbetrag nach **§ 33b** werden die **laufenden Aufwendungen für die Hilfe bei den gewöhnlichen, regelmäßig wiederkehrenden Verrichtungen des täglichen Lebens** pauschal abgegolten. Alle **zusätzlich anfallenden behinderungsbedingten Aufwendungen** (z. B. Operationskosten, Arznei- und Arztkosten) können daneben als außergewöhnliche Belastungen nach **§ 33** berücksichtigt werden (R 33b Abs. 1 **Satz 4** EStR 2012).

Unabhängig von einer Übertragung des Behinderten-Pauschbetrags nach § 33b Abs. 5 können Eltern ihre eigenen zwangsläufigen Aufwendungen für ein behindertes Kind nach § 33 abziehen (R 33b Abs. 2 EStR 2012).

 1. Wiederholungsfragen 15 und 16 (Seite 313),
2. Fall 15 (Seite 316)

14.3.3.2 Hinterbliebenen-Pauschbetrag

Personen, denen laufende **Hinterbliebenenbezüge** bewilligt worden sind, erhalten auf **Antrag** einen **Hinterbliebenen-Pauschbetrag** von **370 Euro**, wenn die Hinterbliebenenbezüge geleistet werden (§ 33b **Abs. 4**)

1. nach dem Bundesversorgungsgesetz oder einem anderen Gesetz, das die Vorschriften des Bundesversorgungsgesetzes über Hinterbliebenenbezüge für entsprechend anwendbar erklärt **oder**

2. nach den Vorschriften über die gesetzliche Unfallversicherung **oder**

3. nach den beamtenrechtlichen Vorschriften an Hinterbliebene eines an den Folgen eines Dienstunfalls verstorbenen Beamten **oder**

4. nach den Vorschriften des Bundesentschädigungsgesetzes über die Entschädigung für Schäden an Leben, Körper oder Gesundheit.

14.3 Außergewöhnliche Belastungen 311

Steht der **Hinterbliebenen-Pauschbetrag** einem Kind des Steuerpflichtigen zu, für das der Steuerpflichtige Anspruch auf einen **Freibetrag nach § 32 Abs. 6** oder **Kindergeld** hat, so wird der Pauschbetrag auf **Antrag** auf den **Steuerpflichtigen übertragen**, wenn ihn das Kind nicht in Anspruch nimmt. Dabei ist der Pauschbetrag grundsätzlich auf beide Elternteile je zur Hälfte aufzuteilen, es sei denn, die Freibeträge für Kinder wurden auf den anderen Elternteil übertragen (§ 33b **Abs. 5**).

14.3.3.3 Pflege-Pauschbetrag

Wegen der außergewöhnlichen Belastungen, die einem Steuerpflichtigen durch die **Pflege einer anderen Person** erwachsen, die nicht nur vorübergehend **hilflos** ist, kann er **an Stelle** einer Steuerermäßigung nach § 33 einen **Pflege-Pauschbetrag** von **924 Euro** im Kalenderjahr geltend machen, wenn er dafür **keine Einnahmen** erhält (§ 33b Abs. 6 Satz 1).

Zu diesen **Einnahmen** zählt unabhängig von der Verwendung **nicht** das von den Eltern eines behinderten Kindes für dieses Kind empfangene **Pflegegeld** (§ 33b Abs. 6 **Satz 2**).

Voraussetzung ist, dass der Steuerpflichtige die Pflege entweder in seiner Wohnung oder in der Wohnung des Pflegebedürftigen **persönlich** durchführt und die Wohnung in einem Mitgliedsstaat der Europäischen Union oder in einem Staat belegen ist, auf den das Abkommen über den Europäischen Wirtschaftsraum anzuwenden ist (§ 33b Abs. 6 Satz 5). Ein Steuerpflichtiger führt die Pflege einer anderen Person auch dann **noch persönlich** durch, wenn er sich zur Unterstützung zeitweise einer **ambulanten Pflegekraft** bedient (R 33b Abs. 4 EStR 2012).

> **BEISPIEL**
>
> Der Steuerpflichtige Christoph Fabel, Mainz, hat in 2020 seine 80-jährige Schwiegermutter in seinen Haushalt aufgenommen und pflegte sie unentgeltlich. Die Mutter ist **hilflos** i. S. d. § 33b Abs. 6. Der Steuerpflichtige bediente sich zur Unterstützung seiner Schwiegermutter zeitweise einer ambulanten Pflegekraft.
>
> Christoph Fabel kann den **Pflege-Pauschbetrag** von **924 Euro** geltend machen, weil die Voraussetzungen des § 33b Abs. 6 erfüllt sind. **Anstelle** des Pflege-Pauschbetrags kann der Steuerpflichtige die Steuerermäßigung nach **§ 33** geltend machen.

Zu beachten ist, dass der **Pflege-Pauschbetrag** nur bei **unentgeltlicher Pflege** zu gewähren ist.

Der **Pflege-Pauschbetrag** kann neben einem übertragenen Pauschbetrag nach **§ 33b Abs. 5** abgezogen werden (R 33b Abs. 6 EStR 2012).

Steuerbegünstigungen, die dem Pflegebedürftigen zustehen, werden durch den Ansatz des Pflege-Pauschbetrags nicht beeinträchtigt.

Ab dem **VZ 2021** wird der Pflegepauschbetrag in Abhängigkeit des **Pflegegrades** gewährt und beträgt entweder **600 Euro** (Pflegegrad 2), **1.100 Euro** (Pflegegrad 3) oder **1.800 Euro** (Pflegegrad 4 und 5).

ÜBUNG →	1. Wiederholungsfragen 17 und 18 (Seite 313),
	2. Fälle 16 bis 18 (Seiten 316 f.)

14.3.4 Zusammenfassung und Erfolgskontrolle
14.3.4.1 Zusammenfassung

14.3.4.2 Erfolgskontrolle
WIEDERHOLUNGSFRAGEN

1. Wann liegt eine außergewöhnliche Belastung vor?
2. Was wird dem Grunde nach für das Vorliegen einer außergewöhnlichen Belastung des § 33 vorausgesetzt?
3. Wie ergibt sich rechnerisch die Höhe der abziehbaren außergewöhnlichen Belastung nach § 33?
4. Was ist unter der zumutbaren Belastung zu verstehen?
5. Was ist die Bemessungsgrundlage für die Berechnung der zumutbaren Belastung?
6. Welche besonderen Fälle der außergewöhnlichen Belastungen werden in § 33a im Einzelnen behandelt?
7. Unter welchen Voraussetzungen kann ein Steuerpflichtiger Unterhaltsaufwendungen als außergewöhnliche Belastung absetzen?

14.3 Außergewöhnliche Belastungen

8. Bis zu welchem Höchstbetrag kann der Steuerpflichtige Unterhaltsaufwendungen vom Gesamtbetrag der Einkünfte als außergewöhnliche Belastung abziehen?

9. Um welche Beträge vermindert sich ggf. der ungekürzte Höchstbetrag?

10. Wie werden diese Beträge berechnet?

11. Wie wird die außergewöhnliche Belastung berechnet, wenn die Voraussetzungen nach § 33a Abs. 1 nur während eines Teils des Kalenderjahres vorgelegen haben?

12. Unter welchen Voraussetzungen kann ein Freibetrag (Ausbildungsfreibetrag) nach § 33a Abs. 2 als außergewöhnliche Belastung abgezogen werden?

13. Um welche Beträge vermindert sich ggf. der Freibetrag (Ausbildungsfreibetrag) nach § 33a Abs. 2?

14. Wie wird der Freibetrag (Ausbildungsfreibetrag) nach § 33a Abs. 2 für sog. Auslandskinder berechnet?

15. Wonach richtet sich die Höhe des Behinderten-Pauschbetrags?

16. Wie hoch muss der Grad der Behinderung mindestens sein, um einen Behinderten-Pauschbetrag nach § 33b Abs. 3 beanspruchen zu können?

17. Wie hoch ist der Hinterbliebenen-Pauschbetrag?

18. Wie hoch ist der Pflege-Pauschbetrag?

FÄLLE

FALL 1

Ein lediger Steuerpflichtiger im Alter von 40 Jahren, der keine Kinder hat, macht seinem Steuerberater für den VZ 2020 folgende Angaben:

Einkünfte aus nichtselbständiger Arbeit	40.000 €
selbstgetragene Krankheitskosten	3.000 €

Ermitteln Sie die abziehbare außergewöhnliche Belastung nach § 33 für den VZ 2020.

FALL 2

Ein lediger Steuerpflichtiger, geb. am 01.01.1956, keine Kinder, macht seinem Steuerberater für den VZ 2020 folgende Angaben:

Einkünfte aus nichtselbständiger Arbeit (17.000 € – 1.000 € WK-PB)	16.000 €
selbstgetragene Krankheitskosten	4.000 €

Ermitteln Sie die abziehbare außergewöhnliche Belastung nach § 33 für den VZ 2020.

FALL 3

Der Steuerpflichtige Willi Kadenbach, geb. am 10.12.1978, ist mit Ursula geb. Müller, geb. am 12.10.1980, verheiratet. Die Eheleute, die zusammen zur Einkommensteuer veranlagt werden, haben zwei Kinder, für die sie Kindergeld erhalten. Für den VZ 2020 machen sie folgende Angaben:

Einkünfte aus nichtselbständiger Arbeit (Ehemann)	25.000 €
Einkünfte aus nichtselbständiger Arbeit (Ehefrau)	24.000 €
selbstgetragene Operationskosten (Ehefrau)	3.000 €

Ermitteln Sie die abziehbare außergewöhnliche Belastung nach § 33 für den VZ 2020.

314 A. Einkommensteuer

FALL 4

Der Steuerpflichtige Kohl unterhielt seinen vermögenslosen im Inland lebenden Großvater im VZ 2020 mit insgesamt 6.000 €. Der Großvater (73 Jahre) erhält seit 01.01.2014 eine kleine, bisher unveränderte betriebliche Rente auf Grund einer Pensionszusage in Höhe von 1.920 € (Jahresbetrag), die nicht auf eigenen Beitragsleistungen beruht. Außerdem erhält er eine ebenfalls unveränderte Rente ab 2015 i.S.d. § 22 Nr. 1 Satz 3 Buchstabe a) Doppelbuchstabe aa) von 2.400 € (Jahresbetrag). Der Zuschuss zur Krankenversicherung betrug 188 €. Außerdem bezog er ein steuerfreies Wohngeld in Höhe von 769 €.

Ermitteln Sie die abziehbare außergewöhnliche Belastung des Steuerpflichtigen Kohl nach § 33a Abs. 1 für den VZ 2020.

FALL 5

Der Steuerpflichtige Wilbert unterstützte seine im Inland lebende vermögenslose Mutter seit dem 01.05.2020 mit monatlich 550 €. Die Mutter erhält seit dem 01.01.2019 mit Vollendung ihres 65. Lebensjahres eine unveränderte Rente aus einer gesetzlichen Rentenversicherung von 175 € monatlich. Der Zuschuss zur Krankenversicherung für Rentner beläuft sich für 2020 auf 165 €/Jahr.

Ermitteln Sie die abziehbare außergewöhnliche Belastung des Steuerpflichtigen Wilbert nach § 33a Abs. 1 für den VZ 2020 .

FALL 6

Der Steuerpflichtige Uwe Neis und sein Bruder Kurt Neis unterstützten im gesamten VZ 2020 ihren vermögenslosen im Inland lebenden Vater. Uwe zahlte monatlich 300 € und Kurt monatlich 600 €. Der Vater erhält seit 01.01.2015 unveränderte Versorgungsbezüge im Sinne des § 19 Abs. 2 Nr. 1 von 2.520 € (Jahresbetrag) und eine bisher unveränderte Rente von 1.440 € aus der gesetzlichen Rentenversicherung, deren Besteuerungsanteil 70 % (Bestandsrente) beträgt. Außerdem bezog er im Kalenderjahr 2020 ein steuerfreies Wohngeld in Höhe von 600 €. Der Zuschuss zur Krankenversicherung beträgt 113 €.

Ermitteln Sie die abziehbare außergewöhnliche Belastung der Steuerpflichtigen Uwe und Kurt Neis für den VZ 2020.

FALL 7

Der Steuerpflichtige Rolf Rader, Bonn, hat eine 17-jährige Tochter, die sich im VZ 2020 während des ganzen Jahres in Berufsausbildung befand. Sie erlernt den Ausbildungsberuf „Steuerfachangestellte". Die Tochter ist im Haushalt ihres Vaters untergebracht. Für seine Tochter erhielt der Steuerpflichtige Kindergeld.

Kann der Steuerpflichtige für den VZ 2020 einen Freibetrag (Ausbildungsfreibetrag) nach § 33a Abs. 2 vom Gesamtbetrag der Einkünfte abziehen?

FALL 8

Der Steuerpflichtige Cornely, Berlin, hat eine 24-jährige Tochter Heike, die im VZ 2020 während des ganzen Jahres in München Jura studierte. Heike wohnt in München. Für seine Tochter erhielt der Steuerpflichtige Kindergeld.

Kann der Steuerpflichtige für den VZ 2020 einen Freibetrag (Ausbildungsfreibetrag) nach § 33a Abs. 2 vom Gesamtbetrag der Einkünfte abziehen?

14.3 Außergewöhnliche Belastungen 315

FALL 9

Der Steuerpflichtige Dieter Metzler, Ludwigshafen, und seine Ehefrau, die mit ihm zusammen zur Einkommensteuer veranlagt wird, haben einen 23-jährigen Sohn Wolfgang. Wolfgang studierte und wohnte während des ganzen Jahres 2020 in Trier. Dem Steuerpflichtigen sind hierdurch Aufwendungen erwachsen. Die Eheleute erhielten für ihren Sohn Wolfgang Kindergeld. Wolfgang hatte in 2020 einen Arbeitslohn aus einem sozialversicherungspflichtigen Ferienjob in Höhe von 4.020 € bezogen. Der Arbeitnehmeranteil zur Sozialversicherung betrug 800 €. Außerdem hatte er eine Ausbildungshilfe aus öffentlichen Mitteln als Zuschuss in Höhe von 500 € erhalten.

Ermitteln Sie den abziehbaren Freibetrag (Ausbildungsfreibetrag) nach § 33a Abs. 2 für den VZ 2020.

FALL 10

Die Eheleute Meyer, Düsseldorf, die zusammen zur Einkommensteuer veranlagt werden, haben eine Tochter, für die sie Kindergeld erhalten. Die Tochter hat mit Ablauf des 15.06.2020 das 18. Lebensjahr vollendet. Sie befand sich im VZ 2020 das ganze Jahr hindurch in Berufsausbildung und war deswegen auswärtig untergebracht. Den Steuerpflichtigen sind hierdurch Aufwendungen erwachsen.

Ermitteln Sie den abziehbaren Freibetrag (Ausbildungsfreibetrag) nach § 33a Abs. 2 für den VZ 2020.

FALL 11

Ein auswärtig untergebrachtes Kind schließt nach dem Abitur zunächst eine Berufsausbildung mit der Gesellenprüfung ab und studiert ab dem Jahr 2018. Ab dem 20.07.2020 nimmt es neben dem Studium eine unbefristete Erwerbstätigkeit im Umfang von mehr als 20 Wochenstunden auf. Das Kind vollendet das 25. Lebensjahr mit Ablauf 31.01.2021.

Für welche Monate kann das Kind in 2020 berücksichtigt werden? *zweite Beruf*

FALL 12

Der Steuerpflichtige Hans-Joachim Michels, Ludwigshafen, und seine Ehefrau, die mit ihm zusammen zur Einkommensteuer veranlagt wird, haben einen Sohn Markus, für den die Eltern Kindergeld erhielten. Markus, zu Beginn des VZ 2020 24 Jahre alt, befand sich bis Ende Oktober 2020 in Berufsausbildung (Studium/Erstausbildung) und war deswegen auswärtig untergebracht.

Dem Steuerpflichtigen sind hierdurch Aufwendungen erwachsen.

Markus hatte in 2020 einen Arbeitslohn aus einem sozialversicherungsfreien Ferienjob in Höhe von 3.320 € bezogen. Hiervon entfallen 1.450 € auf die Zeit vom 01.01. bis 31.10.2020. Außerdem hat er eine Ausbildungshilfe aus öffentlichen Mitteln als Zuschuss in Höhe von 500 € für den Ausbildungszeitraum erhalten.

Ermitteln Sie den abziehbaren Ausbildungsfreibetrag nach § 33a Abs. 2 für den VZ 2020.

316   A. Einkommensteuer

FALL 13

Der seit drei Jahren verwitwete Gewerbetreibende Norbert Dautzenberg, wohnhaft in Köln, dessen Gesamtbetrag der Einkünfte 2020 100.000 € betragen hat, unterstützte seine beiden Kinder Martin und Julia 2020 in folgendem Umfang:

1. Julia, 19 Jahre alt, besuchte in Freiburg ein Internat, das die Voraussetzungen des § 10 Abs. 1 Nr. 9 erfüllt. Julia kam lediglich in den Schulferien nach Hause. Von den monatlichen Internatskosten in Höhe von 1.000 € entfielen 400 € auf Kosten der Beherbergung, Betreuung und Verpflegung des Kindes.
    Für Julia erhielt Herr Dautzenberg Kindergeld.

2. Martin, 26 Jahre alt, studierte in Koblenz Informatik. Während der Semesterferien hat er 2020 lt. Lohnsteuerbescheinigung einen sozialversicherungsfreien Arbeitslohn von 4.200 € bezogen. Sein Vater unterstützte ihn mit monatlich 400 € zuzüglich 80 € für die studentische Kranken- und Pflegeversicherung, ohne Anspruch auf Krankengeld. Für Martin erhielt Herr Dautzenberg kein Kindergeld. Martin hat insgesamt ein Vermögen in Höhe von 25.000 €.

Ermitteln Sie die abziehbaren außergewöhnlichen Belastungen des Steuerpflichtigen Dautzenberg nach § 33a Abs. 1 und Abs. 2 für den VZ 2020.

FALL 14

Sachverhalt wie im Beispiel auf Seite 306 mit dem Unterschied, dass die Tochter bei ihrer Großmutter in Italien lebt und dort eine Schule besucht.

Ermitteln Sie den abziehbaren Freibetrag (Ausbildungsfreibetrag) nach § 33a Abs. 2 für den VZ 2020.

FALL 15

Die Eheleute Querbach, die zusammen zur Einkommensteuer veranlagt werden, sind beide behindert.

Der Grad der Behinderung des Ehemannes beträgt 50 % und der Grad der Behinderung der Ehefrau 40 %. Die Nachweise für die Gewährung der Behinderten-Pauschbeträge liegen vor.

Ermitteln Sie die Behinderten-Pauschbeträge nach § 33b Abs. 3 der Eheleute Querbach für den VZ 2020.

FALL 16

Der ledige Steuerpflichtige Franz Klein, Bonn, hat seine 75-jährige Mutter in seinen Haushalt aufgenommen. Die Mutter ist infolge eines Gehirnschlags hilflos und daher dauernd pflegebedürftig. Franz Klein pflegte seine Mutter persönlich und unentgeltlich. Durch die Krankheit der Mutter sind dem Steuerpflichtigen selbstgetragene Kosten in Höhe von 2.000 € entstanden. Der Gesamtbetrag der Einkünfte des Steuerpflichtigen hat im VZ 2020 25.000 € betragen.

Ermitteln Sie die abziehbare außergewöhnliche Belastung nach § 33 und § 33b Abs. 6 des Steuerpflichtigen für den VZ 2020.

FALL 17

Ordnen Sie die folgenden Ausgaben, die die Eheleute Karl und Karola Fischer nachweisen, den Werbungskosten (WK), den Sonderausgaben (SA), den außergewöhnlichen Belastungen (agB) oder den Kosten der privaten Lebensführung (KdpL) zu.

14.3 Außergewöhnliche Belastungen

	Ausgaben	WK	SA	agB	KdpL
a)	Beiträge zur privaten Hausratversicherung				
b)	Unterstützung der vermögenslosen Mutter von Karl Fischer				
c)	Beiträge zur privaten Rechtschutzversicherung				
d)	Aufwendungen für typische Berufskleidung				
e)	Fachliteratur für einen ausgeübten Beruf				
f)	Aufwendungen für das Erststudium				
g)	Beiträge zur Hundehaftpflichtversicherung				
h)	Beiträge zur Haftpflichtversicherung für das eigengenutzte Einfamilienhaus				
i)	Beerdigungskosten für die vermögenslose Mutter von Karl Fischer				
j)	Beiträge zur privaten Kfz-Vollkaskoversicherung				
k)	Steuerberatungskosten für die Erbschaftsteuererklärung der Eheleute Fischer				

FALL 18

Der Steuerpflichtige Dieter Müller, geb. am 10.10.1967, ist mit Helga geb. Schneider, geb. am 10.09.1969, verheiratet. Beide wohnen in Kaiserslautern. Die Eheleute haben zwei Kinder, für die sie Kindergeld erhalten.

Tochter Inge, geb. am 20.02.1997, studiert in Bonn Jura. Inge wohnt in Bonn. Die Eltern tragen die Kosten des Studiums.

Sohn Peter, geb. am 10.06.1998, ist seit Geburt blind. In seinem Schwerbehindertenausweis ist das Merkmal „Bl" eingetragen.

Für den VZ 2020 machen die Eheleute ihrem Steuerberater folgende Angaben:

1. Einkünfte aus Gewerbebetrieb (Ehemann) 38.362 €
2. Einkünfte aus Vermietung und Verpachtung (Ehefrau) 2.633 €
3. Helga Müller wurde operiert. Die von der Krankenversicherung nicht übernommenen Kosten betrugen 2.500 €
4. Dieter Müller unterstützt seine vermögenslose Mutter mit monatlich 200 €
   Die Mutter erhielt eine gesetzliche Brutto-Rente von insgesamt 2.400 €. Der Besteuerungsanteil beträgt 76 % (Bestandsrente). Die Rente hat sich seit 2018 nicht geändert. Der Zuschuss zur Krankenversicherung betrug monatlich 16 €
5. Für das Studium der Tochter Inge zahlte Dieter Müller monatlich 300 €
6. Wegen einer im Betrieb erlittenen Körperverletzung bezieht Müller eine Rente aus der Berufsgenossenschaft von jährlich 900 €
   Der Grad der Behinderung beträgt seit dem Arbeitsunfall 30.
7. Sohn Peter ist hilflos und dauernd pflegebedürftig.
   Peter lebt im Haushalt seiner Eltern und wird von seiner Mutter kostenlos gepflegt.

Ermitteln Sie die abziehbaren außergewöhnlichen Belastungen der Eheleute Müller für den VZ 2020.

Weitere Aufgaben mit Lösungen zu den außergewöhnlichen Belastungen finden Sie im **Lösungsbuch** der Steuerlehre 2.

A. Einkommensteuer

Zusammenfassende Erfolgskontrolle

1 Sachverhalt

1.1 Persönliche Verhältnisse

Joachim Weins, geb. am 01.01.1955, ist seit 1990 mit Bettina geb. Fröhlich, geb. am 27.07.1967, verheiratet. Die Eheleute sind konfessionslos. Beide wohnen seit dem 01.07.2011in ihrem Einfamilienhaus in Koblenz.

Aus der Ehe der Eheleute Weins sind zwei Kinder hervorgegangen:

Sohn Stefan, geb. am 27.03.1999. Er wurde in Köln ausgebildet und bestand im Juni 2020 seine Prüfung als Steuerfachangestellter. Anschließend unternahm er im Juli und August eine Studienreise quer durch Europa. Seit dem 01.09.2020 arbeitet Stefan als Steuerfach-angestellter bei einem Kölner Steuerberater. Seine Einkünfte betrugen in der Ausbildung 1.000 €/Monat und ab September 2.800 €/Monat. Stefan wohnt seit 2019 in einer eigenen Wohnung in Köln. Die Eltern haben die Kosten der Ausbildung getragen.

Tochter Andrea, geb. am 06.06.2003. Sie besuchte in 2020 in Koblenz die Berufsfachschule Wirtschaft. Andrea wohnt bei ihren Eltern, die die Kosten ihrer Ausbildung tragen. Andrea hatte in 2020 eigene Einkünfte von 780 €.

1.2 Einkünfte

Joachim Weins ist Gesellschafter und Geschäftsführer der Rhein-Mosel-KG, Koblenz. Das Wirtschaftsjahr der KG läuft vom 01.04. bis 31.03. Die Gesellschaft erzielte im Wirtschafts-jahr 2019/2020 einen Handelsbilanzgewinn von 107.750 € und in 2020/2021 einen Handelsbilanzverlust von 13.000 €. Herr Weins ist mit 40 % an der KG beteiligt.
Er erhielt in beiden Wirtschaftsjahren ein Geschäftsführergehalt von 50.000 €, das in der Handelsbilanz erfolgswirksam gebucht wurde.
Außerdem hat Herr Weins der KG ein Darlehen gewährt. Die KG hat ihm dafür Zinsen gezahlt. Die Zinsen wurden bei der KG als Zinsaufwendungen gebucht, und zwar in 2019/2020 3.000 € und in 2020/2021 2.400 €.

Frau Weins arbeitet halbtags bei einem Steuerberater als Buchhalterin. Sie weist Werbungs-kosten in Höhe von 780,00 € nach. Die Lohnsteuerbescheinigung 2020 enthält u.a. folgende Angaben:

Bruttoarbeitslohn (Steuerklasse 3)	22.400,00 €
Lohnsteuer	0,00 €
Solidaritätszuschlag	0,00 €
Kirchensteuer	0,00 €
AN-Anteil Krankenversicherung (mit Anspruch auf Krankengeld)	1.758,40 €
AN-Anteil Pflegeversicherung	341,60 €
AN-Anteil Rentenversicherung	2.083,20 €
AN-Anteil Arbeitslosenversicherung	268,80 €
AG-Anteil Rentenversicherung	2.083,20 €

Frau Weins besitzt Aktien der VW AG, Wolfsburg. Sie erhielt in 2020 368,13 € für 2019 und in 2021 427,03 € für 2020 Nettodividenden (nach Abzug der KapESt und des SolZ). Einen Freistellungsauftrag gegenüber ihrer Bank hat sie nicht erteilt.

Frau Weins wurden in 2020 für ihr Bausparguthaben 190 € Zinsen (ein Freistellungsauftrag in Höhe von 200 € lag der Bausparkasse vor) von der Bausparkasse gutgeschrieben. Der Bausparvertrag dient nicht der Erzielung von Einkünften aus Vermietung und Verpachtung.

Die Eheleute Weins haben am 01.04.2011 ein Einfamilienhaus (Baujahr 1983) gekauft, das sie am 01.07.2011 bezogen haben.

Bis zum 30.06.2011 wohnten die Eheleute Weins in einem in Koblenz gelegenen Mietwohngrundstück, das einer Erbengemeinschaft gehört. An dieser Gemeinschaft ist Herr Weins mit einem Drittel beteiligt. Die Einnahmen aus diesem Grundstück haben 2020 insgesamt 14.442 € betragen, die Werbungskosten – infolge Erhaltungsaufwendungen – 18.189 €.

Herr Weins bezieht seit dem 01.07.2015 aus einer privaten Rentenversicherung mit einem Ertragsanteil von 22 % eine monatliche Rente von 800 €.

1.3 Sonstige Angaben

Neben den bisher im Text genannten Beträgen hatten die Eheleute Weins in 2020 folgende Ausgaben, die sie steuerlich absetzen wollen:

Spende zur Förderung von Kunst und Kultur	607 €
Spende zur Förderung von Wissenschaft und Forschung	250 €
Spende an eine politische Partei	200 €
Beiträge zur privaten Krankenversicherung des Ehemannes (ohne Komfortleistungen)	2.860 €
Beiträge zur privaten Pflegeversicherung des Ehemannes	279 €
Beiträge zur privaten Leibrentenversicherung i.S.d. § 10 Abs. 1 Nr. 2b der Ehefrau	2.400 €
Beiträge zur privaten Haftpflichtversicherung (Ehemann)	60 €
Beiträge zur privaten Kfz-Haftpflichtversicherung (Ehemann)	480 €
Beiträge zur privaten Kfz-Kaskoversicherung (Ehemann)	360 €

Frau Weins leistete in 2020 Unterhaltsleistungen von monatlich 260 € an ihren Vater. Der Vater ist 84 Jahre alt und seit 2003 pensioniert. Er bezog in 2020 eine Beamtenpension von monatlich 230 €, außerdem eine monatliche Leibrente aus einer privaten Lebensversicherung von 195 €, deren Ertragsanteil 30 % beträgt. Er hat ein kleines Einfamilienhaus, das er allein bewohnt (Einheitswert: 11.000 €). Das Einfamilienhaus ist ein angemessenes Hausgrundstück i.S.d. § 90 Abs. 2 Nr. 8 SGB XII. Anderes Vermögen besitzt er nicht.

2 Aufgabe

Ermitteln Sie das Einkommen der Eheleute Weins für den VZ 2020.

15 Zu versteuerndes Einkommen

Das **Einkommen**, vermindert um die **Freibeträge für Kinder** und den **Härteausgleich**, ergibt das **zu versteuernde Einkommen**.

Das **zu versteuernde Einkommen** ist die **Bemessungsgrundlage** für die **tarifliche Einkommensteuer** (§ 2 Abs. 5 EStG) und wird nach folgendem Schema ermittelt:

1.	Einkünfte aus Land- und Forstwirtschaft (§ 13)
2.	Einkünfte aus Gewerbebetrieb (§ 15)
3.	Einkünfte aus selbständiger Arbeit (§ 18)
4.	Einkünfte aus nichtselbständiger Arbeit (§ 19)
5.	Einkünfte aus Kapitalvermögen (§ 20)
6.	Einkünfte aus Vermietung und Verpachtung (§ 21)
7.	sonstige Einkünfte im Sinne des § 22
=	**Summe der Einkünfte**
−	Altersentlastungsbetrag (§ 24a)
−	Entlastungsbetrag für Alleinerziehende (§ 24b)
−	Freibetrag für Land- und Forstwirte (§ 13 Abs. 3)
	Gesamtbetrag der Einkünfte (§ 2 Abs. 3)
−	Verlustabzug nach § 10d
−	Sonderausgaben (§§ 10, 10c, 10a, 10b)
−	außergewöhnliche Belastungen (§ 33 bis 33b)
−	sonstige Abzugsbeträge (z. B. § 7 FördG)
+	Erstattungsüberhänge (§ 10 Abs. 4b Satz 3)
	Einkommen (§ 2 Abs. 4)
−	**Freibeträge für Kinder** (§§ 31, 32 Abs. 6)
−	**Härteausgleich** nach § 46 Abs. 3, § 70 EStDV
=	**zu versteuerndes Einkommen** (§ 2 Abs. 5)

Sind die **Freibeträge nach § 32 Abs. 6 günstiger als** das **Kindergeld**, so werden im Rahmen der Veranlagung die **Freibeträge nach § 32 Abs. 6** bei der Ermittlung des zu versteuernden Einkommens **abgezogen und** das gezahlte **Kindergeld** – wie die gezahlten Altersvorsorge-Zulagen (§ 10a) – der **tariflichen Einkommensteuer hinzugerechnet** (§ 2 Abs. 6 Satz 3).

> S 2   Einzelheiten zur **tariflichen** und **festzusetzenden** Einkommensteuer erfolgen im Kapitel 16 „Ermittlung der Einkommensteuerschuld", Seiten 345 ff.

15.1 Freibeträge für Kinder

Die steuerliche Freistellung eines Einkommensbetrags in Höhe des **Existenzminimums** eines Kindes einschließlich der Bedarfe für Betreuung und Erziehung oder Ausbildung wird im gesamten Veranlagungszeitraum entweder durch die **Freibeträge nach § 32 Abs. 6** oder durch **Kindergeld** bewirkt (§ 31 Satz 1).

Zu den **Freibeträgen nach § 32 Abs. 6** gehören:

- der **Kinderfreibetrag** und
- der Freibetrag für Betreuung, Erziehung oder Ausbildung **(Betreuungsfreibetrag)**.

15.1.1 Kinderfreibetrag

Die **Gewährung** der Freibeträge nach § 32 Abs. 6 **setzt voraus**, dass das **Kind** (§ 32 Abs. 1 und Abs. 2) **zu berücksichtigen ist** (nach § 32 Abs. 3, 4 oder 5).

15.1.1.1 Einkommensteuerlicher Kindbegriff

Kinder im Sinne des § 32 **Abs. 1** sind

1. **im ersten Grad mit dem Steuerpflichtigen verwandte Kinder** und
2. **Pflegekinder**.

zu 1. Kinder, die im ersten Grad mit dem Steuerpflichtigen verwandt sind

Kinder, die im **ersten Grad** mit dem **Steuerpflichtigen verwandt** sind, sind dessen

- (leibliche) **Kinder** einschließlich
- **angenommener Kinder** (Adoptivkinder).

Die **Mutter** eines Kindes ist die Frau, die es geboren hat (§ 1591 BGB).
Der **Vater** eines Kindes ist der Mann, der zum Zeitpunkt der Geburt mit der Mutter des Kindes verheiratet ist, die Vaterschaft anerkannt hat oder dessen Vaterschaft nach § 1600d BGB gerichtlich festgestellt ist (§ 1592 BGB).

> **BEISPIEL**
>
> Die Eheleute Bach, Koblenz, haben einen gemeinsamen Sohn Stephan, der am 10.12.2012 geboren wurde.
>
> **Stephan** ist im **1. Grad** mit seinen **Eltern verwandt**, weil er ein leibliches Kind der Eheleute Bach ist (§ 32 Abs. 1 **Nr. 1**).

zu 2. Pflegekinder

Pflegekinder sind Personen, mit denen der Steuerpflichtige durch ein **familienähnliches**, auf längere Dauer berechnetes **Band verbunden** ist, **sofern** er sie **nicht** zu **Erwerbszwecken** in seinem **Haushalt aufgenommen** hat und das **Obhuts-** und **Pflegeverhältnis zu den Eltern nicht mehr besteht** (§ 32 Abs. 1 **Nr. 2**).

Pflegekinder und Adoptivkinder werden bei den **Pflegeeltern und Adoptiveltern** und **nicht** bei den **leiblichen Eltern berücksichtigt** (§ 32 **Abs. 2**).

Ist ein leibliches Kind eines Steuerpflichtigen bei einer anderen Person **Pflegekind oder Adoptivkind**, so ist es ab diesem Zeitpunkt (**Monatsprinzip**) **nur als Pflegekind oder Adoptivkind bei den Pflegeeltern zu berücksichtigen**.

Die Möglichkeit der **Mehrfachberücksichtigung** ist durch die Umstellung vom Jahresprinzip auf das Monatsprinzip **beseitigt** worden.

Für die **leiblichen Eltern** besteht lediglich noch ein **zivilrechtlicher Ausgleichsanspruch**.

15.1.1.2 Steuerlich zu berücksichtigende Kinder

Steuerlich **zu berücksichtigende Kinder** sind Kinder im Sinne des EStG, die bestimmte im Folgenden beschriebene **Voraussetzungen erfüllen**.

15.1.1.2.1 Steuerpflicht

Die steuerliche Berücksichtigung eines Kindes ist **nicht** von der **unbeschränkten** Steuerpflicht des **Kindes** abhängig. Die **nicht unbeschränkte Steuerpflicht** wirkt sich **ggf.** auf die **Höhe des Kinderfreibetrages** aus (siehe Abschnitt 15.1.1.3.1 „Voller Kinderfreibetrag", Seiten 331 f.).

> **BEISPIEL**
>
> Die Eheleute Colak, Koblenz, haben zwei Kinder: **Daniel**, 14 Jahre, und **Elif**, 11 Jahre alt.
> **Daniel** kam im Juni 2019 aus der Türkei nach Köln und lebt seither bei seinen Eltern.
> **Elif** blieb bei ihrer Großmutter in der Türkei.
>
> **Beide Kinder** sind steuerlich **zu berücksichtigende Kinder** (§ 32 **Abs. 1** i. V. m. § 32 **Abs. 3**).
> **Daniel** ist **unbeschränkt** einkommensteuerpflichtig (§ 1 Abs. 1), während **Elif nicht unbeschränkt** einkommensteuerpflichtig ist. Die **nicht unbeschränkte** Steuerpflicht von Elif (**Auslandskind**) wirkt sich ggf. auf die **Höhe** des **Kinderfreibetrages** aus (siehe Abschnitt 15.1.1.3.1 „Voller Kinderfreibetrag", Seiten 331 f.).

Bei Kindern, die sich von vornherein in einem begrenzten Zeitraum von bis zu einem Jahr im Ausland aufhalten, ist grundsätzlich davon auszugehen, dass der inländische Wohnsitz beibehalten wird, sodass Inlandsaufenthalte für die Beibehaltung des Wohnsitzes nicht erforderlich sind.

Kinder, die sich zur Ausbildung länger als ein Jahr im Ausland aufhalten, behalten ihren Wohnsitz in der elterlichen Wohnung nur bei, wenn sie diese in der ausbildungsfreien Zeit zumindest überwiegend nutzen. Hält sich ein Kind nicht nur vorübergehend zum Schulbesuch im Ausland auf, führen besuchsweise Aufenthalte in der elterlichen Wohnung auch dann nicht zur Beibehaltung des inländischen Wohnsitzes, wenn die Rückkehr des Kindes nach Deutschland nach Erreichen des Schulabschlusses beabsichtigt ist (A 23.1 Abs. 7 DA-KG 2020).

> **MERKE →** Die **nicht unbeschränkte** Steuerpflicht **eines Kindes** wirkt sich auf die **Höhe** des **Kinderfreibetrages** aus (§ 32 Abs. 6 Satz 4).

15.1 Freibeträge für Kinder   323

15.1.1.2.2 Alter des Kindes und andere Voraussetzungen

Die steuerliche **Berücksichtigung** des Kindes ist **abhängig** von dessen **Alter und ab 18 Jahren** noch von **anderen Voraussetzungen**.

Das EStG unterscheidet folgende **fünf Gruppen** von Kindern:

1. Kinder unter **18 Jahren** (§ 32 **Abs.3**),
2. Kinder **von 18 bis 24 Jahren** (§ 32 Abs. 4 **Nr.2**),
3. Kinder **von 18 bis 20 Jahren** (§ 32 Abs. 4 **Nr.1**),
4. **behinderte** Kinder (§ 32 Abs. 4 **Nr.3**) und
5. Kinder **über 21** bzw. **über 25 Jahren** (§ 32 **Abs.5**).

15.1.1.2.2.1 Kinder unter 18 Jahren

Ein **Kind** wird in dem Kalender**monat**, in dem es lebend **geboren wurde**, **und** in jedem **folgenden** Kalender**monat**, zu dessen Beginn es das **18. Lebensjahr noch nicht vollendet hat**, ohne weitere Voraussetzungen **berücksichtigt** (§ 32 **Abs.3**).

Es kommt **nicht** darauf an, ob sich das Kind in der (Schul-)Ausbildung befindet. Nach § 108 Abs. 1 AO gilt für die **Berechnung des Lebensalters § 187 Abs. 2 BGB**. Danach ist ein Lebensjahr mit Ablauf des dem jeweiligen Geburtstag vorangehenden Tages vollendet.

BEISPIEL

Die Eheleute Egon und Elke Schäfer wohnen in Köln. Sie haben einen gemeinsamen Sohn **Hans**, der bei seinen Eltern lebt und am 02.01.2010 geboren wurde.

Für ihr Kind erhielten sie in 2020 **2.748 €** (204 € x 12 + 300 € Einmalbetrag 2020 zum Kindergeld) Kindergeld ausgezahlt (§ 66 Abs. 1 Satz 1).

Das **Kind** (§ 32 **Abs.1**) wird für den **gesamten VZ 2020** bei seinen Eltern **berücksichtigt**, weil es 2020 das 18. Lebensjahr noch nicht vollendet hat (§ 32 **Abs.3**).

Für das Jahr 2020 stehen den Eltern die Freibeträge für Kinder nach § 32 Abs. 6 zu.

Für **Kinder vor Vollendung des 18. Lebensjahres** sind Angaben in der **Anlage Kind** zur Einkommensteuererklärung 2020 **nur** in den **Zeilen 1 bis 10** vorzunehmen.

Die Eheleute Schäfer machen für ihren Sohn **Hans** nur in den **Zeilen 1 bis 10** der **Anlage Kind** für den VZ 2019 folgende Angaben:

2020

Anlage Kind			
Für jedes Kind bitte eine eigene Anlage Kind abgeben.			

1 Name: Schäfer

2 Vorname: Egon und Elke

3 Steuernummer: 215/57/3004 | Ifd. Nr. der Anlage: 1

Daten für die mit @ gekennzeichneten Zeilen liegen im Regelfall vor und müssen nicht eingetragen werden. – Bitte Infoblatt eDaten / Anleitung beachten –

Angaben zum Kind   3

4 Identifikationsnummer 01 89127642031 | ggf. abweichender Familienname

5 Vorname: Hans

6 Geburtsdatum 16 02.01.2011 | Anspruch auf Kindergeld (einschließlich Kinderbonus) oder vergleichbare Leistungen für 2020 15 EUR 2.748 –

7 Für die Kindergeldfestsetzung zuständige Familienkasse: 50672 Köln

8 Wohnsitz im Inland 00   vom 01.01.   bis 31.12.   ggf. abweichende Adresse

9 Wohnsitz im Ausland 07   vom   bis   ggf. abweichende Adresse (bei Wohnsitz im Ausland bitte auch den Staat angeben) (Kz14)

Kindschaftsverhältnis zur stpfl. Person / Ehemann / Person A	**Kindschaftsverhältnis zur Ehefrau / Person B**
10 02 1 1 = leibliches Kind / Adoptivkind 2 = Pflegekind 3 = Enkelkind / Stiefkind	03 1 1 = leibliches Kind / Adoptivkind 2 = Pflegekind 3 = Enkelkind / Stiefkind

A. Einkommensteuer

15.1.1.2.2.2 Kinder von 18 bis 24 Jahren

Ein **Kind**, das das **18. Lebensjahr**, aber noch **nicht** das **25. Lebensjahr vollendet** hat, wird nach § 32 Abs. 4 Satz 1 **Nr. 2** berücksichtigt, **wenn es**

a) für einen **Beruf ausgebildet** wird oder

b) sich in einer **Übergangszeit** von **höchstens vier Monaten** zwischen **zwei Ausbildungsabschnitten oder** zwischen einem **Ausbildungsabschnitt** und der Ableistung des gesetzlichen **Wehr- oder Zivildienstes** oder einer vom Wehr- oder Zivildienst **befreienden Tätigkeit** befindet oder

c) eine Berufsausbildung **mangels Ausbildungsplatzes** nicht beginnen oder fortsetzen kann oder

d) ein **freiwilliges soziales Jahr**, ein freiwilliges **ökologisches Jahr**, einen **Freiwilligendienst der EU** oder einen **anderen Dienst** im **Ausland** leistet.

Weiterführende Erläuterungen enthält die vom Bundeszentralamt für Steuern herausgegebene Dienstanweisung zum Kindergeld nach dem Einkommensteuergesetz (DA-KG), Stand 2020, BZSt vom 27.08.2020, St II 2 – S 2280-DA/19/00001, abrufbar unter www.bzst.de).

> **BEISPIEL**
>
> Die Eheleute Becker, Koblenz, die zusammen veranlagt werden, haben eine gemeinsame Tochter Lara, die am **11.11.2000** geboren wurde und in Koblenz bis zum 31.07.2020 das **Wirtschaftsgymnasium** besuchte. Nach dem Abitur beginnt sie ab 01.08.2020 eine Ausbildung zur Steuerfachangestellten. Für ihre Tochter erhielten die Eheleute in 2020 Kindergeld.
>
> Das **Kind** (§ 32 **Abs. 1**) ist ein **zu berücksichtigendes Kind**, weil es in 2020 das **18.**, aber noch **nicht das 25. Lebensjahr vollendet** hat **und** für einen **Beruf ausgebildet** wird. Die Eltern haben 2020 Anspruch auf die Freibeträge für Kinder nach § 32 Abs. 6.
>
> Die Eheleute haben in den **Zeilen 16 und 17** der **Anlage Kind** zusätzliche Angaben für den VZ 2020 zu machen.

Angaben für ein volljähriges Kind

Das Kind
– befand sich in einer Schul-, Hochschul- oder Berufsausbildung,
– befand sich in einer Übergangszeit von höchstens vier Monaten (z. B. zwischen zwei Ausbildungsabschnitten),
– konnte eine Berufsausbildung mangels Ausbildungsplatzes nicht beginnen oder fortsetzen und / oder
– hat ein freiwilliges soziales oder ökologisches Jahr (Jugendfreiwilligendienstegesetz), eine europäische Freiwilligenaktivität, einen entwicklungspolitischen Freiwilligendienst, einen Freiwilligendienst aller Generationen (§ 2 Abs. 1a SGB VII), einen Internationalen Jugendfreiwilligendienst, Bundesfreiwilligendienst oder einen Anderen Dienst im Ausland (§ 5 Bundesfreiwilligendienstgesetz) geleistet. (Folgen diese Abschnitte unmittelbar aufeinander, sind sie zu einem Zeitraum zusammenzufassen.)

		1. Zeitraum			2. Zeitraum	
		vom	bis		vom	bis
16	80	01.01.2020	31.12.2020	81		
17	Erläuterungen zu den Berücksichtigungszeiträumen	Gymnasium, Berufsausbildung Steuerfachangestellte				
18	Das Kind war ohne Beschäftigung und bei einer Agentur für Arbeit als arbeitsuchend gemeldet		82			
19	Das Kind war wegen einer vor Vollendung des 25. Lebensjahres eingetretenen Behinderung außerstande, sich selbst finanziell zu unterhalten (Bitte Anleitung beachten.)		83			

15.1.1.2.2.3 Kinder von 18 bis 20 Jahren

Ein **Kind**, das das **18. Lebensjahr**, aber noch **nicht** das **21. Lebensjahr vollendet** hat, wird nach § 32 Abs. 4 Satz 1 **Nr. 1 berücksichtigt**, **wenn** es

- **nicht** in einem **Beschäftigungsverhältnis** steht **und**

- bei einer Agentur für Arbeit im Inland als Arbeitssuchender gemeldet ist, also **arbeitslos** ist.

BEISPIEL

Die Eheleute Dominitzki, Bonn, haben ein gemeinsames **19-jähriges Kind**, das sich bis **30. Juni 2020** in **Berufsausbildung** befand. **Nach der Beendigung der Ausbildung** ist es bei der Agentur für Arbeit in Bonn **arbeitslos** gemeldet. **Arbeitslosengeld** wird dem Kind ab 01.07.2020 bis 31.12.2020 in Höhe von **3.000 €** (500 € x 6) bewilligt. **Am 02.01.2021** nimmt das arbeitslose Kind wieder eine **Beschäftigung** auf.

Das **Kind** (§ 32 **Abs. 1**) ist **bis 30.06.2020** ein zu berücksichtigendes Kind, weil es zwar **das 18. Lebensjahr**, aber noch **nicht das 25. Lebensjahr** vollendet hat **und** für einen **Beruf** ausgebildet wurde.

In der Zeit vom **01.07. bis 31.12.2020** steht das Kind **nicht** in einem **Beschäftigungsverhältnis und** ist **arbeitslos**. Die Voraussetzungen nach § 32 Abs. 4 Satz 1 **Nr. 1** liegen für **sechs Monate** vor. In der Zeit vom 01.01. bis 30.06.2020 wird das Kind nach § 32 Abs. 4 **Nr. 2a** berücksichtigt. In der Zeit vom 01.07. bis 31.12.2020 wird das Kind nach § 32 Abs. 4 Satz 1 **Nr. 1** berücksichtigt. Die Eltern haben in 2020 Anspruch auf den vollen Freibetrag für Kinder nach § 32 Abs. 6. Die Eheleute Dominitzki haben in den **Zeilen 21 und 22** der **Anlage Kind** zusätzlich folgende Angaben für den VZ 2020 zu machen:

	Angaben zur Erwerbstätigkeit eines volljährigen Kindes (nur bei Eintragungen in Zeile 16)					
20	Das Kind hat bereits eine erstmalige Berufsausbildung oder ein Erststudium abgeschlossen	84	**1**	1 = Ja 2 = Nein		
21	Falls Zeile 20 mit „Ja" beantwortet wurde: Das Kind war erwerbstätig (kein Ausbildungs-dienstverhältnis)		**1**	1 = Ja 2 = Nein		
22	Falls Zeile 21 mit „Ja" beantwortet wurde: Das Kind übte eine / mehrere geringfügige Beschäfti-gung(en) im Sinne der §§ 8, 8a SGB IV (sog. Minijob) aus			1 = Ja 2 = Nein	Beschäftigungs-zeitraum	vom bis
23	Das Kind übte andere Erwerbstätigkeiten aus (bei mehreren Erwerbstätigkeiten bitte Angaben lt. gesonderter Aufstellung)			1 = Ja 2 = Nein	Erwerbszeitraum	

15.1.1.2.2.4 Behinderte Kinder

Ein **Kind**, das das **18. Lebensjahr vollendet** hat, wird nach § 32 Abs. 4 Satz 1 **Nr. 3** berücksichtigt, **wenn** es

> **wegen** körperlicher, geistiger oder seelischer **Behinderung außerstande** ist, **sich selbst zu unterhalten. Voraussetzung** ist, dass die Behinderung **vor** Vollendung des **25. Lebensjahres** eingetreten ist.

Behinderungen im Sinne des § 32 Abs. 4 Satz 1 **Nr. 3** sind von der Norm abweichende körperliche, geistige oder seelische Zustände, die sich erfahrungsgemäß über einen längeren Zeitraum erstrecken und deren Ende nicht absehbar ist.

Zu den Behinderungen können auch Suchtkrankheiten (z. B. Drogenabhängigkeit, Alkoholismus) gehören (A 19.1 Abs. 2 Satz 4 DA-KG 2020, BZSt vom 27.08.2020, St II 2 – S 2280-DA/19/00001).

BEISPIEL

Die Eheleute Schulz, Dortmund, haben ein gemeinsames **20-jähriges Kind**, das seit seiner Geburt **blind** ist. Das Kind lebt im Haushalt der Eltern und ist **ohne** jedes **Einkommen**.

Das **Kind** (§ 32 Abs. 1), das das **18. Lebensjahr vollendet** hat **und körperlich behindert** ist, wird für das Kalenderjahr **2019** bei seinen Eltern **berücksichtigt** (§ 32 Abs. 4 Satz 1 **Nr. 3**).

Nicht zu den Behinderungen zählen Krankheiten, deren Verlauf sich auf eine im Voraus **abschätzbare Dauer** beschränkt, insbesondere akute Erkrankungen (A 19.1 Abs. 2 Satz 5 DA-KG 2020, BZSt vom 27.08.2020, St II 2 – S 2280-DA/19/00001).

Ein Kind, das wegen seiner Behinderung außerstande ist, sich selbst zu unterhalten, kann beim Vorliegen der sonstigen Voraussetzungen **über das 25. Lebensjahr hinaus ohne altersmäßige Begrenzung** berücksichtigt werden (R 32.9 Satz 2 EStR 2012).

Eine Berücksichtigung setzt voraus, dass diese Behinderung vor Vollendung des 25. Lebensjahres eingetreten ist (R 32.9 Satz 3 EStR). Ein Kind kann auch berücksichtigt werden, wenn diese Behinderung bereits vor dem 01.01.2007 und vor Vollendung des 27. Lebensjahres eingetreten ist.

Bei der Prüfung der Frage, ob ein volljähriges behindertes Kind „außerstande ist, sich selbst zu unterhalten", ist dessen **Vermögen nicht zu berücksichtigen** (A 19.4 Abs. 2 Satz 3, DA-KG 2020, BZSt vom 27.08.2020, St II 2 – S 2280-DA/19/00001).

 Einzelheiten zum **Betreuungsfreibetrag** nach § 32 Abs. 6 erfolgen im Abschnitt 15.1.2 „Betreuungsfreibetrag", Seite 335.

15.1.1.2.2.5 Kinder über 21 bzw. über 25 Jahre

Arbeitslose Kinder, Kinder **in Berufsausbildung** und Kinder, die sich in einer **Übergangszeit** zwischen zwei Ausbildungsabschnitten von höchstens **vier Monaten** befinden, werden **über das 21. bzw. 25. Lebensjahr hinaus berücksichtigt**, wenn sie **auf Antrag** einen der folgenden in § 32 **Abs. 5** Satz 1 genannten **Verlängerungstatbestände** erfüllen:

1. Das Kind muss den **gesetzlichen Grundwehrdienst oder Zivildienst** geleistet haben oder
2. das Kind muss sich **freiwillig** für eine Dauer von nicht mehr als drei Jahren zum **Wehrdienst** verpflichtet haben oder
3. das Kind muss als **Entwicklungshelfer** gearbeitet haben und dadurch vom Grundwehr- oder Zivildienst befreit worden sein.

Weitere Voraussetzung ist, dass das Kind den Dienst oder die Tätigkeit **vor dem 01.07.2011 angetreten** hat (§ 52 Abs. 32 Satz 2).

Durch den **Verlängerungstatbestand** soll nur die **Ausbildungsverzögerung**, die nach dem 18. Lebensjahr entsteht, ausgeglichen werden, denn bis zum 18. Lebensjahr wird das Kind nach § 32 Abs. 3 berücksichtigt.

Für die Kinder, die einen der in § 32 **Abs. 5** abschließend aufgeführten Verlängerungstatbestände erfüllen, wird der **Berücksichtigungszeitraum** in den Fällen des § 32 Abs. 4 Nr. 1 (Beschäftigungslosigkeit) oder § 32 Abs. 4 Satz 1 Nr. 2a (Berufsausbildung) und § 32 Abs. 4 Satz 1 Nr. 2b (Übergangszeiten) **um die Dauer der o. g. Dienste verlängert**.

BEISPIEL

Die Eheleute Heidger, München, haben einen gemeinsamen Sohn Ralf, der im Mai 2020 die Abiturprüfung ablegte. Unmittelbar nach Ablegung der Abiturprüfung beabsichtigt Ralf, im Oktober 2020 ein Studium zu beginnen und bewirbt sich im Juli (Eröffnung des Verfahrens bei der SfH) um einen Studienplatz. Im September 2020 erhält Ralf jedoch die Absage der SfH. Ralf möchte sich im Sommersemester des nächsten Jahres erneut um einen Studienplatz bewerben.

Ralf kann wie folgt berücksichtigt werden:
- bis einschließlich Mai 2020 als Kind, das für einen Beruf ausgebildet wird (§ 32 Abs. 4 Satz 1 Nr. 2a),
- ab Juni 2020 durchgängig als Kind ohne Ausbildungsplatz (§ 32 Abs. 4 Satz 1 Nr. 2c): von Juni 2020 bis September 2020, weil er nach dem Schulabschluss die Ausbildung aufgrund des Vergabeverfahrens der SfH zunächst nicht fortsetzen konnte, und für die Zeit ab Oktober 2020 aufgrund der Absage der SfH und des weiter bestehenden Ausbildungswunsches
(A 17.1 Abs. 3 DA-KG 2020, BZSt vom 27.08.2020, St II 2 - S 2280-DA/19/00001).

Die wesentlichen Merkmale der **steuerlich zu berücksichtigenden Kinder** werden auf Seite 328 nochmals dargestellt.

ÜBUNG →

1. Wiederholungsfragen 1 bis 7 (Seite 340),
2. Fälle 1 bis 3 (Seite 341)

A. Einkommensteuer

Zusammenfassung zu Abschnitt 15.1.1.2:

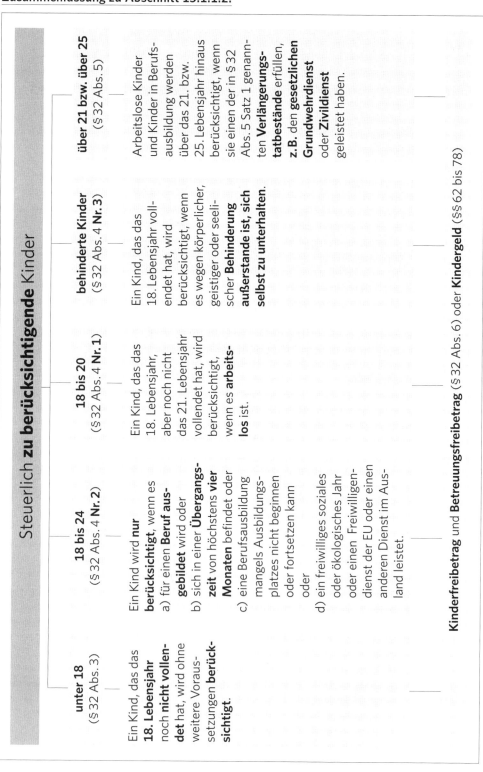

Steuerlich **zu berücksichtigende** Kinder

unter 18 (§ 32 Abs. 3)

Ein Kind, das das **18. Lebensjahr** noch **nicht vollendet** hat, wird ohne weitere Voraussetzungen **berücksichtigt**.

18 bis 24 (§ 32 Abs. 4 Nr. 2)

Ein Kind wird **nur berücksichtigt**, wenn es
a) für einen **Beruf ausgebildet** wird oder
b) sich in einer **Übergangszeit** von höchstens **vier Monaten** befindet oder
c) eine Berufsausbildung mangels Ausbildungsplatzes nicht beginnen oder fortsetzen kann oder
d) ein freiwilliges soziales oder ökologisches Jahr oder einen Freiwilligendienst der EU oder einen anderen Dienst im Ausland leistet.

18 bis 20 (§ 32 Abs. 4 Nr. 1)

Ein Kind, das das 18. Lebensjahr, aber noch nicht das 21. Lebensjahr vollendet hat, wird berücksichtigt, wenn es **arbeitslos** ist.

behinderte Kinder (§ 32 Abs. 4 Nr. 3)

Ein Kind, das das 18. Lebensjahr vollendet hat, wird berücksichtigt, wenn es wegen körperlicher, geistiger oder seelischer **Behinderung außerstande ist, sich selbst zu unterhalten**.

über 21 bzw. über 25 (§ 32 Abs. 5)

Arbeitslose Kinder und Kinder in Berufsausbildung werden über das 21. bzw. 25. Lebensjahr hinaus berücksichtigt, wenn sie einen der in § 32 Abs. 5 Satz 1 genannten **Verlängerungstatbestände** erfüllen, z. B. den gesetzlichen **Grundwehrdienst** oder **Zivildienst** geleistet haben.

Kinderfreibetrag und **Betreuungsfreibetrag** (§ 32 Abs. 6) oder **Kindergeld** (§§ 62 bis 78)

15.1.1.3 Höhe des Kinderfreibetrags

Freibeträge nach § 32 Abs. 6 (Kinderfreibetrag und Betreuungsfreibetrag) **oder Kindergeld** können nur **alternativ** in Anspruch genommen werden (§ 31 Satz 1).

Im **laufenden** Kalenderjahr (2020) wird das **Kindergeld** monatlich ausgezahlt (§ 31 Satz 3). Darüber hinaus wird für jedes Kind, für das für den Monat September 2020 ein Anspruch auf Kindergeld besteht, in 2020 ein **einmaliger Kinderbonus** von **300 Euro** ausbezahlt (§ 66 Abs. 1 Satz 2). Der Bonus wird mit dem steuerlichen Kinderfreibetrag verrechnet.

Das **Kindergeld** beträgt seit 01.01.2020 **monatlich** bei **zu berücksichtigenden Kindern**

für das **erste und zweite** Kind jeweils	**204 Euro (ab 2021: 219 Euro),**
für das **dritte** Kind	**210 Euro (ab 2021: 225 Euro),**
für das **vierte und jedes weitere** Kind jeweils	**235 Euro (ab 2021: 250 Euro).**

(§ 66 Abs. 1 **Satz 1**).

Die Auszahlung des Kindergeldes erfolgt durch die **Familienkassen** der **Agenturen für Arbeit**. Das Kindergeld wird von der Familienkasse durch Bescheid festgesetzt und ausbezahlt (§ 70 Abs. 1). Die Auszahlung von festgesetztem Kindergeld erfolgt rückwirkend nur für die letzten 6 Monate ab Beginn des Monats, in dem der Antrag auf Kindergeld eingegangen ist (§ 70 Abs. 1 Satz 2).

Nach Ablauf des Jahres prüft das Finanzamt im Rahmen der **Veranlagung** zur Einkommensteuer, **ob** der **Kinderfreibetrag** und der **Betreuungsfreibetrag günstiger** sind **als** das für das Kalenderjahr (2020) gezahlte **Kindergeld** (**Günstigerprüfung**).

Für Steuerpflichtige wird also **von Amts wegen** die **günstigste Lösung** (Kindergeld oder Kinderfreibetrag und der Betreuungsfreibetrag) bei der Veranlagung zur Einkommensteuer **berücksichtigt**.

Die Angaben in der Zeile 6 der **Anlage Kind** zur Einkommensteuererklärung 2020 dienen der Prüfung, ob der **Kinderfreibetrag** und der **Betreuungsfreibetrag** für jedes einzelne Kind **günstiger** sind **als** das **Kindergeld**.

Werden der **Kinderfreibetrag** und der **Betreuungsfreibetrag abgezogen**, wird das erhaltene **Kindergeld** mit der Steuerermäßigung verrechnet, **indem** die **tarifliche Einkommensteuer** um den entsprechenden Betrag **erhöht wird**. Dies gilt jedoch nicht für Kalendermonate, in denen durch Bescheid der Familienkasse ein Anspruch auf Kindergeld festgesetzt, aber wegen § 70 Abs. 1 Satz 2 nicht ausbezahlt wurde (§ 2 Abs. 6 Satz 3).

Der **Kinderfreibetrag** wirkt sich nach wie vor auf die Höhe des **Solidaritätszuschlags** und der **Kirchensteuer** aus.

Damit der Arbeitgeber diese Abzugsbeträge richtig berechnen kann, wird ihm die Zahl der Kinderfreibeträge über das Verfahren der elektronischen Lohnsteuerabzugsmerkmale (**ELStAM**) mitgeteilt.

Der **Kinderfreibetrag** beträgt seit 01.01.2020 für jedes **zu berücksichtigende Kind** des einzelnen Steuerpflichtigen **jährlich** (§ 32 Abs. 6 Satz 1)

$$\text{2.586 Euro (ab 01.01.2021: 2.730 Euro)}$$

und bei zusammen veranlagten Eltern **jährlich** (§ 32 Abs. 6 Satz 2)

$$\text{5.172 Euro (ab 01.01.2021: 5.460 Euro)}$$

A. Einkommensteuer

Ist das Kind **nicht** das ganze Jahr über zu berücksichtigen, ist eine **Zwölftelung** vorzunehmen (§ 32 Abs. 6 Satz 5).

BEISPIEL

Die Eheleute Bach, Koblenz, haben einen gemeinsamen Sohn Stephan, der am 10.12.2003 geboren wurde.

Stephan ist ein **zu berücksichtigendes Kind** (§ 32 **Abs. 3**), für das **jeder** der **Elternteile** 2020 die Voraussetzungen für die Inanspruchnahme des **Kinderfreibetrags** von **jährlich 2.586 Euro** erfüllt.

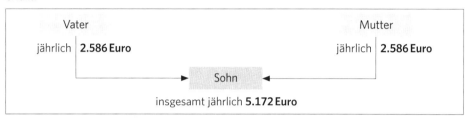

In der Fachliteratur wird der Betrag von **5.172 Euro** auch als „**voller Kinderfreibetrag**" und der Betrag von **2.586 Euro** als „**halber Kinderfreibetrag**" bezeichnet.

Bei den Lohnsteuerabzugsmerkmalen wird der **halbe** Kinderfreibetrag von **2.586 Euro** grundsätzlich mit dem **Zähler 0,5** und der **volle** Kinderfreibetrag von **5.172 Euro** mit dem **Zähler 1** berücksichtigt.

Eine **Ausnahme** gibt es lediglich bei der **Steuerklasse IV**. Bei der **Steuerklasse IV** wird der **Zähler 1** eingetragen, obwohl hier nur der **halbe** Kinderfreibetrag von **2.586 Euro** berücksichtigt wird.

Lohnsteuerabzugsmerkmale mit den **Steuerklassen V oder VI** enthalten **keine** Eintragung für Kinder.

Die **Zahl der Kinderfreibeträge** wird für Kinder, die am **01.01.2020** das **18. Lebensjahr noch nicht vollendet** haben, d. h., die **nach dem 01.01.2002 geboren** wurden, durch Datenweitergabe seitens der Gemeindebehörde an die Finanzverwaltung übermittelt.

Für noch **zu berücksichtigende Kinder**, die am **01.01.2020** das **18. Lebensjahr vollendet** haben, wird die Zahl der Kinderfreibeträge auf Antrag durch das **Finanzamt** eingetragen.

Neben dem **Kinderfreibetrag** wird **zusätzlich** ein **Betreuungsfreibetrag** von **1.320 Euro** (VZ 2021: 1.464 Euro) gewährt. Für Ehegatten, die zusammen zur Einkommensteuer veranlagt werden, **verdoppelt** sich dieser Betrag (§ 32 Abs. 6 Satz 2).

Die folgende Übersicht zeigt nochmals die Zusammenhänge zwischen den Freibeträgen für Kinder und der Eintragung bei den Lohnsteuerabzugsmerkmalen auf:

Steuerklasse	Zähler	Freibeträge für Kinder (Kinderfreibetrag + Betreuungsfreibetrag)
I bis III	0,5	**3.906 Euro** (2.586 Euro + 1.320 Euro)
I bis III	1,0	**7.812 Euro** (5.172 Euro + 2.640 Euro)
IV	0,5	**1.953 Euro** (1.293 Euro + 660 Euro)
IV	1,0	**3.906 Euro** (2.586 Euro + 1.320 Euro)

15.1 Freibeträge für Kinder 331

15.1.1.3.1 Voller Kinderfreibetrag

Für jedes **zu berücksichtigende Kind** wird der **volle Kinderfreibetrag** von **jährlich 5.172 Euro (2021: 5.460 Euro)** gewährt.

Der **volle Kinderfreibetrag** wird in der Regel bei **jedem Elternteil zur Hälfte** in Höhe von **jährlich 2.586 Euro (2021: 2.730 Euro)** bei der Veranlagung zur Einkommensteuer vom Einkommen abgezogen (§ 32 Abs. 6 **Satz 1**).

Ehegatten,

- die **beide unbeschränkt steuerpflichtig** sind,
- **nicht dauernd getrennt leben** und
- die **Zusammenveranlagung wählen** und
- die zu einem **zu berücksichtigenden Kind** in einem
- **Kindschaftsverhältnis** stehen,

erhalten für dieses Kind den **vollen Kinderfreibetrag** (§ 32 Abs. 6).

> **BEISPIEL**
>
> Die **Ehegatten** Britz, Dortmund, leben **nicht** dauernd getrennt und wählen die **Zusammen-veranlagung von Ehegatten.** Sie haben eine **gemeinsame Tochter,** die 2020 **sieben Jahre** alt ist.
>
> Die Eheleute Britz erfüllen die Voraussetzungen für den Abzug des **vollen** Kinderfreibetrags von **5.172 Euro,** weil sie **zusammen veranlagt** werden und 2020 das ganze Jahr über ein **zu berück-sichtigendes Kind** haben (§ 32 Abs. 6 **Satz 2**). Außerdem haben sie noch Anspruch auf einen Betreuungsfreibetrag in Höhe von 2.640 € (§ 32 Abs. 6 Satz 1).

Der **volle** Kinderfreibetrag wird **auch** einer unbeschränkt einkommensteuerpflichtigen Person gewährt, wenn ein **zu berücksichtigendes Kind** nur zu dieser Person in einem **Kindschaftsverhältnis** steht (§ 32 Abs. 6 Satz 3).

Deshalb erhält **ein Elternteil** den **vollen Kinderfreibetrag,** wenn

- der **andere Elternteil verstorben** ist oder
- der **andere Elternteil nicht unbeschränkt** einkommensteuerpflichtig ist oder
- der Steuerpflichtige **allein das Kind adoptiert** hat oder
- der Steuerpflichtige **allein zu dem Kind** in einem **Pflegschaftsverhältnis** steht.

> **BEISPIELE**
>
> a) Hilde Welsch, Kiel, hat eine Tochter, Erika, im Alter von **17 Jahren.** Erika lebt bei ihrer Mutter. Erikas **Vater ist 2019 verstorben.**
>
> Frau Welsch steht für 2020 der **volle** Kinderfreibetrag von **5.172 Euro** zu, weil die Tochter ein zu berücksichtigendes Kind ist und der **andere Elternteil verstorben** ist.
> Außerdem hat sie noch Anspruch auf den Betreuungsfreibetrag von **2.640 €** (§ 32 Abs. 6 Sätze 1, 2 u. 3).
>
> b) Der verheiratete Spanier Carlo Maradona arbeitet seit 2008 in Düsseldorf. Seine Tochter Carmen, 17 Jahre alt, wohnt seit 2019 bei ihrem Vater und besucht ein Gymnasium. Die Mutter lebt in Spanien.

A. Einkommensteuer

Carmen ist ein zu berücksichtigendes Kind. Carlo Maradona steht für 2020 der **volle** Kinderfreibetrag von **5.172 Euro** zu, weil **der andere Elternteil nicht unbeschränkt einkommensteuerpflichtig** ist. Außerdem hat er noch Anspruch auf den Betreuungsfreibetrag (**2.640 Euro**; § 32 Abs. 6 Sätze 1, 2 und 3).

Auslandskinder

Kinderfreibeträge kommen **auch** für **nicht unbeschränkt einkommensteuerpflichtige Kinder** (**Auslandskinder**) in Betracht, wenn der berechtigte Steuerpflichtige **unbeschränkt** einkommensteuerpflichtig ist.

Die Freibeträge für Kinder gemäß § 32 Abs. 6 sind nach der **Ländergruppeneinteilung** in **voller Höhe** abzuziehen oder auf **drei Viertel** (¾) oder auf **die Hälfte** (½) oder auf **ein Viertel** (¼) zu ermäßigen.

Für die **Ländergruppeneinteilung** (Auszug) nach dem BMF-Schreiben vom vom 20.10.2016 BStBl I 2016, S. 1183, gilt seit dem 01.01.2017 Folgendes:

in voller Höhe	mit ¾	mit ½	mit ¼
Wohnsitzstaat des Kindes			
1	2	3	4
Andorra	Bahamas	Algerien	Afghanistan
Belgien	Chile	Argentinien	Ägypten
Dänemark	Estland	Bosnien	Albanien
Finnland	Griechenland	Brasilien	Georgien
Frankreich	Lettland	Bulgarien	Indien
Hongkong	Litauen	China	Indonesien
Irland	Portugal	Kroatien	Kamerun
Island	Saudi Arabien	Kuba	Kenia
Italien	Slowakei	Libanon	Kosovo
Japan	Slowenien	Libyen	Marokko
Luxemburg	Taiwan	Polen	Pakistan
Neuseeland	Tschechische Republik	Rumänien	Syrien
Niederlande	Zypern	Russische Föderation	Tunesien
Norwegen		Serbien	Uganda
Österreich		Thailand	Ukraine
Schweden		Türkei	Usbekistan
Schweiz		Ungarn	
Spanien			
Vereinigte Staaten			

BEISPIEL

Die Eheleute Colak, Koblenz, die zusammen veranlagt werden, haben **zwei Kinder**: **Daniel**, 14 Jahre alt, und **Elif**, 11 Jahre alt. Daniel lebt bei seinen Eltern in Köln, während Elif bei ihrer Großmutter in der Türkei wohnt (Beispiel von Seite 322).

Die Eheleute Colak erfüllen die Voraussetzungen für den Abzug der folgenden **Kinderfreibeträge** von ihrem Einkommen

für **Daniel**	**5.172 Euro**,
für **Elif** (½ von 5.172 Euro)	**2.586 Euro**.

Außerdem haben die Eheleute Colak noch Anspruch auf die **Betreuungsfreibeträge** nach § 32 Abs. 6 Satz 1 bis 4: für Daniel 2.640 Euro, für Elif 1.320 € (50 % von 2.640 Euro).

15.1 Freibeträge für Kinder   333

15.1.1.3.2 Halber Kinderfreibetrag

Im Gegensatz zum **Kindergeld**, das immer nur **einer** Person gezahlt wird, gilt beim **Kinderfreibetrag** der sog. **Halbteilungsgrundsatz**.

Nach dem **Halbteilungsgrundsatz** steht **jedem unbeschränkt** steuerpflichtigen **Elternteil** für sein Kind nur der **halbe Kinderfreibetrag** von **jährlich 2.586 Euro** (2021: 2.730 Euro) zu, wenn die Eltern

- **dauernd getrennt** leben,
- **nicht mehr miteinander verheiratet** sind oder
- **zu keinem Zeitpunkt miteinander verheiratet** waren.

BEISPIEL

Peter und Bettina Kracht, Düsseldorf bzw. Köln, wurden 2018 **geschieden**. Sie haben einen gemeinsamen Sohn Ralf. Ralf ist **acht Jahre alt** und lebt bei seiner Mutter in Köln.

Ralf ist ein zu berücksichtigendes Kind. Peter und Bettina Kracht steht jeweils der **halbe Kinderfreibetrag** von je **2.586 Euro** zu, weil sie als **unbeschränkt** steuerpflichtige Eltern **nicht mehr miteinander verheiratet** sind. Außerdem steht Peter und Bettina Kracht je der halbe **Betreuungsfreibetrag** von je **1.320 €** zu.

ÜBUNG →   1. Wiederholungsfragen 8 bis 11 (Seite 340),
             2. Fälle 4 bis 6 (Seiten 341 f.)

15.1.1.3.3 Übertragung des halben Kinderfreibetrags

Die **Halbierung** des Kinderfreibetrages ist **nicht in allen Fällen durchführbar**.
Deshalb hat der Gesetzgeber die **Möglichkeit der Übertragbarkeit** des Kinderfreibetrags und des Betreuungsfreibetrags geschaffen.

Bei **geschiedenen** oder **dauernd getrennt lebenden unbeschränkt** steuerpflichtigen **Eltern** sowie bei **unbeschränkt** steuerpflichtigen **Eltern nichtehelicher Kinder** kann ein Elternteil in den **Zeilen 43 bis 45** der **Anlage Kind** zur Einkommmensteuererklärung 2020 **beantragen**, dass der Kinderfreibetrag und der Betreuungsfreibetrag des anderen Elternteils auf ihn **übertragen** werden, **wenn** er, nicht aber der andere Elternteil, **seine Unterhaltsverpflichtungen** gegenüber dem Kind für **2020** im Wesentlichen (**mindestens zu 75 %**) nachkommt (§ 32 Abs. 6 **Satz 6**).

BEISPIEL

Die Eltern Streit, beide Frankfurt, wurden 2020 **geschieden**. Der **achtjährige Sohn** wohnt bei der Mutter und wird von ihr unterhalten. Der Vater ist zu einem monatlichen Unterhalt von 210 € verpflichtet. Der Vater kommt seinen Unterhaltsverpflichtungen **nicht** nach. Die Mutter beantragt, ihr den vollen Kinderfreibetrag zu gewähren.

Jedem Elternteil steht grundsätzlich der **halbe** Kinderfreibetrag von 2.586 Euro zu. Auf **Antrag** erhält die Mutter jedoch den **vollen** Kinderfreibetrag von 5.172 Euro. Die Übertragung ist in diesem Falle nicht von der Zustimmung des Vaters abhängig. Das Gleiche gilt für den Betreuungsfreibetrag, wenn das minderjährige Kind bei dem anderen Elternteil **nicht gemeldet** war (§ 32 Abs. 6 Satz 8).

334 A. Einkommensteuer

Frau Streit hat in den **Zeilen 43 bis 45** der **Anlage Kind** folgende Angaben zusätzlich zu machen:

Übertragung des Kinderfreibetrags / des Freibetrags für den Betreuungs- und Erziehungs- oder Ausbildungsbedarf		
	Ich beantrage den vollen Kinderfreibetrag und den vollen Freibetrag für den Betreuungs- und Erziehungs- oder Ausbildungsbedarf, weil der andere Elternteil	
43	– seiner Unterhaltsverpflichtung nicht zu mindestens 75% nachkommt oder – mangels Leistungsfähigkeit nicht unterhaltspflichtig ist	36 **1** 1 = Ja
44	Falls die Frage in Zeile 43 mit Ja beantwortet wurde: Es wurden Unterhaltsleistungen nach dem Unterhaltsvorschussgesetz gezahlt für den Zeitraum	vom bis 38 **01.01.** **31.12.**
45	Ich beantrage den vollen Freibetrag für den Betreuungs- und Erziehungs- oder Ausbildungsbedarf, weil das minderjährige Kind bei dem anderen Elternteil nicht gemeldet war.	39 **1** 1 = Ja 43 **01.01.** **31.12.**
46	Nur beim Stief- / Großelternteil: Ich / wir beantrage(n) die Übertragung des Kinderfreibetrags und des Freibetrags für den Betreuungs- und Erziehungs- oder Ausbildungsbedarf, weil ich / wir das Kind in meinem / unserem Haushalt aufgenommen habe(n) oder ich / wir als Großelternteil gegenüber dem Kind unterhaltspflichtig bin / sind.	Zeitraum der Haushaltszugehörigkeit / Unterhaltsverpflichtung vom bis 76 ⬚ 1 = Ja 77
47	Nur beim Stief- / Großelternteil: Der Kinderfreibetrag und der Freibetrag für den Betreuungs- und Erziehungs- oder Ausbildungsbedarf sind lt. **Anlage K** zu übertragen.	41 ⬚ 1 = Zustimmung eines Elternteils liegt vor 2 = Zustimmungen beider Elternteile liegen vor
48	Nur bei den berechtigten Elternteilen: Der Übertragung des Kinderfreibetrags und des Freibetrags für den Betreuungs- und Erziehungs- oder Ausbildungsbedarf auf den Stief- / Großelternteil wurde lt. **Anlage K** zugestimmt.	40 ⬚ 1 = Ja

Der **Kinderfreibetrag** kann mit Zustimmung des **leiblichen** Elternteils auf einen **Stiefelternteil oder** auf **Großeltern übertragen** werden, wenn sie das Kind in ihren **Haushalt aufgenommen** haben (§ 32 Abs. 6 **Satz 10**).

BEISPIEL

Die **Großeltern** haben 2020 ihre 5-jährige Enkelin in ihren Haushalt aufgenommen und sind deshalb **kindergeldberechtigt** (§ 62 Abs. 1 Nr. 1 i. V. m. § 63 Abs. 1 Nr. 3).
Die leiblichen Eltern des Kindes leben dauernd getrennt. Der Vater, der seinen Unterhaltsverpflichtungen nachkommt, nimmt den halben Kinderfreibetrag in Anspruch.

Die **Mutter kann** den halben **Kinderfreibetrag auf die Großeltern übertragen**.
Ebenso kann der **Betreuungsfreibetrag** auf die Großeltern **übertragen** werden (§ 32 Abs. 6 Satz 10).

Der Kinderfreibetrag ist – wie der Betreuungsfreibetrag – ein **Jahresbetrag**. Er ermäßigt sich um je ein Zwölftel für jeden Kalendermonat, in dem die Voraussetzungen für die Berücksichtigung des Kinderfreibetrags nicht vorgelegen haben (§ 32 Abs. 6 Satz 5).

BEISPIEL

Die Eheleute Schmidt, Bochum, werden zusammen zur Einkommensteuer veranlagt.
Sie erhielten im Kalenderjahr 2020 für ihren 20-jährigen Sohn (zeitanteiliges) Kindergeld von 1.428 € (7 x 204 €), weil ihr Sohn im Juli 2020 seine Berufsausbildung beendete.

Der (**zeitanteilige**) Kinderfreibetrag beträgt 3.017 € ($^7/_{12}$ x 5.172 €), der Betreuungsfreibetrag 1.540 € ($^7/_{12}$ x 2.640 €). Ob das Kindergeld oder der Kinderfreibetrag günstiger ist, ist vom „zu versteuernden Einkommen" der Eltern abhängig, siehe Beispiel auf der nächsten Seite.

ÜBUNG →	1. Wiederholungsfrage 12 (Seite 340), 2. Fall 7 (Seite 342)

15.1.2 Betreuungsfreibetrag

Der Steuerpflichtige kann für jedes zu berücksichtigende Kind neben dem **Kinderfreibetrag** von jährlich **2.586 Euro** (VZ 2021: 2.730 Euro) einen **Freibetrag** für den **Betreuungs-, Erziehungs- oder Ausbildungsbedarf** (kurz: **Betreuungsfreibetrag**) von jährlich **1.320 Euro** (VZ 2021: 1.464 €) in Anspruch nehmen (§ 32 Abs. 6 **Satz 1**).

Für **Ehegatten**, die zusammen zur Einkommensteuer veranlagt werden, **verdoppelt** sich der Betrag von 1.320 Euro (VZ 2021: 1.464 Euro) auf **2.640 Euro**, (VZ 2021: 2.928 Euro) wenn das Kind zu beiden Ehegatten in einem Kindschaftsverhältnis steht (§ 32 Abs. 6 **Satz 2**).

Mit dem Betreuungsfreibetrag wird der Aufwand eines Steuerpflichtigen für ein Kind **typisierend** abgegolten; auf die **tatsächlich** entstandenen Aufwendungen kommt es **nicht** an. Der **Betreuungsfreibetrag** ist – wie der Kinderfreibetrag – ein **Jahresbetrag**. Er **ermäßigt** sich um je **ein Zwölftel** für jeden **Kalendermonat**, in dem die Voraussetzungen für den Freibetrag **nicht** vorliegen (§ 32 Abs. 6 **Satz 5**).

15.1.3 Günstigerprüfung

Der **Kinder-** und **Betreuungsfreibetrag** und das **Kindergeld** können nicht zusammen, sondern nur **alternativ** in Anspruch genommen werden.
Nach Ablauf des Jahres prüft das Finanzamt im Rahmen der **Veranlagung** zur Einkommensteuer, **ob der Kinderfreibetrag und** der **Betreuungsfreibetrag günstiger** sind **als** das für das Kalenderjahr (2020) gezahlte **Kindergeld** (**Günstigerprüfung**).
Im Folgenden wird eine **Vergleichsrechnung** zwischen **Kindergeld** und der Summe aus **Kinderfreibetrag** und **Betreuungsfreibetrag** anhand eines **Beispiels** verdeutlicht. Dabei wird die Einkommensteuer für ein „zu versteuerndes Einkommen" **vor** und **nach** Abzug der Freibeträge nach § 32 Abs. 6 verglichen. Die errechnete Steuerentlastung wird dann mit dem bereits ausgezahlten Kindergeld verglichen.

> **BEISPIEL**
>
> Fritz und Helga Mayer, Berlin, werden zusammen zur Einkommensteuer veranlagt.
> Sie erhielten im Kalenderjahr 2020 für ihre **14-jährige** Tochter Julia **Kindergeld** in Höhe von **2.748 Euro** (204 € x 12 + Kinderbonus 2020 300 €). Weitere Kinder haben die Eltern nicht.
> Ihr **Einkommen** (§ 2 Abs. 4) betrug **101.200 €**. Die Eheleute wählen die Zusammenveranlagung.
>
> Die **Vergleichsrechnung** zwischen Kindergeld und der Summe aus Kinderfreibetrag und Betreuungsfreibetrag wird wie folgt durchgeführt:

		€	€
	Einkommen § 2 Abs. 4	101.200	
=	zu versteuerndes Einkommen (vor Freibeträge für Kinder)	101.200	
	darauf entfallende Einkommensteuer		24.752
	Einkommen	101.200	
−	**Freibeträge nach § 32 Abs. 6**		
	Kinderfreibetrag	**− 5.172**	
	Betreuungsfreibetrag	**− 2.640**	
=	zu versteuerndes Einkommen § 2 (5) (nach Freibeträge für Kinder)	93.388	
	darauf entfallende Einkommensteuer		21.750
=	Differenzbetrag		3.002
−	Kindergeld (204 x 12 + Kinderbonus 2020 300 €)		− 2.748
=	**zusätzliche Steuerermäßigung**		**254**

336 A. Einkommensteuer

Das **Kindergeld** in Höhe von 2.748 € ist **um 254 € ungünstiger als** die Entlastung durch die **Freibeträge nach § 32 Abs. 6**. Die Eltern erhalten die Freibeträge für Kinder. Dies führt zu einer Steuerentlastung in Höhe von 3.002 €. Im Gegenzug wird das ausgezahlte Kindergeld mit der Steuerentlastung verrechnet.

ÜBUNG → 1. Wiederholungsfragen 13 bis 16 (Seite 340),
2. Fälle 8 und 9 (Seite 342)

Zusammenfassung zu Abschnitt 15.1.1 und 15.1.2:

Kinderfreibetrag und Betreuungsfreibetrag
(§ 32 Abs. 6)

voller Kinderfreibetrag von jährlich **5.172 Euro** (2021: 5.460 €) und **voller** Betreuungsfreibetrag von jährlich **2.640 Euro** (2021: 2.928)

halber Kinderfreibetrag von jährlich **2.856 Euro** (2021: 2.730 €) und **halber** Betreuungsfreibetrag von jährlich **1.320 Euro** (2021: 1.464 €)

Den **vollen** Kinderfreibetrag von **5.172 Euro** (2021: 5.460 €) **und** den **vollen** Betreuungsfreibetrag von **2.640 Euro** (2021: 2.928 €) erhalten:
1. **zusammenveranlagte** Ehegatten für gemeinsame Kinder,
2. **verwitwete** Elternteile, deren Ehegatte verstorben ist,
3. der Elternteil, dessen Ehegatte **nicht unbeschränkt steuerpflichtig** ist,
4. der Steuerpflichtige, der das Kind **allein adoptiert** hat,
5. der Steuerpflichtige, der **allein** zu dem Kind in einem **Pflegekindschaftsverhältnis** steht,
6. der Elternteil, der durch **Antrag** den **vollen** Kinderfreibetrag erhält, weil er seinen **Unterhaltsverpflichtungen im Wesentlichen** (mind. **75 %**) nachkommt, während der andere Elternteil seiner Unterhaltsverpflichtung **nicht** nachkommt.

Den **halben** Kinderfreibetrag von **2.856 Euro** (2021: 2.730 €) **und** den **halben** Betreuungsfreibetrag von **1.320 Euro** (2021: 1.464 €) erhalten:
1. **dauernd getrennt lebende** Ehegatten,
2. **geschiedene** Ehegatten,
3. Eltern **nichtehelicher Kinder**,
4. **Stiefelternteile oder Großeltern**, die Stief- oder Enkelkinder in ihren **Haushalt aufgenommen** haben, denen der **halbe** Kinderfreibetrag von einem **leiblichen** Elternteil **übertragen** wurde.

15.2 Härteausgleich nach § 46 Abs. 3 EStG, § 70 EStDV

Bei der Ermittlung des zu versteuernden Einkommens ist unter bestimmten Voraussetzungen ein **Härteausgleich nach § 46 Abs. 3 oder § 70 EStDV** durchzuführen. In den Genuss des **Härteausgleichs** kommen **nur Arbeitnehmer**, die nach § 46 **Abs. 2 veranlagt** werden.

> **BEISPIEL**
>
> Ein lediger Steuerpflichtiger, geb. am 10.11.1970, hat im VZ 2020 neben seinen Einkünften aus nichtselbständiger Arbeit noch Einkünfte aus Vermietung und Verpachtung in Höhe von 600 € bezogen.
>
> Nach § 46 Abs. 2 Nr. 1 EStG ist eine **Veranlagung** durchzuführen, weil die Einkünfte, die nicht der Lohnsteuer zu unterwerfen sind, mehr als 410 Euro betragen.

Betragen die **Nebeneinkünfte** (= Einkünfte, die **nicht** der Lohnsteuer zu unterwerfen sind, abzüglich der darauf entfallenden Beträge nach § 13 Abs. 3 und § 24a) eines Arbeitnehmers **mehr als 410 Euro**, so ist eine **Veranlagung** durchzuführen (§ 46 Abs. 2).

> Die **Veranlagungstatbestände** des § 46 **Abs. 2** werden im Abschnitt 18.6 „Veranlagung von Arbeitnehmern", Seite 378 f., dargestellt und erläutert.

Betragen die so genannten **Nebeneinkünfte** eines Arbeitnehmers **weniger als 410 Euro**, dann werden diese Einkünfte **nicht besteuert**.

Um die **Härte**, die sich aus der Veranlagung nach § 46 **Abs. 2** für den Arbeitnehmer ergibt, **zu mildern**, hat der Gesetzgeber einen so genannten **Härteausgleich** vorgesehen.

Beim **Härteausgleich** sind **zwei Grundfälle** zu unterscheiden:

1. **Härteausgleich** nach **§ 46 Abs. 3** und
2. **Härteausgleich** nach **§ 46 Abs. 5** in Verbindung mit **§ 70 EStDV**.

15.2.1 Härteausgleich nach § 46 Abs. 3 EStG

Betragen in den Fällen des § 46 **Abs. 2** die **Einkünfte**, die **nicht** der Lohnsteuer zu unterwerfen waren, abzüglich der darauf entfallenden Beträge nach § 13 Abs. 3 und § 24a Satz 5, insgesamt **nicht mehr als 410 Euro**, so ist der **Härteausgleich nach § 46 Abs. 3** durchzuführen. In diesen Fällen wird der Härteausgleich in Höhe der **Nebeneinkünfte** vom Einkommen abgezogen (§ 46 Abs. 3 Satz 1).

Der **Abzugsbetrag** kann **1 Euro bis 410 Euro** betragen. Das gilt **auch bei Zusammenveranlagung** von Ehegatten. Die Freigrenze von **410 Euro** ist **veranlagungsbezogen**, d.h., sie erhöht sich **nicht** bei Zusammenveranlagung und steht bei Einzelveranlagung jedem Ehegatten zu.

Der **Härteausgleich vermindert** sich um den **Altersentlastungsbetrag**, soweit dieser den unter Verwendung des nach § 24a Satz 5 maßgeblichen Prozentsatzes zu ermittelnden Anteil des Arbeitslohns mit Ausnahme der Versorgungsbezüge i. S. d. § 19 Abs. 2 übersteigt, **und** um den nach **§ 13 Abs. 3 (Freibetrag für Land- und Forstwirte)** zu berücksichtigenden Betrag (§ 46 Abs. 3 Satz 2).

Ist der Altersentlastungsbetrag außer vom Arbeitslohn noch von weiteren Einkünften zu berechnen und **muss er** für die Anwendung weiterer Vorschriften von bestimmten Beträgen abgezogen werden, ist davon auszugehen, dass er **zunächst** vom **Arbeitslohn berechnet** worden ist (R 24a Abs. 2 EStR).

Der **Abzugsbetrag** nach § 46 Abs. 3 wird für den VZ 2020 wie folgt ermittelt:

Zeile		€
1	steuerpflichtige Einkünfte ohne Einkünfte § 19 EStG	....
2	abzüglich Freibetrag für Land- und Forstwirte (§ 13 Abs. 3)	....
3	abzüglich Altersentlastungsbetrag, soweit dieser nicht auf den (Brutto)-Arbeitslohn entfällt	....
4	**Abzugsbetrag nach § 46 Abs. 3**	....

BEISPIEL 1

Armin Otto, Kaiserslautern, ledig, geb. 01.01.1956, ermittelt für 2020 Einkünfte aus nichtselbständiger Arbeit ohne Versorgungsbezüge i.H.v. 19.000 €. Werbungskosten macht er keine geltend. Außerdem verfügt er noch über Einkünfte aus Vermietung und Verpachtung eines Pkw-Stellplatzes i.H.v. 400 €.

Altersentlastungsbetrag auf Arbeitslohn: 16 % x 20.000 € = 3.200 €, max. 760 €. Dies bedeutet, dass auf die Einkünfte aus Vermietung und Verpachtung anteilig **kein** Altersentlastungsbetrag anfällt.

Zeile		€
1	steuerpflichtige Einkünfte ohne Einkünfte § 19 EStG	400
2	abzüglich Freibetrag für Land- und Forstwirte (§ 13 Abs. 3)	0
3	abzüglich Altersentlastungsbetrag, soweit dieser nicht auf den (Brutto)-Arbeitslohn entfällt	0
4	**Abzugsbetrag nach § 46 Abs. 3**	**400**

Die **Nebeneinkünfte** werden durch den Abzugsbetrag nach § 46 Abs. 3 **nicht besteuert**.

BEISPIEL 2

Wie Beispiel oben, nur ermittelt Armin Otto 2020 Einkünfte aus nichtselbständiger Arbeit ohne Versorgungsbezüge i.H.v. 4.000 €.

Altersentlastungsbetrag auf Arbeitslohn: 16 % x 4.000 € = 640 €, max. 760 €. Dies bedeutet, dass auch auf die Einkünfte aus Vermietung und Verpachtung ein anteiliger Altersentlastungsbetrag anfällt. Maximal können noch 120 € (760 € – 640 €) für die Einkünfte aus Vermietung und Verpachtung angesetzt werden. Auf die Einkünfte aus Vermietung und Verpachtung entfällt ein Altersentlastungsbetrag von 16 % x 400 € = 64 €, maximal 120 €.

Zeile		€
1	steuerpflichtige Einkünfte ohne Einkünfte § 19 EStG	400
2	abzüglich Freibetrag für Land- und Forstwirte (§ 13 Abs. 3)	0
3	abzüglich Altersentlastungsbetrag, soweit dieser nicht auf den (Brutto)-Arbeitslohn entfällt	– 64
4	**Abzugsbetrag nach § 46 Abs. 3**	**336**

ÜBUNG → 1. Wiederholungsfrage 17 (Seite 341),
2. Fall 10 (Seite 343)

15.2 Härteausgleich nach § 46 Abs. 3 EStG, § 70 EStDV

15.2.2 Härteausgleich nach § 46 Abs. 5 EStG i. V. m. § 70 EStDV

Betragen die **Nebeneinkünfte** in den Fällen des § 46 Abs. 2 **mehr als 410 Euro, aber nicht mehr als 820 Euro**, so wird der Härteausgleich nach **§ 46 Abs. 5** in Verbindung mit **§ 70 EStDV** vorgenommen.

Der **Abzugsbetrag** nach **§ 70 EStDV** beläuft sich auf den Betrag, um den die einkommensteuerpflichtigen Einkünfte, die **nicht** der Lohnsteuer zu unterwerfen waren, abzüglich der darauf entfallenden Beträge nach § 13 Abs. 3 und **§ 24a**, und die nach dieser Kürzung insgesamt **mehr als 410 Euro** betragen, **geringer sind als 820 Euro**. Dies gilt auch bei Zusammenveranlagung von Ehegatten.

Der **Abzugsbetrag nach § 70 EStDV** wird für den VZ 2020 demnach wie folgt ermittelt:

Zeile		€
1	steuerpflichtige Einkünfte **ohne** Einkünfte § 19 EStG	....
2	abzüglich Freibetrag für Land- und Forstwirte (§ 13 Abs. 3)	....
3	abzüglich Altersentlastungsbetrag, soweit dieser nicht auf den (Brutto)-Arbeitslohn entfällt	....
4	Nebeneinkünfte	....
5	Grenzbetrag	**820**
6	abzüglich Betrag von Zeile 4 (Nebeneinkünfte)	....
7	**Abzugsbetrag nach § 70 EStDV**	....

BEISPIEL 1

Armin Otto, Kaiserslautern, ledig, geb. 01.01.1956, ermittelt für 2020 Einkünfte aus nichtselbständiger Arbeit ohne Versorgungsbezüge i. H. v. 19.000 €. Werbungskosten macht er keine geltend. Außerdem verfügt er noch über Einkünfte aus Vermietung und Verpachtung eines PKW-Stellplatzes i. H. v. 700 €.

Altersentlastungsbetrag auf Arbeitslohn: 16 % x 20.000 € = 3.200 €, max. 760 €. Dies bedeutet, dass auf die Einkünfte aus Vermietung und Verpachtung anteilig kein Altersentlastungsbetrag anfällt.

Der **Abzugsbetrag nach § 70 EStDV** wird für den VZ 2020 wie folgt ermittelt:

Zeile		€
1	steuerpflichtige Einkünfte **ohne** Einkünfte § 19 EStG	700
2	abzüglich Freibetrag für Land- und Forstwirte (§ 13 Abs. 3)	0
3	abzüglich Altersentlastungsbetrag, soweit dieser nicht auf den (Brutto)-Arbeitslohn entfällt	- 0
4	Nebeneinkünfte	700
5	Grenzbetrag	**820**
6	abzüglich der Nebeneinkünfte aus Zeile 4	- 700
7	**Abzugsbetrag nach § 70 EStDV**	**120**

A. Einkommensteuer

BEISPIEL 2

Wie Beispiel oben, nur ermittelt Armin Otto 2020 Einkünfte aus nichtselbständiger Arbeit ohne Versorgungsbezüge i. H. v. 4.000 €.

Altersentlastungsbetrag auf Arbeitslohn: 16 % x 4.000 € = 640 €, max. 760 €. Dies bedeutet, dass auf die Einkünfte aus Vermietung und Verpachtung ein anteiliger Altersentlastungsbetrag anfällt. Maximal können noch 120 € (760 € – 640 €) für die Einkünfte aus Vermietung und Verpachtung angesetzt werden: 16 % x 700 € = 112 €, max. 120 €.

Der **Abzugsbetrag nach § 70 EStDV** wird für den VZ 2020 wie folgt ermittelt:

Zeile		€
1	steuerpflichtige Einkünfte **ohne** Einkünfte § 19 EStG	700
2	abzüglich Freibetrag für Land- und Forstwirte (§ 13 Abs. 3)*	0
3	abzüglich Altersentlastungsbetrag, soweit dieser nicht auf den (Brutto)-Arbeitslohn entfällt	– 112
4	Nebeneinkünfte	588
5	Grenzbetrag	**820**
6	abzüglich der Nebeneinkünfte aus Zeile 4	– 588
7	**Abzugsbetrag nach § 70 EStDV**	**232**

1. Wiederholungsfrage 18 (Seite 341),
2. Fall 11 (Seite 343)

15.3 Erfolgskontrolle

WIEDERHOLUNGSFRAGEN

1. Was versteht man unter „Kinder" i. S. d. EStG?
2. Welche Freibeträge werden nach § 32 Abs. 6 unterschieden?
3. Welche Kinder werden ohne weitere Voraussetzungen steuerlich berücksichtigt?
4. Unter welchen Voraussetzungen werden Kinder von 18 bis 24 Jahren steuerlich berücksichtigt?
5. Unter welchen Voraussetzungen werden Kinder von 18 bis 20 Jahren steuerlich berücksichtigt?
6. Unter welchen Voraussetzungen werden behinderte Kinder steuerlich berücksichtigt?
7. Unter welchen Voraussetzungen werden Kinder über 21 bzw. über 25 Jahren steuerlich berücksichtigt?
8. Wie hoch ist der Kinderfreibetrag nach § 32 Abs. 6?
9. Unter welchen Voraussetzungen erhalten Ehegatten einen vollen Kinderfreibetrag?
10. Welche Einzelpersonen erhalten auch den vollen Kinderfreibetrag?
11. Welche Personen erhalten einen halben Kinderfreibetrag?
12. Unter welchen Voraussetzungen kann der halbe Kinderfreibetrag übertragen werden?
13. Wie hoch ist der Betreuungsfreibetrag nach § 32 Abs. 6?
14. Unter welchen Voraussetzungen erhalten Ehegatten einen vollen Betreuungsfreibetrag?
15. Welche Personen erhalten einen halben Betreuungsfreibetrag nach § 32 Abs. 6?
16. Was wissen Sie über die zeitanteilige Ermäßigung der Freibeträge nach § 32 Abs. 6?

15.3 Erfolgskontrolle   341

17. Wie wird der Abzugsbetrag nach § 46 Abs. 3 ermittelt?
18. Wie wird der Abzugsbetrag nach § 46 Abs. 5 i. V. m. § 70 EStDV ermittelt?

FÄLLE

FALL 1

Ralf Wild ist seit 2004 mit Marianne geb. Rech verheiratet. Beide leben zusammen in ihrer Wohnung in Köln, Norbertstr. 32. Sie haben einen gemeinsamen Sohn Michael, der am 24.07.2005 geboren wurde. Michael lebt bei seinen (leiblichen) Eltern.

Ralf Wild ist zum zweiten Mal verheiratet. Seine erste Ehe wurde geschieden. Aus der ersten Ehe hat er zwei Kinder: Sohn Werner und Tochter Kristina. Ralf Wild kommt seiner Unterhaltspflicht in vollem Umfang nach.

Sohn Werner wurde am 06.01.1998 geboren und studierte 2020 an der Universität Hamburg Wirtschaftswissenschaften. Werner lebt bei seiner Mutter, Ute Wild geb. Seibel, die in 22047 Hamburg, Hochstr. 3, wohnt.

Tochter Kristina wurde am 06.05.1999 geboren und studierte 2020 an der Universität Bonn Philosophie. Kristina wohnt in Köln bei ihrem Vater und ihrer Stiefmutter.

a) In welchem Kindschaftsverhältnis stehen Michael, Werner und Kristina zu Ralf und Marianne Wild?
b) Sind die drei Kinder in 2020 steuerlich zu berücksichtigende Kinder?

FALL 2

Die Eheleute Mallmann, Straubing (Bayern), haben einen gemeinsamen 20-jährigen Sohn Thomas, der sich nach bestandenem Abitur (15. Juni 2020) am 01.07.2020 zum freiwilligen Wehrdienst (zwölf Monate) gemeldet hat.

Nach der Ableistung des Dienstes beabsichtigt Thomas eine Ausbildung bei einem Steuerberater mit dem Berufsziel Steuerfachangestellter.

a) Ist Thomas 2020 ein steuerlich zu berücksichtigendes Kind? Begründen Sie Ihre Antwort.
b) Ist Thomas 2021 ein steuerlich zu berücksichtigendes Kind, wenn er im Juli 2021 seine Ausbildung für zwei Jahre beginnt.

FALL 3

Das Kind legt die Abiturprüfung im Juli 2020 ab. Das Kind möchte sich zunächst orientieren und beabsichtigt, danach eine Berufsausbildung zu beginnen. Im August 2020 bewirbt sich das Kind schriftlich zum nächstmöglichen Zeitpunkt um einen Ausbildungsplatz, erhält im Januar 2021 eine schriftliche Zusage und nimmt im August 2021 die Ausbildung auf.

In welchen Zeiträumen kann das Kind berücksichtigt werden? Begründen Sie Ihre Antwort.

FALL 4

Christos Dimkas, griechischer Staatsangehöriger, wohnt und arbeitet in Frankfurt. Herr Dimkas hat drei Kinder i. S. d. EStG.

Tochter Anastasia lebt bei ihm in Frankfurt. Sie ist 19 Jahre alt und befand sich 2020 das ganze Jahr über in Berufsausbildung.

Die beiden Töchter Athina, 12 Jahre, und Helena, 17 Jahre, leben bei der nicht unbeschränkt einkommensteuerpflichtigen Mutter Evangelia in Saloniki (Griechenland).

Wie hoch ist die Summe der Freibeträge für die Kinder des Herrn Dimkas' für den VZ 2020?

A. Einkommensteuer

FALL 5

Sachverhalt wie im Fall 1

Wie hoch ist die Summe der Kinderfreibeträge der Eheleute Wild, Köln, für den VZ 2020?

FALL 6

Egon Theis, geb. am 01.01.1960, wohnt in Köln. Er ist seit zwei Jahren von seiner Frau, die jetzt in Wien wohnt, geschieden. Aus der Ehe sind zwei Kinder hervorgegangen:

> Kevin, geb. am 01.01.2004 und
> Noah, geb. am 01.05.2005.

Kevin wohnt bei seinem Vater. Noah lebt im Haushalt der Eltern seiner Mutter in Mainz, die die Kosten für Unterhalt und Ausbildung tragen. Das Obhuts- und Pflegeverhältnis zu den leiblichen Eltern besteht nicht mehr. Beide Kinder gehen noch zur Schule.

Wer erhält 2020 in welcher Höhe Kinderfreibeträge für Kevin und Noah?

FALL 7

Hannelore Grimm, Hamburg, ist geschieden. Ihr früherer Ehemann ist wieder verheiratet und lebt jetzt in Stuttgart. Sie haben einen gemeinsamen Sohn, der bei seiner Mutter wohnt. Der Sohn ist 19 Jahre alt und besucht noch die Schule. Die Mutter kommt ihren Unterhaltsverpflichtungen gegenüber ihrem Kind im Wesentlichen nach, während der Vater seinen Verpflichtungen nicht nachkommt.

Wie ist die Rechtslage hinsichtlich des Kinderfreibetrages?

FALL 8

Die alleinstehende Arbeitnehmerin Mechthild Gilles, Bonn, hat einen 14-jährigen Sohn, für den sie im Jahr 2020 ein Kindergeld von 1.374 € (12 x 102 €) + 150 € erhalten hat. Der leibliche Vater ist seinen Unterhaltsverpflichtungen nachgekommen und das Kind ist bei ihm mit Zweitwohnung gemeldet; das halbe Kindergeld ist auf seine Unterhaltsverpflichtungen nicht angerechnet worden, sodass der Vater die Hälfte des Kindergeldes erhält. Beide Eltern haben jeweils Anspruch auf den halben Kinder- und Betreuungsfreibetrag. Das Einkommen i.S.d. § 2 Abs. 4 von Mechthild Gilles betrug im VZ 2020 25.200 €.

Prüfen Sie, ob das Kindergeld oder die Freibeträge nach § 32 Abs. 6 günstiger sind.
(Hinweis: Die Grundtabelle finden Sie z.B. unter: www.bundesfinanzministerium.de; Service; Apps/Rechner; Lohn- und Einkommensteuerrechner.)

FALL 9

Christoph und Lotte Huber, München, werden zusammen zur Einkommensteuer veranlagt. Sie sind Eltern eines 20-jährigen Sohnes, für den sie im Jahr 2020 2.748€ (12 x 204 € + 300 €) Kindergeld erhalten haben. Das Einkommen i.S.d. § 2 Abs. 4 der Eheleute Huber betrug im VZ 2020 86.640 €.

Prüfen Sie, ob das Kindergeld oder die Freibeträge nach § 32 Abs. 6 günstiger sind.
(Hinweis: Die Splittingtabelle finden Sie z.B. unter: www.bundesfinanzministerium.de; Service; Apps/Rechner; Lohn- und Einkommensteuerrechner.)

Zusammenfassende Erfolgskontrolle zum 1. bis 15. Kapitel **343**

FALL 10

Ein lediger Arbeiter, konfessionslos, Steuerklasse 1, geb. am 10.12.1962, hat im VZ 2020 einen Bruttoarbeitslohn (keine Versorgungsbezüge) in Höhe von 34.500 € bezogen. Werbungskosten sind nicht angefallen. Die abzugsfähigen Vorsorgeaufwendungen belaufen sich auf 4.762 €. Weitere Sonderausgaben wurden nicht geltend gemacht. Daneben hat er Einkünfte aus Vermietung und Verpachtung in Höhe von 300 € erzielt. Er wird nach § 46 Abs. 2 zur Einkommensteuer veranlagt.

Ermitteln Sie das zu versteuernde Einkommen des Steuerpflichtigen für den VZ 2020.

FALL 11

Ein verheirateter Steuerpflichtiger, geb. am 01.01.1956, hat im VZ 2020 aus einem Dienstverhältnis einen Bruttoarbeitslohn (keine Versorgungsbezüge, ohne Nachweis von Werbungskosten) von 34.680 € bezogen und Einkünfte aus Vermietung und Verpachtung in Höhe von 640 € erzielt. Seine Frau, geb. am 10.11.1964, hat im VZ 2020 keine Einkünfte bezogen. Die abzugsfähigen Vorsorgeaufwendungen belaufen sich auf 5.305 €. Es sind keine weiteren Sonderausgaben angefallen. Sie werden nach § 46 Abs. 2 zur Einkommensteuer veranlagt.

Ermitteln Sie das zu versteuernde Einkommen der Eheleute für den VZ 2020.

Zusammenfassende Erfolgskontrolle zum 1. bis 15. Kapitel

1 Sachverhalt

Der ledige, konfessionslose und kinderlose Steuerpflichtige Norbert Kaufmann, Mainz, geb. am 15.10.1960, legt Ihnen für den VZ 2020 folgende Zahlen vor:

1. Herr Kaufmann war bis Ende Oktober 2020 bei der Firma X-AG als Buchhalter tätig. Sein Monatsgehalt betrug brutto 4.500 €. Ab November 2020 bezog er von seinem Arbeitgeber ein Ruhegehalt, das auf einer Pensionszusage seines ehemaligen Arbeitgebers und nicht auf früheren Beitragsleistungen beruht. Das monatlich Ruhegehalt beträgt 340 €. Herr Kaufmann ist nicht schwerbehindert.

2. Herr Kaufmann wurde am 22.04.2020 Übergang Nutzen und Lasten) Eigentümer eines Einfamilienhauses, Baujahr 1988, in Mainz. Das Haus wurde am 01.06.2020 für monatlich ortsübliche 1.500 € vermietet; die Wohnfläche beträgt 150 qm. Kaufmann belegt folgende Aufwendungen:

Kaufpreis einschließlich 20 % Grundstücksanteil	250.600 €
Steuerbescheid über 5 % GrESt	12.530 €
Notarkosten für Kauf	brutto 2.499 €
Gebühren für Kauf	496 €
2 % Damnum für das Darlehen	3.000 €
Notargebühren für Grundschuldaufnahme	brutto 1.190 €
Gebühren für die Grundschuldaufnahme	110 €
Schuldzinsen bis 31.12.2020 verausgabt	2.250 €
laufende Kosten, z.B. GrSt, Hausversicherungen, Straßenreinigung usw.	400 €
kleinere Erhaltungsaufwendungen (Reparaturen)	150 €

A. Einkommensteuer

3. Am 13.03.2020 erwarb Herr Kaufmann 100 Stück Aktien der X-AG zu einem Kurs von 60 €. Für Anschaffungsnebenkosten wurden 80 € berechnet.
    Um den Kauf der Aktien zu finanzieren, nahm Herr Kaufmann einen Kredit auf, für den er in 2020 150 € Zinsen zahlte.
    Die X-AG schüttete 2020 für 2019eine Brutto-Dividende von 2,30 € je Aktie aus. Die Bank, der ein Freistellungsauftrag über die maximale Höhe vorliegt, zahlt die Dividenden in 2020 aus.

4. Seit 01.11.2020 erhält Herr Kaufmann eine Brutto-Rente von der Deutschen Rentenversicherung Bund in Höhe von 1.800 € monatlich.

5. Am 25.09.2020 konnte Herr Kaufmann einem Kollegen eine Lebensversicherung vermitteln und erhielt dafür eine einmalige Provision in Höhe von 395 € von der Versicherungsgesellschaft. Herr Kaufmann kann für diese Tätigkeit 73 € Werbungskosten nachweisen.

6. Herr Kaufmann unterstützt seit Jahren seine vermögenslose Mutter (71 Jahre) mit monatlich 270 €, sein Bruder unterstützt die Mutter ebenfalls mit 270 € monatlich. Die Mutter bezieht eine Leibrente von 2.750 € jährlich aus einer privaten Rentenversicherung, deren Besteuerungsanteil 18 % beträgt. Außerdem erhält sie seit 2014 Versorgungsbezüge (§ 19 (1) Nr. 2) von monatlich 150 €, die sich bisher nicht verändert haben.

7. Herr Kaufmann belegt die folgenden Aufwendungen, die er als Sonderausgaben geltend machen will:

AN-Anteil gesetzliche Krankenversicherung mit Anspruch auf Krankengeld	3.532,50 €
AN-Anteil zur sozialen Pflegeversicherung	798,80 €
AN-Anteil zur gesetzlichen Rentenversicherung	4.185,00 €
AN-Anteil zur Arbeitslosenversicherung	540,00 €
AG-Anteil zur gesetzlichen Rentenversicherung	4.185,00 €
Beiträge zur Leibrentenversicherung i. S. d. § 10 Abs. 1 Nr. 2b	682,00 €
Spenden und Mitgliedsbeitrag an eine politische Partei	750,00 €
Zuwendungen an die Arbeiterwohlfahrt (mildtätige Zwecke)	333,00 €

2 Aufgabe

Ermitteln Sie das zu versteuernde Einkommen des Herrn Norbert Kaufmann für den VZ 2020. Die Einkünfte sollen so niedrig wie möglich sein. Die 4 %-Kürzung bei den Beiträgen zur gesetzlichen Krankenversicherung ist vorzunehmen.

16 Ermittlung der Einkommensteuerschuld

16.1 Tarifliche und festzusetzende Einkommensteuer

Das EStG unterscheidet zwischen tariflicher und festzusetzender Einkommensteuer.

Die **tarifliche** und die **festzusetzende** Einkommensteuer sind wie folgt zu ermitteln (R 2 Abs. 2 EStR 2012):

1		Steuerbetrag a) nach § 32a Abs. 1, 5, § 50 Abs. 1 Satz 2 EStG oder b) nach dem bei Anwendung des Progressionsvorbehalts (§ 32b EStG) oder der Steuersatzbegrenzung sich ergebenden Steuersatz
2	+	Steuer aufgrund der Berechnung nach den §§ 34, 34b EStG
3	+	Steuer aufgrund der Berechnung nach § 34a Abs. 1, 4 bis 6 EStG
4	=	**tarifliche** Einkommensteuer (§ 32a Abs. 1, 5 EStG)
5	–	Minderungsbetrag nach Punkt 11 Ziffer 2 des Schlussprotokolls zu Artikel 23 DBA Belgien in der durch Artikel 2 des Zusatzabkommens vom 05.11.2002 geänderten Fassung (BGBl. 2003 II S. 1615)
6	–	ausländische Steuern nach § 34c Abs. 1 und 6 EStG, § 12 AStG
7	–	Steuerermäßigung nach § 35 EStG
8	–	Steuerermäßigung für Steuerpflichtige mit Kindern bei Inanspruchnahme erhöhter Absetzungen für Wohngebäude oder der Steuerbegünstigungen für eigengenutztes Wohneigentum (§ 34f Abs. 1 und 2 EStG)
9	–	Steuerermäßigung bei Zuwendungen an politische Parteien und unabhängige Wählervereinigungen (§ 34g EStG)
10	–	Steuerermäßigung nach § 34f Abs. 3 EStG
11	–	Steuerermäßigung nach § 35a EStG
12	–	Ermäßigung bei Belastung mit Erbschaftsteuer (§ 35b EStG)
13	–	Steuerermäßigung für energetische Maßnahmen am eigenen Wohngebäude (§ 35c EStG)
14	+	Steuer aufgrund Berechnung nach § 32d Abs. 3 und 4 EStG
15	+	Steuern nach § 34c Abs. 5 EStG
16	+	Nachsteuer nach § 10 Abs. 5 i.V.m. § 30 EStDV
17	+	Zuschlag nach § 3 Abs. 4 Satz 2 Forstschäden-Ausgleichsgesetz
18	+	Anspruch auf Zulage für Altersvorsorge, wenn Beiträge als Sonderausgaben abgezogen worden sind (§ 10a Abs. 2 EStG)
19	+	Anspruch auf Kindergeld oder vergleichbare Leistungen, soweit in den Fällen des § 31 EStG das Einkommen um Freibeträge für Kinder gemindert wurde
20	=	**festzusetzende** Einkommensteuer (§ 2 Abs. 6 EStG)

346 A. Einkommensteuer

> **B E I S P I E L**
>
> Die Eheleute Irene und Dr. Johann Hoffmann, Bonn, haben in 2020 **2.748 Euro Kindergeld** für ihre gemeinsame **5-jährige Tochter** erhalten. In 2020 erzielten sie ein **zu versteuerndes Einkommen** von **102.553 Euro**. Von diesem Betrag sind bereits der **Kinderfreibetrag** (**5.172 Euro**) und der **Betreuungsfreibetrag** (**2.640 Euro**) abgezogen worden. Das Ehepaar wählt die Zusammenveranlagung.
>
> Die **festzusetzende** Einkommensteuer wird für das Ehepaar Dr. Hoffmann 2020 wie folgt ermittelt:
>
> | | | |
> |---|---|---:|
> | | zu versteuern nach der Splittingtabelle **102.553 €** | |
> | | **tarifliche** Einkommensteuer (§ 32a Abs. 1, 5) | 25.284 € |
> | + | **Kindergeld** (R. 2 Abs. 2 TZ 18 EStR 2012) | + 2.748 € |
> | | **festzusetzende** Einkommensteuer (§ 2 Abs. 6)* | 28.032 € |
>
> * Das zu versteuernde Einkommen vor Berücksichtigung der Freibeträge für Kinder beträgt 110.365 €. Aus diesem ergibt sich eine tarifliche Einkommensteuer in Höhe von 28.440 €. Diese Steuer ist verglichen mit der Steuerbelastung unter Berücksichtigung der Freibeträge für Kinder um 3.156 € höher.

Für **Einkünfte aus Land- und Forstwirtschaft** wird mit **§ 32c** eine **Tarifglättung** beabsichtigt. Dabei wird jeweils für einen **Dreijahreszeitraum** die **tatsächliche** Summe der tariflichen Einkommensteuer mit der Summe einer tariflichen Einkommensteuer bei Anwendung des **Durchschnittsgewinns** für diesen Zeitraum verglichen. Ist die Summe der tatsächlichen tariflichen Einkommensteuer **höher**, wird die Steuer **im dritten Jahr** um den Unterschiedsbetrag **ermäßigt**; ist die Summe der tariflichen Einkommensteuer **niedriger**, wird die festzusetzende Steuer im dritten Jahr **erhöht** (§ 32c).

Die Vorschrift gilt **erstmals** ab dem **VZ 2016** und letztmalig für den VZ 2022 (§ 52 Abs. 33a).

16.1.1 Grundtarif (Grundtabelle)

Der **Grundtarif** (die **Grundtabelle**) wird angewendet:

1. bei **ledigen** Steuerpflichtigen,

2. bei **verwitweten** Steuerpflichtigen, wenn nicht ausnahmsweise der Splittingtarif anzuwenden ist,

3. bei **geschiedenen** Steuerpflichtigen, wenn nicht ausnahmsweise der Splittingtarif anzuwenden ist (§ 32a Abs. 6 Satz 1 Nr. 2),

4. bei **Ehegatten**, die **einzeln** veranlagt werden (§ 26a).

> **B E I S P I E L E**
>
> zu 1. Der **ledige** Steuerpflichtige A wird einzeln veranlagt.
> Sein Einkommen wird nach dem **Grundtarif** versteuert.
>
> zu 2. Die seit zwei Jahren **verwitwete** Steuerpflichtige B wird einzeln veranlagt.
> Ihr Einkommen wird nach dem **Grundtarif** versteuert.
>
> zu 3. Die Steuerpflichtige C wurde im vergangenen Jahr **geschieden**. C hat nicht wieder geheiratet und wird in diesem Jahr einzeln veranlagt.
> Ihr Einkommen wird nach dem **Grundtarif** versteuert.
>
> zu 4. Die Steuerpflichtigen Ehegatten D und E haben **Einzelveranlagung** beantragt.
> Ihr Einkommen wird nach dem Grundtarif versteuert.

16.1 Tarifliche und festzusetzende Einkommensteuer

Der **Einkommensteuer-Tarif 2020** (**Grundtarif**) besteht – wie die folgende **Übersicht** zeigt – aus **fünf Tarifzonen** (§ 32a Abs.1):

Zone	zu versteuerndes Einkommen	tarifliche ESt 2020
1. Nullzone	bis zu **9.408 Euro** (**Grundfreibetrag**)*	0 Euro
2. Progressionszone I	von 9.409 Euro bis 14.532 Euro	linear ansteigender Grenzsteuersatz von **14%** (**Eingangssatz**) auf 23,96%
3. Progressionszone II	von 14.533 Euro bis 57.051 Euro	linear ansteigender Grenzsteuersatz von 23,97% auf 42,00%
4. Proportionalzone I	von 57.052 Euro bis 270.500 Euro	konstanter Grenz**steuersatz** von **42%**
5. Proportionalzone II	von 270.501 Euro	konstanter **Grenzsteuersatz** von **45%**

Der **Einkommensteuer-Tarif 2020** (**Grundtarif**) lässt sich grafisch wie folgt darstellen:

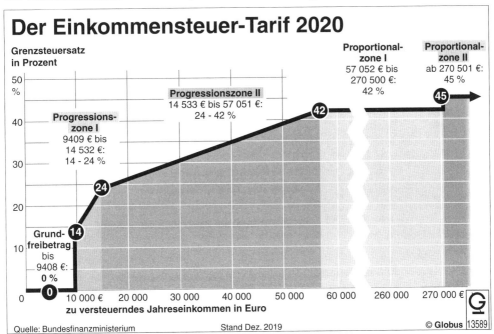

Der **Einkommensteuer-Tarif** gibt an, wie viele Steuern auf ein gegebenes zu versteuerndes Einkommen zu zahlen sind.
Der Einkommensteuer-Tarif wird in **fünf Zonen** – wie die Schaubilder oben zeigen – eingeteilt. Die folgende Beschreibung des Einkommensteuer-Tarifs bezieht sich auf den Grundtarif, der vor allem für **ledige** Steuerpflichtige gilt.

Beim **Splittingtarif**, der für **zusammen veranlagte Ehegatten** gilt, verdoppeln sich die Beträge des Grundtarifs, bezogen auf die Hälfte ihres gemeinsamen zu versteuernden Einkommens (§ 32 Abs. 5).

A. Einkommensteuer

Nullzone

Ist das zu versteuernde Einkommen in 2020 nicht höher als **9.408 Euro**, fällt **keine Einkommensteuer** an (**Grundfreibetrag**).

Progressionszone I

Erst, wenn das zu versteuernde Einkommen in 2020 **9.408 Euro übersteigt**, fällt **Einkommensteuer** an.

Ab einem zu versteuernden Einkommen von **9.409 Euro bis 14.532 Euro** gilt ein **Grenzsteuersatz** [= Steuersatz, mit dem die jeweils letzte Einheit (€) der Steuerbemessungsgrundlage belastet wird] von zunächst **14 %** (**Eingangssatz**), der dann relativ rasch auf **23,96 %** ansteigt.

Progressionszone II

Ab einem zu versteuernden Einkommen von **14.533 Euro bis 57.051 Euro** steigt der Grenzsteuersatz linear von **23,97 %** auf **42,00 %** an.

Proportionalzone I

Ab einem zu versteuernden Einkommen von **57.052 Euro** bleibt der Grenzsteuersatz konstant bei **42 %** (**Spitzensatz**). Dies gilt jedoch nur bis zu einem zu versteuernden Einkommen von **270.500 Euro**.

> **BEISPIEL**
>
> Der **ledige** Steuerpflichtige Dr. Schlautkötter, Mainz, hat 2020 ein **zu versteuerndes Einkommen** von **59.000 €** erzielt.
>
> Die **tarifliche Einkommensteuer** für Dr. Schlautkötter wird 2020 wie folgt berechnet:
>
> | | zu versteuerndes Einkommen 2020 59.000 € | |
> |---|---|---:|
> | x | **42 %** von 59.000 € (§ 32a Abs. 1 Nr. 4) | 24.780,00 € |
> | - | Abzugsbetrag nach § 32a Abs. 1 Nr. 4 | - 8.963,74 € |
> | | | = 15.816,26 € |
> | = | **tarifliche** Einkommensteuer (abgerundet auf volle Euro) | **15.816,00 €** |

Proportionalzone II

Die Proportionalzone II wurde als sog. **Reichensteuer** 2007 dem Tarif hinzugefügt.

Seit 2007 ist der **Spitzensteuersatz** von bisher 42 % auf **45 %** für besonders hohe Einkommen (**270.501 €** für Ledige und **541.002 €** für zusammen veranlagte Ehegatten) erhöht worden (§ 32a Abs. 1 **Nr. 5**).

Durch den Zuschlag von **3 %** sollen finanziell leistungsstärkere Bevölkerungsschichten entsprechend stärker zur Finanzierung öffentlicher Leistungen und zur Konsolidierung der öffentlichen Haushalte herangezogen werden.

> **BEISPIEL**
>
> Die **ledige** Steuerpflichtige Ursula Geis erzielte im VZ 2020 als Geschäftsführerin ein zu versteuerndes Einkommen von **400.000 €**. Dieses setzte sich ausschließlich aus Einkünften aus nichtselbständiger Arbeit zusammen.
>
> Der **Steuerzuschlag** beträgt im VZ 2020 **3 %** von 129.500 € (400.000 € – 270.500 €) = **3.855 €**. Insgesamt beträgt die Einkommensteuer 162.921 Euro.

16.1 Tarifliche und festzusetzende Einkommensteuer

Setzt man die **tarifliche Einkommensteuer** ins Verhältnis zum **zu versteuernden Einkommen**, erhält man den **Durchschnittssteuersatz** (effektiver Steuersatz).

> **BEISPIEL**
>
> Der **ledige** Steuerpflichtige Reinhold Mayer, Bonn, hat in 2020 ein zu versteuerndes Einkommen von **52.140 €** erzielt und **12.986 €** Einkommensteuer gezahlt.
>
> Der **Durchschnittsteuersatz** beträgt für ihn **24,91 %** (12.986 € x 100 : 52.140 €).

Für **Einkünfte aus Kapitalvermögen** gibt es einen **gesonderten Steuertarif**. Die **Einkünfte aus Kapitalvermögen** werden einheitlich mit **25 %** besteuert (**Abgeltungsteuer**).

Einzelheiten zum **gesonderten Steuertarif** erfolgten bereits im Abschnitt 11.2 „Einkünfte aus Kapitalvermögen (§ 20 EStG)", Seiten 168 ff.

Nach dem **Splittingtarif** beträgt die tarifliche **ESt** das **Zweifache** des Steuerbetrags, der sich für die **Hälfte** des abgerundeten zu versteuernden Einkommens bei Anwendung des **Grundtarifs** ergibt (§ 32a Abs. 5).

> **BEISPIEL**
>
> Der Steuerpflichtige Alfons Ternes und seine Ehefrau werden 2020 **zusammen veranlagt**. Das **zu versteuernde Einkommen** der Eheleute beträgt **118.000 €**.
>
> | | zu versteuerndes Einkommen der Eheleute : 2 (Hälfte) | |
> |---|---|---:|
> | x | **42 %** von 59.000 € (§ 32a Abs. 1 Nr. 4) | 24.780,00 € |
> | − | Abzugsbetrag nach § 32a Abs. 1 Nr. 4 | − 8.963,74 € |
> | | | = 15.816,26 € |
> | | verbleiben (auf volle Euro abgerundet) | 15.816,00 € |
> | x | 2 (das Zweifache) = **tarifliche** Einkommensteuer | **31.632,00 €** |
> | | Grenzsteuersatz 42 %, Durchschnittsteuersatz 26,81 % | |

16.1.2 Splitting-Verfahren (Splittingtabelle)

Das **Splitting-Verfahren** (die **Splittingtabelle**) wird angewendet:

1. bei **Ehegatten/Lebenspartnern**, die **zusammen veranlagt** werden (§ 32a Abs. 5),
2. bei **verwitweten** Steuerpflichtigen für den Veranlagungszeitraum, **der dem Kalenderjahr folgt, in dem der Ehegatte verstorben ist**, wenn der Steuerpflichtige und sein verstorbener Ehegatte im Zeitpunkt des Todes unbeschränkt steuerpflichtig waren und nicht dauernd getrennt lebten (§ 32a Abs. 6 Nr. 1),
3. bei **geschiedenen** Steuerpflichtigen, wenn die Geschiedenen im Zeitpunkt der Scheidung die Voraussetzungen für eine Zusammenveranlagung erfüllten und wenn der bisherige Ehegatte im selben Jahr **wieder heiratet** und mit seinem neuen Ehepartner die Voraussetzungen für die Zusammenveranlagung erfüllt (§ 32a Abs. 6 Nr. 2).

> **BEISPIELE**
>
> zu 1. Die steuerpflichtigen **Ehegatten/Lebenspartner** H und I werden **zusammen veranlagt**. Ihre ESt wird nach dem **Splitting-Verfahren** berechnet (§ 32a **Abs. 5**).

350 A. Einkommensteuer

zu 2. Der Ehegatte der Steuerpflichtigen J ist im vergangenen Jahr **verstorben**. J hat nicht wieder geheiratet. Im Zeitpunkt des Todes ihres Ehegatten waren beide unbeschränkt steuerpflichtig und lebten nicht dauernd getrennt. Die Steuerpflichtige wird für das laufende Jahr einzeln veranlagt.

Ihre ESt wird für das laufende Jahr nach dem **Splitting-Verfahren** berechnet (§ 32a Abs. 6 **Nr. 1**).

zu 3. Die steuerpflichtigen Ehegatten K und L, die beide unbeschränkt steuerpflichtig sind und bis zur Scheidung nicht dauernd getrennt lebten, werden in diesem Jahr **geschieden**. L heiratet wieder in diesem Jahr und wird mit ihrem neuen Ehegatten zusammen veranlagt. Der Steuerpflichtige K heiratet nicht mehr. Er wird einzeln veranlagt.

Die ESt des K wird in diesem Jahr nach dem **Splitting-Verfahren** berechnet (§ 32a Abs. 6 **Nr. 2**).

ÜBUNG →	1. Wiederholungsfragen 1 bis 6 (Seite 360), 2. Fälle 1 bis 3 (Seite 360)

16.1.3 Progressionsvorbehalt

Durch die Anwendung des **Progressionsvorbehalts** nach § 32b sollen Steuerpflichtige, die bestimmte **steuerfreie** Einnahmen erzielen (z.B. Arbeitslosengeld, Krankengeld, Mutterschaftsgeld), nicht besser gestellt werden als diejenigen, die nur **steuerpflichtige** Einnahmen beziehen.

Deshalb wird im Rahmen des Progressionsvorbehalts auf das zu versteuernde Einkommen ein **besonderer Steuersatz** angewandt.

Der **besondere Steuersatz** ist auf das zu versteuernde Einkommen von Steuerpflichtigen anzuwenden, die z.B. folgende steuerfreie **Einkommens-(Lohn-)Ersatzleistungen** bezogen haben, die in § 32b Abs. 1 Nr. 1 **Buchstaben a – k** EStG erschöpfend aufgezählt sind:

- das **Arbeitslosengeld**, das **Kurzarbeitergeld**, das **Insolvenzgeld** (§ 32b Abs. 1 Nr. 1 Buchstabe a);

- das **Krankengeld** nach den §§ 44 ff. SGB V (§ 32b Abs. 1 Nr. 1 Buchstabe b);

- das **Mutterschaftsgeld** nach dem Mutterschaftsgesetz (§ 32b Abs. 1 Nr. 1 Buchstabe c);

- die **Arbeitslosenbeihilfe** nach dem Soldatenversorgungsgesetz (§ 32b Abs. 1 Nr. 1 Buchstabe d);

- die **Entschädigung für Verdienstausfall** nach dem Infektionsschutzgesetz (§ 32b Abs. 1 Nr. 1 Buchstabe e);

- das **Versorgungskrankengeld** nach dem Bundesversorgungsgesetz (§ 32b Abs. 1 Nr. 1 Buchstabe f);

- die **Aufstockungsbeträge** nach dem Altersteilzeitgesetz (§ 32b Abs. 1 Nr. 1 Buchstabe g);

- die **Verdienstausfallentschädigung** nach dem Unterhaltssicherungsgesetz (§ 32b Abs. 1 Nr. 1 Buchstabe h);

- das **Elterngeld** nach dem Bundeselterngeld- und Elternteilzeitgesetz (§ 32b Abs. 1 Nr. 1 Buchstabe j).

- nach § 3 Nr. 2 Buchstabe e **steuerfreie Leistungen** (§ 32b Abs. 1 Nr. 1 Buchstabe k)

16.1 Tarifliche und festzusetzende Einkommensteuer

Die **Einkommensteuer** unter Anwendung des **besonderen Steuersatzes** kann nach folgendem **Berechnungsschema** ermittelt werden:

Zeile		€
1	tatsächlich zu versteuerndes Einkommen	....
2	+ Leistungen nach § 32b Abs. 1 (z.B. Arbeitslosengeld)	....
3	= **fiktives** zu versteuerndes Einkommen (Steuersatzeinkommen)	....
4	**ESt** nach der entsprechenden Tabelle (Grund-/Splittingtabelle)	....
5	Ermittlung des **besonderen Steuersatzes** nach § 32b	
	Betrag der Zeile 4 x 100 : Betrag der Zeile 3	
	(vier Stellen hinter dem Komma)	.... %
6	**ESt** unter Anwendung des **besonderen Steuersatzes**	
	(Zeile 5 x Zeile 1)	....

BEISPIEL 1

Der **ledige** Steuerpflichtige Rudolf Patzig, Düsseldorf, erzielte vom 01.01. bis 31.10.2020 einen Bruttoarbeitslohn von **37.000 €**. Werbungskosten machte Patzig nicht geltend. Ab 01.11.2020 ist Patzig arbeitslos. Er erhielt vom 01.11. bis 31.12.2020 Arbeitslosengeld in Höhe von **5.000 €**. Als Sonderausgaben und außergewöhnliche Belastungen hatte er insgesamt **6.000 €** aufgewendet, die nicht zu beanstanden sind.

Die **Einkommensteuer** wird unter Anwendung des besonderen Steuersatzes für den VZ 2020 wie folgt ermittelt:

Zeile		€
	Arbeitslohn	37.000
	- Arbeitnehmer-Pauschbetrag (§ 9a Nr. 1a)	- 1.000
	= steuerpflichtige Einkünfte	36.000
	- Sonderausgaben/außergewöhnliche Belastungen	- 6.000
1	= tatsächlich zu versteuerndes Einkommen	30.000
2	+ Arbeitslosengeld (§ 32b Abs. 1 Nr. 1)	+ 5.000
3	= fiktives zu versteuerndes Einkommen (Steuersatzeinkommen)	35.000
4	**ESt** nach der Grundtabelle für 35.000 €	**6.767**
5	Ermittlung des **besonderen Steuersatzes** nach § 32b	
	6.767 € x 100 = 676.700 € : 35.000 € = **19,3342%**	
	ESt unter Anwendung des **besonderen Steuersatzes**	
6	19,3342 % von 30.000 € = ESt mit Progessionsvorbehalt	**5.800**
	ESt ohne Anwendung des Progessionsvorbehalts	5.187

Durch den Progessionsvorbehalt erhöht sich die Einkommensteuer um 613 € (5.800 € – 5.187 €).

BEISPIEL 2

Der **verheiratete** Bauhandwerker Werner Klein, der mit seiner Ehefrau **zusammen veranlagt** wird, war im VZ 2020 drei Monate arbeitslos. In 2020 hat er **Arbeitslosengeld** in Höhe von **5.000 €** erhalten. Das gemeinsame **zu versteuernde Einkommen** der Eheleute, das nur aus Einkünften aus nichtselbständiger Arbeit besteht, betrug **40.000 €**.

A. Einkommensteuer

Die **Einkommensteuer** wird unter Anwendung des besonderen Steuersatzes für den VZ 2020 wie folgt ermittelt:

Zeile			€
1		tatsächlich zu versteuerndes Einkommen	40.000
2	+	Arbeitslosengeld (§ 32b Abs. 1 Nr. 1)	5.000
3	=	fiktives zu versteuerndes Einkommen (Steuersatzeinkommen)	45.000
4		**ESt** nach der Splittingtabelle für 45.000 €	**6.304**
5		Ermittlung des **besonderen Steuersatzes** nach § 32b 6.034 € x 100 = 603.400 € : 45.000 € = **13,4088 %** **ESt** unter Anwendung des **besonderen Steuersatzes**	
6		13,4088 % von 40.000 € = ESt mit Progressionsvorbehalt	**5.363**
		ESt ohne Anwendung des Progressionsvorbehalts	4.632

Ohne den **Progressionsvorbehalt** hätte die **ESt** nach der Splittingtabelle für 40.000 € = **4.692 €** betragen. Der Steuerpflichtige zahlt **durch den Progressionsvorbehalt 671 €** (5.363 € – 4.692 €) **mehr Einkommensteuer**.

Steuerpflichtige, die dem Progressionsvorbehalt unterliegen, werden von Amts wegen veranlagt (§ 46 Abs. 2 Nr. 1).

ÜBUNG → 1. Wiederholungsfragen 7 und 8 (Seite 360),
2. Fall 4 (Seite 361)

16.1.4 Steuerermäßigung bei Einkünften aus Gewerbebetrieb (§ 35 Abs. 1 EStG)

Die **Einkünfte aus Gewerbebetrieb** werden mit der Gewerbesteuer und der Einkommensteuer **doppelt belastet**.

Die **tarifliche** Einkommensteuer, vermindert um die sonstigen Steuerermäßigungen mit Ausnahme der §§ 34f, 34g, 35a und 35c, ermäßigt sich um das

4,0-fache des Gewerbesteuer-Messbetrags

des Erhebungszeitraums, **soweit** sie anteilig auf im zu versteuernden Einkommen enthaltene **gewerbliche Einkünfte** entfällt (**Ermäßigungshöchstbetrag**).

Dieser **pauschale Ermäßigungshöchstbetrag** beträgt nach § 35 Abs. 1

- bei **Einzelunternehmern** i. S. d. § 15 Abs. 1 Satz 1 Nr. 1 das **4,0-fache** des Gewerbesteuer-Messbetrags
und

- bei **Mitunternehmern** i. S. d. § 15 Abs. 1 Satz 1 Nrn. 2 und 3 das **4,0-fache** des **anteiligen** Gewerbesteuer-Messbetrags.

Der Abzug des Steuerermäßigungsbetrages ist auf die tatsächlich zu zahlende Gewerbesteuer beschränkt (§ 35 Abs. 1 Satz 5).

16.1 Tarifliche und festzusetzende Einkommensteuer

BEISPIEL

Der **ledige** Einzelhändler A, 35 Jahre alt, dessen Wirtschaftsjahr mit dem Kalenderjahr übereinstimmt, erzielte im Jahr 2020 einen **Gewinn aus Gewerbebetrieb** in Höhe von **100.500 Euro**. Die abzugsfähigen **Sonderausgaben** betrugen **8.000 Euro**. Hinzurechnungen und Kürzungen nach dem GewStG liegen nicht vor. Der **Hebesatz** beträgt **370 %**.

Die **Gewerbesteuerbelastung** und die **Einkommensteuerbelastung** werden für das Jahr 2020 wie folgt ermittelt:

	Berechnung der GewSt-Belastung (vgl. Kapitel C. „Gewerbesteuer", Seite 419 ff.)	
	Gewinn aus Gewerbebetrieb	100.500,00 €
+	Hinzurechnungen (§ 8 GewStG)	0,00 €
−	Kürzungen (§ 9 GewStG)	0,00 €
=	Gewerbeertrag	100.500,00 €
−	Freibetrag (§ 11 Abs. 1 GewStG)	− 24.500,00 €
	verbleiben	76.000,00 €
×	Steuermesszahl (§ 11 Abs. 2 GewStG) (3,5 % von 76.000 €)	
=	**Steuermessbetrag** (abrunden auf volle €)	**2.660,00 €**
×	Hebesatz (370 %)	
=	Gewerbesteuer	9.842,00 €

	Berechnung der Einkommensteuerbelastung	
	Einkünfte aus Gewerbebetrieb	100.500,00 €
	Summe der Einkünfte = Gesamtbetrag der Einkünfte	100.500,00 €
−	Sonderausgaben	− 8.000,00 €
	Einkommen = zu versteuerndes Einkommen	92.500,00 €
	42 % von 92.500 € (§ 32a Abs. 1 Nr. 4 EStG)	38.850,00 €
	Abzugsbetrag nach § 32a Abs. 1 Nr. 4 EStG	− 8.963,74 €
	tarifliche Einkommensteuer (auf volle Euro abgerundet)	29.886,00 €
	Steuerermäßigung nach § 35 Abs. 1 Nr. 1 EStG: (gerundet) **4,0**× **2.660 €** (GewSt-Messbetrag) = 10.640 € max. 9.842 €	− 9.842,00 €
	festzusetzende Einkommensteuer	20.044,00 €

ÜBUNG → 1. Wiederholungsfragen 9 und 10 (Seite 360),
2. Fälle 5 bis 7 (Seite 361)

A. Einkommensteuer

16.1.5 Steuerermäßigung bei Aufwendungen für haushaltsnahe Beschäftigungsverhältnisse, haushaltsnahe Dienstleistungen und Handwerkerleistungen (§ 35a EStG)

Nach § 35a EStG sind folgende **Fördertatbestände** zu unterscheiden (siehe auch Einkommensteuererklärung 2020, Anlage Haushaltsnahe Aufwendungen, Zeilen **4-6**):

- **geringfügige** Beschäftigungen im Privathaushalt (§ 35a **Abs.1**),
- **allgemeine haushaltsnahe Dienstleistungen** (§ 35a **Abs.2**),
- **Handwerkerleistungen** (§ 35a **Abs.3**).

16.1.5.1 Geringfügige Beschäftigungen im Privathaushalt (§ 35a Abs. 1 EStG)

Für **haushaltsnahe Beschäftigungsverhältnisse**, die in einem **EU/EWR**-Haushalt des Steuerpflichtigen ausgeübt werden (§ 35a Abs. 4), ermäßigt sich die **tarifliche** Einkommensteuer, vermindert um die sonstigen Steuerermäßigungen, auf Antrag nach § 35a **Abs.1** um

20 % der Aufwendungen des Steuerpflichtigen, **höchstens 510 Euro**, bei einer **geringfügigen Beschäftigung** i.S.d. § 8a SGB IV in einem **Privathaushalt** – sog. Mini-Jobs.

Es handelt sich nur dann um ein geringfügiges Beschäftigungsverhältnis im Sinne dieser Vorschrift, wenn der Steuerpflichtige am **Haushaltsscheckverfahren** teilnimmt (BMF-Schreiben vom 09.11.2016 Rz 6, BStBl I 2016, S. 1213, online verfügbar unter https://bmf-esth.de).

Haushaltsnah ist das **Beschäftigungsverhältnis**, wenn es eine **haushaltsnahe Tätigkeit** zum Gegenstand hat.

Zu den **haushaltsnahen Tätigkeiten** gehören u.a. die Zubereitung von Mahlzeiten im Haushalt, die Reinigung der Wohnung des Steuerpflichtigen, die Gartenpflege und die Pflege, Versorgung und Betreuung von Kindern, kranken, alten oder pflegebedürftigen Personen, sofern diese Aufwendungen keine Betriebsausgaben oder Werbungskosten darstellen und soweit sie nicht als Sonderausgaben oder außergewöhnliche Belastungen berücksichtigt worden sind (§ 35a Abs. 5 Satz 1).

Nicht zu den haushaltsnahen Tätigkeiten gehören die Erteilung von Unterricht (z.B. Sprachunterricht), die Vermittlung besonderer Fähigkeiten, sportliche und andere Freizeitbetätigungen (BMF-Schreiben vom 09.11.2016 Rz 5, BStBl I 2016, S. 1213).

Eine **Zwölftelung** des Höchstbetrags für Beschäftigungsverhältnisse, die nicht das ganze Jahr über bestanden haben, ist **nicht** vorzunehmen.

Bei einer geringfügig entlohnten Beschäftigung in einem Privathaushalt darf das Arbeitsentgelt aus dieser Beschäftigung regelmäßig **450 Euro monatlich** nicht übersteigen.

Der Arbeitgeber hat an die Einzugsstelle, die Minijob-Zentrale, 45115 Essen, (www.minijob-zentrale.de), für die geringfügig entlohnten Beschäftigungen in Privathaushalten **Pauschalabgaben** zu entrichten.

Die Pauschalabgaben betragen für den VZ 2020 insgesamt

**vom 01.01. bis zum 30.09.2020: 14,69 % und
vom 01.10. bis zum 31.12.2020: 14,99%.**

16.1 Tarifliche und festzusetzende Einkommensteuer · 355

Die Pauschalabgaben setzen sich wie folgt zusammen

Pauschale	bis 30.09.2020	ab 01.10.2020
Krankenversicherungspauschale	5,00 %	5,00 %
Rentenversicherungspauschale	5,00 %	5,00 %
Pauschalsteuer	2,00 %	2,00 %
Umlage 1 (U1)	0,90 %	1,00 %
Umlage 2 (U2) und	0,19 %	0,39 %
Beiträge zur Unfallversicherung	1,60 %	1,60 %
insgesamt	**14,69 %**	**14,99 %**

BEISPIEL

Der Steuerpflichtige U, Bochum, beschäftigte von Januar bis Juli 2020 in seinem **Privathaushalt** eine Haushaltshilfe als **geringfügig Beschäftigte i.S.d. § 8a SGB IV** für **450 Euro** monatlich. U nimmt am Haushaltsscheckverfahren teil. Die geringfügig Beschäftigte hat sich von der Verpflichtung in der gesetzlichen Rentenversicherung befreien lassen.

U hat monatlich 66,11 € (14,69 % von 450 €) Pauschalabgaben an die Minijobzentrale, 45115 Essen, zu entrichten (siehe auch Buchführung 1, 32. Auflage, Seite 244 f.).

U kann in seiner Einkommensteuererklärung 2020 eine **Steuerermäßigung** von **510 Euro** 20 % x (450 € x 7 Monate + 66,11 € x 7 Monate) = 722,55 €, höchstens 510 Euro geltend machen (§ 35a **Abs. 1**).

16.1.5.2 Allgemeine haushaltsnahe Dienstleistungen (§ 35a Abs. 2 EStG)

Zu den **allgemeinen haushaltsnahen Dienstleistungen** i.S.d. § 35a **Abs. 2** gehören:

- **sozialversicherungspflichtige Beschäftigungen im Privathaushalt,**
- **spezielle haushaltsnahe Dienstleistungen** und
- **Pflege- und Betreuungsleistungen im Haushalt.**

Für die Aufwendungen i.S.d. § 35a Abs. 2 ermäßigt sich die **tarifliche** Einkommensteuer, vermindert um die sonstigen Steuerermäßigungen, auf Antrag um

20 % der Aufwendungen des Steuerpflichtigen, **höchstens 4.000 Euro.**

Voraussetzung für die Steuerermäßigung nach § 35a Abs. 2 ist, dass der Steuerpflichtige für die Aufwendungen eine **Rechnung** erhalten hat und die **Zahlung** auf das Konto des Erbringers der haushaltsnahen Dienstleistung erfolgt ist (§ 35a Abs. 5 Satz 3).
Wie bei den Kinderbetreuungskosten müssen die **Rechnung** und der **Nachweis der Zahlung** nur auf Nachfrage beim Finanzamt eingereicht werden.

16.1.5.2.1 Sozialversicherungspflichtige Beschäftigungen im Privathaushalt

Für die Inanspruchnahme von **sozialversicherungspflichtigen** Beschäftigungen im Privathaushalt, die in einem **EU/EWR**-Haushalt des Steuerpflichtigen erbracht werden, gehören z.B. Hilfe im Haushalt, Koch, Gärtner, Butler (§ 35a Abs. 2).

Nicht anerkannt werden Beschäftigungsverhältnisse mit Angehörigen oder Lebenspartnern, die im gleichen Haushalt leben (BMF-Schreiben vom 09.11.2016, BStBl I 2016, S. 1213 Rz. 9).

A. Einkommensteuer

Außerdem dürfen die haushaltsnahen Beschäftigungsverhältnisse **keine Mini-Jobs** und **keine Handwerkerleistungen** sein (§ 35a Abs. 2 Satz 1).

> **BEISPIEL**
>
> Der Steuerpflichtige U, Aachen, beschäftigte in 2020 für haushaltsnahe Dienstleistungen im Rahmen einer sozialversicherungspflichtigen Beschäftigung eine Hilfe im Haushalt.
> Seine Aufwendungen beliefen sich im VZ 2020 auf insgesamt **7.200 €**. Die Aufwendungen werden durch Rechnungen und Zahlungsbelege belegt.
>
> U kann in seiner Einkommensteuererklärung 2020 eine Steuerermäßigung von **1.440 €** (20 % von 7.200 €) geltend machen. Der Höchstbetrag von 4.000 Euro wird nicht überschritten.

16.1.5.2.2 Spezielle haushaltsnahe Dienstleistungen

Zu den speziellen **haushaltsnahen Dienstleistungen** i.S.d. § 35a **Abs. 2** gehören alle Tätigkeiten, die von **selbständigen Unternehmern** im Haus und Garten erbracht werden und **keine Mini-Jobs** i.S.d. § 35a Abs. 1 EStG und **keine Handwerkerleistungen** i.S.d. § 35a Abs. 3 sind. Zu den speziellen haushaltsnahen Dienstleistungen gehören z.B. die Leistungen für Winterdienst, Laubentfernung, Straßenreinigung und Hausnotrufsystem.

16.1.5.2.3 Pflege- und Betreuungsleistungen im Haushalt

Zu den **Pflege- und Betreuungsleistungen** gehören Leistungen für Personen, die **pflegebedürftig** sind nach den Pflegestufen I bis III sowie für Aufwendungen, die einem Steuerpflichtigen wegen der **Unterbringung in einem Heim** oder zur **dauernden Pflege** erwachsen, soweit darin Kosten für Dienstleistungen enthalten sind, die mit einer **Hilfe im Haushalt** vergleichbar sind (§ 35a Abs. 2 Satz 2).

16.1.5.3 Handwerkerleistungen (§ 35a Abs. 3 EStG)

Für die Inanspruchnahme von **Handwerkerleistungen** für Renovierungs-, Erhaltungs- und Modernisierungsmaßnahmen ermäßigt sich die **tarifliche** Einkommensteuer nach § 35a **Abs. 3** um

> **20 %** der Aufwendungen des Steuerpflichtigen, **höchstens 1.200 Euro.**

Handwerkerleistungen im Sinne des § 35a **Abs. 3** sind z.B.:

- das Streichen und Tapezieren von Innenwänden,
- die Modernisierung des Badezimmers,
- die Beseitigung kleinerer Schäden,
- die Erneuerung des Bodenbelags,
- die Erneuerung von Fenstern und Türen oder der Heizungsanlage,

aber **auch** Aufwendungen für Leistungen auf dem Grundstück, wie z.B.

- Garten- und Wegebauarbeiten.

Begünstigt sind die Aufwendungen für den **Arbeitslohn** der Handwerksleistungen **einschließlich** des hierauf entfallenden Anteils an **Umsatzsteuer**, jedoch **nicht** die **Material-kosten** (§ 35a **Abs. 5 Satz 2**).

16.1 Tarifliche und festzusetzende Einkommensteuer 357

Der Anteil der Arbeitskosten muss grundsätzlich anhand der Angaben in der Rechnung gesondert ermittelt werden können. Auch eine prozentuale Aufteilung des Rechnungsbetrages in Arbeits- und Materialkosten durch den Rechnungsaussteller ist zulässig.

Die **Materialkosten** (einschließlich USt) sind sodann im Rahmen der Berücksichtigung nach § 35a als nicht begünstigte Aufwendungen vom Rechnungsbetrag **abzuziehen**.

Eine **beispielhafte Aufzählung** begünstigter und nicht begünstigter haushaltsnaher Dienstleistungen und Handwerkerleistungen enthält die **Anlage 1** des BMF-Schreibens vom 09.11.2016, BStBl I 2016, S. 1213.

16.1.6 Steuerermäßigung für energetische Maßnahmen bei zu eigenen Wohnzwecken genutzten Gebäuden (§ 35c EStG)

Mit dem **Gesetz zur Umsetzung des Klimaschutzprogramms 2030** im Steuerrecht werden energetische Sanierungsmaßnahmen an **selbstgenutzten** Wohngebäuden im Zeitraum vom **01.01.2020 bis 31.12.2029** steuerlich gefördert.

Als Steuerermäßigung können **20 % der Aufwendungen,** jedoch **höchstens 40.000 €**, von der Steuerschuld **abgezogen** werden. Damit können energetische Sanierungsmaßnahmen bis 200.000 € gefördert werden. Dabei handelt es sich um einen Höchstbetrag für **mehrere Einzelmaßnahmen** für **ein** begünstigtes **Objekt** (§ 35c Abs. 1 Satz 5).

Der Abzug von der Steuerschuld erfolgt auf Antrag **im Jahr des Abschlusses der Maßnahme und** im **darauffolgenden** Kalenderjahr i.H.v. je **7 %** der Aufwendungen, **höchstens** jedoch i.H.v. je **14.000 €**, und im **übernächsten** Kalenderjahr i.H.v. **6 %** der Aufwendungen, **höchstens** jedoch i.H.v. **12.000 €** für das begünstigte Objekt (§ 35c Abs. 1 Satz 1).

Steuerlich gefördert werden **Einzelmaßnahmen**, die durch die Bundesförderung für effiziente Gebäude (BEG) als **förderwürdig** eingestuft werden. Hierzu zählen die Wärmedämmung von Wänden, Dachflächen oder Geschossdecken, Erneuerung der Fenster oder Außentüren, Erneuerung oder Einbau einer Lüftungsanlage, Erneuerung der Heizungsanlage, Einbau von digitalen Systemen zur energetischen Betriebs- und Verbrauchsoptimierung sowie die Optimierung bestehender Heizungsanlagen, sofern diese älter als zwei Jahre sind. Zu den Aufwendungen für energetische Maßnahmen gehören auch die Kosten eines Energieberaters und die Kosten für die Erteilung der Bescheinigung nach § 35c Abs. 1 Satz 8.

Begünstigtes Objekt ist das **selbstgenutzte Wohngebäude**, sofern es im Raum der **Europäischen Union** oder dem Europäischem Wirtschaftsraum gelegen ist und im Zeitpunkt der förderfähigen Maßnahme **älter als zehn Jahre** ist. Für die **Altersbestimmung** des Gebäudes ist maßgebend, wann mit der **Herstellung** des Gebäudes **begonnen** wurde (§ 35c Abs. 1 Satz 1). Für den **Zeitpunkt der Durchführung** der energetischen Maßnahme ist der **Vertragsabschluss** maßgebend (§ 35c Abs. 7 Satz 3).

Die jeweilige begünstigte Einzelmaßnahme muss von einem **Fachunternehmen** ausgeführt werden (§ 35c Abs. 7 Satz 1). Begünstigt sind nur Aufwendungen an einem im jeweiligen Kalenderjahr **ausschließlich zu eigenen Wohnzwecken** dienenden Gebäude. Laut Gesetzesbegründung ist es **unschädlich**, wenn Teile der Wohnung als **häusliches Arbeitszimmer** genutzt werden.

BEISPIEL

Anton Müller, Wiesbaden, erteilt am 14.09.2020 einem Fachunternehmen den Auftrag, in seinem zu eigenen Wohnzwecken genutzten Einfamilienhaus (Baujahr 1985) die alte Ölheizung gegen ein Blockheizkraftwerk zu tauschen. Außerdem erneuert er am gesamten Gebäude die Wärmedämmung und die Fenster einschließlich der Eingangstür. Die notwendigen Bescheinigungen für die energetischen Sanierungsmaßnahmen liegen vor.

358 A. Einkommensteuer

Insgesamt belaufen sich die Kosten der Sanierung auf 74.000 € inkl. Umsatzsteuer.

Anton Müller erhält eine Steuerermäßigung nach § 35c in Höhe von 14.800 Euro (74.000 x 20 %), wovon er in 2020 und 2021 jeweils 5.180 Euro 74.000 x 7 %) und in 2022 4.440 Euro (74.000 x 6 %) geltend machen kann.

ÜBUNG →	1. Wiederholungsfragen 11 bis 16 (Seite 360), 2. Fälle 8 bis 10 (Seiten 361 f.)

16.2 Steuerentrichtung

16.2.1 Überblick

Der **Steuerbetrag**, der laut Einkommensteuer-Bescheid an das Finanzamt **zu entrichten** ist, stimmt in der Regel **nicht** mit der **festzusetzenden** Einkommensteuer überein.

Auf die **festzusetzende** Einkommensteuer werden die bereits **vorher** geleisteten Beträge **angerechnet. Erstmals ab** dem **VZ 2020** ist auch eine gewährte steuerliche **Zulage für Forschungs- und Entwicklungstätigkeiten anrechenbar** (§ 36 Abs. 2 Nr. 3 n.F.).

Zu den **anzurechnenden Steuern** gehören nach § 36 Abs. 2:

1. die **Einkommensteuer-Vorauszahlungen** (§ 37),
2. die durch Steuerabzug erhobene Einkommensteuer (z.B. **Lohnsteuer**) und
3. die **Forschungszulage** nach § 10 des Forschungszulagengesetzes.

Die anzurechnenden Steuerbeträge sind auf volle Euro **aufzurunden** (§ 36 Abs. 3 Satz 1).

Ergibt sich aus der Abrechnung im Einkommensteuer-Bescheid eine Nachzahlung für den Steuerpflichtigen, so ist dieser Betrag nach § 36 Abs. 4 Satz 1.

a) **sofort** zu entrichten, soweit er den fällig gewordenen, aber noch nicht entrichteten **Vorauszahlungen** entspricht,

b) im Übrigen **innerhalb eines Monats** nach Bekanntgabe des Steuerbescheids (**Abschlusszahlung**).

BEISPIEL

Die **festzusetzende** Einkommensteuer des Steuerpflichtigen Dr. Hoffmann (Beispiel Seite 346) beträgt in 2020 **27.732 €**.

An **Vorauszahlungen** waren für 2020 fällig **26.000 €** (4 x 6.500 €). Hiervon wurden 2020 entrichtet **19.500 €** (3 x 6.500 €).

Die **Restschuld** ist wie folgt zu ermitteln und zu entrichten

festzusetzende Einkommensteuer 2020		27.732 €
fällige Vorauszahlungen 2020	26.000 €	
Hiervon wurden bereits entrichtet (3 x 6.500 €)	19.500 €	− 19.500 €
Restschuld		**8.232 €**
Von dieser Restschuld ist **sofort** (die 4. Vorauszahlung) zu entrichten		− 6.500 €
Die verbleibenden		**1.732 €**
sind innerhalb eines Monats nach Bekanntgabe des Steuerbescheids zu entrichten.		

Ein sich aus der Abrechnung **zugunsten** des Steuerpflichtigen ergebender **Überschuss** wird dem Steuerpflichtigen nach Bekanntgabe des Steuerbescheids ausgezahlt (§ 36 Abs. 4 **Satz 2**).

Der Steuerpflichtige hat am **10. März, 10. Juni, 10. September und 10. Dezember Vorauszahlungen** auf die Einkommensteuer zu entrichten, die er für den laufenden Veranlagungszeitraum voraussichtlich schulden wird (§ 37 Abs. 1).

Das Finanzamt setzt die **Vorauszahlungen** durch einen **Vorauszahlungsbescheid** fest (§ 37 Abs. 3 Satz 1).

Die Vorauszahlungen bemessen sich grundsätzlich nach der **Einkommensteuer**, die sich nach Anrechnung der Steuerabzugsbeträge (z. B. **Lohnsteuer**) bei der **letzten Veranlagung** ergeben hat (§ 37 Abs. 3 Satz 2).

Das **Finanzamt kann** bis zum Ablauf des auf den Veranlagungszeitraum folgenden **15. Kalendermonats die Vorauszahlungen** an die Einkommensteuer anpassen, die sich für den Veranlagungszeitraum voraussichtlich ergeben wird (§ 37 Abs. 3 Satz 3).

16.2.2 Steuerliche Zulage zur Förderung von Forschung und Entwicklung

Zum 01.01.2020 wurde mit dem **Forschungszulagengesetz** (FZulG) **ein steuerliches Nebengesetz** zur Förderung von **Forschung und Entwicklung** eingeführt. Dabei handelt es sich um eine **Zulage**, die von allen berechtigten Unternehmen unabhängig von der Gewinnsituation in Anspruch genommen werden kann.

Anspruchsberechtigt sind Steuerpflichtige im Sinne des EStG/KStG, soweit sie **Einkünfte nach § 2 Abs. 1 Satz 1 Nr. 1 bis 3 EStG** erzielen (§ 1 Abs. 1 FZulG). **Begünstigte** sind Forschungs- und Entwicklungsvorhaben, soweit sie der Grundlagenforschung, der industriellen Forschung oder experimentellen Entwicklung zuzuordnen sind.

Bemessungsgrundlage der Förderung sind die dem **Lohnsteuerabzug** nach § 38 Abs. 1 EStG unterliegenden Arbeitslöhne für Arbeitnehmer, die die Arbeitnehmer unmittelbar vom Arbeitgeber erhalten, sowie die Ausgaben des Arbeitgebers für die Zukunftssicherung der Arbeitnehmer gemäß § 3 Nr. 62 EStG (§ 3 Abs. 1 FZulG).

Selbst forschende Einzelunternehmer können für jede nachgewiesene Arbeitsstunde für ein begünstigtes Forschungs- und Entwicklungsvorhaben **40 Euro/je Arbeitsstunde** erhalten, maximal für 40 Arbeitsstunden pro Woche (§ 3 Abs. 3 FZulG). Die pauschale Berücksichtigung des Eigenaufwands für selbst forschende Einzelunternehmer ist auf 200.000 Euro begrenzt (§ 9 Abs. 5 FZulG).

Bemessungsgrundlage sind die im Wirtschaftsjahr entstandenen förderfähigen Aufwendungen bis **maximal 4.000.000 Euro** (§ 3 Abs. 5 FZulG).

Die Forschungszulage beträgt **25 % der Bemessungsgrundlage** (§ 4 FZulG). Die Summe der für ein Forschungs- und Entwicklungsvorhaben gewährten staatlichen Beihilfen darf einschließlich der Forschungszulage nach dem FZulG pro Unternehmen und Forschungs- und Entwicklungsvorhaben 15.000.000 Euro nicht übersteigen.

| **ÜBUNG →** | 1. Wiederholungsfragen 17 bis 22 (Seite 360),
2. Fall 11 (Seite 362) |

360 A. Einkommensteuer

16.3 Erfolgskontrolle

WIEDERHOLUNGSFRAGEN

1. Was versteht man unter der tariflichen Einkommensteuer?
2. Was versteht man unter der festzusetzenden Einkommensteuer?
3. Welche beiden Tarife sind im § 32a gesetzlich geregelt?
4. Bei wem kommt der Grundtarif zur Anwendung?
5. Bei wem wird der Splittingtarif angewendet?
6. Wie wird die tarifliche Einkommensteuer nach der Splittingtabelle berechnet?
7. Warum ist der Progressionsvorbehalt nach § 32b eingeführt worden?
8. Wie wird der besondere Steuersatz nach § 32b Abs. 2 ermittelt?
9. Für welche Einkünfte gilt eine Tarifbegrenzung nach § 35?
10. Wie wird die Steuerermäßigung nach § 35 bei den natürlichen Personen berücksichtigt?
11. Wie hoch ist die Steuerermäßigung für haushaltsnahe Beschäftigungen nach § 35a Abs. 1?
12. Was versteht man unter haushaltsnahen Tätigkeiten?
13. Wie hoch ist die Steuerermäßigung für haushaltsnahe Dienstleistungen nach § 35a Abs. 2?
14. Welche Tätigkeiten gehören zu den haushaltsnahen Dienstleistungen?
15. Wie hoch ist die Steuerermäßigung für Handwerkerleistungen nach § 35a Abs. 3?
16. Wie werden energetische Sanierungsmaßnahmen bei zu eigenen Wohnzwecken genutzten Gebäuden ab dem VZ 2020 steuerlich gefördert?
17. Welche Beträge werden auf die Einkommensteuer-Schuld angerechnet?
18. Innerhalb welcher Zeit ist eine Abschlusszahlung zu entrichten?
19. Zu welchen Terminen sind Einkommensteuer-Vorauszahlungen zu leisten?
20. Wonach bemessen sich die Vorauszahlungen grundsätzlich?
21. Bis zu welchem Zeitpunkt kann das Finanzamt die Vorauszahlungen anpassen?
22. Wie werden Forschungs- und Entwicklungstätigkeiten ab dem VZ 2020 gefördert?

FÄLLE

FALL 1

Der ledige Steuerpflichtige Becker, Hannover, hat 2020 ein zu versteuerndes Einkommen von 60.024 € erzielt.

Berechnen Sie die tarifliche Einkommensteuer 2020.

FALL 2

Der Spanier Francesco arbeitet seit Jahren in einer Maschinenfabrik in Köln. Er ist verheiratet und hat zwei Kinder. Frau und Kinder leben in Spanien.

Welcher Einkommensteuer-Tarif ist bei ihm anzuwenden?

FALL 3

Der Steuerpflichtige Stefan Bach und seine Ehefrau, Hamburg, werden zusammen zur Einkommensteuer veranlagt. Das zu versteuernde Einkommen betrug 2020 117.908 €. Das Einkommen wurde um einen Kinderfreibetrag von 5.172 € und um einen Betreuungsfreibetrag von 2.640 € gemindert. Das den Eheleuten 2020 gezahlte Kindergeld betrug 2.748 € (12 x 204 € + 300))

Berechnen Sie die tarifliche und die festzusetzende Einkommensteuer 2020.

16.3 Erfolgskontrolle   361

FALL 4

Der ledige Steuerpflichtige Axel Bach, Köln, hatte in 2020 ein zu versteuerndes Einkommen von 13.008 €. Bei der Ermittlung des zu versteuernden Einkommens wurde bei den Einkünften aus nichtselbständiger Arbeit der Werbungskostenpauschbetrag in Höhe von 1.000 € berücksichtigt. In 2020 hat der Steuerpflichtige steuerfreies Arbeitslosengeld in Höhe von 5.976 € erhalten, das nicht in dem „zu versteuernden Einkommen" enthalten ist.

a) Wie hoch ist die Einkommensteuer-Schuld unter Berücksichtigung des Progressionsvorbehalts nach § 32b?
b) Wie hoch wäre die Einkommensteuer-Schuld ohne Berücksichtigung des Progressionsvorbehalts nach § 32b?

FALL 5

Der ledige Steuerpflichtige D, 45 Jahre alt, Mainz, dessen Wirtschaftsjahr mit dem Kalenderjahr übereinstimmt, erzielte 2020 einen Gewinn aus Gewerbebetrieb von 41.000 € und einen Verlust aus Vermietung und Verpachtung von 36.000 €. Der Gewerbesteuer-Messbetrag betrug 1.900 €. Die abzugsfähigen Sonderausgaben betrugen 7.500 €. Der Hebesatz der Gemeinde liegt bei 420 %.

Wie hoch ist die Steuerermäßigung nach § 35 im VZ 2020?

FALL 6

Der ledige Steuerpflichtige D, Wiesbaden, 46 Jahre alt, dessen Wirtschaftsjahr mit dem Kalenderjahr übereinstimmt, erzielte 2020 einen Verlust aus Gewerbetrieb von 20.020 € und Einkünfte aus nichtselbständiger Arbeit von 45.004 €. Der Gewerbesteuer-Messbetrag betrug 2.425 €. Der Hebesatz der Gemeinde liegt bei 390 %. Die abzugsfähigen Sonderausgaben betrugen 6.000 €.

Wie hoch ist die Steuerermäßigung nach § 35 im VZ 2020?

FALL 7

Die Eheleute Becker, Wohnsitz im Inland, die zusammen zur Einkommensteuer veranlagt werden, sind mit der Familie Meyer zu je 50 % an der Becker & Meyer OHG beteiligt.
Das zu versteuernde Einkommen der Eheleute Becker, das ausschließlich aus gewerblichen Einkünften besteht, betrug im VZ 2020 100.033 €. Der Gewerbesteuer-Messbetrag der Becker & Meyer OHG betrug 6.000 €. Der Hebesatz der Gemeinde liegt bei 420 %.

Wie hoch ist die festzusetzende Einkommensteuer der Eheleute Becker im VZ 2020?

FALL 8

Der Steuerpflichtige U, Leverkusen, beschäftigte vom 01.02. bis 31.08.2020 in seinem Privathaushalt im Rahmen eines Minijobs eine Hilfe im Haushalt für monatlich 300 €.
Alle erforderlichen Nachweise liegen vor. Der Minijobber verzichtet auf die Rentenversicherungspflicht.

Wie hoch ist die Steuerermäßigung in 2020 für U nach § 35a Abs. 1?

FALL 9

Der Steuerpflichtigen U, Hamburg, entstehen in 2020 für die sozialversicherungspflichtige Beschäftigung einer Hilfe im Haushalt in der Zeit vom 01.01. bis 31.12.2020 Aufwendungen in Höhe von insgesamt 7.500 €. Alle erforderlichen Nachweise liegen vor.

Wie hoch ist die Steuerermäßigung in 2020 für U nach § 35a Abs. 2?

A. Einkommensteuer

FALL 10

Der Steuerpflichtige Anton Schmidt beauftragte im Mai 2020 einen Parkettleger mit der Verlegung von Parkett in seinem Wohnzimmer.

Die Rechnung des Handwerksbetriebes belief sich auf insgesamt 2.000 € zuzüglich 19 % Umsatzsteuer. Vom Netto-Rechnungsbetrag entfielen 1.500 € auf Arbeitskosten und 500 € auf Materialkosten. Alle erforderlichen Nachweise liegen vor.

Wie hoch ist die Steuerermäßigung in 2020 für Herrn Schmidt nach § 35a Abs. 3?

FALL 11

Die zur Einkommensteuer zusammen veranlagten Ehegatten Maier (beide konfessionslos) hatten in 2020 ein zu versteuerndes Einkommen von 60.001 €. Die anzurechnende Lohnsteuer 2020 betrug 6.000 €. Es wurden keine Vorauszahlungen festgesetzt und entrichtet.

a) Wie hoch ist die tarifliche Einkommensteuer im VZ 2020?
b) Wie hoch ist die Abschlusszahlung 2020 ohne Solidaritätszuschlag?

FALL 12

Der ledige Steuerpflichtige Hardy Harz, Wiesbaden, ermittelt für 2020 ein zu versteuerndes Einkommen in Höhe von 12.999,00 €.

Berechnen Sie die tarifliche Einkommensteuer 2020, unter Anwendung des § 32a.

Weitere Aufgaben mit Lösungen zur **Steuerermäßigung nach § 35a** finden Sie im **Lösungsbuch** der Steuerlehre 2.

17 Zuschlagsteuern zur Einkommensteuer

Zuschlagsteuern i.S.d. § 51a Abs. 1 sind Steuern, die nach der **Einkommensteuer** bemessen werden.

Als **Zuschlagsteuern** werden zurzeit erhoben

1. die **Kirchensteuer** und
2. der **Solidaritätszuschlag**.

17.1 Kirchensteuer

Kirchensteuern sind Geldbeträge, die von den als Körperschaften des öffentlichen Rechts anerkannten Religionsgemeinschaften von ihren Mitgliedern aufgrund gesetzlicher Vorschriften erhoben werden.

Die **Kirchensteuer** wird mit dem maßgebenden **Prozentsatz** (8 % oder 9 %) unmittelbar von der zu erhebenden **Einkommensteuer** (**Lohnsteuer**) berechnet, wenn der Steuerpflichtige **keine Freibeträge nach § 32 Abs. 6** erhält.

Die Kirchensteuer wird im Allgemeinen bei der **Veranlagung** zur Einkommensteuer von den **Finanzämtern** festgesetzt und erhoben.

Bei den **Lohnsteuerpflichtigen** berechnet der **Arbeitgeber** die Kirchensteuer nach dem am Wohnsitz des Arbeitnehmers geltenden Steuersatz und führt sie zusammen mit der Lohnsteuer an das Finanzamt ab.

Bei Kapitelerträgen i.S.d. § 43 Abs. 1 wird grundsätzlich die Kirchensteuer als Zuschlag zur Kapitalertragsteuer (Abgeltungsteuer) von der auszahlenden Stelle erhoben werden (§ 51a Abs. 2b).

Für Arbeitslohn, der **pauschal** besteuert wird, ist die Kirchensteuer nach **Pauschalsteuersätzen** von der Lohnsteuer zu berechnen.

Für 2020 gelten folgende **Kirchensteuersätze**:

Bundesland	Regelsteuersatz in %	Pauschalsatz in %
Baden-Württemberg	8	5,5
Bayern	8	7
Berlin	9	5
Brandenburg	9	5
Bremen	9	7
Hamburg	9	4
Hessen	9	7
Mecklenburg-Vorpommern	9	5
Niedersachsen	9	6
Nordrhein-Westfalen	9	7
Rheinland-Pfalz	9	7
Saarland	9	7
Sachsen	9	5
Sachsen-Anhalt	9	5
Schleswig-Holstein	9	6
Thüringen	9	5

A. Einkommensteuer

Die **Kirchensteuer** wird grundsätzlich mit einem **festen Prozentsatz** (8 % oder 9 %) von der festgesetzten **Einkommensteuer** bzw. von der einbehaltenen **Lohnsteuer** berechnet.

> **BEISPIEL**
>
> Die **ledige** Angestellte Helga Maier, keine Kinder, **Bonn**, erhält für den Monat März 2020 ein Bruttogehalt von 2.400 €. Die einbehaltene **Lohnsteuer** beträgt 270,58 €.
>
> Die **Kirchensteuer** wird für den Monat März 2020 wie folgt berechnet:
>
> $$9\%^* \text{ von } 270,58 € = \mathbf{24,35 €}$$
>
> * 9 % für Nordrhein-Westfalen

Die **Kirchensteuer** wird nach § 51a Abs. 2 nach folgendem (vereinfachten) **Berechnungsschema** ermittelt:

	Einkommen
–	Kinderfreibetrag
–	Betreuungsfreibetrag
=	zu versteuerndes Einkommen
+	steuerfreie Beträge nach § 3 Nr. 40 EStG
–	nicht abziehbare Beträge nach § 3c Abs. 2 EStG darauf entfallende ESt nach der Grund- oder Splittingtabelle
=	Bemessungsgrundlage für die Kirchensteuer
x	8 % oder 9 %
=	**Kirchensteuer**

> **BEISPIEL**
>
> Das Ehepaar Dr. Hoffmann, **Bonn**, erzielte im VZ 2020 ein zu versteuerndes Einkommen von **102.553 €**. Das Ehepaar wählt die Zusammenveranlagung. Von diesem Betrag sind bereits der Kinderfreibetrag von 5.172 € und der Betreuungsfreibetrag von **2.640 €** abgezogen worden (siehe Beispiel Seite 346). Steuerfreie Beträge nach § 3 Nr. 40 und nicht abziehbare Beträge nach § 3c Abs. 2 liegen nicht vor.
>
> Die **Kirchensteuer** wird für Dr. Hoffmann 2020 wie folgt ermittelt:
>
> | | | |
> |---|---|---:|
> | | Einkommen | 110.365,00 € |
> | – | Kinderfreibetrag | – 5.172,00 € |
> | – | Betreuungsfreibetrag | – 2.640,00 € |
> | = | zu versteuerndes Einkommen darauf entfallende ESt nach der Splittingtabelle | 102.553,00 € 25.284,00 € |
> | = | Bemessungsgrundlage für die Kirchensteuer/Solidaritätszuschlag | 25.284,00 € |
> | x | 9 % (NRW) | |
> | = | **Kirchensteuer** | **2.275,56 €** |

17.2 Solidaritätszuschlag

Seit 01.01.1995 wird zur Einkommensteuer (Lohnsteuer, Kapitalertragsteuer) ein **Solidaritätszuschlag** erhoben (§ 1 Abs. 1 SolZG).

Bemessungsgrundlage ist die **Einkommensteuer** unter Berücksichtigung der Freibeträge für Kinder nach § 32 Abs. 6 EStG (§ 3 Abs. 2 SolZG).

17.2 Solidaritätszuschlag

Bei der Einkommensteuer-Veranlagung ist dies die **festzusetzende** Einkommensteuer, wenn der Steuerpflichtige **keine Freibeträge für Kinder nach § 32 Abs. 6** erhält.

Sind bei dem Steuerpflichtigen jedoch **Freibeträge für Kinder nach § 32 Abs. 6** zu berücksichtigen, so ist die **tarifliche** Einkommensteuer Bemessungsgrundlage für den Solidaritätszuschlag.

Der **Solidaritätszuschlag** beträgt seit 01.01.1998 **5,5 % der Bemessungsgrundlage**.

Dabei gelten sowohl eine **Nullzone**, innerhalb der der Solidaritätszuschlag 0 Euro beträgt, als auch eine **Überleitungsregelung**, nach der der Solidaritätszuschlag stufenweise auf 5,5 % der Bemessungsgrundlage angehoben wird.

Im Rahmen der Einkommensteuerveranlagung oder der Festsetzung von Einkommensteuer-Vorauszahlungen wird der **Solidaritätszuschlag nur** erhoben, wenn die Bemessungsgrundlage bei Anwendung der Grundtabelle **mehr als 972 Euro** (ab VZ 2021: **16.956 Euro**) und bei Anwendung der Splittingtabelle **mehr als 1.944 Euro** (ab VZ 2021: **33.912 Euro**) beträgt (§ 3 Abs. 3 SolzG).

Die in 2019 beschlossene **Rückführung des Solidaritätszuschlags** ab **VZ 2021** erfolgt über die **Anhebung der Freigrenzen**. Nach Mitteilung der Bundesregierung wird dadurch der Solidaritätszuschlag für **90 %** der Steuerzahler **entfallen**.

Bemessungsgrundlage für den Solidaritätszuschlag ist die **Einkommensteuer** unter Berücksichtigung der **Freibeträge für Kinder** (§ 3 Abs. 2 SolzG). Diese werden auch dann abgezogen, wenn das Kindergeld eine höhere Entlastung bringt und aus diesem Grund bei der Ermittlung der Einkommensteuer keine Freibeträge für Kinder berücksichtigt werden.

Die nach § 32d Abs. 3 und 4 in die Einkommensteuerveranlagung einbezogenen, aber der Abgeltungssteuer unterliegenden Einkünfte gehören **nicht** zur Bemessungsgrundlage.

Außerdem wird auch die bisher **vorhandene Überleitungsregelung** (§ 4 Satz 2 SolzG) ab 2021 angepasst. Sie verhindert einen durch das **Überschreiten der Freigrenze** eintretenden Belastungssprung. Die Überleitungsregelung führt dazu, dass beim Übersteigen der Freigrenze eine Anpassung an den normalen Tarif schrittweise herbeigeführt wird. Er beträgt nicht mehr als **20 %** (ab VZ 2021: **11,9 %**) des Unterschieds zwischen der Bemessungsgrundlage und der maßgeblichen Freigrenze.

> **Überleitungsbetrag** VZ **2020** = **20,0 %** x (Bemessungsgrundlage – **972 Euro**)
> **Überleitungsbetrag** VZ **2021** = **11,9 %** x (Bemessungsgrundlage – **16.956 Euro**)

Bei Anwendung des Splittingtarifs verdoppelt sich der bei der Bemessungsgrundlage abzuziehende Betrag auf 1.944 Euro (ab VZ 2021: 31.912 Euro).

B E I S P I E L

Felix Walter, Dortmund, keine Kinder, ermittelt ein zu versteuerndes Einkommen i.H.v. 72.000 €. Hieraus ergibt sich auf Basis des Einkommensteuertarifs 2020 eine Einkommensteuer i.H.v. 21.276 €.

Berechnung des Solidaritätszuschlags **2020**:

Solidaritätszuschlag: 5,5 % x 21.276 € = 1.170,18 €

Überleitungsregelung: 20 % x (21.276 € – 972 €) = 4.060,80 €

Die Überleitungsregelung kommt nicht zum Tragen, da sie zu einem höheren Solidaritätszuschlag führt. Festgesetzt wird ein Solidaritätszuschlag i.H.v. 1.170,18 €.

366 A. Einkommensteuer

Berechnung des Solidaritätszuschlags **2021**:

Solidaritätszuschlag: 5,5 % x 21.276 € = 1.170,18 €

Überleitungsregelung: 11,9 % x (21.276 € – 16.956 €) = 514,08 €

Die Überleitungsregelung kommt zum Tragen, da sie zu einem niedrigeren Solidaritätszuschlag führt. Festgesetzt wird ein Solidaritätszuschlag i.H.v. 514,08 €.

Den **Freigrenzen und der Übergangsregelung** unterliegen ab dem VZ 2021 auch sonstige Bezüge im **Lohnsteuerabzugsverfahren** (§ 3 Abs. 4a und § 4 Satz 2 SolzG).

Das **Gesetz zur Rückführung des Solidaritätszuschlags** ab 2021 sieht vor, dass der Solidaritätszuschlag als **Zuschlag für die Kapitalertragsteuer erhalten** bleibt. Im Rahmen der Abgeltungssteuer kann die definitive Belastung durch den Solidaritätszuschlag nur dadurch verhindert werden, dass die Veranlagung nach § 32d Abs. 4 beantragt wird.

> **B E I S P I E L**
>
> Der **verheiratete** Steuerpflichtige Dr. Hoffmann, Bonn, schuldet für 2020 eine **tarifliche** Einkommensteuer von **25.284 €** und eine **festzusetzende** Einkommensteuer von **28.032 €** (siehe Beispiel Seite 346.).
>
> Der **Solidaritätszuschlag** wird unter Berücksichtigung des Kinderfreibetrags von 5.172 € und des Betreuungsfreibetrags von 2.640 € für das Jahr 2020 wie folgt berechnet:
>
>
>
> **5,5 %** von 25.284 € = **1.390,62 €.**
>
>

Wird der Solidaritätszuschlag zur **Lohnsteuer** erhoben, ist – wie bei der Kirchensteuer – der **Arbeitgeber** verpflichtet, den Solidaritätszuschlag vom Arbeitslohn einzubehalten und an das Finanzamt abzuführen.

Der **Solidaritätszuschlag** bemisst sich, soweit Lohnsteuer erhoben wird, nach der nach § 3 Abs. 2a SolZG berechneten **Lohnsteuer** (§ 3 Abs. 1 Nr. 3 SolZG).

Allerdings sind hierbei die **Freibeträge nach § 32 Abs. 6**, die **Nullzone** und die **Überleitungsregelung** für niedrigere Lohnsteuerbeträge zu beachten.

> **B E I S P I E L**
>
> Ein rentenversicherungspflichtiger Arbeitnehmer, 26 Jahre (Lohnsteuerklasse III/0), erhält für den Monat Dezember 2020 ein Gehalt von 4.220 €. Die einbehaltene **Lohnsteuer** beträgt **415,50 €**.
>
> Der **Solidaritätszuschlag** wird für den Monat Dezember 2020 wie folgt berechnet:
>
>
>
> **5,5 %*** von 415,50 € = **22,85 €***.
>
>
>
> * Die Bruchteile eines Cents bleiben außer Ansatz (§ 4 Satz 3 SolZG).

Für Arbeitslohn, der nach den §§ 40 bis 40b **pauschal** besteuert wird, fällt ebenfalls ein **Solidaritätszuschlag** an. Er ist seit 01.01.1998 mit **5,5 % der pauschalen Lohnsteuer** zu zahlen.

Die sogenannte **Nullzone** und der **Übergangsbereich** sind bei der pauschalen Lohnsteuer **ohne Bedeutung**.

Steuerschuldner ist in diesen Fällen nicht der Arbeitnehmer, sondern wie bei der pauschalen Lohnsteuer der **Arbeitgeber**, der diesen Betrag als Betriebsausgabe absetzen kann.

18.1 Lohnsteuerklassen

ZUSAMMENFASSENDES BEISPIEL

Der **verheiratete** Steuerpflichtige Dr. Hoffmann, Bonn, schuldet für das Jahr 2020 die folgenden Beträge (Beispiel Seite 346):

tarifliche Einkommensteuer (Seite 346)	25.284,00
+ **Kindergeld** oder vergleichbare Leistungen	+ 2.748,00
festzusetzende Einkommensteuer	28.032,00
+ Kirchensteuer (9 % von 25.284 €), siehe Seiten 363 f.	2.275,56
+ Solidaritätszuschlag (5,5 % von 25.284 €), siehe Seiten 364 ff.	1.390,62
Einkommensteuer einschließlich der Zuschlagsteuern	31.698,18

Die **buchmäßige** Darstellung der **Zuschlagsteuern** erfolgt im Kapitel 5 „Personalwirtschaft" der **Buchführung 1**, 32. Auflage 2020, Seiten 226 ff.

17.3 Erfolgskontrolle

WIEDERHOLUNGSFRAGEN

1. Was versteht man unter Zuschlagsteuern im Sinne des § 51a?
2. Welche Zuschlagsteuern werden zur Zeit erhoben?
3. Was ist die Bemessungsgrundlage der Kirchensteuer?
4. Was ist die Bemessungsgrundlage des Solidaritätszuschlags bei der Einkommensteuer?
5. Was ist die Bemessungsgrundlage des Solidaritätszuschlags, wenn nur Lohnsteuer erhoben wird?

18 Lohnsteuer

Bei **Einkünften aus nichtselbständiger Arbeit** (§ 19) wird die Einkommensteuer durch Abzug vom Arbeitslohn erhoben (§ 38 Abs. 1). Diese im **Steuerabzugsverfahren** erhobene Einkommensteuer wird als **Lohnsteuer** (**LSt**) bezeichnet.

Die **Lohnsteuer** ist keine eigene Steuerart, sondern lediglich eine **besondere Erhebungsform der Einkommensteuer**.

Der Arbeitgeber hat die Lohnsteuer für Rechnung des Arbeit**nehmers** bei jeder Lohnzahlung vom Arbeitslohn **einzubehalten** (§ 38 Abs. 3). Die Einbehaltung der Lohnsteuer erfolgt **unabhängig davon**, ob der Arbeitnehmer zur Einkommensteuer **veranlagt wird oder nicht**.

Für die Durchführung des Lohnsteuerabzugs werden **unbeschränkt** steuerpflichtige Arbeitnehmer in **Steuerklassen** eingereiht (§ 38b). Als unbeschränkt einkommensteuerpflichtig i.S.d. § 38b Satz 1 Nrn. 3 und 4 gelten nur Personen, die die Voraussetzungen des § 1 Abs. 1 oder 2 oder des § 1a erfüllen (§ 38b Abs. 1 Satz 3).

18.1 Lohnsteuerklassen

Für die Durchführung des Lohnsteuerabzugs werden Arbeitnehmer in **Steuerklassen** eingereiht (§ 38b Abs. 1 Satz 1).

A. Einkommensteuer

Nach § 38b kommen folgende **Steuerklassen** in Betracht:

1. In die **Steuerklasse I** gehören Arbeitnehmer, die

   a) unbeschränkt einkommensteuerpflichtig und

      aa) ledig sind,

      bb) verheiratet, verwitwet oder geschieden sind und bei denen die Voraussetzungen für die Steuerklasse III oder IV nicht erfüllt sind, oder

   b) beschränkt einkommensteuerpflichtig sind;

2. in die **Steuerklasse II** gehören die unter Nummer 1 Buchstabe a bezeichneten Arbeitnehmer, wenn bei ihnen der **Entlastungsbetrag für Alleinerziehende** (§ 24b) zu berücksichtigen ist;

3. In die **Steuerklasse III** gehören Arbeitnehmer

   a) die verheiratet sind, wenn beide Ehegatten unbeschränkt einkommensteuerpflichtig sind und nicht dauern getrennt leben und der Ehegatte des Arbeitnehmers auf Antrag beider Ehegatten in die Steuerklasse V eingereiht wird,

   b) die verwitwet sind, wenn sie und ihr verstorbener Ehegatte im Zeitpunkt seines Todes unbeschränkt einkommensteuerpflichtig waren und in diesem Zeitpunkt nicht dauernd getrennt gelebt haben, für das Kalenderjahr, das dem Kalenderjahr folgt, in dem der Ehegatte verstorben ist,

   c) deren Ehe aufgelöst worden ist, wenn

      aa) im Kalenderjahr der Auflösung der Ehe beide Ehegatten unbeschränkt einkommensteuerpflichtig waren und nicht dauernd getrennt gelebt haben und

      bb) der andere Ehegatte wieder geheiratet hat, von seinem neuen Ehegatten nicht dauernd getrennt lebt und er und sein neuer Ehegatte unbeschränkt einkommensteuerpflichtig sind,

      für das Kalenderjahr, in dem die Ehe aufgelöst worden ist;

4. in die **Steuerklasse IV** gehören Arbeitnehmer, die verheiratet sind, wenn beide Ehegatten unbeschränkt einkommensteuerpflichtig sind und nicht dauernd getrennt leben; dies gilt auch, wenn einer der Ehegatten keinen Arbeitslohn bezieht und kein Antrag nach Nummer 3 Buchstabe a) gestellt worden ist;

5. in die **Steuerklasse V** gehören die unter Nummer 4 bezeichneten Arbeitnehmer, wenn der Ehegatte des Arbeitnehmers auf Antrag beider Ehegatten in der Steuerklasse III eingereiht wird;

6. die **Steuerklasse VI** gilt bei Arbeitnehmern, die nebeneinander von mehreren Arbeitgebern Arbeitslohn beziehen, für die Einbehaltung der Lohnsteuer vom Arbeitslohn aus dem zweiten und weiteren Dienstverhältnissen sowie in den Fällen des § 39c.

Als Alternative für berufstätige Ehegatten, die zwischen den Steuerklassenkombinationen **III/V** und **IV/IV** wählen können, besteht das sog. **Faktorverfahren** nach § 39f (§ 52 Abs. 37a). Das Faktorverfahren ist eine **Alternative** zu den weiterhin bestehenden Steuerklassen. Es soll eine **faire Verteilung der Lohnsteuerkosten innerhalb einer Ehe** ermöglichen.

18.2 Lohnsteuertabellen

In den **Lohnsteuertabellen**, die auf der Grundlage der Einkommensteuertabellen aufgestellt werden, sind die für die einzelnen Steuerklassen in Betracht kommenden Lohnsteuerbeträge ausgewiesen.

Der Arbeitgeber muss unterscheiden, ob die **allgemeine** oder die **besondere** Lohnsteuertabelle anzuwenden ist.

Die **allgemeine** Lohnsteuertabelle gilt für alle Arbeitnehmer, die in allen Sozialversicherungszweigen (KV, PV, RV, AV) versichert sind.

Die **besondere** Lohnsteuertabelle kommt grundsätzlich nur dann zur Anwendung, wenn der Arbeitnehmer in keinem Sozialversicherungszweig (pflicht)versichert ist oder falls er privat kranken- und pflegeversichert ist (insbesondere für Beamte).

In die **Lohnsteuertabelle 2020** sind für die einzelnen Steuerklassen folgende Beträge bereits eingearbeitet worden:

Steuerklassen	I	II	III	IV	V
Grundfreibetrag (§ 32a, § 39b (2))	9.408 €	9.408 €	18.816 €	9.408 €	0 €
Arbeitnehmer- Pauschbetrag (§ 9a, § 39b Abs. 2 Nr. 1)	1.000 €	1.000 €	1.000 €	1.000 €	1.000 €
Sonderausgaben-Pauschbetrag (§ 10c Abs. 1, § 39b Abs. 2 Nr. 2)*	36 €	36 €	36 €	36 €	36 €
Entlastungsbetrag für Alleinerziehende (§ 24b, § 39b Abs. 2 Nr. 4)**	0 €	4.008 €	0 €	0 €	0 €

* Vorsorgepauschale aus den Teilbeträgen für Renten-, Kranken-, Pflegeversicherung des Arbeitnehmers § 39b Abs. 2 Satz 5 Nr. 3.

** Für das zweite und jedes weitere Kind steigt der Entlastungsbetrag jeweils um zusätzlich 240 €.

Die Steuerklasse VI wurde wegen des komplizierten besonderen Berechnungsverfahrens nicht dargestellt.

Die Freibeträge für Kinder (§ 32) werden in der Lohnsteuertabelle lediglich bei der Berechnung des **Solidaritätszuschlags** und der **Kirchensteuer** berücksichtigt.

Obwohl bei dem **Kinderfreibetrag** das **Monatsprinzip** gilt, bleiben die Eintragungen der **Kinderfreibetrags-Zähler** im Rahmen der Lohnsteuerabzugsmerkmale stets bis zum **Ende des Kalenderjahres** gültig.

Einzelheiten zum **Monatsprinzip des Kinderfreibetrags** erfolgten bereits im Abschnitt 15.1.1.3 „Höhe des Kinderfreibetrags", Seiten 329 ff.

Beim **Solidaritätszuschlag** und bei der **Kirchensteuer** gilt nach wie vor das **Jahresprinzip**.

Vom Jahresarbeitslohn sind vom Arbeitgeber zu berücksichtigen (§ 39b Abs. 2 Satz 3):

- der **Versorgungsfreibetrag** und der **Zuschlag** zum Versorgungsfreibetrag (§ 19 Abs. 2) sowie
- der **Altersentlastungsbetrag** (§ 24a).

Außerdem hat der Arbeitgeber den Jahresarbeitslohn entsprechend der Lohnsteuerabzugsmerkmale um einen etwaigen **Freibetrag** (§ 39a Abs. 1) zu **vermindern** oder um einen etwaigen **Hinzurechnungsbetrag** (§ 39a Abs. 1 Nr. 7) zu **erhöhen** (§ 39b Abs. 2 Satz 4).

A. Einkommensteuer

18.3 ELStAM (§ 39a EStG)

18.3.1 Elektronische Lohnsteuerabzugsmerkmale

Der Lohnsteuerabzug erfolgt grundsätzlich anhand der elektronischen Lohnsteuerabzugs-merkmale (**ELStAM**). Die Finanzverwaltung ist für die Bildung und Änderung der Lohnsteuer-abzugsmerkmale und deren Bereitstellung für den Abruf duch den Arbeitgeber zuständig. Die ELStAM **ersetzen** die **Eintragungen** auf der **Vorderseite der Lohnsteuerkarte**, wie z.B. Steuerklasse, Zahl der Kinderfreibeträge, Freibetrag und Hinzurechnungsbetrag nach § 39a (§ 39a Abs. 4).

Das Verfahren zur Bildung und Anwendung der elektronischen Lohnsteuerabzugsmerkmale ist in § 39e geregelt. Der **Arbeitgeber** ist verpflichtet, den **Arbeitnehmer** bei Aufnahme des Dienstverhältnisses bei der Finanzverwaltung **anzumelden** und zugleich die **ELStAM anzu-fordern** (BMF-Schreiben vom 08.11.2018, BStBl I 2018, S. 1137, RZ 2, abrufbar unter www. bmfschreiben.de).

Im **ELStAM-Verfahren** ist **allein** die **Finanzverwaltung** für die Bildung der Lohnsteuer-abzugsmerkmale und deren Bereitstellung für den Abruf durch den Arbeitgeber **zuständig**. Die steuerlichen **Rechte und Pflichten** der Arbeitgeber und Arbeitnehmer werden **beibehalten**.

18.3.2 Lohnsteuerermäßigungsverfahren

Der insgesamt abzuziehende Freibetrag und der Hinzurechungsbetrag gelten grundsätz-lich für die gesamte Dauer eines Kalenderjahres (§ 39a Abs. 1 Satz 2). Die Summe der nach § 39a Abs. 1 Satz 1 Nrn. 1 bis 3 sowie Nrn. 4a bis 8 ermittelten Beträge wird längs-tens für einen Zeitraum von zwei Kalenderjahren berücksichtigt (§ 39a Abs. 1 Satz 3, BMF-Schreiben vom 21.05.2015, BStBl I 2015, S 488).

Nach § 39a Abs. 2 Satz 2 **beginnt** die Frist für die Antragstellung im ELStAM-Verfahren am **1. Oktober** des Vorjahres. Sie **endet** am **30. November** des Kalenderjahres, in dem der Freibetrag gilt (§ 39a Abs. 2 Satz 3).

Die im Rahmen des Lohnsteuerermäßigungsverfahren nach § 39 Abs. 2 beantragten und berückzusichtigen Freibeträge werden dem Arbeitgeber elektronisch zum Abruf bereit-gestellt. **Nur dieser Freibetrag** ist für den Arbeitgeber **maßgebend** und für den Lohn-steuerabzug anzuwenden sowie in der üblichen Lohn- und Gehaltsabrechnung des Arbeit-nehmers als ELStAM auszuweisen (BMF-Schreiben vom 08.11.2018, BStBl I 2018, S. 1137, abrufbar unter www.bmfschreiben.de).

Nach § 39a werden folgende Arten von **Ermäßigungsgründen** unterschieden:

1. **beschränkt** eintragungsfähige Ermäßigungsgründe und
2. **unbeschränkt** eintragungsfähige Ermäßigungsgründe.

18.3 ELStAM (§ 39a EStG) **371**

zu 1. beschränkt eintragungsfähige Ermäßigungsgründe

Beschränkt eintragungsfähig sind die Beträge des § 39a Abs. 1 Nrn. 1 bis 3 und 8 (§ 39a Abs. 2 Satz 4). Hierzu gehören beispielsweise

- **Werbungskosten**, die bei den Einkünften aus nichtselbständiger Arbeit anfallen, **soweit** sie den Arbeitnehmer-Pauschbetrag von **1.000 Euro** übersteigen,

- **Sonderausgaben** i. S. d. § 10 Abs. 1 Nr. 4 (gezahlte Kirchensteuer), Nr. 5 (Kinderbetreuungskosten), Nr. 7 (Aufwendungen für die eigene Berufsausbildung), Nr. 9 (Schulgeld) und des § 10b (Zuwendungen) sowie des § 10 Abs. 1a (z. B. Unterhaltsleistungen an bestimmte Ehegatten), **soweit** sie den Sonderausgaben-Pauschbetrag von **36 Euro** übersteigen,

- **außergewöhnliche Belastungen** nach § 33 (agB allgemeiner Art), § 33a (agB in besonderen Fällen), § 33b Abs. 6 (Pflege-Pauschbetrag),

- der Erhöhungsbetrag nach § 24b Abs. 2 Satz 2.

Diese Aufwendungen bzw. abziehbaren Beträge kommen für die Gewährung eines **Freibetrags** nur in Betracht, wenn sie insgesamt **600 Euro** (**Antragsgrenze**) übersteigen (§ 39a Abs. 2 Satz 4).

B E I S P I E L

Ein **verheirateter Arbeitnehmer** (Steuerklasse III), dessen Ehefrau nicht berufstätig ist, macht in seinem **Antrag auf Lohnsteuerermäßigung** für das Kalenderjahr 2020 folgende, nicht zu beanstandende Aufwendungen geltend:

a)	**Entfernungspauschale** (einfache Entfernung 45 km) (240 Tage x 45 km x 0,30 €) =	3.240 €,
b)	Aufwendungen für das Arbeitszimmer	1.204 €,
c)	Aufwendungen für Fachbücher	320 €,
d)	Kirchensteuer	360 €.

Der **Freibetrag** errechnet sich für das Kalenderjahr 2020 wie folgt:

1.	**Werbungskosten**		
	a) Fahrten zwischen Wohnung und erster Tätigkeitsstätte	3.240 €	
	b) Arbeitszimmer	1.204 €	
	c) Fachbücher	320 €	
		4.764 €	
–	Arbeitnehmer-Pauschbetrag	– **1.000 €**	3.764 €
2.	**Sonderausgaben** (SA 1)		
	d) Kirchensteuer	360 €	
–	Sonderausgaben-Pauschbetrag	– **36 €**	324 €
	Jahresbetrag		**4.088 €**

Die Antragsgrenze von 600 Euro ist überschritten, sodass der Ermäßigungsantrag zulässig ist.

Für die Umrechnung des **Jahres**freibetrags in einen Freibetrag für **monatliche** Lohnzahlung ist der Jahresfreibetrag durch die Zahl der in Betracht kommenden Kalendermonate zu teilen. Der sich hiernach ergebende Monatsbetrag ist auf den nächsten vollen Euro-Betrag **aufzurunden** (R 39a.1 Abs. 7 LStR 2015).

> **BEISPIEL**
>
> Sachverhalt wie im Beispiel zuvor. Der monatlich entlohnte Arbeitnehmer beantragt am **22.11.2020** die Eintragung des Freibetrags von **4.088 €** für 2021
>
> Außer dem Jahresfreibetrag von **4.088 €** ist **ab 1. Januar 2021** ein Monatsfreibetrag von **341 €** (4.088 € : 12) als ELStAM zu berücksichtigen (§ 39a).

zu 2. unbeschränkt eintragungsfähige Ermäßigungsgründe

Ohne Berücksichtigung einer Antragsgrenze wird als **Freibetrag** die Summe der folgenden Beträge **eingetragen** (§ 39a Abs. 1):

a) **Pauschbeträge für behinderte Menschen und Hinterbliebene,**

b) Beträge, die nach § 10d Abs. 2 (nicht ausgeglichene Verluste), den §§ 10e, 10f, 10g, nach § 15b BerlinFG
oder nach § 7 des Fördergebietsgesetzes abgezogen werden können,

c) die **negative** Summe der Einkünfte der Einkunftsarten 1 bis 3 und 6 und 7,

d) das **Vierfache** der Steuerermäßigung nach den §§ 34f und 35a.

Nach § 39a Abs. 2 Satz 1 kann der **Antrag** auf Eintragung eines Freibetrags nur nach amtlich vorgeschriebenem Vordruck (**Antrag auf Lohnsteuer-Ermäßigung**) bis zum **30. November** des Kalenderjahres gestellt werden, für das der Freibetrag gilt. Im **Lohnsteuer-Ermäßigungsverfahren** sind die Zuständigkeitsvorschriften des **§ 19 AO** zu beachten.

 Eine ausführliche Darstellung der **örtlichen Zuständigkeit** der Finanzämter erfolgt in der **Steuerlehre 1**, 41. Auflage 2020, Seiten 34 ff.

 1. Wiederholungsfragen 1 bis 8 (Seite 380),
2. Fall 1 (Seite 380)

18.4 Anmeldung und Abführung der Lohnsteuer

Der Arbeitgeber hat nach § 41a Abs. 1 spätestens am **zehnten Tag** nach Ablauf eines Lohnsteuer-Anmeldungszeitraums

1. dem **Betriebsstättenfinanzamt** eine Steuererklärung einzureichen, in der er die Summe der einzubehaltenden und zu übernehmenden Lohnsteuer angibt (Lohnsteuer-**Anmeldung**) und

2. die insgesamt einbehaltene und übernommene **Lohnsteuer** an das **Betriebsstättenfinanzamt** abzuführen (Lohnsteuer-**Zahlung**).

18.4 Anmeldung und Abführung der Lohnsteuer

<u>Lohnsteuer-Anmeldungszeitraum</u> (Grundlage für die Anmeldungs- und Abführungsfristen) ist nach § 41a Abs. 2:

- der Kalender**monat**, wenn die abzuführende Lohnsteuer für das vorangegangene Kalenderjahr **mehr als 5.000 Euro** betragen hat;

- das Kalender**vierteljahr**, wenn die abzuführende Lohnsteuer für das vorangegangene Kalenderjahr **nicht mehr als 5.000 Euro, aber mehr als 1.080 Euro** betragen hat;

- das Kalender**jahr**, wenn die abzuführende Lohnsteuer für das vorangegangene Kalenderjahr **nicht mehr als 1.080 Euro** betragen hat.

Hat die Betriebsstätte **nicht während des ganzen vorangegangenen Kalenderjahres** bestanden, so ist die für das vorangegangene Kalenderjahr abzuführende Lohnsteuer für die Feststellung des Lohnsteuer-Anmeldungszeitraums auf einen **Jahresbetrag** umzurechnen (§ 41a Abs. 2 Satz 3).

> **BEISPIEL**
>
> Ein Arbeit**geber** eröffnet am **01.10.2019** eine Betriebsstätte. Für den Zeitraum vom 01.10. bis 31.12.2019 hat er Lohnsteuer in Höhe von **1.800 Euro** an das Betriebsstättenfinanzamt abgeführt.
>
> Der Arbeitgeber hat **2020 monatlich** die **Lohnsteuer anzumelden und abzuführen**, weil der umgerechnete Jahresbetrag **mehr als 5.000 Euro** (1.800 € : 3 x 12 = 7.200 €) beträgt.

Hat die Betriebsstätte im **vorangegangenen** Kalenderjahr noch **nicht** bestanden, so ist die für den ersten vollen Kalendermonat nach Eröffnung der Betriebsstätte abzuführende Lohnsteuer auf einen Jahresbetrag umzurechnen. Der umgerechnete Jahresbetrag ist maßgebend für die Bestimmung des Lohnsteuer-Anmeldungszeitraums (§ 41a Abs. 2 Satz 4).

> **BEISPIEL**
>
> Ein Arbeit**geber** eröffnet am **01.04.2020** eine Betriebsstätte. Für den Monat **April 2020** hat die Lohnsteuer **400 Euro** betragen.
>
> Der Arbeitgeber hat **2020 vierteljährlich** die Lohnsteuer anzumelden und abzuführen, weil die auf einen Jahresbetrag umgerechnete Lohnsteuer **mehr als 1.080 Euro, aber nicht mehr als 5.000 Euro** (400 € x 12 = 4.800 €) beträgt.

Der Arbeit**geber haftet** für die Lohnsteuer, die er einzubehalten und abzuführen hat (§ 42d Abs. 1 Nr. 1).

Die **Lohnsteuer-Anmeldung** ist nach amtlich vorgeschriebenem Datensatz durch Datenübertragung zu übermitteln (§ 41a Abs. 1 Satz 2).

Bevor mit der elektronischen Datenübermittlung der Lohnsteuer-Anmeldung begonnen wird, hat der Arbeitgeber **einmalig** die von ihm persönlich unterschriebene „Erklärung gemäß § 6 Steuerdaten-Übermittlungsverordnung (**StDÜV**)" bei seinem örtlich zuständigen Finanzamt einzureichen.

Die Funktion der korrekten elektronischen Datenübermittlung ist bereits in vielen gängigen Steuersoftware-Produkten integriert, eine Übersicht findet sich im **ELSTER-Online-Portal** des Finanzamts. Alternativ können registrierte Nutzer ihre Lohnsteuer-Anmeldung mit **„Mein ELSTER"** direkt online ausfüllen (https://www.elster.de/elsterweb/start).

Das bisherige ElsterFormular wurde letztmalig im Jahr 2020 für Steuererklärungen und Anmeldungen für das Jahr 2019 zur Verfügung gestellt.

Auf Antrag kann das Finanzamt zur Vermeidung von unbilligen Härten **auf eine elektronische Übermittlung verzichten**; **in diesem Fall** ist die Lohnsteuer-Anmeldung vom Arbeitgeber oder von einer zu seiner Vertretung berechtigten Person **zu unterschreiben** (§ 41a Abs. 1 Satz 3).

Ein **Härtefall** kann vorliegen, wenn und solange es dem Arbeitgeber nicht zuzumuten ist, die notwendigen technischen Voraussetzungen (z. B. PC-Ausstattung, Internetanschluss) für die elektronische Übermittlung zu schaffen.

Aufgrund der gesetzlichen Verpflichtung zur elektronischen Übermittlung werden **keine Papiervordrucke** zur Lohnsteuer-Anmeldung mehr versandt.

Zur Verwendung in den anerkannten **Härtefällen** sind sie im Finanzamt **weiterhin erhältlich**.

1. Wiederholungsfragen 9 und 10 (Seite 380),
2. Fall 2 (Seite 381)

18.5 Pauschalierung der Lohnsteuer

18.5.1 Geringfügige Beschäftigungen

Geringfügige Beschäftigungen können nach § 8 Abs. 1 SGB IV sein

1. eine **geringfügig entlohnte Beschäftigung**
   oder
2. eine **kurzfristige Beschäftigung**.

Nur bei den **geringfügig entlohnten Beschäftigten** (nicht bei den kurzfristig Beschäftigten) darf das Arbeitsentgelt **450 Euro** im Monat **nicht** übersteigen.

Personen in **Berufsausbildung** gelten **nicht** als geringfügig Beschäftigte.

18.5.1.1 Geringfügig entlohnte Beschäftigung

Eine **geringfügig entlohnte Beschäftigung** in einem Unternehmen liegt vor, wenn das Arbeitsentgelt aus dieser Tätigkeit regelmäßig **450 Euro** im Monat **nicht übersteigt**. Die wöchentliche Arbeitszeit ist dabei unerheblich.

Der Arbeitgeber hat an die Einzugsstelle, die **Minijob-Zentrale**, 45115 Essen (www.minijob-zentrale.de), für die geringfügig entlohnten Beschäftigungen in Unternehmen **Pauschalabgaben** zu entrichten. Die Pauschalabgaben betragen grundsätzlich:

30 % des Arbeitsentgelts.

Davon entfallen **15 %** auf die **Rentenversicherung**, **13 %** auf die **Krankenversicherung** und **2 %** auf eine einheitliche **Pauschsteuer**. Steuerrechtlich sind mit der einheitlichen Pauschsteuer von 2 % des Arbeitsentgelts die **Lohnsteuer**, der **Solidaritätszuschlag** und die **Kirchensteuer** abgegolten (§ 40a Abs. 2 EStG).

Wer einen Minijob aufnimmt, ist **versicherungspflichtig** in der gesetzlichen Rentenversicherung. Da der Arbeitgeber bereits 15 % Pauschalbeitrag zur Rentenversicherung zahlt, ist vom Arbeitnehmer die Differenz zum allgemeinen Beitragssatz von 18,6 % auszugleichen. Das sind **3,6 %** Beitragsanteil für den Minijobber. **Ab 01.01.2021** beträgt der allgemeine Beitragssatz weiterhin **18,6 %**, sodass die auszugleichende Differenz auch in 2021 **3,6 %** beträgt.

18.5 Pauschalierung der Lohnsteuer 375

Minijobber **können** sich in einer aufgenommenen Beschäftigung von der Versicherungspflicht in der Rentenversicherung **befreien lassen**.

Neben der Pauschale von 30 % haben Arbeitgeber **Umlagen** für Krankheit, Schwangerschaft/Mutterschaft und Insolvenz zu entrichten. Die Umlagen wurden **in 2020 angepasst** und betragen in Summe

> **vom 01.01. bis zum 30.09.2020: 1,15 % des Arbeitsentgelts und**
> **vom 01.10. bis zum 31.12.2020: 1,45 % des Arbeitsentgelts.**

Die **Umlage 1** (U 1) für den Ausgleich der Arbeitgeberaufwendungen bei Krankheit beträgt **bis zum 30.09.2020 0,9 %** des Bruttoarbeitsentgelts. Am Ausgleichverfahren bei Krankheit nehmen grundsätzlich alle Arbeitgeber mit **maximal 30 Beschäftigten** teil. Ab dem **01.10.2020** wird die Umlage 1 auf **1,0 %** erhöht.

Die **Umlage 2** (U 2) für den Ausgleich bei Schwangerschaft und Mutterschaft wurde ebenfalls zum 01.10.2020 erhöht. Sie beträgt vom 01.01.2020 bis zum 30.09.2020 **0,19 %**, seit dem **01.10.2020** beträgt sie **0,39 %**. Am Ausgleichverfahren bei Schwangerschaft/Mutterschaft nehmen grundsätzlich **alle Arbeitgeber** – unabhängig von ihrer Betriebsgröße – teil.

Die **Insolvenzgeldumlage** beträgt **0,06 %**. Zum 01.01.2021 wird sie auf **0,12 %** angehoben

Damit betragen die Umlagen **ab 01.01.2021 insgesamt 1,51 %** des Arbeitsentgelts.

Der **Arbeitgeber** hat die Pauschalbeiträge zur Renten- und Krankenversicherung, die Pauschsteuer sowie die Umlagen (U 1 = 0,9 % bzw. 1,0 %, U 2 = 0,19 % bzw. 0,39 %) allein zu tragen und **bis zum drittletzten Arbeitstag des Monats,** in dem die Beschäftigung ausgeübt wird, an die Minijob-Zentrale zu entrichten. Daneben besteht für den Arbeitgeber eine **Melde- und Beitragspflicht zur gesetzlichen Unfallversicherung**. Die zuständigen Unfallversicherungsträger (Berufsgenossenschaften) sind nach Branchen und teilweise auch regional gegliedert. Eine Übersicht findet sich auf der Homepage der Deutschen Gesetzlichen Unfallversicherung (DGUV) unter www.dguv.de.

Für den **Arbeitnehmer** ist das Arbeitsentgelt aus dieser Beschäftigung **steuer- und sozialversicherungsfrei**.

B E I S P I E L

Der Arbeitgeber Heinz Fischer, Koblenz, beschäftigte ab Oktober 2020 in seinem Unternehmen, das weniger als 30 Beschäftigte hat, eine Angestellte als **geringfügig entlohnte Beschäftigte** für monatlich **450 Euro**. Die Zahlungen an die Angestellte erfolgten jeweils am Monatsende bar.
Die Angestellte hat die Befreiung von der Rentenversicherungspflicht beantragt.
Die Minijob-Zentrale wurde ermächtigt, die Pauschalabgaben bei Fälligkeit zu Lasten des Bankkontos von Heinz Fischer per Lastschrift einzuziehen.

Fischer hatte in 2020 monatlich folgende **Pauschalabgaben** an die Minijob-Zentrale zu entrichten:

Beiträge zur Krankenversicherung (**13 %** von 450 €)	58,50 €
Beiträge zur Rentenversicherung (**15 %** von 450 €)	67,50 €
einheitliche Pauschsteuer (**2 %** von 450 €)	9,00 €
Umlage 1 und 2 (**1,39 %** von 450 €)	6,25 €
Insolvenzgeldumlage (**0,06 %** von 450 €)	0,27 €
Gesamtsumme (31,45 % von 450,00 €)	141,52 €

Der Arbeitgeber hat die Möglichkeit, auf die Pauschalierung des Arbeitslohns zu verzichten und den Arbeitslohn nach den Merkmalen der ELSTAM zu erheben (Wahlrecht).

18.5.1.2 Kurzfristige Beschäftigung (§ 40a EStG)

Eine **kurzfristige Beschäftigung** im **lohnsteuerlichen** Sinne liegt vor, wenn

1. der Arbeitnehmer bei dem Arbeitgeber **nur gelegentlich**, nicht regelmäßig beschäftigt wird,
2. die Dauer der Beschäftigung **18 zusammenhängende Arbeitstage nicht übersteigt**,
3. der Arbeitslohn während der Beschäftigungsdauer **120 Euro** (bis 31.12.2019: 72 Euro) durchschnittlich **je Arbeitstag nicht übersteigt** oder die Beschäftigung zu einem unvorhersehbaren Zeitpunkt **sofort** erforderlich wird und
4. der durchschnittliche **Stundenlohn** während der Beschäftigungsdauer **15 Euro** (bis 31.12.2019: 12 Euro) **nicht übersteigt** (§ 40a Abs. 4).

Werden Arbeitnehmer **kurzfristig** beschäftigt (sog. **Aushilfskräfte**), kann die Lohnsteuer mit einem **Pauschsteuersatz** von

25 % des Arbeitslohns

zuzüglich Solidaritätszuschlag und Kirchensteuer erhoben werden (§ 40a **Abs. 1 Satz 1**).

Eine kurzfristige Beschäftigung ist **sozialversicherungsfrei**, wenn die Beschäftigung für eine Zeitdauer ausgeübt wird, die im Laufe eines **Kalenderjahres** auf **nicht mehr als drei Monate** bzw. insgesamt **70 Arbeitstage** nach ihrer **Eigenart** begrenzt zu sein pflegt oder im Voraus vertraglich begrenzt ist.

Die **Umlage 1** (0,9 % bzw. 1,0 %) wird **nur** fällig, wenn das Beschäftigungsverhältnis **über vier Wochen** dauert, da der gesetzliche Anspruch auf Entgeltfortzahlung im Krankheitsfall erst nach vierwöchiger ununterbrochener Dauer des Arbeitsverhältnisses besteht.

BEISPIEL

Der Arbeitgeber U, **Bonn**, beschäftigt wegen Krankheit eines Arbeitnehmers im Oktober 2020 für 15 Tage kurzfristig eine **Aushilfe**. Für jeden der 15 Arbeitstage erhält die Aushilfe 110 €. Die Zahlung in Höhe von **1.650 €** (15 x 110 €) erfolgt in bar. Die Arbeitszeit beträgt 8 Stunden am Tag.

Der Arbeitgeber kann die Lohnsteuer **pauschalieren**, weil alle Voraussetzungen für eine kurzfristige Beschäftigung erfüllt sind.

Die **Abrechnung** für die Aushilfe sieht für 2020 wie folgt aus:

	Lohn (15 x 110 €)		1.650,00 €
	pauschalierte LSt (25 % von 1.650 €)	412,50 €	
+	Solidaritätszuschlag (5,5 % von 412,50 €)	22,69 €	
+	pauschalierte KiSt (7 % von 412,50 €)	28,88 €	
+	Insolvenzumlage (0,06 % von 1.650 €)	0,99 €	
+	Umlage 2 (0,39 % von 1.650 €)	6,44 €	471,50 €
=	Kosten des Arbeitgebers		2.121,50 €

Eine kurzfristige Beschäftigung liegt **nicht** mehr vor, wenn die Beschäftigung **berufsmäßig** ausgeübt wird.

1. Wiederholungsfragen 11 bis 15 (Seite 380),
2. Fall 3 (Seite 381)

Die **buchmäßige** Darstellung der **geringfügigen Beschäftigungen** erfolgt im Abschnitt 5.7 der **Buchführung 1**, 32. Auflage 2020, Seite 242 ff.

18.5 Pauschalierung der Lohnsteuer

18.5.2 Fahrtkostenzuschüsse des Arbeitgebers

Vergütungen des Arbeitgebers für Fahrten zwischen Wohnung und erster Tätigkeitsstätte (**Fahrtkostenzuschüsse**) gehören grundsätzlich zum **steuerpflichtigen** Arbeitslohn.
Je nach Art der Zuschussgewährung ergeben sich unterschiedliche Pauschalierungsmöglichkeiten.

18.5.2.1 Fahrtkostenzuschüsse für Fahrten mit dem Pkw

Fahrtkostenzuschüsse durch den Arbeitgeber an den Arbeitnehmer bei Benutzung eines **eigenen** oder zur Nutzung überlassenen **Kraftfahrzeugs** – mit Ausnahme behinderter Arbeitnehmer i.S.d. § 9 Abs. 2 – können bis zur Höhe der **Entfernungspauschale** nach § 9 Abs. 1 Satz 3 Nr. 4 mit einem Pauschalsteuersatz von **15 %** erhoben werden (§ 40 Abs. 2 Satz 2). Entscheidet sich der Arbeitgeber für die Lohnsteuer-Pauschalierung, bleibt dieser Teil **sozialversicherungsfrei**.

> **BEISPIEL**
>
> Der Arbeitgeber kann in 2020 dem mit eigenem Pkw an 220 Arbeitstagen zur ersten Tätigkeitsstätte fahrenden Arbeitnehmer (kürzeste Straßenverbindung 32 km) folgenden Betrag pauschal versteuern:
>
> $$220 \text{ Arbeitstage} \times 32 \text{ km} \times 0,30 € = \mathbf{2.112 €}.$$
>
> Zahlt der Arbeitgeber diesen Betrag, schuldet er die pauschale Steuer von **316,80 €** (2.112 € x 15 %).
> Zahlt der Arbeitgeber einen höheren Betrag als 2.112 € (z.B. 3.000 €), unterliegt der übersteigende Betrag (z.B. 888 €) dem normalen Lohnsteuerabzug und der Sozialversicherung.

Kommt für Fahrtkostenzuschüsse des Arbeitgebers die Steuerfreiheit nach § 3 Nr. 15 **nicht** zum Ansatz, kann der Arbeitgeber die Lohnsteuer mit einem Pauschsteuersatz von **15 %** (§ 40 Abs. 2 Satz 2 **Nr. 1**) versteuern. Die nach dieser Vorschrift pauschal besteuerten Sachbezüge und Zuschüsse werden auf die Entfernungspauschale angerechnet.

Durch § 40 Abs. 2 Satz 2 **Nr. 2** besteht für den Arbeitgeber die Möglichkeit, anstelle der Steuerfreiheit nach § 3 Nr. 15 die Lohnsteuerpauschalierung mit 25 % zu wählen. Dies hat zur Folge, dass die **Anrechnung** auf die Entfernungspauschale **unterbleibt**. Die Pauschalierungsmöglichkeit mit 25 % gilt darüber hinaus für in § 3 Nr. 15 EStG genannten Sachbezüge und Zuschüsse, die nicht zusätzlich zum ohnehin geschuldeten Arbeitslohn erbracht werden und deshalb die Voraussetzungen für die Steuerfreistellung nicht erfüllen.

18.5.2.2 Fahrtkostenzuschüsse für Fahrten mit öffentlichen Verkehrsmitteln

Fahrtkostenzuschüsse für Fahrten zwischen Wohnung und erster Tätigkeitsstätte, die vom Arbeitgeber zusätzlich zum ohnehin gezahlten Arbeitslohn bei Benutzung **öffentlicher Verkehrsmittel** gezahlt werden (sogenannte **Jobtickets**), sind steuerfrei (§ 3 Nr. 15). Die **steuerfreien** Leistungen werden **auf** die **Entfernungspauschale** im Rahmen der abziehbaren Werbungskosten **angerechnet** (§ 3 Nr. 15 Satz 3).

> **BEISPIEL**
>
> Sachverhalt wie im Beispiel zuvor mit dem Unterschied, dass der Arbeitnehmer nicht mit seinem eigenen Pkw, sondern mit einem Linienbus der örtlichen Verkehrsbetriebe zu seiner ersten Tätigkeitsstätte fährt. Für den Jahresfahrschein zahlt der Arbeitnehmer zusätzlich zum Arbeitslohn 2.000 €.
>
> Der Fahrtkostenzuschuss ist steuerfrei (§ 3 Nr. 15). Er wird auf die Entfernungspauschale angerechnet (§ 3 Nr. 15 Satz 3).

A. Einkommensteuer

Alternativ kann der Arbeitgeber **anstelle der Steuerfreiheit** nach § 3 Nr. 15 solche Fahrtkostenzuschüsse (**Jobtickets**), auch wenn sie dem Arbeitnehmer **nicht zusätzlich** zum ohnehin geschuldeten Arbeitslohn gewährt werden, **einheitlich** mit einem **Pauschalsteuersatz von 25 %** versteuern. Für diese pauschal besteuerten Bezüge **unterbleibt eine Minderung der** nach § 9 Abs. 1 Satz 3 Nr. 4 Satz 2 und Abs. 2 **abziehbaren Werbungskosten** (§ 40 Abs. 2 Satz 2 **Nr. 2**).

> **ÜBUNG →** 1. Wiederholungsfrage 16 (Seite 380),
> 2. Fall 4 (Seite 381)

18.6 Veranlagung von Arbeitnehmern

Unter **Veranlagung** versteht man das förmliche Verfahren, in dem aufgrund einer Steuererklärung des Steuerpflichtigen die Besteuerungsgrundlagen vom Finanzamt ermittelt werden und die zu zahlende Steuer durch einen Bescheid des Finanzamtes festgesetzt wird.

Der **Arbeitnehmer**, der **nur** Einkünfte aus nichtselbständiger Arbeit (§ 19) bezogen hat, braucht **grundsätzlich keine Steuererklärung** abzugeben. Seine steuerlichen **Pflichten** sind nach § 46 Abs. 4 insoweit **mit** dem vom Arbeitgeber vorgenommenen **Lohnsteuerabzug abgegolten** (Abgeltungsprinzip).

Dennoch gibt es für Arbeitnehmer nach § 46 **zwei Veranlagungsarten**, und zwar die:

1. Veranlagung **von Amts wegen** (§ 46 Abs. 2 **Nrn. 1 bis 7**) und die

2. Veranlagung **auf Antrag** (§ 46 Abs. 2 **Nr. 8**).

Die Veranlagung von Arbeitnehmern nach § 46 soll beim Steuerabzug vom Arbeitslohn unvermeidbare, rechtstechnisch bedingte Unterschiede in der Besteuerung zu anderen Steuerpflichtigen beseitigen.

Bei der **Veranlagung von Arbeitnehmern** werden **neben** den **Einkünften aus nichtselbständiger Arbeit** auch Einkünfte aus **anderen Einkunftsarten** erfasst und Besonderheiten berücksichtigt, die sich im Lohnsteuerabzugsverfahren noch nicht ausgewirkt haben.

18.6.1 Veranlagung von Amts wegen

Die **Veranlagung von Amts wegen** (Pflichtveranlagung) ist eine **Veranlagung**, die **ohne Antrag** vorzunehmen ist. Es genügt, dass eine der im Gesetz aufgeführten Voraussetzungen für eine Veranlagung von Amts wegen erfüllt ist.

Besteht das Einkommen ganz oder teilweise aus Einkünften aus nichtselbständiger Arbeit, von denen ein Steuerabzug vorgenommen worden ist, wird eine Veranlagung von Amts wegen nur in den Fällen des § 46 **Abs. 2 Nrn. 1 bis 7** durchgeführt.

Eine **Veranlagung von Amts wegen** wird nach § 46 Abs. 2 **Nrn. 1 bis 7** durchgeführt, wenn z. B.

1. a) die positive Summe der einkommensteuerpflichtigen Einkünfte, die **nicht** dem Steuerabzug vom Arbeitslohn zu unterwerfen waren, vermindert um die darauf entfallenden Beträge nach § 13 Abs. 3 und § 24a,
   oder

   b) die positive Summe der Einkünfte und Leistungen, die dem **Progressionsvorbehalt** unterliegen, jeweils **mehr als 410 Euro** beträgt.

   Die Grenze von **410 Euro** gilt **auch** im Fall der **Zusammenveranlagung** von Ehegatten.

18.6 Veranlagung von Arbeitnehmern | 379

2. der Arbeitnehmer nebeneinander **von mehreren Arbeitgebern Arbeitslohn** bezogen hat;

3a. bei zusammen veranlagten Arbeitnehmer-Ehegatten ein Ehegatte nach der **Steuerklasse V oder VI** besteuert **oder** bei Steuerklasse IV der **Faktor** (§ 39f) eingetragen worden ist;

4. auf der Lohnsteuerkarte ein **Freibetrag** i.S.d. § 39a Satz 1 Abs. 1 Nrn. 1 bis 3, 5 eingetragen worden ist.

BEISPIEL

Der **ledige** Steuerpflichtige A, München, hat 2020 folgende Einkünfte erzielt:

	€
Einkünfte aus selbständiger Arbeit (§ 18)	**1.000,00**
Einkünfte aus nichtselbständiger Arbeit (§ 19)	38.000,00
Einkünfte aus Vermietung und Verpachtung (§ 21)	– **600,00**

Die Summe der Einkünfte, die **nicht** dem Lohnsteuerabzug zu unterwerfen war, beträgt **400 €** (1.000 € – 600 €).

A wird **nicht** von Amts wegen **veranlagt**, weil die Summe der Einkünfte, die nicht dem Steuerabzug vom Arbeitslohn zu unterwerfen war, **nicht mehr als 410 Euro** beträgt. A ist **nicht verpflichtet**, eine Einkommensteuererklärung abzugeben.

A **kann** aber die **Veranlagung** nach § 46 Abs. 2 **Nr. 8 beantragen**.

(Antragsfrist endet am 31.12.2024).

18.6.2 Veranlagung auf Antrag

Nach § 46 Abs. 2 **Nr. 8** wird der Arbeitnehmer zur Einkommensteuer veranlagt, wenn er dies beantragt (**Antragsveranlagung**).

Die Vorschrift des § 46 Abs. 2 **Nr. 8** ist **nur** anwendbar, **wenn** der Arbeitnehmer **nicht** bereits nach den Vorschriften des § 46 **Abs. 2 Nrn. 1 bis 7** zu veranlagen ist (R 46.2 Abs. 1 EStR 2012).

Eine Veranlagung nach § 46 Abs. 2 **Nr. 8** darf **nur** durchgeführt werden, wenn ein **Antrag** des Steuerpflichtigen auf eine solche Veranlagung gestellt worden ist.

Der Antrag auf Durchführung einer Einkommensteuerveranlagung kann innerhalb der **Festsetzungsfrist** gestellt werden. Diese beträgt **vier Jahre** (§ 169 Abs. 2 AO) und **beginnt** mit Ablauf des Kalenderjahrs, für das der Antrag auf die Einkommensteuerveranlagung gestellt wird (§ 170 Abs. 1 AO).

Durch die Antragsveranlagung kann es auch zu einer **Steuernachforderung** kommen.

Der Arbeitnehmer kann jedoch grundsätzlich der Steuernachforderung durch **Rücknahme seines Antrags** – auch noch im Rechtsbehelfsverfahren – begegnen.

In diesem Fall wird der **Einkommensteuerbescheid aufgehoben**, **es sei denn**, nach § 46 **Abs. 2 Nrn. 1 bis 7** ist eine **Veranlagungspflicht** gegeben. Die Aufhebung des Steuerbescheids **schließt nicht aus**, dass ggf. vorschriftswidrig zu wenig erhobene Lohnsteuer gesondert nachgefordert wird (§ 46 Abs. 4).

ÜBUNG → 1. Wiederholungsfrage 17 und 18 (Seite 380),
2. Fälle 5 und 6 (Seite 381)

380 A. Einkommensteuer

18.7 Erfolgskontrolle

WIEDERHOLUNGSFRAGEN

1. Was versteht man unter der Lohnsteuer?
2. Wie wird die Lohnsteuer erhoben?
3. Welche Steuerklassen kommen nach § 38b in Betracht?
4. Welche Beträge sind in die Lohnsteuertabelle eingearbeitet?
5. Welche Beträge sind nicht in die Lohnsteuertabelle eingearbeitet?
6. Wer ist im ELStAM-Verfahren allein für die Bildung der Lohnsteuerabzugsmerkmale und deren Bereitstellung für den Abruf durch den Arbeitgeber zuständig?
7. Welche zwei Arten von Ermäßigungsgründen werden nach § 39a unterschieden?
8. Für welche Beträge kann sich der Arbeitnehmer vom Finanzamt einen Freibetrag im Rahmen des ELStAM-Verfahrens eintragen lassen?
9. Wann hat der Arbeitgeber die Lohnsteuer anzumelden und abzuführen?
10. Wie muss die Lohnsteuer-Anmeldung grundsätzlich an das Finanzamt übermittelt werden?
11. Welche Beschäftigung kann nach § 8 Abs. 1 SGB IV geringfügig sein?
12. Was versteht man unter einer geringfügig entlohnten Beschäftigung?
13. Wie hoch ist der Pauschsteuersatz nach § 40a Abs. 2 für eine geringfügig entlohnte Beschäftigung?
14. In welchem Fall liegt eine kurzfristige Beschäftigung im lohnsteuerlichen Sinne vor?
15. Wie hoch ist der Pauschsteuersatz nach § 40a Abs. 1 für eine kurzfristige Beschäftigung?
16. Wie hoch ist der Pauschalsteuersatz nach § 40 Abs. 2 Satz 2 für steuerpflichtige Fahrtkostenzuschüsse?
17. In welchen Fällen ist bei Arbeitnehmern eine Veranlagung von Amts wegen durchzuführen?
18. Was wissen Sie über die Antragsveranlagung nach § 46 Abs. 2 Nr. 8?

FÄLLE

FALL 1

Lorenz Tüchtig, 47 Jahre alt, ledig, ist Arbeitnehmer. Er gibt Ihnen am 08.05.2020 eine Liste mit den folgenden Angaben für das Jahr 2020:

- Fahrten zwischen Wohnung und erster Tätigkeitsstätte mit dem eigenen Pkw an 200 Arbeitstagen. Die einfache Entfernung zwischen Wohnung und erster Tätigkeitsstätte beträgt 30 km.
- Gewerkschaftsbeitrag 272 €
- Kirchensteuer 261 €
- Arbeitnehmer-Anteil zur gesetzlichen KV, PV, AV 2.004 €

Ermitteln Sie die Höhe des monatlichen Freibetrags, der als Lohnsteuerabzugsmerkmal erfasst wird, unter der Annahme, dass der Antrag am 29.05.2020 beim Finanzamt gestellt wird.

18.7 Erfolgskontrolle 381

FALL 2

Ein Arbeitgeber eröffnet am 01.03.2020 eine Betriebsstätte. Für den Monat März 2020 beträgt die Lohnsteuer 75 €.

Wann hat der Arbeitgeber die Lohnsteuer 2020 anzumelden und abzuführen?

FALL 3

Der Arbeitgeber U, München, beschäftigte im Oktober 2020 in seinem Unternehmen für 350 € monatlich eine Arbeiterin als geringfügig entlohnte Beschäftigte. Sein Betrieb hat weniger als 30 Beschäftigte. Die Zahlungen an die Arbeiterin erfolgte jeweils am Monatsende bar. Die Abgaben (die Beiträge und die einheitliche Pauschsteuer nach § 40a Abs. 2) wurden von U pauschal an die Deutsche Rentenversicherung Knappschaft-Bahn-See (Minijob-Zentrale) durch die Bank abgeführt.

Wie hoch ist die monatliche Pauschalabgabe, die an die Minijob-Zentrale zu entrichten ist?

FALL 4

Der Arbeitnehmer Erhard Schirm benutzte im VZ 2020 an 220 Arbeitstagen einen Linienbus der Kölner Verkehrsbetriebe für Fahrten zwischen seiner Wohnung und seiner ersten Tätigkeitsstätte. Die kürzeste Straßenverbindung beträgt 2 km. Für den Jahresfahrschein hat er 600 € gezahlt. Der Arbeitgeber übernimmt zusätzlich zum Arbeitslohn die Fahrtkosten der Kölner Verkehrsbetriebe (Jobticket) von der Wohnung zur ersten Tätigkeitsstätte.

a) Wie hoch ist die Entfernungspauschale für den VZ 2020?
b) Kann der Arbeitnehmer im Rahmen seiner Einkommensteuererklärung 2020 für die Fahrten zwischen Wohnung und erster Tätigkeitsstätte die nachgewiesenen Kosten ansetzen?

FALL 5

Ein lediger Steuerpflichtiger, geb. am 10.12.1970, hat im VZ 2020 einen Bruttoarbeitslohn von insgesamt 23.056 € bezogen. Weitere Einnahmen hat er nicht erzielt. Der Steuerpflichtige weist folgende abzugsfähige Ausgaben nach:

Werbungskosten	800 €
Sonderausgaben (SA I)	300 €
Sonderausgaben (SA 2)	2.500 €

Wird der Steuerpflichtige 2020 veranlagt? Begründen Sie Ihre Antwort.

FALL 6

Der verheiratete Arbeitnehmer Egon Meier (Steuerklasse IV) bezog in 2020 ein Bruttogehalt von 40.000 €. Außerdem erzielten die Eheleute in 2020 Mieteinnahmen von 1.960 €. Die hierauf entfallenden Werbungskosten betrugen 1.660 €. Die Werbungskosten des Ehemannes aus nichtselbständiger Arbeit übersteigen den Arbeitnehmer-Pauschbetrag von 1.000 €. Er will diese Werbungskosten geltend machen.

a) Ist eine Veranlagung von Amts wegen in 2020 durchzuführen?
b) Ist eine Antragsveranlagung nach § 46 Abs. 2 Nr. 8 in 2020 möglich?

382 A. Einkommensteuer

Prüfungsfälle Einkommensteuer

PRÜFUNGSFALL 1

1 Sachverhalt

1.1 Allgemeines

Dieter Müller, geb. am 01.01.1956, ist seit 1983 mit Helga geb. Weber, geb. am 10.10.1963, verheiratet, beide konfessionslos. Beide wohnen in Mannheim. Die Eheleute haben zwei Kinder, für die sie in 2020 Kindergeld in Höhe von 5.496 € erhielten:

1. Eva, geb. am 27.02.1998, studiert in Bonn Jura und wohnt in Bonn. Die Kosten des Studiums der Tochter Eva tragen die Eheleute Müller. Aus einem Grundstück, das Eva von ihren Großeltern geerbt hat, hat sie im Jahre 2020 Einkünfte in Höhe von 1.200 € erzielt.

2. Maria, geb. am 04.06.1999, ist seit ihrer Geburt blind. Sie lebt im Haushalt der Eltern und ist ohne jedes Einkommen und Vermögen. Maria wird von ihrer Mutter und einer Hilfe im Haushalt gepflegt. An Kinderbetreuungskosten i.S.d. § 10 Abs. 1 Nr. 5 sind in 2020 insgesamt 3.600 € angefallen, die nicht zu beanstanden sind.

Die Eheleute wählen die Zusammenveranlagung.

1.2 Einkünfte

1.2.1 Schreinerei

Dieter Müller ist selbständiger Schreinermeister und in vollem Umfang zum Vorsteuerabzug berechtigt. Sein nach § 5 ermittelter Gewinn betrug im VZ 2020 56.995 €. Der Gewerbesteuer-Messbetrag für 2020 beträgt 1.300 €. Der Hebesatz in Mannheim liegt bei 430 %.

In den Betriebsausgaben ist ein Betrag von 795 € (netto) für den Kauf eines neuen Kopiergeräts enthalten. Die Vorsteuer für den Kauf des Kopiergeräts ist ordnungsgemäß gebucht. Außerdem sind für die Anschaffung des Kopiergeräts Frachtkosten in Höhe von 15 € (netto) angefallen, die er wie folgt gebucht hat:

6740 (4730) Ausgangsfrachten	15,00 €	
1406 (1576) Vorsteuer	2,85 €	
an **1600** (1000) Kasse		17,85 €

Die Anschaffung erfolgte am 21.08.2020. Das Kopiergerät hat eine betriebsgewöhnliche Nutzungsdauer von 7 Jahren. Herr Müller nimmt § 7g nicht in Anspruch.

Er wählt für 2020 die „Pool-Regelung" (§ 6 Abs. 2a). Auf dem Konto „Sonstige betriebliche Aufwendungen" hat Herr Müller 100 € (netto) für Spirituosen gebucht, die er zu gleichen Teilen an fünf Architekten verschenkt hat. Aufzeichnungen wurden nicht geführt. Die Vorsteuer wurde ordnungsgemäß erfasst.

Frau Müller (Steuerklasse 3, KFB 2) arbeitet halbtags bei ihrem Ehemann als kaufmännische Angestellte. Auf der Lohnsteuerbescheinigung für 2020 sind u.a. folgende Beträge ausgewiesen:

der Bruttoarbeitslohn	22.160,00 €
der AG-Anteil zur gesetzlichen Rentenversicherung	2.060,88 €
der AN-Anteil zur gesetzlichen Rentenversicherung	2.060,88 €
der AN-Beitrag zur gesetzlichen Krankenversicherung	1.739,56 €
der AN-Beitrag zur sozialen Pflegeversicherung	337,94 €
der AN-Beitrag zur Arbeitslosenversicherung	269,92 €

Frau Müller hat Anspruch auf Krankengeld. Kirchensteuer ist nicht einbehalten worden, weil die Eheleute Müller keiner Religionsgemeinschaft angehören. Der Ehegattenarbeitsvertrag ist steuerlich anerkannt.

1.2.2 Sparguthaben

Den Eheleuten Müller wurden im VZ 2020 auf ihrem gemeinsamen Sparkonto Zinsen in Höhe von 2.724,13 € (nach Abzug der KapESt und des SolZ) gutgeschrieben. Ein Freistellungsauftrag gegenüber ihrer Bank wurde nicht erteilt.

1.2.3 Aktienbesitz

Die Ehefrau besitzt Aktien. Nach Abzug der Kapitalertragsteuer und des Solidaritätszuschlags sind ihr in 2020 Netto-Dividenden in Höhe von 441,75 € gezahlt worden. Ein Freistellungsauftrag wurde nicht erteilt.

1.2.4 Grundbesitz

Die Eheleute haben am 01.04.2020 ein Einfamilienhaus für 487.000 € einschließlich Erwerbsnebenkosten angeschafft. Das Einfamilienhaus steht auf einem Erbbaugrundstück.

Die Eheleute haben das in 1997 erbaute Einfamilienhaus am 01.07.2020 bezogen, nachdem die bisherigen Mieter ausgezogen waren.

Für die Zeit vom 01.04. bis 30.06.2020 haben die Eheleute Müller für ihr Einfamilienhaus monatlich 1.300 € ortsübliche Miete eingenommen.

Im VZ 2020 sind im Zusammenhang mit dem Grundbesitz folgende Ausgaben entstanden:

	01.04.-30.06.	01.07.-31.12.
Erbbauzinsen	99 €	198 €
Hypothekenzinsen	300 €	1.200 €
Gebühren für Hypothek	250 €	600 €
Grundsteuer	140 €	280 €

1.2.5 Rente

Wegen einer im Betrieb erlittenen Verletzung bezieht Herr Müller seit seinem 60. Lebensjahr eine Rente von der Berufsgenossenschaft in Höhe von 3.000 € jährlich. Der Grad der Behinderung ist mit 30 festgestellt worden.

1.3 Sonstige Aufwendungen

private Krankenversicherungsbeiträge ohne Komfortleistungen (Ehemann)	2.340 €
private Pflegeversicherungsbeiträge (Ehemann)	285 €
Kapitallebensversicherungsbeiträge (Altvertrag i.S.d. § 10 Abs. 1 Nr. 3a)	4.886 €
Hausratversicherung	120 €
Hundehaftpflichtversicherung	93 €
Zuwendung an eine politische Partei	750 €
Mitgliedsbeitrag an eine politische Partei	240 €

Die Ehefrau ist in 2020 operiert worden. Die von der Krankenversicherung nicht übernommenen Kosten haben 2.500 € betragen.

Für die auswärtige Unterbringung der Tochter Eva hat der Steuerpflichtige in 2020 monatlich 380 € gezahlt.

A. Einkommensteuer

Der Steuerpflichtige unterstützt seine vermögenslose Mutter mit monatlich 100 €. Die Mutter erhält seit 2004 eine Rente aus der gesetzlichen Rentenversicherung (Bestandsrente 01.01.2005: 2.000 €). In 2020 hat die Rente insgesamt 2.400 €/Jahr betragen. Der Zuschuss zur Krankenversicherung betrug 175 €.

2 Aufgabe

a) Nehmen Sie Stellung zur persönlichen Steuerpflicht, zu den altersmäßigen Vergünstigungen der Steuerpflichtigen, zu den zu berücksichtigenden Kindern, zur Veranlagungsart und zum Steuertarif.

b) Ermitteln Sie das zu versteuernde Einkommen der Eheleute Müller für den VZ 2020. Die Einkünfte sollen so niedrig wie möglich sein.

c) Wie hoch ist 2020 die Steuerermäßigung nach § 35 (Anrechnungsbetrag)?

PRÜFUNGSFALL 2

1 Sachverhalt

1.1 Allgemeines

Der Arzt für Allgemeinmedizin Dr. Christoph Schneider, geb. am 01.09.1968, ist seit 1989 mit Lotte geb. Dötsch, geb. am 22.10.1968, verheiratet. Beide wohnen in Mainz und sind konfessionslos. Die Eheleute haben drei Kinder, für die sie in 2020 Kindergeld in Höhe von 8.316 € (§ 66 Abs. 1) erhalten haben. Notwendige Anträge gelten als gestellt.

1. Annette, geb. am 14.10.1998, studiert in Heidelberg Medizin und wohnt auch in Heidelberg.

2. Heinrich, geb. am 01.04.2004, besucht die Gustav-Stresemann-Wirtschaftsschule in Mainz. Heinrich spielt gelegentlich in einer Jugendband Saxophon. In 2020 hat er Einkünfte in Höhe von 1.200 € erzielt.

3. Pia, geb. am 21.12.2006, ist infolge eines Autounfalls seit dem 01.05.2020 behindert. Der Grad der Behinderung beträgt 70.

Die Aufwendungen für die Berufsausbildung der Kinder tragen die Eltern.

1.2 Einkünfte

1.2.1 Arztpraxis

Dr. Schneider betreibt in Wiesbaden in gemieteten Räumen eine Facharztpraxis für Allgemeinmedizin. Dr. Schneider ermittelt seinen Gewinn nach § 4 Abs. 3. Dr. Schneider ist nicht zum Vorsteuerabzug berechtigt. In 2020 hatte er Honorareinnahmen aus ärztlicher Tätigkeit in Höhe von 129.515 €. Seine Betriebsausgaben betrugen 2020 insgesamt 60.594 €. Dr. Schneider möchte einen möglichst geringen Gewinn erzielen. In den Betriebsausgaben sind enthalten:

a) 1.200 € für die Anschaffung eines gebrauchten medizinischen Geräts von einem Nichtunternehmer. Die Anschaffung erfolgte am 20.12.2020, die Rechnung wird am 09.01.2021 bar bezahlt. Das Gerät hat eine betriebsgewöhnliche Nutzungsdauer von fünf Jahren.

b) 714 € inkl. USt für die Anschaffung eines Aktenvernichters. Die Anschaffung erfolgte am 27.12.2020, die Rechnung wird am 20.02.2021 durch Überweisung beglichen.

Herr Schneider hat § 7g bisher nicht in Anspruch genommen. Sein Gewinn betrug in den letzten Jahren weniger als 100.000 Euro.

Frau Schneider hilft ihrem Ehemann gelegentlich in seiner Praxis. Für ihre Tätigkeit erhält sie von ihrem Ehemann jeweils zu Weihnachten eine Vergütung von 5.000 €. Besondere Vereinbarungen hinsichtlich des Arbeitsverhältnisses zwischen den Ehegatten sind nicht getroffen worden. Der Betrag von 5.000 € ist in den Betriebsausgaben **nicht** enthalten.

1.2.2 Schriftstellerische Tätigkeit

Dr. Schneider ist Verfasser des Bestsellers „Gesundheit ist machbar". In 2020 hat er einen Gewinn aus schriftstellerischer Tätigkeit in Höhe von 19.992 € erzielt.

1.2.3 Beteiligungen

Frau Schneider besitzt eine Beteiligung an einer KG, deren Wirtschaftsjahr mit dem Kalenderjahr übereinstimmt. Sie ist Kommanditistin mit einer Kapitaleinlage von 50.000 €. Im April 2020 wurde ihr ein Gewinnanteil für 2019 in Höhe von 3.500 € und im Mai 2021 ein Gewinnanteil für 2020 in Höhe von 4.000 € auf dem privaten Bankkonto gutgeschrieben.

Frau Schneider ist außerdem noch an einer GmbH beteiligt. Für das Wirtschaftsjahr 2019 erfolgte eine Gewinnausschüttung in Höhe von 10 %. Die GmbH hat neben der Körperschaftsteuer vorschriftsmäßig die Kapitalertragsteuer und den SolZ einbehalten, da ein Freistellungsauftrag nicht vorlag. Die GmbH hat am 13.06.2020 die Gewinnausschüttung für 2019 beschlossen. Am 05.07.2020 wurde Frau Schneider ein Gewinnanteil in Höhe von 625,81 € (nach Abzug der KapESt und des SolZ) auf dem privaten Bankkonto gutgeschrieben.

1.2.4 Sparguthaben

Frau Schneider wurden im VZ 2020 auf ihrem Sparbuch Zinsen (nach Abzug der KapESt und des SolZ) in Höhe von 2.769,04 € gutgeschrieben. Freistellungsaufträge gegenüber ihrer Bank haben die Eheleute nicht erteilt.

1.2.5 Grundbesitz

Den Eheleuten Schneider gehört ein Zweifamilienhaus in Mainz. Das Zweifamilienhaus wurde im Januar 2020 fertiggestellt und ist am 01.04.2020 bezogen worden. Der Bauantrag wurde am 17.12.2018 gestellt. Die Herstellungskosten des Hauses haben 800.000 € betragen. Die Anschaffungskosten des Grund und Bodens beliefen sich auf 150.000 €. Eine Wohnung nutzt Familie Schneider selbst, die andere Wohnung ist vermietet. Die Herstellungskosten liegen bei 3.333 €/qm Wohnfläche.

Die Erdgeschosswohnung hat eine Wohnfläche von 120 qm und ist zu einem monatlichen Mietpreis von 12 €/qm ab dem 01.04.2020 vermietet, nachdem sie längere Zeit nach einem Mieter gesucht haben.

Die Wohnung im 1. Obergeschoss bewohnt die Familie Schneider selbst. Beide Wohnungen sind gleich groß.

Zur Finanzierung des gesamten Zweifamilienhauses wurde zum 01.01.2020 ein Bankdarlehen in Höhe von 280.000 € aufgenommen, das mit 2 %/Jahr zu verzinsen ist. Die Auszahlung ist am 04.01.2020 erfolgt. Mit der Bank ist eine Auszahlung von 98 % der Darlehenssumme vereinbart worden. Die Zinsen für die Zeit vom 01.01. bis 31.12.2020 sind in 2020 gezahlt worden.

Im VZ 2020 sind im Zusammenhang mit dem Grundbesitz folgende Ausgaben entstanden:

Haushaftpflichtversicherungsbeitrag	300 €
Brandversicherungsbeitrag	600 €
Beitrag für die Hausratversicherung	75 €

A. Einkommensteuer

1.3 Sonstige Aufwendungen

Im VZ 2020 weisen die Eheleute Schneider folgende Ausgaben nach, die sie als Sonderausgaben geltend machen wollen:

Beitrag an die Versorgungskasse der Ärzte i.S.d. § 10 Abs. 1 Nr. 2a	13.200 €
Kranken- und Pflegeversicherungsbeiträge (ohne Komfortleistungen)	4.320 €
Privathaftpflichtversicherungsbeitrag	160 €
Beiträge an eine private Unfallversicherung	124 €
private Kfz-Haftpflichtversicherung	540 €
ESt-Vorauszahlung für 2020	25.980 €

Außerdem liegen Zuwendungsbestätigungen für die Förderung des Denkmalschutzes von 1.000 € und an die Universität Heidelberg für die Förderung wissenschaftlicher Zwecke von 7.500 € vor. Für Zuwendungen an politische Parteien wurden 700 € gezahlt. Es liegen ordnungsgemäße Spendenbescheinigungen vor.

2 Aufgabe

a) Nehmen Sie Stellung zur persönlichen Steuerpflicht, zu den altersmäßigen Vergünstigungen der Steuerpflichtigen, zu den zu berücksichtigenden Kindern, zur Veranlagungsart und zum Steuertarif.

b) Ermitteln Sie das zu versteuernde Einkommen und die tarifliche Einkommensteuer der Eheleute Schneider für den VZ 2020.
Die Einkünfte sollen so niedrig wie möglich sein. Die 4 %-Kürzung bei den Beiträgen zur Krankenversicherung ist **nicht** vorzunehmen.

PRÜFUNGSFALL 3

1 Sachverhalt

1.1 Allgemeines

Michael Fabel, geb. am 14.11.1959, ist seit dem 15.07.1989 mit Gabi Fabel, geb. am 17.06.1969, verheiratet. Sie wohnen in Münster und haben eine gemeinsame Tochter Katrin, geb. am 01.07.1998, die in Bonn Rechtswissenschaften studiert und dort im Studentenwohnheim untergebracht ist. Für Katrin erhielten die Eheleute in 2020 Kindergeld in Höhe von 2.748 €. Katrin wird von ihren Eltern unterhalten. Sie erhält vom Amt für Ausbildungsförderung in Bonn einen monatlichen Betrag (BAföG) von 250 €, von dem 50 % als Zuschuss und 50 % als Darlehen gewährt werden.

Aufgrund eines vor Jahren erlittenen Unfalls ist Michael Fabel zu 50 % behindert und in seiner Bewegungsfähigkeit im Straßenverkehr erheblich beeinträchtigt. Aus diesem Grunde beschäftigen die Eheleute einmal wöchentlich eine Hilfe im Haushalt. Die hieraus entstandenen Aufwendungen haben in 2020 monatlich 125 € einschließlich der Sozialversicherungsbeiträge betragen.

Die Eheleute Fabel sind konfessionslos und beantragen die Zusammenveranlagung nach § 26b. Sie haben für 2020 keine Einkommensteuer-Vorauszahlungen geleistet.

Prüfungsfälle Einkommensteuer | 387

1.2 Einkünfte

Michael Fabel war während des Kalenderjahres 2020 als kaufmännischer Angestellter (Steuerklasse 3, 1 Kinderfreibetrag) tätig (vergleiche Lohnsteuerbescheinigung 2020, die auf der übernächsten Seite abgedruckt ist). Zu seiner 64 km entfernten ersten Tätigkeitsstätte fuhr er mit seinem eigenen Pkw an 230 Tagen. In 2020 hat er für Fachliteratur 115 € verausgabt. Außerdem zahlte er an die Gewerkschaft HBV einen Jahresbeitrag von 180 €. Das monatliche Nettogehalt wird vom Arbeitgeber auf sein Girokonto überwiesen. Hierfür sind 16 € Kontoführungsgebühren angefallen.

Gabi Fabel erzielte in 2020 aus der Vermietung eines Zweifamilienhauses in Köln einen Überschuss in Höhe von 1.750 €.

1.3 Sonstige Angaben

Die Eheleute Fabel haben in 2020 folgende Ausgaben getätigt:

Lebensversicherungsbeiträge (Altvertrag i.S.d. § 10 Abs. 1 Nr. 3a)	3.460 €
Haftpflichtversicherungsbeiträge	100 €
Unfallversicherungsbeiträge	150 €
Hausratversicherungsbeiträge	130 €
Zuwendung an eine politische Partei	250 €
Zuwendung zur Förderung des Tierschutzes	125 €
Hörgerät (Ehemann)	750 €
Zahnbehandlung (Ehefrau)	2.250 €
erstattete Kosten von der Krankenkasse für die Zahnbehandlung	1.250 €

Am 26.02.2020 verstarb unerwartet der Vater von Michael Fabel. Die Kosten für die Beerdigung in Höhe von 8.100 € wurden von Michael Fabel in 2020 bezahlt. Der Vater hinterließ lediglich ein Sparbuch mit einem Guthaben von 5.000 €. Michael Fabel hat als Alleinerbe das Erbe angenommen.

2 Aufgabe

a) Ermitteln Sie das zu versteuernde Einkommen der Eheleute Fabel für den VZ 2020.

b) Berechnen Sie die Höhe der zu erwartenden Einkommensteuererstattung bzw. -nachzahlung für den VZ 2020 (ohne Solidaritätszuschlag). Einkommensteuervorauszahlungen für 2020 wurden nicht angesetzt.

Hinweis: www.bundesfinanzministerium.de; Lohn- und Einkommensteuerrechner.

A. Einkommensteuer

Lohnsteuerbescheinigung 2020

Korrektur/Stornierung

Datum:

eTIN:

Identifikationsnummer:

Personalnummer:

Geburtsdatum:

Transferticket:

Dem Lohnsteuerabzug wurden im letzten Lohnzahlungszeitraum zugrunde gelegt:

Steuerklasse/Faktor

III

Zahl der Kinderfreibeträge

1

Steuerfreier Jahresbetrag

Jahreshinzurechnungsbetrag

Kirchensteuermerkmale

Anschrift und Steuernummer des Arbeitgebers:

		EUR	Ct
1. Bescheinigungszeitraum	vom - bis		
2. Zeiträume ohne Anspruch auf Arbeitslohn	Anzahl „U"		
Großbuchstaben (S, M, F, FR)			
3. Bruttoarbeitslohn einschl. Sachbezüge ohne 9. und 10.		55.360	00
4. Einbehaltene Lohnsteuer von 3.		6.082	00
5. Einbehaltener Solidaritätszuschlag von 3.		220	44
6. Einbehaltene Kirchensteuer des Arbeitnehmers von 3.		0	00
7. Einbehaltene Kirchensteuer des Ehegatten/Lebenspartners von 3. (nur bei Konfessionsverschiedenheit)			
8. In 3. enthaltene Versorgungsbezüge			
9. Ermäßigt besteuerte Versorgungsbezüge für mehrere Kalenderjahre			
10. Ermäßigt besteuerter Arbeitslohn für mehrere Kalenderjahre (ohne 9.) und ermäßigt besteuerte Entschädigungen			
11. Einbehaltene Lohnsteuer von 9. und 10.			
12. Einbehaltener Solidaritätszuschlag von 9. und 10.			
13. Einbehaltene Kirchensteuer des Arbeitnehmers von 9. und 10.			
14. Einbehaltene Kirchensteuer des Ehegatten/Lebenspartners von 9. und 10. (nur bei Konfessionsverschiedenheit)			
15. (Saison-)Kurzarbeitergeld, Zuschuss zum Mutterschaftsgeld, Verdienstausfallentschädigung (Infektionsschutzgesetz), Aufstockungsbetrag und Altersteilzeitzuschlag			
16. Steuerfreier Arbeitslohn nach	a) Doppelbesteuerungsabkommen (DBA)		
	b) Auslandstätigkeitserlass		
17. Steuerfreie Arbeitgeberleistungen für Fahrten zwischen Wohnung und erster Tätigkeitsstätte			
18. Pauschal besteuerte Arbeitgeberleistungen für Fahrten zwischen Wohnung und erster Tätigkeitsstätte			
19. Steuerpflichtige Entschädigungen und Arbeitslohn für mehrere Kalenderjahre, die nicht ermäßigt besteuert wurden - in 3. enthalten			
20. Steuerfreie Verpflegungszuschüsse bei Auswärtstätigkeit			
21. Steuerfreie Arbeitgeberleistungen bei doppelter Haushaltsführung			
22. Arbeitgeberanteil/-zuschuss	a) zur gesetzlichen Rentenversicherung	5.148	48
	b) an berufsständische Versorgungseinrichtungen		
23. Arbeitnehmeranteil	a) zur gesetzlichen Rentenversicherung	5.148	48
	b) an berufsständische Versorgungseinrichtungen		
24. Steuerfreie Arbeitgeberzuschüsse	a) zur gesetzlichen Krankenversicherung		
	b) zur privaten Krankenversicherung		
	c) zur gesetzlichen Pflegeversicherung		
25. Arbeitnehmerbeiträge zur gesetzlichen Krankenversicherung		4.345	76
26. Arbeitnehmerbeiträge zur sozialen Pflegeversicherung		844	24
27. Arbeitnehmerbeiträge zur Arbeitslosenversicherung		664	32
28. Beiträge zur privaten Kranken- und Pflege-Pflichtversicherung oder Mindestvorsorgepauschale			
29. Bemessungsgrundlage für den Versorgungsfreibetrag zu 8.			
30. Maßgebendes Kalenderjahr des Versorgungsbeginns zu 8. und/oder 9.			
31. Zu 8. bei unterjähriger Zahlung: Erster und letzter Monat, für den Versorgungsbezüge gezahlt wurden			
32. Sterbegeld; Kapitalauszahlungen/Abfindungen und Nachzahlungen von Versorgungsbezügen - in 3. und 8. enthalten			
33. Ausgezahltes Kindergeld		2.784	—
34. Freibetrag DBA Türkei			
Finanzamt, an das die Lohnsteuer abgeführt wurde (Name und vierstellige Nr.)		Münster 5337	

Prüfungsfälle Einkommensteuer | **389**

PRÜFUNGSFALL 4

1. Berechnen Sie das zu versteuernde Einkommen der 40-jährigen Evelyn Herbst in Augsburg für 2020.
   Evelyn Herbst, geb. 05.05.1979, ist seit vier Jahren Witwe und zu 35 % behindert; sie erhält für ihre Kinder Kindergeld.

   - journalistische Tätigkeit: Einnahmen 57.627 €, Ausgaben 13.181 €
   - Kirchensteuer 134 €
   - Beiträge zur privaten Kranken- und Pflegeversicherung 5.500 € (ohne Komfortleistungen)
   - Beitrag zu einer freiwilligen Pflegeversicherung 150 €
   - Evelyn Herbst hatte Krankheitskosten von 2.780 €, die nicht ersetzt wurden.
   - Tochter Sylvia, 20 Jahre, studierte und wohnte bis zum 31.07.2020 in Erlangen. Dann brach sie das Studium ab und wohnt seitdem bei der Mutter in Augsburg. Seit dem 15.08.2020 macht sie eine Ausbildung bei einer Bank und erhält eine Ausbildungsvergütung in Höhe von monatlich 1.250 € brutto.
   - Sohn Thomas wurde am 04.04.2020 18 Jahre alt und besucht das Gymnasium in Augsburg.
   - Sohn Christian, 4 Jahre, besucht noch den Kindergarten. In 2020 hat Frau Herbst Kindergartenbeiträge in Höhe von 3.600 € ausgegeben.

1.1. Welche Veranlagungsart kommt für den VZ 2020 in Betracht?

1.2. Nach welcher ESt-Tabelle wird die Einkommensteuerschuld berechnet?

1.3. Wie hoch wären 2020 insgesamt die Freibeträge für die Kinder, wenn Frau Herbst diese wählen (erhalten) würde?

2. Ermitteln Sie den Gesamtbetrag der Einkünfte von Wiebke Seemann für 2020. Sie wurde am 03.02.2000 geboren, studiert in München an der Universität Medizin und arbeitet nebenbei in einem Möbelhaus, um sich die Kosten des Studiums zu finanzieren.
   Folgende Daten liegen vor: Steuerklasse I, konfessionslos

   - Bruttoarbeitslohn vom 01.01. – 31.12.2020 (ohne geldwerten Vorteil) 12.344,00 €
   - Sozialversicherungsbeitrag (Arbeitnehmeranteil) 2.545,95 €
   - Für ihr Appartement kaufte sie Möbel für 6.600,00 € brutto. Aufgrund des Personalrabatts zahlte sie nur 5.000,00 €
   - Fahrten zur 50 km entfernten ersten Tätigkeitsstätte an 150 Tagen
   - berufsbedingte Arbeitskleidung (unbestritten) 250,00 €
   - Ausgaben für das Studium, z. B. Fachliteratur, Schreibbedarf, Fahrten mit dem öffentlichen Nahverkehr zur Uni, insgesamt 845,00 €
   - Gehaltskonto bei der Deutschen Bank München

2.1. Der Bruttoarbeitslohn unterlag der Lohnsteuer. Was und innerhalb welcher Frist ist zu tun, um zu viel bezahlte Lohnsteuer zurückzuerhalten?

2.2. Ist Frau Seemann ein noch zu berücksichtigendes Kind bei ihren Eltern?

A. Einkommensteuer

3. Die 80-jährige Steuerpflichtige Berta Brummer erhielt im Veranlagungszeitraum 2020 eine Monatsrente aus der gesetzlichen Sozialversicherung in Höhe von 1.570 € (Beginn der Rente mit 65 Jahren, Jahresbetrag der Rente zu Rentenbeginn 9.600 €). Daneben bezieht sie seit 2005 eine unveränderte monatliche Werkspension über 300 € von ihrem ehemaligen Arbeitgeber, die nicht auf eigener Beitragsleistung beruht. Aus einer Beteiligung als Teilhafterin an einer Kommanditgesellschaft erhielt sie außerdem für den VZ 2020 noch einen Gewinnanteil von 3.150 €. Ermitteln Sie den Gesamtbetrag der Einkünfte der Steuerpflichtigen Berta Brummer für 2020.

4. Der ledige, konfessionslose Fritz Müller hat 1.000 Stück XY-Aktien in seinem Depot. Die AG zahlte in 2020 eine Brutto-Dividende für 2019 von 4,00 € pro Stück.

4.1. Wie viel Euro bekommt Fritz Müller gutgeschrieben? (kein Freistellungsauftrag)

4.2. Muss Herr Müller für die Kapitalerträge eine Einkommensteuererklärung abgeben?

4.3. Wie hoch ist die Netto-Dividende, wenn Fritz Müller in Stuttgart wohnt und evangelisch ist? Ein Freistellungsauftrag liegt der Bank nicht vor. Der Kirchensteuersatz in Baden-Württemberg beträgt 8 %.

4.4. Wie hoch wäre die Netto-Dividende, wenn Fritz Müller, konfessionslos, seiner Bank einen Freistellungsauftrag in Höhe von 801 Euro erteilt hätte?

 Weitere Prüfungsfälle mit Lösungen finden Sie im **Lösungsbuch** der Steuerlehre 2.

B. Körperschaftsteuer

1 Einführung in die Körperschaftsteuer

1.1 Geschichtliche Entwicklung

Die deutsche Körperschaftsteuer (KSt) wurde erstmals durch die **Erzberger'sche Steuerreform 1920** erhoben.

Die Anfänge dieser Besteuerung lagen teils in **kommunalen Satzungen**, teils in einzelnen **Einkommensteuersystemen der Länder**.

Erzbergers Reformgesetz stellte eine grundlegende **Neuschöpfung** dar. Die **Steuerpflicht** erstreckte sich auf alle **nicht natürlichen Personen**.

Die Regelung in einem besonderen Gesetz (**KStG vom 30.03.1920**) erschien aus praktischen Gründen zweckmäßig: einmal, weil die Eigenart der Körperschaften eine Reihe von Spezialvorschriften notwendig machte (z.B. die persönliche Steuerpflicht und die abzugsfähigen Ausgaben), zum anderen, weil verschiedene Bestimmungen des Einkommensteuergesetzes (z.B. die Zusammenveranlagung, der Tarif, die Berücksichtigung von Kindern, die Sonderausgaben und die außergewöhnlichen Belastungen) ihrer Natur nach für **nicht natürliche** Personen ausschieden.

Erzbergers Reform hat sich bewährt und **lebt in unserem heutigen Körperschaftsteuergesetz fort**.

Der Steuersatz betrug damals **10 %**. Er wurde in der Folgezeit mehrmals erhöht und erreichte 1946 mit **65 %** seinen bisherigen Höchstsatz.

Die **Gewinnanteile** der juristischen Personen unterlagen bei der ausschüttenden Gesellschaft der **Körperschaftsteuer und** beim Empfänger der **Einkommensteuer**.

Diese **Doppelbelastung** desselben Gewinns durch Körperschaftsteuer und Einkommensteuer wurde erstmals 1953 **durch eine niedrigere Besteuerung der ausgeschütteten** Gewinne **gemildert**.

Die **einbehaltenen** (thesaurierten) Gewinne wurden mit einem **höheren** Steuersatz belastet. Wegen der unterschiedlichen Besteuerung von ausgeschütteten und einbehaltenen Gewinnen wurde vom **gespaltenen Steuersatz** gesprochen.

Durch das vom Veranlagungszeitraum 1977 bis 2000 geltende **Anrechnungsverfahren** wurde die **Doppelbelastung der ausgeschütteten** Gewinne vollständig beseitigt. Im Rahmen des Anrechnungsverfahrens wurde die von der ausschüttenden Gesellschaft gezahlte Körperschaftsteuer auf die persönliche Einkommensteuer des Anteileigners angerechnet.

Mit dem Steuersenkungsgesetz vom 23.10.2000 (BStBl 2000 I S. 1428 ff.) wurde das **Anrechnungsverfahren** ab dem Veranlagungszeitraum 2001 von dem sog. **Halbeinkünfteverfahren** abgelöst: Unabhängig von ihrer Verwendung unterlagen Gewinne einer Körperschaft einer definitiven Besteuerung von **25 %**. Um eine Doppelbesteuerung (pauschaliert) abzumildern, unterlag auf der Ebene des Gesellschafters nur die **Hälfte** der von einer Körperschaft empfangenen Ausschüttung der Einkommensteuer (§ 3 Nr. 40 EStG a.F.). Ab dem VZ 2009 wurde mit Einführung der Abgeltungsteuer das **Halbeinkünfteverfahren** für **private** Kapitalerträge wieder **abgeschafft**. Für im **Betriebsvermögen** befindliche Anteile wurde das Halbeinkünfteverfahren in ein **Teileinkünfteverfahren** geändert (§ 3 Nr. 40 EStG n.F.)

Seit dem VZ 2008 ist der Körperschaftsteuersatz von 25 % auf **15 %** gesenkt worden (§ 23 Abs. 1 KStG i.V.m. § 34 Abs. 11a KStG).

1.2 Stellung im Steuersystem

Die Körperschaftsteuer ist die **"Einkommensteuer der juristischen Personen"**, die in § 1 Abs. 1 und § 2 KStG aufgeführt sind.

Juristische Personen sind alle mit Rechtsfähigkeit versehene **nicht natürliche Personen**. **Rechtsfähigkeit** bedeutet Träger von Rechten und Pflichten zu sein.

Zu den juristischen Personen des § 1 Abs. 1 und § 2 KStG gehören **insbesondere** die **Kapitalgesellschaften** (z.B. GmbH, AG, Europäische Gesellschaft, KGaA).

Personengesellschaften (z.B. OHG, KG) sind **weder natürliche noch juristische Personen**. Sie unterliegen **weder der Einkommensteuer noch der Körperschaftsteuer**. Die von ihnen erzielten Einkünfte unterliegen bei den **Gesellschaftern** der **Einkommensteuer**.

Die Körperschaftsteuer ist demnach eine **rechtsformabhängige Steuer**, die vor allem zur **Besteuerung der Kapitalgesellschaften** führt.

Die Körperschaftsteuer ist eine **Besitzsteuer**, eine **Personensteuer**, eine **direkte** Steuer und eine **Gemeinschaftsteuer**.

Einzelheiten zur Stellung der KSt im Steuersystem erfolgen im Teil A, Kapitel 2 der **Steuerlehre 1**, 41. Auflage 2020, Seiten 13 ff.

Das Körperschaftsteuergesetz (KStG) greift hinsichtlich der Ermittlung des Einkommens auf das **Einkommensteuergesetz (EStG)** zurück. Im KStG ist dies in **§ 8 Abs. 1 KStG** geregelt. § 8 Abs. 1 KStG legt fest, **was** als Einkommen gilt und **wie** das Einkommen zu ermitteln ist, nämlich nach den Vorschriften des **EStG und** des **KStG**.

1.3 Steueraufkommen

Die Bedeutung der Körperschaftsteuer im Besteuerungssystem hat in den letzten Jahren stark abgenommen. Dies zeigt sich im Vergleich mit den gesamten Steuereinnahmen.

2019 hatte die Körperschaftsteuer mit einem Aufkommen von rund **32,0 Mrd. Euro** einen Anteil von rund **4 %** an den **gesamten Steuereinnahmen** von **799,3 Mrd. Euro**.

Einzelheiten zum Steueraufkommen für die Jahre 2017/2018 erfolgen im Teil A, Abschnitt 1.1.2 der **Steuerlehre 1**, 41. Auflage 2020, Seiten 3 f.

1.4 Rechtsgrundlagen

Für die Körperschaftsteuer sind insbesondere folgende Vorschriften zu beachten:

- das Einkommensteuergesetz (EStG) als Grundlage für die Ermittlung des zu versteuernden Einkommens,
- das Körperschaftsteuergesetz (KStG),
- die Körperschaftsteuer-Durchführungsverordnung (KStDV),
- die Körperschaftsteuer-Richtlinien (KStR) als Verwaltungsanweisungen und
- die Abgabenordnung (AO).

1.5 Erfolgskontrolle

WIEDERHOLUNGSFRAGEN

1. Stellen Sie die geschichtliche Entwicklung der Körperschaftsteuer kurz dar.
2. Wer unterliegt der Körperschaftsteuer?
3. Was sind juristische Personen?
4. Wie hoch war das Körperschaftsteuer-Aufkommen 2019?
5. Welche rechtlichen Vorschriften können zur Klärung körperschaftsteuerlicher Fragen herangezogen werden?

FÄLLE

FALL 1

A, Koblenz, betreibt als Einzelunternehmer in Koblenz ein Großhandelsgeschäft. Sein Gewinn hat im Jahr 2020 25.000 € betragen.

Unterliegt der Gewinn der Körperschaftsteuer oder der Einkommensteuer? Begründen Sie Ihre Antwort.

FALL 2

B, Bonn, ist an der X-KG, Bonn, beteiligt. Die X-KG hat im Jahr 2020 einen Gewinn von 150.000 € erzielt. Der Gewinnanteil des B betrug für 2020 30.000 €.

a) Unterliegt der Gewinn der X-KG der Körperschaftsteuer oder der Einkommensteuer? Begründen Sie Ihre Antwort.
b) Unterliegt der Gewinnanteil des B der Körperschaftsteuer oder der Einkommensteuer? Begründen Sie Ihre Antwort.

FALL 3

C, Köln, ist mit 50 % an der X-GmbH, Köln, beteiligt. Das Wirtschaftsjahr der X-GmbH ist identisch mit dem Kalenderjahr. Die GmbH hat im Jahr 2020 einen Gewinn in Höhe von 100.000 € erzielt.

a) Unterliegt der Gewinn der X-GmbH der Körperschaftsteuer oder der Einkommensteuer? Begründen Sie Ihre Antwort.
b) Angenommen, die X-GmbH schüttet einen Teil ihres erzielten Gewinns an ihre Gesellschafter aus. Unterliegt der ausgeschüttete Gewinn bei C der Körperschaftsteuer oder einer anderen Steuer? Begründen Sie Ihre Antwort.

FALL 4

D, Hamburg, ist Aufsichtsratsmitglied der X-AG, Hamburg. Die X-AG hat im Jahr 2020 einen Gewinn von 1,5 Mio. € erzielt. D erhält als Aufsichtsratsmitglied der X-AG eine Aufsichtsratsvergütung von monatlich 5.000 €.

a) Unterliegt der Gewinn der X-AG der Körperschaftsteuer oder der Einkommensteuer? Begründen Sie Ihre Antwort.
b) Unterliegt die Aufsichtsratsvergütung des D der Körperschaftsteuer oder der Einkommensteuer? Begründen Sie Ihre Antwort.

2 Körperschaftsteuerpflicht

Das Körperschaftsteuergesetz nennt – wie das Einkommensteuergesetz – **zwei Arten** der Steuerpflicht:

1. die **unbeschränkte** Steuerpflicht und
2. die **beschränkte** Steuerpflicht.

2.1 Unbeschränkte Steuerpflicht

Unbeschränkt körperschaftsteuerpflichtig sind nach § 1 Abs. 1 KStG

1. **juristische** Personen,
2. die im **Inland**
3. ihre **Geschäftsleitung oder**
4. ihren **Sitz**

haben.

Die **unbeschränkte** Körperschaftsteuerpflicht hat zur **Folge**, dass **sämtliche** (in- und ausländische) **Einkünfte** der **Körperschaftsteuer unterliegen** (§ 1 **Abs. 2** KStG), sofern diese nicht durch Doppelbesteuerungsabkommen ganz oder teilweise steuerfrei sind.

2.1.1 Juristische Personen

Das BGB unterscheidet **natürliche** und **juristische** Personen. **Natürliche** Personen unterliegen der **Einkommensteuer**, während **juristische** Personen i.S.d. § 1 Abs. 1 und § 2 KStG von der **Körperschaftsteuer** erfasst werden. <u>**Juristische Personen**</u> sind alle mit Rechtsfähigkeit versehene **nicht natürliche Personen**.

Zu den **juristischen Personen** i.S.d. § 1 Abs. 1 und § 2 KStG gehören

1. **Kapitalgesellschaften** (Europäische Gesellschaft (SE), AG, GmbH, KGaA),
2. Erwerbs- und Wirtschaftsgenossenschaften (z.B. Volksbanken),
3. Versicherungs- und Pensionsfondsvereine auf Gegenseitigkeit (i.d.R. mit Zusatz VVaG),
4. sonstige juristische Personen des privaten Rechts (z.B. rechtsfähige Vereine),
5. nichtrechtsfähige Vereine, Anstalten, Stiftungen und andere Zweckvermögen des privaten Rechts (z.B. Schulstiftungen),
6. Betriebe gewerblicher Art von juristischen Personen des öffentlichen Rechts (z.B. Wasserwerke von Gemeinden).

Die **Aufzählung** der Körperschaften, Personenvereinigungen und Vermögensmassen in § 1 Abs. 1 KStG ist **abschließend** (R 2 Abs. 1 KStR 2015).

Daher ist eine **GmbH & Co. KG**, deren alleiniger persönlich haftender Gesellschafter eine GmbH ist, **nicht** als **Kapitalgesellschaft** i.S.d. § 1 Abs. 1 Nr. 1 KStG anzusehen.

Eine **GmbH & Co. KG** wird steuerrechtlich als **Personengesellschaft** behandelt.

2.1.2 Inland

Zum **Inland** gehören – ebenso wie im Einkommensteuerrecht – das Gebiet der **Bundesrepublik Deutschland** sowie der der Bundesrepublik Deutschland zustehende Anteil am Festlandsockel und an der ausschließlichen Wirtschaftszone, soweit dort Naturschätze des Meeresgrundes und des Meeresuntergrundes oder über dem Gewässer erforscht oder ausgebeutet werden, andere Tätigkeiten (z. B. Energieerzeugung aus Wasser, Strömung oder Wind) ausgeübt werden oder künstliche Inseln für die genannten Zwecke errichtet oder genutzt werden (§ 1 Abs. 3 KStG).

2.1.3 Geschäftsleitung

Geschäftsleitung ist der „**Mittelpunkt der geschäftlichen Oberleitung**" (§ 10 AO).

Wo sich der **Ort der Geschäftsleitung** befindet, ist nach den **tatsächlichen** und **nicht** nach den **rechtlichen Verhältnissen** zu beurteilen.

Der **Mittelpunkt der geschäftlichen Oberleitung** liegt **dort, wo** der **maßgebliche Wille tatsächlich gebildet und** die für das Unternehmen **wichtigen Beschlüsse gefasst** werden. Das ist in der Regel am **Ort des kaufmännischen** (nicht technischen) **Zentralbüros**.

2.1.4 Sitz

Den **Sitz** (§ 11 AO) hat eine juristische Person an dem Ort, der durch Gesetz, Gesellschaftsvertrag, Satzung, Stiftungsgeschäft oder dergleichen bestimmt ist (z. B. für die GmbH § 4a GmbHG, für die AG § 5 AktG und für die KGaA § 278 Abs. 3 i.V.m. § 5 AktG).

Für die unbeschränkte Körperschaftsteuerpflicht ist ein inländischer Sitz nur dann von Bedeutung, wenn sich der Ort der Geschäftsleitung der juristischen Person im Ausland befindet.

> **BEISPIEL**
>
> Die Treukontor AG mit Geschäftsleitung und Sitz in Köln erzielt sowohl inländische als auch ausländische Einkünfte.
>
> Die Treukontor AG ist **unbeschränkt** körperschaftsteuerpflichtig, weil sie alle Voraussetzungen des § 1 Abs. 1 KStG erfüllt. Sie unterliegt mit **sämtlichen** Einkünften aus dem In- und Ausland der Körperschaftsteuer (§ 1 Abs. 2 KStG).

2.2 Beschränkte Steuerpflicht

Beschränkt körperschaftsteuerpflichtig sind juristische Personen, die im Inland weder ihre Geschäftsleitung noch ihren Sitz haben, jedoch **inländische** Einkünfte i. S. d. § 49 EStG erzielen (§ 2 KStG).

Die **beschränkte Körperschaftsteuerpflicht** hat zur Folge, dass **nur** die **inländischen** Einkünfte (§ 49 EStG) der **Körperschaftsteuer unterliegen** (§ 2 KStG).

> **BEISPIEL**
>
> Die Budimex GmbH mit Geschäftsleitung und Sitz in Warschau (Polen) erzielt im Veranlagungszeitraum Einkünfte aus der Vermietung eines in Köln gelegenen Mietwohngrundstücks in Höhe von 10.000 €.
>
> Die Budimex GmbH ist **beschränkt** körperschaftsteuerpflichtig mit ihren inländischen Einkünften in Höhe von 10.000 € (§ 2 Nr. 1 KStG i. V. m. § 49 EStG).

2.3 Beginn und Ende der Steuerpflicht

Die Körperschaftsteuerpflicht **beginnt** regelmäßig **mit Abschluss des notariellen Gesellschaftsvertrags** (sog. Vorgesellschaft bzw. Kapitalgesellschaft im Gründungsstadium) und nicht erst mit der Eintragung ins Handelsregister (H 1.1 KStH 2015).

Die Körperschaftsteuerpflicht **endet,** wenn die **Liquidation rechtsgültig abgeschlossen und das Sperrjahr abgelaufen** ist und nicht mit der Löschung im Handelsregister (R 11 Abs. 2 KStR 2015).

2.4 Zusammenfassung und Erfolgskontrolle
2.4.1 Zusammenfassung

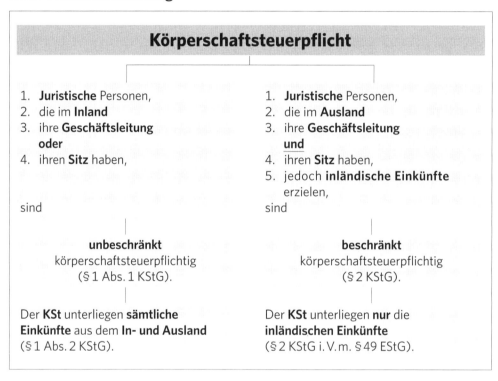

2.4 Zusammenfassung und Erfolgskontrolle

2.4.2 Erfolgskontrolle

WIEDERHOLUNGSFRAGEN

1. Nennen Sie die Tatbestandsmerkmale für die unbeschränkte Körperschaftsteuerpflicht.
2. Was versteht man unter einer juristischen Person i.S.d. § 1 Abs. 1 und § 2 KStG?
3. Erklären Sie den Begriff „Inland" i.S.d. Körperschaftsteuergesetzes.
4. Erklären Sie den Begriff „Geschäftsleitung" i.S.d. § 10 AO.
5. Erklären Sie den Begriff „Sitz" i.S.d. § 11 AO.
6. Welche Folge ergibt sich aus der unbeschränkten Körperschaftsteuerpflicht?
7. Nennen Sie die Tatbestandsmerkmale für die beschränkte Körperschaftsteuerpflicht.
8. Welche Folge ergibt sich aus der beschränkten Körperschaftsteuerpflicht?

FÄLLE

FALL 1

Prüfen Sie, ob folgende Unternehmen 2020 unbeschränkt körperschaftsteuerpflichtig sind:

- OSCAR GmbH, Köln,
- Heinrich Zengler GmbH & Co. KG, Hamburg,
- Wasserwerk der Stadt Bad Neuenahr-Ahrweiler, Bad Neuenahr-Ahrweiler,
- Volksbank Lahnstein eG, Lahnstein (Rhein),
- Post-Sportverein Koblenz e. V., Koblenz,
- Reinhold Harsch OHG, Stuttgart,
- Grimm GmbH, Ingolstadt. Ihr Alleingesellschafter und Geschäftsführer Karl Kraus lebt in Linz (Österreich).

Begründen Sie Ihre Antwort unter Hinweis auf die gesetzlichen Vorschriften.

FALL 2

Die Austria AG mit Geschäftsleitung und Sitz in Wien erzielte im Jahr 2020 Einkünfte aus der Vermietung eines in München gelegenen Mietwohngrundstücks in Höhe von 25.000 €.

Ist die Austria AG in Deutschland körperschaftsteuerpflichtig? Begründen Sie Ihre Antwort unter Hinweis auf die gesetzlichen Vorschriften.

FALL 3

Die Andreas Klein GmbH mit Sitz und Geschäftsleitung in Dortmund unterhält weitere Betriebsstätten in Mainz, Stockholm und Hongkong. In allen Betriebsstätten werden gewerbliche Einkünfte erzielt.

a) Prüfen Sie, ob die Andreas Klein GmbH unbeschränkt körperschaftsteuerpflichtig ist. Begründen Sie Ihre Antwort unter Hinweis auf die gesetzlichen Vorschriften.

b) In welchem Umfang werden die von der Andreas Klein GmbH erzielten Einkünfte zur Besteuerung herangezogen? Begründen Sie Ihre Antwort unter Hinweis auf die gesetzlichen Vorschriften.

c) Welches Finanzamt (Ort und übliche Bezeichnung) ist für die Körperschaftsteuer der Andreas Klein GmbH örtlich zuständig? Begründen Sie Ihre Antwort unter Hinweis auf die gesetzlichen Vorschriften. Hinweis: Einzelheiten zur Zuständigkeit der Finanzbehörden erfolgen in der Steuerlehre 1, 41. Auflage 2020, Teil B, Kapitel 2, Seiten 34 ff.

3 Steuerbefreiungen

Bestimmte **unbeschränkt** körperschaftsteuerpflichtige Personen sind aus staatspolitischen, sozialpolitischen oder volkswirtschaftlichen Gründen **vollständig** (unbeschränkt) **oder teilweise** (beschränkt) von der **Körperschaftsteuer befreit** (§ 5 KStG).

3.1 Unbeschränkte Steuerbefreiungen

Nach § 5 Abs. 1 KStG sind **z.B.** von der Körperschaftsteuer **vollständig befreit**:

- das Bundeseisenbahnvermögen, die Monopolverwaltungen des Bundes, die staatlichen Lotterieunternehmen (Nr. 1),
- die Deutsche Bundesbank, die Kreditanstalt für Wiederaufbau (KfW) (Nr. 2).

Die **Steuerbefreiungen** bei der Körperschaftsteuer stimmen größtenteils mit denen der **Gewerbesteuer** überein (siehe Teil C, Seite 427).

3.2 Beschränkte Steuerbefreiungen

Beispielsweise sind gemeinnützige juristische Personen im Sinne des § 5 Abs. 1 **Nr. 9 Satz 1** KStG **grundsätzlich** von der Körperschaftsteuer **befreit**.

Wird jedoch von ihnen neben ihrer ideellen Tätigkeit **gleichzeitig noch** ein **wirtschaftlicher Geschäftsbetrieb** (§ 14 AO) unterhalten, dann ist die juristische Person **insoweit steuerpflichtig** (§ 5 Abs. 1 Nr. 9 **Satz 2** KStG). Man spricht hierbei auch von einer **partiellen Steuerpflicht**.

> **BEISPIEL**
>
> Der Gesangverein Frohsinn e.V., Bonn, erhebt einen jährlichen Mitgliedsbeitrag von seinen Mitgliedern und unterhält außerdem ein Vereinslokal, in dem Speisen und Getränke gegen kostendeckendes Entgelt an die Mitglieder abgegeben werden.
>
> Die vereinnahmten **Mitgliedsbeiträge** sind in jedem Fall von der Körperschaftsteuer **befreit** (§ 5 Abs. 1 Nr. 9 **Satz 1** KStG).
>
> Für die **Abgabe der Speisen und Getränke** gilt der Verein als Gewerbebetrieb kraft **wirtschaftlichen Geschäftsbetriebs** und ist grundsätzlich **nicht** von der Körperschaftsteuer **befreit** (§ 5 Abs. 1 Nr. 9 **Satz 2** KStG).

Übersteigen die Einnahmen einschließlich der Umsatzsteuer (**Bruttoeinnahmen**) aus **wirtschaftlichen Geschäftsbetrieben** insgesamt **nicht 35.000 Euro** im Jahr, unterliegen die diesen Geschäftsbetrieben zuzuordnenden Besteuerungsgrundlagen **nicht** der **Körperschaftsteuer** und der **Gewerbesteuer** (§ 64 Abs. 3 AO).

Übersteigen die **Bruttoeinnahmen** die Besteuerungsgrenze von **35.000 Euro**, muss der **Überschuss** des steuerpflichtigen wirtschaftlichen Geschäftsbetriebes **ermittelt** werden. **Er unterliegt** dann nach Abzug eines **Freibetrags von 5.000 Euro** (§ 24 KStG) der **Körperschaftsteuer** und der **Gewerbesteuer**.

3.3 Erfolgskontrolle   399

B E I S P I E L

Der gemeinnützige Tennisclub TC Hunsrück e.V., Simmern, hat 2020 folgende Einnahmen erwirtschaftet:

1. ideeller Bereich

Einnahmen aus Mitgliedsbeiträgen	15.000 €

2. steuerpflichtiger wirtschaftlicher Geschäftsbetrieb

Einnahmen aus dem Verkauf von Speisen und Getränken	10.000 €
Einnahmen aus Bandenwerbung	500 €

Der **ideelle Bereich** ist **steuerlich ohne Bedeutung**. Die Mitgliedsbeiträge von **15.000 €** sind nach § 5 Abs. 1 Nr. 9 **Satz 1** KStG von der Körperschaftsteuer **befreit**.

Weil die Einnahmen aus dem **steuerpflichtigen wirtschaftlichen Geschäftsbetrieb** (insgesamt 10.500 €) die Besteuerungsgrenze von 35.000 Euro nicht übersteigen, fallen **weder Körperschaftsteuer noch Gewerbesteuer** an (§ 5 Abs. 1 Nr. 9 **Satz 2** KStG i.V.m. § 64 Abs. 3 AO).

Umsatzsteuer fällt ebenfalls nicht an, weil der Verein Kleinunternehmer i.S.d. § 19 UStG ist.

3.3 Erfolgskontrolle

WIEDERHOLUNGSFRAGEN

1. Welche juristischen Personen sind nach § 5 Abs. 1 KStG von der Körperschaftsteuer vollständig befreit?
2. Welche juristischen Personen sind von der Körperschaftsteuer nur teilweise befreit?

FÄLLE

F A L L 1

Prüfen Sie, ob folgende juristischen Personen ohne wirtschaftliche Geschäftsbetriebe von der Körperschaftsteuer nach § 5 Abs. 1 KStG befreit sind:

1. Steuerberater Akademie Rheinland-Pfalz, Stiftung des bürgerlichen Rechts, Mainz,
2. Sterbegeldkasse des steuerberatenden Berufs, VVaG, Bonn,
3. Volksbank Köln eG, Köln,
4. Vereinigte Wasserwerke Mittelrhein GmbH, Koblenz.

F A L L 2

Der gemeinnützige Fußballverein Wade Triefenbach e.V., Sitz Bonn, hat 2020 Einnahmen aus dem ideellen Tätigkeitsbereich von 6.000 € und aus dem wirtschaftlichen Geschäftsbetrieb von 30.000 € erzielt.

Ist der Fußballverein 2020 von der Körperschaftsteuer befreit?

B. Körperschaftsteuer

4 Ermittlung des körperschaftsteuerlichen Einkommens

4.1 Grundlagen der Besteuerung

Die Körperschaftsteuer bemisst sich nach dem **zu versteuernden Einkommen** (§ 7 Abs. 1 KStG und R 7.1 Abs. 1 KStR 2015). Der **Begriff** des zu versteuernden Einkommens ist jedoch **nicht identisch mit dem des Einkommensteuergesetzes**, da für **natürliche Personen** personenbezogene Vergütungen (z. B. Sonderausgaben, außergewöhnliche Belastungen, Kinderfreibeträge) berücksichtigt werden (können). Das ist bei **juristischen Personen** nicht möglich.

Das **zu versteuernde Einkommen einer juristischen Person** ergibt sich aus dem **Einkommen**, das nach den Vorschriften des **Einkommensteuergesetzes** unter Beachtung **körperschaftsteuerlicher Vorschriften** ermittelt wird (§ 8 Abs. 1 KStG).

4.2 Ermittlung des Einkommens

Das folgende Schema zeigt, wie das **zu versteuernde Einkommen** einer Kapitalgesellschaft in Anlehnung an R 7.1 Abs. 1 KStR 2015 bzw. die Körperschaftsteuererklärung **vereinfacht** aus dem Handelsbilanzergebnis abzuleiten sind; die folgenden Ausführungen orientieren sich an diesem Schema:

	(vorläufiger) Jahresüberschuss/Jahresfehlbetrag **lt. Handelsbilanz**
+/-	Korrektur des Ansatzes oder der Bewertung in der Bilanz nach **steuerrechtlichen** Vorschriften (§ 5b EStG, § 60 Abs. 2 EStDV)
+/-	Korrektur aufgrund nur **steuerrechtlich** ausgeübter Wahlrechte (§ 5 Abs. 1 S. 1 EStG)
=	Gewinn/Verlust **lt. Steuerbilanz** (R 7.1 Abs. 1 Nr. 1 KStR 2015)
+	verdeckte Gewinnausschüttungen (§ 8 Abs. 3 KStG; R 7.1 Abs. 1 Nr. 7 KStR 2015)
–	verdeckte Einlagen (§ 8 Abs. 3 KStG; R 7.1 Abs. 1 Nr. 9 KStR 2015)
+	nicht abziehbare Aufwendungen/nicht abzugsfähige Betriebsausgaben (§ 10 KStG, § 4 Abs. 5 und 5b EStG, § 160 AO; R 7.1 Abs. 1 Nr. 10 KStR 2015)
+	Gesamtbetrag der Zuwendungen nach § 9 Abs. 1 Nr. 2 KStG (R 7.1 Abs. 1 Nr. 11 KStR 2015)
–	sonstige inländische steuerfreie Einnahmen (R 7.1 Abs. 1 Nr. 12 KStR 2015)
+	Hinzurechnungen nach § 3c EStG (R 7.1 Abs. 1 Nr. 13 KStR 2015)
+/-	Kürzungen/Hinzurechnungen nach § 8b KStG (R 7.1 Abs. 1 Nr. 17 KStR 2015)
=	**steuerlicher Gewinn/Summe der Einkünfte** (R 7.1 Abs. 1 Nr. 21 KStR 2015)
–	abzugsfähige Zuwendungen (§ 9 Abs. 1 Nr. 2 KStG; R 7.1 Abs. 1 Nr. 22 KStR 2015)
=	**Gesamtbetrag der Einkünfte** (R 7.1 Abs. 1 Nr. 29 KStR 2015)
–	Verlustabzug (§ 10d EStG i. V. m. § 8 Abs. 1 KStG, § 8c KStG; R 7.1 Abs. 1 Nr. 30 KStR 2015)
=	**Einkommen** (R 7.1 Abs. 1 Nr. 31 KStR 2015)
–	Freibeträge nach §§ 24, 25 KStG (R 7.1 Abs. 1 Nrn. 32, 33 KStR 2015)
=	**zu versteuerndes Einkommen** (R 7.1 Abs. 1 Nr. 34 KStR 2015)

4.2 Ermittlung des Einkommens

4.2.1 Ansatz- und Bewertungskorrekturen

Sofern **keine eigene Steuerbilanz** erstellt wird, ist von dem **handelsrechtlichen Jahres-überschuss/Jahresfehlbetrag** auszugehen. Dieser ist nach **§ 5b Abs. 1 Satz 2 EStG** und **§ 60 Abs. 2 EStDV** an die **steuerlichen** Ansatz- und Bewertungsvorschriften anzupassen (steuerrechtliche Anpassungsrechnung). Dies ist notwendig, da im Steuerrecht im Vergleich zum Handelsrecht einzelne Bilanzposten in Bezug auf den Ansatz oder die Bewertung unterschiedlich behandelt werden (können). Beispielsweise besteht im **Handelsrecht eine Ansatzpflicht** für **Rückstellungen für Drohverluste** (§ 249 Abs. 1 Satz 1 HGB), aber im **Steuerrecht ein Ansatzverbot** für diese Art von Rückstellungen (§ 5 Abs. 4a EStG). Außerdem stellt die **Investitionszulage** nach dem Investitionszulagegesetz zwar **handelsrechtlich** eine **Einnahme** dar, steuerrechtlich handelt es sich hierbei ausdrücklich um **keine Einnahme** [H 2 (Keine Einnahmen oder Einkünfte) EStH].

> **B E I S P I E L**
>
> Die J & L GmbH, Koblenz, deren Wirtschaftsjahr mit dem Kalenderjahr übereinstimmt, hat 2020 einen **Jahresüberschuss** lt. handelsrechtlicher Gewinn- und Verlustrechnung nach § 275 Abs. 2 HGB in Höhe von **174.730 €** erzielt.
>
> Folgende Vorgänge haben sich auf diesen Jahresüberschuss ausgewirkt:
>
> 1. Für im Geschäftsjahr 2020 unterlassene Aufwendungen für Instandhaltung, die im März 2021 nachgeholt werden, ist eine **Rückstellung** von **25.000 €** gebildet worden (§ 249 Abs. 1 Satz 2 Nr. 1 HGB).
>
> 2. Ein zu Beginn des Kalenderjahres 2016 entgeltlich erworbener **Firmenwert** von **195.000 €** wurde im Jahr 2020 mit **10 %** abgeschrieben (§ 253 Abs. 3 Satz 4 HGB).
>
> 3. Die gleichartigen Wirtschaftsgüter des **Vorratsvermögens** wurden nach dem **Fifo-Verfahren** bewertet. Nach dem **Lifo-Verfahren** würde sich ein um **5.000 €** niedrigerer Wert ergeben (§ 256 Abs. 1 HGB).
>
> Der **Gewinn lt. Steuerbilanz** wird wie folgt ermittelt (Anpassungsrechnung):

		€
handelsrechtlicher Jahresüberschuss		174.730,00
+/- Steuerrechtliche Korrekturen bezüglich des Ansatzes und der Bewertung in der Bilanz		
1. Die Instandhaltungsrückstellung ist handels- und steuerrechtlich richtig gebildet worden gemäß § 249 Abs. 1 Nr. 1 HGB i. V. m. § 5 Abs. 1 Satz 1 EStG, R 5.7 Abs. 1 Satz 1 EStR.	+	0,00
2. Der Firmenwert ist nach § 7 Abs. 1 Satz 3 EStG auf 15 Jahre abzuschreiben. StR: 195.000 € : 15 Jahre = 13.000 € pro Jahr HR: 10 % von 195.000 € = 19.500 € pro Jahr Korrektur in Höhe der Differenz von 19.500 € – 13.000 € =	+	6.500,00
3. Nach § 6 Abs. 1 Nr. 2a EStG ist steuerrechtlich nur das Lifo-Verfahren anzuwenden.	-	5.000,00
= **Gewinn lt. Steuerbilanz**		**176.230,00**

402 B. Körperschaftsteuer

4.2.2 Korrekturen aufgrund ausgeübter steuerrechtlicher Wahlrechte

Wahlrechte, die nur aufgrund besonderer steuerlicher Regelungen ausgeübt werden, müssen – da es sie **handelsrechtlich gar nicht gibt** – ebenfalls noch im Rahmen der Korrekturen berücksichtigt werden. Korrekturen sind beispielsweise bei vorgenommenen **Sonderabschreibungen** nach § 7g EStG, gebildeten **Rücklagen für Ersatzbeschaffung** (R 6.6 EStR) bzw. **Rücklagen nach § 6b EStG** oder nicht in Anspruch genommenen **Teilwertabschreibungen** (§ 6 Abs. 1 Nr. 1 und Nr. 2 EStG) vorzunehmen.

4.2.3 Verdeckte Gewinnausschüttungen und verdeckte Einlagen

Verdeckte Gewinnausschüttungen und verdeckte Einlagen dürfen **keine Auswirkungen auf das Einkommen** haben (§ 8 Abs. 3 KStG).

4.2.3.1 Verdeckte Gewinnausschüttungen

Eine **offene Gewinnausschüttung** findet in Form der gesellschaftsrechtlichen Gewinnverteilung statt.

Eine **verdeckte Gewinnausschüttung** (**vGA**) ist durch folgende Merkmale gekennzeichnet (R 8.5 Abs. 1 KStR 2015):

- **Vermögensminderung** oder **verhinderte Vermögensmehrung**,

- die durch das **Gesellschaftsverhältnis veranlasst** ist,

- sich auf die **Höhe des Einkommens** auswirkt und

- **nicht** auf einem entsprechenden **Gewinnverteilungsbeschluss** beruht.

Verdeckte Gewinnausschüttungen dürfen das Einkommen gemäß § 8 Abs. 3 Satz 2 KStG nicht mindern und sind dem Gewinn **außerhalb der Steuerbilanz** hinzuzurechnen.

> **B E I S P I E L 1**
>
> Der Gesellschafter-Geschäftsführer Peter Kaul erhält von der OSCAR GmbH, Köln, neben einem angemessenen Gehalt von monatlich 30.000 € eine besondere **Umsatzvergütung von 25.000 €**, die auf **keinem Gewinnverteilungsbeschluss** beruht.
>
> Die Umsatzvergütung von **25.000 €** hat das Einkommen der OSCAR GmbH gemindert (**Vermögensminderung**). Da auch die anderen Voraussetzungen erfüllt sind, handelt es sich um eine **verdeckte Gewinnausschüttung**. Für körperschaftsteuerliche Zwecke sind diese Beträge dem Gewinn laut Steuerbilanz wieder hinzuzurechnen.

> **B E I S P I E L 2**
>
> Der Gesellschafter L der J & L GmbH, Koblenz, hat 2020 von der J & L GmbH ein **zinsloses Darlehen** in Höhe von 100.000 € erhalten. Der marktübliche Zinssatz betrug 7 %.
>
> Der Zinsverzicht in Höhe von **7.000 €** (7 % von 100.000 €) führte 2020 zu einer **verhinderten Vermögensmehrung** der J & L GmbH und stellte eine **verdeckte Gewinnausschüttung** dar, die dem Gewinn laut Steuerbilanz wieder hinzuzurechnen ist [H 8.5 (Darlehenszinsen) KStH 2015].

Durch das **Gesellschaftsverhältnis veranlasst** ist jede Vermögensminderung **oder verhinderte Vermögensmehrung**, die ein **ordentlicher und gewissenhafter Geschäftsleiter** gegenüber einem Nichtgesellschafter **nicht hingenommen hätte**. Dies gilt **auch** für eine dem Gesellschafter **nahestehende Person**.

4.2 Ermittlung des Einkommens

Eine Veranlassung durch das Gesellschaftsverhältnis ist **auch** gegeben, wenn eine Vereinbarung zwischen Gesellschafter und Kapitalgesellschaft **unüblich** ist.

> **BEISPIEL**
>
> Der alleinige Gesellschafter-Geschäftsführer der X-GmbH, Koblenz, erhält eine Jahresvergütung in Höhe von 300.000 €. Die Jahresvergütung setzt sich aus einem **Festgehalt von 90.000 €** (30 %) und einer **Gewinntantieme von 210.000 €** (70 %) zusammen.
> Üblich ist jedoch nur ein Tantiemenanteil von 25 %. Die angemessene Tantieme beträgt **75.000 €** (25 % von 300.000 €).
>
> Es ergibt sich eine **verdeckte Gewinnausschüttung** von **135.000 €** (210.000 € – 75.000 €) (vgl. BMF-Schreiben vom 01.02.2002, BStBl I 2002, S. 219).

4.2.3.2 Verdeckte Einlagen

Einlagen der Gesellschafter dürfen das Einkommen der Kapitalgesellschaft **nicht erhöhen** (§ 8 Abs. 3 Satz 3 KStG). Daher sind **offene Einlagen** (gesellschaftsrechtliche Einlagen) der Gesellschafter **erfolgsneutral** zu buchen.

Eine **verdeckte Einlage** (**vE**) ist durch folgende Merkmale gekennzeichnet (R 8.9 KStR 2015):

- Zuwendung durch **Gesellschafter oder** eine ihm **nahestehende Person,**
- **außerhalb der gesellschaftsrechtlichen Einlagen,**
- Zuwendung eines **einlagefähigen Vermögensvorteils** und
- Zuwendung ist **durch das Gesellschaftsverhältnis veranlasst.**

Diese verdeckten Einlagen haben i.d.R. das Einkommen der Kapitalgesellschaft **erhöht** und führen deshalb im Rahmen der Einkommensermittlung zu **Kürzungen.** Gegenstand einer verdeckten Einlage können **nur bilanzierungsfähige materielle** oder **immaterielle Wirtschaftsgüter** sein. Das bedeutet, dass ein Ansatz bzw. eine Erhöhung eines Aktivpostens oder ein Wegfall bzw. eine Minderung eines Passivpostens erfolgt sein muss.

> **BEISPIEL**
>
> Gesellschafter L gewährte der J & L GmbH, Koblenz, zum 01.01.2020 ein **Darlehen** in Höhe von 100.000 € zu einem Zinssatz von 2 %. Die übliche Verzinsung liegt aufgrund der individuellen Situation der GmbH bei 10 %. Am 01.07.2020 verzichtet der Gesellschafter auf die **Rückzahlung** des Darlehens.
>
> Die **niedrige Verzinsung** stellt **kein einlagefähiges Wirtschaftsgut** dar, d.h., die zu wenig gezahlten Zinsen in Höhe von 4.000 € (10.000 € übliche Jahreszinsen – 2.000 € tatsächlich gezahlte Zinsen = 8.000 € Differenz und davon $^{6}/_{12}$ ergibt 4.000 €) sind **keine verdeckte Einlage.** **Einlagefähig** ist jedoch der **Verzicht auf die Rückzahlung des Darlehens,** sodass das Einkommen der Gesellschaft um die **verdeckte Einlage** von 100.000 € zu kürzen ist.

4.2.4 Nicht abziehbare Aufwendungen und nicht abzugsfähige Betriebsausgaben

Neben den **einkommensteuerrechtlichen Vorschriften** über die **nicht abzugsfähigen Betriebsausgaben** nach § 4 **Abs. 5** EStG und die **nicht abzugsfähigen Aufwendungen** nach § 4 **Abs. 5b** EStG, die auch für Kapitalgesellschaften gelten (z.B. Geschenke über 35 Euro, 30 % der angemessenen Bewirtungsaufwendungen, Gewerbesteuer), enthält das **Körperschaftsteuergesetz eigene Regelungen** für nicht abziehbare Aufwendungen (§ 10 KStG).

B. Körperschaftsteuer

§ 12 EStG enthält Vorschriften über die **nicht abzugsfähigen Ausgaben** für **natürliche** Personen (sog. Kosten der privaten Lebensführung).

§ 12 EStG ist für **juristische** Personen **nicht anwendbar**, sodass mit dem **§ 10 KStG** eine analoge Regelung für **juristische** Personen erforderlich ist.

Nach § 10 KStG sind z. B. folgende **Aufwendungen nicht abziehbar**:

- **Steuern vom Einkommen** (z. B. KSt, KapESt, SolZ) und **sonstige Personensteuern**, die **Umsatzsteuer** für Umsätze, die Entnahmen oder **verdeckte Gewinnausschüttungen** sind, und die **Vorsteuerbeträge** auf Aufwendungen, für die das Abzugsverbot des **§ 4 Abs. 5 EStG** gilt sowie für die auf diese Steuern entfallenden **Nebenleistungen** (z. B. Verspätungszuschläge, Säumniszuschläge),

- in einem Strafverfahren festgesetzte **Geldstrafen** und sonstige Rechtsfolgen vermögensrechtlicher Art, bei denen der Strafcharakter überwiegt,

- die **Hälfte der Vergütungen**, die an **Mitglieder der Aufsichtsräte**, **Beiräte** usw. zur Überwachung der Geschäftsführung gewährt werden.

Die **Aufzählung** der nicht abziehbaren Aufwendungen nach § 10 KStG ist **nicht erschöpfend**. Dies folgt aus dem Wort „**auch**" im Einleitungssatz des § 10 KStG.

Die nicht abziehbaren Aufwendungen sind außerbilanzielle Korrekturen und werden bei der Ermittlung der Summe der Einkünfte durch **Hinzurechnungen** berücksichtigt.

B E I S P I E L

Die Müller GmbH in München hat für den VZ 2020 einen vorläufigen handelsrechtlichen Jahresüberschuss in Höhe von 73.549 € erwirtschaftet. Folgende Posten wurden erfolgswirksam gebucht:

Körperschaftsteuer-Vorauszahlungen 2020	11.400 €
Säumniszuschlag auf die Körperschaftsteuer 2019	300 €
Solidaritätszuschlag-Vorauszahlungen 2020	627 €
Gewerbesteuer 2019	8.350 €
Säumniszuschlag auf die Gewerbesteuer 2019	35 €
Säumniszuschlag auf die USt für Umsätze i. S. d. § 1 Abs. 1 Nr. 1 UStG	400 €
Aufsichtsratsvergütungen	8.000 €

Der **steuerliche Gewinn** bzw. die **Summe der Einkünfte** wird für den VZ 2020 wie folgt ermittelt:

	€
vorläufiger **handelsrechtlicher Jahresüberschuss = Steuerbilanzgewinn**	73.549
+ **nicht abziehbare Aufwendungen** (R 7.1 Abs. 1 Nr. 10 KStR 2015)	
Körperschaftsteuer-Vorauszahlungen (§ 10 Nr. 2 KStG)	11.400
Säumniszuschlag auf die Körperschaftsteuer (§ 10 Nr. 2 KStG)	300
Solidaritätszuschlag-Vorauszahlungen (§ 10 Nr. 2 KStG)	627
Gewerbesteuer(§ 4 Abs. 5b EStG; § 10 Nr. 2 KStG)	8.350
Säumniszuschlag auf die Gewerbesteuer (§ 10 Nr. 2 KStG)	35
Säumniszuschlag auf die USt für Umsätze i. S. d. § 1 Abs. 1 Nr. 1 UStG	0
(Hinweis: § 10 Nr. 2 KStG gilt nur für USt auf Entnahmen oder vGA)	
50 % der Aufsichtsratsvergütungen (50 % von 8.000 €) (§ 10 Nr. 4 KStG)	4.000
= **steuerlicher Gewinn = Summe der Einkünfte**	**98.261**

4.2 Ermittlung des Einkommens 405

4.2.5 Zuwendungen (Spenden und Mitgliedsbeiträge)

Zuwendungen sind Spenden und Mitgliedsbeiträge zur Förderung steuerbegünstigter Zwecke im Sinne der §§ 52 bis 54 AO, die an steuerbegünstigte Empfänger gezahlt werden und durch eine Zuwendungsbestätigung nachgewiesen werden müssen. In **§ 9 Abs. 1 Satz 8 KStG** ist nun geregelt, welche **Mitgliedsbeiträge** nicht abziehbar sind.

Zuwendungen für steuerbegünstigte Zwecke können bis zu

1. **20 % des Einkommens**
   oder

2. **4 ‰ der Summe aus Umsätzen, Löhnen und Gehältern**

abgezogen werden (§ 9 Abs. 1 Nr. 2 KStG). Dabei stellt der höhere der nach beiden Methoden ermittelten Beträge den maximalen Abzugsbetrag dar. Allerdings dürfen nicht mehr als die tatsächlich geleisteten Beträge als Zuwendungen abgezogen werden.

Diese **Regelung entspricht** im Wesentlichen den Vorschriften des **§ 10b Abs. 1** EStG für **natürliche** Personen.

Zuwendungen an **politische Parteien** sind auch für Kapitalgesellschaften bei der einkommensteuerlichen Gewinnermittlung **nicht abzugsfähig** (§ 4 Abs. 6 EStG). Deshalb sind sie in § 9 Abs. 1 Nr. 2 KStG auch nicht nochmals ausgeführt.

Das **für die Berechnung** der abziehbaren Zuwendungen **maßgebende Einkommen** (**Bemessungsgrundlage**) ist das Einkommen **vor** Abzug der Zuwendungen und **vor** Verlustabzug, d.h. die **Summe der Einkünfte** (§ 9 Abs. 2 Satz 1 KStG).

Zum Zwecke der Ermittlung des körperschaftlichen Einkommens sind zunächst **sämtliche gezahlten Zuwendungen** dem Einkommen wieder **hinzuzurechnen**. Anschließend wird die Summe der Einkünfte um den **abzugsfähigen** Teil der **Zuwendungen gekürzt**.

B E I S P I E L

Die J & L GmbH, Koblenz, hat im VZ 2020 folgende Zuwendungen geleistet:

Zuwendungen zur Förderung von Wissenschaft und Forschung	15.000 €,
Zuwendungen zur Förderung der Religion	10.000 €,
Zuwendungen an eine politische Partei	5.000 €.

Das **Einkommen** der J & L GmbH beträgt **230.000 € nach** Abzug der Zuwendungen von insgesamt 30.000 €.

Der **Gesamtbetrag der Einkünfte** wird für den VZ 2020 wie folgt ermittelt:

	€
Einkommen **nach** Abzug der Zuwendungen	230.000
+ **sämtliche** Zuwendungen (15.000 € + 10.000 € + 5.000 €)	+ **30.000**
= **Summe der Einkünfte** (Einkommen **vor** Abzug der Zuwendungen)	**260.000**
- **abzugsfähige** Zuwendungen:	
Zuwendungen **25.000 €** (15.000 € + 10.000 €)*	
maximal abziehbar: 20 % von 260.000 € = 52.000 €,	
höchstens jedoch die geleisteten Zuwendungen	- **25.000**
= **Gesamtbetrag der Einkünfte = Einkommen**	**235.000**

---

* **Zuwendungen an eine politische Partei** sind gem. § 8 Abs. 1 KStG i.V.m. § 4 Abs. 6 EStG (vgl. R 9 Abs. 1 KStR 2015) **nicht abzugsfähig**.

4.2.6 Steuerfreie Einnahmen

Der **Gewinn/Verlust lt. Steuerbilanz** ist auch um die Einnahmen, die nach den Vorschriften des KStG auf der Ebene der Kapitalgesellschaft steuerfrei sind, zu kürzen (§ 8b KStG). Hierzu gehören insbesondere:

- von anderen Kapitalgesellschaften erhaltene Gewinnausschüttungen,
- Gewinne aus der Veräußerung von Anteilen an Kapitalgesellschaften.

4.2.6.1 Erhaltene Gewinnausschüttungen

Bezüge i.S.d § 20 Abs. 1 Nrn. 1, 2, 9 und 10 Buchstabe a EStG bleiben bei Ermittlung des Einkommens außer Ansatz (**§ 8b Abs. 1 KStG**). Dabei handelt es sich im Wesentlichen um **Ausschüttungen** (Dividenden), die eine Kapitalgesellschaft von **anderen Kapitalgesellschaften** erhält. Durch die körperschaftsteuerliche Befreiung der erhaltenen Ausschüttungen wird eine **Doppelbesteuerung vermieden**. Für diese Steuerbefreiung ist jedoch eine **Mindestbeteiligung von 10 %** des Grund- oder Stammkapitals erforderlich. Maßgebend ist hier die Höhe der Beteiligung **zu Beginn des Kalenderjahres**, in dem die Erträge **zugeflossen** sind.

Die ausgeschütteten Gewinne sind dann nur bei der **ausschüttenden** Körperschaft mit **15 %** Körperschaftsteuer zuzüglich Solidaritätszuschlag (5,5 % von 15 % = **0,825 %**), also mit insgesamt **15,825 %** (15 % + 0,825 %) **belastet**.

Handelt es sich jedoch um sog. **Streubesitz** (< 10 % Beteiligung), sind diese Erträge auch beim Empfänger **voll steuerpflichtig** (§ 8b Abs. 4 KStG).

> **BEISPIEL**
>
> Die Anteile der T-GmbH, Bonn, sind **vollständig** im Besitz der M-AG, Köln.
>
> Das zu versteuernde Einkommen der T-GmbH betrug für den VZ 2019 100.000 €. Der Gewinn nach Steuern (KSt und SolZ) wurde im Jahr 2020 in voller Höhe von **84.175 €** (= 100.000 € - 15.825 €) von der T-GmbH an die M-AG ausgeschüttet und bei dieser als Einnahme angesetzt. Der Gewinn der M-AG lt. Handelsbilanz/Steuerbilanz des Jahres 2020 betrug ohne körperschaftsteuerliche Korrekturen in Zusammenhang mit dieser Beteiligung 500.000 €.
>
> Die Gewinnausschüttung, die die M-AG erhielt (Bruttodividende), bleibt bei der Ermittlung des Einkommens der M-AG außer Ansatz (10% oder höhere Beteiligung), sodass das zu versteuernde Einkommen der M-AG **zunächst** nur 415.825 € beträgt (= 500.000 € - **84.175 €**).

Allerdings gelten **pauschal 5 % der Dividende** als **nicht abzugsfähige Betriebsausgaben** (§ 8b Abs. 5 KStG). Die **tatsächlich** mit dieser Beteiligung in Zusammenhang stehenden Aufwendungen dürfen in voller Höhe abgezogen werden, da diese pauschale Betriebsausgabenkorrektur erfolgt.

> **BEISPIEL**
>
> (Fortsetzung von oben)
>
> Bei der M-AG blieb die Dividende von der T-GmbH bei der Ermittlung des zu versteuernden Einkommens außer Ansatz. Es ist aber um nicht abzugsfähige Betriebsausgaben gemäß § 8b Abs. 5 KStG in Höhe von 4.208,75 € (**5 % von 84.175 €**) zu erhöhen, sodass das zu versteuernde Einkommen **schließlich** 420.033,75 € (415.825 € + 4.208,75 €) beträgt. Sofern die Kapitalertragsteuer und der Solidaritätszuschlag als Aufwand gebucht wurden, sind diese Beträge nach § 10 Nr. 2 KStG ebenfalls hinzuzurechnen.

4.2 Ermittlung des Einkommens 407

4.2.6.2 Veräußerungsgewinne aus Kapitalgesellschaftsanteilen

Gewinne einer Körperschaft aus der Veräußerung von Anteilen an einer Kapitalgesellschaft und wirtschaftlich vergleichbare Gewinne sind gem. § 8b Abs. 2 KStG steuerfrei. Die **wesentlichen Fälle**, in denen steuerfreie Einnahmen entstehen, sind **Gewinne einer Körperschaft**

- aus der **Veräußerung von Anteilen** an einer **Kapitalgesellschaft**,
- aus der **Auflösung** oder der **Herabsetzung** des **Nennkapitals** oder
- aus der **Wertaufholung** einer Beteiligung.

Spiegelbildlich zur **Steuerfreiheit** von Veräußerungsgewinnen sind **Veräußerungsverluste** bei der Gewinnermittlung ebenfalls nicht zu berücksichtigen. Auch eine **Teilwertabschreibung** auf Anteile, deren Veräußerung steuerfrei wäre, kann steuerlich **nicht gewinnmindernd** berücksichtigt werden (§ 8b Abs. 3 Satz 3 KStG).

Auch für **Veräußerungsgewinne** aus Kapitalgesellschaftsanteilen gibt es eine Pauschalierung von nicht abzugsfähigen Betriebsausgaben. Nach § 8b Abs. 3 Satz 1 KStG gelten **5 %** der oben genannten Gewinne einer Körperschaft als **nicht abzugsfähige Betriebsausgaben**.

4.2.7 Sonstige inländische steuerfreie Einnahmen

Bei Körperschaften kommen die Regelungen des Einkommensteuergesetzes zu den **steuerfreien Einnahmen** nach § 3 Nr. 7, Nr. 8 Satz 1, Nr. 11 Sätze 1 und 3, Nrn. 40a, 41, 42, 44, 54 und 70 EStG zur Anwendung (R 8.1 Abs. 1 KStR 2015).

Aufwendungen, die mit steuerfreien Einnahmen in Zusammenhang stehen, dürfen die steuerpflichtigen Einkünfte nach § 3c EStG nicht mindern und sind daher **hinzuzurechnen**.

Zu beachten ist, dass die **Investitionszulage** nach dem InvZulG **keine Einnahme** darstellt und bereits bei den steuerlichen Korrekturen zu berücksichtigen ist [H 2 (Keine Einnahmen oder Einkünfte) EStH].

B. Körperschaftsteuer

Zusammenfassendes Beispiel: Ermittlung des zu versteuernden Einkommens (GmbH)
Die Klein GmbH, Bonn, mit kalenderjahrgleichem Wirtschaftsjahr hat für 2020 folgende **vorläufige** Gewinn- und Verlustrechnung nach § 275 Abs. 2 HGB erstellt:

Nr.	Posten	€	€
1.	Umsatzerlöse		2.250.000
2.	sonstige betriebliche Erträge		350.000
3.	Materialaufwand		1.100.000
4.	Personalaufwand		900.000
5.	Abschreibungen auf Sachanlagen		100.000
6.	sonstige betriebliche Aufwendungen		200.000
	davon **Zuwendungen für gemeinnützige Zwecke**	2.500	
	Zuwendungen an politische Parteien	2.500	
	Geschenke über 35 € (einschl. nicht abziehb. VoSt)	3.600	
	Geldbußen	500	
	Beiratsvergütungen	5.000	
7.	Steuern vom Einkommen und Ertrag		
	Körperschaftsteuer-Vorauszahlungen		130.000
	Solidaritätszuschlag-Vorauszahlungen		7.150
8.	**Ergebnis nach Steuern**		162.850
9.	sonstige Steuern		5.100
	Grundsteuer		
10.	**vorläufiger Jahresüberschuss 2020**		157.750

Die Klein GmbH, Bonn, ermittelt aus der **vorläufigen** handelsrechtlichen Gewinn- und Verlustrechnung das **zu versteuernde Einkommen**:

	€
vorläufiger Jahresüberschuss (Handelsbilanz) = **Gewinn lt. Steuerbilanz**	157.750
+ **nicht abziehbare Betriebsausgaben/Aufwendungen**	
Geschenke über 35 Euro einschl. nicht abziehbarer VoSt	3.600
Geldbußen	500
Beiratsvergütungen (50 % von 5.000 €)	2.500
Körperschaftsteuer-Vorauszahlungen	130.000
Solidaritätszuschlag-Vorauszahlungen	7.150
+ **sämtliche Zuwendungen** (2.500 € + 2.500 €)	5.000
= **Summe der Einkünfte**	306.500
- **abziehbare Zuwendungen** (nur gemeinnützige Zwecke)	
20% von 306.500 € = 61.300 €, höchstens geleistete Aufwendungen	- 2.500
= **Gesamtbetrag der Einkünfte = Einkommen**	
= **zu versteuerndes Einkommen**	304.000

Die festzusetzende **Körperschaftsteuer** beträgt **15 %** von 304.000 € = **45.600 €** (§ 23 Abs. 1 KStG) und der festzusetzende **Solidaritätszuschlag** beträgt **5,5 %** von 45.600 € = **2.508 €**.

Die **Differenzbeträge** zwischen den festzusetzenden Beträgen und den bereits geleisteten Vorauszahlungen i.H.v. 84.400 € (KSt) und i.H.v. 4.642 € (SolZ) stellen **Forderungen gegenüber dem Finanzamt** dar, die zu aktivieren sind. **Durch diese Änderungen** beträgt der **endgültige handelsrechtliche Jahresüberschuss im Jahr 2020 246.792 €** statt 157.750 € (246.792 € = 157.750 € + 84.400 € + 4.642 €).

4.2 Ermittlung des Einkommens

4.2.8 Verlustabzug

Der Verlust eines Veranlagungszeitraumes wird nach § 10d EStG i.V.m. § 8 Abs. 1 KStG **zunächst bis** zur Höhe von **1 Million Euro** nur in den unmittelbar vorangegangenen Veranlagungszeitraum **zurückgetragen** (Verlust**rücktrag**). Der nach dem Verlustrücktrag verbleibende Teil wird anschließend in zukünftige Veranlagungszeiträume **vorgetragen** (Verlust**vortrag**). Der Verlust**rücktrag** kann (nur **auf Antrag)** in der Höhe begrenzt werden (ggf. auf 0). Durch das **Zweite Corona-Steuerhilfegesetz** wurde die betragliche Grenze für den Verustrücktrag aus dem Jahr **2020** (nach 2019) und **2021** (nach 2020) auf **5 Millionen Euro angehoben**.

Im Rahmen der so genannten **Mindestbesteuerung** oder **Mindestgewinnbesteuerung** sind nicht ausgeglichene **negative Einkünfte**, die nicht nach § 10d Abs. 1 EStG abgezogen worden sind (Verlustrücktrag), in den folgenden Veranlagungszeiträumen bis zu einem Gesamtbetrag der Einkünfte von **1 Million Euro** unbeschränkt, darüber hinaus bis zu **60 %** des 1 Million Euro übersteigenden Gesamtbetrags der Einkünfte abziehbar (Verlustvortrag).

Da Kapitalgesellschaften nur gewerbliche Einkünfte haben können, sind die Einschränkungen der horizontalen Verlustverrechnung des § 2 Abs. 3 EStG nicht zu berücksichtigen.

> **B E I S P I E L**
>
> Für die D-AG ist zum 31.12.2019 nach einem erfolgten Verlustrücktrag noch ein Verlustvortrag in Höhe von 5 Mio. € festgestellt worden. Im VZ 2020 hatte die D-AG einen positiven Gesamtbetrag der Einkünfte (GdE) in Höhe von 4 Mio. €.
>
> Der Verlustabzug ist unter Berücksichtigung der Einschränkungen des § 10d Abs. 1 EStG wie folgt vorzunehmen:
>
> | | | Verlust | **VZ 2020** |
> |---|---|---|---|
> | | Verlustvortrag zum 31.12.2019 | 5.000.000 € | |
> | | Gesamtbetrag der Einkünfte vor Verlustabzug | | |
> | - | 2020 | - 1.000.000 € | 4.000.000 € |
> | | unbeschränkter Verlustabzug | | **- 1.000.000 €** |
> | = | verbleiben | 4.000.000 € | 3.000.000 € |
> | - | eingeschränkter Verlustabzug | | |
> | | bis zu 60 % des verbleibenden GdE | | |
> | | (60 % von 3.000.000 €; max. noch vorhandener | | |
> | | Verlust) | - 1.800.000 € | **- 1.800.000 €** |
> | = | Einkommen = zu versteuerndes Einkommen | | 1.200.000 € |
> | = | Verlust zum 31.12.2020 | 2.200.000 € | |
>
> Die D-AG hat **nach** Verlustabzug ein zvE in Höhe von **1,2 Mio. €**. Zum 31.12.2020 ist ein **verbleibender Verlustvortrag** in Höhe von 2,2 Mio. € (5 Mio. € – 2,8 Mio. €) festzustellen.

Bei der **Übertragung von Anteilen können** bisher **nicht** verrechnete Verluste **verloren** gehen. In diesem Zusammenhang sind die Regelungen in **§ 8c KStG** zu beachten.

Das Bundesverfassungsgericht hatte im Jahr 2017 entschieden, dass § 8c Satz 1 KStG (a. F.) bzw. § 8c Abs. 1 Satz 1 KStG (bis 31.12.2015) verfassungswidrig ist. Der anteilige Untergang von Verlusten bei Übertragung von **bis zu 50 %** der Anteile für Anteilsübertragungen nach dem 31.12.2007 wird **rückwirkend abgeschafft** (§ 34 Abs. 6 Satz 1 KStG n. F.).
Die Verfassungswidrigkeit des vollständigen Untergangs von Verlustvorträgen bei Erwerben von **über 50 %** der Anteile hat das Bundesverfassungsgericht bisher **noch nicht** entschieden (Normenkontrollverfahren Az. BvL 19/17).

4.2.9 Freibeträge

Nur bei bestimmten Körperschaften ist zur endgültigen Ermittlung des zu versteuernden Einkommens ein Freibetrag in Höhe von **5.000 Euro** vom Einkommen abzuziehen (§ 24 KStG). Der Freibetrag gilt nur für nach § 5 KStG von der Steuerpflicht befreite Körperschaften, die Einnahmen aus einem **wirtschaftlichen Geschäftsbetrieb** erzielen.

Einen Freibetrag in Höhe von **15.000 Euro** können land- und forstwirtschaftliche Erwerbs- und Wirtschaftsgenossenschaften zum Abzug bringen (§ 25 KStG).

 Zur Ausnahme von der Steuerbefreiung bestimmter Körperschaften für Einnahmen aus einem **wirtschaftlichen Geschäftsbetrieb** siehe Seiten 398 f.

4.3 Erfolgskontrolle

WIEDERHOLUNGSFRAGEN

1. Was ist die Bemessungsgrundlage für die Körperschaftsteuer?
2. Ist der Begriff „zu versteuerndes Einkommen" nach § 7 Abs. 1 KStG identisch mit dem gleich lautenden Begriff des Einkommensteuergesetzes?
3. Wie wird das „zu versteuernden Einkommen" im Sinne des Körperschaftsteuergesetzes ermittelt? Beschreiben Sie die einzelnen Schritte ausgehend vom handelsrechtlichen Jahresüberschuss/-fehlbetrag.
4. Nennen Sie die Tatbestandsmerkmale einer verdeckten Gewinnausschüttung. Geben Sie zwei Beispiele.
5. Erläutern Sie den Begriff der verdeckten Einlage.
6. Welche Betriebsausgaben sind nach § 10 KStG nicht abzugsfähig? Nennen Sie vier Beispiele.
7. Wie werden Zuwendungen bei Kapitalgesellschaften berücksichtigt?
8. Warum sind Gewinnausschüttungen, die eine Kapitalgesellschaft von einer anderen Kapitalgesellschaft erhält, grundsätzlich steuerfrei? Wann sind diese Erträge steuerpflichtig?
9. Stellen Sie die Möglichkeiten zur Verlustverrechnung dar.
10. Wann kommen die Freibeträge zur Anwendung?

FÄLLE

FALL 1

Die Toll GmbH, Bonn, hat zu Weihnachten 2020 aus geschäftlichen Gründen 100 Kunden eine Kiste Wein geschenkt. Der Wein wurde für 30 € (netto) je Kiste eingekauft. Zehn der besten Kunden erhielten außerdem noch ein weiteres Geschenk im Nettowert von je 25 €. Die Ausgaben für die Geschenke wurden im handelsrechtlichen Jahresüberschuss mit 2.750 € ergebniswirksam berücksichtigt.

Wie hoch sind die nicht abzugsfähigen Betriebsausgaben 2020 nach § 4 Abs. 5 EStG, die als nicht abziehbare Aufwendungen (R 7.1 Abs. 1 Nr. 10 KStR 2015) bei der Ermittlung des steuerlichen Gewinns wieder hinzugerechnet werden müssen?

FALL 2

Die Super GmbH, München, deren Wirtschaftsjahr mit dem Kalenderjahr übereinstimmt, hat 2020 Zuwendungen zur Förderung der Jugend- und Altenhilfe in Höhe von 15.000 €, Spenden zur Förderung von Kunst und Kultur i.H.v. 10.000 € und Zuwendungen an eine politische Partei in Höhe von 5.000 € geleistet. Die Summe aus Umsätzen, Löhnen und Gehältern 2020 belief sich auf 7.500.000 €, das Einkommen betrug nach Abzug dieser gesamten Zuwendungen 150.000 €.

Wie veränderte sich 2020 das Einkommen der Super GmbH durch diese Zuwendungen?

4.3 Erfolgskontrolle   411

FALL 3

Die Power AG, München, deren Wirtschaftsjahr mit dem Kalenderjahr übereinstimmt, hat 2020 einen vorläufigen Jahresüberschuss von 325.000 € erwirtschaftet.

Der Jahresüberschuss ist u. a. durch die Körperschaftsteuer-Vorauszahlungen i.H.v. 180.000 €, den dazugehörigen Solidaritätszuschlag-Vorauszahlungen von 9.900 € und Aufsichtsratsvergütungen i.H.v. 40.000 € gemindert worden.

Wie hoch war 2020 das zu versteuernde Einkommen der Power AG?

FALL 4

Die P&S GmbH, Heilbronn, hat im kalendergleichen Wirtschaftsjahr 2020 einen vorläufigen handelsrechtlichen Jahresüberschuss von 30.500 € erzielt. Dabei wurden folgende Vorgänge erfolgswirksam erfasst:

a) Bei der Durchführung von Geschäftsreisen durch die Angestellten der GmbH kam es zu erheblichen Geschwindigkeitsüberschreitungen, weshalb im Kalenderjahr 2020 Bußgelder i.H.v. 1.000 € gezahlt wurden.

b) Der Gesellschafter-Geschäftsführer Patrick Philipp vermietet der GmbH seit 01.01.2020 eine Lagerhalle für monatlich 3.000 €. Die ortsübliche Miete beträgt für ein vergleichbares Objekt 2.000 € pro Monat.

c) Der Gesellschafter Simon Schön gewährt der GmbH von Jahresbeginn an ein Darlehen i.H.v. 500.000 € zu einem Zinssatz von 0,2 % p.a. (banküblich wären 1,5 % p.a.).

d) Infolge der schlechten Wirtschaftslage sank der Kurswert der bereits vor Jahren für 15.000 € angeschafften Aktien im Umlaufvermögen vorübergehend auf 8.000 €. Am 31.12.2019 waren diese Aktien mit 8.200 € bilanziert. Handelsrechtlich wurde eine Abschreibung auf den niedrigeren Wert (8.000 €) vorgenommen.

e) Eine am 01.03.2020 erworbene Maschine mit Anschaffungskosten von 40.000 € hat eine betriebsgewöhnliche Nutzungsdauer von 10 Jahren. Handelsrechtlich und steuerrechtlich wurde die lineare Abschreibung gewählt. Allerdings besteht steuerrechtlich die Möglichkeit einer Sonderabschreibung nach § 7g Abs. 5 EStG, die mit dem maximal möglichen Betrag in Anspruch genommen werden soll.

Führen Sie die sich aus diesen Vorgängen ergebenden notwendigen (körperschaft)steuerlichen Korrekturen durch.

FALL 5

Die Luxi GmbH, Heilbronn, ist an der S-AG zu 8 % beteiligt und an der M-GmbH zu 20 %. Daraus ergibt sich im Kalenderjahr 2020:

• S-AG: Dividende i.H.v. 2.000 €, Aufwendungen im Zusammenhang damit 150 €,
• M-GmbH: Dividende i.H.v. 40.000 €, Aufwendungen im Zusammenhang damit 2.500 €.

Die Dividendenerträge und die damit in Zusammenhang stehenden Aufwendungen wurden handelsrechtlich erfolgswirksam gebucht.

Welche (körperschaft)steuerlichen Korrekturen sind notwendig?

FALL 6

Für die Wunder GmbH wurde zum 31.12.2019 ein vortragsfähiger Verlust i.H.v. 2.500.000 € festgestellt. Im kalendergleichen Wirtschaftsjahr 2020 konnte das Unternehmen jedoch wieder einen körperschaftsteuerlichen Gesamtbetrag der Einkünfte i.S.d. § 10d EStG (Gewinn vor Verlustverrechnung, R 7.1 Abs. 1 Nr. 29 KStR 2015) von 3.000.000 € erzielen.

Führen Sie die Verlustverrechnung durch!

5 Körperschaftsteuertarif

Durch die Anwendung des **Körperschaftsteuersatzes** auf die **Bemessungsgrundlage** (das zu versteuernde Einkommen) ergibt sich grundsätzlich die **Körperschaftsteuerbelastung** einer Kapitalgesellschaft.

Der **Körperschaftsteuersatz** für Kapitalgesellschaften beträgt **einheitlich 15 %**. Dies gilt nach § 23 Abs. 1 KStG unabhängig davon, ob die Körperschaft den Gewinn ausschüttet oder einbehält (thesauriert).

Die festgesetze Körperschaftsteuer ist **auf volle Euro abzurunden** (§ 31 Abs. 1 Satz 3 KStG).

5.1 Steuerbelastung der Kapitalgesellschaft

Zur Körperschaftsteuer wird ein **Solidaritätszuschlag** von **5,5 %** der festgesetzten Körperschaftsteuer erhoben (§ 1 Abs. 1 i.V.m. § 4 SolZG). Daneben hat die Kapitalgesellschaft noch die **Gewerbesteuer** zu tragen.

Die Gewerbesteuer und die darauf entfallenden Nebenleistungen sind **nicht als Betriebsausgabe** abziehbar (§ 4 Abs. 5b EStG i.V.m. § 8 Abs. 1 KStG).

> **BEISPIEL**
>
> Die Borchmann-AG, A-Dorf, mit kalenderjahrgleichem Wirtschaftsjahr erzielte einen Gewinn von **100.000 €**, der im Folgejahr an die Anteilseigner (Gesellschafter) ausgeschüttet wird.
>
> Der Hebesatz der Gemeinde A-Dorf beträgt **400 %**.
>
> Die Borchmann-AG kann nach Abzug der Gewerbesteuer, der Körperschaftsteuer und des Solidaritätszuschlags im VZ 2020 höchstens folgenden Betrag an ihre Gesellschafter ausschütten:

		VZ 2019 €
	Gewinn **vor** Steuern	100.000
−	Gewerbesteuer (100.000 € x 3,5 % x 400 %)	− 14.000
−	Körperschaftsteuer (15 % von 100.000 €)	− 15.000
−	Solidaritätszuschlag (5,5 % von 15.000 €)	− 825
=	**maximaler Ausschüttungsbetrag** (Bruttodividende)	**70.175**

Der **Gewerbesteuer-Hebesatz** (im Beispiel 400 %) wird von der Gemeinde festgelegt und beeinflusst die Höhe des der **Kapitalgesellschaft** für die Ausschüttung zur Verfügung stehenden **Betrags**. Im obigen Beispiel entspricht der Gewinn vor Steuern der Bemessungsgrundlage für die Körperschaftsteuer und für die Gewerbesteuer.

Einzelheiten zur Festsetzung, Berechnung und Erhebung der **Gewerbesteuer** erfolgen im Teil C, Seiten 419 ff.

5.2 Steuerliche Förderung von Forschung und Entwicklung

Mit dem **Gesetz zur steuerlichen Förderung von Forschung und Entwicklung** (Forschungszulagengesetz, **FZulG**) werden Grundlagenforschung, industrielle Forschung und experimentelle Entwicklung **unabhängig** von Rechtsform, Größe oder Branchenzugehörigkeit des Steuerpflichtigen **ab dem Veranlagungszeitraum 2020** steuerlich gefördert.

Anspruchsberechtigt sind nach § 1 FZulG unbeschränkt und beschränkt Steuerpflichtige (EStG, KStG), die die im Gesetz aufgeführten Voraussetzungen erfüllen. Steuerbefreite Körperschaften sind **nicht** anspruchsberechtigt.

Die entstandenen förderfähigen Aufwendungen (**Bemessungsgrundlage** für die steuerliche Zulage) werden aus den gezahlten Arbeitslöhnen des Anspruchsberechtigten, die dem Lohnsteuerabzug gemäß § 38 Abs. 1 EStG unterliegen, und den Arbeitgeber-Aufwendungen für die Zukunftssicherung des Arbeitnehmers (§ 3 Nr. 62 EStG) ermittelt (§ 3 Abs. 1 FZulG). Für in Auftrag gegebene Forschungs-/Entwicklungsvorhaben beträgt die Bemessungsgrundlage **60 %** des hierfür entrichteten Entgelts (§ 3 Abs. 4 FZulG).

Die Bemessungsgrundlage ist auf **2 Mio. Euro** (bzw. **4 Mio. Euro** für die Zeit vom 1. Juli 2020 bis 30. Juni 2026) **pro Anspruchsberechtigtem und Jahr** begrenzt (§ 3 Abs. 5 FZulG).

Die **Forschungszulage** beträgt **25 %** der Bemessungsgrundlage (§ 4 Abs. 1 FZulG).

Insgesamt dürfen alle staatlichen Beihilfen pro Unternehmen und Vorhaben den Betrag von **15 Mio. Euro nicht überschreiten** (§ 4 Abs. 2 FZulG).

Der Anspruch auf Forschungszulage entsteht mit **Ablauf** des Wirtschaftsjahres, in dem die förderfähigen Aufwendungen **entstanden** sind und ist vom Berechtigten zu beantragen (§ 5 FZulG). Die Forschungszulage wird durch Bescheid festgesetzt und bei der folgenden ESt-/KSt-Veranlagung in voller Höhe auf die festgesetzte Steuer angerechnet (§ 10 Abs. 1 FZulG).

5.3 Berechnung der Körperschaftsteuerrückstellung

Um den **endgültigen handelsrechtlichen Jahresüberschuss** zu berechnen, muss die voraussichtlich zu zahlende Körperschaftsteuer zuzüglich des Solidaritätszuschlags ermittelt werden. Hierzu berechnet man die tarifliche Körperschaftsteuer und den entsprechenden Solidaritätszuschlag. Die Differenz zwischen den geleisteten Vorauszahlungen und der berechneten tariflichen Körperschaftsteuer (analoge Vorgehensweise beim Solidaritätszuschlag) ergibt die handelsrechtlich zu passivierende Rückstellung, deren Bildung erfolgsmindernd erfasst wird. Übersteigen die geleisteten Vorauszahlungen die berechnete tarifliche Steuer, so ist durch eine gewinnerhöhende Gegenbuchung eine sonstige Forderung zu aktivieren.

BEISPIEL

Die P & S GmbH, München, erzielte im Jahr 2020 einen vorläufigen handelsrechtlichen Jahresüberschuss von 200.000 €. Aufgrund der steuerrechtlichen Korrekturen ergab sich ein zu versteuerndes Einkommen von 300.000 €.

Die tarifliche Körperschaftsteuer beträgt 15 % von 300.000 € = 45.000 €.
Der Solidaritätszuschlag beträgt 5,5 % von 45.000 € = 2.475 €.

a) Die GmbH hat für den VZ 2020 KSt-Vorauszahlungen i. H. v. 30.000 € und SolZ-Vorauszahlungen i. H. v. 1.650 € geleistet. Die Vorauszahlungen sind **geringer** als die tarifliche Steuer.
KSt: 45.000 € – 30.000 € = 15.000 €, d. h. KSt-Rückstellung i. H. v. 15.000 €
SolZ: 2.475 € – 1.650 € = 825 €, d. h. SolZ-Rückstellung i. H. v. 825 €
Der endgültige handelsrechtliche Jahresüberschuss beträgt nun 184.175 €
(= 200.000 € – 15.000 € – 825 €).

b) Die GmbH hat für den VZ 2020 KSt-Vorauszahlungen i. H. v. 50.000 € und SolZ-Vorauszahlungen i. H. v. 2.750 € geleistet. Die Vorauszahlungen **übersteigen** die tarifliche Steuer.
KSt: 45.000 € – 50.000 € = –5.000 €, d. h. KSt-Forderung i. H. v. 5.000 €
SolZ: 2.475 € – 2.750 € = –275 €, d. h. SolZ-Forderung i. H. v. 275 €
Der endgültige handelsrechtliche Jahresüberschuss beträgt nun 205.275 €
(= 200.000 € + 5.000 € + 275 €).

5.4 Besondere Regelung zur Kapitalertragsteuer

Die **Gewinnausschüttungen** (Dividenden) von Kapitalgesellschaften werden **nicht brutto**, sondern **netto** ausgezahlt. Von der auszahlenden Stelle (in der Regel der Bank) werden noch im Auszahlungszeitpunkt die **Kapitalertragsteuer**, der **Solidaritätszuschlag** und, wenn bei der Bank der „Antrag auf Einbehaltung der Kirchensteuer" abgegeben wurde, noch die **Kirchensteuer** entsprechend dem steuerlichen Wohnsitz einbehalten (**Abgeltungssteuer**). Liegt der Bank ein **Freistellungsauftrag** vor (max. in Höhe des Sparerpauschbetrags von **801 Euro bei Einzelveranlagung/1.602 Euro bei Zusammenveranlagung** nach § 20 Abs. 9 Satz 1 EStG), werden die Abzugsbeträge nur für die den Freistellungsauftrag übersteigenden Einnahmen einbehalten.

Die **Kapitalertragsteuer** beträgt **25 %** der **Bruttodividende** (§ 43a Abs. 1 Nr. 1 EStG). Der **Solidaritätszuschlag** wird in Höhe von **5,5 %** der **Kapitalertragsteuer** erhoben (§ 3 Abs. 1 Nr. 5 i.V.m. § 4 SolZG; bleibt auch für die Zeit ab VZ 2021 bestehen). Die **Kirchensteuer** beträgt **8 %** (steuerlicher Wohnsitz in Bayern bzw. Baden-Württemberg) oder **9 %** (steuerlicher Wohnsitz in anderen Bundesländern) der **Abgeltungsteuer** (§ 51a Abs. 2b EStG).

> **BEISPIEL**
>
> Sachverhalt wie im Beispiel auf Seite 398 für den VZ 2020.
>
> Die Einkommensteuer und der Solidaritätszuschlag auf die Kapitalerträge werden für die konfessionslosen Anteilseigner (Aktionäre) von der auszahlenden Stelle wie folgt berechnet:
>
> | | Ausschüttungsbetrag der Borchmann AG (Bruttodividende) | 70.175,00 € | (100,000 %) |
> |---|---|---|---|
> | – | KapESt (25 % von 70.175 €) | – 17.543,75 € | (– 25,000 %) |
> | – | SolZ (5,5 % von 17.543,75 €) | – 964,91 € | (– 1,375 %)* |
> | = | **Auszahlungsbetrag** (Nettodividende) | **51.666,34 €** | (= 73,625 %) |
>
> *SolZ: 5,5 % von 25 % = 1,375 %
>
> Mit dem Abzug der Kapitalertragsteuer und des Solidaritätszuschlags in Höhe von 18.508,66 € (17.543,75 € + 964,91 €) sind die Kapitalerträge von privaten Kapitalanlegern abschließend **abgegolten**, das heißt, es besteht grundsätzlich keine Pflicht mehr, diese Erträge in der Steuererklärung anzugeben (§ 43 Abs. 5 Satz 1 EStG).

Die auszahlende Stelle (i.d.R. die Bank) ist verpflichtet, dem Gläubiger der Kapitalerträge auf Antrag eine **Steuerbescheinigung** über die Kapitalertragsteuer und die entsprechenden Zuschlagsteuern auszustellen (§ 45a Abs. 2 EStG; BMF-Schreiben vom 24.11.2008, BStBl I 2008, S. 973 ff.).

Die **betrieblichen** Kapitalerträge (§ 20 Abs. 8 EStG) unterliegen **auch** der **Kapitalertragsteuer** von **25 %**; der Steuerabzug hat jedoch **keine** abgeltende Wirkung.

 Einzelheiten zur **Dividendengutschrift** und **Steuergutschrift** erfolgten bereits im Teil A, Abschnitt 11.2.1.1, Seiten 169 ff.

5.5 Erfolgskontrolle

WIEDERHOLUNGSFRAGEN

1. Wie hoch ist der Köperschaftsteuertarif?
2. Auf welche Bemessungsgrundlage wird dieser Prozentsatz angewendet?
3. Wie ermittelt man den ausschüttbaren Betrag einer Kapitalgesellschaft?
4. Welche Steuern fallen zusätzlich an, wenn die Gewinne ausgeschüttet werden?
5. Erfolgt durch diese zusätzlichen Steuern eine endgültige Steuerbelastung?

FÄLLE

FALL 1

Die Hausmann-AG, Potsdam, mit kalenderjahrgleichem Wirtschaftsjahr erzielte im Jahr 2019 einen Gewinn vor Abzug der Steuern in Höhe von 500.000 €, der im August 2020 an die Gesellschafter ausgeschüttet werden soll. Die Gewerbesteuer beträgt 78.750 €.

Welchen Betrag kann die Kapitalgesellschaft maximal ausschütten?

FALL 2

Sachverhalt wie im Fall 1.

Welchen Betrag erhalten die konfessionslosen Gesellschafter dann insgesamt gutgeschrieben (es wurden keine Freistellungsaufträge erteilt), wenn der maximal ausschüttbare Betrag auch tatsächlich ausgeschüttet wird?

FALL 3

Die Seemann GmbH mit Sitz in Bonn hat für den VZ 2020 in der (vorläufigen) Gewinn- und Verlustrechnung einen Jahresüberschuss in Höhe von 40.000 € ausgewiesen. Folgende Aufwendungen haben den Jahresüberschuss gemindert:

- KSt-Vorauszahlungen 2020   5.000 €
- SolZ-Vorauszahlungen 2020   275 €
- GewSt-Vorauszahlungen 2020   4.000 €
- Geldbuße   500 €
- Aufsichtsratsvergütungen   4.300 €
- Zuwendungen für gemeinnützige (wissenschaftliche) Zwecke   5.000 €

Außerdem hat Franz May, Gesellschafter-Geschäftsführer der Seemann GmbH, der GmbH aus privaten Mitteln am 02.01.2020 ein Darlehen in Höhe von 30.000 € gewährt, das mit 14 % verzinst wird. Der für die Situation der GmbH marktübliche Zins betrug 8 %.

Wie hoch ist die Körperschaftsteuer der Seemann GmbH für den VZ 2020?

FALL 4

Die SL GmbH, Heilbronn, erzielte 2020 einen vorläufigen handelsrechtlichen Jahresüberschuss von 150.000 € und hatte ein zu versteuerndes Einkommen von 250.000 €. Die KSt-Vorauszahlungen betrugen 35.000 € und die SolZ-Vorauszahlungen 1.925 €.

Wie hoch ist der endgültige handelsrechtliche Jahresüberschuss des Jahres 2020?

Weitere Fälle mit Lösungen zum Körperschaftsteuertarif finden Sie im **Lösungsbuch** der Steuerlehre 2.

B. Körperschaftsteuer

Prüfungsfälle Körperschaftsteuer

PRÜFUNGSFALL 1

Die A-GmbH, Köln, mit kalenderjahrgleichem Wirtschaftsjahr hat für 2020 folgende vorläufige Gewinn- und Verlustrechnung nach § 275 Abs. 2 HGB erstellt:

Nr.	Posten	€	€
1	Umsatzerlöse		2.800.000
2	sonstige betriebliche Erträge		133.000
3	Materialaufwand		1.250.000
4	Personalaufwand		1.050.000
5	Abschreibungen auf Sachanlagen		110.000
6	sonstige betriebliche Aufwendungen		235.500
	davon Zuwendungen für gemeinnützige Zwecke	2.850	
	Zuwendungen an politische Parteien	3.775	
	Werbegeschenke über 35 Euro		
	einschließlich nicht abziehbarer Vorsteuer	980	
	Beiratsvergütungen	12.000	
7	Steuern vom Einkommen und Ertrag		
	Körperschaftsteuer-Vorauszahlungen 2020		25.000
	Solidaritätszuschlag-Vorauszahlungen 2020		1.375
8	**Ergebnis nach Steuern**		**261.125**
9	sonstige Steuern		
	Grundsteuer		7.495
10	**vorläufiger Jahresüberschuss 2020**		**253.630**

Aufgaben

a) Ermitteln Sie aus der vorläufigen handelsrechtlichen Gewinn- und Verlustrechnung das zu versteuernde Einkommen der A-GmbH für 2020.

b) Berechnen Sie die Rückstellungen für die KSt und den SolZ.

c) Stellen Sie den endgültigen handelsrechtlichen Jahresüberschuss fest.

PRÜFUNGSFALL 2

Die B-GmbH, München, mit kalenderjahrgleichem Wirtschaftsjahr erzielte im Jahr 2020 einen Gewinn vor Steuern und zugleich ein zu versteuerndes Einkommen von 1,3 Mio. €. Die Gewerbesteuer beträgt 222.950 €.

Aufgaben

a) Wie hoch ist die maximale Ausschüttung (Bruttodividende) der B-GmbH?

b) Spielt es für die Höhe der Körperschaftsteuer eine Rolle, ob die B-GmbH den Gewinn ausschüttet oder einbehält?

c) Wie hoch ist die maximale Auszahlung (Nettodividende) an die konfessionslosen Anteilseigner (ohne Freistellungsauftrag)?

Prüfungsfälle Körperschaftsteuer   417

PRÜFUNGSFALL 3

Sascha Reich und Marc Schön haben mit notariellem Vertrag vom 14.01.2020 die DRESS & MAN GmbH in 40699 Erkrath-Hochdahl gegründet.

Das Stammkapital der GmbH beträgt 25.000 €. Die Einlagen von je 12.500 € sind von den Gesellschaftern Reich und Schön voll eingezahlt.

Aus dem vorläufigen Jahresabschluss für das Wirtschaftsjahr (= Kalenderjahr) 2020 ergibt sich ein Jahresüberschuss von 24.200 €.

Dieser Jahresüberschuss wurde u.a. durch folgende Ausgaben gemindert:

• Körperschaftsteuer-Vorauszahlungen 2020	10.000 €
• Solidaritätszuschlag-Vorauszahlungen 2020	550 €
• angemessene Bewirtungsaufwendungen lt. Belegen (netto, 100 %)	750 €
• nicht abziehbare Betriebsausgaben i.S.d. § 4 Abs. 5 Nr. 1 EStG (brutto)	775 €

Die Gesellschafterversammlung hat am 26.03.2021 beschlossen, für das Wirtschaftsjahr 2020 keine Ausschüttung vorzunehmen, sondern den Gewinn einer freiwilligen Rücklage zuzuführen.

Aufgaben

a) Ermitteln Sie das zu versteuernde Einkommen der GmbH für den VZ 2020.

b) Wie hoch sind die tarifliche Körperschaftsteuer und der SolZ für den VZ 2020?

c) Wie viel KSt und SolZ muss die DRESS & MAN GmbH für 2020 noch bezahlen und wie hoch ist der endgültige handelsrechtliche Jahresüberschuss?

PRÜFUNGSFALL 4

Die 2014 gegründete S&T-GmbH, Potsdam, mit kalenderjahrgleichem Wirtschaftsjahr weist in ihrer G+V-Rechnung für das Wirtschaftsjahr 2020 einen vorläufigen handelsrechtlichen Jahresüberschuss von 625.000 € aus.

Es finden sich u.a. folgende Posten in der G+V-Rechnung, die erfolgswirksam gebucht wurden.

• KSt-Vorauszahlungen für 2020	71.000 €
• SolZ-Vorauszahlungen für 2020	3.905 €
• GewSt-Vorauszahlungen für 2020	4.000 €
• Zuwendungen für wissenschaftliche Zwecke	2.000 €
• Zuwendungen an politische Parteien	1.000 €
• sonstige betriebliche Aufwendungen	50.000 €

Die GmbH hat einen Beirat als Kontrollorgan. Als Aufwand für den Beirat wurden insgesamt 3.000 € gebucht.

Aufgaben

a) Ermitteln Sie das zu versteuernde Einkommen der S&T-GmbH für den VZ 2020.

b) Wie hoch sind die tarifliche Körperschaftsteuer und der Solidaritätszuschlag für den VZ 2020 und in welcher Höhe muss die S&T-GmbH jeweils eine Rückstellung bilden?

PRÜFUNGSFALL 5

Die Kaiser Maschinenbau GmbH hat ihre Geschäftsleitung und ihren Sitz in München.

Die GmbH weist für das Wirtschaftsjahr 2020, das mit dem Kalenderjahr übereinstimmt, folgende Gewinn- und Verlustrechnung aus:

B. Körperschaftsteuer

Gewinn- und Verlustrechnung 2020	Soll €	Haben €
Umsatzerlöse		521.000,00
Zinsen und ähnliche Erträge		4.000,00
sonstige betriebliche Erträge		38.000,00
Aufwendungen für Roh-, Hilfs- und Betriebsstoffe	205.000,00	
Löhne und Gehälter	90.100,00	
Abschreibungen auf Sachanlagen	55.000,00	
Bewirtungskosten (netto, 100 %)	3.000,00	
Zuwendungen zur Förderung von Wissenschaft u. Forschung	12.000,00	
Zuwendungen an politische Parteien	1.700,00	
KSt-Vorauszahlungen 2020	20.000,00	
SolZ-Vorauszahlungen 2020	1.100,00	
Einstellung der GewSt-Rückstellung	6.000,00	
Säumniszuschläge für verspätete KSt-Zahlungen	300,00	
sonstige betriebliche Aufwendungen	108.000,00	
vorläufiger Jahresüberschuss	60.800,00	
	563.000,00	563.000,00

Aufgabe

Ermitteln Sie das zu versteuernde Einkommen der GmbH für den VZ 2020, wenn zum 31.12.2019 ein verbleibender Verlust(vortrag) i.H.v. 20.000 € gesondert festgestellt wurde.

PRÜFUNGSFALL 6

Die Fritz Vogt GmbH, München, weist einen vorläufigen handelsrechtlichen Jahresüberschuss (ohne KSt- und SolZ-Rückstellung) in 2020 von 638.925 € aus.

U.a. wurden folgende Vorgänge erfolgswirksam erfasst:

sonstige betriebliche Erträge

Investitionszulage nach dem InvZulG	15.750 €
Erstattung von KSt und SolZ 2019	2.625 €

sonstige betriebliche Aufwendungen

KSt-Vorauszahlungen 2020	90.000 €
SolZ-Vorauszahlungen 2020	4.950 €
GewSt-Vorauszahlungen 2020 inkl. Einstellung der Rückstellung 2020	8.250 €
GewSt-Nachzahlung 2007	183 €
Säumniszuschlag für USt 2020	225 €
Spende an das Bayerische Rote Kreuz	3.750 €

Aufgaben

a) Ermitteln Sie das zu versteuernde Einkommen der Fritz Vogt GmbH für 2020.
b) Berechnen Sie die Höhe der Abschlusszahlung für die KSt und den SolZ für 2020.

Weitere Prüfungsfälle mit Lösungen finden Sie im **Lösungsbuch** der Steuerlehre 2.

C. Gewerbesteuer

1 Einführung in die Gewerbesteuer

1.1 Geschichtliche Entwicklung

Die **deutsche** Gewerbesteuer entwickelte sich aus den im **Mittelalter** eingeführten **Gewerbeabgaben** (z.B. Marktabgaben).

Für die weitere Entwicklung war das preußische **Gewerbesteuergesetz** von Miquel, das **1891** verkündet wurde, bedeutsam.
Das Gewerbesteuergesetz von 1891 sah bereits als **Besteuerungsgrundlagen** den **Gewerbeertrag** und das **Gewerbekapital** vor.

Auf dieser Grundlage wurde durch die **Reichssteuerreform von 1936** für das ganze Reichsgebiet ein einheitliches Gewerbesteuergesetz geschaffen, das als Besteuerungsgrundlage **Gewerbeertrag** und **Gewerbekapital** verbindlich regelte und die **Lohnsumme** fakultativ (**wahlfrei**) vorsah.
Außerdem wurden die **Gemeinden** berechtigt, die Gewerbesteuer zu erheben.

Das Grundgesetz von 1949 wies dem **Bund** die **konkurrierende Gesetzgebung** über die Gewerbesteuer zu.

Durch die Gemeindefinanzreform wurden die Gemeinden ab 1970 zur Zahlung der **Gewerbesteuerumlage** zugunsten von Bund und Ländern verpflichtet.

Die fakultativ erhobene **Lohnsummensteuer** wurde ab 01.01.1980 **abgeschafft**.

Seit dem 01.01.1998 ist die **Gewerbekapitalsteuer** ebenfalls **abgeschafft** worden, sodass seit diesem Zeitpunkt die Besteuerungsgrundlage für die Gewerbesteuer nur noch der **Gewerbeertrag** ist.

1.2 Stellung im Steuersystem

Die **Gewerbesteuer** ist eine **Realsteuer** (Sachsteuer, Objektsteuer), weil eine Sache, ein Objekt, nämlich ein Gewerbebetrieb, Steuergegenstand ist.
Die **Gewerbesteuer** konnte im Rahmen der steuerlichen Gewinnermittlung noch bis 2007 als **Betriebsausgabe** abgezogen werden. Seit 2008 ist die Gewerbesteuer **keine abzugsfähige Betriebsausgabe** mehr (§ 4 Abs. 5b EStG).

Einzelheiten zur Stellung der Gewerbesteuer im Steuersystem erfolgen im Kapitel 2 „Einteilung der Steuern" der **Steuerlehre 1**, 41. Aufl. 2020, Seiten 13 ff.

1.3 Steueraufkommen

Die **Gewerbesteuer** ist die größte Steuereinnahme der Gemeinden. Das **Gewerbesteueraufkommen** hat 2019 rund **55,4 Mrd. €** betragen.
Dies entspricht einem **Anteil** von **6,9 %** an den gesamten Steuereinnahmen von rund 799,3 Mrd. €.

Einzelheiten zum Gewerbesteueraufkommen erfolgen im Abschnitt 1.1.2 „Steueraufkommen" der **Steuerlehre 1**, 41. Auflage 2020, Seiten 3 ff.

1.4 Rechtsgrundlagen

Rechtsgrundlagen der Gewerbesteuer sind das Gewerbesteuergesetz (**GewStG**) und die Gewerbesteuer-Durchführungsverordnung (**GewStDV**).
Zusätzlich stehen als Verwaltungsanweisung die **Gewerbesteuer-Richtlinien** (**GewStR**) zur Verfügung.
Die Gewerbesteuer-Richtlinien (**GewStR**) behandeln Zweifelsfragen und Auslegungsfragen von allgemeiner Bedeutung, um eine einheitliche Anwendung des Gewerbesteuerrechts durch die Verwaltungsbehörden sicherzustellen.
Sie geben außerdem zur Verwaltungsvereinfachung Anweisungen, wie in bestimmten Fällen verfahren werden soll. Die **GewStR** wurden zuletzt 2009 geändert und neu gefasst. Sie binden lediglich die Finanzbehörden. Das Gewerbesteuer-Handbuch (GewStH) enthält die geltenden Vorschriften des GewStG, der GewStDV sowie der GewStR und ist abrufbar unter https://gewsth.bundesfinanzministerium.de.

1.5 Verwaltung

Die **Verwaltung** der Gewerbesteuer steht zum Teil den **Finanzämtern** und zum Teil den **Gemeinden** zu (siehe Abschnitt 4.2 „Erhebung der Gewerbesteuer", Seiten 448 f.).

1.6 Schema zur Ermittlung der Gewerbesteuer

Die **Gewerbesteuer** wird nach folgendem Schema ermittelt:

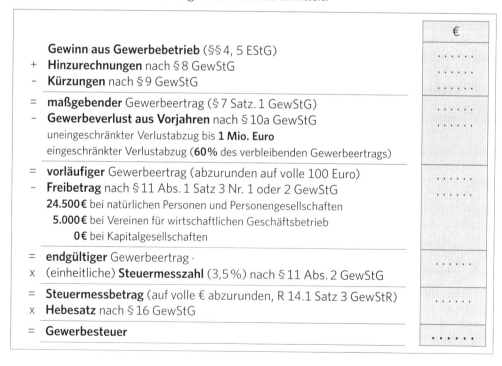

1.7 Erfolgskontrolle

WIEDERHOLUNGSFRAGEN

1. Wie hoch war das Gewerbesteueraufkommen in 2019?
2. Warum bezeichnet man die Gewerbesteuer als Gemeindesteuer?
3. Warum wird die Gewerbesteuer als Realsteuer bezeichnet?
4. Wie wird die Gewerbesteuer bei der steuerlichen Gewinnermittlung seit 2008 behandelt?
5. Welche Rechtsgrundlagen können zur Klärung gewerbesteuerrechtlicher Fragen herangezogen werden?
6. Wem obliegt die Verwaltung der Gewerbesteuer?
7. Wie wird der Gewerbeertrag ermittelt?
8. Wie wird der Steuermessbetrag ermittelt?
9. Wie wird mithilfe des Steuermessbetrags die Gewerbesteuer errechnet?

FÄLLE

FALL 1

Die Gewerbetreibende Iris Mainzer, Bonn, legt Ihnen für 2020 folgende Zahlen vor:

Gewinn aus Gewerbebetrieb	35.000 €
Summe der Hinzurechnungen nach § 8 GewStG	16.000 €
Summe der Kürzungen nach § 9 GewStG	15.000 €
Freibetrag	24.500 €
Steuermesszahl	3,5 %
Hebesatz	490 %

Ermitteln Sie die Gewerbesteuer für 2020.

FALL 2

Die Industrie GmbH, Köln, legt Ihnen für 2020 folgende Zahlen vor:

vorläufiger Gewerbeertrag	36.000 €
Steuermesszahl	3,5 %
Hebesatz	475 %

Ermitteln Sie die Gewerbesteuer für 2020.

422 C. Gewerbesteuer

2 Steuerpflicht und Steuerbefreiungen

Gewerbesteuer entsteht, wenn bestimmte Voraussetzungen gegeben sind. Zu diesen Voraussetzungen gehört, dass ein **Steuergegenstand** vorhanden ist.

2.1 Steuergegenstand

Steuergegenstand (Steuerobjekt) der Gewerbesteuer ist jeder **Gewerbebetrieb**, soweit er im Inland betrieben wird (§ 2 Abs. 1 Satz 1 GewStG).

Unter einem **Gewerbebetrieb** ist ein gewerbliches Unternehmen im Sinne des Einkommensteuergesetzes zu verstehen (§ 2 Abs. 1 Satz 2 GewStG).

> **MERKE →** Gewerbebetrieb i. S. d. **GewStG** = Gewerbebetrieb i. S. d. **EStG**

Arten und Formen des Gewerbebetriebs werden im folgenden Abschnitt näher erläutert.

Der **Inlandbegriff** wird im GewStG nicht definiert, sondern vorausgesetzt.
Inland im Sinne des GewStG ist der Geltungsbereich des GewStG, d. h. das Gebiet der Bundesrepublik Deutschland.

Zum Inland gehören **auch** der der Bundesrepublik Deutschland zustehende Anteil

1. an der **ausschließlichen Wirtschaftszone,** § 2 Abs. 7 Nr. 1 Buchstaben a), b) und c),

2. am **Festlandsockel,** § 2 Abs. 7 Nr. 2 Buchstaben a) und b),

3. der nicht zur Bundesrepublik Deutschland gehörende Teil eines **grenzüberschreitenden Gewerbegebiets**, das nach den Vorschriften eines Abkommens zur Vermeidung der **Doppelbesteuerung** als solches bestimmt ist, § 2 Abs. 7 Nr. 3.

Ein Gewerbebetrieb wird im Inland betrieben, soweit für ihn im Inland eine **Betriebsstätte** unterhalten wird (§ 2 Abs. 1 Satz 3 GewStG).

Betriebsstätte ist nach § 12 AO jede feste Geschäftseinrichtung oder Anlage, die der Tätigkeit eines Unternehmens dient.

Als Betriebsstätten sind **insbesondere** anzusehen: die **Stätte der Geschäftsleitung**, Zweigniederlassungen, Geschäftsstellen, Fabrikations- oder Werkstätten, Ein- oder Verkaufsstellen.

Ein Gewerbebetrieb kann aus **mehreren Betriebsstätten** bestehen. Das ist z. B. der Fall, wenn ein Gewerbebetrieb mehrere Filialen unterhält. Gegenstand der Besteuerung ist stets der Gewerbebetrieb mit allen inländischen Betriebsstätten.

Hat ein Gewerbetreibender mehrere Betriebe **verschiedener Art** (z. B. eine Maschinenfabrik und eine Spinnerei), so ist jeder Betrieb für sich zu besteuern. Das gilt auch dann, wenn die mehreren Betriebe in derselben Gemeinde liegen (R 2.4 Abs. 1 GewStR).

> **BEISPIEL**
>
> Der Gewerbetreibende Rolf Reese betreibt in Mainz eine Metzgerei und einen Fahrradhandel.
>
> Es liegen **zwei Betriebe** vor. Reese muss für **jeden** Betrieb eine Gewerbesteuererklärung abgeben.

Es ist jedoch ein **einheitlicher Gewerbebetrieb** anzunehmen, wenn ein Gewerbetreibender in derselben Gemeinde verschiedene gewerbliche Tätigkeiten ausübt und die verschiedenen Betriebszweige nach der **Verkehrsauffassung** und nach den **Betriebsverhältnissen** als Teil eines Gewerbebetriebs anzusehen sind (R 2.4 Abs. 1 Satz 3 GewStR).

> **BEISPIEL**
>
> Der Gewerbetreibende Zerwas betreibt in Düsseldorf in einem Haus eine Metzgerei und eine Gastwirtschaft. Zerwas „liefert" aus seiner Metzgerei Fleischwaren an seine Gastwirtschaft.
>
> Nach den Betriebsverhältnissen liegt ein **einheitlicher** Gewerbebetrieb vor.

2.2 Arten und Formen des Gewerbebetriebs

Das GewStG unterscheidet zwei **Arten** des **Gewerbebetriebs**:

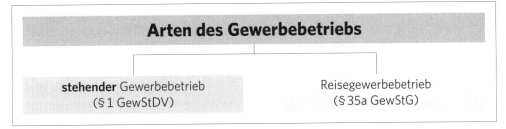

Die Unterscheidung zwischen stehendem Gewerbebetrieb und Reisegewerbebetrieb ist erforderlich, weil beide steuerlich unterschiedlich behandelt werden.

Ein **Reisegewerbebetrieb** ist ein Gewerbebetrieb, dessen Inhaber einer **Reisegewerbekarte** bedarf (§ 35a Abs. 2 GewStG).

Ein **stehender Gewerbebetrieb** ist jeder Gewerbebetrieb, der **kein** Reisegewerbebetrieb i.S.d. § 35a Abs. 2 GewStG ist (§ 1 GewStDV).

Die folgenden Ausführungen beschränken sich auf den **stehenden** Gewerbebetrieb.
Das GewStG unterscheidet drei **Formen** von **stehenden** Gewerbebetrieben:

2.2.1 Gewerbebetrieb kraft gewerblicher Betätigung

Ein **Gewerbebetrieb kraft gewerblicher Betätigung** liegt vor, wenn die folgenden Voraussetzungen erfüllt sind [H 2.1 Abs. 1 (Begriffsmerkmale) GewStH]:

* Selbständigkeit,

* Nachhaltigkeit der Betätigung,

* Gewinnerzielungsabsicht,

* Beteiligung am allgemeinen wirtschaftlichen Verkehr,

* jedoch **keine** Land- und Forstwirtschaft, **keine** selbständige Arbeit und **keine** Vermögensverwaltung.

Liegen diese Voraussetzungen bei einer **Personengesellschaft** vor, so ist die Gesellschaft in vollem Umfang Gewerbebetrieb kraft gewerblicher Betätigung, wenn sie eine Tätigkeit im Sinne des § 15 Abs. 1 Satz 1 Nr. 1 EStG ausübt und ihre Gesellschafter als Mitunternehmer anzusehen sind (R 2.1 Abs. 2 GewStR).

Personengesellschaften sind die offene Handelsgesellschaft (OHG), Kommanditgesellschaft (KG), Gesellschaft des bürgerlichen Rechts (GbR) und die atypische stille Gesellschaft.

BEISPIELE

a)   Eine Holzgroßhandlung wird in der Rechtsform einer KG betrieben.

Die Gesellschaft erzielt Einkünfte aus Gewerbebetrieb. Sie ist in vollem Umfang **Gewerbebetrieb kraft gewerblicher Betätigung**, weil bei ihr alle Voraussetzungen erfüllt sind.

b)   Die Ärzte A und B schließen sich zu einer Ärztegemeinschaft in der Rechtsform einer Gesellschaft des bürgerlichen Rechts (GbR) zusammen.

Die Ärzte erzielen keine Einkünfte aus Gewerbebetrieb im Sinne des § 15 EStG, sondern ihre Tätigkeit ist eine freiberufliche Tätigkeit i. S. d. § 18 EStG. Die Personengesellschaft ist **kein Gewerbebetrieb kraft gewerblicher Betätigung**.

2.2.2 Gewerbebetrieb kraft Rechtsform

Kapitalgesellschaften sind stets **Gewerbebetriebe kraft Rechtsform** (§ 2 Abs. 2 GewStG). Kapitalgesellschaften sind insbesondere Europäische Gesellschaften, Aktiengesellschaften (AG), Kommanditgesellschaften auf Aktien (KGaA) und Gesellschaften mit beschränkter Haftung (GmbH). Bei den **Kapitalgesellschaften** braucht nicht geprüft zu werden, ob ihre Tätigkeit ein Gewerbe darstellt. Die **Tätigkeit der Kapitalgesellschaft gilt** stets und in vollem Umfang als **Gewerbebetrieb** (§ 2 Abs. 2 GewStG).

BEISPIEL

Die Steuerberater C, D und E schließen sich zu einer Steuerberatungsgesellschaft in der Rechtsform einer **GmbH** (Kapitalgesellschaft) zusammen.

Obwohl die Tätigkeit der **GmbH** ausschließlich freiberuflicher Natur ist, gilt sie in vollem Umfang als **Gewerbebetrieb**, weil die Gewerbesteuerpflicht **nur** an die **Rechtsform** anknüpft [H 2.1 Abs. 4 (Allgemeines) GewStH].

Zu den Gewerbebetrieben kraft Rechtsform gehört **auch** die Tätigkeit der Erwerbs- und Wirtschaftsgenossenschaften (z. B. DATEV eG) und der Versicherungsvereine auf Gegenseitigkeit (§ 2 Abs. 2 GewStG).

2.3 Beginn der Steuerpflicht 425

2.2.3 Gewerbebetrieb kraft wirtschaftlichen Geschäftsbetriebs

Nach § 2 Abs. 3 GewStG gilt auch die Tätigkeit der sonstigen juristischen Personen des privaten Rechts (z. B. eingetragene **Vereine**) und der nichtrechtsfähigen Vereine als Gewerbebetrieb, **soweit** sie einen **wirtschaftlichen Geschäftsbetrieb** (ausgenommen Land- und Forstwirtschaft) unterhalten.

Da in § 2 Abs. 3 GewStG nur bestimmte juristische Personen des **privaten** Rechts angesprochen sind, kommen juristische Personen des **öffentlichen** Rechts (z. B. Steuerberaterkammern) für einen Gewerbebetrieb kraft wirtschaftlichen Geschäftsbetriebs **nicht** in Betracht.

Nach § 14 AO ist ein <u>wirtschaftlicher Geschäftsbetrieb</u> eine **selbständige nachhaltige Tätigkeit**, durch die **Einnahmen** oder andere wirtschaftliche Vorteile erzielt werden und die über den Rahmen einer Vermögensverwaltung hinausgeht. Die Absicht, **Gewinn** zu erzielen, ist **nicht** erforderlich.

Der Begriff „**wirtschaftlicher Geschäftsbetrieb**" ist im Gegensatz zum Begriff „Gewerbebetrieb" nur durch **zwei Merkmale** gekennzeichnet, nämlich durch die **Selbständigkeit** und die **Nachhaltigkeit der Betätigung** (R 2.1 Abs. 5 Satz 6 GewStR).

> **BEISPIEL**
>
> Der Gesangverein Frohsinn e. V., Bonn, unterhält ein Vereinslokal, in dem Speisen und Getränke gegen kostendeckendes Entgelt an die Mitglieder abgegeben werden. Außerdem verwaltet der Verein ein beträchtliches Vermögen.
>
> Für die Abgabe der Speisen und Getränke gilt der Verein als **Gewerbebetrieb** kraft **wirtschaftlichen Geschäftsbetriebs**. Die Vermögensverwaltung ist hingegen keine gewerbliche Tätigkeit.

2.3 Beginn der Steuerpflicht

Der **Beginn** der Gewerbesteuerpflicht ist von der Form des Gewerbebetriebs abhängig.

2.3.1 Einzelgewerbetreibende und Personengesellschaften

Bei **Einzelgewerbetreibenden** und **Personengesellschaften** beginnt die Gewerbesteuerpflicht in dem Zeitpunkt, in dem erstmals alle **Voraussetzungen erfüllt** sind, die zur **Annahme eines Gewerbebetriebs** erforderlich sind (R 2.5 Abs. 1 Satz 1 GewStR).

Bloße **Vorbereitungshandlungen** (z. B. Mieten eines Geschäftslokals, Errichtung eines Fabrikgebäudes, Erwerb von Einrichtungsgegenständen und Maschinen, Kauf von Waren, Einstellen von Arbeitskräften) begründen noch **keine Gewerbesteuerpflicht** (R 2.5 Abs. 1 Satz 2 GewStR).

Der Zeitpunkt der **Eintragung in das Handelsregister** ist für den Beginn der Gewerbesteuerpflicht bei Einzelgewerbetreibenden und Personengesellschaften **ohne Bedeutung** (R 2.5 Abs. 1 Satz 3 GewStR).

2.3.2 Kapitalgesellschaften

Bei **Kapitalgesellschaften** beginnt die Gewerbesteuerpflicht **grundsätzlich** mit der **Eintragung in das Handelsregister** (R 2.5 Abs. 2 GewStR).

Ab diesem Zeitpunkt kommt es auf Art und Umfang der Tätigkeit nicht mehr an.

Ist die Gesellschaft noch **nicht** ins Handelsregister **eingetragen**, kann die Gewerbesteuerpflicht dennoch durch die Aufnahme einer **nach außen in Erscheinung** tretenden Geschäftstätigkeit ausgelöst werden (R 2.5 Abs. 2 GewStR).

C. Gewerbesteuer

Bei Kapitalgesellschaften kann also die Gewerbesteuerpflicht bereits **vor Eintragung** in das Handelsregister beginnen. Bei ihnen können bloße **Vorbereitungshandlungen** genügen, um die Gewerbesteuerpflicht zu begründen.

Grundsätzlich gilt jedoch, dass bei Kapitalgesellschaften die Gewerbesteuerpflicht mit der **Eintragung** in das Handelsregister beginnt.

2.3.3 Sonstige juristische Personen des privaten Rechts und nichtrechtsfähige Vereine

Bei den Gewerbebetrieben kraft **wirtschaftlichen** Geschäftsbetriebs im Sinne des § 2 Abs. 3 GewStG (z.B. e.V.) beginnt die Gewerbesteuerpflicht beim Vorliegen aller anderen Voraussetzungen mit der **Aufnahme eines wirtschaftlichen Geschäftsbetriebs** (R 2.5 Abs. 3 GewStR).

2.4 Erlöschen der Steuerpflicht

Das Erlöschen der Gewerbesteuerpflicht ist ebenfalls – wie deren Beginn – von der **Form** des Gewerbebetriebs abhängig.

2.4.1 Einzelgewerbetreibende und Personengesellschaften

Die Gewerbesteuerpflicht erlischt bei **Einzelgewerbetreibenden und Personengesellschaften** mit der tatsächlichen **Einstellung** des Betriebs.

Die tatsächliche **Einstellung** des Betriebs ist anzunehmen mit der völligen **Aufgabe jeder werbenden Tätigkeit** (R 2.6 Abs. 1 Satz 5 GewStR).

Vorübergehende Unterbrechungen im Betrieb eines Gewerbes, die durch die Art des Betriebs veranlasst sind (z.B. bei Saisonbetrieben), heben die Gewerbesteuerpflicht **nicht** auf. In solchen Fällen (z.B. bei Eisdielen) liegt ein **ruhendes Gewerbe** vor. Die Gewerbesteuerpflicht wird bis zur Wiederaufnahme des Betriebs nicht aufgehoben (§ 2 Abs. 4 GewStG; R 2.6 Abs. 1 Satz 4 GewStR).

2.4.2 Kapitalgesellschaften

Bei den **Kapitalgesellschaften** erlischt die Gewerbesteuerpflicht nicht schon mit dem Aufhören der gewerblichen Betätigung, sondern mit dem **Aufhören jeglicher Tätigkeit** überhaupt (R 2.6 Abs. 2 **Satz 1** GewStG).

Mit dem **Aufhören jeglicher Tätigkeit** ist grundsätzlich der **Zeitpunkt** gemeint, **in dem das Vermögen an die Gesellschafter verteilt** worden ist (R 2.6 Abs. 2 **Satz 2** GewStR).

2.4.3 Sonstige juristische Personen des privaten Rechts und nichtrechtsfähige Vereine

Bei den **Gewerbebetrieben kraft wirtschaftlichen Geschäftsbetriebs** erlischt die Gewerbesteuerpflicht mit der tatsächlichen **Einstellung des wirtschaftlichen Geschäftsbetriebs** (R 2.6 Abs. 3 GewStR).

Unabhängig von der **Form** des Gewerbebetriebs erlischt die Gewerbesteuerpflicht **nicht** durch die **Eröffnung des Insolvenzverfahrens** (R 2.6 Abs. 4 GewStR).

2.5 Steuerbefreiungen   427

Zusammenfassung zu Abschnitt 2.3 und 2.4:

Gewerbesteuerpflicht	
Beginn der Steuerpflicht	**Erlöschen** der Steuerpflicht
• **bei Einzelgewerbetreibenden und Personengesellschaften**, wenn alle **Voraussetzungen** zur **Annahme eines Gewerbebetriebs erfüllt** sind. Bloße **Vorbereitungshandlungen** begründen **keine Gewerbesteuerpflicht** (R 2.5 **Abs.1** GewStR). • **bei Kapitalgesellschaften** grundsätzlich mit der **Eintragung** in das **Handelsregister** (R 2.5 **Abs.2** GewStR) • **bei sonstigen juristischen Personen des privaten Rechts und nichtrechtsfähigen Vereinen** mit der **Aufnahme** eines **wirtschaftlichen Geschäftsbetriebs** (R 2.5 **Abs.3** GewStR)	• **bei Einzelgewerbetreibenden und Personengesellschaften** mit der tatsächlichen **Einstellung** des Betriebs. Die tatsächliche Einstellung des Betriebs ist anzunehmen mit der völligen **Aufgabe jeder werbenden Tätigkeit** (R 2.6 **Abs.1** GewStR) • **bei Kapitalgesellschaften** mit dem **Aufhören jeglicher Tätigkeit** überhaupt. Das ist grundsätzlich der **Zeitpunkt**, in dem das **Vermögen** an die Gesellschafter **verteilt** wurde (R 2.6 **Abs.2** GewStR). • **bei sonstigen juristischen Personen des privaten Rechts und nichtrechtsfähigen Vereinen** mit der tatsächlichen **Einstellung** des **wirtschaftlichen Geschäftsbetriebs** (R 2.6 **Abs.3** GewStR)

2.5 Steuerbefreiungen

Nicht alle Betriebe, die die Merkmale eines Gewerbebetriebes aufweisen, werden auch zur Gewerbesteuer herangezogen.

In § 3 GewStG werden bestimmte Betriebe genannt, die von der Gewerbesteuer **befreit** sind. Dazu gehören z. B. das **Bundeseisenbahnvermögen**, die **Deutsche Bundesbank**, die **Kreditanstalt für Wiederaufbau** sowie gemeinnützige Körperschaften i. S. d. § 3 Nr. 6 GewStG.

428 C. Gewerbesteuer

2.6 Erfolgskontrolle

WIEDERHOLUNGSFRAGEN

1. Was ist Steuergegenstand der Gewerbesteuer?
2. Was versteht man unter einer Betriebsstätte i.S.d. § 12 AO?
3. Welche Arten des Gewerbebetriebs unterscheidet das GewStG?
4. Welche Formen des Gewerbebetriebs unterscheidet das GewStG?
5. Unter welchen Voraussetzungen liegt ein Gewerbebetrieb kraft gewerblicher Betätigung vor?
6. Welche Unternehmen sind Gewerbebetriebe kraft Rechtsform?
7. Was versteht man unter einem wirtschaftlichen Geschäftsbetrieb i.S.d. § 14 AO?
8. Wann beginnt und wann erlischt die Gewerbesteuerpflicht bei Einzelgewerbetreibenden und Personengesellschaften?
9. Wann beginnt und wann erlischt die Gewerbesteuerpflicht grundsätzlich bei Kapitalgesellschaften?
10. Wann beginnt und wann erlischt die Gewerbesteuerpflicht bei Gewerbebetrieben kraft wirtschaftlichen Geschäftsbetriebs?

FÄLLE

FALL 1

Prüfen Sie, ob folgende Unternehmen im Jahr 2020 als Gewerbebetriebe zu behandeln sind. Begründen Sie Ihre Antwort unter Hinweis auf die gesetzlichen Vorschriften.

a) Herzig-Steuerberatungs GmbH
b) Architekt Heinrich Heidger mit eigenem Architekturbüro
c) Landwirt Josef Gräf, der Kartoffeln anbaut und diese verkauft
d) Kurz-KG, die einen Gemüsehandel betreibt
e) Apotheker Karl Schulz als Einzelunternehmung
f) Einnahmen des TV Koblenz aus der Bandenwerbung auf dem Tennisplatz

FALL 2

Rodener, der bis zum 30.11.2019 nicht selbständig war, eröffnete am 03.01.2020 in Würzburg ein Einzelhandelsgeschäft.
Zu diesem Zweck mietete er bereits im November 2019 gewerbliche Räume. Außerdem kaufte er schon in 2019 Waren ein.

Wann beginnt die Gewerbesteuerpflicht des Steuerpflichtigen Rodener? Begründen Sie Ihre Antwort.

3 Steuermessbetrag

Besteuerungsgrundlage für die Berechnung der Gewerbesteuer ist der **Gewerbeertrag** (§ 6 GewStG).

Gewerbeertrag ist der nach den Vorschriften des EStG oder KStG zu ermittelnde **Gewinn** (Verlust) **aus Gewerbebetrieb**, vermehrt um die in **§ 8** GewStG genannten **Hinzurechnungen** und vermindert um die in **§ 9** GewStG aufgeführten **Kürzungen** (§ 7 Abs. 1 Satz 1 GewStG).

Der **maßgebende** Gewerbeertrag eines Erhebungszeitraums wird um die noch nicht ausgeglichenen **Gewerbeverluste** der vorangegangenen Erhebungszeiträume gekürzt (§ 10a GewStG).

Der Gewerbeertrag ist **auf volle 100 Euro nach unten abzurunden** und bei natürlichen Personen sowie bei Personengesellschaften um einen **Freibetrag** in Höhe von **24.500 Euro**, höchstens jedoch in Höhe des abgerundeten Gewerbeertrags, zu kürzen (§ 11 Abs. 1 Satz 3 Nr. 1 GewStG).

Auf den **abgerundeten** und um den **Freibetrag** gekürzten **endgültigen** Gewerbeertrag wird eine bestimmte **Steuermesszahl** angewandt (§ 11 Abs. 2 GewStG).
Die Steuermesszahl beträgt **einheitlich** (rechtsformunabhängig) **3,5 %**.

Durch die Anwendung der Steuermess**zahl** auf den Gewerbeertrag ergibt sich der **Steuermessbetrag**. Der Steuermessbetrag ist **auf volle Euro abzurunden** (R 14.1 Satz 3 GewStR).

3.1 Gewinn aus Gewerbebetrieb

Der **Gewinn aus Gewerbebetrieb** ist für **natürliche Personen** und **Personengesellschaften** nach den Vorschriften des Einkommensteuergesetzes und für **Kapitalgesellschaften** nach den Vorschriften des Einkommensteuergesetzes und des Körperschaftsteuergesetzes zu ermitteln (§ 7 **Satz 1**).

Bei **natürlichen Personen** und **Personengesellschaften** ist der Ausgangswert für die Ermittlung des Gewerbeertrags der **Gewinn aus Gewerbebetrieb**.

Daraus folgt im Grundsatz eine **Übereinstimmung** mit dem Gewinnbegriff, der für die **Einkommensbesteuerung** maßgeblich ist.

> **BEISPIEL**
>
> Werner Schneider betreibt in Stuttgart als Einzelunternehmer eine Holzgroßhandlung.
> Laut **handelsrechtlicher** Gewinn- und Verlustrechnung hat er für das Wirtschaftsjahr 2020 einen Gewinn in Höhe von **48.000 €** ermittelt. Die Gewerbesteuervorauszahlungen in Höhe von 10.000 € haben den Gewinn gemindert.
> Der **einkommensteuerrechtliche** Gewinn beträgt **58.000 €** (48.000 € + 10.000 €), weil die Gewerbesteuer nach § 4 Abs. 5b EStG den steuerrechtlichen Gewinn nicht mindern darf.

Auch Veräußerungsgewinne und Aufgabegewinne gehören zum **Gewerbeertrag**, soweit sie **nicht** auf eine natürliche Person als unmittelbar beteiligter Mitunternehmer entfallen (§ 7 **Satz 2**).

Bei **Kapitalgesellschaften gilt** das **Einkommen** im Sinne des Körperschaftsteuergesetzes als **Gewinn aus Gewerbebetrieb** (R. 7.1 Abs. 1 KStR).

Gewinnermittlungszeitraum ist grundsätzlich das **Kalenderjahr**. Bei Gewerbetreibenden mit einem **kalenderjahrabweichendem Wirtschaftsjahr** gilt der Gewinn in dem **Erhebungszeitraum** (= Kalenderjahr) bezogen, in dem das Wirtschaftsjahr **endet** (§ 7 i. V. m. § 4a EStG, § 7 Abs. 4 KStG).

Diese Regelung gilt entsprechend für die Ermittlung des **Gewerbeertrags** (§ 10 Abs. 2 GewStG).

> **BEISPIEL**
>
> Das Wirtschaftsjahr der Gewerbetreibenden Beatrix Bernard-Zeidan, Mainz, umfasst den Zeitraum vom 01.02. bis 31.01.
> Für die Zeit vom 01.02.2019 bis 31.01.2020 ermittelt sie einen Gewinn von 50.000 €.
> Die Hinzurechnungen betragen 20.000 € und die Kürzungen 10.000 €.
>
> Der Gewerbeertrag in Höhe von **60.000 €** (50.000 € + 20.000 € − 10.000 €) gilt als maßgebender Gewerbeertrag des Erhebungszeitraums **2020**, weil das Wirtschaftsjahr 2019/2020 in **2020 endet**.

Mit der Gewerbesteuer soll u. a. die **Ertragskraft** eines Gewerbebetriebs als Ausdruck seiner wirtschaftlichen Leistungsfähigkeit **besteuert** werden. Da der Gewinn häufig die Ertragskraft eines Betriebes nicht widerspiegelt, ist er um bestimmte **Hinzurechnungen** zu vermehren und um bestimmte **Kürzungen** zu vermindern.

Die **Kürzungen** nach § 9 GewStG sollen **auch** eine **doppelte Belastung** desselben Ertrags mit Objektsteuern **vermeiden**.

1. Wiederholungsfragen 1 und 2 (Seite 443),
2. Fälle 1 und 2 (Seite 443)

3.2 Hinzurechnungen nach § 8 GewStG

Die folgenden Beträge werden dem Gewinn aus Gewerbebetrieb wieder **hinzugerechnet**, **soweit sie** bei der Ermittlung des Gewinns **abgesetzt worden sind**:

1. Entgelte für Schulden (§ 8 **Nr. 1a** GewStG),

2. Renten und dauernde Lasten (§ 8 **Nr. 1b** GewStG),

3. Gewinnanteile des (echten) stillen Gesellschafters (§ 8 **Nr. 1c** GewStG),

4. Miet- und Pachtaufwendungen **beweglicher** WG des AV (§ 8 **Nr. 1d** GewStG),

5. Miet- und Pachtaufwendungen **unbeweglicher** WG des AV (§ 8 **Nr. 1e** GewStG),

6. Aufwendungen für zeitlich befristete Überlassung von Rechten (§ 8 **Nr. 1f**),

7. Anteile am Verlust einer Personengesellschaft (§ 8 **Nr. 8** GewStG),

8. Zuwendungen (Spenden) bei Körperschaften (§ 8 **Nr. 9** GewStG).

3.2.1 Entgelte für Schulden

Entgelte für (lang- und kurzfristige) **Schulden** sind nach § 8 **Nr.1a** GewStG dem Gewinn aus Gewerbebetrieb **mit 100 %** hinzuzurechnen, soweit sie den Gewinn gemindert haben.

Entgelte für Schulden i.S.d. § 8 **Nr.1a** GewStG sind z.B.

1. alle **Zinsaufwendungen** unabhängig von der Laufzeit,

2. **Damnum (Disagio)** und

3. gewährte **Skonti**, sofern sie **nicht** dem gewöhnlichen Geschäftsverkehr entsprechen.

Siehe auch [H 8.1 (ABC der als Entgelt für Schulden anzusehenden Leistungen) GewStH].

BEISPIELE

zu 1.   Der Gewerbetreibende A, Bonn, weist in seiner Gewinn- und Verlustrechnung 2020 Zinsaufwendungen für langfristige Kredite von 24.000 € und für kurzfristige Kontokorrentkredite von 6.000 € aus.

Von den Zinsaufwendungen sind **30.000 €** (24.000 € + 6.000 €) als Finanzierungsanteile i.S.d. § 8 **Nr. 1a** GewStG zu behandeln.

zu 2.   Der Gewerbetreibende B, Köln, nimmt zum 01.07.2020 ein Bankdarlehen über 100.000 € auf. Die Bank behält bei der Auszahlung 2 % als Damnum ein und schreibt B 98.000 € auf dessen laufendes Konto gut. Das Darlehen hat eine Laufzeit von 10 Jahren.

Die jährliche Abschreibung für das Damnum beträgt 200 € (2.000 € : 10 Jahre). Für 2020 beträgt der Aufwand für ein halbes Jahr 100 € (200 € : 2). Von dem Damnum sind **100 €** als Finanzierungsanteil i.S.d. § 8 **Nr. 1a** GewStG zu behandeln.

C. Gewerbesteuer

zu 3. Der Gewerbetreibende C, Aachen, gewährt trotz unüblich langem Zahlungsziel noch 5% Skonto. Die Forderungen aus Lieferungen und Leistungen werden unter Abzug von Skonto überwiesen.

Liegt kein geschäftsüblicher Skonto vor, ist der volle Abschlag in die Hinzurechnung einzubeziehen (BMF-Schreiben vom 02.07.2012 RdNr. 16, BStBl 2012, S. 654).

Geschäftsübliche Skonti und Abschläge aus anderen Gründen (z.B. Treuerabatte und Mengenrabatte) werden von der Hinzurechnungsfiktion **nicht** erfasst (BMF-Schreiben vom 02.07.2012 RdNr. 16, BStBl 2012, S. 654).

3.2.2 Renten und dauernde Lasten

Renten und dauernde Lasten, die den Gewinn aus Gewerbebetrieb gemindert haben, sind dem Gewinn nach § 8 **Nr. 1b** GewStG **mit 100 %** wieder hinzuzurechnen.
Auf einen Zusammenhang der Rente und dauernden Last mit der Gründung oder dem Erwerb des Betriebes kommt es im Rahmen der Neuregelung **nicht** mehr an.
Ebenso wenig ist entscheidend, wie die Beträge beim Empfänger gewerbesteuerrechtlich behandelt werden (BMF-Schreiben vom 02.07.2012 RdNr. 25, BStBl 2012, S. 654).

Erbbauzinsen gelten **nicht** als dauernde Last i.S.d. § 8 **Nr. 1b** GewStG. Erbbauzinsen sind gewerbesteuerrechtlich wie Miet- und Pachtentgelte zu behandeln und unterliegen der Hinzurechnung nach § 8 **Nr. 1e** GewStG [BMF-Schreiben vom 02.07.2012, RdNrn. 26, 32, 32a und H 8.1 Abs. 2 (Erbbauzinsen) GewStH].

Nach § 8 Nr. 1b Satz 2 GewStG sind **Pensionszahlungen** aufgrund einer unmittelbar vom Arbeitgeber erteilten Versorgungszusage **nicht** als dauernde Last anzusehen.
Das Gleiche gilt für Aufwendungen des Arbeitgebers für Zusagen über eine Direktversicherung, eine Pensionskasse, einen Pensionsfonds oder eine Unterstützungskasse (BMF-Schreiben vom 02.07.2012 RdNr. 27, BStBl 2012, S. 654).

3.2.3 Gewinnanteile des (echten) stillen Gesellschafters

Gewinnanteile des echten (typischen) stillen Gesellschafters, soweit sie bei der Ermittlung des Gewinns aus Gewerbebetrieb abgezogen worden sind, werden nach § 8 **Nr. 1c** GewStG **mit 100 %** hinzugerechnet.

BEISPIEL

Die A-GmbH ist am Einzelhandelsbetrieb des Gewerbetreibenden B als echter stiller Gesellschafter beteiligt. Für 2020 erhält die GmbH einen Gewinnanteil von 5.000 €.

5.000 € sind als Finanzierungsanteile i.S.d. § 8 **Nr. 1c** GewStG zu behandeln.
Insoweit unterliegen die Finanzierungsanteile einer gewerbesteuerlichen Mehrfachbelastung.

Die Gewinnanteile des **unechten** (atypischen) Gesellschafters sind Teil des gewerblichen Gewinns der Mitunternehmerschaft und dürfen diesen **nicht** mindern [H 8.1 Abs. 3 (Atypisch stille Gesellschaften) GewStH].

3.2 Hinzurechnungen nach § 8 GewStG

3.2.4 Miet- und Pachtaufwendungen beweglicher WG des AV

Miet- und Pachtaufwendungen (einschließlich Leasingraten) für die Benutzung **beweglicher** Wirtschaftsgüter des Anlagevermögens, die im Eigentum eines anderen stehen, sind nach § 8 **Nr. 1d** GewStG **mit 20 %** als Finanzierungsanteile dem Gewinn aus Gewerbebetrieb hinzuzurechnen.

Die Miet- und Pachtaufwendungen sind **unabhängig** von der gewerbesteuerrechtlichen Behandlung beim Empfänger hinzuzurechnen (BMF-Schreiben vom 02.07.2012 RdNr. 29, BStBl I 2012, S. 654). Dadurch kann es zu Mehrfachbelastungen mit der Gewerbesteuer kommen.

Zu den Miet- und Pachtaufwendungen gehören **auch** die Aufwendungen des Mieters oder Pächters für die **Instandsetzung**, **Instandhaltung** und Versicherung des Miet- oder Pachtgegenstandes, die er aufgrund vertraglicher Verpflichtungen übernommen hat; nicht hinzuzurechnen sind **reine Betriebskosten** wie Wasser, Strom, Heizung (BMF-Schreiben vom 02.07.2012 RdNr. 29, BStBl I 2012, S. 654).

> **BEISPIEL**
>
> Der Gewerbetreibende A hat in 2020 von der Firma IBM eine Computeranlage für jährlich 12.000 € gemietet. Die 12.000 € mindern als Betriebsausgaben den Gewinn des A.
>
> Von den 12.000 € sind **2.400 €** (20 % von 12.000 €) als Finanzierungsanteile i. S. d. § 8 Nr. 1d GewStG zu behandeln.

Durch das Gesetz zur weiteren steuerlichen Förderung der Elektromobilität und zur Änderung weiterer steuerlicher Vorschriften (**Jahressteuergesetz 2019**) werden die Hinzurechnungen des Miet- oder Leasingaufwandes für **Elektro- oder extern aufladbare Hybridelektrofahrzeuge** sowie für **Fahrräder**, die keine Kraftfahrzeuge sind, **halbiert**. Diese Halbierung gilt für Entgelte, die auf **nach dem 31.12.2019** abgeschlossenen Verträgen beruhen und ist **bis** einschließlich des Erhebungszeitraums **2030 befristet** (§§ 8 Nr. 1d, 36 Abs. 3 GewStG).

3.2.5 Miet- und Pachtaufwendungen unbeweglicher WG des AV

Miet- und Pachtaufwendungen für die Benutzung **unbeweglicher** Wirtschaftsgüter des Anlagevermögens (z. B. Grund und Boden, Gebäude, Gebäudeteile), die im Eigentum eines anderen stehen, sind nach § 8 **Nr. 1e** GewStG **mit 50 %** als Finanzierungsanteile dem Gewinn aus Gewerbebetrieb hinzuzurechnen.

> **BEISPIEL**
>
> Der Gewerbetreibende B hat in 2020 von einem Privatmann ein Grundstück für jährlich 60.000 € gepachtet. Die 60.000 € mindern als Betriebsausgabe den Gewinn des B.
>
> Von den 60.000 € sind **30.000 €** (50 % von 60.000 €) als Finanzierungsanteile i. S. d. § 8 **Nr. 1e** GewStG zu behandeln.

Auch **Erbbauzinsen** sind dem Gewinn aus Gewerbebetrieb nach § 8 **Nr. 1e** GewStG hinzuzurechnen. Erbbauzinsen sollen ein Entgelt für die Nutzung des Grund und Bodens darstellen (BMF-Schreiben vom 02.07.2012 RdNr. 32, BStBl I 2012, S. 654).

434 C. Gewerbesteuer

3.2.6 Aufwendungen für die zeitlich befristete Überlassung von Rechten

Aufwendungen für die zeitlich befristete Überlassung von Rechten (z.B. Konzessionen, gewerbliche Schutzrechte, Urheberrechte und Namensrechte) sind nach § 8 **Nr. 1f** GewStG **mit 25 %** dem Gewinn aus Gewerbebetrieb hinzuzurechnen.

Nicht dazu gehören Lizenzen, die ausschließlich dazu berechtigen, daraus abgeleitete Rechte Dritten zu überlassen (§ 8 Nr. 1f Satz 1 GewStG). Das Gleiche gilt bei **Verlagsverträgen** (BMF-Schreiben vom 02.07.2012, RdNr. 38, BStBl I 2012, S. 654).

> **BEISPIEL**
>
> Der Autor A hat der MB-Verlags GmbH das Recht eingeräumt, das von ihm verfasste Werk zu verlegen; A erhält hierfür eine Vergütung. Der Verlagsvertrag umfasst die Zeitspanne des § 64 UrhG (Urheberrecht des A gilt noch 70 Jahre nach dem Tod des Urhebers).
>
> Der Verlagsvertrag ist **nicht** als zeitlich befristete Überlassung des Werks anzusehen, sodass die Vergütungen an den Autor A **nicht** als Finanzierungsanteile i.S.d. § 8 **Nr. 1f** GewStG zu behandeln sind.

3.2.7 Freibetrag für Finanzierungsanteile

Die **Bemessungsgrundlage** für den Freibetrag nach § 8 **Nr. 1** GewStG ist die **Summe** der sich aus § 8 Nr. 1 **Buchstaben a bis f** GewStG ergebenden **Finanzierungsanteile**.

Diese Summe, vermindert um den **Freibetrag von 200.000 Euro**, ist **Ausgangsgröße** für die Anwendung des Faktors von **25 %** (BMF-Schreiben vom 02.07.2012, RdNr. 44, BStBl I 2012, S. 654).

Zusammenfassendes Beispiel zu Abschnitt 3.2.1 bis 3.2.7 (§ 8 Nr. 1 GewStG):

Der Gewerbetreibende Michael Kreysel, Frankfurt, dessen Wirtschaftsjahr mit dem Kalenderjahr übereinstimmt, legt Ihnen für den EZ 2020 folgende Zahlen vor:

1.	Zinsaufwendungen für langfristige Kredite	124.000 €
2.	Zinsaufwendungen für kurzfristige Kontokorrentkredite	6.000 €
3.	Gewinnanteile eines echten stillen Gesellschafters	5.000 €
4.	Mietaufwendungen für eine Computeranlage	12.000 €
5.	Pachtaufwendungen für ein Grundstück	78.000 €
6.	Aufwendungen für die zeitlich befristete Überlassung von Rechten	134.400 €

3.2 Hinzurechnungen nach § 8 GewStG

Der **Hinzurechnungsbetrag** nach § 8 **Nr. 1** GewStG wird für den EZ 2020 wie folgt ermittelt:

		€
1.	100 % der Entgelte für Schulden	
	1.1 Zinsaufwendungen für langfristige Kredite 124.000 €	
	1.2 Zinsaufwendungen für kurzfristige Kredite 6.000 €	130.000
2.	100 % der Gewinnanteile des echten stillen Gesellschafters	5.000
3.	20 % der Miet- und Pachtzinsen für bewegliche WG des AV	2.400
4.	50 % der Miet- und Pachtzinsen für unbewegliche WG des AV	39.000
5.	25 % der Aufwendungen für die zeitlich befristete Überlassung von Rechten	33.600
=	Summe der Finanzierungsanteile	210.000
-	Freibetrag	- 200.000
=	verbleibender Betrag	10.000
x	25 % (= **Hinzurechnungsbetrag** nach § 8 **Nr. 1** GewStG)	2.500

3.2.8 Anteile am Verlust einer Personengesellschaft

Die **Anteile am Verlust** einer in- oder ausländischen **Personengesellschaft** (OHG, KG, GbR) sind dem Gewinn aus Gewerbebetrieb hinzuzurechnen, soweit die Beteiligung an der Personengesellschaft zum Betriebsvermögen gehört (§ 8 **Nr. 8** GewStG).

> **BEISPIEL**
>
> Der Gewerbetreibende A ist an einer KG als Kommanditist beteiligt. Die Kommanditbeteiligung gehört zu seinem Betriebsvermögen. In 2020 hat die KG einen Verlust von 50.000 € erzielt. Davon entfallen auf A 10.000 €, die seinen gewerblichen Gewinn mindern.
>
> A muss seinem Gewinn **10.000 €** hinzurechnen, weil der Verlustanteil den gewerblichen Gewinn des A gemindert hat (§ 8 Nr. 8 GewStG).

3.2.9 Zuwendungen (Spenden) bei Körperschaften

Bei Einzelgewerbetreibenden und Personengesellschaften dürfen Zuwendungen im Sinne des § 10b EStG (Spenden) den Gewinn aus Gewerbebetrieb **nicht** mindern.

Bei **Körperschaften** (z. B. AG, GmbH) dürfen Zuwendungen i. S. d. § 10b **Abs. 1** EStG das Einkommen und damit den **Gewinn** aus Gewerbebetrieb **mindern** (§ 9 Abs. 1 Nr. 2 KStG).

Um eine **Gleichbehandlung** mit den Einzelgewerbetreibenden und Personengesellschaften zu erreichen, müssen die Zuwendungen (Ausgaben i. S. d. § 9 Abs. 1 Nr. 2 KStG), die bei Ermittlung des körperschaftlichen Einkommens abgezogen worden sind, bei Körperschaften wieder hinzugerechnet werden (§ 8 **Nr. 9** GewStG).

Zuwendungen an **politische Parteien** (§ 10b **Abs. 2** EStG) sind für Kapitalgesellschaften **nicht** mehr abzugsfähig (§ 9 Abs. 1 Nr. 2 KStG).

> **ÜBUNG →** 1. Wiederholungsfragen 3 bis 8 (Seite 443),
> 2. Fälle 3 bis 5 (Seite 444)

436 | C. Gewerbesteuer

3.3 Kürzungen nach § 9 GewStG

Die **Summe des Gewinns** und der **Hinzurechnungen** wird u.a. um die folgenden **Kürzungen** gemindert:

1. Kürzung für den Grundbesitz (§ 9 **Nr. 1** GewStG),
2. Gewinnanteile an Personengesellschaften (§ 9 **Nr. 2** GewStG),
3. Zuwendungen (Spenden) bei allen Gewerbebetrieben (§ 9 **Nr. 5** GewStG).

3.3.1 Kürzung für den Grundbesitz

Die Summe des Gewinns und der Hinzurechnungen ist um **1,2 % des Einheitswerts** des Grundbesitzes **zu kürzen**, der zum Betriebsvermögen des Unternehmers gehört, und der **nicht von der Grundsteuer befreit ist** (§ 9 Nr. 1 Satz 1 GewStG).

Maßgebend für die Kürzung ist der Einheitswert, der auf den **letzten Feststellungszeitpunkt** (Hauptfeststellungs-, Fortschreibungs- oder Nachfeststellungszeitpunkt) **vor** dem **Ende des Erhebungszeitraums** lautet (§ 9 Nr. 1 Satz 1 GewStG).

Als **Bemessungsgrundlage** sind bei Grundstücken (§ 70 BewG) sowie bei Betriebsgrundstücken im Sinne des § 99 Abs. 1 Nr. 1 BewG, die wie Grundvermögen bewertet werden, **140 % des auf den Wertverhältnissen vom 01.01.1964** beruhenden Einheitswerts anzusetzen (§ 121a BewG).

Bei Betriebsgrundstücken in den **alten** Bundesländern wird der **Kürzungsbetrag** grundsätzlich wie folgt ermittelt:

Kürzungsbetrag = Einheitswert x 1,4 = Bemessungsgrundlage x 1,2 %.

> **B E I S P I E L**
>
> Zum Betriebsvermögen eines Gewerbetreibenden gehört ein Grundstück in Mainz, dessen **Einheitswert** nach den Wertverhältnissen vom 01.01.1964 **100.000 €** beträgt.
>
> Die **Kürzung** nach § 9 Nr. 1 Satz 1 GewStG beträgt **1.680 €** (100.000 € x 1,4 = 140.000 € x 1,2 % = 1.680 €).

Bei Betriebsgrundstücken in den **neuen** Bundesländern sind die Einheitswerte 1935 mit den in **§ 133 BewG** genannten Vom-Hundert-Sätzen anzusetzen (R 9.1 Abs. 2 Satz 3 GewStR).

Die Zugehörigkeit des Grundbesitzes zum Betriebsvermögen des Unternehmers ist nach den Vorschriften des **ESt-Rechts** zu beurteilen. Diese sind in § 8 EStDV und R 4.2 EStR 2012 dargestellt.

In zeitlicher Hinsicht ist die Frage, ob der Grundbesitz zum Betriebsvermögen des Unternehmers gehört, grundsätzlich nach dem Stand zu **Beginn des Erhebungszeitraums** (das ist stets der 01.01. eines Jahres) zu beurteilen (§ 20 Abs. 1 Satz 2 GewStDV).

> **B E I S P I E L**
>
> Ein Gewerbetreibender, dessen Wirtschaftsjahr mit dem Kalenderjahr übereinstimmt, erwirbt am **04.01.2020** ein Grundstück, das vom Kaufzeitpunkt an zum Betriebsvermögen gehört.
>
> Für den Erhebungszeitraum **2020** kommt eine **Kürzung** nach § 9 Nr. 1 Satz 1 GewStG **nicht** in Betracht, weil das Grundstück zu Beginn des Erhebungszeitraums (01.01.2020) **nicht** zum Betriebsvermögen gehört hat. Eine Kürzung kann erst für den EZ 2021 vorgenommen werden.

3.3 Kürzungen nach § 9 GewStG

Dient nur **ein Teil** eines Grundstücks eigengewerblichen Zwecken, so ist für die Berechnung der Kürzung nach § 9 Nr. 1 Satz 1 von dem **Teil des Einheitswerts** auszugehen, der auf den dem gewerblichen Betrieb dienenden Teil des Grundstücks entfällt (§ 20 Abs. 2 GewStDV). Dieser Teil des Einheitswerts ist grundsätzlich nach dem Verhältnis der Jahresrohmiete (§ 79 BewG) zu ermitteln (R 9.1 Abs. 1 Satz 8 GewStR).

> **BEISPIEL**
>
> Ein Textilwarenhändler betreibt in Mannheim sein Unternehmen im eigenen Haus. Das Grundstück hat einen **Einheitswert** von **100.000 €**. Nach dem Verhältnis der Jahresrohmiete dient das Grundstück zu 70 % gewerblichen und zu 30 % Wohnzwecken.
>
> Die **Kürzung** nach § 9 Nr. 1 Satz 1 GewStG beträgt **1.176 €** (1,2 % von 98.000 €) [70 % von 140.000 € (100.000 € x 1,4) = 98.000 €].

> **ÜBUNG →** 1. Wiederholungsfragen 9 bis 14 (Seite 443),
> 2. Fälle 6 bis 8 (Seiten 444 f.)

3.3.2 Gewinnanteile an Personengesellschaften

Die Summe des Gewinns und der Hinzurechnungen ist um die **Anteile am Gewinn** einer in- oder ausländischen **Personengesellschaft** (OHG, KG, GbR) zu kürzen, wenn die Gewinnanteile bei der Ermittlung des Gewinns angesetzt worden sind (§ 9 **Nr. 2** GewStG).

> **BEISPIEL**
>
> Der Gewerbetreibende Kilsch ist an einer OHG beteiligt. Die Beteiligung gehört zu seinem Betriebsvermögen. In 2020 hat die OHG einen Gewinn von 60.000 € erzielt.
> Davon entfallen auf Kilsch 5.000 €, die seinen gewerblichen Gewinn erhöhen.
>
> Kilsch **kürzt** die Summe des Gewinns und der Hinzurechnungen um **5.000 €**.

Diese Vorschrift ist die Gegenvorschrift zu § 8 Nr. 8 GewStG (Hinzurechnung der Anteile am Verlust einer Personengesellschaft).
Der Gewinn der Personengesellschaft unterliegt bereits bei dieser Gesellschaft der Gewerbesteuer und soll deshalb beim Mitunternehmer nicht noch einmal zur Gewerbesteuer herangezogen werden.

3.3.3 Zuwendungen (Spenden) bei allen Gewerbebetrieben

Die Summe des Gewinns und der Hinzurechnungen ist bei **allen Gewerbebetrieben** um die **Zuwendungen** i.S.d. § 10b Abs. 1 EStG (das sind alle Zuwendungen mit **Ausnahme** der Zuwendungen an **politische Parteien**) zu kürzen, soweit sie aus Mitteln des Gewerbebetriebs geleistet worden sind (§ 9 **Nr. 5** GewStG).

Die **Höhe der Zuwendungen** (Spenden und Mitgliedsbeiträge) für steuerbegünstigte Zwecke ist begrenzt bis auf

- 20 % des (um die Hinzurechnung nach § 8 Nr. 9 GewStG erhöhten) **Gewinns aus Gewerbebetrieb**
  oder

- 4 ‰ der Summe der gesamten **Umsätze**, **Löhne** und **Gehälter**.

438 C. Gewerbesteuer

> **BEISPIEL**
>
> Der Einzelgewerbetreibende Gerres, Köln, hat in 2020 einen Gewinn von 90.000 € ermittelt.
> Folgende Beträge hat er aus betrieblichen Mitteln gespendet:
>
> | | |
> |---|---|
> | Zuwendungen für **gemeinnützige** (wissenschaftliche) **Zwecke** | 5.000 € und |
> | Zuwendungen an eine **politische Partei** | 1.000 €. |
>
> Der Gewerbetreibende kann bei der Ermittlung des Gewerbeertrags nach § 9 Nr. 5 GewStG
> **5.000 €** als Kürzungsbetrag abziehen (20 % von 90.000 € = 18.000 €, höchstens die Auf-
> wendungen in Höhe von 5.000 €).
> Die Zuwendung an die politische Partei kann nicht abgezogen werden.

3.4 Maßgebender Gewerbeertrag

Besteht die Gewerbesteuerpflicht während des **gesamten** Kalenderjahres, ist der Gewerbeertrag **maßgebend**, der in dem **gesamten** EZ bezogen worden ist (§ 10 Abs. 1 GewStG).

> **BEISPIEL**
>
> Die Gewerbesteuerpflicht des Bonner Gewerbetreibenden A, dessen Wirtschaftsjahr mit dem
> Kalenderjahr übereinstimmt, bestand während des gesamten Kalenderjahres 2020.
>
> **Maßgebender** Gewerbeertrag ist der vom **01.01. bis 31.12.2020** ermittelte Gewerbeertrag.

Besteht die Gewerbesteuerpflicht **nicht** während des **gesamten** Kalenderjahres (z.B. wegen
Eröffnung oder Schließung eines Gewerbebetriebs), ist der Gewerbeertrag **maßgebend**, der
in dem **abgekürzten** Erhebungszeitraum bezogen worden ist.

> **BEISPIEL**
>
> Der Kölner Gewerbetreibende B, dessen Wirtschaftsjahr mit dem Kalenderjahr übereinstimmt,
> **eröffnet am 01.11.2020** seinen Gewerbebetrieb.
>
> **Maßgebender** Gewerbeertrag ist der vom **01.11. bis 31.12.2020** ermittelte Gewerbeertrag.

Der **Freibetrag** nach § 11 GewStG wird unabhängig von der Dauer der Gewerbesteuerpflicht
voll gewährt. Eine **Zwölftelung** erfolgt **nicht**.

Bei einem **kalenderjahrabweichendem Wirtschaftsjahr** gilt der Gewerbeertrag in dem
Kalenderjahr bezogen, in dem das Wirtschaftsjahr **endet** (§ 10 Abs. 2 GewStG).

3.5 Gewerbeverlust

Von dem maßgebenden Gewerbeertrag im Abzugsjahr (2020) sind nach § 10a **Satz 1**
GewStG bis zu einem Betrag von **1 Million Euro** die Fehlbeträge (negativen Gewerbe-
erträge) abzuziehen, die sich bei der Ermittlung des maßgebenden Gewerbeertrags für die
vorangegangenen Erhebungszeiträume (Entstehungsjahre) ergeben haben, soweit sie nicht
bereits abgezogen wurden.

Soweit der maßgebende Gewerbeertrag im Abzugsjahr 1 Million Euro übersteigt, darf er
nur noch bis zu **60 %** des verbleibenden maßgeblichen Gewerbeertrags abgezogen werden
(§ 10a **Satz 2** GewStG).

Die nicht verrechneten Beträge werden weiter vorgetragen. Das Gewerbesteuergesetz kennt
nur den Gewerbesteuer**vortrag**. Ein Verlust**rücktrag** – wie bei der Einkommensteuer oder
Körperschaftsteuer – ist nicht möglich.

3.6 Steuermesszahl und Steuermessbetrag 439

BEISPIEL

Der Einzelgewerbetreibende Schneider, Köln, hat einen Verlust aus den Vorjahren (EZ 2018 und EZ 2019) in Höhe von 5.000.000 €, der in der Vergangenheit noch nicht ausgeglichen werden konnte.

Im EZ 2020 erzielte Schneider einen positiven maßgeblichen Gewerbeertrag in Höhe von 7.000.000 €.

Der **Gewerbeverlust** wird wie folgt berücksichtigt:

		€	€
	Verlust aus Vorjahren (EZ 2018 und 2019)	5.000.000	
	positiver maßgebender Gewerbeertrag im EZ 2020		7.000.000
−	uneingeschränkter Verlustabzug	1.000.000	− 1.000.000
=	verbleibender positiver maßgebender Gewerbeertrag		6.000.000
−	eingeschränkter Verlustabzug (60 % v. 6.000.000 €)	3.600.000	− 3.600.000
=	**vorläufiger** Gewerbeertrag im EZ 2020		2.400.000
	Verlustvortrag für die EZ 2021 ff.	400.000	

ÜBUNG → 1. Wiederholungsfragen 15 und 16 (Seite 443),
2. Fälle 9 bis 11 (Seite 445)

3.6 Steuermesszahl und Steuermessbetrag

Der auf **volle 100 Euro** nach unten **abgerundete Gewerbeertrag** ist

- bei **natürlichen Personen** (Einzelgewerbetreibenden) sowie bei **Personengesellschaften** (z. B. OHG, KG) um einen **Freibetrag** in Höhe von **24.500 Euro** zu kürzen und

- bei Unternehmen im Sinne des § 2 Abs. 3 GewStG (z. B. bei **Vereinen, soweit** sie einen **wirtschaftlichen Geschäftsbetrieb** unterhalten) und bei Unternehmen i. S. d. § 3 Nrn. 5, 6, 8, 9, 15, 17, 21, 26, 27, 28 und 29 GewStG sowie bei Unternehmen von juristischen Personen des öffentlichen Rechts um einen **Freibetrag** in Höhe von **5.000 Euro** zu kürzen,

höchstens jedoch in Höhe des abgerundeten Gewerbeertrags (§ 11 Abs. 1 GewStG).

Der **Freibetrag** ist auch dann **in voller Höhe** zu gewähren, wenn die Betriebseröffnung oder Betriebsschließung **im Laufe** des Kalenderjahrs erfolgt (R 11.1 Satz 2 GewStR).

Kapitalgesellschaften (AG, GmbH, KGaA) steht ein **Freibetrag** nach § 11 Abs. 1 GewStG **nicht** zu.

Auf den abgerundeten und um den Freibetrag gekürzten Gewerbeertrag ist eine **Steuermesszahl** (ein Prozentsatz) anzuwenden.

Die **Steuermesszahl** beträgt unabhängig von der Rechtsform des Gewerbebetriebs **einheitlich 3,5 %** (§ 11 Abs. 2 GewStG).

Der **Steuermessbetrag** ist auf einen **vollen Euro-Betrag abzurunden** (R 14.1 Satz 3 GewStR).

440 | C. Gewerbesteuer

BEISPIELE

a) Die Steuerpflicht eines Koblenzer Gewerbetreibenden, dessen Wirtschaftsjahr mit dem Kalenderjahr übereinstimmt, begann am 15.07.2020. Der in der Zeit vom **15.07. bis 31.12.2020** erzielte vorläufige **Gewerbeertrag** beträgt **26.000 €**.

Der **Steuermessbetrag** für den EZ 2020 wird wie folgt ermittelt:

		€
	vorläufiger Gewerbeertrag (15.07. bis 31.12.2020)	26.000,00
	Abrundung (bereits abgerundet)	26.000,00
–	Freibetrag	– 24.500,00
=	**endgültiger** Gewerbeertrag	1.500,00
x	**Steuermesszahl 3,5 %**	
=	**Steuermessbetrag** (3,5 % von 1.500 €), abgerundet auf volle €*	**52,00**

b) Die X-GmbH, Mainz, deren Wirtschaftsjahr mit dem Kalenderjahr übereinstimmt, ermittelte für den EZ 2020 einen vorläufigen **Gewerbeertrag** von **76.025 €**.

Der **Steuermessbetrag** für den EZ 2020 wird wie folgt ermittelt:

		€
	vorläufiger Gewerbeertrag	76.025,00
	Abrundung (abgerundeter Gewerbeertrag, § 11 Abs. 1 Satz 3 GewStG)	76.000,00
–	Freibetrag (Kapitalgesellschaft)	0,00
=	**endgültiger** Gewerbeertrag	76.000,00
x	**Steuermesszahl 3,5 %**	
=	**Steuermessbetrag** (3,5 % von 76.000 €), ggf. auf volle € abrunden*	**2.660,00**

c) Ein Erfurter Metzgermeister, dessen Wirtschaftsjahr mit dem Kalenderjahr übereinstimmt, ermittelt für den EZ 2020 einen vorläufigen **Gewerbeertrag** von **50.650 €**.

Der **Steuermessbetrag** für den EZ 2020 wird wie folgt ermittelt:

		€
	vorläufiger Gewerbeertrag	50.650,00
	Abrundung (abgerundeter Gewerbeertrag, § 11 Abs. 1 Satz 3 GewStG)	50.600,00
–	Freibetrag nach § 11 Abs. 1 Satz 3 Nr. 1 GewStG	– 24.500,00
=	**endgültiger** Gewerbeertrag	26.100,00
x	**Steuermesszahl 3,5 %**	
=	**Steuermessbetrag** (3,5 % von 26.100 €), abgerundet auf volle €*	**913,00**

* Abrunden R 14.1 Satz 3 GewStR.

3.6 Steuermesszahl und Steuermessbetrag

Zusammenfassendes Beispiel:

Der Baustoffhändler Emil Knecht e.Kfm., Köln, dessen Wirtschaftsjahr mit dem Kalenderjahr übereinstimmt, legt Ihnen für den EZ 2020 folgende Zahlen vor:

1.	Gewinn aus Gewerbebetrieb	85.000 €
2.	Zinsaufwendungen für kurzfristigen Kredit	1.200 €
3.	Gewinnanteil eines echten stillen Gesellschafters	2.500 €
4.	Mietaufwendungen für einen Lkw	3.000 €
5.	Verlustanteil an einer OHG	1.500 €
6.	Einheitswert des Betriebsgrundstücks, seit 2014 im Betriebsvermögen	20.000 €
7.	Gewinnanteil an einer KG	16.000 €

Der **Steuermessbetrag** wird für den EZ 2020 wie folgt ermittelt:

		€
Gewinn aus Gewerbebetrieb		85.000
+ Hinzurechnungen nach § 8 GewStG		
100 % der Entgelte für Schulden	1.200 €	
100 % der Gewinnanteile des st. Gesellschafters	2.500 €	
20 % der Mietaufwendungen für einen Lkw	600 €	
= Summe der Finanzierungsanteile	4.300 €	
− Freibetrag von 200.000 Euro, höchstens	− 4.300 €	
= verbleibender Betrag	0 €	
Verlustanteil OHG	1.500 €	+ 1.500
		86.500
− Kürzungen nach § 9 GewStG		
Grundbesitzkürzungen 1,2 % von 28.000 €		
(20.000 € x 1,4)	336 €	
Gewinnanteil KG	16.000 €	− 16.336
= vorläufiger Gewerbeertrag		70.164
Abrundung (abgerundeter Gewerbeertrag)		70.100
− Freibetrag nach § 11 Abs. 1 Satz 3 Nr. 1 GewStG		− 24.500
= endgültiger Gewerbeertrag		45.600
x Steuermesszahl 3,5 %		
= **Steuermessbetrag** (3,5 % von 45.600 €), volle €		**1.596**

> **ÜBUNG →** 1. Wiederholungsfragen 17 und 18 (Seite 443),
> 2. Fälle 12 bis 16 (Seiten 445 f.)

442 | C. Gewerbesteuer

3.7 Zusammenfassung und Erfolgskontrolle

3.7.1 Zusammenfassung

Gewinn aus Gewerbebetrieb

+ Hinzurechnungen nach § 8 GewStG

1. 100 % der Entgelte für Schulden	Finanzierungsanteile
2. 100 % der Renten und dauernden Lasten	− Freibetrag (200.000 €)
3. 100 % der Gewinnanteile des stillen Gesellsch.	= verbleibender Betrag
4. 20 % der Miet- und Pachtaufwendungen	x 25 %
5. 50 % der Miet- und Pachtaufwendungen	= Hinzurechnungsbetrag
6. 25 % der Aufwendungen für die zeitlich befristete Überlassung von Rechten	
7. Anteile am Verlust von Personengesellschaften	
8. Zuwendungen (Spenden) bei **Körperschaften**	

− Kürzungen nach § 9 GewStG

1. Grundbesitzkürzungen
2. Gewinnanteile bei Personengesellschaften
3. Zuwendungen bei **allen Gewerbebetrieben**

= maßgebender Gewerbeertrag (§ 7 Satz. 1 GewStG)

− Gewerbeverlust nach § 10a GewStG
uneingeschränkter Verlustabzug bis **1 Mio. Euro**
eingeschränkter Verlustabzug (**60 %** des verbleibenden Gewerbeertrags)

= vorläufiger Gewerbeertrag
(abzurunden auf volle 100 Euro, § 11 Abs. 1 Satz 3 GewStG)

− Freibetrag nach § 11 Abs. 1 Satz 3 Nr. 1 bzw. Nr. 2 GewStG
24.500 € bei natürlichen Personen u. Personengesellschaften
5.000 € bei Vereinen für wirtschaftlichen Geschäftsbetrieb
0 € bei Kapitalgesellschaften

= endgültiger Gewerbeertrag

x (einheitliche) Steuermesszahl (3,5 %) nach § 11 Abs. 2 GewStG

= Steuermessbetrag

3.7 Zusammenfassung und Erfolgskontrolle

3.7.2 Erfolgskontrolle

WIEDERHOLUNGSFRAGEN

1. Was ist die Ausgangsgröße für die Ermittlung des Gewerbeertrags?
2. Nach welchen Vorschriften ist diese Ausgangsgröße zu ermitteln?
3. Welche Aufwendungen gehören insbesondere zu den Entgelten für Schulden i.S.d. §8 Nr.1a GewStG?
4. Wie wird die Hinzurechnung nach §8 Nr.1 GewStG ermittelt?
5. Wie sind die Gewinnanteile des echten stillen Gesellschafters als Finanzierungsanteile i.S.d. §8 Nr.1c GewStG zu behandeln?
6. Wie werden Miet- und Pachtaufwendungen für bewegliche Wirtschaftsgüter des Anlagevermögens gewerbesteuerrechtlich behandelt?
7. Wie werden Miet- und Pachtaufwendungen für unbewegliche Wirtschaftsgüter des Anlagevermögens gewerbesteuerrechtlich behandelt?
8. Wie werden Aufwendungen für die zeitlich befristete Überlassung von Rechten gewerbesteuerrechtlich behandelt?
9. Um welche Kürzungen wird die Summe des Gewinns und der Hinzurechnungen gemindert?
10. Welcher Einheitswert ist für die Grundbesitzkürzung maßgebend?
11. Welcher Wert ist als Bemessungsgrundlage für die Grundbesitzkürzung anzusetzen?
12. Nach welchen Vorschriften ist die Frage zu entscheiden, ob und inwieweit Grundbesitz zum Betriebsvermögen des Unternehmers gehört?
13. Welcher Zeitpunkt ist grundsätzlich für die Berechnung der Grundbesitzkürzung ausschlaggebend?
14. Wie ist zu verfahren, wenn nur ein Teil eines Grundstücks betrieblich genutzt wird?
15. Bis zu welchem Betrag können Gewerbeverluste aus vorangegangenen EZ vom maßgebenden Gewerbeertrag abgezogen werden?
16. Wie werden nicht ausgeglichene Gewerbeverluste behandelt?
17. Wie wird – ausgehend vom endgültigen Gewerbeertrag – der Steuermessbetrag bei natürlichen Personen und bei Personengesellschaften ermittelt?
18. Wie wird – ausgehend vom endgültigen Gewerbeertrag – der Steuermessbetrag bei Kapitalgesellschaften ermittelt?

FÄLLE

FALL 1

Der Gewerbetreibende Fritz Klein, Bonn, hat folgende Bestände ermittelt:

Betriebsvermögen zum 31.12.2020	118.900 €
Betriebsvermögen zum 31.12.2019	125.300 €
Entnahmen 2020	50.700 €
Einlagen 2020	1.300 €

Wie hoch ist der Gewinn aus Gewerbebetrieb 2020?

FALL 2

Der Gewerbetreibende Rouven Wangelin, Köln, erzielte 2020 einen Jahresgewinn nach einer gebuchten Gewerbesteuer-Rückstellung für 2020 von 6.000 € in Höhe von 98.000 €.

Wie hoch ist der Gewinn aus Gewerbebetrieb 2020?

C. Gewerbesteuer

FALL 3

Der zum Vorsteuerabzug berechtigte Fuhrunternehmer Hans Schneider, Mannheim, hat von der Leasing GmbH Frankfurt ab 01.01.2020 einen Lkw geleast. Die beidseitig unkündbare Grundmietzeit beträgt fünf Jahre.

Die Leasing GmbH hat den Lkw für 240.000 € angeschafft. Die jährliche Leasingrate beträgt 71.400 € (netto), fällig jeweils am 31.12. Der Lkw hat eine betriebsgewöhnliche Nutzungsdauer von fünf Jahren.

Wie hoch ist der Finanzierungsanteil i.S.d. § 8 Nr. 1 GewStG für den EZ 2020 beim Fuhrunternehmer Hans Schneider?

FALL 4

Der Gewerbetreibende Bodo Müller, Stuttgart, hat in 2020 von der Firma Transexpress ein Nachbargrundstück ganzjährig für monatlich 400 € gepachtet.

Die Pachtaufwendungen haben als Betriebsausgaben den Gewinn des Herrn Müller gemindert.

Wie hoch ist der Finanzierungsanteil i.S.d. § 8 Nr. 1 GewStG für den EZ 2020?

FALL 5

Der Gewerbetreibende Lothar Schmidt, Bonn, dessen Wirtschaftsjahr mit dem Kalenderjahr übereinstimmt, legt Ihnen für den EZ 2020 folgende Zahlen vor:

1.	Zinsaufwendungen für langfristige Kredite	130.000 €
2.	Zinsaufwendungen für kurzfristige Kredite	9.000 €
3.	Gewinnanteile eines echten stillen Gesellschafters	10.000 €
4.	Mietaufwendungen für eine Computeranlage	10.000 €
5.	Pachtaufwendungen für ein Grundstück	58.500 €
6.	Aufwendungen für die zeitlich befristete Überlassung von Rechten	120.000 €

Wie hoch ist der Hinzurechnungsbetrag nach § 8 Nr. 1 GewStG für den EZ 2020?

FALL 6

Zum Betriebsvermögen des Gewerbetreibenden Rönkendorf (alte Bundesländer) gehört seit Jahren ein Grundstück, dessen Einheitswert nach den Wertverhältnissen vom 01.01.1964 50.000 € beträgt. Das Grundstück dient ganz eigenen gewerblichen Zwecken.

Wie hoch ist die Kürzung für den Grundbesitz?

FALL 7

Sachverhalt wie im Fall 6 mit dem Unterschied, dass nur 80 % des Grundstücks eigenen gewerblichen Zwecken und 20 % Wohnzwecken dienen.

Wie hoch ist die gewerbesteuerliche Kürzung für den Grundbesitz?

3.7 Zusammenfassung und Erfolgskontrolle   445

FALL 8

Der Gewerbetreibende Bernhard war am 01.01.2020 Eigentümer eines Grundstücks, das zu seinem Betriebsvermögen gehört. Der Einheitswert des Grundstücks (Wertverhältnisse 01.01.1964) beträgt 80.000 €. Er verkaufte dieses Grundstück am 24.06.2020. Am 26.08.2020 kaufte er ein Ersatzgrundstück mit einem Einheitswert von 90.000 €. Beide Grundstücke sind nicht von der Grundsteuer befreit.

Wie hoch sind die Kürzungen für den Grundbesitz in 2020 und 2021?

FALL 9

Der Einzelgewerbetreibende Dohler hat in 2020 folgende Beträge aus betrieblichen Mitteln gespendet:

Zuwendungen zur Förderung der Kunst und Kultur	1.400 €
Zuwendungen an politische Parteien	2.000 €
Zuwendungen zur Förderung von Wissenschaft und Forschung	3.000 €

Wie hoch ist die Kürzung nach § 9 Nr. 5 GewStG, wenn sein Gewinn aus Gewerbebetrieb 50.000 € beträgt?

FALL 10

Sachverhalt wie im Fall 9 mit dem Unterschied, dass es sich bei dem Gewerbebetrieb um eine GmbH handelt.

Wie hoch ist die Kürzung nach § 9 Nr. 5 GewStG, wenn der Gewinn (das Einkommen) der GmbH **vor** Abzug der Zuwendungen 50.000 € beträgt?

FALL 11

Der Einzelgewerbetreibende Sprenger, Düsseldorf, hat einen gewerbesteuerlichen Verlust aus den Vorjahren (EZ 2018 und 2019) in Höhe von 2.500.000 €, der in der Vergangenheit nicht ausgeglichen werden konnte. Im EZ 2020 erzielte er einen positiven maßgeblichen Gewerbeertrag von 2.000.000 € und im EZ 2021 von 1.000.000 €.

Wie wird der Gewerbeverlust 2020 und 2021 berücksichtigt?

FALL 12

Ein Duisburger Bäckermeister, dessen Wirtschaftsjahr mit dem Kalenderjahr übereinstimmt, hat im EZ 2020 einen Gewerbeertrag von 105.215 € erzielt.

Wie hoch ist der Steuermessbetrag für den EZ 2020?

FALL 13

Die Weinland-GmbH, Trier, deren Wirtschaftsjahr mit dem Kalenderjahr übereinstimmt, hat im EZ 2020 einen Gewerbeertrag von 14.315 € erzielt.

Wie hoch ist der Steuermessbetrag für den EZ 2020?

446   C. Gewerbesteuer

FALL 14

Die Steuerpflicht der Piko GmbH, Mainz, deren Wirtschaftsjahr mit dem Kalenderjahr über-einstimmt, begann am 01.09.2020. Im Rumpfwirtschaftsjahr vom 01.09. bis 31.12.2020 erzielte sie einen Gewerbeertrag von 40.000 €.

Wie hoch ist der Steuermessbetrag für den EZ 2020?

FALL 15

Ein Kölner Einzelhändler, dessen Wirtschaftsjahr mit dem Kalenderjahr übereinstimmt, legt Ihnen für den EZ 2020 folgende Zahlen vor:

1.	Gewinn aus Gewerbebetrieb	21.000 €
2.	Zinsaufwendungen für Hypothek	2.786 €
3.	Einheitswert des Betriebsgrundstücks, seit 2015 im Betriebsvermögen	25.000 €
4.	Gewinnanteil an einer OHG	4.750 €
5.	Miete für eine Registrierkasse (Vermieter ist Gewerbetreibender)	1.625 €

Wie hoch ist der Steuermessbetrag für den EZ 2020?

FALL 16

Der Transportunternehmer Werner Baulig, Wiesbaden, dessen Wirtschaftsjahr mit dem Kalenderjahr übereinstimmt, legt Ihnen für den EZ 2020 folgende Zahlen vor:

1.	Gewinn nach § 15 EStG	74.581 €
2.	Zinsaufwendungen für langfristige und kurzfristige Kredite	35.000 €
3.	Gewinnanteile eines echten stillen Gesellschafters	15.000 €
4.	Mietaufwendungen für eine Computeranlage	12.000 €
5.	Pachtaufwendungen für ein Grundstück	78.000 €
6.	Aufwendungen für die zeitlich befristete Überlassung von Rechten	120.000 €
7.	Einheitswert des Betriebsgrundstücks, Erwerb 02.01.2020	30.200 €

Wie hoch ist der Steuermessbetrag für den EZ 2020?

4 Festsetzung und Erhebung der Gewerbesteuer

4.1 Festsetzung der Gewerbesteuer

Die **Gewerbesteuer** wird aufgrund des Steuermessbetrags mit einem **Hebesatz festgesetzt** (§ 16 Abs. 1 GewStG).

Für die Steuerfestsetzung ist der **Hebesatz** maßgebend, der von der **hebeberechtigten** Gemeinde für den jeweiligen Erhebungszeitraum (Kalenderjahr) festgesetzt ist.

Seit dem EZ 2004 beträgt der Hebesatz **200 %**, wenn die Gemeinde nicht einen höheren Hebesatz bestimmt hat (§ 16 Abs. 4 Satz 2 GewStG).

> **BEISPIEL**
>
> Die Firma Schmidt OHG, Stuttgart, deren Wirtschaftsjahr mit dem Kalenderjahr übereinstimmt, hat im EZ 2020 einen **Gewerbeertrag** von **77.000 €** erzielt.
>
> Der **Hebesatz** der Gemeinde **Stuttgart** beträgt **420 %** (siehe unten).
>
> Die **Gewerbesteuer** wird für den EZ 2020 wie folgt ermittelt:

		€
	vorläufiger **Gewerbeertrag**	77.000,00
-	Freibetrag	- 24.500,00
=	endgültiger **Gewerbeertrag**	52.500,00
x	(einheitliche) Steuermesszahl 3,5 %	
=	**Steuermessbetrag** (3,5 % von 52.500 €), abgerundet auf volle €	1.837,00
x	**Hebesatz 420 %**	
=	**Gewerbesteuer** (420 % von 1.837,00 €)	**7.715,40**

Gewerbesteuer-Hebesätze 2020 der Hauptstädte der 16 Bundesländer:

Gemeinde	Hebesatz 2020
Berlin	410 %
Bremen	460 %
Dresden	450 %
Düsseldorf	440 %
Erfurt	470 %
Hamburg	470 %
Hannover	480 %
Kiel	450 %
Magdeburg	450 %
Mainz	440 %
München	490 %
Potsdam	455 %
Saarbrücken	490 %
Schwerin	450 %
Stuttgart	420 %
Wiesbaden	454 %

4.2 Erhebung der Gewerbesteuer

Die **Verwaltung** der Gewerbesteuer steht zum Teil den **Finanzämtern** und zum Teil den **Gemeinden** zu.

4.2.1 Zuständigkeit der Finanzämter

Die Steuerpflichtigen reichen ihre **Gewerbesteuererklärung** beim zuständigen **Finanzamt** ein.

Für die **Feststellung der Besteuerungsgrundlage** (Gewerbeertrag) sowie für die **Festsetzung des Steuermessbetrages** ist das **Betriebsfinanzamt** zuständig (§ 22 Abs. 1 AO). Das ist das Finanzamt, in dessen Bezirk sich die Geschäftsleitung befindet (§ 18 Abs. 1 Nr. 2 AO).

 Einzelheiten zum **Betriebsfinanzamt** erfolgen im Abschnitt 2.2.1.3 „Umsatzsteuer und Realsteuern" der **Steuerlehre 1**, 41. Auflage 2020, S. 37.

Die **Feststellung** des gewerblichen Gewinns sowie die **Festsetzung** des Steuermessbetrages liegen grundsätzlich in der Hand eines Finanzamtes. Dies gilt auch dann, wenn ein Einzelunternehmer seinen Wohnsitz und die Geschäftsleitung seines Betriebes in den Bezirken verschiedener Finanzämter und verschiedener Gemeinden hat (R 1.3 Abs. 3 GewStR).
Das **Betriebsfinanzamt** setzt den **Steuermessbetrag** in einem Gewerbesteuer**messbescheid** (Grundlagenbescheid) fest (R 1.3 Abs. 1 GewStR).
Die Festsetzung erfolgt in der Regel in **einem** Arbeitsgang mit der Veranlagung der Einkommensteuer bzw. Körperschaftsteuer.
Eine Ausfertigung des Steuer**mess**bescheides erhält die hebeberechtigte **Gemeinde** und eine Ausfertigung des Messbescheides der **Steuerpflichtige**.

4.2.2 Zuständigkeit der Gemeinden

Die **Gemeinde** erlässt auf der Grundlage des Messbescheides den **Gewerbesteuerbescheid**.

Die **Festsetzung und Erhebung der Gewerbesteuer** obliegt im Regelfall den hebeberechtigten **Gemeinden** (R 1.1 GewStR).
Nur in Ausnahmefällen können diese Aufgaben durch das Land den Finanzämtern übertragen werden.

Auf der Grundlage des ihr vom Finanzamt zugesandten Steuermessbescheids setzt die **Gemeinde** unter Anwendung des entsprechenden **Hebesatzes** die Gewerbesteuer im **Gewerbesteuerbescheid** fest.

Der Gewerbesteuerbescheid kann schon vor Rechtskraft des Steuermessbescheides erlassen werden.

Wird der Steuer**mess**bescheid geändert (z. B. aufgrund eines Einspruchs), wird der Gewerbe**steuer**bescheid von Amts wegen geändert.

Über Anträge auf **Stundung**, **Niederschlagung und Erlass der Gewerbesteuer** hat die **hebeberechtigte Gemeinde** zu entscheiden (R 1.6 Abs. 1 und 2 GewStR).

Gegen den **Gewerbesteuerbescheid** kann der Steuerpflichtige innerhalb eines Monats bei der Gemeinde **Widerspruch** erheben (§ 69 VwGO). Für die **Klage**, **Berufung** und **Revision** sind in diesem Fall die **Verwaltungsgerichte** zuständig.

4.2.3 Steuerschuldner

Steuerschuldner der Gewerbesteuer ist der **Unternehmer**. Als **Unternehmer** gilt der, für dessen Rechnung und Gefahr das Unternehmen betrieben wird (§ 5 Abs. 1 GewStG).

Wird das Gewerbe für Rechnung und Gefahr einer **Personengesellschaft** betrieben, ist die **Gesellschaft** Steuerschuldnerin (§ 5 Abs. 1 Satz 3 GewStG). **Gesellschaften** im Sinne des § 5 Abs. 1 Satz 3 GewStG sind die **offene Handelsgesellschaft** (OHG), die **Kommandit-gesellschaft** (KG) und die **Gesellschaft des bürgerlichen Rechts** (GbR).
Die Regelung, dass die Gesellschaft selbst Steuerschuldnerin ist, schließt nicht aus, dass die **Gesellschafter** als **Haftungsschuldner** in Anspruch genommen werden können.

Bei der stillen Gesellschaft ist der **echte (typische) stille Gesellschafter kein Unternehmer** im Sinne des § 5 Abs. 1 Satz 3 GewStG.

Wird das Gewerbe von einer **juristischen Person** (z.B. AG, GmbH) betrieben, ist diese **Unternehmer**. Die **Gesellschafter** einer juristischen Person kommen als Unternehmer und damit als Haftungsschuldner **nicht** in Betracht.

4.2.4 Vorauszahlungen

Der Steuerschuldner hat am **15. Februar**, **15. Mai**, **15. August** und **15. November Voraus-zahlungen** zu entrichten (§ 19 Abs. 1 GewStG).

Jede **Vorauszahlung** beträgt **grundsätzlich ein Viertel der Steuer**, die sich bei der **letzten** Veranlagung ergeben hat (§ 19 Abs. 2 GewStG).

Die **Gemeinde kann** die **Vorauszahlungen** der Steuer **anpassen**, die sich für den laufenden EZ voraussichtlich ergeben wird. Die für einen EZ entrichteten Vorauszahlungen werden auf die Steuerschuld für den EZ angerechnet (§ 20 Abs. 1 GewStG).
Ist die **Steuerschuld größer als** die Summe der anzurechnenden **Vorauszahlungen**, so ist der Unterschiedsbetrag, soweit es sich nicht um bereits fällig gewesene, aber nicht entrichtete Vorauszahlungen handelt, **innerhalb eines Monats** nach Bekanntgabe des Steuerbescheids zu entrichten (**Abschlusszahlung**; § 20 Abs. 2 GewStG).

	Gewerbesteuer 2020
−	bereits geleistete **GewSt-Vorauszahlungen** für 2020
=	noch zu zahlende **GewSt-Abschlusszahlung** 2020

450 C. Gewerbesteuer

4.3 Erfolgskontrolle

WIEDERHOLUNGSFRAGEN

1. Wie wird die Gewerbesteuer mithilfe des Steuermessbetrags und des Hebesatzes berechnet?
2. Wer setzt den Hebesatz fest?
3. Wie hoch ist der Mindesthebesatz?
4. Wem steht die Verwaltung der Gewerbesteuer zu?
5. Welche Veranlagungsarbeit fällt in den Zuständigkeitsbereich der Finanzämter?
6. Welche Veranlagungsarbeit fällt in den Zuständigkeitsbereich der Gemeinden?
7. Wer ist Schuldner der Gewerbesteuer?
8. Zu welchen Terminen sind Gewerbesteuer-Vorauszahlungen zu leisten?
9. Wie hoch sind grundsätzlich die Gewerbesteuer-Vorauszahlungen?

FÄLLE

FALL 1

Die Firma Baulig OHG, Kaiserslautern, deren Wirtschaftsjahr mit dem Kalenderjahr übereinstimmt, legt Ihnen für den EZ 2020 folgende Zahlen vor:

1.	Gewinn nach § 15 EStG	84.695 €
2.	Verlustanteil aus einer KG-Beteiligung	12.125 €
3.	Zinsaufwendungen für kurzfristige Kredite	2.250 €
4.	Mietaufwand für Computer	24.000 €
5.	Mietaufwand für eine Lagerhalle	23.400 €
6.	Einheitswert der angemieteten Lagerhalle aus Nr. 5	20.000 €
7.	Mietaufwand für eine Kühlanlage	3.000 €
8.	Zuwendungen für wissenschaftliche Zwecke (aus Mitteln der OHG)	4.800 €
9.	Einheitswert der Betriebsgrundstücke, seit 2010 im Betriebsvermögen	50.000 €

Wie hoch ist die Gewerbesteuer für den EZ 2020, wenn der Hebesatz von Kaiserslautern 410 % beträgt?

FALL 2

Der Steuerpflichtige Fritz Klein, Koblenz, ist Alleininhaber einer im Handelsregister eingetragenen Apotheke. Für das Wirtschaftsjahr 2020, das mit dem Kalenderjahr übereinstimmt, ergibt sich Folgendes:

Betriebsvermögen lt. Steuerbilanz zum 31.12.2019	125.300 €
Betriebsvermögen lt. Steuerbilanz zum 31.12.2020	118.900 €

Die Privatentnahmen des Klein haben 2020 50.700 € betragen. Eine Einkommensteuerüberzahlung für 2018 in Höhe von 1.300 € ist 2020 auf das betriebliche Bankkonto überwiesen worden. Zur Finanzierung des Kaufs einer neuen Theke hat Klein 2019 ein Darlehen in Höhe von 20.000 € aufgenommen. Die in 2020 gezahlten Zinsen haben 2.100 € betragen.

Daneben hat Klein Einrichtungen der Apotheke für monatlich 100 € gemietet.

Klein ist an der Maier-Arzneimittelgroßhandlung OHG als Mitunternehmer beteiligt. Die OHG hat 2020 einen Verlust in Höhe von 30.000 € erzielt, davon entfallen auf Klein 1.500 €.

Das bebaute Grundstück, auf dem sich die Apotheke befindet, gehört Klein. Es gehört seit 2011 zum notwendigen Betriebsvermögen. Der Einheitswert des Grundstücks beträgt 80.000 €. Das Grundstück ist nicht von der Grundsteuer befreit.

Wie hoch ist die Gewerbesteuer für den EZ 2020, wenn der Hebesatz von Koblenz 420 % beträgt?

5 Zerlegung

Die **Aufteilung des Steuermessbetrags** auf mehrere hebeberechtigte Gemeinden bezeichnet das Gesetz als **Zerlegung** (§§ 28 ff. GewStG). Durch die Zerlegung erhält jede Gemeinde den ihr zustehenden Anteil an der Gewerbesteuer.

5.1 Betriebsstätte

Unterhält **ein** Gewerbebetrieb in **mehreren** Gemeinden **Betriebsstätten**, ist der **Steuermessbetrag** in die auf die einzelnen Gemeinden entfallenden Anteile (**Zerlegungsanteile**) zu zerlegen (§ 28 Abs. 1 Satz 1 GewStG).
Das gilt **auch**, wenn eine Betriebsstätte sich über **mehrere** Gemeinden erstreckt oder eine Betriebsstätte innerhalb eines Erhebungszeitraums von einer Gemeinde in eine andere **verlegt** worden ist (§ 28 Abs. 1 Satz 2 GewStG).

5.2 Zerlegungsmaßstab

Maßstab für die Zerlegung des Steuermessbetrags ist bei Betriebsstätten in mehreren Gemeinden grundsätzlich das **Verhältnis**, in dem die Summe der Arbeitslöhne, die an die bei **allen Betriebsstätten** beschäftigten Arbeitnehmer gezahlt worden sind, **zu den Arbeitslöhnen** steht, die an die bei den **Betriebsstätten der einzelnen Gemeinden** beschäftigten Arbeitnehmer gezahlt worden sind (§ 29 Abs. 1 Nr. 1 GewStG).
Der **Arbeitslohn** i. S. d. § 29 Abs. 1 GewStG wird nach § 31 GewStG wie folgt ermittelt:

	Vergütungen i. S. d. § 19 Abs. 1 Nr. 1 EStG
+	Zuschläge für Mehrarbeit und für Sonntags-, Feiertags- und Nachtarbeit
-	Ausbildungsvergütungen
-	einmalige Vergütungen (z. B. Tantiemen, Gratifikationen)
+	fiktiver Unternehmerlohn bei nicht juristischen Personen von 25.000 Euro
=	**Arbeitslohn** i. S. d. § 31 GewStG (abzurunden auf volle 1.000 Euro, § 29 Abs. 3)

B E I S P I E L

Ein Industriebetrieb unterhält in den Gemeinden A, B und C Betriebsstätten. Der Hebesatz beträgt bei der Gemeinde A **300 %**, der Gemeinde B **340 %** und der Gemeinde C **350 %**. Der **Steuermessbetrag** beträgt **20.000 €** und die Summe der gezahlten **Arbeitslöhne** i. S. d. § 31 GewStG aller Betriebsstätten **500.000 €**.

Von dem Gesamtbetrag der Arbeitslöhne entfallen auf die **Betriebsstätte** in der

Gemeinde A	150.000,00 €	=	**30 %**
Gemeinde B	250.000,00 €	=	**50 %**
Gemeinde C	100.000,00 €	=	**20 %**
	500.000,00 €		100 %

Die **Zerlegung** wird wie folgt vorgenommen:

			Zerlegungsanteile
Gemeinde A	30 % von 20.000 €	=	**6.000 €**
Gemeinde B	50 % von 20.000 €	=	**10.000 €**
Gemeinde C	20 % von 20.000 €	=	**4.000 €**
			20.000 €

C. Gewerbesteuer

Die Gewerbesteuer wird wie folgt ermittelt:

Betriebsstätten	Zerlegungsanteile		Hebesätze		Gewerbesteuer
Gemeinde A	6.000 €	x	300 %	=	**18.000 €**
Gemeinde B	10.000 €	x	340 %	=	**34.000 €**
Gemeinde C	4.000 €	x	350 %	=	**14.000 €**
	20.000 €				66.000 €

> **MERKE →**   **Zerlegungsanteil** x Hebesatz = **Gewerbesteuer**

Übersteigt der Steuermessbetrag (Zerlegungsanteil) **nicht** den Betrag von **10 Euro**, so ist er in voller Höhe der **Gemeinde** zuzuweisen, in der sich die **Geschäftsleitung** befindet (§ 34 Abs. 1 Satz 1 GewStG).

5.3 Zerlegungsbescheid

Für die **Zerlegung** des Steuermessbetrags ist das **Betriebsfinanzamt** zuständig (§ 22 Abs. 1 AO). Das ist das Finanzamt, in dessen Bezirk sich die Geschäftsleitung befindet (§ 18 Abs. 1 Nr. 2 AO).

Die Zerlegung des Steuermessbetrages liegt grundsätzlich in der Hand **eines** Finanzamtes.

Je eine Ausfertigung des **Zerlegungsbescheides** erhalten die hebeberechtigten **Gemeinden** und der **Steuerpflichtige**.

Die **Gemeinden** erlassen auf der Grundlage der Zerlegungsbescheide die **Gewerbesteuerbescheide**.

5.4 Erfolgskontrolle

WIEDERHOLUNGSFRAGEN

1. In welchem Fall findet eine Zerlegung des Steuermessbetrags statt?
2. Welcher Maßstab wird der Zerlegung zugrunde gelegt?

FÄLLE

FALL 1

Die Industrie-GmbH, Aachen, unterhält in Aachen, Bonn und Celle Betriebsstätten. Ihr Steuermessbetrag beträgt 2020 24.000 €. Die Summe der gezahlten Arbeitslöhne i.S.d. § 31 GewStG beträgt in Aachen 504.000 €, in Bonn 252.000 € und in Celle 84.000 €.

Zerlegen Sie den Steuermessbetrag für den EZ 2020.

FALL 2

Sachverhalt wie im Fall 1 mit der Ergänzung, dass der Hebesatz von Aachen 475 %, von Bonn 490 % und von Celle 440 % beträgt.

Wie hoch ist die Gewerbesteuer, die die GmbH an die einzelnen Gemeinden zu entrichten hat?

6 Gewerbesteuerrückstellung

Bis 2007 war die **Gewerbesteuer handels- und steuerrechtlich** eine **abziehbare Betriebsausgabe**. Für die zu erwartende Gewerbesteuer-Vorauszahlung war handels- und steuerrechtlich in Höhe der Abschlusszahlung eine Gewerbesteuerrückstellung zu bilden.

Seit 2008 ist die **Gewerbesteuer** steuerrechtlich **keine Betriebsausgabe** mehr (§ 4 Abs. 5b EStG), sodass sie in der Steuerbilanz nicht mehr gewinnmindernd berücksichtigt werden darf.
Handelsrechtlich ist die Gewerbesteuerrückstellung weiterhin zu bilden, weil es sich um eine **ungewisse Verbindlichkeit** i.S.d. § 249 Abs. 1 Satz 1 HGB handelt.

Soweit die Gewerbesteuervorauszahlungen und die Gewerbesteuerrückstellung zulässigerweise den Handelsbilanzgewinn gemindert haben, ist für **steuerliche** Zwecke eine Korrektur vorzunehmen. Die Korrektur kann unterbleiben, wenn die Gewerbesteuer als **Entnahme** (Privatentnahme) in der Buchführung erfasst worden ist.

Die buchmäßige Darstellung der **Gewerbesteuerrückstellung** erfolgt in der **Buchführung 2**, 32. Auflage 2021.

6.1 Berechnung der Gewerbesteuerrückstellung

Sind die Gewerbesteuervorauszahlungen und die darauf entfallenden Nebenleistungen **gewinnmindernd** gebucht worden, gilt das folgende Schema zur Ermittlung der Gewerbesteuerrückstellung:

```
+   Gewinn aus Gewerbebetrieb
+   Gewerbesteuervorauszahlungen
+   die auf die GewSt entfallenden Nebenleistungen (z.B. Säumniszuschläge)
=   Gewerbeertrag (§ 7 Satz 1 GewStG)
+   Hinzurechnungen (§ 8 GewStG)
−   Kürzungen (§ 9 GewStG)
=   maßgebender Gewerbeertrag (§ 10 GewStG)
−   Gewerbeverluste aus Vorjahren (§ 10a GewStG)
=   (vorläufiger) Gewerbeertrag abrunden auf volle 100 Euro (§ 11 Abs. 1 GewStG)
−   Freibetrag (§ 11 Abs. 1 GewStG)
=   (endgültiger) Gewerbeertrag
x   (einheitliche) Steuermesszahl 3,5 % (§ 11 Abs. 2 GewStG)
=   Gewerbesteuermessbetrag (§ 11 Abs. 1 GewStG), abrunden auf volle €
x   Hebesatz (§ 16 GewStG)
=   Gewerbesteuer
−   Gewerbesteuervorauszahlungen für den EZ der Rückstellung
=   Gewerbesteuerrückstellung
```

Sind die Gewerbesteuervorauszahlungen und die darauf entfallenden Nebenleistungen **nicht gewinnmindernd** gebucht worden (z.B. Buchung als Privatentnahmen), sind die Vorauszahlungen und die Nebenleistungen dem Gewinn aus Gewerbebetrieb **nicht** hinzuzurechnen.

454 C. Gewerbesteuer

B E I S P I E L

Der Einzelhändler A, Bonn, hat in 2020 durch Betriebsvermögensvergleich einen Gewinn aus Gewerbebetrieb von 237.050 € erzielt. Die Gewerbesteuervorauszahlungen von 30.000 € hat A **nicht gewinnmindernd** berücksichtigt. Nebenleistungen, die auf die Gewerbesteuer entfallen, sind nicht angefallen. Der Hebesatz der Gemeinde beträgt 490 %.

Für 2020 hat A folgende Beträge als Betriebsausgaben abgezogen:

1. Schuldzinsen in Höhe von 139.000 €, davon entfallen 130.000 € auf langfristige und 9.000 € auf kurzfristige Kredite,

2. Gewinnanteile eines typisch stillen Gesellschafters von 20.000 €,

3. Leasingraten von 24.000 € für die Benutzung einer Computeranlage,

4. Pachtaufwendungen von 78.000 € für die Benutzung eines Grundstücks,

5. Verlustanteile an einer OHG von 1.500 €.

Außerdem hat A noch einen Gewinnanteil an einer KG von 16.000 € als Betriebseinnahme gebucht.

Die **Gewerbesteuerrückstellung** wird für den EZ 2020 wie folgt berechnet:

				€
Gewinn aus Gewerbebetrieb				237.050
+ Hinzurechnungen nach § 8 GewStG				
100 % der Entgelte für Schulden	139.000 €			
100 % der Gewinnanteile des st. Gesellschafters	20.000 €			
20 % der Leasingraten von 24.000 €	4.800 €			
50 % der Pacht von 78.000 €	39.000 €			
= Summe der Finanzierungsanteile	202.800 €			
− Freibetrag	− 200.000 €			
= verbleibender Betrag	2.800 €			
x 25 % (= Hinzurechnungsbetrag)		700 €		
Verlustanteil OHG		1.500 €	+ 2.200	
				239.250
− Kürzungen nach § 9 GewStG				
Gewinnanteil KG				− 16.000
= maßgebender Gewerbeertrag (§ 10 GewStG)				223.250
Abrundung auf volle 100 Euro				223.200
− Freibetrag (§ 11 Abs. 1 GewStG)				− 24.500
= (endgültiger) Gewerbeertrag				198.700
x (einheitliche) Steuermesszahl 3,5 %				
= Steuermessbetrag (3,5 % von 198.700 €) volle €				6.954
x Hebesatz 490 %				
= Gewerbesteuer (490 % von 6.954 €)				34.074,60
− **Gewerbesteuervorauszahlungen für 2020**				**− 30.000,00**
= Gewerbesteuerrückstellung 2020				4.074,60

6.2 Erfolgskontrolle

WIEDERHOLUNGSFRAGEN

1. Muss eine Gewerbesteuerrückstellung steuerrechtlich gebildet werden?
2. Muss eine Gewerbesteuerrückstellung handelsrechtlich gebildet werden?
3. In welchen Fällen sind die Gewerbesteuervorauszahlungen und die darauf entfallenden Nebenleistungen dem Gewinn aus Gewerbebetrieb hinzuzurechnen?
4. In welchen Fällen sind die Gewerbesteuervorauszahlungen und die darauf entfallenden Nebenleistungen dem Gewinn aus Gewerbebetrieb nicht hinzuzurechnen?

FÄLLE

FALL 1

Der Gewinn aus Gewerbebetrieb eines Einzelunternehmers beträgt im EZ 2020 89.300 €.
Die Gewerbesteuervorauszahlungen von 4.500 € haben den Gewinn nicht gemindert.
Die Hinzurechnungen nach § 8 GewStG betragen 9.700 € und die Kürzungen nach § 9 GewStG 1.000 €.
Der Hebesatz beläuft sich auf 380 %.
Berechnen Sie die Gewerbesteuerrückstellung für den EZ 2020.

FALL 2

Sachverhalt wie im Fall 1 des Kapitels 4 (Seite 450) mit dem Unterschied, dass der dort angegebene Gewinn von 84.695 € der Gewinn vor Gewerbesteuerrückstellung ist und die als Aufwand gebuchten Gewerbesteuervorauszahlungen 3.000 € betragen.
Berechnen Sie die Gewerbesteuerrückstellung für den EZ 2020.

Weitere Fälle mit Lösungen zur Gewerbesteuerrückstellung finden Sie im **Lösungsbuch** der Steuerlehre 2.	
Arbeitshilfen zur Berechnung der Gewerbesteuer finden Sie auf der Verlags-Homepage zur Steuerlehre 2 als „Online Plus".	

C. Gewerbesteuer

Prüfungsfälle Gewerbesteuer

PRÜFUNGSFALL 1

Ermitteln Sie die Gewerbesteuerschuld des Einzelunternehmers Rudi Rastlos in Rosenheim (Bayern) für 2020. Er macht dazu folgende Angaben:

- Gewinn lt. GuV-Konto 64.444 € (vor Gewerbesteuervorauszahlungen)
- 2020 spendete Rastlos für gemeinnützige Zwecke 1.500 € und 500 € an eine politische Partei aus betrieblichen Mitteln. Beide Beträge wurden als Aufwand auf das Konto „**6390** (2380) Zuwendungen" gebucht.
- Rastlos kaufte für 184.500 € am 24.09.2020 ein Grundstück, das zu 100 % eigenbetrieblich genutzt wird. EHW (Wertverhältnisse 01.01.1964) 48.000 €
- Für diesen Kauf nahm Rastlos zum 01.10.2020 ein Darlehen von 80.000 € zu folgenden Konditionen auf:
  Auszahlung 96 %, Laufzeit 10 Jahre, Zinssatz 6 %, Tilgung am Ende der Laufzeit.
- Für einen Kontokorrentkredit berechnete die Bank 256 € Zinsen.
- Am Unternehmen ist der Bruder von Rudi Rastlos als typisch stiller Gesellschafter beteiligt. Sein Gewinnanteil von 10.000 € wurde als Betriebsausgabe gebucht.
- Von einem Computerhändler in Rosenheim wurde während des ganzen Jahres eine DV-Anlage geleast; Aufwand für monatliche Leasingrate 1.100 € (ganzjährig).
- Das alte Betriebsgrundstück (Anschaffungskosten 235.000 €), seit 2010 im Betriebsvermögen, wird zu 85 % eigenbetrieblich genutzt und auch so bilanziert; EHW (Wertverhältnisse 01.01.1964) 80.000 €.
- Rastlos ist an einer OHG in München beteiligt. Er musste sich 2020 mit 8.500 € am Verlust beteiligen.
- Hebesatz 400 %

PRÜFUNGSFALL 2

Die DRESS & MAN GmbH, deren Wirtschaftsjahr mit dem Kalenderjahr übereinstimmt, betreibt seit 1995 in Gelsenkirchen auf eigenem Grundstück (100 % eigenbetriebliche Nutzung, Anschaffungskosten 395.000 €, Einheitswert 100.000 € auf den 01.01.1964) einen Textilgroßhandel. Das Stammkapital von 25.000 € ist voll eingezahlt, alleiniger Gesellschafter ist Marc Schön, der seine Beteiligung im Privatvermögen hält.

Lt. Anstellungsvertrag erhielt der Gesellschafter-Geschäftsführer Marc Schön in 2020 eine Tätigkeitsvergütung in angemessener Höhe von 60.000 €, die von der GmbH als Betriebsausgabe erfasst wurde.

Außerdem hat der Gesellschafter Marc Schön aus seinem Privatvermögen der DRESS & MAN GmbH im Jahre 2019 ein Darlehen (Laufzeit 5 Jahre) zur Verfügung gestellt, für das die GmbH im Jahre 2020 Zinsen in angemessener Höhe von insgesamt 12.000 € gezahlt hat. Die Zinszahlungen an den Gesellschafter wurden bei der DRESS & MAN GmbH als Betriebsausgabe erfasst.

1. Prüfen Sie, ob sich aus dem o. a. Sachverhalt Hinzurechnungen bzw. Kürzungen bei der Ermittlung des Gewerbeertrags der DRESS & MAN GmbH für den EZ 2020 ergeben und berechnen Sie die Höhe der entsprechenden Hinzurechnungen bzw. Kürzungen.
2. Ermitteln Sie die Höhe der Gewerbesteuerschuld der DRESS & MAN GmbH für den EZ 2020. Der zutreffend ermittelte Gewerbeertrag beträgt 30.000 €. Der Hebesatz der Gemeinde beträgt 480 %.

Prüfungsfälle Gewerbesteuer

PRÜFUNGSFALL 3

Die Güdding OHG betreibt in Gelsenkirchen, Lindenstr. 100, eine Konfektionsschneiderei. Gesellschafter der Güdding OHG sind Doris Güdding und Bernd Güdding. Die Güdding OHG ist zum vollen Vorsteuerabzug berechtigt. Die Güdding OHG ermittelt ihren Gewinn nach § 5 EStG. Das Wirtschaftsjahr entspricht dem Kalenderjahr.

Die Güdding OHG legt Ihnen für den EZ 2020 folgende Zahlen vor:

1. Für das Wirtschaftsjahr 2020 wurde ein vorläufiger handelsrechtlicher Gewinn in Höhe von 207.850 € ermittelt.
2. Der Einheitswert des zum Betriebsvermögen der Güdding OHG gehörenden Geschäftsgrundstücks „Lindenstr. 96" (100 % eigenbetriebliche Nutzung) wurde zuletzt festgestellt auf den 01.01.1995 und beträgt 75.000 € (Wertverhältnisse 01.01.1964).
3. Zur Finanzierung von Reparaturarbeiten am Betriebsgebäude nahm die Güdding OHG am 01.02.2020 ein Darlehen in Höhe von 60.000 € auf. Die Bedingungen lauten:
   Auszahlung: 98 %,
   Zinssatz: 3 % p.a.,
   Laufzeit: 01.02.2020 bis 31.01.2025,
   Tilgung: 31.01.2025 in einer Summe am Ende der Laufzeit.

   Für das Disagio wurde in der Handelsbilanz hierfür ein aktiver Rechnungsabgrenzungsposten eingestellt.
4. Aufgrund entsprechender Vereinbarungen im Gesellschaftervertrag erhält Doris Güdding für die Geschäftsführung eine monatliche Vergütung von 6.800 €, die als Personalaufwand erfasst wird.
5. Theresia Meier ist Eigentümerin einer industriellen Großnähmaschine, die sie als Privatperson an die Güdding OHG vermietet hat. Für die Überlassung der Nähmaschine zahlt ihr die Güdding OHG eine monatliche Miete in Höhe von 500 € (netto).
6. Die Güdding OHG ist an der Tuch KG beteiligt. Die Beteiligung gehört zum Betriebsvermögen. Im Wirtschaftsjahr 2020 hat die Tuch KG einen Gewinn von 38.000 € erzielt. Hiervon entfallen auf die Güdding OHG 2.500 €.
7. Die Güdding OHG unterhält bei der Volksbank Gelsenkirchen ein laufendes Konto. Die Bank berechnete für den Kontokorrentkredit Zinsen in Höhe von 1.925 €.
8. Für den Erhebungszeitraum 2020 leistete Frau Güdding Gewerbesteuervorauszahlungen in Höhe von 20.000 €, die den handelsrechtlichen Gewinn gemindert haben.
9. Erwin Junghans, konfessionslos, ist als echter stiller Gesellschafter mit 25.000 € an der Güdding OHG beteiligt. Er hält die Beteiligung im Privatvermögen. Der Gewinnanteil für das Wirtschaftsjahr 2020 wurde im März 2021 unter Abzug von Kapitalertragsteuer (650 €) und des darauf entfallenden Solidaritätszuschlages (35,75 €) in Höhe von 1.914,25 € ausbezahlt. Ein Freistellungsauftrag des stillen Gesellschafters lag nicht vor.
10. Das angrenzende Nachbargrundstück „Lindenstr. 98" hat die Güdding OHG von dem Einzelhändler Peter Hansen für monatlich 520 € zuzüglich 98,80 € USt gemietet.

a) Ermitteln Sie die Höhe der Gewerbesteuerrückstellung/Erstattung für den Erhebungszeitraum 2020. Der Hebesatz der Gemeinde beträgt 480 %.
b) Ermitteln Sie den endgültigen handelsrechtlichen Gewinn der Güdding OHG für 2020.

Weitere Prüfungsfälle mit Lösungen finden Sie im **Lösungsbuch** der Steuerlehre 2.

D. Bewertungsgesetz

1 Einführung in das Bewertungsgesetz

Das Bewertungsgesetz enthielt historisch vor allem Vorschriften zur **Vermögensteuer** und **Gewerbekapitalertragsteuer**. Diese Steuerarten werden entweder derzeit nicht mehr erhoben oder sind weggefallen.

Praktische Bedeutung entfalten insbesondere die Bewertungsvorschriften der §§ 138 bis 150 BewG für Zwecke der **Erbschaftsteuer** (ErbSt) und der **Grunderwerbsteuer** (GrESt).

Allerdings kommen diese Bewertungsvorschriften nur dann zur Anwendung, wenn sie für diese Steuern benötigt werden (**Bedarfsbewertung**).

 Einzelheiten zur **Erbschaftsteuer** erfolgen im Kapitel E. „Erbschaftsteuer", Seiten 483 ff.

1.1 Einordnung und Abgrenzung zu anderen Gesetzen

Das **Bewertungsgesetz** ist – wie die Abgabenordnung – ein **allgemeines** Steuergesetz.

Für die Anwendung der Steuergesetze gilt der Grundsatz, dass **Einzelsteuergesetze** (z.B. EStG, KStG, UStG, GewStG, ErbStG) **Vorrang vor allgemeinen Steuergesetzen** (z.B. AO, BewG) haben.

Für die Ermittlung der Grundbesitzwerte, die bei der Erbschaftsteuer benötigt werden, gelten sowohl die **tatsächlichen Verhältnisse** als auch die **Wertverhältnisse zum Besteuerungszeitpunkt** (z.B. Todeszeitpunkt) (§ 138 Abs. 1 Satz 1 BewG).

In diesem Fall stimmt das allgemeine Steuergesetz (**BewG**) mit dem Einzelsteuergesetz (**ErbStG**) überein.

Innerhalb des Bewertungsgesetzes haben die **besonderen** Bewertungsvorschriften **Vorrang** vor den **allgemeinen** Bewertungsvorschriften (§ 1 Abs. 2 BewG).

Für die einzelnen gesetzlichen Vorschriften gilt demnach folgende **Bewertungsrangfolge**:

1. **Einzelsteuergesetze**,
2. **besondere** Bewertungsvorschriften,
3. **allgemeine** Bewertungsvorschriften.

1.2 Gliederung des Bewertungsgesetzes

Das Bewertungsgesetz wird in drei Teile gegliedert:

1. Teil: **Allgemeine Bewertungsvorschriften**,
2. Teil: **Besondere Bewertungsvorschriften** und
3. Teil: **Schlussbestimmungen**.

1.2.1 Allgemeine Bewertungsvorschriften

Die **allgemeinen Bewertungsvorschriften** sind in den §§ 1 bis 16 BewG (Erster Teil des BewG) geregelt.

Die **allgemeinen** Bewertungsvorschriften kommen immer dann in Betracht, wenn in den **Einzelsteuergesetzen** oder in den **besonderen** Bewertungsvorschriften keine Spezialvorschriften enthalten sind.

> **BEISPIEL**
>
> Der Gewerbetreibende A, Bonn, der seinen Gewinn nach § 5 EStG ermittelt, hat im Mai 2016 Wertpapiere mit Anschaffungskosten von 10.000 € privat erworben.
> A ordnet die Wertpapiere im August 2018 seinem Betriebsvermögen zu. Der Teilwert der Wertpapiere beträgt im Zeitpunkt der Zuführung 15.000 €.
>
> Nach § 10 BewG (allgemeine Bewertungsvorschriften) sind die Wertpapiere mit dem Teilwert von 15.000 € anzusetzen. Da die Vorschrift eines Einzelgesetzes Vorrang vor den allgemeinen Bewertungsvorschriften hat, sind die Wertpapiere jedoch mit den Anschaffungskosten von 10.000 € anzusetzen, weil das zugeführte Wirtschaftsgut innerhalb der letzten drei Jahre vor dem Zeitpunkt der Zuführung angeschafft worden ist (§ 6 Abs. 1 Nr. 5 Satz 1 Buchstabe a EStG).

1.2.2 Besondere Bewertungsvorschriften

Die **besonderen Bewertungsvorschriften** sind in den §§ 17 bis 203 BewG (Zweiter Teil des BewG) geregelt.

Die **besonderen** Bewertungsvorschriften sind nach Maßgabe der jeweiligen **Einzelsteuergesetze** anzuwenden (§ 17 Abs. 1 BewG).

Die §§ 18 bis 94, 122 und 125 bis 132 gelten für die **Grundsteuer** und die §§ 121a und 133 zusätzlich für die **Gewerbesteuer** (§ 17 Abs. 2 BewG).

1.2.3 Schlussbestimmungen

Der Dritte Teil des BewG (§ 204 und § 205 BewG) enthält noch die Bekanntmachungs- und Anwendungsvorschriften.

1.3 Erfolgskontrolle

WIEDERHOLUNGSFRAGEN

1. Ist das Bewertungsgesetz ein allgemeines Steuergesetz oder ein Einzelsteuergesetz?
2. In welchen Fällen sind die einzelnen Vorschriften anzuwenden?
3. Wie lässt sich das Bewertungsgesetz untergliedern?
4. Wann kommen die allgemeinen Bewertungsvorschriften in Betracht?

2 Wirtschaftliche Einheit

Nach § 2 BewG ist **nicht** jedes **einzelne** Wirtschaftsgut Gegenstand der Bewertung, sondern die **wirtschaftliche Einheit**, deren Wert grundsätzlich im Ganzen festzustellen ist.

2.1 Wirtschaftliche Einheit als Bewertungsgegenstand

Der **Bewertungsgegenstand** wird in § 2 BewG als **wirtschaftliche Einheit** bezeichnet. Eine wirtschaftliche Einheit erstreckt sich stets nur auf eine Vermögensart.

Das Bewertungsgesetz definiert den Begriff wirtschaftliche Einheit nicht, sondern lässt die „**Verkehrsanschauung**" hierüber entscheiden.

Was als **wirtschaftliche Einheit** zu gelten hat, ist daher nach der **Anschauung des Verkehrs** zu entscheiden. Die **örtliche Gewohnheit**, die **tatsächliche Übung**, die **Zweckbestimmung** und die **wirtschaftliche Zusammengehörigkeit** der einzelnen Wirtschaftsgüter sind zu berücksichtigen (§ 2 Abs. 1 Sätze 3 und 4 BewG).

> **BEISPIEL**
>
> Der Gewerbetreibende A, Bonn, hat für seinen Betrieb ein mit einer Lagerhalle bebautes Grundstück angeschafft.
>
> Für die steuerliche Gewinnermittlung sind das Grundstück (nicht planmäßig abschreibbar) und das Gebäude (planmäßig abschreibbar) gesondert zu aktivieren und nach dem Grundsatz der Einzelbewertung gesondert zu bewerten.
>
> Im Bewertungsgesetz bilden das Grundstück und das Gebäude eine wirtschaftliche Einheit und sind einheitlich zu bewerten.

Das Bewertungsgesetz unterscheidet die folgenden drei **Vermögensarten** (§ 18 BewG):

1. **land- und forstwirtschaftliches Vermögen (§§ 33 bis 67),**
2. **Grundvermögen (§§ 68 bis 94),**
3. **Betriebsvermögen (§§ 95 bis 109a).**

Bei den einzelnen **Vermögensarten** sind die folgenden **wirtschaftlichen Einheiten** zu unterscheiden.

2.1.1 Wirtschaftliche Einheit des land- und forstwirtschaftlichen Vermögens

Die **wirtschaftliche Einheit** des land- und forstwirtschaftlichen Vermögens ist der **Betrieb** der **Land- und Forstwirtschaft** (§ 33 Abs. 1 Satz 2 BewG).

Zum **land- und forstwirtschaftlichen Vermögen** gehören alle Wirtschaftsgüter, die einem Betrieb der Land- und Forstwirtschaft dauernd zu dienen bestimmt sind.

Zu den Wirtschaftsgütern, die dem **Betrieb** der Land- und Forstwirtschaft dauernd zu dienen bestimmt sind, gehören insbesondere (§ 33 Abs. 2 BewG):

- der **Grund und Boden** (z. B. Äcker, Wiesen),
- die **Wohn- und Wirtschaftsgebäude,**
- die **stehenden** (d. h. dem Betrieb dauernd dienenden) **Betriebsmittel** (z. B. Maschinen, Geräte, Zug- und Zuchttiere, Milchkühe) und
- ein normaler Bestand an **umlaufenden** (d. h. zum Verbrauch oder zur Veräußerung bestimmten) **Betriebsmitteln** (z. B. Saatgut, Mastvieh, Dünger).

2.1 Wirtschaftliche Einheit als Bewertungsgegenstand

Nicht zum land- und forstwirtschaftlichen Vermögen gehören (§ 33 Abs. 3 BewG):

Zahlungsmittel, Geldforderungen, Wertpapiere, über den normalen Bestand hinausgehende Bestände an umlaufenden Betriebsmitteln.

Ausländisches Vermögen ist nach dem ersten Teil des BewG zu bewerten (§ 31 BewG).

2.1.2 Wirtschaftliche Einheit des Grundvermögens

Die **wirtschaftliche Einheit** des Grundvermögens ist jedes einzelne **Grundstück** (§ 70 Abs. 1 BewG).

Zum **Grundvermögen** gehören nach § 68 Abs. 1 BewG

1. der **Grund und Boden**, die **Gebäude**, die sonstigen Bestandteile und das Zubehör,

2. das Erbbaurecht,

3. das Wohnungseigentum, Teileigentum, Wohnungserbbaurecht und Teilerbbaurecht nach dem Wohnungseigentumsgesetz,

soweit es sich **nicht** um **land- und forstwirtschaftliches Vermögen** (§ 33 BewG) oder um **Betriebsgrundstücke** (§ 99 BewG) handelt.

Zum **Grundvermögen** gehören **bebaute** und **unbebaute Grundstücke**.

Unbebaute Grundstücke sind Grundstücke, auf denen sich **keine** benutzbaren (bezugsfertigen) **Gebäude** befinden (§ 72 Abs. 1 BewG).

Bebaute Grundstücke sind Grundstücke, auf denen sich benutzbare (bezugsfertige) **Gebäude** befinden (§ 74 BewG).

Unter einem **Gebäude** versteht man bewertungsrechtlich ein Bauwerk, das Menschen oder Sachen durch räumliche Umschließung Schutz gegen Witterungseinflüsse gewährt, den Aufenthalt von Menschen gestattet und fest mit dem Grund und Boden verbunden ist.

Die **bebauten Grundstücke** werden nach § 75 Abs. 1 BewG in **sechs Grundstücksarten** eingeteilt:

1. **Mietwohngrundstücke,**

2. **Geschäftsgrundstücke,**

3. **gemischt genutzte Grundstücke,**

4. **Einfamilienhäuser,**

5. **Zweifamilienhäuser,**

6. **sonstige bebaute Grundstücke.**

Mietwohngrundstücke sind Grundstücke, die zu mehr als 80 % – berechnet nach der Jahresrohmiete – Wohnzwecken dienen, ausgenommen Einfamilien- und Zweifamilienhäuser (§ 75 Abs. 2 BewG).

Geschäftsgrundstücke sind Grundstücke, die zu mehr als 80 % – berechnet nach der Jahresrohmiete – eigenen oder fremden gewerblichen oder öffentlichen Zwecken dienen (§ 75 Abs. 3 BewG).

Gemischt genutzte Grundstücke sind Grundstücke, die teils Wohnzwecken, teils eigenen oder fremden gewerblichen oder öffentlichen Zwecken dienen und weder Mietwohngrundstücke, Geschäftsgrundstücke, Einfamilienhäuser noch Zweifamilienhäuser sind (§ 75 Abs. 4 BewG).

> **BEISPIEL**
>
> Ein Steuerpflichtiger nutzt sein bebautes Grundstück zu 40 % eigengewerblich und zu 60 % zu Wohnzwecken.
>
> Das Grundstück ist im bewertungsrechtlichen Sinne ein **gemischt genutztes Grundstück**.

Einfamilienhäuser sind Wohngrundstücke, die nur **eine Wohnung** enthalten (§ 75 Abs. 5 Satz 1 BewG).

Ein Grundstück gilt auch dann als Einfamilienhaus, wenn es zu gewerblichen (freiberuflichen) oder öffentlichen Zwecken mitbenutzt wird und dadurch die Eigenart als Einfamilienhaus nicht wesentlich beeinträchtigt wird (§ 75 Abs. 5 Satz 4 BewG).

> **BEISPIEL**
>
> Leo Klein, Bonn, ist Steuerberater und nutzt sein Haus zu 80 % der Nutzfläche als Wohnung und zu 20 % der Nutzfläche als Praxisräume.
>
> Das Haus ist im bewertungsrechtlichen Sinne ein **Einfamilienhaus**, weil es ein Wohngrundstück ist, das nur **eine Wohnung** enthält und durch die freiberufliche Mitbenutzung die **Eigenart** als Einfamilienhaus **nicht** wesentlich **beeinträchtigt** wird.

Zweifamilienhäuser sind Wohngrundstücke, die nur **zwei Wohnungen** enthalten (§ 75 Abs. 6 BewG).

> **BEISPIEL**
>
> Ein Steuerpflichtiger baut in Koblenz für seine Familie ein Einfamilienhaus mit einer Einliegerwohnung.
>
> Das Haus ist im bewertungsrechtlichen Sinne ein **Zweifamilienhaus**, weil es ein Wohngrundstück ist, das **zwei Wohnungen** enthält.

Sonstige bebaute Grundstücke sind alle übrigen bebauten Grundstücke (z.B. Vereinshäuser, Turnhallen, § 75 Abs. 7 BewG).

Nicht zum Grundvermögen gehören z.B. Maschinen und sonstige Vorrichtungen aller Art, die zu einer Betriebsanlage gehören (**Betriebsvorrichtungen**), auch wenn sie wesentliche Bestandteile des Grundstücks sind (§ 68 Abs. 2 BewG).

Betriebsvorrichtungen gehören bewertungsrechtlich zum **Betriebsvermögen**.

Grundstücke, die **sowohl privat als auch betrieblich** genutzt werden, gehören nur insoweit zum Grundvermögen, als sie bei der **einkommensteuerlichen** Gewinnermittlung **nicht** zum Betriebsvermögen gehören (§ 95 Abs. 1 BewG).

> **BEISPIEL**
>
> Ein Steuerpflichtiger nutzt sein bebautes Grundstück zu 60 % eigengewerblich und zu 40 % zu Wohnzwecken.
>
> Das Grundstück gehört zu **60 %** zum **Betriebsvermögen** und zu **40 %** zum **Grundvermögen**.

S | 2   Einzelheiten zum **Umfang des Betriebsvermögens** erfolgten bereits im Kapitel 8 „Umfang des Betriebsvermögens", Seiten 66 ff.

2.1.3 Wirtschaftliche Einheit des Betriebsvermögens

Die **wirtschaftliche Einheit** des Betriebsvermögens sind alle Teile eines **Gewerbebetriebs** i.S.d. § 15 Abs. 1 und Abs. 2 EStG, die bei der steuerlichen Gewinnermittlung zum Betriebsvermögen gehören (§ 95 Abs. 1 BewG).

Der **bewertungsrechtliche** Begriff Gewerbebetrieb stimmt mit dem **einkommensteuerlichen** Begriff Gewerbebetrieb (§ 15 Abs. 2 EStG) überein.

Dem Gewerbebetrieb steht die **Ausübung eines freien Berufs** i.S.d. § 18 Abs. 1 Nr. 1 EStG gleich (§ 96 BewG).

Die Wirtschaftsgüter müssen dem Betrieb als **Hauptzweck** dienen.

Notwendiges Betriebsvermögen dient dem Betrieb **stets** als Hauptzweck.

Notwendiges Privatvermögen kann dem Betrieb **nicht** als Hauptzweck dienen.

Wirtschaftsgüter sind zum **Betriebsvermögen** zu rechnen, wenn sie bei der Einkommensteuer zum Betriebsvermögen gehören.

> **BEISPIEL**
>
> Der Steuerpflichtige A nutzt seinen Pkw zu 80 % eigengewerblich und zu 20 % privat.
>
> Der Pkw gehört zum **Betriebsvermögen**, weil er zu mehr als 50 % eigenbetrieblich genutzt wird.

2.2 Zusammenfassung und Erfolgskontrolle

2.2.1 Zusammenfassung

Der Bewertungsgegenstand wird in § 2 BewG als **wirtschaftliche Einheit** bezeichnet.

Das BewG unterscheidet die folgenden **wirtschaftlichen Einheiten**:

2.2.2 Erfolgskontrolle

WIEDERHOLUNGSFRAGEN

1. Was wird als wirtschaftliche Einheit bezeichnet?
2. Welche drei Vermögensarten unterscheidet § 18 BewG?
3. Wie bezeichnet man die wirtschaftliche Einheit des land- und forstwirtschaftlichen Vermögens?
4. Was umfasst die wirtschaftliche Einheit des Grundvermögens?
5. Was gehört nach § 68 BewG zum Grundvermögen?
6. Welche Grundstücksarten der bebauten Grundstücke unterscheidet das BewG? Geben Sie Erläuterungen zu den einzelnen Grundstücksarten.
7. Was umfasst die wirtschaftliche Einheit des Betriebsvermögens?

464   D. Bewertungsgesetz

FÄLLE

FALL 1

Zu welcher Grundstücksart gehören die folgenden bebauten Grundstücke?

a) Gebäude mit vier Wohnungen
b) Fabrikgebäude
c) Gebäude, das zur Hälfte aus Wohnungen und zur anderen Hälfte aus Büros besteht. Der Anteil der gewerblichen Jahresrohmiete beträgt 60 %.
d) Bürogebäude
e) Gebäude mit einer Wohnung
f) Kaufhausgebäude
g) Gebäude mit zwei Wohnungen
h) Hotelgebäude
i) Vereinsgebäude eines Fußballvereins

FALL 2

Thomas Hofmann ist Eigentümer eines bebauten Grundstücks in München. Im Erdgeschoss und im 1. Obergeschoss betreibt er ein Goldwarengeschäft. Das 2. Obergeschoss bewohnt er mit seiner Familie. Die Nutzflächen der Geschosse sind gleich groß.

Von der Jahresrohmiete i.S.d. Bewertungsgesetzes entfallen 75 % auf das Erdgeschoss und das 1. Obergeschoss.

a) Welches Finanzamt ist für die Feststellung des Einheitswertes örtlich zuständig?
b) Zu welcher Grundstücksart gehört das Grundstück?
c) Zu welcher Vermögensart gehört das Grundstück?

FALL 3

Das Bewertungsgesetz (BewG) kennt Betriebs- und Geschäftsgrundstücke.

Was unterscheidet diese Grundstücke? Erläutern Sie dies mit den Daten aus Aufgabe 2.

FALL 4

Zu welcher Vermögensart gehören die folgenden Vermögenswerte?

a) Bauplatz einer Privatperson
b) eigenes unbebautes Grundstück, das ausschließlich und dauernd einer Holzhandlung als Lagerplatz dient
c) geschäftliches Postbankguthaben
d) Roh-, Hilfs- und Betriebsstoffe einer chemischen Fabrik
e) selbst hergestellte Ziegelsteine einer Ziegelei
f) Kundenforderung einer Bauunternehmung

FALL 5

Der bilanzierende Gewerbetreibende Philipp Ochs, Sinsheim, besitzt ein bebautes Grundstück, dessen Fläche er wie folgt nutzt:

- 60 % zu eigenbetrieblichen Zwecken,
- 20 % zu fremden Wohnzwecken und
- 20 % zu eigenen Wohnzwecken.

Philipp Ochs hat das Grundstück in seiner Steuerbilanz soweit wie möglich aktiviert.

In welchem Umfang ist das Grundstück Betriebsvermögen im Sinne des BewG?

3 Bewertungsmaßstäbe

Das Bewertungsgesetz unterscheidet folgende **Bewertungsmaßstäbe**:

1. **gemeiner Wert** und daraus **abgeleitete Werte** (§ 9 BewG),
2. **Teilwert** (§ 10 BewG),
3. **Ertragswert** (§ 36 BewG),
4. Einheitswert (§ 19 Bew),
5. Bedarfswert (§ 138 BewG).

Gemeiner Wert und daraus abgeleitete Werte

Der **gemeine Wert** (**Verkehrswert**) ist der allgemeine und primäre Bewertungsmaßstab des Bewertungsgesetzes.

Der **gemeine Wert** eines Wirtschaftsguts wird durch den Preis bestimmt, der im **gewöhnlichen** Geschäftsverkehr nach der Beschaffenheit des Gutes bei einer Veräußerung zu erzielen wäre (§ 9 Abs. 2 Satz 1 BewG). Dabei sind alle **Umstände** zu berücksichtigen, die den Preis beeinflussen. Ungewöhnliche oder persönliche Verhältnisse sind **nicht** zu berücksichtigen (§ 9 Abs. 2 Sätze 2 und 3 BewG).

Der Gemeine Wert entspricht im Regelfall dem **Einzelveräußerungspreis**.

BEISPIEL

> Privatmann Hans Klein verkauft ein Grundstück, das er vor Jahren für 100.000 € gekauft hat, an einen guten Bekannten zum „Freundschaftspreis" von 50.000 €.
> Von jedem fremden Dritten hätte er dafür 200.000 € bekommen.
>
> Der **gemeine Wert** des Grundstücks beträgt **200.000 €**, weil persönliche Verhältnisse bei der Wertermittlung unberücksichtigt bleiben. Maßgebend ist beim gemeinen Wert die Wertvorstellung des Erwerbers (hier des fremden Dritten), der das einzelne Wirtschaftsgut im gewöhnlichen Geschäftsverkehr erwirbt.

Die aus dem gemeinen Wert **abgeleiteten** Bewertungsmaßstäbe sind insbesondere der **Kurswert** (§ 11 Abs. 1 BewG), der **Nennwert** (§ 12 Abs. 1 BewG), der **Rückkaufswert** (§ 12 Abs. 4 BewG) und der **Kapitalwert** (§ 13 Abs. 1 BewG).

Teilwert

Der **Teilwert** ist bei Wirtschaftsgütern anzusetzen, die einem Unternehmen dienen, **soweit nicht anderes vorgeschrieben ist** (§ 10 Satz 1 BewG).

Teilwert ist der Betrag, den ein Erwerber des ganzen Unternehmens im Rahmen des Gesamtkaufpreises für das einzelne Wirtschaftsgut ansetzen würde. Dabei ist davon auszugehen, dass der Erwerber das Unternehmen fortführt (§ 10 Satz 2 und Satz 3 BewG).

Der **bewertungsrechtliche** Teilwertbegriff nach § 10 Satz 2 und Satz 3 BewG stimmt mit dem **einkommensteuerlichen** Begriff des Teilwerts (§ 6 Abs. 1 Nr. 1 Satz 3 EStG) überein.

Ertragswert

Der **Ertragswert** kommt **nur** bei der Bewertung eines **Betriebs der Land- und Forstwirtschaft** in Betracht.

Der **Ertragswert** ist das **Achtzehnfache** des nachhaltig erzielbaren **Reinertrages** eines land- und forstwirtschaftlichen Betriebes (§ 36 Abs. 2 BewG).

4 Begriff und Bedeutung des Einheitswerts

Die **Einheitswerte** werden nach dem **Ersten Abschnitt des Zweiten Teils** des Bewertungsgesetzes (§§ 19 bis 109 BewG) ermittelt (§ 20 Satz 1 BewG).

Einheitswerte werden für inländischen **Grundbesitz**, und zwar

1. für **Betriebe der Land- und Forstwirtschaft** (§§ 33, 48a und 51a BewG),
2. für **Grundstücke** (§§ 68 und 70 BewG) und
3. für **Betriebsgrundstücke** (§ 99 BewG)

festgestellt (§ 19 Abs. 1 BewG). Die **erste** Hauptfeststellung erfolgte am 1. Januar **1935**, als die Einheitswerte für Grundstücke erstmalig eingeführt wurden. Ursprünglich war vorgesehen, die Hauptfeststellungen regelmäßig **alle sechs Jahre** zu wiederholen, um alle Änderungen und Fortschreibungen zu erfassen. Allerdings fand die nächste Hauptfeststellung in den alten Bundesländern erst zum 1. Januar **1964** statt. Seitdem wurden angesichts des hohen Aufwands **keine weiteren Hauptfeststellungen** durchgeführt, sodass die geltenden Einheitswerte für die alten Bundesländer die Verhältnisse auf den **01.01.1964 und** für die neuen Bundesländer die Verhältnisse auf den **01.01.1935** widerspiegeln (§ 21 BewG).

Die in DM ermittelten **Einheitswerte** werden auf **volle 100 DM** nach unten **abgerundet** und **danach** in **Euro umgerechnet**. Der umgerechnete Betrag wird auf **volle Euro abgerundet** (§ 30 BewG).

Der **Einheitswert** wurde als Wert definiert, der für mehrere Steuern (z.B. Vermögensteuer, Gewerbekapitalsteuer, Grundsteuer, Erbschaftsteuer) die Bemessungsgrundlage bildete.

Mit dem **Wegfall** der **Vermögensteuer** ist der **Einheitswert** nur noch für die **Grundsteuer** und die **Gewerbesteuer** von Bedeutung.

Das **Bundesverfassungsgericht** hat mit seinem Urteil vom **10.04.2018** entschieden, dass die Übernahme von Einheitswerten als Bezugsgröße für die **Grundsteuer** mit dem allgemeinen Gleichheitssatz **unvereinbar** ist. Der Hauptfeststellungszeitpunkt 01.01.1964 führe zu gravierenden und umfassenden **Ungleichbehandlungen bei der Bewertung von Grundvermögen**. Der Gesetzgeber wurde durch die Entscheidung verpflichtet, eine **Neuregelung bis zum 31.12.2019** zu treffen.

Das Gesetz zur Reform des Grundsteuer- und Bewertungsrechts (**Grundsteuerreformgesetz – GrStRefG**) wurde am 02.12.2019 im Bundesgesetzblatt veröffentlicht. Die erste Hauptfeststellung für die Grundsteuerwerte erfolgt danach auf den **01.01.2022** für die Hauptveranlagung auf den **01.01.2025** (§ 266 n.F. BewG). Anschließend werden die Grundsteuerwerte in Zeitabständen von je **sieben Jahren** allgemein festgestellt (§ 221 n.F. BewG).

Für die Ermittlung der Höhe der Grundsteuer wird **ab 2025** nicht mehr allein auf den Bodenwert zurückgegriffen, sondern **auch Erträge wie z.B. Mieteinnahmen** sollen berücksichtigt werden.

Für die Bundesländer ist eine **Öffnungsklausel** vorgesehen, damit diese die Grundsteuer mit einem **abgeänderten Bewertungsverfahren** erheben können.

Die vom Bundesverfassungsgericht beanstandeten Regelungen zur Einheitsbewertung gelten noch **bis zum Ablauf des Jahres 2024** und werden im Folgenden dargestellt.

4.1 Bewertung des Grundvermögens für Zwecke der Grundsteuer

4.1.1 Einheitswert für Betriebe der Land- und Forstwirtschaft

Die **wirtschaftliche Einheit** des land- und forstwirtschaftlichen Vermögens ist der **Betrieb der Land- und Forstwirtschaft** (§ 33 Abs. 1 Satz 2 BewG).

Nach § 34 Abs. 1 BewG umfasst ein Betrieb der Land- und Forstwirtschaft den **Wirtschaftsteil** und den **Wohnteil**.

Dementsprechend ergibt sich der Einheitswert für den Betrieb aus dem Wert für den **Wirtschaftsteil** = dem **Wirtschaftswert** und dem Wert für den **Wohnteil** = dem **Wohnungswert**. **Bewertungsmaßstab** für den **Wirtschaftsteil** ist der **Ertragswert**. **Bewertungsmaßstab** für den **Wohnteil** ist der **gemeine Wert**.

Die umfangreichen Einzelheiten zur Ermittlung des Ertragswertes des Wirtschaftsteils ergeben sich aus den §§ 37 ff. BewG. Auf sie soll hier nicht näher eingegangen werden.

Der Wert für den **Wohnteil** (Wohnungswert) ist gemäß § 47 BewG nach den Vorschriften zu ermitteln, die beim Grundvermögen für die Bewertung der Mietwohngrundstücke (**Ertragswertverfahren**) gelten.

4.1.2 Einheitswert für Grundstücke

Die wirtschaftliche Einheit des Grundvermögens ist jedes einzelne **Grundstück** (§ 70 Abs. 1 BewG).

Ein **Grundstück** kann sein

- ein **unbebautes** Grundstück (ohne benutzbare Gebäude),

- ein **bebautes** Grundstück (mit benutzbaren Gebäuden).

4.1.2.1 Unbebaute Grundstücke

Aufgrund fehlender Bewertungsverfahrensvorschriften in den §§ 72 bis 73 BewG entspricht der Einheitswert dem generellen Bewertungsmaßstab: Gemeiner Wert (§ 9 BewG). Der **gemeine Wert** eines unbebauten Grundstücks, der nach Abrundung und Umrechnung auf volle Euro (§ 30 BewG) den **Einheitswert** des Grundstücks darstellt, wird nach folgendem Schema ermittelt:

	Bodenwert (Wertverhältnisse 01.01.1964)
+	Wert evtl. vorhandener Außenanlagen
=	**gemeiner Wert**
	Abrundung auf volle 100 DM
=	**Einheitswert in DM**
	Umrechnung in Euro (DM-Betrag : 1,95583)
	Abrundung auf volle Euro
=	**Einheitswert in Euro**

Der **Bodenwert** wird aus der Größe des Grundstücks und einem Durchschnittswert je Quadratmeter, der für ein Gebiet, eine Straße oder einen Straßenabschnitt gilt, errechnet (Abschnitt 7 Abs. 1 der Richtlinien für die Bewertung des Grundvermögens – BewRGr –).

468 D. Bewertungsgesetz

Die Quadratmeter-Durchschnittswerte werden in einer **Richtwertkartei**, die vom Gutachterausschuss der Belegenheitsgemeinde erstellt wird, gesammelt. Die meisten Gemeinden haben die Bodenrichtwerte auf ihrer Homepage publiziert.

Liegen **Besonderheiten** z.B. hinsichtlich der Lage, des Zuschnitts, der Oberflächenbeschaffenheit oder des Baugrunds vor, werden sie bei der Ermittlung des Bodenwerts berücksichtigt.

BEISPIEL

Ein unbebautes Grundstück ohne Außenanlagen ist 20 m breit und 89,8 m tief.
Der Durchschnittswert lt. Richtwertkartei beträgt 12 DM/qm (01.01.1964).

Der **Einheitswert** wird wie folgt ermittelt:

	gemeiner Wert (20 m x 89,8 m x 12 DM)	21.552,00 DM
	Abrundung auf volle 100 DM	21.500,00 DM
=	Einheitswert in DM	21.500,00 DM
	Umrechnung in Euro (21.500 DM : 1,95583)	10.992,78 €
	Abrundung auf volle Euro	10.992,00 €
=	**Einheitswert in Euro**	**10.992,00 €**

Werterhöhende **Außenanlagen** können z.B. sein: Umzäunungen, Wege- oder Platzbefestigungen.

4.1.2.2 Bebaute Grundstücke

Der **gemeine Wert** eines bebauten Grundstücks, der nach Abrundung auf volle 100 DM (der nach § 30 BewG abgerundete Euro-Betrag) den **Einheitswert** des Grundstücks darstellt, ist entweder nach dem **Ertragswertverfahren oder** nach dem **Sachwertverfahren** zu ermitteln.

In der Regel sind anzuwenden (§ 76 Abs. 1 und Abs. 2 BewG) für:

1. Mietwohngrundstücke
2. Geschäftsgrundstücke
3. gemischtgenutzte Grundstücke } das **Ertragswertverfahren**,
4. Einfamilienhäuser
5. Zweifamilienhäuser
6. sonstige bebaute Grundstücke das **Sachwertverfahren**.

Nur in den Fällen, die im § 76 Abs. 3 BewG genannt sind, ist auch bei den ersten fünf Grundstücksarten das Sachwertverfahren anzuwenden.

Das **Ertragswertverfahren** lässt sich vereinfacht in folgendem **Schema** darstellen:

	Jahresrohmiete für 12 Monate (01.01.1964) einschließlich Umlagen des Mieters	=	vorläufiger Grundstückswert
x	Vervielfältiger (**Anlagen 3 bis 8** zum § 80 BewG)		
	beim Vorliegen werterhöhender bzw. wertmindernder Umstände (§§ 81 und 82 BewG)	+ –	Erhöhungen bzw. Ermäßigungen
		=	endgültiger Grundstückswert

4.1 Bewertung des Grundvermögens für Zwecke der Grundsteuer

Der ermittelte **Einheitswert**, der nur noch Bedeutung für die **Grundsteuer** hat, umfasst den **Bodenwert**, den **Gebäudewert** und den **Wert der Außenanlagen**.

BEISPIEL

	Jahresrohmiete einschließlich Umlagen des Mieters	14.400,00 DM
x	Vervielfältiger lt. Anlage 7 zum BewG	11,8
=	Grundstückswert (14.400 € x 11,8)	169.920,00 DM
	Abrundung auf volle hundert Euro	169.900,00 DM
=	**Einheitswert**	**169.900,00 DM**
	: 1,95583 (Umrechnung von DM in Euro)	86.868,49 €
	abgerundet auf volle Euro	**86.868,00 €**

Zusammen mit dem **Einheitswertbescheid** setzt das Finanzamt mit dem **Grundsteuermessbescheid** den **Grundsteuermessbetrag** fest.

Zur Berechnung des Grundsteuermessbetrages wird der Einheitswert mit der **Grundsteuermesszahl** multipliziert. Die Grundsteuermesszahl wird als **Anteil vom Einheitswert** angegeben und richtet sich nach der jeweiligen Grundstücks**art**. Daneben gelten **unterschiedliche** Grundsteuermesszahlen **für die alten und die neuen Bundesländer**.

Beispielsweise beträgt die Grundsteuermesszahl bei **Einfamilienhäusern** in den **alten** Bundesländern **für die ersten 38.346,89 €** des Einheitswerts **2,6 v. T.** und für den übersteigenden Betrag **3,5 v. T.** Für **Zweifamilienhäuser** beträgt die Grundsteuermesszahl in den **alten** Bundesländern **3,1 v. T.** Für **alle anderen** Grundstücke in den **alten** Bundesländern beläuft sich die Grundsteuermesszahl auf **3,5 v. T.** (§ 15 GrStG). Für die **neuen** Bundesländer gelten die **höheren Steuermesszahlen** (von 5 bis 10 v. T.) auf der Grundlage der alten Einheitswerte nach den Wertverhältnissen zum 1. Januar 1935 fort.

Der **Grundsteuermessbetrag** wird – für das vorangegangene Beispiel – wie folgt berechnet:

Die **Gemeinde** erlässt auf der Grundlage des Messbescheides den **Grundsteuerbescheid**.

Die **Grundsteuer** wird – für das vorangegangene Beispiel – wie folgt berechnet:

	Einheitswert 38.346,89 € x Messzahl 2,6 v. T.	99,70 €
+	Einheitswert 48.521,11 € x Messzahl 3,5 v. T.	169,82 €
=	**Grundsteuermessbetrag** (Einheitswert 86.868 €)	269,52 €

Stadtverwaltung Koblenz

Bescheid über Grundbesitzabgaben

Steuer- und Gebührenamt
Verw. Hochhaus, Clemensstr. 26-30
56068 Koblenz

Messbetrag 269,52 € x Hebesatz 420 % = **1.131,98 € Grundsteuer**

D. Bewertungsgesetz

Der **gemeine Wert** (**Einheitswert**) ist für folgende bebaute Grundstücke, die **nicht** nach dem Ertragswertverfahren bewertet werden dürfen, mithilfe des **Sachwertverfahrens** zu ermitteln:

- sonstige bebaute Grundstücke,
- Einfamilienhäuser und Zweifamilienhäuser mit **außergewöhnlicher Ausstattung oder Gestaltung** (z.B. eine Wohnung mit mehr als 220 qm Wohnfläche),
- Mietwohngrundstücke, Geschäftsgrundstücke, gemischt genutzte Grundstücke, für die weder eine Jahresrohmiete ermittelt noch die übliche Miete geschätzt werden kann.

Beim **Sachwertverfahren** werden der **Bodenwert** (§ 84 BewG), der **Gebäudewert** (§§ 85 bis 88 BewG) und der Wert der **Außenanlagen** (§ 89 BewG) getrennt ermittelt und addiert zum sogenannten **Ausgangswert** (§ 83 BewG).

Der **Ausgangswert** wird an den gemeinen Wert mithilfe einer **Wertzahl** angeglichen.

BEISPIEL

Der Einheitswert eines **Zweifamilienhauses mit** außergewöhnlicher Ausstattung und Gestaltung wird für Zwecke der **Grundsteuer** nach dem **Sachwertverfahren** wie folgt ermittelt:

	Bodenwert (1.796 qm x 12 DM)	21.552,00 DM
	Gesamtgebäudewert (1.960 cbm x 173 DM)	339.080,00 DM
	Gesamtwert Außenanlagen (4 % von 339.080 DM)	13.563,00 DM
=	Ausgangswert	374.195,00 DM
	Grundstückswert (Wertzahl 75 %) (75 % von 374.195 DM)	280.646,00 DM
	abgerundeter **Einheitswert in DM**	280.600,00 DM
=	: 1,95583 =	143.468,50 €
	= abgerundeter **Einheitswert in Euro**	143.468,00 €

Der **Grundsteuermessbetrag** wird – für das vorangegangene Beispiel – wie folgt berechnet:

Einheitswert 143.468 € x Messzahl 3,1 v. T. = Grundsteuermessbetrag **444,75 €**.

Die **Grundsteuer** wird – für das vorangegangene Beispiel – wie folgt berechnet:

Stadtverwaltung Koblenz

Bescheid über Grundbesitzabgaben

Steuer- und Gebührenamt
Verw. Hochhaus, Clemensstr. 26-30
56068 Koblenz

Messbetrag 444,75 € x Hebesatz 420 % = **1.867,95 € Grundsteuer**

4.1.3 Einheitswert für Betriebsgrundstücke

Für Zwecke der **Gewerbesteuer** sind **Betriebsgrundstücke** (§ 99 Abs. 1 Nr. 1 BewG) mit **140 % des Einheitswerts** anzusetzen (§ 121a BewG).

Wird z.B. ein Grundstück von einem Gesellschafter an eine Personengesellschaft zur Nutzung überlassen, ist dieses Grundstück als **Betriebsvermögen der Gesellschaft** anzusehen (§ 97 Abs. 1 Nr. 5 BewG).

Einzelheiten zur **Erbschaftsteuer** erfolgen im Kapitel E. „**Erbschaftsteuer**", Seiten 483 ff.

BEISPIEL

An der X-OHG ist der Gesellschafter A mit 50 % beteiligt. A **verpachtet** der X-OHG ein **ihm** gehörendes Grundstück zur betrieblichen Nutzung.

Das **Grundstück** gehört zum **Betriebsvermögen** der X-OHG.

4.2 Wert des Betriebsvermögens

Der **Wert des Betriebsvermögens** ist derzeit noch für die **Erbschaft- und Schenkungsteuer** von Bedeutung und wird nach folgendem Schema ermittelt:

	Vermögen (**Roh**betriebsvermögen)
–	Schulden
=	Wert des Betriebsvermögens (**Rein**betriebsvermögen)

Nach § 12 Abs. 5 ErbStG sind für den Bestand und die **Bewertung des Betriebsvermögens** mit **Ausnahme** der **Betriebsgrundstücke** die **Verhältnisse zur Zeit der Entstehung** der Erbschaft- und Schenkungsteuer (Todestag/Tag der Schenkung) maßgebend.

Die §§ 95 bis 99, 103 und 109 Abs. 1, 2 und 137 BewG sind entsprechend anzuwenden.

Für die Ermittlung des **Werts des Betriebsvermögens** (§ 12 Abs. 5 ErbStG) ist zum **Besteuerungszeitpunkt** eine besondere Aufstellung (**Vermögensaufstellung**) zu fertigen.

Die Bewertung des Betriebsvermögens kann mit dem „**Vereinfachten Ertragswertverfahren**" (§ 200 BewG) durchgeführt werden, wenn dieses Verfahren nicht zu offensichtlich unzutreffenden Ergebnissen führt. Dabei wird der **Jahresbetrag** (§ 201 BewG) mit dem **Kapitalisierungsfaktor** (§ 203 BewG) **multipliziert**.

Der **Jahresbetrag** ergibt sich aus dem **Durchschnitt** der Betriebsergebnisse der **letzten drei Jahre** vor dem Bewertungsstichtag. Der **Kapitalisierungsfaktor** (13,75) ist im § 203 BewG festgelegt.

4.3 Erfolgskontrolle

WIEDERHOLUNGSFRAGEN

1. Für welchen inländischen Grundbesitz werden Einheitswerte festgestellt?
2. Für welche Steuer hat der Einheitswert Bedeutung?
3. Ab wann greift die im Jahre 2019 verabschiedete Grundsteuerreform?
4. Welche Bewertungsmaßstäbe sind bei der Einheitswertfeststellung der Betriebe der Land- und Forstwirtschaft anzuwenden?
5. Wie wird der Einheitswert für unbebaute Grundstücke ermittelt?

D. Bewertungsgesetz

6. Wie wird der Einheitswert für bebaute Grundstücke ermittelt?
7. Mit welchem Wert sind Betriebsgrundstücke nach § 121a BewG anzusetzen?
8. Für welche Zwecke wird der Wert des Betriebsvermögens ermittelt?
9. Wie wird der Wert des Betriebsvermögens ermittelt?

FÄLLE

FALL 1

Für ein Einfamilienhaus, das nicht außergewöhnlich ausgestattet und gestaltet ist, soll für Zwecke der Grundsteuer der Einheitswert nach dem Ertragswertverfahren ermittelt werden.

Zur Ermittlung des Einheitswerts liegen folgende Daten vor:

Wohnfläche	185 qm
maßgebliche Miete einschl. Umlagen	2 DM/qm
Vervielfältiger lt. Anlage 7 zum BewG	12,5

1. Wie hoch ist der Einheitswert nach dem Ertragswertverfahren?
2. Wie hoch ist der Grundsteuermessbetrag bei einer Messzahl von 2,6 v.T.?
3. Wie hoch ist die Grundsteuer bei einem Hebesatz von 360 %?

FALL 2

Für ein Zweifamilienhaus, das außergewöhnlich ausgestattet und gestaltet ist, soll für Zwecke der Grundsteuer der Einheitswert nach dem Sachwertverfahren ermittelt werden.

Zur Ermittlung des Einheitswerts liegen folgende Daten vor:

Grund und Boden	898 qm
Der Betrag für die Ermittlung des Bodenwerts, der auf den Wertverhältnissen vom 01.01.1964 basiert, beträgt	12 DM
Der umbaute Raum des Gebäudes beträgt	980 cbm
Der Betrag für die Ermittlung des Gebäudewerts, der auf den Wertverhältnissen vom 01.01.1964 basiert, beträgt	173 DM
Wertzahl	75 %

1. Wie hoch ist der Einheitswert nach dem Sachwertverfahren?
2. Wie hoch ist der Grundsteuermessbetrag bei einer Messzahl von 3,1 v.T.?
3. Wie hoch ist die Grundsteuer bei einem Hebesatz von 360 %?

FALL 3

Für ein Einfamilienhaus in Reutlingen beträgt der maßgebende Einheitswert 60.000 €. Der Hebesatz der Gemeinde beträgt 400 %.

Berechnen Sie die Höhe der Steuermesszahl und die Grundsteuer.

FALL 4

Ein unbebautes Grundstück (1.000 m²) wurde im Jahre 2020 für 320 €/m² veräußert. Der Bodenrichtwert beträgt nach den Wertverhältnissen vom 01.01.1964 4 DM/m².

Berechnen Sie bei einem Hebesatz von 400 % die Steuermesszahl und die Grundsteuer.

5 Feststellungsarten

Die **Einheitswerte** für die wirtschaftlichen Einheiten werden **nicht jährlich**, sondern in größeren Zeitabständen **festgestellt**.

Das BewG unterscheidet bei der Einheitsbewertung die folgenden **Feststellungsarten**:

1. **Hauptfeststellung** (§ 21 BewG),
2. **Fortschreibungen** (§ 22 BewG),
3. **Nachfeststellung** (§ 23 BewG).

5.1 Hauptfeststellung

Die **Einheitswerte** werden in Zeitabständen von

je sechs Jahren

allgemein festgestellt (**Hauptfeststellung**; § 21 Abs. 1 BewG).

Der Hauptfeststellung werden die Verhältnisse zu **Beginn** des Kalenderjahres (**Hauptfeststellungszeitpunkt**) zugrunde gelegt (§ 21 Abs. 2 BewG).

Der **letzte** Hauptfeststellungszeitpunkt für den **Grundbesitz** war in den **alten** Bundesländern der **01.01.1964** und in den **neuen** Bundesländern der **01.01.1935**.

5.2 Fortschreibungen

Wenn **während** des **Hauptfeststellungszeitraums** wesentliche Änderungen im Wert, der Art oder der Zurechnung des Gegenstandes der Einheitsbewertung eintreten, wird eine **Fortschreibung** durchgeführt.

Man unterscheidet drei Fortschreibungsarten:

1. die **Wertfortschreibung** (§ 22 Abs. 1 BewG),
2. die **Artfortschreibung** (§ 22 Abs. 2 BewG) und
3. die **Zurechnungsfortschreibung** (§ 22 Abs. 2 BewG).

Fortschreibungszeitpunkt ist grundsätzlich der **Beginn** des Kalenderjahres, das auf die Änderung **folgt** (§ 22 Abs. 4 BewG).

BEISPIEL

Durch umfangreiche Baumaßnahmen im Jahre 2020 wurde ein Einfamilienhaus wertverbessert. Die Grenzen des § 22 Abs. 1 BewG wurden überschritten.

Eine **Wertfortschreibung** erfolgt auf den 01.01.2021. Damit erhöht sich die Grundsteuer auch erst ab 2021.

5.2.1 Wertfortschreibung

Eine **Wertfortschreibung** ist durchzuführen, wenn bestimmte **Wertgrenzen überschritten** sind. Dabei sind **Bruchteilsgrenzen in Verbindung mit Mindestgrenzen** und **Festgrenzen** zu beachten.

Der **Einheitswert** wird **neu** festgestellt, wenn folgende Grenzen überschritten sind (§ 22 Abs. 1 BewG):

	Wertabweichung	
	nach **oben**	nach **unten**
Bruchteilsgrenze jedoch	mehr als ¹⁄₁₀ mindestens 5.000 DM	mehr als ¹⁄₁₀ mindestens 500 DM
oder		
Festgrenze	mehr als 100.000 DM	mehr als 5.000 DM

> **BEISPIEL**
>
> Der **bisherige Einheitswert** eines Einfamilienhauses beträgt **74.400 DM**. Durch bauliche Änderungen hat sich der Wert des Einfamilienhauses auf **78.700 DM erhöht**.
>
> Eine **Wertfortschreibung** findet **nicht** statt, weil die Abweichung nach oben (4.300 DM) weder die Bruchteilsgrenze von ¹⁄₁₀ von 74.400 DM = **7.440 DM** noch den Mindestbetrag von **5.000 DM** überschreitet. Die Festgrenze von **100.000 DM** wird ebenfalls nicht überschritten.

5.2.2 Artfortschreibung

Eine **Artfortschreibung** ist durchzuführen, wenn die Art des Gegenstandes der Einheitsbewertung von der zuletzt getroffenen Feststellung wesentlich abweicht (§ 22 Abs. 2 BewG).

> **BEISPIEL**
>
> A hat im Laufe des Jahres 2019 sein **Einfamilienhaus** durch Aufstockung in ein **Zweifamilienhaus** umgebaut.
>
> Zum **01.01.2020** erfolgte eine **Artfortschreibung**, weil sich die Artbezeichnung durch den Umbau geändert hat (bisher „Einfamilienhaus", jetzt „Zweifamilienhaus").

5.2.3 Zurechnungsfortschreibung

Eine **Zurechnungsfortschreibung** ist durchzuführen, wenn der Gegenstand der Einheitsbewertung einem anderen Steuerpflichtigen zuzurechnen ist (§ 22 Abs. 2 BewG).

> **BEISPIEL**
>
> C **kaufte** am 18.04.2020 von B ein **Mietwohngrundstück**.
>
> Das Grundstück ist ab **01.01.2021** C **zuzurechnen**, weil das Grundstück den Eigentümer gewechselt hat. Folglich ist C auch erst ab 2021 Schuldner der Grundsteuer.

5.3 Nachfeststellung

Der Einheitswert wird **nachträglich** festgestellt (**Nachfeststellung**), wenn z.B. nach dem Hauptfeststellungszeitpunkt die wirtschaftliche Einheit (Untereinheit) **neu** entsteht (§ 23 BewG).

Nachfeststellungszeitpunkt ist grundsätzlich der **Beginn** des Kalenderjahres, das auf die Entstehung der wirtschaftlichen Einheit **folgt** (§ 23 Abs. 2 BewG).

> **BEISPIEL**
>
> Die Gemeinde C erschließt auf einer bisher landwirtschaftlich genutzten Fläche ein Neubaugebiet. Die Fläche wird in einzelne Bauplätze (Flurstücke) aufgeteilt, die an verschiedene Privatpersonen veräußert werden.
>
> Die neuen Bauplätze (Flurstücke) sind neu entstandene wirtschaftliche Einheiten.

5.4 Zusammenfassung und Erfolgskontrolle
5.4.1 Zusammenfassung

Bei der Einheitsbewertung unterscheidet das BewG folgende **Feststellungsarten**:

476 D. Bewertungsgesetz

5.4.2 Erfolgskontrolle

WIEDERHOLUNGSFRAGEN

1. Welche Feststellungsarten unterscheidet das Bewertungsgesetz?
2. Was bedeutet Hauptfeststellung im Sinne des BewG?
3. Was ist mit dem Hauptfeststellungszeitpunkt im Sinne des BewG gemeint?
4. In welchen Zeitabständen soll eine Hauptfeststellung durchgeführt werden?
5. Welche Fortschreibungsarten unterscheidet das Bewertungsgesetz?
6. Wann ist eine Wertfortschreibung durchzuführen?
7. In welchem Fall ist eine Artfortschreibung durchzuführen?
8. Wann hat eine Zurechnungsfortschreibung zu erfolgen?
9. Wann ist eine Nachfeststellung durchzuführen?

FÄLLE

FALL 1

Prüfen Sie, ob für die folgenden bebauten Grundstücke eine Wertfortschreibung durchzuführen ist. Erläutern Sie Ihr Prüfungsergebnis.

	a)	b)	c)	d)	e)
letzter Einheitswert in DM	1.100.000	900.000	60.000	44.200	30.000
neuer Wert in DM	1.205.000	995.000	54.000	40.600	34.000

FALL 2

Rüdiger Baumann erwarb am 14.07.2019 ein in Düsseldorf gelegenes gemischt genutztes Grundstück. Das Grundstück hatte einen Einheitswert von 455.000 DM.

Die Wohnungsmieter räumten im Frühjahr 2020 alle Wohnungen. Mit einem Aufwand von umgerechnet 120.000 DM wurden die bisherigen Wohnungen in Büroräume umgebaut. Nach Abschluss der Bauarbeiten im Herbst 2020 wurden die Büroräume an gewerbliche Mieter vermietet, sodass das Grundstück nunmehr in vollem Umfang fremdgewerblich genutzt wird.

Welche Folgen i.S.d. BewG ergeben sich aus diesem Sachverhalt?

FALL 3

Ralf Lohmeyer, Stuttgart, hat am 06.08.2010 ein Haus gekauft, in dem sich (nur) zwei Wohnungen befanden. Beide Wohnungen sind vermietet.

Im Frühjahr 2019 hat er im Dachgeschoss eine dritte Wohnung ausgebaut, die seit Juni 2020 zu Wohnzwecken vermietet ist. Vor dem Ausbau betrug der Einheitswert 120.500 DM, der neue Wert beträgt 148.200 DM.

Welche bewertungsrechtlichen Folgen ergeben sich aus diesem Sachverhalt?

6 Bedarfsbewertung des Grundvermögens für Zwecke der Erbschaft- und Schenkungsteuer

Die **Bedarfsbewertung** des Grundvermögens für Zwecke der Erbschaft- und Schenkungsteuer erfolgt im **Sechsten Abschnitt** des **Zweiten Teils** des Bewertungsgesetzes, der in die folgenden **Unterabschnitte** unterteilt ist:

- A. **Allgemeines** (§ 157 BewG),
- B. **Land- und forstwirtschaftliches Vermögen** (§§ 158 – 175 BewG) und
- C. **Grundvermögen** (§§ 176 – 198 BewG).

Im Folgenden werden nur die Unterabschnitte „**Allgemeines**" und „**Grundvermögen**" dargestellt und erläutert.

6.1 Allgemeines

Für Zwecke der Erbschaft- und Schenkungsteuer werden **Grundbesitzwerte** unter Berücksichtigung der **tatsächlichen Verhältnisse** und der **Wertverhältnisse zum Bewertungsstichtag** (Todestag/Tag der Schenkung) ermittelt und festgestellt (§ 157 Abs. 1 Satz 1 BewG).

Die **Grundbesitzwerte** sind **gesondert** festzustellen, wenn sie für die **Erbschaftsteuer** erforderlich sind (**Bedarfsbewertung**).

> Einzelheiten zur **Erbschaftsteuer** erfolgen im Kapitel **E. „Erbschaftsteuer"**, Seiten 483 ff.

6.2 Bewertung des Grundvermögens

6.2.1 Bewertung unbebauter Grundstücke

Unbebaute Grundstücke sind Grundstücke, auf denen sich **keine benutzbaren Gebäude** befinden (§ 178 Abs. 1 Satz 1 BewG).

Der **Wert eines unbebauten Grundstücks** bestimmt sich für Zwecke der Erbschaft- und Schenkungsteuer nach seiner **Fläche** und dem **Bodenrichtwert** (§ 179 **Satz 1** BewG). Bei den Bodenrichtwerten ist stets der vom Gutachterausschuss **zuletzt** ermittelte Wert anzusetzen (§ 179 **Satz 3** BewG).

Bei den **Bodenrichtwerten** handelt es sich um durchschnittliche Lagewerte, die sich für ein Gebiet mit im Wesentlichen gleichen Lage- und Nutzungsverhältnissen je Quadratmeter der Grundstücksfläche ergeben.

Vereinfacht lässt sich der **Bodenwert** eines **unbebauten Grundstücks** für Zwecke der Erbschaft- und Schenkungsteuer wie folgt ermitteln:

	Grundstücksfläche (qm)
x	Bodenrichtwert (€/qm)
=	**Bodenwert**

D. Bewertungsgesetz

> **BEISPIEL**
>
> Der Steuerpflichtige A ist Eigentümer eines **unbebauten Grundstücks** mit einer Grundstücksfläche von **2.000 qm**. Der Bodenrichtwert beträgt **250 €/qm**.
>
> Der **Grundstückswert** wird wie folgt berechnet:
>
> | | Grundstücksfläche 2.000 qm | |
> |---|---|---:|
> | x | Bodenrichtwert (2.000 qm x 250 €/qm) | 500.000 € |
> | = | **Bodenwert** | **500.000 €** |

Wird von den Gutachterausschüssen **kein** Bodenrichtwert ermittelt, ist der Bodenrichtwert aus den Werten **vergleichbarer Flächen** abzuleiten (§ 179 Satz 4 BewG).

6.2.2 Bewertung bebauter Grundstücke

Bebaute Grundstücke sind Grundstücke, auf denen sich **benutzbare Gebäude** befinden (180 Abs. 1 Satz 1 BewG).

Für die Bewertung bebauter Grundstücke sind zunächst die in § 181 Abs. 1 BewG genannten **Grundstücksarten** (z.B. Einfamilienhaus, Zweifamilienhaus usw.) zu unterscheiden.

Die jeweilige Grundstücksart ist maßgebend für die Wahl des anzuwendenden **Bewertungsverfahrens**.

Der Wert des bebauten Grundstücks ist für Zwecke der Erbschaft- und Schenkungsteuer entsprechend der Grundstücksart nach folgenden drei möglichen **Bewertungsverfahren** zu bestimmen (§ 182 BewG):

1. **Vergleichswertverfahren** (§ 182 Abs. 2 BewG),

2. **Ertragswertverfahren** (§ 182 Abs. 3 BewG) und

3. **Sachwertverfahren** (§ 182 Abs. 4 BewG).

Vergleichswertverfahren

Bei Anwendung des **Vergleichswertverfahrens** sind **Kaufpreise** von Grundstücken heranzuziehen, die hinsichtlich der ihren Wert beeinflussenden Merkmale mit dem zu bewertenden Grundstück hinreichend übereinstimmen (**Vergleichsgrundstück**; § 183 Abs. 1 Satz 1 BewG). Einfamilienhäuser, Zweifamilienhäuser und Eigentumswohnungen sind grundsätzlich mit dem Vergleichswertverfahren zu bewerten.

> **BEISPIEL**
>
> Ein Einfamilienhaus ist für Zwecke der Grundsteuer mit einem Einheitswert von 86.868 € festgestellt worden (siehe Beispiel Seite 469).
>
> Der Wert eines Vergleichsgrundstücks beträgt für das Einfamilienhaus 280.000 €.
>
> Das Einfamilienhaus ist für Zwecke der Erbschaft- und Schenkungsteuer mit dem Vergleichswert von **280.000 €** anzusetzen.

Anstelle von Preisen für Vergleichsgrundstücke können **Vergleichsfaktoren** herangezogen werden, die von den Gutachterausschüssen ermittelt werden (§ 183 Abs. 2 BewG).

Ertragswertverfahren

Mietwohngrundstücke, Geschäftsgrundstücke und gemischt genutzte Grundstücke, für die sich auf dem örtlichen Grundstücksmarkt eine **übliche Miete** ermitteln lässt, werden im Ertragswertverfahren bewertet (§ 182 Abs. 3 BewG). Das Ertragswertverfahren wird somit bei typischen **Renditeobjekten** angewandt.

Bei Anwendung des **Ertragswertverfahrens** wird der **Gebäudewert** (§ 184 BewG) **getrennt** vom **Bodenwert** (§ 179 BewG) auf der Grundlage des Ertrags nach § 185 BewG ermittelt.

Vereinfacht lässt sich das **Ertragswertverfahren** nach § 185 BewG wie folgt darstellen:

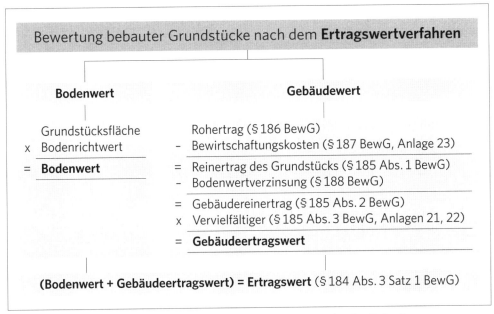

Ausgangsgröße für die Ermittlung des Gebäudeertragswerts ist der **Rohertrag**.

Rohertrag ist nach den §§ 185 Abs. 1 und 186 BewG das Entgelt, das für die Nutzung des bebauten Grundstücks nach den am Bewertungsstichtag geltenden Vorschriften für zwölf Monate zu zahlen ist (**Jahresmiete**).

Neben der Miete rechnen zum Rohertrag **auch** die Mieteinnahmen für **Garagen** und **Stellplätze**.

Umlagen für Betriebskosten sind **nicht** zu berücksichtigen (§ 186 Abs. 2 Satz 3 BewG).

Liegt keine tatsächlich gezahlte Miete vor (z.B. bei Eigennutzung oder Leerstand), ist die **übliche Miete** anzusetzen. Die **übliche Miete** ist in Anlehnung an die Miete zu schätzen, die für Räume gleicher oder ähnlicher Art, Lage und Ausstattung regelmäßig gezahlt wird (§ 186 Abs. 2 Satz 2 BewG).

Bewirtschaftungskosten sind die bei gewöhnlicher Bewirtschaftung nachhaltig entstehenden Verwaltungskosten, Betriebskosten, Instandhaltungskosten und das Mietausfallwagnis (§ 187 Abs. 1 BewG).

Die **Bodenwertverzinsung** ist der sog. **Liegenschaftszinssatz**, mit dem der Verkehrswert von Grundstücken im Durchschnitt marktüblich verzinst wird (§ 188 Abs. 1 BewG).

D. Bewertungsgesetz

Der Gebäudereinertrag ist mit dem sich aus **Anlage 21 BewG** ergebenden **Vervielfältiger** zu multiplizieren. Maßgebend für den Vervielfältiger sind der **Liegenschaftszinssatz** und die **Restnutzungsdauer des Gebäudes** (§ 185 Abs. 3 BewG). Bei nutzbaren Gebäuden beträgt die Restnutzungsdauer mindestens 30 % der wirtschaftlichen Nutzungsdauer (regelmäßig 70 Jahre, bis 2015: 80 Jahre).

> **BEISPIEL**
>
> A ist am 01.03.2020 verstorben. Zu seinem Nachlass gehört ein in Köln gelegenes Mietwohngrundstück.
>
> Die vertraglich vereinbarte Jahresmiete betrug in 2020 26.400 €. Die Umlagen für Betriebskosten betrugen in 2020 3.600 €. Als Bewirtschaftungskosten wurden in 2020 7.200 € gezahlt.
>
> Das Grundstück hat eine Größe von 400 qm. Der Bodenrichtwert beträgt im Bewertungszeitpunkt 250 €/qm. Der Liegenschaftszinssatz beträgt 5 % und die Restnutzungsdauer des Gebäudes 39 Jahre.
>
> Der **Ertragswert** für das Mietwohngrundstück wird für Zwecke der Erbschaftsteuer wie folgt ermittelt:

		€
Bodenwert:		
Grundstücksfläche x Bodenrichtwert (400 qm x 250 €/qm)		100.000
Gebäudeertragswert:		
Rohertrag: Jahresmiete ohne Umlagen	26.400 €	
− Bewirtschaftungskosten	− 7.200 €	
= Reinertrag des Grundstücks	19.200 €	
− Bodenwertverzinsung (5 % von 100.000 €)	− 5.000 €	
= Gebäudereinertrag	14.200 €	
x Vervielfältiger lt. Anlage 21		
(14.200 € x 17,02 bei einer RND von 39 Jahren. Bei nutzbaren Gebäuden beträgt die Restnutzungsdauer mindestens 30 % der wirtschaftlichen Nutzungsdauer; hier 30 % von 70 Jahren = 21 Jahre.)		241.684
= **Ertragswert**		**341.684**

Sachwertverfahren

Sofern **keine Vergleichswerte** vorliegen, werden Wohnungseigentum, Teileigentum sowie sonstige bebaute Grundstücke im **Sachwertverfahren** bewertet (§ 182 Abs. 4 BewG).
Wie beim Ertragswertverfahren werden beim Sachwertverfahren **Gebäudewert** (Gebäudesachwert) und **Bodenwert** (§ 179 BewG) **getrennt** ermittelt (§ 189 Abs. 1 Satz 1 BewG).

Bei der Ermittlung des **Gebäudesachwerts** ist von den **Regelherstellungskosten** des Gebäudes auszugehen. Regelherstellungskosten sind die gewöhnlichen Herstellungskosten je Flächeneinheit. Durch Multiplikation der Regelherstellungskosten mit der Brutto-Grundfläche des Gebäudes ergibt sich der **Gebäuderegelherstellungswert**. Die Regelherstellungskosten sind in Anlage 24 zum BewG enthalten. Diese Regelherstellungskosten beruhen auf dem **Preisniveau von 2010** und sind an den Bewertungsstichtag **anzupassen** (§ 190 Abs. 2 BewG). Zu diesem Zweck werden jährlich **Baupreisindizes** durch das Bundesfinanzministerium veröffentlicht. Das BMF-Schreiben vom 28. Januar 2020 (IV C 7 – S 3225/20/10001:001) gibt die Baupreisindizes zur Anpassung der Regelherstellungskosten für Bewertungsstichtage im Kalenderjahr 2020 an.

6.2 Bewertung des Grundvermögens

Vereinfacht lässt sich das **Sachwertverfahren** nach § 190 BewG wie folgt darstellen:

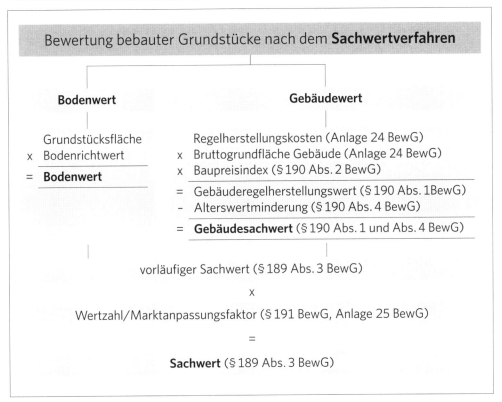

BEISPIEL

A ist am 01.03.2020 verstorben. Zu seinem Nachlass gehört ein freistehendes Zweifamilienhaus, für das es keine Vergleichswerte gibt. Das Wohnhaus ist in die Standardstufe 4 gemäß Anlage 24 einzustufen (gehobener Ausstattungsstandard); die Restnutzungsdauer beträgt 31 Jahre (Anlage 22). Es hat einen Keller und ein ausgebautes Dachgeschoss. Die Bruttogrundfläche des Gebäudes beträgt 400 qm.
Die Grundstücksfläche beträgt 1.796 qm. Den Bodenrichtwert gibt der Gutachterausschuss für den Bewertungsstichtag mit 300 €/qm an. Der Baupreisindex beträgt 127,2 (= Faktor 1,272) für 2020 (BMF-Schreiben vom 28. Januar 2020). Der Marktanpassungsfaktor ist für dieses Grundstück mit 0,8 veröffentlicht worden (siehe auch Anlage 25 I. BewG).

Der Sachwert für das Zweifamilienhaus wird für Zwecke der Erbschaftsteuer wie folgt ermittelt:

	€
Bodenwert:	
Grundstücksfläche x Bodenrichtwert (1.796 qm x 300 €/qm)	538.800
Gebäudesachwert:	
Regelherstellungskosten x Bruttogrundfläche Gebäude [1.055 €/qm lt. Anlage 24 (1.011) BewG x 400 qm x 1,272]	
= Gebäudeherstellungswert 536.784 €	
− Alterswertminderung lt. Anlagen 21 und 22 BewG [536.784 € x 55,71 % (39 Jahre RND/70 Jahre GND)] 299.042 €	
= Gebäudesachwert	237.742
= vorläufiger Sachwert	776.542
x Wertzahl lt. Anlage 25 I. BewG (0,8)	
= **Sachwert**	**621.234**

6.3 Erfolgskontrolle

WIEDERHOLUNGSFRAGEN

1. Was versteht man unter Bedarfsbewertung?
2. Wie erfolgt die Bedarfsbewertung unbebauter Grundstücke für Zwecke der Erbschaft- und Schenkungsteuer?
3. Welche Verfahren bestehen für die Bedarfsbewertung bebauter Grundstücke für Zwecke der Erbschaft- und Schenkungsteuer?
4. Wie erfolgt die Wertermittlung nach dem Vergleichsverfahren?
5. Wie erfolgt die Wertermittlung nach dem Ertragswertverfahren?
6. Wie erfolgt die Wertermittlung nach dem Sachwertverfahren?

FÄLLE

FALL 1

Anton Stein, Bonn, ist am 07.01.2020 verstorben. Zu seinem Nachlass gehört ein Mietwohngrundstück mit zehn Wohnungen und einer Jahresmiete, die ortsüblich ist, von 73.440 €.

Das Gebäude wurde im Dezember 2013 fertiggestellt. Das Grundstück hat eine Fläche von 1.440 qm. Der Bodenrichtwert beträgt im Bewertungszeitpunkt 400 €/qm. Bewirtschaftungskosten und Liegenschaftszinssätze wurden nicht veröffentlicht, sodass die Werte entsprechend der Anlagen des BewG zu ermitteln sind.

Ermitteln Sie den Ertragswert nach dem Ertragswertverfahren für Zwecke der Erbschaft- und Schenkungsteuer.

FALL 2

Egon Schmitz, Köln, ist am 15.01.2020 verstorben. Zu seinem Nachlass gehört ein freistehendes Einfamilienhaus mit aufwendigem Ausstattungsstandard, für das keine Vergleichswerte vorliegen.

Das Haus mit Keller und Flachdach hat eine Grundfläche von 500 qm. Es wurde 2008 erstellt. Die Grundstücksfläche beträgt 2.250 qm. Der Baupreisindex beträgt 127,2 (= Faktor 1,272) gemäß BMF-Schreiben vom 22. Februar 2020. Der Bodenrichtwert beträgt 700 €/qm. Der Marktanpassungsfaktor ist der Anlage 25 I. BewG zu entnehmen.

Ermitteln Sie den Sachwert nach dem Sachwertverfahren für Zwecke der Erbschaft- und Schenkungsteuer.

E. Erbschaftsteuer

1 Einführung

1.1 Entwicklung der Erbschaftsteuer

Bis 31.12.2008 war Grundlage der Besteuerung das **Erbschaftsteuer- und Schenkung-steuergesetz (ErbStG) 1997** mit späteren Änderungen, das jedoch mit Beschluss vom 07.11.2006 vom Bundesverfassungsgericht als **verfassungswidrig** verworfen wurde.
Seit 01.01.2009 hat der Gesetzgeber mit dem Gesetz zur Reform des Erbschaftsteuer- und Bewertungsrechts (**Erbschaftsteuerreformgesetz – ErbStRG**) vom 24.12.2008 die verfassungsrechtlichen Vorgaben umgesetzt. Das neue ErbStRG ist zum 01.01.2009 in Kraft getreten.

Der **BFH** hielt einzelne Regelungen des geänderten ErbStG (§ 19 Abs. 1 i.V.m. den **§§ 13a und 13b ErbStG**) wegen Verstoßes gegen den allgemeinen Gleichheitsgrundsatz (Art. 3 Abs. 1 GG) für **verfassungswidrig** (DB 2012, S. 2381 ff.). Das **Bundesverfassungs-gericht** hat mit Urteil vom 17.12.2014 dieser Auffassung im Ergebnis **zugestimmt**.

Der Gesetzgeber hat reagiert und mit dem **Gesetz zur Anpassung des Erbschaftsteuer-und Schenkungsteuergesetzes an die Rechtsprechung des Bundesverfassungs-gerichts (ErbStRG) vom 09.11.2016** eine Erbschaftsteuerreform verabschiedet, die **rückwirkend für Erwerbe ab dem 01.07.2016** gilt. Neben der Umsetzung der Vorgaben des Bundesverfassungsgerichtes soll das Gesetz Arbeitsplätze erhalten und den Unternehmen Planungssicherheit für den Erbfall geben.

Entsprechend wird es auch **weiterhin** eine **weitgehende Steuerfreistellung für Betriebs-vermögen** geben. Die Verschonungsregelung für das Betriebsvermögen wurde so modifiziert, dass die Anforderungen des Bundesverfassungsgerichts erfüllt werden. Dabei wurden insbesondere der Umfang des begünstigten (Betriebs-) Vermögens **konkretisiert und Gestaltungsmöglichkeiten eingeschränkt**. Die Grundzüge der geänderten Besteuerung des Unternehmensvermögens sind ab Seite 477 dargestellt. Auf Besonderheiten, z.B. im Zusammenhang mit Unternehmensvermögen, dessen Wert 26 Mio. Euro übersteigt, wird nicht eingegangen.

Weitere Einzelheiten enthält der koordinierte Ländererlass vom 22. Juni 2017 zur Anwendung der geänderten Vorschriften des Erbschaftsteuer- und Schenkungsteuergesetzes (BStBl. I 2017, S. 902).

Auf den Internetseiten des Bundesfinanzministeriums wurde am 16.12.2019 eine Leseversion der **Erbschaftsteuer-Richtlinien 2019** veröffentlicht. Die Erbschaftsteuer-Richtlinien 2019 sind auf alle Erwerbsfälle anzuwenden, für die die Steuer **nach dem 21.08.2019 entsteht**.

1.2 Fiskalische Bedeutung

Bei der Erbschaftsteuer handelt es sich um eine **Ländersteuer**. Für die Haushalte der einzelnen Länder kommt der Erbschaftsteuer jedoch keine besonders große Bedeutung zu. Obwohl aufgrund der zunehmenden Vermögensbildung in der Bevölkerung das Erbschaftsteueraufkommen ständig zugenommen hat, ist der Anteil am Gesamtsteueraufkommen stetig gesunken.

Im Jahr 2019 betrug das **Erbschaftsteueraufkommen rund 7,0 Mrd. €**. Dies entspricht einem **Anteil von nur 0,9 %** an den gesamten Steuereinnahmen von Bund, Ländern und Gemeinden mit rund 799 Mrd. €.

1.3 Gegenstand

Nach dem Grundsatz des subjektiven Steuermaßes soll der Bürger entsprechend seiner **persönlichen Leistungsfähigkeit** (gemessen an seinen Einkommens- und/oder Vermögensverhältnissen) zur Finanzierung des Staates beitragen.

Die **Erbschaftsteuer** knüpft an diesen Besteuerungsgrundsatz an. Die Erbschaftsteuer soll **unentgeltliche Vermögensverschiebungen** jeder Art besteuern. Dabei soll die **Bereicherung**, die der einzelne Erwerber **von Todes wegen** oder durch **Schenkung unter Lebenden** erfährt, erfasst werden. Um die Umgehung der Erbschaftsteuer durch Vermögensübertragungen unter Lebenden und Zweckzuwendungen zu verhindern, wird die Erbschaftsteuer durch die **Schenkungsteuer ergänzt**. Die Schenkungsteuer ist demnach eine Unterart der Erbschaftsteuer, regelmäßig eine **vorweggenommene Erbschaftsteuer**.

Die Erbschaftsteuer ist als **Erbanfallsteuer** ausgestaltet. Das bedeutet, dass Gegenstand der Besteuerung die **Bereicherung** ist, die bei der **begünstigten Person** durch eine Zuwendung eintritt. Anders wäre dies bei einer Ausgestaltung als **Nachlasssteuer**, wie es international besonders im angelsächsischen Rechtsraum üblich ist. Hier erfasst die Erbschaftsteuer den **Nachlass** des Erblassers.

1.4 Erfolgskontrolle

WIEDERHOLUNGSFRAGEN

1. Was ist der Gegenstand der Erbschaftsteuer?
2. Welche fiskalische Bedeutung hat die Erbschaftsteuer?
3. Warum wird die Erbschaftsteuer um eine Schenkungsteuer ergänzt?
4. Durch welches Gesetz wurde das Erbschaftsteuerrecht zuletzt geändert?
5. Warum war eine Anpassung des Erbschaftsteuerrechts notwendig?

2 Steuerpflicht

2.1 Steuerpflichtige Vorgänge

2.1.1 Überblick

Folgende erbschaftsteuerpflichtigen Vorgänge werden in diesem Kapitel erläutert.

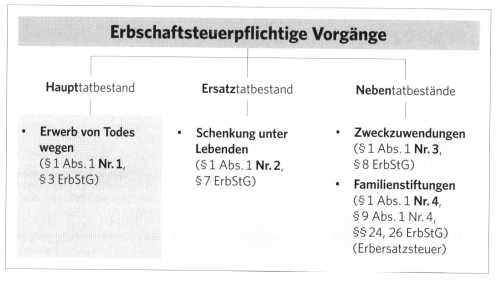

2.1 Steuerpflichtige Vorgänge

2.1.2 Erwerb von Todes wegen

Erfolgt infolge des Todes einer natürlichen Person ein Vermögensübergang auf eine andere natürliche Person (z.B. Erben), so unterliegt der **Erwerb des Vermögens** nach § 1 Abs. 1 Nr. 1 ErbStG der Erbschaftsteuer.

Die wichtigsten Fälle, in denen ein Vermögensübergang nach § 1 Abs. 1 **Nr. 1** i.V.m. § 3 Abs. 1 ErbStG steuerpflichtig ist, ist der Erwerb

- durch **Erbanfall** (§ 3 Abs. 1 **Nr. 1** ErbStG),
- durch **Vermächtnis** (§ 3 Abs. 1 **Nr. 1** ErbStG),
- aufgrund eines geltend gemachten **Pflichtteilsanspruchs** (§ 3 Abs. 1 **Nr. 1** ErbStG),
- durch **Schenkung auf den Todesfall** (§ 3 Abs. 1 **Nr. 2** Satz 1 ErbStG),
- durch **Vertrag zugunsten Dritter** auf den Todesfall (§ 3 Abs. 1 **Nr. 4** ErbStG).

> **BEISPIEL 1**
>
> Das Testament der kinderlosen E aus Köln sieht aufgrund eines Vermächtnisses vor, dass bei ihrem Tod die Hausangestellte Z ihr Sparbuch mit einem Guthaben von 6.000 € erhält. E stirbt am 01.12.2020.
>
> Der Erwerb des Sparbuchs ist durch den eingetretenen Erbfall nach § 1 Abs. 1 **Nr. 1** i.V.m. § 3 Abs. 1 **Nr. 1** ErbStG für Z **steuerpflichtig**.

> **BEISPIEL 2**
>
> Im Falle seines Todes hat A eine Lebensversicherung zugunsten seiner langjährigen Geliebten L abgeschlossen. Diese Lebensversicherung stellt einen Vertrag zugunsten Dritter dar. A kommt in 2020 durch einen Unfall ums Leben.
>
> L erwirbt durch den Tod des A einen unmittelbaren Anspruch auf die Versicherungssumme gegen die Versicherungsgesellschaft. Die Bereicherung der L ist aufgrund eines Vertrags zugunsten Dritter auf den Todesfall nach § 1 Abs. 1 **Nr. 1** i.V.m. § 3 Abs. 1 **Nr. 4** ErbStG **steuerpflichtig**.

2.1.3 Schenkung unter Lebenden

Als Schenkung unter Lebenden unterliegt gem. § 7 ErbStG jede Zuwendung unter Lebenden der Erbschaftsteuer, soweit der Bedachte durch sie auf Kosten des Zuwendenden bereichert wird. Als Grundform der Schenkung unter Lebenden nennt § 7 Abs. 1 Nr. 1 ErbStG jede freigebige, d.h. (grundsätzlich) unentgeltliche Zuwendung.

Eine Zuwendung setzt eine **Zuwendung des Schenkers** und eine **Bereicherung des Beschenkten** voraus. **Bereicherung** kann jede Vermögensmehrung und jede Minderung von Schulden oder Belastungen beim Bedachten sein. Eine Bereicherung tritt hingegen nicht ein, soweit der Empfänger das Erhaltene rechtlich beanspruchen konnte, z.B. infolge einer entsprechenden Forderung oder als Entlohnung für vereinbarte Dienste.

Unentgeltlich ist ein Erwerb, soweit er nicht rechtlich abhängig ist von einer den Erwerb ausgleichenden Gegenleistung. Eine ausgleichende Gegenleistung könnte sowohl nach Art eines gegenseitigen Vertrags als auch durch Setzen einer Auflage oder Bedingung begründet sein.

BEISPIEL

Der kinderlose Steuerpflichtige Erich Maurer, der wegen einer schweren Krankheit nur noch kurze Zeit zu leben hat, schenkt lt. notariellem Vertrag seiner Ehefrau in 2020 sein in Bonn gelegenes selbstgenutztes, schuldenfreies Einfamilienhaus.

Die Schenkung des Einfamilienhauses an die Ehefrau ist nach § 1 Abs. 1 **Nr. 2** i. V. m. § 7 ErbStG **steuerpflichtig**, jedoch nach § 13 Abs. 1 Nr. 4a ErbStG **steuerfrei**.

 Einzelheiten zur sachlichen **Steuerbefreiung** werden im Abschnitt 3.2.3, Seiten 490 f., dargestellt und erläutert.

2.1.4 Zweckzuwendungen

Zweckzuwendungen i. S. d. § 8 ErbStG sind Zuwendungen, die mit der Auflage verbunden sind, **zugunsten eines bestimmten Zweckes** – nicht einer bestimmten Person – verwendet zu werden. Durch die zu tätigende Zweckzuwendung wird die Bereicherung des Erwerbers (Mittelsperson) gemindert. Zweckzuwendungen sind gem. § 1 Abs. 1 Nr. 3 ErbStG steuerpflichtig.

BEISPIEL

Der Zeit seines Lebens in Köln wohnende Erblasser E verpflichtet seinen Alleinerben A durch Auflage, für die Dauer von 25 Jahren 60.000 € für Obdachlose in seiner Heimatstadt Köln zu verwenden.

Die Obdachlosen sind im Grundsatz schenkungsteuerpflichtig nach § 1 Abs. 1 **Nr. 3** ErbStG.

2.2 Persönliche Steuerpflicht

Das Erbschaftsteuergesetz kennt – wie z. B. auch das Einkommensteuergesetz – die unbeschränkte und die beschränkte Steuerpflicht. Im Falle der unbeschränkten Steuerpflicht ist der **gesamte Vermögensanfall**, bei der beschränkten Steuerpflicht hingegen nur der auf das **Inlandsvermögen** entfallende Teil steuerpflichtig.

Die **unbeschränkte Steuerpflicht** setzt voraus, dass **eine** der beteiligten Personen **Inländer** im Sinne des § 2 Abs. 1 Nr. 1 ErbStG ist. Bei der Beurteilung, ob der **Erblasser** Inländer ist, ist der **Zeitpunkt des Todes** maßgeblich. Beim **Erwerber** ist der **Zeitpunkt der Entstehung der Steuer** entscheidend. Bei Erwerb von Todes wegen ist dies grundsätzlich der **Zeitpunkt des Todes** des Erblassers (zu den Ausnahmen vgl. Katalog des § 9 Abs. 1 Nr. 1 ErbStG).

Änderungen **nach** dem Stichtag, beispielsweise Wertveränderungen (Kursgewinne oder -verluste, Zerstörung der geerbten Sache) oder die Änderung des Verwandtschaftsverhältnisses sind für die Erbschaftsteuer **unerheblich**.

BEISPIEL

Der kinderlose Alfred Klein, der mit seiner Ehefrau seit Jahren in Bonn wohnt, ist am 1. Dezember 2020 nach schwerer Krankheit verstorben. Die Ehefrau erhält lt. Testament den gesamten Nachlass.

Frau Klein ist nach § 2 Abs. 1 Nr. 1 a) i. V. m. § 1 Abs. 1 Nr. 1 ErbStG **unbeschränkt** erbschaftsteuerpflichtig, weil sie als **natürliche Person** im **Inland** (Bonn) ihren **Wohnsitz** hat.

Ist **keiner** der beteiligten Personen **Inländer** im Sinne des ErbStG, liegt eine **beschränkte Steuerpflicht** vor.

2.2 Persönliche Steuerpflicht

BEISPIEL

Der seit 25 Jahren in Spanien ansässige Antonio Vanderas ist in 2020 verstorben.
Sein Nachlass umfasst eine auf Mallorca gelegene Villa und ein Appartement in Köln.
Erben sind zu gleichen Teilen seine ebenfalls auf Mallorca lebende Ehefrau sowie sein Sohn, der in Deutschland seinen Wohnsitz hat.

Der **Sohn** ist **unbeschränkt** steuerpflichtig, weil er Inländer ist. Dies hat zur Folge, dass der **gesamte** Erwerb einschließlich des in Spanien gelegenen Anteils am Nachlass **steuerpflichtig** ist.

Die **Ehefrau** ist **beschränkt** steuerpflichtig, weil sie – wie der Erblasser – nicht Inländerin ist. Dies hat zur Folge, dass nur der im **Inland** gelegene Teil des Nachlasses (Appartement in Köln) der deutschen Erbschaftsteuer unterliegt.

Zusammenfassung zu Abschnitt 2.2:

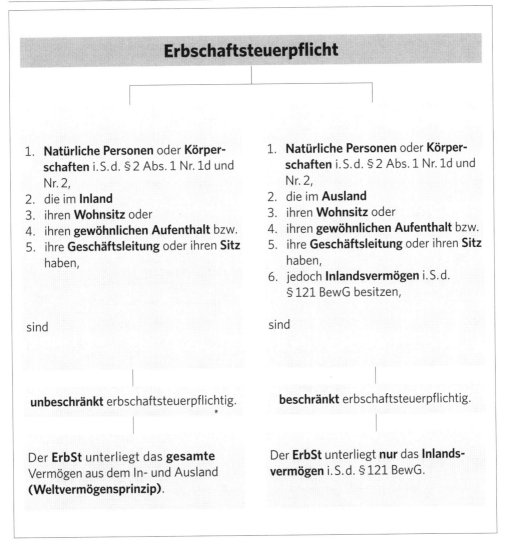

2.3 Erfolgskontrolle

WIEDERHOLUNGSFRAGEN

1. Welche steuerpflichtigen Vorgänge werden von der Erbschaftsteuer erfasst?
2. Was versteht man unter einer Schenkung unter Lebenden?
3. Was versteht man unter einer Zweckzuwendung?
4. Wann liegt eine unbeschränkte Erbschaftsteuerpflicht vor?
5. Welche Folge ergibt sich aus der unbeschränkten Erbschaftsteuerpflicht?
6. Wann liegt eine beschränkte Erbschaftsteuerpflicht vor?
7. Welche Folge ergibt sich aus der beschränkten Erbschaftsteuerpflicht?

3 Bereicherung des Erwerbers

3.1 Überblick

Bemessungsgrundlage der Erbschaftsteuer ist nach § 10 ErbStG der steuerpflichtige Erwerb. Als steuerpflichtiger Erwerb gilt die **Bereicherung des Erwerbers**, soweit sie nicht steuerfrei ist. Die Bemessungsgrundlage wird wie folgt ermittelt:

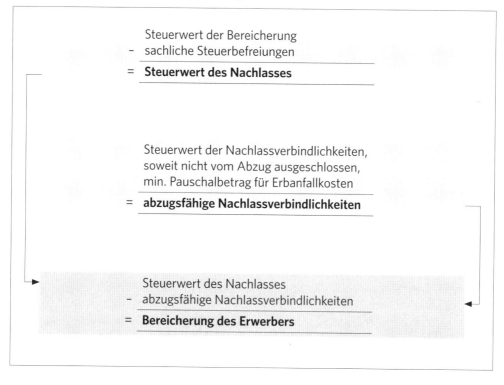

3.2 Steuerwert des Nachlasses

3.2.1 Überblick

Der **Steuerwert des Nachlasses** berechnet sich wie folgt:

	Steuerwert der Bereicherung
–	sachliche Steuerbefreiungen
=	**Steuerwert des Nachlasses**

Die Bewertung richtet sich gemäß § 12 Abs. 1 ErbStG, **soweit nicht** in § 12 Abs. 2 – 7 ErbStG **etwas anderes bestimmt** ist, nach den allgemeinen Bewertungsvorschriften des Bewertungsgesetzes (§§ 1-16 BewG). Dem § 9 BewG kommt dabei die Funktion einer sogenannten Auffangregel zu: **Soweit nichts anderes vorgeschrieben ist**, wird der **gemeine Wert** zugrunde gelegt. Als **gemeiner Wert** gilt der Preis, der im gewöhnlichen Geschäftsverkehr bei einer Veräußerung zu erzielen wäre.

Der allgemeine Grundsatz des Ansatzes mit dem **gemeinen Wert** wird insbesondere bei der **Grundbesitzbewertung** und der **Bewertung von Anteilen an Kapitalgesellschaften**, aber auch bei anderen Vermögensarten, vielfach durch Spezialvorschriften angepasst.

Einzelheiten zum **gemeinen Wert** (Verkehrswert) erfolgten bereits im Kapitel 3 „Bewertungsmaßstäbe", Seite 465.

3.2.2 Steuerklassen

Die Erbschaftsteuer unterscheidet je nach **verwandtschaftlicher Nähe** des Erwerbers zum Erblasser zwischen **drei Steuerklassen** (§ 15 Abs. 1 ErbStG). Die Steuerklassen entscheiden vor allem über die Höhe des persönlichen Freibetrags (§ 16 ErbStG), in Ausnahmefällen auch eines sachlichen Freibetrags (§ 13 Abs. 1 Nr. 1 ErbStG) und über die Höhe des Steuersatzes.

Steuer-klasse	I			II	III
Erwerber	• Ehegatte und (einge-tragene) Lebens-partner	• Kinder und Stief-kinder • Kinder verstor-bener Kinder und Stief-kinder	• Abkömm-linge leben-der Kinder und Stiefkinder • Eltern und Voreltern bei Erwerb von Todes wegen	• Eltern und Voreltern bei Schenkung • Geschwister und deren Abkömm-linge 1. Grades • Stiefeltern • Schwiegerkinder • Schwiegereltern	• alle übrigen Erwerber • Zweckzu-wendun-gen

490 E. Erbschaftsteuer

3.2.3 Sachliche Steuerbefreiungen
3.2.3.1 Überblick

Die Steuerbefreiungen der §§ 13, 13a ErbStG knüpfen an bestimmte **Gegenstände** des Erwerbs an. Sie werden als **sachliche Steuerbefreiungen** bezeichnet, weil sie ihren **Grund in der Sache des Erwerbs** haben. Neben einzelnen sachlichen Steuerbefreiungen, die in § 13 Abs. 1 Nrn. 1-18 ErbStG aufgezählt sind, enthält § 13a ErbStG eine Steuerbefreiung für sogenanntes begünstigtes Vermögen im Rahmen der Übertragung von **Unternehmens**vermögen. Das **begünstigte Vermögen** besteht aus steuerlichem Betriebsvermögen, Betrieben der Land- und Forstwirtschaft und Anteilen an Kapitalgesellschaften (§ 13b Abs 1 Nrn. 1-3 ErbStG).

3.2.3.2 Steuerbefreiungen gem. § 13 ErbStG

§ 13 ErbStG enthält als wichtigste **sachliche** Steuerbefreiung die **Freistellung für Hausrat** und **anderes bewegliches Vermögen** (§ 13 Nr. 1 ErbStG).

Der Erwerb von **Hausrat**, einschließlich Wäsche und Kleidungsstücken, ist bei Personen der Steuerklasse I, soweit der Wert insgesamt **41.000 Euro** nicht übersteigt, **steuerfrei**.

Zum **Hausrat** gehören die gesamte **Wohnungseinrichtung**, **Wäsche**, **Geschirr**, **Bücher**, **größere Musikinstrumente**, die einem Einrichtungsgegenstand nahe kommen (z. B. Klavier), **Lebensmittel**, überwiegend **privat genutzte PKW** und **elektronische Geräte** (z. B. Fernseher, DVD-Player).

Für **andere bewegliche körperliche Gegenstände**, die nicht nach § 13 Abs. 1 Nr. 2 ErbStG befreit sind, kann beim Erwerb durch Personen der Steuerklasse I zusätzlich ein Freibetrag in Höhe von **12.000 Euro** in Anspruch genommen werden (§ 13 Abs. 1 Nr. 1 b) ErbStG). Zu diesen Gegenständen gehören vor allem **individuell genutzte Musikinstrumente**, **Schmuck**, **Sportgeräte** und **Tiere**.

Für Angehörige der Steuerklassen II und III wird für Hausrat einschließlich Kleidung, Wäsche und andere körperliche Gegenstände gem. § 13 Abs. 1 Nr. 1 c) ErbStG insgesamt ein Freibetrag von **12.000 Euro** gewährt.

Gegenstand der Befreiung	Steuerbefreiungen		
	Steuerklasse I	Steuerklasse II	Steuerklasse III
Hausrat	**41.000 Euro** je Erwerber	**12.000 Euro insgesamt** je Erwerber	
andere bewegliche Gegenstände (§ 13 ErbStG)	**12.000 Euro** je Erwerber		

Die Steuerbefreiungen des § 13 Abs. 1 Nr. 1 ErbStG **gelten nicht** für Gegenstände, die zum **land- und fortwirtschaftlichen Vermögen**, zum **Grundvermögen** oder **Betriebsvermögen** gehören, für **Zahlungsmittel**, **Wertpapiere**, **Münzen**, **Edelmetalle**, **Edelsteine** und **Perlen** (§ 13 Abs. 1 Nr. 1 **Satz 2** ErbStG).

Werden die Freibeträge nach § 13 Abs. 1 ErbStG **überschritten**, ist der **übersteigende Betrag steuerpflichtig**.

BEISPIEL

Der Zahnarzt Z hat seine Töchter T1 und T2 sowie seine Nichten N1 und N2 zu gleichen Teilen als Erben eingesetzt. Als er in 2020 stirbt, befinden sich im Nachlass u. a. Hausrat (gemeiner Wert 100.000 €), Schmuck (gemeiner Wert 45.000 €), mehrere Golf-Schlägersätze (gemeiner

3.2 Steuerwert des Nachlasses

Wert 5.000 €), zwei Reitpferde (gemeiner Wert zusammen 10.000 €) sowie eine Münzsammlung (gemeiner Wert 200.000 €).

Für T1 und T2 (Steuerklasse I) ist der Erwerb des **Hausrates** insgesamt **steuerfrei** (§ 13 Abs. 1 Nr. 1 a) ErbStG), da der Erwerb je 25.000 € beträgt und damit kleiner als der Freibetrag von jeweils 41.000 € ist.

Der Erwerb des **Schmucks**, der **Golfschläger** und der **Reitpferde** ist für T1 und T2 nur **zum Teil steuerfrei** (§ 13 Abs. 1 Nr. 1 b) ErbStG), da der Erwerb jeweils 15.000 € beträgt und ein Freibetrag nur in Höhe von 12.000 € besteht. Die Höhe des steuerpflichtigen Erwerbs beträgt 3.000 € (15.000 € – 12.000 €) je Erwerberin.

Der Erwerb des **Hausrates**, des **Schmucks**, der **Golfschläger** und der **Pferde** ist für N1 und N2 (Steuerklasse II) ebenfalls nur **zum Teil steuerfrei** (§ 13 Abs. 1 Nr. 1c ErbStG), da der Erwerb jeweils 40.000 € beträgt und ein Freibetrag nur in Höhe von 12.000 € besteht. Die Höhe des steuerpflichtigen Erwerbs beträgt 28.000 € (40.000 € – 12.000 €) je Erwerberin.

Die Münzsammlung ist bei allen Erwerberinnen nicht **steuerfrei** (§ 13 Abs. 1 Nr. 1 Satz 2 ErbStG).

3.2.3.3 Steuervergünstigungen für begünstigtes Vermögen

Bei der Übertragung von **Unternehmensvermögen** besteht eine Verschonungsregelung für **begünstigtes Vermögen**.

Neben begünstigtem Vermögen ist zwischen **begünstigungsfähigem** und **Verwaltungs-vermögen** zu unterscheiden. Das Verwaltungsvermögen ist wiederum in **unschädlich** und **schädlich** zu unterteilen (§ 13b ErbStG).

Die **Ermittlung** des **begünstigten Vermögens** ist wie folgt **geregelt**:

	inländ. Wirtschaftsteil des land- und forstwirtschaftl. Vermögens (§ 13b Abs. 1 Nr. 1)
+	inländisches Betriebsvermögen (§ 13b Abs. 1 Nr. 2)
+	Anteile an Kapitalgesellschaften (§ 13b Abs. 1 Nr. 3)
=	**begünstigungsfähiges** Vermögen
-	**schädliches** Verwaltungsvermögen
=	**begünstigtes Vermögen**

Das **schädliche Verwaltungsvermögen** ermittelt sich wie folgt:

	Verwaltungsvermögen im Sinne des § 13b Abs. 4
-	Deckungsvermögen betrieblicher Altersversorgungsverpflichtungen (§ 13b Abs. 3)
-	berücksichtigungsfähige Schulden (§ 13b Abs. 6)
=	Nettowert des Verwaltungsvermögens
-	**unschädliches** Verwaltungsvermögen (§ 13b Abs. 7)
=	**schädliches Verwaltungsvermögen**

Der Katalog von Gegenständen, die zum Verwaltungsvermögen zählen umfasst u. a. neben verpachteten Grundstücken und Wertpapieren auch Briefmarkensammlungen, Oldtimer und Yachten (§ 13b Abs. 4 ErbStG).

Das <u>unschädliche Verwaltungsvermögen</u> besteht in Höhe von **10 % des um den Nettowert des Verwaltungsvermögens gekürzten gemeinen Wertes des Betriebsvermögens** (§ 13b Abs. 7 ErbStG).

E. Erbschaftsteuer

Für begünstigtes Vermögen i.S.d. § 13b Abs. 1 ErbStG (z.B. Betriebsvermögen) sind folgende **Verschonungsoptionen** vorgesehen:

- **Regelverschonung** (Verschonungsabschlag 85 %) und

- **Optionsverschonung** (Verschonungsabschlag 100 %).

Voraussetzung für die Inanspruchnahme der Vergünstigungen ist, dass das **Verwaltungsvermögen weniger als 90 % des begünstigungsfähigen Vermögens** beträgt (§ 13b Abs. 2 Satz 2 ErbStG).

Für das **begünstigte** Vermögen wird noch ein **Abzugsbetrag** von höchstens **150.000 Euro** gewährt (§ 13a Abs. 2 Satz 1 ErbStG).

Der Abzugsbetrag kann innerhalb von **zehn Jahren** für von derselben Person anfallende Erwerbe nur **einmal** berücksichtigt werden (§ 13a Abs. 2 Satz 3 ErbStG).

Regelverschonung (Verschonungsabschlag 85 %)

Firmenerwerber werden von der Besteuerung zu **85 %** des übertragenen Betriebsvermögens verschont, vorausgesetzt, sie haben **nicht mehr als fünf Beschäftigte**.

Verfügt das Unternehmen über **mehr als fünf Beschäftigte,** besteht eine **weitere Voraussetzung** darin, dass der Betrieb fortgeführt wird und die **durchschnittliche** Lohnsumme der letzten **fünf** Jahre **vor** Erwerb des Betriebes (**Ausgangslohnsumme**) gewisse Grenzen (**Mindestlohnsummen**) nicht unterschreitet (§ 13a Abs. 3 ErbStG). Die Mindestlohnsummen sind nach der Anzahl der Beschäftigten im Betrieb **gestaffelt** und betragen:

- **bei 6-10** Beschäftigten: **250 %** der Ausgangslohnsumme,

- **bei 11-15** Beschäftigten: **300 %** der Ausgangslohnsumme,

- **bei mehr als 15** Beschäftigten: **400 %** der Ausgangslohnsumme.

Beschäftigte im Mutterschutz oder in Elternzeit, Auszubildende, Saisonarbeiter und Langzeitkranke werden **weder** bei der Beschäftigtenzahl **noch** bei der Lohnsumme berücksichtigt.

BEISPIELE

a) Ehegatte A Alleinerbe, begünstigtes (Betriebs-)Vermögen 500.000 €, 3 Beschäftigte

Das **steuerpflichtige Betriebsvermögen** wird wie folgt ermittelt:

Begünstigtes Vermögen (§ 13b Abs. 1 ErbStG)	500.000 €
Verschonungsabschlag (§ 13a Abs. 1 ErbStG)	
(85 % von 500.000 €)	425.000 €
verbleibender Teil des begünstigten Vermögens (15 % von 500.000 €)	75.000 €
− Abzugsbetrag (§ 13a Abs. 2 ErbStG) 150.000 Euro, höchstens	− 75.000 €
= **steuerpflichtiges Betriebsvermögen**	0 €

```
*  *  Kundenbeleg   *  *

Der kleine Laden
Inh. Inge Helfrich

Bahnhofstrasse 9 a
66987 Thaleischweiler-Fr
Tel: 06334-984929


Datum:          14.05.2021
Uhrzeit:     10:22:27 Uhr
Beleg-Nr.             2137
Trace-Nr.          005265


     Kartenzahlung
       girocard

Nr.
##############0093 0002
VU-Nr.        1184022847
Terminal-ID     65022847
Pos-Info      00 053 00


Betrag EUR          24,99

*** Zahlung erfolgt ***

Bitte Beleg aufbewahren


  Informationen zur
Datenverarbeitung durch
    Ingenico Payment
Services www.ingenico.de
      /datenschutz
```

verpflichte mich, für die notwendige Kontodeckung z
sorgen. Die Frist zur Ankündigung des Lastschrift
einzugs wird auf einen Tag verkürzt.
Hinweis: Ich kann innerhalb von acht Wochen
beginnend mit dem Belastungsdatum, die Erstattung de
belasteten Betrages verlangen. Es gelten dabei die mi
meinem Kreditinstitut vereinbarten Bedingungen.

Adressweitergabe / Nichteinlösung

Ich weise mein Kreditinstitut unwiderruflich an, be
Nichteinlösung auf Vorlauf umseitiges Unternehme
sowie dessen Dienstleister auf Anforderung meine
Namen und meine Anschrift zur Geltendmachung de
Forderung mitzuteilen. Bei von mir zu vertretende
Nichteinlösungen von Lastschriften verpflichte ich mich
dadurch entstehende Kosten zu ersetzen

(Unterschrift des/der Karteninhabers/in)

Datenschutzrechtliche Informationen

Wir erfassen Ihre Zahlungsinformationen (Konto
nummer, Bankleitzahl, IBAN, Kartenverfalldatum und
Kartenfolgenummer, Datum, Uhrzeit, Betrag, Terminal
kennung, Standort des Terminals) zum Zweck de
Zahlungsabwicklung, zur Kartenprüfung und zu
Verhinderung von Kartenmissbrauch.
Wird bei einer Zahlung im Elektronischen Lastschrift
verfahren (d.h. mit girocard und Unterschrift) eine
Lastschrift von Ihrer Bank nicht eingelöst oder von Ihne
widerrufen (Rücklastschrift), wird dies in eine Sperrdate
eingetragen. Solange ein Sperreintrag besteht, ist eine
Zahlung mit girocard und Unterschrift nicht möglich. De
Eintrag in der Sperrdatei wird gelöscht, sobald die
Forderung vollständig beglichen wurde oder wenn Sie
Rechte aus dem getätigten Kauf geltend machen (z.B. be
Sachmangel oder Rückgabe der Ware)

Erteilung einer Einzugsermächtigung und eines
SEPA-Lastschriftmandats

Einzugsermächtigung

Ich ermächtige hiermit das umseitig genannte
Unternehmen den umseitig ausgewiesenen Rechnungsbetrag von meinem Konto durch Lastschrift einzuziehen
und verpflichte mich, für die notwendige Kontodeckung
zu sorgen.

SEPA-Lastschriftmandat

Ich ermächtige hiermit das umseitig genannte
Unternehmen, mit der umseitig genannten Gläubiger-ID,
sowie der umseitigen Mandats-Referenz (M-ID), den

3.2 Steuerwert des Nachlasses

b) Ehegatte B Alleinerbe, begünstigtes (Betriebs-)Vermögen 1 Mio. €, 4 Beschäftigte

Das **steuerpflichtige Betriebsvermögen** wird wie folgt ermittelt:

Begünstigtes Vermögen (§ 13b Abs. 1 ErbStG)	1.000.000 €
Verschonungsabschlag (§ 13a Abs. 1 ErbStG)	
(85 % von 1.000.000 €)	850.000 €
verbleibender Teil des begünstigten Vermögens	150.000 €
− Abzugsbetrag (§ 13a Abs. 2 ErbStG)	− 150.000 €
= **steuerpflichtiges Betriebsvermögen**	0 €

Der **Abzugsbetrag** von 150.000 Euro **verringert sich**, wenn der Wert des nicht begünstigten Vermögens insgesamt die Wertgrenze von 150.000 Euro übersteigt, um **50 %** des diese Wertgrenze übersteigenden Betrags (§ 13a Abs. 2 Satz 2 ErbStG).

BEISPIEL

Ehegatte C Alleinerbe, begünstigtes (Betriebs-)Vermögen 2 Mio. €, 5 Beschäftigte

Das **steuerpflichtige Betriebsvermögen** wird wie folgt ermittelt:

Begünstigtes Vermögen (§ 13b Abs. 1 ErbStG)		2.000.000 €
Verschonungsabschlag (§ 13a Abs. 1 ErbStG)		
(85 % von 2.000.000 €)		1.700.000 €
verbleibender Teil des begünstigten Vermögens		300.000 €
verbleibender Teil des begünstigten Vermögens	300.000 €	
− Abzugsbetrag (§ 13a Abs. 2 ErbStG)	− 150.000 €	
übersteigender Betrag	150.000 €	
x 50 % =	75.000 €	− 75.000 €
= **steuerpflichtiges Betriebsvermögen**		**225.000 €**

Von den 225.000 € wird noch der persönliche Freibetrag von 500.000 Euro (siehe Seite 497) abgezogen, sodass der steuerpflichtige Erwerb 0 € beträgt.

Optionsverschonung (Verschonungsabschlag 100 %)

Die Optionsverschonung mit einem **Verschonungsabschlag in Höhe von 100 %** setzt eine **Erklärung** voraus, die nicht widerrufen werden kann (§ 13b Abs. 10 ErbStG). Gibt der Erwerber gegenüber dem Finanzamt **keine** Erklärung ab, gilt die Regelverschonung.

Auch bei der Optionsverschonung sind **bei mehr als fünf Beschäftigten** bestimmte **Mindestlohnsummen** einzuhalten. Der maßgebliche Zeitraum bei der Optionsverschonung beträgt **sieben Jahre**.

Im Einzelnen betragen die Mindestlohnsummen bei der Optionsverschonung:

- **bei 6-10** Beschäftigten: **500 %** der Ausgangslohnsumme,
- **bei 11-15** Beschäftigten: **565 %** der Ausgangslohnsumme,
- **bei mehr als 15** Beschäftigten: **700 %** der Ausgangslohnsumme.

Ein weiterer Unterschied zur Regelverschonung besteht in einer **zusätzlichen Voraussetzung**. Der Verschonungsabschlag in Höhe von 100 % kann **nur** in Anspruch genommen werden, **wenn** der **Anteil des Verwaltungsvermögens am begünstigungsfähigen Vermögen nicht mehr als 20 %** beträgt (§ 13b Abs. 10 Satz 2 ErbStG).

494 E. Erbschaftsteuer

3.3 Abzugsfähige Nachlassverbindlichkeiten

3.3.1 Überblick

Bei der Ermittlung des Gesamtwerts der Bereicherung des Erwerbers sind abzugsfähige Nachlassverbindlichkeiten mindernd zu berücksichtigen. Die **Nachlassverbindlichkeiten** lassen sich in **drei Gruppen** einteilen (§ 10 ErbStG):

1. Erblasserverbindlichkeiten (§ 10 Abs. 5 Nr. 1 ErbStG),

2. Erbfallverbindlichkeiten (§ 10 Abs. 5 Nr. 2 ErbStG),

3. Erbfallkosten (Erwerbsaufwand) (§ 10 Abs. 5 Nr. 3 ErbStG).

3.3.2 Erblasserverbindlichkeiten

Erblasserverbindlichkeiten sind **Verbindlichkeiten**, die **zu Lebzeiten des Erblassers entstanden** und **in der Person des Erblassers begründet** sind, d.h. alle persönlichen Verpflichtungen des Erblassers oder Verpflichtungen, die auf dem Vermögen des Erblassers lasten. Sie sind bei der Berechnung des Gesamtwertes des Vermögensanfalls **abzuziehen**.

> **BEISPIEL**
>
> Der Vater V hat in 2020 an seinen Sohn S ein Grundstück mit einem Grundbesitzwert von 500.000 € vererbt. Auf dem Grundstück lastet eine Hypothek von 100.000 €.
>
> Die Hypothek ist als Erblasserverbindlichkeit i.S.d. § 10 Abs. 5 Nr. 1 ErbStG vom Steuerwert des Nachlasses abziehbar. Die Bereicherung des S für Zwecke der Erbschaftsteuer beträgt 400.000 € (500.000 € – 100.000 €).

3.3.3 Erbfallverbindlichkeiten

Erbfallverbindlichkeiten entstehen aus Anlass des Erbfalls und sind Verbindlichkeiten aus

- Vermächtnissen,
- geltend gemachten Pflichtteilen und
- Auflagen.

Die Verpflichtung zur Erfüllung eines Vermächtnisses oder einer Auflage entsteht mit dem Eintritt des Erbfalls und ist, wenn das Erbe bzw. Vermächtnis nicht ausgeschlagen wird, in vollem Umfang sofort abzugsfähig. Verbindlichkeiten aus Pflichtteilen sind dagegen nur dann abzuziehen, wenn sie tatsächlich geltend gemacht werden.

> **BEISPIEL**
>
> Die Tochter T erbt als Alleinerbin in 2020 von ihrer Mutter M ein Barvermögen von 100.000 €. Damit ihr Schwiegersohn sich endlich einen lang ersehnten Wunsch erfüllen und einen alten Sportwagen kaufen kann, vermacht M ihm einen Betrag von 10.000 €.
>
> Das Vermächtnis, das T aus den 100.000 € zu erfüllen hat, ist als Erbfallverbindlichkeit i.S.d. § 10 Abs. 2 Nr. 2 ErbStG abzugsfähig. Die Bereicherung der Erbin T beträgt 90.000 € (100.000 € – 10.000 €).

3.3.4 Erbfallkosten

Erbfallkosten (Erwerbsaufwendungen) sind erst **nach** dem Erbfall entstehende Verbindlichkeiten, die **den Erben im Zusammenhang mit dem Erbfall treffen**.

Zu den **Erbfallkosten** gehören:

- die Kosten der **Bestattung** des Erblassers,
- die Kosten für ein angemessenes Grabdenkmal,
- die Kosten für die übliche Grabpflege mit ihrem Kapitalwert für eine unbestimmte Dauer, d.h. Jahreswert x 9,3 (§ 13 Abs. 2 BewG) sowie
- die Kosten, die dem Erwerber unmittelbar im Zusammenhang mit der Abwicklung, Regelung oder Verteilung des Nachlasses oder mit der Erlangung des Erwerbs entstehen.

Für diese Kosten kann **insgesamt** ein Pauschbetrag von **10.300 Euro ohne Nachweis** abgezogen werden (§ 10 Abs. 5 Nr. 3 Satz 2 ErbStG). Darüber hinausgehende **nachgewiesene** Kosten sind ebenfalls abzugsfähig.

Kosten für die **Verwaltung des Nachlasses** sind ausdrücklich vom Abzug **ausgeschlossen** (§ 10 Abs. 5 Nr. 3 Satz 3 ErbStG). Sie sind kein Erwerbs-, sondern Verwendungsaufwand.

3.3.5 Nicht abzugsfähige Verbindlichkeiten

Nicht abzugsfähig sind nach § 10 Abs. 6 Satz 1 ErbStG Schulden und Lasten, soweit sie in wirtschaftlichem Zusammenhang mit Vermögensgegenständen stehen, die nicht der Besteuerung nach dem ErbStG unterliegen, d.h. entweder nicht angesetzt werden (§ 2 Abs. 1 Nr. 3, § 19 Abs. 2 ErbStG) oder vollständig befreit sind. Stehen Schulden und Lasten mit teilweise **befreiten** Vermögensgegenständen in wirtschaftlichem Zusammenhang, sind sie nur mit dem Betrag abzugsfähig, der dem **steuerpflichtigen** Teil entspricht (§ 10 Abs. 6 Satz 3 ErbStG).

Nicht abzugsfähig sind insbesondere:

- **Kosten für die Verwaltung des Nachlasses** (§ 10 Abs. 5 Nr. 3 Satz 3 ErbStG), d.h. beispielsweise auch die Vergütung für eine Dauertestamentsvollstreckung,
- die **Erbschaftsteuer** (§ 10 Abs. 8 ErbStG), obwohl sie eine Erbfallverbindlichkeit ist,
- vom Erblasser angeordnete **Verfügungsbeschränkungen** wie das Anwartschaftsrecht eines Nacherben (§ 10 Abs. 4 ErbStG) oder Entnahmebeschränkungen bei einem geerbten Unternehmen.

Schulden und Lasten, die **nicht** in einem wirtschaftlichen Zusammenhang mit einzelnen Vermögensgegenständen stehen, werden nach § 10 Abs. 6 Satz 5 bis 10 ErbStG **anteilig gekürzt**.

3.4 Erfolgskontrolle

WIEDERHOLUNGSFRAGEN

1. Was ist die Bemessungsgrundlage der Erbschaftsteuer?
2. Welche Verschonungsabschläge sind bei Unternehmensvermögen möglich?
3. Welche zusätzliche Voraussetzung besteht bei der Optionsverschonung im Vergleich zur Regelverschonung?
4. Wie sind Nachlassverbindlichkeiten bei der Ermittlung der Bereicherung des Erwerbers zu behandeln?
5. Wodurch unterscheiden sich Erblasserverbindlichkeiten von Erbfallverbindlichkeiten?

E. Erbschaftsteuer

FALL

Am 01.12.2020 verstirbt der verwitwete Bierbrauer Hans Alt in einem Düsseldorfer Altersheim. In seinem Testament setzt er zu gleichen Teilen seine beiden Söhne als Erben ein. Der ältere Sohn Karl lebt mit seiner Familie seit zehn Jahren in den USA und der jüngere Sohn Albert ist zum Studium nach Köln gezogen. Hans Alt vererbt:

- 20 % der Anteile an der börsennotierten Altbräu AG, Düsseldorf (Anschaffungskosten 5.000.000 €, Kurswert am 01.12.2020: 10.000.000 €),
- ein Barvermögen in Höhe von 150.000 €.

In seinem Testament hat Alt verfügt, dass sein langjähriger Fahrer nach seinem Tod einen Kleinwagen im Wert von 15.000 € erhalten soll.

1. Beurteilen Sie die sachliche und persönliche Steuerpflicht der Söhne.
2. Bestimmen Sie die jeweils relevante Steuerklasse.
3. Welche sachlichen Steuerbefreiungen können die Söhne in Anspruch nehmen?
4. Ermitteln Sie die Bemessungsgrundlage für die Erbschaftsteuer für die beiden Söhne.

4 Steuerberechnung

4.1 Steuerpflichtiger Erwerb

4.1.1 Überblick

Die Steuerberechnung erfolgt auf der Grundlage des **steuerpflichtigen Erwerbs**. Die Ermittlung des steuerpflichtigen Erwerbs, ausgehend von der Bereicherung des Erwerbers (siehe Erläuterungen in Kapitel 3, Seiten 488 ff.), ergibt sich aus der folgenden Übersicht:

	Bereicherung des Erwerbers
+	ggf. hinzuzurechnende Vorerwerbe gem. § 14 ErbStG
–	persönlicher Freibetrag i.S.d. § 16 ErbStG
–	besonderer Versorgungsfreibetrag gem. § 17 ErbStG
=	**steuerpflichtiger Erwerb (abzurunden auf volle hundert Euro)**

Die nachfolgenden Erläuterungen orientieren sich an diesem Schema.

4.1.2 Berücksichtigung früherer Erwerbe (Vorerwerb)

Mehrere Vermögenserwerbe, die innerhalb von **zehn Jahren von derselben Person** anfallen, sind bei der Berechnung der Erbschaftsteuer beim Erwerber zusammenzurechnen (§ 14 ErbStG). Dem letzten Erwerb sind die früheren Erwerbe **mit ihrem früheren steuerlichen Wert** hinzuzurechnen.

Die Steuer auf den Gesamtbetrag ist auf der Grundlage der geltenden Tarifvorschriften **im Zeitpunkt des letzten Erwerbs** zu berechnen, d.h., die Steuerklasse, die persönlichen Freibeträge und der Steuertarif richten sich nach dem **aktuellen** Recht. Von der Steuer auf diesen Gesamtwert ist der Steuerbetrag abzuziehen, der für die früheren Erwerbe nach Maßgabe der persönlichen Verhältnisse (Steuerklasse) und auf der Grundlage der Tarifvorschriften (§§ 14 bis 19a ErbStG) zum Zeitpunkt des letzten Erwerbs zu erheben gewesen wäre (**fiktive Steuer**). Die anrechenbare Steuer wird – obwohl sie die früheren Erwerbe betrifft – aus der Sicht des letzten Erwerbs und der zu diesem Zeitpunkt geltenden Tarifvorschriften ermittelt.

Durch die Zusammenrechnung wird gewährleistet, dass ein Erwerber bei mehreren Erwerben von der selben Person seinen **persönlichen Freibetrag** innerhalb von **zehn Jahren** nur **einmal** nutzen kann.

4.1 Steuerpflichtiger Erwerb

BEISPIEL

Vater V hatte seinem Sohn S 2014 ein Grundstück im damaligen Steuerwert von 305.000 € geschenkt. In 2020 schenkte er ihm ein weiteres Grundstück im Steuerwert von 395.000 €.

Die in 2020 festzusetzende Steuer beträgt 34.000 € und berechnet sich wie folgt:

		€	€
Erwerb 2014:	Grundstück 2014	305.000	
−	persönlicher Freibetrag	− 205.000	
=	steuerpflichtiger Erwerb	**100.000**	
	Steuer 2014 (Steuersatz 11 %)		11.000
Erwerb 2020:	Grundstück 2020	395.000	
+	Grundstück 2014	305.000	
	Gesamterwerb im 10-Jahres-Zeitraum	700.000	
−	persönlicher Freibetrag (siehe unten)	− 400.000	
=	**steuerpflichtiger Gesamterwerb**	**300.000**	
	Steuer auf den Gesamterwerb (Steuersatz 15 %)		45.000
−	Anrechnung der früheren Steuer (Vorerwerb)		− 11.000
	Steuer beim zweiten Erwerb		**34.000**

4.1.3 Persönlicher Freibetrag gem. § 16 ErbStG

Der Freibetrag des § 16 ErbStG wird sowohl beim Erwerb von Todes wegen als auch bei Schenkungen gewährt. Die Regelung gewährt Freibeträge in Abhängigkeit davon, ob es sich zum einen um Ehegatten und Lebenspartner handelt und zum anderen, um welche Steuerklasse/Personengruppe es sich handelt. Zusätzlich ist die Höhe des Freibetrages von der persönlichen Steuerpflicht abhängig. Nach dem Erbschaftsteuerreformgesetz sind die persönlichen Freibeträge angehoben worden. Diese erhöhten Freibeträge werden in der folgenden Übersicht genannt.

Übersicht Freibeträge bei unbeschränkter Steuerpflicht gem. § 16 ErbStG:

Steuerpflicht	Steuerklassen und Personengruppen	Euro
	Steuerklasse I – Ehegatte und eingetragene Lebenspartner	500.000
	Steuerklasse I – Kinder und Kinder verstorbener Kinder im Sinne der Steuerklasse I Nr. 2	400.000
unbeschränkt	Steuerklasse I – sonstige (z.B. Enkel)	200.000
	Steuerklasse II (z.B. Eltern, Geschwister)	20.000
	Steuerklasse III (z.B. Pflegekinder)	20.000

Die Freibeträge für **beschränkt** Steuerpflichtige wurden durch das **Steuerumgehungsbekämpfungsgesetz** (STumgBG) **neu geregelt**. Danach haben beschränkt Steuerpflichtige grundsätzlich auch Anspruch auf die in § 16 Abs. 1 ErbStG genannten Freibeträge. Die Freibeträge werden allerdings **anteilig** für den Teil gekürzt, der **nicht der deutschen Erbschaftsteuer unterliegt** (§ 16 Abs. 2 ErbStG). Die Neuregelung ist auf Erbfälle und Schenkungen **ab** Inkrafttreten des StUmgBG am **25. Juni 2017** anzuwenden. Für **vor dem 25. Juni 2017** erfolgte Erwerbe galt der bisherige fixe Freibetrag in Höhe von **2.000 Euro** (§ 16 Abs. 2 ErbStG a. F.).

E. Erbschaftsteuer

4.1.4 Besonderer Versorgungsfreibetrag

Neben den persönlichen Freibeträgen nach § 16 ErbStG stehen **Ehegatten** und (eingetragenen) Lebenspartnern und **Kindern** bei **Erwerb von Todes wegen** (nicht bei einer Schenkung) **zusätzlich** noch **besondere Versorgungsfreibeträge** nach § 17 ErbStG zu.

Mit dem besonderen Versorgungsfreibetrag soll vor allem Hinterbliebenen, denen aus Anlass des Todes des Erblassers keine oder nur geringe Versorgungsbezüge zustehen, ein angemessener Ausgleich geboten werden. Die folgende Übersicht zeigt die für die einzelnen begünstigten Personen geltenden **Versorgungsfreibeträge** (§ 17 Abs. 1 und Abs. 2 ErbStG):

begünstigte Person	Euro
Ehegatte und Lebenspartner	256.000
Kinder bis zum Alter von 5 Jahren	52.000
Kinder im Alter von mehr als 5 Jahren bis zu 10 Jahren	41.000
Kinder im Alter von mehr als 10 Jahren bis zu 15 Jahren	30.700
Kinder im Alter von mehr als 15 Jahren bis zu 20 Jahren	20.500
Kinder von mehr als 20 bis zur Vollendung des 27. Lebensjahres	10.300

BEISPIEL

Der kinderlose Hans Müller, Bonn, stirbt im Jahre 2020 und hinterlässt seiner Ehefrau ein Privatgrundstück mit einem Grundbesitzwert von 1.365.450 €. Auf dem Grundstück lastet eine Grundschuld von 150.000 €.

Außerdem hinterlässt er seiner Frau Hausrat im Wert von 35.000 € und ein Sparguthaben von 75.000 €. An Beerdigungskosten sind 9.500 € angefallen.

Der **steuerpflichtige Erwerb** der Ehefrau wird wie folgt berechnet:

		€	€
	Privatgrundstück	1.346.450	
	Hausrat im Wert von 35.000 € ist steuerfrei,		
	weil er weniger als 41.000 € beträgt	0	
	Sparguthaben	75.000	
=	Steuerwert des Nachlasses		1.440.450
−	Erblasserverbindlichkeiten	− 150.000	
−	Erbfallkosten (Beerdigungskosten,		
	Pauschbetrag nach § 10 Abs. 5 Nr. 3 ErbStG)	− 10.300	
−	Nachlassverbindlichkeiten		− 160.300
=	**Bereicherung der Erwerberin**		1.280.150
−	persönlicher Freibetrag nach § 16 ErbStG		− 500.000
−	besonderer Versorgungsfreibetrag nach § 17 ErbStG		− 256.000
=	**steuerpflichtiger Erwerb**		524.150
	Abrundung auf volle 100 Euro		**524.100**

Ebenfalls mit Inkrafttreten des StUmgBG am **25. Juni 2017** kann der besondere Versorgungsfreibetrag unter den Voraussetzungen des § 17 Abs. 3 ErbStG **auch** von **beschränkt** Steuerpflichtigen in Anspruch genommen werden. Zur Erfüllung der Voraussetzung muss ein **Auskunftsaustausch (Amtshilfe)** zwischen den betroffenen Staaten und Deutschland erfolgen.

4.1.5 Zusammenfassung

Ausgehend von der Bereicherung des Erwerbers (Kapitel 3) kann die Ermittlung des steuerpflichtigen Erwerbs zusammenfassend wie folgt dargestellt werden:

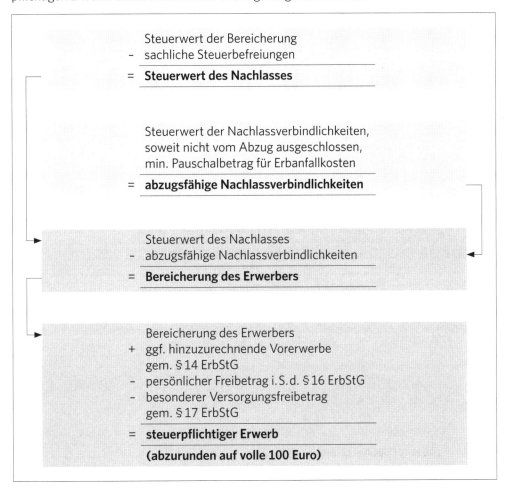

4.2 Abrundung

Der **steuerpflichtige Erwerb** ist nach § 10 Abs. 1 Satz 6 ErbStG auf **volle 100 Euro** abzurunden.

E. Erbschaftsteuer

4.3 Steuersätze

Auf den steuerpflichtigen Erwerb des jeweiligen Erwerbers findet der Steuersatz Anwendung, der sich aus der folgenden Aufstellung ergibt (§ 19 ErbStG).

Wert des steuerpflichtigen Erwerbs in Euro	**Tarif** (§ 19 ErbStG)		
	Steuerklasse I	Steuerklasse II	Steuerklasse III
bis 75.000	7 %	15 %	30 %
bis 300.000	11 %	20 %	30 %
bis 600.000	15 %	25 %	30 %
bis 6.000.000	19 %	30 %	30 %
bis 13.000.000	23 %	35 %	50 %
bis 26.000.000	27 %	40 %	50 %
über 26.000.000	30 %	43 %	50 %

ZUSAMMENFASSENDES BEISPIEL

Der kinderlose Wilhelm Hahn, Köln, stirbt im Jahre 2020 und hinterlässt seiner Ehefrau ein Privatgrundstück mit einem Grundbesitzwert von 910.300 €. Auf dem Grundstück lastet eine Grundschuld von 100.000 €.

Außerdem hinterlässt er seiner Frau Hausrat im Wert von 40.000 € und ein Sparguthaben von 50.000 €. An Beerdigungskosten sind 10.000 € angefallen.

Die **Erbschaftsteuer** der Witwe wird wie folgt berechnet:

	€	€
Privatgrundstück	910.300	
Hausrat im Wert von 40.000 € ist steuerfrei,		
weil er weniger als 41.000 € beträgt	0	
Sparguthaben	50.000	
= **Steuerwert des Nachlasses**		960.300
– Erblasserverbindlichkeiten (Grundschuld)	– 100.000	
– Erbfallkosten (Beerdigungskosten, Pauschbetrag nach § 10 Abs. 5 Nr. 3 ErbStG)	– 10.300	
– Nachlassverbindlichkeiten		– 110.300
= **Bereicherung der Erwerberin**		850.000
– persönlicher Freibetrag nach § 16 ErbStG		– 500.000
– besonderer Versorgungsfreibetrag nach § 17 ErbStG		– 256.000
= **steuerpflichtiger Erwerb**		94.000
x 11 % (Tarif der Steuerklasse I, siehe oben)		
= **Erbschaftsteuer 2020**		**10.340**

4.4 Erfolgskontrolle   501

Sollte der Wert des steuerpflichtigen Erwerbs eine Wertgrenze des § 19 ErbStG nur knapp überschreiten, ist im § 19 Abs. 3 ErbStG eine Abmilderung der Besteuerung vorgesehen: Übersteigt der Erwerb eine Wertgrenze, dann wird die Steuer nur insoweit erhoben, als er

a) bei einem Steuersatz bis zu 30 % aus der Hälfte,
b) bei einem anderen Steuersatz über 30 % aus drei Vierteln

des die Wertgrenze übersteigenden Betrags gedeckt werden kann.

BEISPIEL

Der steuerpflichtige Erwerb beträgt 78.000 €. Nach § 19 Abs. 1 ErbStG ergäbe sich eine Steuer in Höhe von 11 % von 78.000 €; sie darf jedoch nur in folgender Höhe erhoben werden:

Erwerb:	78.000 €, 11 % = 8.580 €
Wertgrenze:	75.000 € x 7 % = 5.250 €
Übersteigender Betrag	3.000 € x ½ = 1.500 €
Maximale Steuer	6.750 € < 8.580 €

4.4 Erfolgskontrolle

WIEDERHOLUNGSFRAGEN

1. Innerhalb welches Zeitraums kann der persönliche Freibeträge jeweils genutzt werden?
2. Wie sind mehrere Erwerbe, die innerhalb von zehn Jahren von derselben Person anfallen, bei der Berechnung der Erbschaftsteuer zu behandeln?
3. Wovon ist die Höhe eines persönlichen Freibetrags abhängig?
4. Wann wird ein Versorgungsfreibetrag gewährt?
5. Wonach richtet sich die Höhe des Steuersatzes bei der Erbschaftsteuer?

FALL 1

Als der mittelständische Unternehmer P in 2020 verstirbt, beträgt die Bereicherung seiner testamentarischen Erben insgesamt 6.000.000 €. Als Erben sind eingesetzt:

1. zu 50 % seine Frau,
2. seine beiden erwachsenen Söhne (40 und 45 Jahre alt) zu jeweils 10 %,
3. seine vier Enkel teilen sich ein weiteres Zehntel,
4. sein Cousin erbt 2,5 %,
5. seine langjährige Geliebte erhält 17,5 %.

Berechnen Sie die Erbschaftsteuer für die Erben.

FALL 2

Der steuerpflichtige Erwerb einer Erbschaft beträgt 6.400.000 €. Der Erwerber ist der Steuerklasse II zuzuordnen.

Berechnen Sie die Erbschaftsteuer.

E. Erbschaftsteuer

5 Steuerfestsetzung und Erhebung

5.1 Steuerschuldner

Die Steuerschuldnerschaft bestimmt sich nach der Art des steuerpflichtigen Vorgangs. Steuerschuldner ist bei **Erwerb von Todes wegen** der **Erwerber** (§ 20 Abs. 1 Satz 1 ErbStG). Jeder Erwerber schuldet die Steuer, die sich nach dem Wert **seines Erwerbes** bemisst. Privatrechtliche Vereinbarungen, die die Entrichtung der Steuer einem anderen als dem Erwerber auferlegen, bleiben auf die Frage der Steuerschuldnerschaft ohne Einfluss.

Bei einer **Schenkung** ist neben dem Erwerber **auch der Schenker** Steuerschuldner (§ 20 Abs. 1 Satz 1 ErbStG). Zwar kann der Schenker auch die Entrichtung der Steuer vertraglich übernehmen, dies entbindet den Erwerber allerdings nicht von seiner Steuerschuldnerschaft. Allerdings wird das Finanzamt in der Regel seine Steueransprüche gegen den Beschenkten richten.

Bei einer **Zweckzuwendung** ist Steuerschuldner **der mit der Ausführung der Zuwendung Beschwerte** (§ 20 Abs. 1 Satz 1 ErbStG), nicht derjenige, dem die Zuwendung endgültig zugutekommt.

5.2 Steuerstundung gem. § 28 ErbStG bei Betriebsvermögen

Beim **Erwerb von Todes wegen** ist die auf **begünstigtes** Vermögen entfallende Erbschaftsteuer auf Antrag bis zu **sieben Jahre** zu stunden. Für das **erste Jahr** erfolgt die Stundung **zinslos** (§ 28 ErbStG).

Die Stundung ist an die Einhaltung der Mindestlohnsummen sowie die Behaltensfristen des § 13a Abs. 6 ErbStG gebunden. Werden diese Voraussetzungen **nicht** mehr erfüllt, **endet** auch die Stundung.

Ausgeschlossen ist eine Stundung der auf das **nicht begünstigte Vermögen** entfallenden Erbschaftsteuer.

5.3 Anzeige des Erwerbs

Der **Erwerber** hat jeden der Erbschaftsteuer unterliegenden Erwerb innerhalb von **drei Monaten** nach erlangter Kenntnis vom Anfall **dem zuständigen Finanzamt anzuzeigen**, bei Zweckzuwendungen trifft die Anzeigepflicht den Beschwerten (§ 30 Abs. 1 ErbStG). Bei Schenkungen ist sowohl der Erwerber als auch derjenige zur Anzeige verpflichtet, aus dessen Vermögen der Erwerb stammt (§ 30 Abs. 2 ErbStG).

Das zuständige Finanzamt ist gem. § 35 ErbStG in den Fällen, in denen der **Erblasser** zur Zeit seines Todes oder der Schenker zur Zeit der Schenkung **ein Inländer** war, **dessen Wohnsitzfinanzamt**. Lediglich wenn bei einer Schenkung unter Lebenden der Erwerber bzw. bei einer Zweckzuwendung unter Lebenden der Beschwerte eine Körperschaft ist oder der Erblasser oder Schenker zur Zeit der Zuwendung kein Inländer war, ist das zuständige Finanzamt dasjenige des Erwerbers bzw. Beschwerten.

Bei **beschränkter Steuerpflicht** ist das Finanzamt zuständig, in dessen Bezirk sich das vererbte oder verschenkte **Vermögen** befindet (§ 35 Abs. 4 ErbStG).

5.4 Steuererklärung

Das Finanzamt kann von jedem an einem erbschaftsteuerbaren Vorgang Beteiligten – unabhängig von dessen Steuerpflicht – die Abgabe der Steuererklärung innerhalb einer **Frist von mindestens einem Monat** verlangen (§ 31 Abs. 1 ErbStG).

Ist ein Testamentsvollstrecker oder Nachlassverwalter vorhanden oder ein Nachlasspfleger bestellt, sind diese Personen jeweils zur Abgabe der Steuererklärung verpflichtet (§ 31 Abs. 5, 6 ErbStG).

Von der Festsetzung der Steuer wird abgesehen, wenn die Steuer, die für den einzelnen Steuerfall festzusetzen ist, den Betrag von **50 Euro** nicht übersteigt (§ 22 ErbStG). Die Erbschaftsteuer ist – soweit nicht eine Stundung beantragt wird – **einen Monat nach** Zustellung des Steuerbescheides in vollem Umfang fällig.

5.5 Erfolgskontrolle

WIEDERHOLUNGSFRAGEN

1. Wer ist Schuldner der Erbschaftsteuer?
2. Bei welchem Finanzamt ist ein erbschaftsteuerpflichtiger Erwerb anzuzeigen?
3. Bis wann ist ein Erwerb, der der Erbschaftsteuer unterliegt, dem zuständigen Finanzamt anzuzeigen?
4. Wann ist die festgesetzte Erbschaftsteuer fällig?

Anhang

Aktuelle Rechtsänderungen – Übersicht

Die folgende Tabelle fasst die in der aktuellen Auflage berücksichtigten Rechtsänderungen nach Themengebieten zusammen und dokumentiert die jeweiligen Quellen.

Berücksichtigte Rechtsänderungen Einkommensteuer

Kapitel	Thema	Art Änderung	Quelle	Paragraf	Fundstelle
2.1.3.1, 16.1, 18.2	Anhebung des Grundfreibetrags	Gesetz	BR-Drucksache	§ 32a Abs. 1 Satz 2 Nr. 1 EStG	BGBl. I 2018 S. 2210; Gesetz zur steuerlichen Entlastung der Familien sowie zur Anpassung weiterer steuerlicher Regelungen (Familienentlastungsgesetz - FamEntlastG)
2.3	Stand der Doppelbesteuerungsabkommen	BMF-Schreiben	BMF	§ 3 EStG	BMF-Schreiben vom 15.01.2020, IV B 2 - S 1301/07/10017-11
3.2.3, 11.1.2, 18.5.2	Steuerbefreiungen (z.B. Corona-Sonderzahlungen)	Gesetz	BR-Drucksache	§ 3 EStG	BGBl. I 2020, S. 3096; Jahressteuergesetz 2020
3.3.1, 3.3.2, 10.1.3, 11.1.4.2	Nichabzugsfähige Betriebsausgaben, Werbungskosten (z.B. Homeoffice-Pauschale)	Gesetz	BR-Drucksache	§§ 4 Abs. 5, 9 Abs. 4a EStG	BGBl. I 2019, S. 2451; Gesetz zur weiteren steuerlichen Förderung der Elektromobilität und zur Änderung weiterer steuerlicher Vorschriften (sog. Jahressteuergesetz 2019); BGBl. I 2020, S. 3096; Jahressteuergesetz 2020
9.2.5.2	Wiedereinführung degressive AfA	Gesetz	BR-Drucksache	§ 7 Abs. 2 EStG	BGBl. I 2020, S. 1512; Zweites Gesetz zur Umsetzung steuerlicher Hilfsmaßnahmen zur Bewältigung der Corona-Krise (Zweites Corona-Steuerhilfegesetz)
9.2.6	Temporäre Absenkung der Mehrwertsteuersätze	Gesetz	BR-Drucksache	§ 12 UStG	BGBl. I 2020, S. 1385; Gesetz zur Umsetzung steuerlicher Hilfsmaßnahmen zur Bewältigung der Corona-Krise (Corona-Steuerhilfegesetz)
9.2.7	Investitionsabzugsbeträge und Sonderabschreibungen	Gesetz	BR-Drucksache	§ 7g EStG	BGBl. I 2020, S. 3096; Jahressteuergesetz 2020;
9.3.1, 10.1.3, 11.1.2	Betriebsausgaben/ Geldwerter Vorteil bei Elektro- und Hybridfahrzeugen	Gesetz	BR-Drucksache	§ 6 EStG	BGBl. I 2019, S. 2451; Gesetz zur weiteren steuerlichen Förderung der Elektromobilität und zur Änderung weiterer steuerlicher Vorschriften (sog. Jahressteuergesetz 2019); BGBl. I 2020, S. 1512; Zweites Gesetz zur Umsetzung steuerlicher Hilfsmaßnahmen zur Bewältigung der Corona-Krise (Zweites Corona-Steuerhilfegesetz)
11.1.2	Abgrenzung Barlohn und Sachlohn, Sachbezugswerte	Gesetz	BR-Drucksache	§ 8 Abs. 2 EStG	BGBl. I 2019, S. 2451; Gesetz zur weiteren steuerlichen Förderung der Elektromobilität und zur Änderung weiterer steuerlicher Vorschriften (sog. Jahressteuergesetz 2019); BGBl. I 2020, S. 3096; Jahressteuergesetz 2020

Berücksichtigte Rechtsänderungen Einkommensteuer

Kapitel	Thema	Art Änderung	Quelle	Paragraf	Fundstelle
11.1.2	Sachbezugswert unentgeltlicher/ verbilligter Unterkunft/ Mahlzeiten	BMF-Schreiben	BMF	§ 2 Abs. 1 und 6 SvEV	2020: BMF-Schreiben vom 17.12.2019, IV C 5 - S 2334/19/10010-001 2021: BMF-Schreiben vom 28.12.2020, IV C 5 - S 2334/19/10010 :002
11.1.4.2	Mobilitätsprämie	Gesetz	BR-Drucksache	§§ 101 - 109 EStG	BGBl. I 2020, S. 2886; Gesetz zur Umsetzung des Klimaschutzprogramms 2030 im Steuerrecht (KlSchStG)
11.2, 17.2	Rückführung des Solidaritätszuschlags	Gesetz	BR-Drucksache	§ 3 SolZG	BStBl. I 2019, S. 2115; Gesetz zur Rückführung des Solidaritätszuschlags 1995 (SolZGRG)
11.2	Crowdlending	Gesetz	BR-Drucksache	§§ 43 ff. EStG	BGBl. I 2019, S. 2451; Gesetz zur weiteren steuerlichen Förderung der Elektromobilität und zur Änderung weiterer steuerlicher Vorschriften (sog. Jahressteuergesetz 2019)
11.4.1.1	Durchschnittlicher Zusatzbeitrag gesetzl. Krankenversicherung	Pressemitteilung	BMG		Pressemitteilungen des Bundesministeriums für Gesundheit vom 28. Oktober 2019 und 30.10.2020
12.1, 12.3	Horizontaler Verlustausgleich	Gesetz	BR-Drucksache	§ 20 EStG	BGBl. I 2020, S. 3096; Jahressteuergesetz 2020
13.2	Entlastungsbetrag für Alleinerziehende	Gesetz	BR-Drucksache	§ 24b EStG	BGBl. I 2020, S. 1512; Zweites Gesetz zur Umsetzung steuerlicher Hilfsmaßnahmen zur Bewältigung der Corona-Krise (Zweites Corona-Steuerhilfegesetz)
14.1.1	Verlustrücktrag	Gesetz	BR-Drucksache	§ 10d EStG	BGBl. I 2020, S. 1512; Zweites Gesetz zur Umsetzung steuerlicher Hilfsmaßnahmen zur Bewältigung der Corona-Krise (Zweites Corona-Steuerhilfegesetz)
14.2	Kranken- und Pflegeversicherungsbeiträge von Kindern	Gesetz	BR-Drucksache	§ 10 Abs. 1 EStG	BGBl. I 2019, S. 2451; Gesetz zur weiteren steuerlichen Förderung der Elektromobilität und zur Änderung weiterer steuerlicher Vorschriften (sog. Jahressteuergesetz 2019)
14.2.3.5	Zuwendungen (u.a. Zuwendungsnachweis)	Gesetz	BR-Drucksache	§ 50 Abs. 4 EStDV	BGBl. I 2020, S. 3096; Jahressteuergesetz 2020
14.3.2.2, 15.1.1.3, 15.1.2	Kinderfreibetrag, Betreuungsfreibetrag	Gesetz	BR-Drucksache	§ 32 Abs. 6 EStG	BGBl. I 2018, S. 2210; Gesetz zur steuerlichen Entlastung der Familien sowie zur Anpassung weiterer steuerlicher Regelungen (Familienentlastungsgesetz – FamEntlastG); BGBl. I 2020, S. 2616; Zweites Gesetz zur steuerlichen Entlastung der Familien sowie zur Anpassung weiterer steuerlicher Regelungen (Zweites Familienentlastungsgesetz – 2. FamEntlastG)

Berücksichtigte Rechtsänderungen Einkommensteuer

Kapitel	Thema	Art Änderung	Quelle	Paragraf	Fundstelle
14.3.3.1	Behinderten-Pauschbetrag	Gesetz	BR-Drucksache	§§ 33, 33b EStG	BGBl. I 2020, S. 2770; Gesetz zur Erhöhung der Behinderten-Pauschbeträge und zur Anpassung weiterer steuerlicher Regelungen
15.1.1.3	Kindergeld	Gesetz	BR-Drucksache	§ 66 Abs. 1 Satz 1 EStG	BGBl. I 2020, S. 1512; Zweites Gesetz zur Umsetzung steuerlicher Hilfsmaßnahmen zur Bewältigung der Corona-Krise (Zweites Corona-Steuerhilfegesetz); BGBl. I 2020, S. 2616; Zweites Gesetz zur steuerlichen Entlastung der Familien sowie zur Anpassung weiterer steuerlicher Regelungen (Zweites Familienentlastungsgesetz – 2. FamEntlastG)
16.1.1	Einkommensteuertarif (Grundtarif)	Gesetz	BR-Drucksache	§ 32a Abs. 1 EStG	BGBl. I 2018, S. 2210; Gesetz zur steuerlichen Entlastung der Familien sowie zur Anpassung weiterer steuerlicher Regelungen (Familienentlastungsgesetz – FamEntlastG). BGBl. I 2020, S. 2616; Zweites Gesetz zur steuerlichen Entlastung der Familien sowie zur Anpassung weiterer steuerlicher Regelungen (Zweites Familienentlastungsgesetz – 2. FamEntlastG)
16.1.4	Gewerbesteueranrechnung	Gesetz	BR-Drucksache	§ 35 EStG	BGBl. I 2020, S. 1512; Zweites Gesetz zur Umsetzung steuerlicher Hilfsmaßnahmen zur Bewältigung der Corona-Krise (Zweites Corona-Steuerhilfegesetz)
16.1.5.1, 18.5.1.1	Pauschalabgaben Minijob	Sonstige	Sonstige	§ 35a, 40a Abs. 2 EStG	www.minijob-zentrale.de
16.1.6	Steuerermäßigung für energetische Maßnahmen	Gesetz	BR-Drucksache	§ 35c EStG	BStBl. I 2019, S. 2886; Gesetz zur Umsetzung des Klimaschutzprogramms 2030 im Steuerrecht
16.2.1, 16.2.2	Steuerliche Förderung von Forschung und Entwicklung	Gesetz	BR-Drucksache	§ 36 Abs. 2 Nr. 3 EStG	BStBl. I 2019, S. 2763; Gesetz zur steuerlichen Förderung von Forschung und Entwicklung (Forschungszulagengesetz, FZulG)
17.2	Rückführung des Solidaritätszuschlags	Gesetz	BR-Drucksache	§ 3 SolZG	BStBl. I 2019, S. 2115; Gesetz zur Rückführung des Solidaritätszuschlags 1995 (SolZGRG)
18.5.1.2	Kurzfristige Beschäftigung	Gesetz	BR-Drucksache	§ 40a Abs. 1 EStG	BStBl. I 2019, S. 1746; Drittes Bürokratieentlastungsgesetz

Berücksichtigte Rechtsänderungen Körperschaftsteuer

Kapitel	Thema	Art Änderung	Quelle	Paragraf	Fundstelle
4.2.5	Zuwendungen	Gesetz	BR-Drucksache	§ 9 KStG	BGBl. I 2019, S. 2451; Gesetz zur weiteren steuerlichen Förderung der Elektromobilität und zur Änderung weiterer steuerlicher Vorschriften (sog. Jahressteuergesetz 2019)
4.2.8	Verlustabzug	Gesetz	BR-Drucksache	§ 10d EStG	BGBl. I 2020, S. 1512; Zweites Gesetz zur Umsetzung steuerlicher Hilfsmaßnahmen zur Bewältigung der Corona-Krise (Zweites Corona-Steuerhilfegesetz)
5.2	Steuerliche Förderung von Forschung und Entwicklung	Gesetz	BR-Drucksache	§ 36 Abs. 2 Nr. 3 EStG	BStBl. I 2019, S. 2763; Gesetz zur steuerlichen Förderung von Forschung und Entwicklung (Forschungszulagengesetz, FZulG)

Berücksichtigte Rechtsänderungen Gewerbesteuer

Kapitel	Thema	Art Änderung	Quelle	Paragraf	Fundstelle
3.2.4	Miet- und Pachtaufwendungen bei Elektrofahrzeugen	Gesetz	BR-Drucksache	§ 8 Nr. 1d, 36 Abs. 3 GewStG	BGBl. I 2019, S. 2451; Gesetz zur weiteren steuerlichen Förderung der Elektromobilität und zur Änderung weiterer steuerlicher Vorschriften (sog. Jahressteuergesetz 2019); BGBl. I 2020, S. 1512; Zweites Gesetz zur Umsetzung steuerlicher Hilfsmaßnahmen zur Bewältigung der Corona-Krise (Zweites Corona-Steuerhilfegesetz)
3.2.7	Freibetrag für Hinzurechnungstatbestände	Gesetz	BR-Drucksache	§ 8 Nr. 1 GewStG	BGBl. I 2020, S. 1512; Zweites Gesetz zur Umsetzung steuerlicher Hilfsmaßnahmen zur Bewältigung der Corona-Krise (Zweites Corona-Steuerhilfegesetz)

Berücksichtigte Rechtsänderungen Bewertungsgesetz

Kapitel	Thema	Art Änderung	Quelle	Paragraf	Fundstelle
6.2.2	Sachwertverfahren: Baupreisindizes	BMF-Schreiben	BMF	§ 190 Abs. 2 BewG	BMF-Schreiben vom 28. Januar 2020 (IV C 7 - S 3225/20/10001:001)

Stichwortverzeichnis

A

Abflussprinzip 34
Abgeld 198
Abgeltungsprinzip 378
Abgeltungsteuer 391
Abordnung 160
Absetzungen für Abnutzungen (AfA) ...... 93, 98 f.
Absetzung für Abnutzung (AfA) 197
   – AfA-Betrag 111
   – AfA-Satz 111
   – degressive AfA
      – auf bewegliche Anlagegüter ....
   – Gebäude-AfA 202
   – lineare AfA 101
abweichendes Wirtschaftsjahr 32
Abzinsungsgebot 104
Alleinerziehende .... 3, 241, 245 ff., 249,
   252, 320, 368
Altersberechnung 241
Altersentlastungsbetrag. 3, 241 ff., 249, 252, 320,
   338 ff., 369
Altersruhegeld 215
Altersvorsorgeaufwendungen .... 272 ff., 287
Altersvorsorgebeiträge .... 258, 272, 283 f.
Altersvorsorgevertrag .... 284 f.
Anlagevermögen .... 79, 109 f.
   – abnutzbares 83
Anlage Vorsorgeaufwand.. 272, 274 f., 277 f., 284
Anrechnungsverfahren 391
Anschaffungskosten.. 62, 71 ff., 78 f., 81 ff., 93, 99,
   102 ff., 107, 110, 112 ff., 116 f., 119 ff., 127, 131,
   133 f., 179 ff., 199, 200, 202, 204, 212, 224 f.,
   227, 240, 385, 459, 496
anschaffungsnahe Herstellungskosten 199
Anschaffungsnebenkosten .... 72 ff., 110, 117, 344
Anschaffungspreis 72
Anschaffungspreisminderungen .... 72 f., 110
Antragsveranlagung .... 379 ff.
Arbeitnehmer .... 2, 10, 20, 22 ff.,
   27, 41, 75, 123, 137 ff., 146 ff., 152 ff., 159 ff.,
   166 f., 244 f., 273, 277 f., 280, 283, 290, 292,
   337, 351, 366 ff., 371 f., 376 ff., 451
Arbeitnehmer-Pauschbetrag 41, 149, 152,
   162 ff., 244 f., 351, 371, 381
Arbeitslohn .... 2, 9, 11, 15, 137 ff.,
   141 f., 147 ff., 156 ff., 164 f., 233, 242 ff., 315 f.,
   351, 356, 363, 366 ff., 376 ff., 451
Arbeitsmittel 23, 152, 155, 159
Arbeitszimmer .... 22 f., 152, 262, 371
Arten des Gewerbebetriebs 423, 428

Artfortschreibung .... 473 f., 476
atypisch stille Gesellschaft .... 47 f.
Aufwendungen für die Lebensführung. 21, 24, 27 ff.
Auslandskinder 307, 313, 332
außergewöhnliche Belastungen ...... 3 f., 24 f., 252,
   254 f., 299, 310, 320, 351, 354, 371
auswärtige Unterbringung 262, 383

B

BAföG 386
Barlohn .... 141 ff., 147 ff., 165 ff.
Basisabsicherung 277
Bedarfsbewertung 458, 467, 477, 482
bedürftig 299
behinderte Arbeitnehmer 154
behinderte Kinder 326
Behinderten-Pauschbetrag .... 309 f., 313
Bemessungsgrundlage .... 3 f., 84, 86, 90, 94,
   99 f., 107, 124, 151, 203 f., 216, 242 f., 249,
   297, 312, 320, 364 f., 367, 405, 410, 412,
   415, 434, 436, 443, 466, 488, 495, 496
   – ErbSt 458
   – ESt ..... 1, 12 f., 25, 29, 205, 347, 349 ff., 364,
   386, 389, 436
   – GewSt .... 126, 353, 415, 417 f.,
   420, 449, 453
   – KSt .... 5, 192, 391 f., 396, 404, 415 ff.
Bereicherung des Erwerbers 486, 488,
   494 ff., 498 ff.
Berufsausbildung .... 258, 262 f., 286, 303,
   305 f., 308, 314 f., 324 f., 327 f., 334, 341,
   371, 374, 384
beschränkt abzugsfähige Sonderausgaben
   (keine Vorsorgeaufwendungen) 260
Bestattungskosten .... 295 f.
Betreuungsfreibetrag .... 305 f., 321, 326, 328 ff.,
   340, 342, 346, 360, 364
betriebliche Pensionskassen .... 139 ff., 220 ff.
Betriebsausgaben .... 20 ff., 31, 38, 57, 67,
   95, 118 ff., 124 ff., 131 ff., 152, 173, 207 f., 213,
   258, 295, 354, 382, 384 f., 403, 406 f., 410,
   417, 433, 444, 454
   – abzugsfähige .... 22, 29, 124 f., 406 f.
   – nicht abzugsfähige .... 22, 124 f., 406 f.
Betriebseinnahmen.. 18, 21, 26 f., 31, 38, 57, 118 ff.,
   125 ff., 131 ff., 135, 173, 207, 209, 213
Betriebsgrundstück .... 28 f., 456
Betriebsstätte 22, 100, 123, 124, 125, 127, 373,
   381, 422, 428, 451
Betriebsveranstaltungen 139

Stichwortverzeichnis

Betriebsvermögen .... 30, 37, 50, 55, 59 ff., 64 ff., 81 ff., 84, 102, 105, 107, 123, 127, 129, 132, 173, 193, 213, 249 f., 259, 391, 435 ff., 443 ff., 450, 457, 459 f., 462 f., 471, 490, 492 f., 502
- gewillkürtes 67
- notwendiges 66, 68
Betriebsvermögensvergleich ..... 16, 30 f., 36 f., 59, 61 ff., 66, 70, 118, 120 f., 129, 131, 454
Bewertung
- des nicht abnutzbaren
  Anlagevermögens 102
- des Betriebsvermögens 63, 70, 71, 471
Bewertungsfreiheit 94, 120
Bewertungsgesetz .... 458 ff., 464 f., 476
Bewertungsgrundsätze 71, 110
Bewertungsmaßstäbe .... 71, 78 f., 110, 199, 465, 471, 489
- BewG . 45, 61, 436 f., 458 ff., 487, 489, 495
- ESt ..... 1, 12 f., 25, 29, 205, 347, 349 ff., 364, 386, 389, 436
Bewertungsvorschriften 62, 70 f., 401, 458 f., 489
- allgemeine .... 458 f.
- besondere 458
Bewirtungsaufwendungen 122, 403, 417
Bezüge .... 138, 149 f., 296, 299 ff., 312, 406
Bilanzänderung 108, 111
Bilanzberichtigung .... 108 f., 111
Bilanzidentität 71
Bilanzrichtlinie-Umsetzungsgesetz 83
Brutto-Dividende .... 169 ff., 177 f., 182, 187, 344, 390, 412, 414, 416

C

Closed-Loop-Karten 141
Controlled-Loop-Karten 141
Corona-
- Sonderzahlungen 19, 140
- Steuerhilfegesetz, Zweites 92, 98 f., 245 ff., 294, 409 ff.

D

Damnum .... 35, 73, 104, 112, 121, 133, 197 f., 343, 383, 422, 431
Darlehen, partiarisches 174
dauernde Wertminderung 80
degressive AfA 85, 92
degressiver AfA-Satz 93
Diätverpflegung 296

Dienstverhältnis.. 9, 28, 137 ff., 149, 163, 275, 291, 294, 343, 368
Direktzusage .... 150 ff.
Disagio .... 35, 121, 197 f., 293, 431
Dividenden .... 168 ff., 176 ff., 182, 184, 189 ff., 240, 250, 344, 383, 406, 414
Doppelbesteuerungsabkommen 8, 12, 14, 394
doppelte Haushaltsführung .. 144, 152, 159 ff., 262
Durchschnittssatzgewinn .... 130 f.
Durchschnittssteuersatz 349

E

Ehegattenveranlagung .... 40 f.
Ehrenamtsfreibetrag 19
Einfamilienhaus .... 44, 69, 106, 213, 223 f., 231 ff., 239, 317 ff., 383, 462, 472, 474, 478, 482, 486
Eingangssatz .... 347 f.
Einheitswert.. 319, 436 f., 441, 443 ff., 450, 456 f., 466 ff., 474 ff., 478
Einkommen .... 3 f., 9, 15, 39, 41, 241, 252, 255, 258, 283, 319 f., 326, 331 f., 334 f., 337, 342 ff., 360 ff., 364, 378, 382, 384, 386 f., 389, 392, 400, 402 ff., 408, 410 ff., 416 ff., 430, 435, 445
- ESt . 1, f., 25, 29, 205, 347, 349, 350 f., 352, 364, 386, 389, 436
- festzusetzende ...... 42, 283, 345 f., 353, 358, 360 f., 365 ff.
- KSt .... 5, 192, 391 f., 396, 404, 415 ff.
- zu versteuerndes 320
Einkommensteuer .... 1 ff., 8, 10 ff., 14 f., 18, 20, 39, 42, 54, 70, 137, 182 f., 185 f., 188, 190 f., 217 f., 221, 230, 235, 255, 265, 270, 279, 283 f., 288 f., 292, 295, 298, 313, 315 f., 320, 329 ff., 334 f., 342 f., 345 ff., 351 ff., 379, 382, 386, 391 f., 394, 438, 448, 463
Einkommensteuertarif 297, 347
- Einkünfte .... 2 ff., 6, 8 ff., 21, 24, 26 f., 30, 33, 36 ff., 41, 44 ff., 65, 130, 135, 137 f., 149, 162 ff., 167 f., 173, 175, 180, 183 ff., 205 ff., 220 ff., 248 ff., 269, 275, 287, 289, 290, 292 ff., 297 ff., 310, 312 ff., 337 ff., 343 f., 349, 351 ff., 360 f., 372, 378 f., 382, 384, 386 f., 389 f., 392, 394 ff., 400, 404 f., 407 ff., 424
- Gewerbebetrieb .... 3 f., 16 ff., 26, 30, 36, 38, 45 ff., 54 ff., 61 ff., 168, 173 f., 179, 235 ff., 241, 243 ff., 252 ff., 256, 292, 317, 320, 352 f., 361, 398, 419 ff., 428 ff., 441 ff., 451, 453 ff., 463

– Kapitalvermögen .... 2 f., 16, 18, 26, 36, 50, 137, 168 f., 172 ff., 178 ff., 225, 235, 237, 241, 252, 255 f., 320, 349

– Land- und Forstwirtschaft........ 3, 16, 18, 26, 32, 36, 38, 45 ff., 54 f., 61, 65, 130, 168, 235, 241, 248 f., 252, 320, 424 ff., 460, 465 f., 471, 490

– nichtselbständige.. 137

– selbständige Arbeit...................... 47, 52, 424

– sonstige Einkünfte i.S.d. § 22 215

– Vermietung und Verpachtung.. 2 f., 15 f., 18, 26, 36, 38, 137, 168, 193 ff., 201, 206 ff., 228, 231, 235 ff., 239, 241, 244 f., 249, 252 f., 292, 302, 317 f., 320, 337, 343, 361, 379, 395, 397

Einlagen..... 30, 37, 59 ff., 64, 77, 105, 107, 111, 176, 400, 403, 417, 443

Einnahmen ...... 4, 16, 18 ff., 23, 26 ff., 33 ff., 41, 119, 129, 138, 140, 152, 162 ff., 173 ff., 181 ff., 187, 189 ff., 205 ff., 215, 221, 224, 226, 228, 244 f., 257, 261, 280, 285, 291, 300 ff., 311, 319, 350, 381, 389, 398 f., 406 f., 410, 425, 428

Einnahmenüberschussrechnung 16, 59, 68, 118 ff., 124, 126, 129, 131

Einzelbewertung 71

Einzelkosten 75, 110

Elektro-

– auto 105

– fahrräder .... 145 ff.

– fahrzeug .... 140 ff., 145 ff.

– mobilität 105

Elektromobilitätsgesetz 106, 111, 125, 145

ELStAM.................................... 329, 370

ELSTER-Online-Portal 373

Elterngeld.. 20, 140

Entfernungspauschale.. 22, 123, 125, 147 f., 152 ff., 156 ff., 160, 164, 166 f., 371, 377, 381

Entgelte für Schulden .... 431, 435, 441 f.,, 454

Entgeltumwandlung.......................... 141, 147, 219

Entlastungsbetrag für Alleinerziehende...... 3, 241, 245 ff., 249, 252, 320, 368

Entnahmen...... 30, 37, 59 ff.,, 64, 105, 107, 111, 116, 119, 222, 404, 443

Enumerationsprinzip 258

Erbbauzinsen .... 383, 432 f.,

Erbe 387, 494

Erblasser .... 486 f.,, 489, 495, 502

Erbschaftsteuer. 458, 466, 471, 477, 480, 482 ff., 494 ff., 500 ff.

Erhaltungsaufwand .... 197, 199 f., 205, 208 f., 211

Erhebungsformen der Einkommensteuer............ 2

erhöhte Absetzungen.......................... 79, 107, 225

Erinnerungswert 93

Erlass 448

Ermäßigungshöchstbetrag.............................. 352

erstmalige Berufsausbildung.......................... 305

Ertragswert.................... 465, 467, 480, 482

Ertragswertverfahren....... 467 ff., 472, 478 ff., 482

erweiterte beschränkte
Einkommensteuerpflicht 12

Erwerber .... 77, 90, 202, 484, 486, 489 ff., 493, 495 f., 502

EWR .... 9, 11, 13, 265, 267 f., 299, 354 f.

Existenzminimum.................................. 278

F

Fahrräder 140, 145

Fahrtenbuchmethode.................................. 125, 145

Fahrten zwischen Wohnung und Betriebsstätte ..... 122 f., 125, 139, 144, 147, 153 f., 294, 371, 377, 380 f.

Fahrtkostenzuschüsse................ 139, 147, 377, 380

Faktorverfahren.. 368

fertiggestellt........ 84 ff., 203 f., 206, 209, 212, 214, 231, 233, 250, 385

Fertigungseinzelkosten 75, 76, 77, 112

Fertigungsgemeinkosten 75, 76, 77, 112

Feststellungsarten 473, 475, 476

Fifo-Verfahren.. 401

Finanzierungskosten.................................. 110

Firmenwert...................... 50, 79, 82 f., 110, 113, 401

Formen des Gewerbebetriebs................ 422 f., 428

Forschungskosten 76

Forschungszulage.................................. 358 f.

Forschungszulagengesetz .... 359 f.

Forschung und Entwicklung.......................... 359 f.

Fortführung der Unternehmenstätigkeit 71

fortgeführte AK/HK 71

Fortschreibungen.................................. 473

Freibeträge 3, 305 f., 308, 320 f., 324, 329 f., 335 ff., 340, 342, 345, 363 f., 389, 410, 490, 496 f.

– ErbSt 458, 487

– KSt .... 5, 192, 391 f., 396, 404, 415 ff.

Freibeträge nach § 32 Abs. 6....... 305, 320 f., 329, 335, 340, 342, 363 ff.

Freibetrag für Land- und Forstwirte....... 3, 46, 241, 248 f., 252, 320

Freistellungsauftrag ...... 168, 170, 172, 177 f., 181 f., 186, 189 ff., 240, 318, 344, 383, 390

Stichwortverzeichnis

G

Gebäude .... 68 f., 74, 79, 84 ff., 89 f., 110, 117, 200, 202 ff., 209, 214, 221 f., 224 f., 230, 231, 250, 293, 433, 461, 464, 477 f., 481 f.

Gebäude-AfA . 84 ff., 90, 110, 202, 204, 207, 209

Gegenstände des täglichen Gebrauchs .... 225 f.

Gehaltsumwandlung .... 145 ff.

geldwerter Vorteil.................................... 141 ff., 165 f.

Gemeiner Wert 465

Gemeinkosten 75, 110

Gemeinschaftsteuer 1, 392

gemischte Aufwendungen 25

gemischt genutzte Grundstücke 462

geringes eigenes Vermögen............................. 299

geringfügig entlohnte Beschäftige.......... 375, 381

geringwertige Wirtschaftsgüter 23, 94 f., 120, 122

Gesamtbetrag der Einkünfte .... 3, 4, 24, 55, 241, 244 f., 248 f., 251 ff., 258, 261, 269, 289 f., 294, 297 ff., 313 f., 316, 320, 353, 389 f., 400, 404 f., 408 f.

Geschäftsgrundstücke 461 f., 464, 468, 470, 479

Geschäftsleitung.............. 14, 76, 394 ff., 417, 422, 448, 452, 487

Geschäftswert.. 50

Geschenke............................ 22, 29, 122, 410

Gesellschafter

– stiller......... 50, 56 f., 65, 169, 173 f., 178, 187, 189 f., 249, 432, 456 f.

– typisch/atypisch.................................... 50

gesetzlichen Grundwehrdienst .... 327 f.

Gestellung von Kraftfahrzeugen 143

Gewerbebetrieb.............. 3 f., 16 ff., 26, 30, 36, 38, 45 ff., 54 ff., 61 ff., 168, 173 f., 179, 235 ff., 241, 243 ff., 252 ff., 256, 292, 317, 320, 352 f., 361, 398, 419 ff. 428 ff., 441 ff., 451, 453 ff., 463

– ESt ..... 1, 12 f., 25, 29, 205, 347, 349, 350 ff., 364, 386, 389, 436

– GewSt. 126, 353, 415, 417 f., 420, 449, 453

Gewerbeertrag.. 353, 419 ff., 429 f., 438 ff., 453 f., 456

Gewerbesteuer............................ 23, 54, 122, 352 f., 361, 382, 398 f., 403, 412, 415 f., 419 ff., 427 ff., 433, 437, 443, 447 ff., 456, 459, 471

Gewerbesteuerbescheid.. 448

Gewerbesteuer-Messbetrag 361, 382

Gewerbesteuerrückstellung .... 453 ff., 457

Gewerbeverlust........... 420, 429, 438 f., 442, 445

gewillkürtes Betriebsvermögen .... 67 f.

Gewinn......... 4, 15 f., 22, 26, 30 ff., 36 ff., 45 ff., 53, 55 f., 60 ff., 76 f., 95, 97, 99, 103 f., 108, 111 f., 114 ff., 120 ff., 126 ff., 135 ff., 138, 169, 173 f., 179, 189, 223 ff., 231 f., 236, 238, 249 f., 293, 353, 361, 382, 384 f., 393, 400 ff., 406, 408, 412, 414 ff., 420, 421, 425, 429, 430, 431, 432 ff., 437 f., 441 ff., 450, 453 ff., 459

Gewinneinkünfte .... 3, 16, 18, 25 f., 30, 36, 39, 45, 224

Gewinnermittlung .... 30, 31, 36 f., 46, 59, 61 f., 64, 66, 70, 111, 118, 122, 125, 129 ff., 133, 173, 407, 419, 421, 463

– durch Betriebsvermögensvergleich............... 16, 30, 31, 36 f., 59, 63 f., 66, 70, 131, 454

– ohne Betriebsvermögensvergleich................ 59, 118, 131

Gewinnermittlungsmethoden.................... 30, 36 f.

Gewinnermittlungszeitraum........................ 31, 430

gewöhnlicher Aufenthalt 7

Grenzpendler.. 10

Grenzsteuersatz.................................. 186, 347 f.

Grundfreibetrag .... 10, 254, 347 f., 369

Grundsatz der

– Bilanzidentität 71

– Einzelbewertung 71

– Fortführung der Unternehmenstätigkeit . 71

– periodengerechten Aufwands- und Ertrags- abgrenzung 71

– Stetigkeit der Bewertungsmethoden........ 71

– Vorsicht.. 71, 104

Grundsteuer.. 28 f., 201, 211, 213 f., 225, 250 f., 293, 408, 416, 436, 445, 450, 459, 466 f., 469 f., 472, 478

Grundsteuermessbetrag........................ 469 f., 472

Grundstücke .... 66 f., 194, 205, 445, 461 ff., 466 ff., 470 ff., 476 ff.

– bebaute.............. 461 f., 468, 470, 472, 480

– unbebaute 461, 467, 477

Grundstücksarten..................... 461, 463, 468, 478

Grundstückswert............................... 468 ff., 478

Grundtabelle......................... 3 f., 40, 298, 346, 351

Grundtarif.. 43, 346 f., 360

Grundvermögen.......... 436, 460 ff., 467, 477, 490

Grundversorgung 273

Grundzulage 285, 287

Günstigerprüfung......................... 186, 282 ff., 292, 294, 329, 335

Stichwortverzeichnis

H

Haftpflicht 201, 281, 294
Halbeinkünfteverfahren 391
Handwerkerleistungen .... 354, 356 f., 360
Härteausgleich 3, 320, 337, 339
Hauptfeststellung 473, 476
Haushaltsersparnis 296
Haushaltshilfe 355
haushaltsnahe
    – Beschäftigungsverhältnisse 354
    – Dienstleistungen .... 354 ff., 360
    – Tätigkeit 354
häusliches Arbeitszimmer .... 22 f., 152, 262
Hausratversicherung 281
Hebesatz .... 353, 412, 420 f., 447,
    450 ff., 469 f., 472
Heimunterbringung 296
Herstellungsaufwand 199, 200, 209, 211
Herstellungskosten 22, 62, 71, 74 f., 84, 86, 94 f.,
    97 ff., 102 f., 105, 107, 110, 120, 159, 199, 200,
    202 ff., 206, 209, 212 f., 224 f., 231, 233, 385
    – eines Gebäudes 199, 203, 209
Hilfe im Haushalt .... 355 f., 361, 382, 386
hilflos .... 309, 311, 316 f.
Hinterbliebenen-Pauschbetrag .... 310 f., 313
Hinzurechnungen (§ 8 GewStG) 353, 453
Höchstbetragsberechnung 273, 287
Höchstwertprinzip 104
Homeoffice-Pauschale 152
Horizontaler Verlustausgleich 180, 235
Hybrid-
    – Elektroauto 105
    – Ektrofahrzeug 140
    – Fahrzeug 125, 145

I

immaterielle Wirtschaftsgüter 79
Inland .... 5 ff., 137, 301 f., 304, 314,
    325, 394 ff., 422, 486 f.
    – ESt .... 1, 12 f., 25, 29, 205,
    347, 349, ff., 364, 386, 389, 436
    – GewSt. 126, 353, 415, 417 f., 420, 449, 453
    – KSt .... 5, 192, 391 f., 396, 404, 415 ff.
Insolvenzverwalter 53
Investitionsabzugsbetrag .... 97 f., 100, 111,
    114 f., 121, 132, 134, 136
Investitionszulage 418

J

Jahressteuergesetz 2019 .... 141, 177
Jahressteuergesetz 2020 .... 97, 245
Jobticket 140
juristische Personen .... 5 f., 268, 392 ff.,
    398, 404, 425 f.

K

Kapitalertragsteuer ..... 2, 4, 168, 170, 172 ff., 181 f.,
    184 ff., 233, 250, 363 f., 383, 385, 414, 457
Kapitallebensversicherungen 169, 175, 187, 189
Karenzbetrag .... 300, 302 f.
Kaskoversicherung 281
Kaution 212
Kindbegriff 321
Kinderbetreuungskosten 258, 264, 286,
    288, 355, 382
Kinderfreibetrag .... 265, 306, 321 f., 329 ff., 340,
    346, 360, 364, 369
Kindergeld ...... 246 f., 249, 265, 279, 284 f., 298 f.,
    305 f., 310 f., 313 ff., 320 ff., 328 f., 333 f.,
    342, 345 f., 360, 367, 382, 384, 386, 389
Kinderzulage 285, 287
Kirchenbeiträge 259
Kirchensteuer .... 144, 168, 170 ff., 174, 176 f., 181 f.,
    189, 258 ff., 287, 294, 318, 329, 363 f., 366 f.,
    369, 371, 376, 380, 383, 386, 389, 414
Kirchensteuersätze 363
Klimapaket 2030 105
Klimaschutzprogramm 357
Kohortenprinzip 151, 164, 243
Kontoführungsgebühren 139, 162, 387
Konzessionen 82, 434
Körperschaftsteuer ..... 1, 5 f., 169, 288, 385, 391 ff.,
    397 ff., 406, 408, 410, 412, 415 ff., 438, 448
Körperschaftsteuerpflicht .... 394 f., 397
Körperschaftsteuersatz 391, 412
Körperschaftsteuertarif 412, 415
Kostenpauschale .... 301 ff.
Krankenhaustagegeldversicherung 296
Krankentagegeldversicherung 296
Krankheitskosten .... 280, 295 ff., 313, 389
Kurkosten .... 295 f.
kurze Zeit .... 34 f., 78, 486
kurzfristig Beschäftigten 374
Kürzung nach § 9 GewStG .... 436 f.

L

Ländergruppeneinteilung .... 307 f., 332
land- und forstwirtschaftliches Vermögen .. 460 f.
Lebensaltersberechnung 241
Lebenspartnerschaften 40
Leibrenten ...... 215 f., 218, 220 f., 229 f., 242 f., 300
Leistungsentnahmen 106
lineare AfA 84, 91, 93
linearer AfA-Satz 93
Liquidität 97
Listenpreis .... 123, 128, 132 f., 146 f.
Lohnsteuer .... 1 f., 4, 15, 20, 144, 160, 233, 294,
318, 337, 339, 358 f., 362 ff., 370 ff., 389
Lohnsteuer-
    – Anmeldung .... 372 ff., 380
    – bescheinigung 233, 316, 318, 382, 387
    – karte 148, 370, 379
    – klassen 367
    – Pauschalierung 377
    – tabellen 369
Lottogewinn 27

M

Maßgeblichkeitsgrundsatz 70
Materialeinzelkosten 75, 76, 112
Materialgemeinkosten 75, 76, 77, 112
Mehraufwendungen für Verpflegung . 22, 122, 152
Miete .... 142 160 f., 195 f., 205, 210 f., 213, 233 f.
Mietwert
    – ortsüblicher 142
Mietwohngrundstück .. 12, 113, 210, 225, 239, 319,
395, 397, 474, 480, 482
Mietwohnungsneubau 86, 204
Mitunternehmerschaft 48, 432
Mobilitätsprämie .... 153, 155 ff.
MwNbStFG 86

N

Nachfeststellung 473, 475
Nachlassverbindlichkeiten 488, 494 f., 498, 499 f.
natürliche Personen . 1, 5, 7, 12, 391 ff., 404 f., 430
Nebenbetrieb 46
Netto-Dividende ..... 170 ff., 178, 187, 293, 414, 416
nicht abnutzbaren Anlagevermögens 102, 103,
111, 119
nicht abnutzbare Wirtschaftsgüter 93, 102
Nicht ausgleichbare Verluste 238

N

Niederstwertprinzip 62, 103
    – strenges 62, 103
Notariatsgebühren 197
Nullzone .... 255, 347 f., 365 f.
Nutzungsentnahmen 105, 119
NV-Bescheinigung .... 181 ff., 189 ff.

P

partiarisches Darlehen 174
Pauschalierung der Lohnsteuer 374
Pauschbetrag
    für Versorgungsbezüge .... 149, 162 ff., 244
Pension .... 151, 164 f., 167
Pensionskasse 164, 220, 231
Pensionszusage 150, 166, 231
persönliche Steuerpflicht 3, 5, 391, 496
Pflegegeld 311
Pflegekinder 321, 497
Pflege-Pauschbetrag 311, 313, 371
Pflegeversicherung ..... 19, 140, 216, 277 ff., 291, ff.,
318, 319, 344, 382, 389
Pflichtveranlagung 185, 189, 378
Praxiswert 83
private Veräußerungsgeschäfte 168, 227, 230
Progressionsvorbehalt 350, 352, 360, 378
Progressionszone .... 347 f.
Proportionalzone .... 347 f.
pro-rata-temporis 91

R

Rabattfreibetrag 140
Realsplitting 11, 258, 260
Rechtsschutzversicherung 291
Reisegewerbebetrieb 423
Reisekosten 162
Rente 140, 164, 216 ff., 221, 230 f., 240, 251, 301 f.,
304, 314, 317, 319, 344, 383 f., 390, 432
Revision 448
Riester-Beiträge 258
Riester-Rente 219
Rürup-Beiträge .... 273, 290 f., 294

S

Sachbezug/Sachbezüge 18 f., 139 ff., 144, 147, 164
Sachbezugswerte .... 142 f., 165
Sachentnahmen 105, 119
Sachlohn 141

Stichwortverzeichnis

Sachversicherungen 75
Sachwertverfahren ..... 468, 470, 472, 478, 480 ff.
Schenkung ... 132, 224, 471, 477, 484 ff., 498, 502
Schmiergelder 122
Schonvermögen 299
Schuldzinsen. 23, 126, 173, 197 f., 205, 208 f., 213,
    225, 240, 251, 343, 454
Schulgeld 258, 265, 371
Sitz .... 14, 394 ff., 399, 415, 417, 487
Software 25, 79, 82
Solidaritätszuschlag .... 144 f., 168 ff., 181 ff.,
    190 ff., 233, 318, 362 ff., 369, 376, 383, 387,
    406, 408, 412, 414, 416 f.
Sonderabschreibungen 79, 97, 100, 102,
    07, 225, 505
   - für Mietwohnungsneubau 86, 204
Sonderausgaben .... 3 f., 24 f., 186, 215, 252, 254 f.,
    257 ff 269, 271 ff., 292, 294 f., 297, 316, 320,
    344, 351, 353 f., 361, 369, 371, 381, 386, 391
   - beschränkt abzugsfähige Sonderausgaben,
      (keine Vorsorgeaufwendungen) 260
   - unbeschränkt abzugsfähige 259
   - Vorsorgeaufwendungen 10, 258, 260,
      272, 277 ff., 286 f., 291 f.
Sonderausgaben-Pauschbetrag .... 282 f., 287,
    369, 371
Sonderbedarf 312
Sonderbetriebseinnahmen 48
Sondereinzelkosten der Fertigung 75, 77
sonstige bebaute Grundstücke 462
sonstige Vorsorgeaufwendungen 277
Sozialversicherungsbeiträge 144, 386
Sparer-Pauschbetrag .... 168, 181 f., 184 ff., 191
Spitzensteuersatz 348
Splittingtarif .... 11, 43, 346 f., 349, 360
stehender Gewerbebetrieb 423
Stetigkeit der Bewertungsmethoden 71
Steuerbefreiungen ..... 398, 422, 427, 488 ff., 490,
    496, 499
steuerbegünstigte Zwecke .. 266 f., 269, 405, 437
Steuerberatungskosten .... 25, 28 f., 317
Steuerermäßigung .... 270, 289 f., 311, 329,
    335, 345, 352 ff., 372, 384
   - Einkünfte aus Gewerbebetrieb ..... 3 f., 16 ff.,
      26, 36, 38, 45 ff., 54 ff., 173, 235 ff.,, 241,
      243 ff., 252 ff., 292, 317, 320, 352 f., 424
   - haushaltsnahe Tätigkeiten 354, 360
steuerfreie Einnahmen 27, 163, 300, 350, 407

Steuermessbetrag .... 353, 420 f., 429,
    439 ff., 451 f., 454
Steuermesszahl .... 353, 420 f., 429,
    439 ff., 447, 453 f.
Steuerpflicht . 1, 3, 5, 8 ff., 20, 163, 240, 294, 308,
    322, 384, 386, 391, 394 f., 410, 422, 425 ff.,
    440, 446, 484, 486, 496 f., 502 f.
   - sachliche 3
Steuersätze 500
Steuerschuldner 366, 449, 502
Steuerwert des Nachlasses ..... 488 f., 494, 498 ff.
stiller Gesellschafter. 50, 56 f., 65, 169, 173 f., 178,
    187, 189 f., 249, 432, 456 f.
Stundung 448, 503
Summe der Einkünfte .... 3 f, 38, 41, 46, 65,
    235, 237 ff., 248, 252, 301 f., 304, 320, 353,
    372, 378 f., 400, 404 f., 408

T

Tantiemen .... 138, 148 f., 451
Tarif .... 3, 347 f., 360, 391, 500
tarifliche Einkommensteuer ..... 3 f., 270, 284, 320,
    329, 345 f., 348 f., 352 ff., 360, 362, 365 ff.,
    386
Teileinkünfteverfahren 173, 391
Teilwert .... 62 f., 71, 77 f., 80 f., 102 ff., 110, 116 f.,
    119, 132, 459, 465
Teilwertabschreibung .... 80 f., 102 f., 114, 129, 407
Trinkgelder 20, 28, 140, 164
Trivialprogramme 82
typisch stiller Gesellschafter 456

U

Überschusseinkünfte ..... 3, 16, 18, 25 f., 30, 33, 36,
    65, 137, 224
Überschussermittlung 33
Überschussermittlungszeitraum 33, 37, 125
Überschussrechnung
    nach § 4 Abs. 3 .... 30 f., 37, 63, 120
Überweisung 34, 132, 134, 212, 384
Übungsleiterfreibetrag 19
Umlaufvermögen 79, 110, 113, 117, 120, 122, 173
unabhängige Wählervereinigung 272
Unfallkosten 153
Unterhaltsaufwendungen ... 261, 299 f., 304, 312 f.
Unterkunft .... 141 ff., 265
Urheberrechte 434

V

Valutaverbindlichkeiten 104
Veranlagungsarten 39, 42, 44, 378
Veranlagung von Arbeitnehmern 337, 378
Veräußerungsgeschäfte ..... 168, 222, 226 f., 229 f.
verdeckte Gewinnausschüttung .... 402 f.
Verlust-
    – abzug 3, 227 ff., 235, 237, 252 f., 255 f., 320,
        400, 405, 409, 420, 429, 439, 442
    – ausgleich.... 17, 27, 180, 227 f., 235 ff., 252 f.
        – vertikaler 227, 237
    – rücktrag .... 180, 227 f., 253 fv., 409, 438
    – verrechnung 252, 255, 409
    – verrechnungstopf .... 181 f., 191
    – vortrag .... 227 f., 253, 255 f., 409, 439
Verpflegung 22, 122, 143, 152, 165, 265, 316
Verpflegungsmehraufwendungen 160 f., 262, 296
Versicherungsbeiträge .... 23, 35, 175, 291 f.
Versorgungsbezüge .... 149 ff., 162 ff., 192
Versorgungsfreibetrag .... 149 ff., 162 f., 166,
    244, 369, 496, 498 ff.
Vertriebskosten .... 76 f., 112
Vervielfältiger .... 468 f.9, 472, 479 f.
Verwaltungskosten .... 76 f., 479
voraussichtlich dauernde Wertminderung 80, 102
Vorauszahlung 35, 358, 386, 449, 453
Vorerwerb .... 496 f.
Vorsorgeaufwendungen 10, 258, 260, 272,
    277 ff., 286 f., 291 f.

W

Werbungskosten .... 4, 16 f., 20 f.,
    23 ff., 33 ff., 38, 41, 148 f., 151 ff., 159 ff., 168,
    180, 183 ff., 191 ff., 203, 205 ff., 212, 215, 221,
    224 ff., 228, 230, 232, 234, 240, 258, 261 ff.,
    295, 301, 316, 319, 344, 354, 371, 381
Werbungskostenpauschale .... 152, 157 f.
Werbungskosten-Pauschbetrag 151, 221, 230,
    261, 301
Wertaufholungsgebot .... 102 f., 109 f.
Wertfortschreibung .... 473 f., 476
Wertuntergrenze
    der Herstellungskosten (HK) 75
Wiederbeschaffungskosten 78, 113
Wirtschaftliche Einheit .... 460 f., 463
wirtschaftlicher Geschäftsbetrieb .... 398 f., 425
Wirtschaftsgebäude .... 84, 89 f., 460
wirtschaftsgutbezogenes Wahlrecht 95

Wirtschaftsjahr .... 15, 22, 31 ff., 37 f.,
    46, 49, 55 ff., 62, 65, 76, 91 f., 95 f., 98, 100,
    192, 249, 294, 318, 353, 361, 385, 393, 401,
    408, 410 ff., 415 ff., 430, 434, 436, 438,
    440 f., 444 ff., 450, 456 f.
    – bei Gewerbetreibenden 32, 37
    – bei Land- und Forstwirten 32, 37
Wohnsitz ...... 5 ff., 170, 303, 363, 414, 448, 486 f.
Wohnung .... 6 f., 15, 19 f., 22 ff.,
    86, 116, 122 ff., 133, 138 f., 141 f., 144, 147,
    152 ff., 159 f., 165, 167, 193, 195 f., 198, 200,
    203, 206 ff., 212 f., 223, 233, 240, 246 f.,
    257, 262, 293 f., 311, 318, 341, 354, 371, 377,
    380 f., 385, 462, 464, 470, 476

Z

Zerlegung .... 451 f.
Zuflussprinzip 33, 183
zumutbare Belastung .... 241, 297 f., 312
Zurechnungsfortschreibung .... 473 f., 476
Zurechnungsprinzip .... 34 f.
Zuschlagsteuern 172, 363, 367, 414
Zuschlag zum
    – Versorgungsfreibetrag .... 149 ff., 163, 369
Zuwendungen 23, 139, 241, 258,
    266 f., 269 ff., 286, 289 f., 344 f., 371, 386,
    404 f., 407 f., 410, 415 f., 417 f., 431, 435 ff.,
    442, 445, 450, 456, 486
Zweifamilienhaus .... 28, 135, 203 f., 206 ff., 212,
    223, 233, 239, 385, 462, 474, 478, 481 f.
Zweitwohnungssteuer 161

Bornhofen

Das Konzept

Aktualität, Praxisbezug und eine ausgefeilte pädagogische Aufbereitung der Inhalte kennzeichnen die Werke von Bornhofen. Die **Zweibändigkeit** und die **Vernetzung** zwischen den Steuerlehre- und Buchführungsbüchern bei ständig aktueller Rechtslage gewährleisten das sichere Verständnis der beiden Sachgebiete als auch ihres wechselseitigen Zusammenhangs. Aufgaben verschiedener Schwierigkeitsgrade bringen die notwendige Sicherheit bei der Umsetzung des erlernten Wissens.

Der Veröffentlichungsrhythmus

Steuerlehre 1 und Buchführung 1 erscheinen der **laufenden** Rechtslage angepasst stets im Juni eines jeden Kalenderjahres. Steuerlehre 2 und Buchführung 2 erscheinen mit dem **vollständigen** Rechtsstand des Vorjahres stets im **Februar** eines jeden Kalenderjahres. Gleichzeitig werden Ausblicke für das laufende Jahr geboten.

Auf www.springer-gabler.de/bornhofen erhalten Lehrer und Dozenten jeweils auf der Seite zum Buch als „DozentenPlus" ausgewählte Schaubilder als Gratis-Download. Dort werden auch Aktualisierungen, Berichtigungen und Verbesserungsvorschläge veröffentlicht.

Die Autoren und das Team

Die inhaltliche und methodische Darstellung von *StD, Dipl.-Hdl. Manfred Bornhofen* und *WP, StB, CPA, Dipl.-Kfm. Martin C. Bornhofen* ist wesentlich geprägt durch ihre praktischen Erfahrungen in der Wirtschaft und ihre langjährigen Lehr- und Prüfungstätigkeiten.

Manfred Bornhofen gehörte zu den wenigen Autoren, die Gabler zu seinem 75-Jahre-Jubiläum 2004 für seine besonderen Leistungen als Autor mit dem Gabler-Award eigens ausgezeichnet hat.

StD, Dipl.-Kfm. Jürgen Kaipf unterrichtet angehende Steuerfachangestellte in den Fächern Steuerlehre und Rechnungswesen. An der Dualen Hochschule Baden-Württemberg ist er als Dozent tätig.

StR'in, Dipl.-Finw., Dipl.-Hdl. Simone Meyer ist nach ihrem dualen Studium bei der Finanzverwaltung und dem anschließenden Studium der Wirtschaftspädagogik im Schuldienst als Steuerfachlehrerin tätig. Daneben wirkt sie bei der regionalen Lehrerfortbildung mit.

Bornhofen

Die Lehrbücher

Steuerlehre 1
Allgemeines Steuerrecht, Abgabenordnung, Umsatzsteuer

Steuerlehre 2
Einkommensteuer, Körperschaftsteuer, Gewerbesteuer,
Bewertungsgesetz und Erbschaftsteuer

Buchführung 1
Grundlagen der Buchführung für Industrie- und Handelsbetriebe

Buchführung 2
Abschlüsse nach Handels- und Steuerrecht,
Betriebswirtschaftliche Auswertung, Vergleich mit IFRS

Die Lösungsbücher

Zu jedem Lehrbuch ist ein passendes Lösungsbuch mit zusätzlichen
Prüfungsaufgaben und Lösungen erhältlich.

Steuerlehre und Buchführung
↗ **Neu**: mit Lern-App **SN Flashcards** + eBook inside

Bornhofen Steuerlehre 2
Rechtslage 2020

Die Steuerlehre 2 mit ihren Ertragsteuerthemen erscheint stets im Februar mit dem vollständigen Rechtsstand des Vorjahres. Die 41., überarbeitete Auflage berücksichtigt die bis zum 31.12.2020 relevanten Aktualisierungen und bietet einen zusätzlichen Ausblick auf die Rechtslage 2021.

Unsere Nr. 1 in der Steuerlehre !

Manfred Bornhofen/Martin C. Bornhofen
Steuerlehre 2 Rechtslage 2020
Einkommensteuer, Körperschaftsteuer, Gewerbesteuer, Bewertungsgesetz und Erbschaftsteuer
41., überarb. Aufl. 2021. XXIII, 516 S., Br. + SN Flashcards + eBook inside, € (D) 24,99
ISBN 978-3-658-32353-0

Lösungen zum Lehrbuch Steuerlehre 2
Rechtslage 2020

Das Lösungsbuch zur Steuerlehre 2 hilft Ihnen, Ihre selbst erarbeiteten Lösungen zu den Fällen des Lehrbuchs zu überprüfen. Um Ihnen über die Angebote des Lehrbuchs hinaus Übungsmaterial zur Verfügung zu stellen, ist die 41., überarbeitete Auflage des Lösungsbuchs um zusätzliche Prüfungsaufgaben mit Lösungen zur Vertiefung Ihres Wissens erweitert.

Manfred Bornhofen/Martin C. Bornhofen
Lösungen zum Lehrbuch
Steuerlehre 2 Rechtslage 2020
Mit zusätzlichen Prüfungsaufgaben und Lösungen
41., überarb. Aufl. 2021. IX, 201 S., Br. + eBook inside, € (D) 22,99
ISBN 978-3-658-32355-4

Bornhofen Buchführung 2
DATEV-Kontenrahmen 2020

Die Buchführung 2 vermittelt die vertiefenden Themen des externen Rechnungswesens. Vor allem Aufgaben- und Übungsteil sind den gestiegenen Anforderungen der Praxis angepasst. Die 32., überarbeitete Auflage berücksichtigt die bis zum 31.12.2020 maßgebliche Rechtslage.

Unsere Nr. 1 in der Buchführung !

Manfred Bornhofen/Martin C. Bornhofen
Buchführung 2 | DATEV-KR 2020
Abschlüsse nach Handels- und Steuerrecht, Betriebswirtschaftliche Auswertung, Vergleich mit IFRS
32., überarb. Aufl. 2021. XVII, 437 S., Br., + SN Flashcards + eBook inside, € (D) 24,99
ISBN 978-3-658-32349-3

Lösungen zum Lehrbuch Buchführung 2
DATEV-Kontenrahmen 2020

Das Lösungsbuch zur Buchführung 2 hilft Ihnen, Ihre selbst erarbeiteten Lösungen zu den Fällen des Lehrbuchs zu überprüfen. Die 32., überarbeitete Auflage des Lösungsbuchs bietet zusätzliche Prüfungsaufgaben mit Lösungen zur Vertiefung Ihres Wissens.

Manfred Bornhofen/Martin C. Bornhofen
Lösungen zum Lehrbuch Buchführung 2
DATEV-Kontenrahmen 2020
Mit zusätzlichen Prüfungsaufgaben und Lösungen
32., überarb. Aufl. 2021. VIII, 162 S., Br. + eBook inside, € (D) 22,99
ISBN 978-3-658-32351-6

Stand: Januar 2021. Änderungen vorbehalten.
Erhältlich im Buchhandel oder beim Verlag.
Abraham-Lincoln-Straße 46 . D-65189 Wiesbaden
Tel. +49 (0)6221/3 45 - 4301 . springer-gabler.de

Springer Gabler

Ihr Bonus als Käufer dieses Buches

Als Käufer dieses Buches können Sie kostenlos das eBook zum Buch nutzen.
Sie können es dauerhaft in Ihrem persönlichen, digitalen Bücherregal
auf **springer.com** speichern oder auf Ihren PC/Tablet/eReader downloaden.

Gehen Sie bitte wie folgt vor:

1. Gehen Sie zu **springer.com/shop** und suchen Sie das vorliegende Buch
   (am schnellsten über die Eingabe der eISBN).
2. Legen Sie es in den Warenkorb und klicken Sie dann auf:
   zum Einkaufswagen/zur Kasse.
3. Geben Sie den untenstehenden Coupon ein. In der Bestellübersicht wird
   damit das eBook mit 0 Euro ausgewiesen, ist also kostenlos für Sie.
4. Gehen Sie weiter **zur Kasse** und schließen den Vorgang ab.
5. Sie können das eBook nun downloaden und auf einem Gerät Ihrer Wahl lesen.
   Das eBook bleibt dauerhaft in Ihrem digitalen Bücherregal gespeichert.

EBOOK INSIDE

eISBN: 978-3-658-32354-7

Ihr persönlicher Coupon: XjXnPAcf6WS2H6d

Sollte der Coupon fehlen oder nicht funktionieren, senden Sie uns bitte
eine E-Mail mit dem Betreff: **eBook inside** an **customerservice@springer.com**.